U0896334

2013

中国高技术产业统计年鉴

CHINA STATISTICS YEARBOOK ON HIGH TECHNOLOGY INDUSTRY

国　家　统　计　局
国家发展和改革委员会　　编
科　学　技　术　部

Compiled By

National Bureau of Statistics

National Development and Reform Commission

Ministry of Science and Technology

图书在版编目（CIP）数据

中国高技术产业统计年鉴. 2013：汉英对照 / 国家统计局，国家发展与改革委员会，科学技术部编. -- 北京：中国统计出版社, 2013.11
ISBN 978-7-5037-6982-5

Ⅰ. ①中… Ⅱ. ①国… ②国… ③科… Ⅲ. ①高技术产业－统计资料－中国－2013－年鉴－汉、英 Ⅳ. ①F279.244.4-54

中国版本图书馆 CIP 数据核字(2013)第 226919 号

中国高技术产业统计年鉴—2013

作　　者/国家统计局，国家发展和改革委员会，科学技术部编
责任编辑/徐　涛　张　鹏
封面设计/李雪燕
出版发行/中国统计出版社
通信地址/北京市丰台区西三环南路甲 6 号　邮政编码/100073
电　　话/邮购（010）63376909　书店（010）68783171
网　　址/http://csp.stats.gov.cn
印　　刷/河北天普润印刷厂
经　　销/新华书店
开　　本/880mm×1230mm　1/16
字　　数/976 千字
印　　张/30.5
版　　别/2013 年 11 月第 1 版
版　　次/2013 年 11 月第 1 次印刷
定　　价/280.00 元

本书附同版本 CD-ROM 一张，光盘内容以书面文字为准。
如有印装差错，由本社发行部调换。

《中国高技术产业统计年鉴—2013》

指导委员会、编辑委员会、编辑部

CHINA TATISTICS YEARBOOK
ON HIGH TECHNOLOGY INDUSTRY-2013

编辑说明

为反映我国高技术产业发展状况和国际竞争能力，满足国家宏观管理部门制订调整产业政策和产业发展规划的需要，我们根据国家统计局 2013 年颁布的《高技术产业（制造业）分类（2013）》，加工整理了这本高技术产业发展状况的统计资料书。

本书收集了 2000-2012 年我国高技术产业生产经营、研发及相关活动、固定资产投资等资料以及相关的国际比较数据，较为全面地描述了“十五”以来我国高技术产业发展的基本状况，是有关管理部门和社会各界了解我国高技术产业发展情况的主要资料工具书。

本书共分五个部分。第一部分主要反映高技术产业企业的生产经营情况。第二部分主要反映高技术产业企业的研发活动、新产品开发和生产、专利、技术获取和改造、企业办研发机构等情况。第三部分主要反映高技术产业企业的固定资产投资情况。第四部分为国际比较资料，根据经济合作与发展组织（OECD）等国际组织公布的高技术产业统计资料整理。第五部分为附录，包括高技术产业统计分类目录、高技术产业统计资料整理公布格式和主要指标解释。

本书中的“空格”表示该项统计指标数据不足本表最小单位数、数据不详或无该项数据；书中因小数取舍而产生的误差均未做配平处理。按地区分组东部地区包括：北京、天津、河北、上海、江苏、浙江、福建、山东、广东、广西和海南；中部地区包括：山西、内蒙古、安徽、江西、河南、湖北和湖南；西部地区包括：重庆、四川、贵州、云南、西藏、陕西、甘肃、青海、宁夏和新疆；东北地区包括：辽宁、吉林和黑龙江。

PREFACE

This Yearbook of High Technology Industry is based on the High Technology Industry (Manufacturing Industry) Classification, which has been published by the National Bureau of Statistics in 2013. The purposes of the Yearbook are to summarize the development and international competitive position of China's hi-tech industry and to facilitate the goals of the state macro administration in formulating policy and programming in support of China's hi-tech industry.

The Yearbook describes the development of China's hi-tech industry during the period from 2000 to 2012. Statistical series for the years 2000 to 2012 include production, R&D and related activities, investment on fixed assets, and relative international comparative measures of this fast-growing industry. The Yearbook should serve as a useful source for the public planning and administration sector as well as the broader business and research communities for understanding recent developments in China's hi-tech industry.

The Yearbook contains five parts. The first part focuses on the production and management of hi-tech industry. The second part of the Yearbook focuses on R&D activities, new products development, patents, technology acquisition and technology reconstruction, and R&D institutions in hi-tech enterprises. The third part focuses on investment on fixed assets in hi-tech industry. The fourth part of the Yearbook focuses on international comparisons among China and the OECD countries. The fifth part is appendix information, including catalogue of Hi-Technology Industry Classifications, Published Format for Sorting-out the Statistical Data of High-Technology Industry and Main Indicators.

Notations used in this book:"(blank space)"indicates that the figure is not large enough to be measured with the smallest unit in the table or data are unknown or are not available. Statistical discrepancies due to rounding are not adjusted in the yearbook. Eastern region include Beijing, Tianjin, Hebei, Shanghai, Jiangsu, Zhejiang, Fujian, Shandong, Guangdong, Guangxi and Hainan. Middle region include Shanxi, Inner Mongolia, Anhui, Jiangxi, Henan, Hubei and Hunan. Western region include Chongqing, Sichuan, Guizhou, Yunnan, Tibet Shaanxi, Gansu, Qinghai, Ningxia and Xinjiang. Northeastern region include Liaoning, Jilin and Heilongjinang.

目　录

Contents

第一部分　生产经营情况

Statistics on Production and Management

第二部分 R&D 及相关活动情况

Statistics on R&D and Related Activities

第三部分 固定资产投资情况

Statistics on Investment in Fixed Assets

第四部分 国际比较情况
International Comparison

附 录
Appendix

1

生产经营情况
Statistics on Production and Management

1-1-1 高技术产业生产经营情况

Statistics on Production and Management in High-tech Industry

指　标	Indicator	2000	2005	2009	2010	2011	2012
企业数（个）	Number of Enterprises (unit)	9758	17527	27218	28189	21682	24636
从业人员年平均人数（万人）	Annual Average Number of Employed Personnel (10 thousand persons)	390	663	958	1092	1147	1269
主营业务收入（亿元）	Revenue from Principal Business (100 million yuan)	10034	33922	59567	74483	87527	102284
利润总额（亿元）	Profits (100 million yuan)	673	1423	3279	4880	5245	6186
利税（亿元）	Taxes and Profits (100 million yuan)	1033	2090	4660	6753	7814	9494
出口交货值(亿元)	Exports(100 million Yuan)	3396	17636	29500	37002	40600	46701

注：本表2005年及以前年份数据口径为全部国有及年主营业务收入500万元及以上的非国有法人工业企业，2009年、2010年为年主营业务收入500万元及以上的法人工业企业，2011年及以后年份为年主营业务收入2000万元及以上的法人工业企业。以下至1-1-14表相同。

1-1-2 制造业生产经营情况

Statistics on Production and Management in Manufacturing Industry

指　标	Indicator	2000	2005	2009	2010	2011	2012
企业数（个）	Number of Enterprises (unit)	148279	251499	405183	422532	301489	318772
从业人员年平均人数（万人）	Annual Average Number of Employed Personnel (10 thousand persons)	4606	5935	7720	8391	8054	8395
主营业务收入（亿元）	Revenue from Principal Business (100 million yuan)	71698	213844	471870	606300	729264	805662
利润总额（亿元）	Profits (100 million yuan)	2733	9704	27972	42550	47843	48571
利税（亿元）	Taxes and Profits (100 million yuan)	6700	18441	49736	69587	78806	84909
出口交货值(亿元)	Export(100 million yuan)	14193	47082	71672	89534	99274	106321

1-1-3　按行业分高技术产业生产经营情况

Statistics on Production and Management in High-tech Industry by Industrial Sector

行　业	Industry	企业数（个） Number of Enterprises (unit)					
		2000	2005	2009	2010	2011	2012
合计	**Total**	**9835**	**17527**	**27218**	**28189**	**21682**	**24636**
医药制造业	**Manufacture of Medicines**	**3533**	**4971**	**6807**	**7039**	**5926**	**6387**
#化学药品制造	Manufacture of Chemical Medicine	1619	2037	2494	2525	2172	2274
中成药生产	Production of Finished Traditional Chinese Herbal Medicine		1288	1510	1550	1398	1493
生物药品制造	Manufacture of Biological Medicine	271	478	815	862	731	821
航空、航天器及设备制造业	**Manufacture of Aircrafts and Spacecrafts and Related Equipment**	**176**	**167**	**220**	**237**	**224**	**304**
#飞机制造	Manufacture of Airplanes	130	143	186	197	182	123
航天器制造	Manufacture of Spacecrafts	46	24	34	40	42	27
电子及通信设备制造业	**Manufacture of Electronic Equipment and Communication Equipment**	**3996**	**7781**	**12831**	**13425**	**10220**	**12215**
#通信设备制造	Manufacture of Communication Equipment	809	1195	1605	1540	1206	1323
#通信系统设备制造	Manufacture of Communication System Equipment	323	426	559	542	405	720
通信终端设备制造	Manufacture of Communication Terminal Equipment	129	223	244	225	174	603
广播电视设备制造	Manufacture of Broadcasting and TV Equipment	98	361	477	473	365	447
雷达及配套设备制造	Manufacture of Radar and Its Fittings	47	47	51	54	47	61
视听设备制造	Manufacture of TV Set and Radio Receiver	453	855	1088	1090	864	897
电子器件制造	Manufacture of Electronic Appliances	513	1285	2355	2485	2114	2356
#电子真空器件制造	Manufacture of Electronic Vacuum Appliance	105	134	167	157	116	96
半导体分立器件制造	Manufacture of Semiconductor Discreting Appliances	236	258	408	412	314	327
集成电路制造	Manufacture of Integrate Circuit	172	362	482	492	412	426
电子元件制造	Manufacture of Electronic Components	1598	3558	6145	6674	4791	5091
其他电子设备制造	Manufacture of Other Electronic Equipment	478	480	1110	1109	833	960
计算机及办公设备制造业	**Manufacture of Computers and Office Equipment**	**506**	**1267**	**1676**	**1642**	**1313**	**1387**
#计算机整机制造	Manufacture of Entired Computer	139	201	162	157	154	157
计算机零部件制造	Manufacture of Computer Components and Parts	272	886	1291	1256	990	439
计算机外围设备制造	Manufacture of Computer Peripheral Equipment						404
办公设备制造	Manufacture of Office Equipment	95	180	223	229	169	194
医疗仪器设备及仪器仪表制造业	**Manufacture of Medical Equipments and Measuring Instrument**	**1624**	**3341**	**5684**	**5846**	**3999**	**4343**
1.医疗仪器设备及器械制造	Manufacture of Medical Equipment and Appliance	338	704	1262	1310	878	974
2.仪器仪表制造	Manufacture of Measuring Instrument	1286	2637	4422	4536	3121	3369

注：本表未对“计算机零部件制造”和“计算机外围设备制造”行业2011年及以前年份的历史数据进行调整(有关行业对应情况详见附录2)，下同。

1-1-3 续表 1 continued

行业	Industry	从业人员年平均人数（人） Annual Average Number of Employed Personnel (person)					
		2000	2005	2009	2010	2011	2012
合计	**Total**	**3922875**	**6633422**	**9575428**	**10922252**	**11469153**	**12686722**
医药制造业	**Manufacture of Medicines**	**1045293**	**1234389**	**1604792**	**1731652**	**1786022**	**1966586**
#化学药品制造	Manufacture of Chemical Medicine	612191	641919	767596	832429	832357	885445
中成药生产	Production of Finished Traditional Chinese Herbal Medicine		350233	428684	449042	487421	556175
生物药品制造	Manufacture of Biological Medicine	53451	77122	129036	141614	153551	177311
航空、航天器及设备制造业	**Manufacture of Aircrafts and Spacecrafts and Related Equipment**	**456531**	**304691**	**325270**	**336630**	**349995**	**359315**
#飞机制造	Manufacture of Airplanes	394176	283082	302792	312536	324141	252073
航天器制造	Manufacture of Spacecrafts	62355	21609	22478	24094	25854	24899
电子及通信设备制造业	**Manufacture of Electronic Equipment and Communication Equipment**	**1739147**	**3466681**	**5100040**	**6015152**	**6356687**	**7307914**
#通信设备制造	Manufacture of Communication Equipment	324118	555028	893945	1006802	1236585	1377422
#通信系统设备制造	Manufacture of Communication System Equipment	151727	161370	318200	351380	398693	535948
通信终端设备制造	Manufacture of Communication Terminal Equipment	56902	115108	103270	117236	120891	841474
广播电视设备制造	Manufacture of Broadcasting and TV Equipment	21493	75849	100141	109621	124673	167031
雷达及配套设备制造	Manufacture of Radar and Its Fittings	54161	39307	35565	35780	37272	42697
视听设备制造	Manufacture of TV Set and Radio Receiver	317255	553288	541130	573280	644624	657685
电子器件制造	Manufacture of Electronic Appliances	268611	616231	1035697	1247942	1431397	1561767
#电子真空器件制造	Manufacture of Electronic Vacuum Appliance	112600	104010	77407	70923	64013	36087
半导体分立器件制造	Manufacture of Semiconductor Discreting Appliances	82007	73727	101839	119304	116070	126805
集成电路制造	Manufacture of Integrate Circuit	74004	188080	275637	293023	290468	288256
电子元件制造	Manufacture of Electronic Components	645061	1495255	2213312	2746589	2584111	2712470
其他电子设备制造	Manufacture of Other Electronic Equipment	108448	131723	280250	295138	298025	361962
计算机及办公设备制造业	**Manufacture of Computers and Office Equipment**	**246902**	**1011417**	**1632703**	**1814873**	**1945089**	**1981602**
#计算机整机制造	Manufacture of Entired Computer	62331	322380	513380	546542	676008	737692
计算机零部件制造	Manufacture of Computer Components and Parts	125570	607302	1022983	1165787	1162090	659032
计算机外围设备制造	Manufacture of Computer Peripheral Equipment						348480
办公设备制造	Manufacture of Office Equipment	59001	81735	96340	102544	106991	114918
医疗仪器设备及仪器仪表制造业	**Manufacture of Medical Equipments and Measuring Instrument**	**435002**	**616244**	**912623**	**1023945**	**1031360**	**1071305**
1.医疗仪器设备及器械制造	Manufacture of Medical Equipment and Appliance	67749	129701	233022	252814	241674	260768
2.仪器仪表制造	Manufacture of Measuring Instrument	367253	486543	679601	771131	789686	810537

1-1-3　续表 2　continued

行　业	Industry	主营业务收入（亿元）Revenue from Principal Business (100 million yuan) 2000	2005	2009	2010	2011	2012
合计	**Total**	**10050.1**	**33916.2**	**59566.7**	**74482.8**	**87527.2**	**102284.0**
医药制造业	**Manufacture of Medicines**	**1682.8**	**4019.8**	**9087.0**	**11417.3**	**14484.4**	**17337.7**
#化学药品制造	Manufacture of Chemical Medicine	1000.7	2325.6	4780.3	5914.2	7118.2	8304.3
中成药生产	Production of Finished Traditional Chinese Herbal Medicine		970.8	1942.9	2520.0	3344.4	4112.5
生物药品制造	Manufacture of Biological Medicine	112.3	318.2	919.3	1128.7	1525.3	1978.8
航空、航天器及设备制造业	**Manufacture of Aircrafts and Spacecrafts and Related Equipment**	**377.8**	**781.4**	**1322.8**	**1592.4**	**1934.3**	**2329.9**
#飞机制造	Manufacture of Airplanes	335.1	735.3	1245.8	1496.1	1808.6	1689.8
航天器制造	Manufacture of Spacecrafts	42.8	46.0	77.0	96.3	125.8	140.3
电子及通信设备制造业	**Manufacture of Electronic Equipment and Communication Equipment**	**5874.5**	**16646.3**	**28465.5**	**35984.4**	**43206.3**	**52799.1**
#通信设备制造	Manufacture of Communication Equipment	2162.2	5834.0	8540.5	9902.5	11926.5	13770.0
#通信系统设备制造	Manufacture of Communication System Equipment	913.2	1403.5	3339.7	4111.8	4944.3	5918.7
通信终端设备制造	Manufacture of Communication Terminal Equipment	283.1	490.4	503.9	566.3	612.9	7851.3
广播电视设备制造	Manufacture of Broadcasting and TV Equipment	33.2	196.0	408.9	559.5	647.0	927.7
雷达及配套设备制造	Manufacture of Radar and Its Fittings	34.1	92.5	132.1	193.7	230.7	313.1
视听设备制造	Manufacture of TV Set and Radio Receiver	1467.8	3049.0	3914.3	4591.3	5489.0	6172.2
电子器件制造	Manufacture of Electronic Appliances	920.1	2958.6	6163.0	8610.4	11318.4	12725.4
#电子真空器件制造	Manufacture of Electronic Vacuum Appliance	533.0	563.0	384.4	498.1	477.6	194.6
半导体分立器件制造	Manufacture of Semiconductor Discreting Appliances	126.8	249.0	522.4	639.3	670.3	785.3
集成电路制造	Manufacture of Integrate Circuit	260.3	1118.8	1781.8	2270.1	2407.7	2491.2
电子元件制造	Manufacture of Electronic Components	993.8	4167.0	8101.5	10702.5	11865.6	13065.7
其他电子设备制造	Manufacture of Other Electronic Equipment	263.2	349.1	1205.2	1424.5	1729.3	2439.9
计算机及办公设备制造业	**Manufacture of Computers and Office Equipment**	**1606.7**	**10716.6**	**16432.0**	**19957.7**	**21163.5**	**22045.2**
#计算机整机制造	Manufacture of Entired Computer	657.3	5683.4	9276.9	10407.8	11820.2	12644.4
计算机零部件制造	Manufacture of Computer Components and Parts	763.0	4508.8	6473.5	8768.9	8448.4	4746.6
计算机外围设备制造	Manufacture of Computer Peripheral Equipment						2724.6
办公设备制造	Manufacture of Office Equipment	186.4	524.4	681.5	781.0	895.0	1029.0
医疗仪器设备及仪器仪表制造业	**Manufacture of Medical Equipments and Measuring Instrument**	**508.3**	**1752.2**	**4259.4**	**5530.9**	**6738.6**	**7772.1**
1.医疗仪器设备及器械制造	Manufacture of Medical Equipment and Appliance	95.4	341.6	939.3	1148.5	1362.9	1602.0
2.仪器仪表制造	Manufacture of Measuring Instrument	412.9	1410.6	3320.0	4382.4	5375.7	6170.1

1-1-3 续表 3 continued

行 业	Industry	利润总额（亿元） Profits (100 million yuan)					
		2000	2005	2009	2010	2011	2012
合计	**Total**	**673.1**	**1423.2**	**3278.5**	**4879.7**	**5244.9**	**6186.3**
医药制造业	**Manufacture of Medicines**	**139.1**	**338.2**	**994.0**	**1331.1**	**1606.0**	**1865.9**
#化学药品制造	Manufacture of Chemical Medicine	67.2	174.5	508.8	667.5	727.0	838.1
中成药生产	Production of Finished Traditional Chinese Herbal Medicine		97.4	220.3	305.4	405.5	471.6
生物药品制造	Manufacture of Biological Medicine	14.1	38.0	135.3	178.5	224.4	273.4
航空、航天器及设备制造业	**Manufacture of Aircrafts and Spacecrafts and Related Equipment**	**3.8**	**32.4**	**89.7**	**81.3**	**104.0**	**121.8**
#飞机制造	Manufacture of Airplanes	3.8	27.5	81.9	72.5	91.3	80.1
航天器制造	Manufacture of Spacecrafts		4.9	7.8	8.7	12.6	11.4
电子及通信设备制造业	**Manufacture of Electronic Equipment and Communication Equipment**	**426.1**	**650.8**	**1309.6**	**2233.7**	**2161.9**	**2679.5**
#通信设备制造	Manufacture of Communication Equipment	211.1	277.9	550.8	732.3	627.4	702.9
#通信系统设备制造	Manufacture of Communication System Equipment	100.2	77.1	334.9	466.3	324.4	308.0
通信终端设备制造	Manufacture of Communication Terminal Equipment	11.7	8.2	20.5	41.5	37.1	394.9
广播电视设备制造	Manufacture of Broadcasting and TV Equipment	1.6	9.2	25.8	39.4	47.6	77.7
雷达及配套设备制造	Manufacture of Radar and Its Fittings	-0.1	6.5	11.4	13.8	18.1	24.0
视听设备制造	Manufacture of TV Set and Radio Receiver	40.8	64.2	144.9	246.8	230.6	242.7
电子器件制造	Manufacture of Electronic Appliances	82.7	65.4	153.6	479.5	506.7	642.3
#电子真空器件制造	Manufacture of Electronic Vacuum Appliance	57.1	-13.3	-31.9	20.5	18.6	12.6
半导体分立器件制造	Manufacture of Semiconductor Discreting Appliances	7.9	7.1	42.4	46.5	34.9	37.7
集成电路制造	Manufacture of Integrate Circuit	17.7	32.6	9.0	132.7	150.2	157.2
电子元件制造	Manufacture of Electronic Components	65.5	209.8	353.0	629.1	608.8	614.9
其他电子设备制造	Manufacture of Other Electronic Equipment	24.4	17.9	70.1	92.8	122.7	147.6
计算机及办公设备制造业	**Manufacture of Computers and Office Equipment**	**76.0**	**262.7**	**487.2**	**690.5**	**710.4**	**790.5**
#计算机整机制造	Manufacture of Entired Computer	36.3	103.6	148.9	228.3	287.5	341.7
计算机零部件制造	Manufacture of Computer Components and Parts	33.6	137.3	297.7	411.1	378.1	177.2
计算机外围设备制造	Manufacture of Computer Peripheral Equipment						133.0
办公设备制造	Manufacture of Office Equipment	6.1	21.8	40.6	51.1	44.9	48.5
医疗仪器设备及仪器仪表制造业	**Manufacture of Medical Equipments and Measuring Instrument**	**28.2**	**139.1**	**398.0**	**543.2**	**662.6**	**728.7**
1.医疗仪器设备及器械制造	Manufacture of Medical Equipment and Appliance	6.0	30.5	112.1	125.6	153.6	187.1
2.仪器仪表制造	Manufacture of Measuring Instrument	22.2	108.7	285.9	417.7	509.1	541.5

1-1-3　续表 4　continued

行　业	Industry	利税（亿元） Taxes and Profits (100 million yuan)					
		2000	2005	2009	2010	2011	2012
合计	**Total**	**1033.6**	**2089.6**	**4660.3**	**6753.1**	**7813.8**	**9494.3**
医药制造业	**Manufacture of Medicines**	**268.0**	**584.4**	**1517.6**	**1955.9**	**2374.7**	**2857.0**
#化学药品制造	Manufacture of Chemical Medicine	139.4	306.4	792.0	997.5	1125.4	1318.2
中成药生产	Production of Finished Traditional Chinese Herbal Medicine		177.2	356.9	467.5	607.1	752.2
生物药品制造	Manufacture of Biological Medicine	22.9	56.1	178.2	234.3	298.5	376.7
航空、航天器及设备制造业	**Manufacture of Aircrafts and Spacecrafts and Related Equipment**	**17.2**	**44.5**	**113.3**	**107.0**	**139.7**	**181.7**
#飞机制造	Manufacture of Airplanes	16.5	39.3	104.9	97.4	125.9	122.7
航天器制造	Manufacture of Spacecrafts	0.7	5.2	8.5	9.5	13.9	12.7
电子及通信设备制造业	**Manufacture of Electronic Equipment and Communication Equipment**	**592.5**	**927.3**	**1858.2**	**3019.2**	**3356.7**	**4286.5**
#通信设备制造	Manufacture of Communication Equipment	280.9	392.3	746.5	1013.2	1238.3	1325.8
#通信系统设备制造	Manufacture of Communication System Equipment	138.6	149.3	478.4	642.3	779.0	668.2
通信终端设备制造	Manufacture of Communication Terminal Equipment	17.8	12.5	27.4	49.7	44.6	657.6
广播电视设备制造	Manufacture of Broadcasting and TV Equipment	3.1	15.0	35.5	52.9	65.9	105.2
雷达及配套设备制造	Manufacture of Radar and Its Fittings	0.3	7.8	13.6	20.1	26.1	32.7
视听设备制造	Manufacture of TV Set and Radio Receiver	64.4	105.5	210.8	349.6	343.6	451.2
电子器件制造	Manufacture of Electronic Appliances	114.7	108.8	248.7	622.5	678.6	888.2
#电子真空器件制造	Manufacture of Electronic Vacuum Appliance	79.7	-0.1	-25.3	29.2	24.4	19.3
半导体分立器件制造	Manufacture of Semiconductor Discreting Appliances	11.5	10.8	58.2	58.1	46.7	53.4
集成电路制造	Manufacture of Integrate Circuit	23.6	46.2	30.8	174.7	194.2	210.9
电子元件制造	Manufacture of Electronic Components	96.1	272.7	503.5	831.9	839.5	923.7
其他电子设备制造	Manufacture of Other Electronic Equipment	32.9	25.3	99.6	128.9	164.8	223.6
计算机及办公设备制造业	**Manufacture of Computers and Office Equipment**	**104.0**	**331.0**	**607.8**	**918.3**	**1017.7**	**1115.7**
#计算机整机制造	Manufacture of Entired Computer	52.4	125.5	187.4	298.2	470.6	506.6
计算机零部件制造	Manufacture of Computer Components and Parts	42.5	177.5	369.8	557.9	487.7	239.1
计算机外围设备制造	Manufacture of Computer Peripheral Equipment						172.8
办公设备制造	Manufacture of Office Equipment	9.2	28.0	50.6	62.2	59.3	79.9
医疗仪器设备及仪器仪表制造业	**Manufacture of Medical Equipments and Measuring Instrument**	**51.9**	**202.3**	**563.4**	**752.7**	**925.0**	**1053.5**
1.医疗仪器设备及器械制造	Manufacture of Medical Equipment and Appliance	10.5	42.2	147.4	164.9	206.9	254.1
2.仪器仪表制造	Manufacture of Measuring Instrument	41.3	160.1	416.0	587.9	718.1	799.4

1-1-3 续表 5 continued

行 业	Industry	出口交货值（亿元）Exports (100 million yuan)					
		2000	2005	2009	2010	2011	2012
合计	**Total**	**3396.0**	**17636.0**	**29499.7**	**37001.6**	**40600.3**	**46701.1**
医药制造业	**Manufacture of Medicines**	**189.6**	**439.3**	**747.2**	**948.6**	**1030.5**	**1164.9**
#化学药品制造	Manufacture of Chemical Medicine	139.2	312.7	494.5	629.1	634.6	698.9
中成药生产	Production of Finished Traditional Chinese Herbal Medicine		25.2	48.4	40.4	54.3	54.7
生物药品制造	Manufacture of Biological Medicine	10.1	55.3	100.2	149.5	181.5	183.9
航空、航天器及设备制造业	**Manufacture of Aircrafts and Spacecrafts and Related Equipment**	**31.2**	**77.8**	**208.2**	**202.5**	**274.9**	**358.7**
#飞机制造	Manufacture of Airplanes	27.5	77.3	206.5	199.3	269.4	210.5
航天器制造	Manufacture of Spacecrafts	3.7	0.4	1.7	3.2	5.5	
电子及通信设备制造业	**Manufacture of Electronic Equipment and Communication Equipment**	**2158.1**	**9410.0**	**15542.0**	**19588.5**	**22239.9**	**27049.0**
#通信设备制造	Manufacture of Communication Equipment	439.3	3084.6	4481.1	4879.6	5651.5	7055.0
#通信系统设备制造	Manufacture of Communication System Equipment	76.6	417.3	1456.6	1805.1	2085.5	2423.5
通信终端设备制造	Manufacture of Communication Terminal Equipment	103.0	294.3	285.0	339.8	368.3	4631.6
广播电视设备制造	Manufacture of Broadcasting and TV Equipment	4.2	66.7	159.8	226.7	227.6	332.3
雷达及配套设备制造	Manufacture of Radar and Its Fittings	6.0	14.3	2.7	25.2	37.0	58.1
视听设备制造	Manufacture of TV Set and Radio Receiver	590.3	1707.5	1885.7	2227.1	2600.6	2885.4
电子器件制造	Manufacture of Electronic Appliances	367.7	1819.6	4090.4	5756.5	7025.4	8376.6
#电子真空器件制造	Manufacture of Electronic Vacuum Appliance	117.7	238.9	160.1	276.5	279.3	53.7
半导体分立器件制造	Manufacture of Semiconductor Discreting Appliances	90.5	149.1	247.0	338.3	323.5	402.6
集成电路制造	Manufacture of Integrate Circuit	159.5	833.7	1382.5	1545.7	1465.8	1641.4
电子元件制造	Manufacture of Electronic Components	644.4	2548.7	4397.8	5917.9	6118.6	6597.1
其他电子设备制造	Manufacture of Other Electronic Equipment	106.1	168.6	524.4	555.5	579.1	964.5
计算机及办公设备制造业	**Manufacture of Computers and Office Equipment**	**910.7**	**7194.6**	**12143.0**	**15178.0**	**15879.9**	**16926.4**
#计算机整机制造	Manufacture of Entired Computer	239.8	3160.9	6800.0	7741.5	8509.1	9500.9
计算机零部件制造	Manufacture of Computer Components and Parts	538.2	3593.3	4882.0	6920.3	6720.2	4124.2
计算机外围设备制造	Manufacture of Computer Peripheral Equipment						2118.7
办公设备制造	Manufacture of Office Equipment	132.6	440.3	461.0	516.2	650.6	740.7
医疗仪器设备及仪器仪表制造业	**Manufacture of Medical Equipments and Measuring Instrument**	**106.4**	**514.4**	**859.3**	**1084.0**	**1175.1**	**1202.1**
1.医疗仪器设备及器械制造	Manufacture of Medical Equipment and Appliance	28.2	114.5	280.6	352.0	414.5	394.2
2.仪器仪表制造	Manufacture of Measuring Instrument	78.2	399.9	578.8	732.0	760.7	807.9

1-1-4 大中型企业分行业高技术产业生产经营情况

Statistics on Production and Management in High-tech Industry of Large and Medium-sized Enterprises by Industrial Sector

行 业	Industry	企业数（个） Number of Enterprises (unit)					
		2000	2005	2009	2010	2011	2012
合计	**Total**	**2030**	**3454**	**4936**	**5654**	**6803**	**7506**
医药制造业	**Manufacture of Medicines**	**733**	**795**	**1020**	**1125**	**1340**	**1463**
#化学药品制造	Manufacture of Chemical Medicine	444	441	557	586	631	672
中成药生产	Production of Finished Traditional Chinese Herbal Medicine		240	256	283	357	392
生物药品制造	Manufacture of Biological Medicine	52	45	91	102	135	157
航空、航天器及设备制造业	**Manufacture of Aircrafts and Spacecrafts and Related Equipment**	**156**	**109**	**125**	**127**	**132**	**118**
#飞机制造	Manufacture of Airplanes	116	94	109	111	113	59
航天器制造	Manufacture of Spacecrafts	40	15	16	16	19	16
电子及通信设备制造业	**Manufacture of Electronic Equipment and Communication Equipment**	**784**	**1791**	**2727**	**3211**	**3890**	**4404**
#通信设备制造	Manufacture of Communication Equipment	167	270	380	404	451	488
#通信系统设备制造	Manufacture of Communication System Equipment	85	75	112	105	114	204
通信终端设备制造	Manufacture of Communication Terminal Equipment	34	59	62	62	72	284
广播电视设备制造	Manufacture of Broadcasting and TV Equipment	13	42	56	70	102	134
雷达及配套设备制造	Manufacture of Radar and Its Fittings	35	21	25	27	26	31
视听设备制造	Manufacture of TV Set and Radio Receiver	108	247	285	312	390	364
电子器件制造	Manufacture of Electronic Appliances	142	370	609	714	871	943
#电子真空器件制造	Manufacture of Electronic Vacuum Appliance	45	47	50	42	45	31
半导体分立器件制造	Manufacture of Semiconductor Discreting Appliances	63	59	67	81	96	104
集成电路制造	Manufacture of Integrate Circuit	34	126	165	176	188	184
电子元件制造	Manufacture of Electronic Components	282	790	1227	1507	1821	1882
其他电子设备制造	Manufacture of Other Electronic Equipment	37	51	145	177	229	258
计算机及办公设备制造业	**Manufacture of Computers and Office Equipment**	**88**	**436**	**536**	**562**	**627**	**632**
#计算机整机制造	Manufacture of Entired Computer	27	85	74	73	86	85
计算机零部件制造	Manufacture of Computer Components and Parts	40	308	411	432	476	213
计算机外围设备制造	Manufacture of Computer Peripheral Equipment						187
办公设备制造	Manufacture of Office Equipment	21	43	51	57	65	78
医疗仪器设备及仪器仪表制造业	**Manufacture of Medical Equipments and Measuring Instrument**	**269**	**323**	**528**	**629**	**814**	**889**
1.医疗仪器设备及器械制造	Manufacture of Medical Equipment and Appliance	42	65	139	164	209	239
2.仪器仪表制造	Manufacture of Measuring Instrument	227	258	389	465	605	650

注：2010年及以前年份数据口径为从业人员年平均人数300人及以上且年主营业务收入3000万元及以上且年资产合计4000万元及以上的法人工业企业。2011年及以后年份数据口径为从业人员年均人数300人及以上且年主营业务收入2000万元及以上的法人工业企业。

1-1-4 续表 1 continued

行 业	Industry	从业人员年平均人数（人） Annual Average Number of Employed Personnel (person)					
		2000	2005	2009	2010	2011	2012
合计	**Total**	**2252216**	**4717460**	**6995399**	**8234957**	**9537086**	**10346625**
医药制造业	**Manufacture of Medicines**	**595461**	**735910**	**971539**	**1071854**	**1222763**	**1359243**
#化学药品制造	Manufacture of Chemical Medicine	404721	439872	542284	602211	627937	673710
中成药生产	Production of Finished Traditional Chinese Herbal Medicine		208741	273962	288252	347910	406604
生物药品制造	Manufacture of Biological Medicine	26209	34208	60772	66627	88976	104925
航空、航天器及设备制造业	**Manufacture of Aircrafts and Spacecrafts and Related Equipment**	**441174**	**295608**	**315965**	**325170**	**338768**	**255137**
#飞机制造	Manufacture of Airplanes	380543	275002	295402	303959	315819	180842
航天器制造	Manufacture of Spacecrafts	60631	20606	20563	21211	22949	16717
电子及通信设备制造业	**Manufacture of Electronic Equipment and Communication Equipment**	**897501**	**2513846**	**3783841**	**4654846**	**5475802**	**6209351**
#通信设备制造	Manufacture of Communication Equipment	189054	439610	757963	875797	1136387	1265049
#通信系统设备制造	Manufacture of Communication System Equipment	105929	126338	274707	307116	362070	466682
通信终端设备制造	Manufacture of Communication Terminal Equipment	34660	89351	80173	94184	107244	798367
广播电视设备制造	Manufacture of Broadcasting and TV Equipment	9775	37306	53844	64612	91070	125725
雷达及配套设备制造	Manufacture of Radar and Its Fittings	50285	31809	32147	33021	34285	35711
视听设备制造	Manufacture of TV Set and Radio Receiver	179337	427187	412590	450471	577139	578999
电子器件制造	Manufacture of Electronic Appliances	166699	483607	814286	1016455	1260447	1369870
#电子真空器件制造	Manufacture of Electronic Vacuum Appliance	95194	92150	66552	59156	55227	28534
半导体分立器件制造	Manufacture of Semiconductor Discreting Appliances	41955	46488	66240	84227	88466	95656
集成电路制造	Manufacture of Integrate Circuit	29550	156367	234927	252187	260656	256935
电子元件制造	Manufacture of Electronic Components	278364	1018103	1552706	2030945	2154143	2238951
其他电子设备制造	Manufacture of Other Electronic Equipment	23987	76224	160305	183545	222331	269645
计算机及办公设备制造业	**Manufacture of Computers and Office Equipment**	**87499**	**874723**	**1468061**	**1646731**	**1845862**	**1870043**
#计算机整机制造	Manufacture of Entired Computer	26408	308291	501290	533647	667459	727333
计算机零部件制造	Manufacture of Computer Components and Parts	48855	509343	891581	1030195	1085612	623487
计算机外围设备制造	Manufacture of Computer Peripheral Equipment						313383
办公设备制造	Manufacture of Office Equipment	12236	57089	75190	82889	92791	100893
医疗仪器设备及仪器仪表制造业	**Manufacture of Medical Equipments and Measuring Instrument**	**230581**	**297373**	**455993**	**536356**	**653891**	**652851**
1.医疗仪器设备及器械制造	Manufacture of Medical Equipment and Appliance	23393	54682	111804	129986	154719	166038
2.仪器仪表制造	Manufacture of Measuring Instrument	207188	242691	344189	406370	499172	486813

1-1-4　续表 2　continued

行　业	Industry	主营业务收入（亿元） Revenue from Principal Business (100 million yuan)					
		2000	2005	2009	2010	2011	2012
合计	**Total**	**6085.2**	**28783.2**	**48277.5**	**60501.1**	**72065.5**	**83239.5**
医药制造业	**Manufacture of Medicines**	**1090.8**	**2674.7**	**5487.8**	**6868.2**	**9013.2**	**11036.8**
#化学药品制造	Manufacture of Chemical Medicine	711.2	1703.8	3439.0	4194.9	5035.5	6020.1
中成药生产	Production of Finished Traditional Chinese Herbal Medicine		694.9	1216.0	1596.2	2156.1	2716.1
生物药品制造	Manufacture of Biological Medicine	63.7	148.0	425.1	509.9	815.1	1159.5
航空、航天器及设备制造业	**Manufacture of Aircrafts and Spacecrafts and Related Equipment**	**352.3**	**753.9**	**1254.0**	**1495.6**	**1831.2**	**1650.8**
#飞机制造	Manufacture of Airplanes	310.6	714.1	1185.2	1412.0	1726.9	1235.3
航天器制造	Manufacture of Spacecrafts	41.6	39.8	68.8	83.6	104.2	103.8
电子及通信设备制造业	**Manufacture of Electronic Equipment and Communication Equipment**	**3741.9**	**14417.0**	**23735.9**	**30120.3**	**37033.5**	**44900.4**
#通信设备制造	Manufacture of Communication Equipment	1430.8	5272.1	7820.2	9070.9	11035.3	12705.2
#通信系统设备制造	Manufacture of Communication System Equipment	693.9	1250.8	3091.6	3833.1	4627.7	5287.5
通信终端设备制造	Manufacture of Communication Terminal Equipment	232.7	424.1	409.8	466.0	520.0	7417.6
广播电视设备制造	Manufacture of Broadcasting and TV Equipment	6.7	100.3	235.5	360.6	437.4	620.1
雷达及配套设备制造	Manufacture of Radar and Its Fittings	31.6	83.6	120.4	178.0	207.7	257.6
视听设备制造	Manufacture of TV Set and Radio Receiver	1113.7	2809.0	3538.2	4155.7	4965.4	5605.0
电子器件制造	Manufacture of Electronic Appliances	632.0	2593.9	5271.5	7447.9	10099.7	11358.0
#电子真空器件制造	Manufacture of Electronic Vacuum Appliance	486.2	529.0	335.9	422.5	405.6	147.2
半导体分立器件制造	Manufacture of Semiconductor Discreting Appliances	43.1	184.5	366.1	445.8	462.9	593.5
集成电路制造	Manufacture of Integrate Circuit	102.8	1025.2	1608.2	2045.1	2187.7	2219.1
电子元件制造	Manufacture of Electronic Components	464.7	3341.8	6043.6	8065.9	9193.7	10164.0
其他电子设备制造	Manufacture of Other Electronic Equipment	62.4	216.2	706.4	841.2	1094.5	1697.5
计算机及办公设备制造业	**Manufacture of Computers and Office Equipment**	**658.9**	**10028.7**	**15640.7**	**19142.0**	**20394.3**	**21262.5**
#计算机整机制造	Manufacture of Entired Computer	179.5	5571.6	9158.2	10213.6	11680.0	12518.0
计算机零部件制造	Manufacture of Computer Components and Parts	418.4	4001.7	5869.1	8219.8	7901.2	4566.6
计算机外围设备制造	Manufacture of Computer Peripheral Equipment						2470.8
办公设备制造	Manufacture of Office Equipment	61.1	455.3	613.5	708.5	813.2	929.9
医疗仪器设备及仪器仪表制造业	**Manufacture of Medical Equipments and Measuring Instrument**	**241.2**	**909.0**	**2159.1**	**2875.1**	**3793.3**	**4389.0**
1.医疗仪器设备及器械制造	Manufacture of Medical Equipment and Appliance	46.0	171.5	475.9	578.8	768.4	931.7
2.仪器仪表制造	Manufacture of Measuring Instrument	195.3	737.5	1683.1	2296.2	3024.9	3457.3

1-1-4 续表 3 continued

行　业	Industry	利润总额（亿元） Profits (100 million yuan)					
		2000	2005	2009	2010	2011	2012
合计	**Total**	**434.1**	**1153.7**	**2533.6**	**3794.9**	**4087.2**	**4858.7**
医药制造业	**Manufacture of Medicines**	**92.1**	**253.2**	**689.2**	**912.0**	**1109.9**	**1307.7**
#化学药品制造	Manufacture of Chemical Medicine	45.3	139.7	401.5	516.1	550.3	647.3
中成药生产	Production of Finished Traditional Chinese Herbal Medicine		80.5	161.9	219.6	290.3	337.5
生物药品制造	Manufacture of Biological Medicine	7.5	21.5	78.3	104.4	147.7	181.1
航空、航天器及设备制造业	**Manufacture of Aircrafts and Spacecrafts and Related Equipment**	**0.5**	**29.6**	**85.6**	**74.5**	**95.0**	**83.7**
#飞机制造	Manufacture of Airplanes	0.5	25.3	78.4	67.1	85.1	58.5
航天器制造	Manufacture of Spacecrafts	-0.1	4.3	7.2	7.4	9.8	8.6
电子及通信设备制造业	**Manufacture of Electronic Equipment and Communication Equipment**	**296.1**	**572.9**	**1081.9**	**1859.2**	**1810.2**	**2272.9**
#通信设备制造	Manufacture of Communication Equipment	155.0	267.4	500.9	659.6	567.2	638.2
#通信系统设备制造	Manufacture of Communication System Equipment	83.5	73.7	312.2	431.6	297.3	262.8
通信终端设备制造	Manufacture of Communication Terminal Equipment	8.7	8.3	13.1	33.5	30.9	375.4
广播电视设备制造	Manufacture of Broadcasting and TV Equipment	-0.4	5.8	15.7	27.5	35.2	56.3
雷达及配套设备制造	Manufacture of Radar and Its Fittings	-0.5	5.8	10.1	12.2	15.0	19.4
视听设备制造	Manufacture of TV Set and Radio Receiver	35.1	59.5	133.3	228.5	206.0	220.3
电子器件制造	Manufacture of Electronic Appliances	63.3	55.3	103.2	395.0	435.2	581.5
#电子真空器件制造	Manufacture of Electronic Vacuum Appliance	51.3	-13.9	-34.7	15.8	14.9	10.9
半导体分立器件制造	Manufacture of Semiconductor Discreting Appliances	1.5	4.8	36.2	33.3	26.0	31.2
集成电路制造	Manufacture of Integrate Circuit	10.5	28.6	-5.0	113.3	132.3	144.0
电子元件制造	Manufacture of Electronic Components	34.6	167.8	272.9	484.3	470.5	473.0
其他电子设备制造	Manufacture of Other Electronic Equipment	8.9	11.3	45.8	52.1	81.3	107.0
计算机及办公设备制造业	**Manufacture of Computers and Office Equipment**	**33.4**	**231.9**	**455.6**	**646.6**	**663.4**	**742.6**
#计算机整机制造	Manufacture of Entired Computer	8.6	104.2	146.1	220.8	281.0	334.2
计算机零部件制造	Manufacture of Computer Components and Parts	22.8	109.9	272.1	380.1	342.9	171.1
计算机外围设备制造	Manufacture of Computer Peripheral Equipment						117.0
办公设备制造	Manufacture of Office Equipment	2.0	17.8	37.5	45.6	39.5	41.3
医疗仪器设备及仪器仪表制造业	**Manufacture of Medical Equipments and Measuring Instrument**	**12.1**	**66.0**	**221.4**	**302.6**	**408.8**	**451.8**
1.医疗仪器设备及器械制造	Manufacture of Medical Equipment and Appliance	3.2	15.9	69.9	72.9	98.2	123.8
2.仪器仪表制造	Manufacture of Measuring Instrument	8.8	50.1	151.4	229.7	310.6	328.0

1-1-4　续表 4　continued

行　业	Industry	利税（亿元） Taxes and Profits (100 million yuan)					
		2000	2005	2009	2010	2011	2012
合计	**Total**	**666.0**	**1638.5**	**3494.9**	**5159.5**	**6109.6**	**7471.4**
医药制造业	**Manufacture of Medicines**	**179.3**	**428.4**	**1040.4**	**1325.8**	**1640.1**	**2008.1**
#化学药品制造	Manufacture of Chemical Medicine	97.3	239.9	622.2	769.0	857.3	1026.5
中成药生产	Production of Finished Traditional Chinese Herbal Medicine		141.3	255.1	330.8	431.8	538.6
生物药品制造	Manufacture of Biological Medicine	13.0	30.3	97.5	129.2	189.5	245.5
航空、航天器及设备制造业	**Manufacture of Aircrafts and Spacecrafts and Related Equipment**	**13.2**	**40.6**	**106.4**	**97.0**	**127.6**	**133.1**
#飞机制造	Manufacture of Airplanes	12.5	36.1	98.7	89.1	117.1	96.4
航天器制造	Manufacture of Spacecrafts	0.7	4.5	7.7	7.9	10.5	9.3
电子及通信设备制造业	**Manufacture of Electronic Equipment and Communication Equipment**	**408.8**	**789.3**	**1490.5**	**2477.1**	**2831.5**	**3645.8**
#通信设备制造	Manufacture of Communication Equipment	203.6	368.3	671.6	912.8	1150.2	1229.6
#通信系统设备制造	Manufacture of Communication System Equipment	115.4	140.9	447.0	596.1	740.3	601.7
通信终端设备制造	Manufacture of Communication Terminal Equipment	12.0	10.8	16.8	38.8	35.6	627.9
广播电视设备制造	Manufacture of Broadcasting and TV Equipment	-0.2	8.3	19.6	34.8	47.7	72.8
雷达及配套设备制造	Manufacture of Radar and Its Fittings	-0.1	6.6	11.9	17.7	22.2	26.6
视听设备制造	Manufacture of TV Set and Radio Receiver	55.9	95.7	190.2	322.1	309.7	416.1
电子器件制造	Manufacture of Electronic Appliances	87.1	89.3	173.3	506.8	576.0	790.0
#电子真空器件制造	Manufacture of Electronic Vacuum Appliance	71.5	-1.8	-29.6	22.4	18.4	15.7
半导体分立器件制造	Manufacture of Semiconductor Discreting Appliances	2.9	7.1	48.3	40.2	34.2	41.8
集成电路制造	Manufacture of Integrate Circuit	12.7	39.9	10.7	148.8	170.2	191.3
电子元件制造	Manufacture of Electronic Components	51.2	207.1	363.2	612.3	621.2	691.5
其他电子设备制造	Manufacture of Other Electronic Equipment	11.4	13.9	60.7	70.5	104.4	159.1
计算机及办公设备制造业	**Manufacture of Computers and Office Equipment**	**40.7**	**286.8**	**558.7**	**855.9**	**954.9**	**1046.8**
#计算机整机制造	Manufacture of Entired Computer	11.6	124.6	182.0	285.9	461.8	495.9
计算机零部件制造	Manufacture of Computer Components and Parts	26.2	140.4	331.5	515.6	441.6	228.8
计算机外围设备制造	Manufacture of Computer Peripheral Equipment						151.2
办公设备制造	Manufacture of Office Equipment	2.9	21.9	45.1	54.4	51.5	69.5
医疗仪器设备及仪器仪表制造业	**Manufacture of Medical Equipments and Measuring Instrument**	**24.0**	**93.3**	**298.9**	**403.8**	**555.5**	**637.5**
1.医疗仪器设备及器械制造	Manufacture of Medical Equipment and Appliance	5.2	20.4	86.9	90.6	129.6	163.1
2.仪器仪表制造	Manufacture of Measuring Instrument	18.8	73.0	212.1	313.2	425.9	474.4

1-1-4 续表 5 continued

行 业	Industry	出口交货值（亿元） Exports (100 million yuan)					
		2000	2005	2009	2010	2011	2012
合计	**Total**	**1771.5**	**16271.8**	**27619.9**	**34977.9**	**38611.3**	**44345.9**
医药制造业	**Manufacture of Medicines**	**123.5**	**299.8**	**528.3**	**688.9**	**756.0**	**864.5**
#化学药品制造	Manufacture of Chemical Medicine	101.7	240.5	392.0	516.5	510.1	558.1
中成药生产	Production of Finished Traditional Chinese Herbal Medicine		15.7	31.6	23.5	30.0	40.5
生物药品制造	Manufacture of Biological Medicine	3.7	25.3	50.3	81.5	110.8	114.0
航空、航天器及设备制造业	**Manufacture of Aircrafts and Spacecrafts and Related Equipment**	**24.0**	**72.4**	**191.9**	**169.9**	**240.4**	**247.6**
#飞机制造	Manufacture of Airplanes	20.3	72.2	190.6	168.1	237.9	134.4
航天器制造	Manufacture of Spacecrafts	3.7	0.2	1.3	1.8	2.6	
电子及通信设备制造业	**Manufacture of Electronic Equipment and Communication Equipment**	**1194.2**	**8631.2**	**14465.1**	**18388.6**	**21031.3**	**25641.8**
#通信设备制造	Manufacture of Communication Equipment	271.5	2923.1	4389.2	4792.6	5535.8	6948.1
#通信系统设备制造	Manufacture of Communication System Equipment	43.1	403.6	1437.1	1786.2	2059.0	2360.7
通信终端设备制造	Manufacture of Communication Terminal Equipment	93.9	282.8	268.1	320.1	346.2	4587.3
广播电视设备制造	Manufacture of Broadcasting and TV Equipment	3.2	40.0	124.6	194.8	195.5	286.0
雷达及配套设备制造	Manufacture of Radar and Its Fittings	6.0	13.6	1.7	24.4	36.2	52.6
视听设备制造	Manufacture of TV Set and Radio Receiver	396.3	1590.6	1717.1	2060.7	2358.7	2707.2
电子器件制造	Manufacture of Electronic Appliances	195.2	1693.8	3881.1	5491.4	6777.9	8106.9
#电子真空器件制造	Manufacture of Electronic Vacuum Appliance	100.2	232.7	155.4	264.6	269.6	48.6
半导体分立器件制造	Manufacture of Semiconductor Discreting Appliances	24.4	126.6	218.4	293.3	278.5	369.5
集成电路制造	Manufacture of Integrate Circuit	70.6	797.6	1346.9	1509.1	1429.9	1586.9
电子元件制造	Manufacture of Electronic Components	305.8	2238.1	3916.9	5362.6	5635.1	5977.5
其他电子设备制造	Manufacture of Other Electronic Equipment	16.1	132.0	434.5	461.9	492.2	855.7
计算机及办公设备制造业	**Manufacture of Computers and Office Equipment**	**380.4**	**6895.8**	**11832.0**	**14945.2**	**15699.9**	**16696.5**
#计算机整机制造	Manufacture of Entired Computer	58.9	3154.5	6795.5	7732.3	8500.3	9489.6
计算机零部件制造	Manufacture of Computer Components and Parts	302.4	3330.6	4593.3	6716.4	6577.6	4043.9
计算机外围设备制造	Manufacture of Computer Peripheral Equipment						2013.0
办公设备制造	Manufacture of Office Equipment	19.1	410.7	443.2	496.5	622.0	720.1
医疗仪器设备及仪器仪表制造业	**Manufacture of Medical Equipments and Measuring Instrument**	**49.4**	**372.6**	**602.6**	**785.3**	**883.5**	**895.5**
1.医疗仪器设备及器械制造	Manufacture of Medical Equipment and Appliance	17.4	76.4	200.4	269.8	330.5	309.7
2.仪器仪表制造	Manufacture of Measuring Instrument	32.1	296.2	402.2	515.5	553.1	585.8

1-1-5　国有及国有控股企业分行业高技术产业生产经营情况

Statistics on Production and Management in High-tech Industry of State-owned and State-controlled Enterprises by Industrial Sector

行　业	Industry	企业数（个） Number of Enterprises (unit)					
		2000	2005	2009	2010	2011	2012
合计	**Total**	**3759**	**2179**	**1770**	**1707**	**1413**	**1532**
医药制造业	**Manufacture of Medicines**	**1558**	**676**	**508**	**507**	**420**	**426**
#化学药品制造	Manufacture of Chemical Medicine	724	320	246	242	197	196
中成药生产	Production of Finished Traditional Chinese Herbal Medicine		207	151	150	133	135
生物药品制造	Manufacture of Biological Medicine	104	54	48	50	40	41
航空、航天器及设备制造业	**Manufacture of Aircrafts and Spacecrafts and Related Equipment**	**167**	**125**	**127**	**135**	**130**	**161**
#飞机制造	Manufacture of Airplanes	123	107	108	113	109	85
航天器制造	Manufacture of Spacecrafts	44	18	19	22	21	19
电子及通信设备制造业	**Manufacture of Electronic Equipment and Communication Equipment**	**1214**	**753**	**662**	**633**	**545**	**613**
#通信设备制造	Manufacture of Communication Equipment	310	199	175	165	145	140
#通信系统设备制造	Manufacture of Communication System Equipment	139	93	81	74	60	94
通信终端设备制造	Manufacture of Communication Terminal Equipment	60	34	26	22	25	46
广播电视设备制造	Manufacture of Broadcasting and TV Equipment	39	24	30	25	20	18
雷达及配套设备制造	Manufacture of Radar and Its Fittings	41	37	30	28	27	30
视听设备制造	Manufacture of TV Set and Radio Receiver	133	59	40	36	27	31
电子器件制造	Manufacture of Electronic Appliances	190	161	161	170	151	180
#电子真空器件制造	Manufacture of Electronic Vacuum Appliance	52	29	26	23	19	19
半导体分立器件制造	Manufacture of Semiconductor Discreting Appliances	113	46	30	30	24	29
集成电路制造	Manufacture of Integrate Circuit	25	28	35	33	34	41
电子元件制造	Manufacture of Electronic Components	381	234	185	172	140	142
其他电子设备制造	Manufacture of Other Electronic Equipment	120	39	41	37	35	30
计算机及办公设备制造业	**Manufacture of Computers and Office Equipment**	**130**	**83**	**76**	**65**	**55**	**61**
#计算机整机制造	Manufacture of Entired Computer	65	24	19	14	13	15
计算机零部件制造	Manufacture of Computer Components and Parts	47	53	46	42	34	5
计算机外围设备制造	Manufacture of Computer Peripheral Equipment						21
办公设备制造	Manufacture of Office Equipment	18	6	11	9	8	7
医疗仪器设备及仪器仪表制造业	**Manufacture of Medical Equipments and Measuring Instrument**	**690**	**542**	**397**	**367**	**263**	**271**
1.医疗仪器设备及器械制造	Manufacture of Medical Equipment and Appliance	144	109	57	49	27	28
2.仪器仪表制造	Manufacture of Measuring Instrument	546	433	340	318	236	243

1-1-5 续表 1 continued

行业	Industry	从业人员年平均人数（人） Annual Average Number of Employed Personnel (person)					
		2000	2005	2009	2010	2011	2012
合计	**Total**	**2079749**	**1369536**	**1297339**	**1347248**	**1375122**	**1418484**
医药制造业	**Manufacture of Medicines**	**619460**	**363415**	**281595**	**309529**	**305063**	**309598**
#化学药品制造	Manufacture of Chemical Medicine	405310	239137	173696	197888	177422	181027
中成药生产	Production of Finished Traditional Chinese Herbal Medicine		92390	76041	77169	87829	89876
生物药品制造	Manufacture of Biological Medicine	27507	16156	19248	20287	21190	20523
航空、航天器及设备制造业	**Manufacture of Aircrafts and Spacecrafts and Related Equipment**	**452968**	**295644**	**298588**	**307688**	**320952**	**319157**
#飞机制造	Manufacture of Airplanes	391328	274519	277963	286175	298730	237502
航天器制造	Manufacture of Spacecrafts	61640	21125	20625	21513	22222	23484
电子及通信设备制造业	**Manufacture of Electronic Equipment and Communication Equipment**	**696170**	**507389**	**513130**	**524572**	**550682**	**597446**
#通信设备制造	Manufacture of Communication Equipment	166023	120006	168286	175436	197246	182074
#通信系统设备制造	Manufacture of Communication System Equipment	96078	67181	129369	132493	148557	148477
通信终端设备制造	Manufacture of Communication Terminal Equipment	29872	16771	10630	10233	12007	33597
广播电视设备制造	Manufacture of Broadcasting and TV Equipment	9353	4981	5631	5494	5839	6742
雷达及配套设备制造	Manufacture of Radar and Its Fittings	49261	36056	31468	31039	32112	32669
视听设备制造	Manufacture of TV Set and Radio Receiver	139927	94773	83170	78686	94578	107053
电子器件制造	Manufacture of Electronic Appliances	146365	119209	110233	122290	117684	137800
#电子真空器件制造	Manufacture of Electronic Vacuum Appliance	87622	50984	34420	28012	16750	11739
半导体分立器件制造	Manufacture of Semiconductor Discreting Appliances	44639	14837	10093	8617	9200	10082
集成电路制造	Manufacture of Integrate Circuit	14104	9264	11289	12156	13250	17908
电子元件制造	Manufacture of Electronic Components	158044	126186	100146	97422	94561	90471
其他电子设备制造	Manufacture of Other Electronic Equipment	27197	6178	14196	14205	8662	9061
计算机及办公设备制造业	**Manufacture of Computers and Office Equipment**	**58721**	**53501**	**58862**	**59305**	**55619**	**64084**
#计算机整机制造	Manufacture of Entired Computer	31408	25754	16616	17328	13034	19460
计算机零部件制造	Manufacture of Computer Components and Parts	21381	26022	39192	38862	39442	1282
计算机外围设备制造	Manufacture of Computer Peripheral Equipment						33045
办公设备制造	Manufacture of Office Equipment	5932	1725	3054	3115	3143	2518
医疗仪器设备及仪器仪表制造业	**Manufacture of Medical Equipments and Measuring Instrument**	**252430**	**149587**	**145164**	**146154**	**142806**	**128199**
1.医疗仪器设备及器械制造	Manufacture of Medical Equipment and Appliance	28866	17542	14052	13454	10948	11727
2.仪器仪表制造	Manufacture of Measuring Instrument	223564	132045	131112	132700	131858	116472

1-1-5　续表 2　continued

行　业	Industry	主营业务收入（亿元） Revenue from Principal Business (100 million yuan)					
		2000	2005	2009	2010	2011	2012
合计	**Total**	**4197.4**	**5712.5**	**6905.9**	**8410.5**	**9801.0**	**11161.9**
医药制造业	**Manufacture of Medicines**	**861.9**	**1113.1**	**1300.8**	**1752.3**	**2023.1**	**2226.4**
#化学药品制造	Manufacture of Chemical Medicine	567.1	741.4	766.0	1111.7	1169.4	1301.3
中成药生产	Production of Finished Traditional Chinese Herbal Medicine		290.4	370.6	438.1	565.5	616.6
生物药品制造	Manufacture of Biological Medicine	42.7	40.1	100.3	128.3	156.4	158.1
航空、航天器及设备制造业	**Manufacture of Aircrafts and Spacecrafts and Related Equipment**	**369.1**	**727.7**	**1108.0**	**1337.0**	**1519.5**	**1787.6**
#飞机制造	Manufacture of Airplanes	326.7	683.4	1038.4	1251.4	1417.8	1383.0
航天器制造	Manufacture of Spacecrafts	42.3	44.3	69.7	85.6	101.6	129.5
电子及通信设备制造业	**Manufacture of Electronic Equipment and Communication Equipment**	**2387.6**	**2735.3**	**3286.8**	**3981.6**	**4728.3**	**5527.4**
#通信设备制造	Manufacture of Communication Equipment	832.1	859.9	1317.3	1571.1	1917.3	1838.3
#通信系统设备制造	Manufacture of Communication System Equipment	468.5	473.4	1010.3	1209.2	1514.1	1542.5
通信终端设备制造	Manufacture of Communication Terminal Equipment	60.9	59.7	66.1	75.3	86.7	295.7
广播电视设备制造	Manufacture of Broadcasting and TV Equipment	6.3	11.6	30.9	25.9	26.1	44.5
雷达及配套设备制造	Manufacture of Radar and Its Fittings	31.5	88.0	116.3	174.1	202.4	262.6
视听设备制造	Manufacture of TV Set and Radio Receiver	823.1	861.1	978.1	1173.3	1359.8	1490.7
电子器件制造	Manufacture of Electronic Appliances	450.6	447.1	496.1	683.5	755.5	1192.9
#电子真空器件制造	Manufacture of Electronic Vacuum Appliance	357.9	219.1	129.1	158.9	57.4	43.3
半导体分立器件制造	Manufacture of Semiconductor Discreting Appliances	38.6	29.5	36.0	41.4	50.4	56.4
集成电路制造	Manufacture of Integrate Circuit	54.1	38.4	52.6	54.4	81.3	154.5
电子元件制造	Manufacture of Electronic Components	178.4	445.7	276.2	280.4	414.2	432.4
其他电子设备制造	Manufacture of Other Electronic Equipment	65.6	22.0	71.8	73.3	53.1	55.1
计算机及办公设备制造业	**Manufacture of Computers and Office Equipment**	**395.0**	**841.3**	**677.5**	**656.0**	**725.1**	**792.2**
#计算机整机制造	Manufacture of Entired Computer	263.5	629.4	393.0	237.6	349.9	366.1
计算机零部件制造	Manufacture of Computer Components and Parts	123.7	204.6	263.2	396.0	349.7	13.0
计算机外围设备制造	Manufacture of Computer Peripheral Equipment						347.7
办公设备制造	Manufacture of Office Equipment	7.7	7.3	21.2	22.5	25.5	23.4
医疗仪器设备及仪器仪表制造业	**Manufacture of Medical Equipments and Measuring Instrument**	**183.8**	**295.1**	**532.9**	**683.4**	**805.0**	**828.3**
1.医疗仪器设备及器械制造	Manufacture of Medical Equipment and Appliance	22.6	30.8	43.1	54.1	59.3	68.5
2.仪器仪表制造	Manufacture of Measuring Instrument	161.1	264.3	489.8	629.3	745.7	759.7

1-1-5 续表 3 continued

行 业	Industry	利润总额（亿元） Profits (100 million yuan)					
		2000	2005	2009	2010	2011	2012
合计	**Total**	**248.1**	**182.1**	**431.3**	**695.0**	**728.6**	**677.4**
医药制造业	**Manufacture of Medicines**	**68.0**	**94.6**	**158.1**	**219.0**	**246.6**	**233.4**
#化学药品制造	Manufacture of Chemical Medicine	36.5	51.4	81.9	117.8	106.1	97.9
中成药生产	Production of Finished Traditional Chinese Herbal Medicine		33.8	42.2	49.1	73.7	82.6
生物药品制造	Manufacture of Biological Medicine	5.7	6.1	26.3	41.1	47.3	31.8
航空、航天器及设备制造业	**Manufacture of Aircrafts and Spacecrafts and Related Equipment**	**2.3**	**27.3**	**66.0**	**71.5**	**75.0**	**80.3**
#飞机制造	Manufacture of Airplanes	2.1	22.5	59.4	62.9	63.6	51.7
航天器制造	Manufacture of Spacecrafts	0.2	4.8	6.6	8.5	11.3	10.9
电子及通信设备制造业	**Manufacture of Electronic Equipment and Communication Equipment**	**150.9**	**20.1**	**121.6**	**282.9**	**255.3**	**243.4**
#通信设备制造	Manufacture of Communication Equipment	69.1	10.9	78.5	140.5	118.7	83.2
#通信系统设备制造	Manufacture of Communication System Equipment	46.0	18.7	59.9	109.2	85.6	68.3
通信终端设备制造	Manufacture of Communication Terminal Equipment	1.8	-2.5	3.1	3.8	5.3	14.8
广播电视设备制造	Manufacture of Broadcasting and TV Equipment	-0.2		2.1	1.6	0.7	3.8
雷达及配套设备制造	Manufacture of Radar and Its Fittings	-0.4	5.9	10.2	12.0	14.6	18.2
视听设备制造	Manufacture of TV Set and Radio Receiver	20.2	10.9	29.2	69.8	60.8	57.5
电子器件制造	Manufacture of Electronic Appliances	38.2	-24.1	-23.4	22.4	26.4	40.2
#电子真空器件制造	Manufacture of Electronic Vacuum Appliance	32.7	-32.4	-17.7	2.8	0.0	2.8
半导体分立器件制造	Manufacture of Semiconductor Discreting Appliances	1.3	1.9	2.5	4.1	3.9	4.0
集成电路制造	Manufacture of Integrate Circuit	4.2	2.1	4.6	5.8	6.9	4.9
电子元件制造	Manufacture of Electronic Components	11.6	16.3	18.4	29.7	29.5	25.0
其他电子设备制造	Manufacture of Other Electronic Equipment	12.5	0.2	6.4	6.8	4.6	3.9
计算机及办公设备制造业	**Manufacture of Computers and Office Equipment**	**22.5**	**18.4**	**32.0**	**49.0**	**66.4**	**50.1**
#计算机整机制造	Manufacture of Entired Computer	18.2	19.4	4.9	16.8	15.6	11.4
计算机零部件制造	Manufacture of Computer Components and Parts	4.2	-1.5	23.1	26.7	45.0	1.0
计算机外围设备制造	Manufacture of Computer Peripheral Equipment						26.7
办公设备制造	Manufacture of Office Equipment	0.1	0.5	4.0	5.5	5.7	6.0
医疗仪器设备及仪器仪表制造业	**Manufacture of Medical Equipments and Measuring Instrument**	**4.4**	**21.8**	**53.6**	**72.7**	**85.3**	**70.1**
1.医疗仪器设备及器械制造	Manufacture of Medical Equipment and Appliance	1.0	2.6	5.7	7.3	6.5	8.7
2.仪器仪表制造	Manufacture of Measuring Instrument	3.4	19.2	47.9	65.4	78.8	61.3

1-1-5 续表 4 continued

行 业	Industry	利税（亿元） Taxes and Profits (100 million yuan)					
		2000	2005	2009	2010	2011	2012
合计	**Total**	**414.7**	**357.1**	**642.0**	**996.5**	**1197.7**	**1203.4**
医药制造业	**Manufacture of Medicines**	**134.9**	**166.8**	**243.5**	**322.1**	**360.5**	**367.7**
#化学药品制造	Manufacture of Chemical Medicine	77.0	92.5	126.1	175.2	160.9	160.4
中成药生产	Production of Finished Traditional Chinese Herbal Medicine		59.8	73.2	82.2	114.7	133.1
生物药品制造	Manufacture of Biological Medicine	8.9	9.2	32.9	49.9	58.4	43.2
航空、航天器及设备制造业	**Manufacture of Aircrafts and Spacecrafts and Related Equipment**	**15.6**	**37.7**	**86.3**	**92.5**	**96.4**	**119.6**
#飞机制造	Manufacture of Airplanes	14.7	32.7	79.3	83.5	84.6	80.4
航天器制造	Manufacture of Spacecrafts	1.0	5.0	7.0	9.0	11.8	11.5
电子及通信设备制造业	**Manufacture of Electronic Equipment and Communication Equipment**	**218.5**	**93.8**	**190.8**	**409.2**	**522.9**	**539.5**
#通信设备制造	Manufacture of Communication Equipment	90.3	45.0	96.2	190.7	284.8	240.3
#通信系统设备制造	Manufacture of Communication System Equipment	60.9	48.8	70.9	151.0	243.5	217.1
通信终端设备制造	Manufacture of Communication Terminal Equipment	3.1	-1.6	4.0	4.7	6.4	23.2
广播电视设备制造	Manufacture of Broadcasting and TV Equipment	0.1	0.3	3.0	2.4	1.5	4.7
雷达及配套设备制造	Manufacture of Radar and Its Fittings		6.9	11.9	17.5	21.7	24.7
视听设备制造	Manufacture of TV Set and Radio Receiver	35.9	26.7	52.6	111.1	114.9	149.9
电子器件制造	Manufacture of Electronic Appliances	57.2	-11.9	-9.2	39.1	56.3	61.5
#电子真空器件制造	Manufacture of Electronic Vacuum Appliance	48.2	-26.4	-15.2	5.3	2.0	4.5
半导体分立器件制造	Manufacture of Semiconductor Discreting Appliances	2.9	2.9	3.5	4.9	5.6	4.8
集成电路制造	Manufacture of Integrate Circuit	6.1	3.3	6.9	7.9	9.1	8.7
电子元件制造	Manufacture of Electronic Components	19.3	25.7	26.5	38.9	36.8	36.4
其他电子设备制造	Manufacture of Other Electronic Equipment	15.7	1.0	9.7	9.4	6.9	6.5
计算机及办公设备制造业	**Manufacture of Computers and Office Equipment**	**31.2**	**24.4**	**44.3**	**64.0**	**96.0**	**69.6**
#计算机整机制造	Manufacture of Entired Computer	24.5	22.8	11.1	22.9	28.4	20.0
计算机零部件制造	Manufacture of Computer Components and Parts	6.3	0.7	28.2	34.5	60.4	1.5
计算机外围设备制造	Manufacture of Computer Peripheral Equipment						32.0
办公设备制造	Manufacture of Office Equipment	0.4	0.9	5.0	6.6	7.2	8.4
医疗仪器设备及仪器仪表制造业	**Manufacture of Medical Equipments and Measuring Instrument**	**14.5**	**34.4**	**77.2**	**108.6**	**121.9**	**107.0**
1.医疗仪器设备及器械制造	Manufacture of Medical Equipment and Appliance	2.5	4.0	8.6	10.4	9.8	12.0
2.仪器仪表制造	Manufacture of Measuring Instrument	11.9	30.4	68.6	98.2	112.1	95.0

1-1-5 续表 5 continued

行 业	Industry	出口交货值 (亿元) Exports (100 million yuan)					
		2000	2005	2009	2010	2011	2012
合计	**Total**	**707.5**	**1566.8**	**1225.0**	**1650.4**	**1749.6**	**2051.6**
医药制造业	**Manufacture of Medicines**	**85.4**	**120.0**	**128.7**	**156.2**	**162.3**	**176.7**
#化学药品制造	Manufacture of Chemical Medicine	75.4	109.5	117.3	146.6	147.6	154.1
中成药生产	Production of Finished Traditional Chinese Herbal Medicine		7.1	9.0	7.0	7.4	9.8
生物药品制造	Manufacture of Biological Medicine	0.5	1.0	1.1	1.2	2.0	5.8
航空、航天器及设备制造业	**Manufacture of Aircrafts and Spacecrafts and Related Equipment**	**25.0**	**48.5**	**95.5**	**130.0**	**159.0**	**182.2**
#飞机制造	Manufacture of Airplanes	21.6	48.3	95.5	129.9	158.2	140.5
航天器制造	Manufacture of Spacecrafts	3.4	0.2	0.1	0.1	0.8	
电子及通信设备制造业	**Manufacture of Electronic Equipment and Communication Equipment**	**511.5**	**852.0**	**797.7**	**1057.0**	**1261.7**	**1383.0**
#通信设备制造	Manufacture of Communication Equipment	124.9	216.1	394.7	487.1	645.6	600.0
#通信系统设备制造	Manufacture of Communication System Equipment	24.4	120.0	316.0	421.6	571.3	563.4
通信终端设备制造	Manufacture of Communication Terminal Equipment	22.7	6.5	26.5	9.7	9.8	36.6
广播电视设备制造	Manufacture of Broadcasting and TV Equipment	0.1	3.2	12.2	3.3	2.8	3.7
雷达及配套设备制造	Manufacture of Radar and Its Fittings	6.0	13.7	1.7	24.4	33.9	50.2
视听设备制造	Manufacture of TV Set and Radio Receiver	203.4	234.3	165.1	201.0	194.0	210.9
电子器件制造	Manufacture of Electronic Appliances	110.2	176.6	150.8	268.3	233.4	330.7
#电子真空器件制造	Manufacture of Electronic Vacuum Appliance	72.1	72.7	53.1	90.5	14.1	2.8
半导体分立器件制造	Manufacture of Semiconductor Discreting Appliances	13.8	5.9	5.7	5.7	4.8	6.7
集成电路制造	Manufacture of Integrate Circuit	24.4	13.6	7.5	10.4	15.8	51.1
电子元件制造	Manufacture of Electronic Components	61.4	206.7	71.4	71.7	149.7	153.8
其他电子设备制造	Manufacture of Other Electronic Equipment	5.4	1.6	1.9	1.4	2.4	1.4
计算机及办公设备制造业	**Manufacture of Computers and Office Equipment**	**67.7**	**519.8**	**175.0**	**252.1**	**95.8**	**269.7**
#计算机整机制造	Manufacture of Entired Computer	13.1	370.0	14.6	20.9	15.5	14.8
计算机零部件制造	Manufacture of Computer Components and Parts	53.9	144.7	155.5	226.6	73.6	0.8
计算机外围设备制造	Manufacture of Computer Peripheral Equipment						250.9
办公设备制造	Manufacture of Office Equipment	0.6	5.0	4.9	4.5	6.6	2.3
医疗仪器设备及仪器仪表制造业	**Manufacture of Medical Equipments and Measuring Instrument**	**17.9**	**26.5**	**28.1**	**55.1**	**70.9**	**40.0**
1.医疗仪器设备及器械制造	Manufacture of Medical Equipment and Appliance	1.6	5.3	2.6	2.7	3.0	3.9
2.仪器仪表制造	Manufacture of Measuring Instrument	16.3	21.2	25.4	52.3	67.8	36.2

1-1-6　内资企业分行业高技术产业生产经营情况

Statistics on Production and Management in High-tech Industry of Domestic Funded Enterprises by Industrial Sector

行　业	Industry	企业数（个） Number of Enterprises (unit)					
		2000	2005	2009	2010	2011	2012
合计	**Total**	**6767**	**11036**	**17922**	**18905**	**14075**	**16641**
医药制造业	**Manufacture of Medicines**	**2941**	**4081**	**5663**	**5899**	**4975**	**5441**
#化学药品制造	Manufacture of Chemical Medicine	1342	1650	2009	2052	1760	1885
中成药生产	Production of Finished Traditional Chinese Herbal Medicine		1096	1302	1336	1233	1326
生物药品制造	Manufacture of Biological Medicine	201	350	624	675	573	659
航空、航天器及设备制造业	**Manufacture of Aircrafts and Spacecrafts and Related Equipment**	**168**	**137**	**161**	**176**	**167**	**239**
#飞机制造	Manufacture of Airplanes	123	114	130	142	131	100
航天器制造	Manufacture of Spacecrafts	45	23	31	34	36	27
电子及通信设备制造业	**Manufacture of Electronic Equipment and Communication Equipment**	**2162**	**3834**	**6952**	**7538**	**5387**	**6974**
#通信设备制造	Manufacture of Communication Equipment	509	734	1007	994	763	879
#通信系统设备制造	Manufacture of Communication System Equipment	214	291	407	412	307	548
通信终端设备制造	Manufacture of Communication Terminal Equipment	73	125	147	140	112	331
广播电视设备制造	Manufacture of Broadcasting and TV Equipment	77	240	327	334	255	307
雷达及配套设备制造	Manufacture of Radar and Its Fittings	47	44	47	50	46	56
视听设备制造	Manufacture of TV Set and Radio Receiver	225	369	546	566	410	469
电子器件制造	Manufacture of Electronic Appliances	253	557	1215	1325	1059	1260
#电子真空器件制造	Manufacture of Electronic Vacuum Appliance	63	82	111	106	84	72
半导体分立器件制造	Manufacture of Semiconductor Discreting Appliances	124	122	211	222	163	171
集成电路制造	Manufacture of Integrate Circuit	66	125	211	224	184	212
电子元件制造	Manufacture of Electronic Components	802	1612	3150	3577	2346	2639
其他电子设备制造	Manufacture of Other Electronic Equipment	249	278	660	692	508	591
计算机及办公设备制造业	**Manufacture of Computers and Office Equipment**	**201**	**467**	**734**	**736**	**552**	**655**
#计算机整机制造	Manufacture of Entired Computer	85	90	84	79	77	82
计算机零部件制造	Manufacture of Computer Components and Parts	86	307	534	526	390	172
计算机外围设备制造	Manufacture of Computer Peripheral Equipment						178
办公设备制造	Manufacture of Office Equipment	30	70	116	131	85	105
医疗仪器设备及仪器仪表制造业	**Manufacture of Medical Equipments and Measuring Instrument**	**1295**	**2517**	**4412**	**4556**	**2994**	**3332**
1.医疗仪器设备及器械制造	Manufacture of Medical Equipment and Appliance	272	503	883	927	584	683
2.仪器仪表制造	Manufacture of Measuring Instrument	1023	2014	3529	3629	2410	2649

1-1-6 续表 1 continued

行　业	Industry	从业人员年平均人数（人） Annual Average Number of Employed Personnel (person)					
		2000	2005	2009	2010	2011	2012
合计	**Total**	**2715464**	**2939172**	**4067372**	**4539404**	**4667126**	**5422678**
医药制造业	**Manufacture of Medicines**	**918351**	**1008153**	**1257047**	**1349602**	**1392475**	**1546117**
#化学药品制造	Manufacture of Chemical Medicine	548219	516618	572373	615227	596930	642563
中成药生产	Production of Finished Traditional Chinese Herbal Medicine		299277	375915	391298	432432	493179
生物药品制造	Manufacture of Biological Medicine	44551	59459	95354	103922	111089	133030
航空、航天器及设备制造业	**Manufacture of Aircrafts and Spacecrafts and Related Equipment**	**448315**	**290621**	**299309**	**309937**	**321920**	**327538**
#飞机制造	Manufacture of Airplanes	386175	269263	277454	286911	296941	246127
航天器制造	Manufacture of Spacecrafts	62140	21358	21855	23026	24979	24899
电子及通信设备制造业	**Manufacture of Electronic Equipment and Communication Equipment**	**905668**	**1098897**	**1668176**	**1962031**	**2039218**	**2555144**
#通信设备制造	Manufacture of Communication Equipment	205064	209232	383635	419841	506311	565350
#通信系统设备制造	Manufacture of Communication System Equipment	115684	114900	243655	261743	295697	384305
通信终端设备制造	Manufacture of Communication Terminal Equipment	31227	33704	41864	36097	42199	181045
广播电视设备制造	Manufacture of Broadcasting and TV Equipment	17389	43040	52337	61298	72781	95249
雷达及配套设备制造	Manufacture of Radar and Its Fittings	54161	37585	35340	35529	37161	40361
视听设备制造	Manufacture of TV Set and Radio Receiver	135625	169834	198704	217259	228206	248923
电子器件制造	Manufacture of Electronic Appliances	136864	176289	301709	376296	397194	480997
#电子真空器件制造	Manufacture of Electronic Vacuum Appliance	73683	54507	51502	44155	40830	27954
半导体分立器件制造	Manufacture of Semiconductor Discreting Appliances	43002	32301	37037	40532	39325	48042
集成电路制造	Manufacture of Integrate Circuit	20179	25232	52406	65878	72847	80617
电子元件制造	Manufacture of Electronic Components	312723	417991	593140	740266	686136	747245
其他电子设备制造	Manufacture of Other Electronic Equipment	43842	44926	103311	111542	111429	131810
计算机及办公设备制造业	**Manufacture of Computers and Office Equipment**	**77777**	**130993**	**216966**	**230471**	**228596**	**252258**
#计算机整机制造	Manufacture of Entired Computer	31758	32153	49373	35651	31947	43569
计算机零部件制造	Manufacture of Computer Components and Parts	29304	80424	146712	170266	172092	63275
计算机外围设备制造	Manufacture of Computer Peripheral Equipment						84254
办公设备制造	Manufacture of Office Equipment	16715	18416	20881	24554	24557	25951
医疗仪器设备及仪器仪表制造业	**Manufacture of Medical Equipments and Measuring Instrument**	**365353**	**410508**	**625874**	**687363**	**684917**	**741621**
1.医疗仪器设备及器械制造	Manufacture of Medical Equipment and Appliance	56250	83737	146572	158999	149747	166778
2.仪器仪表制造	Manufacture of Measuring Instrument	309103	326771	479302	528364	535170	574843

1-1-6　续表 2　continued

行　业	Industry	主营业务收入（亿元） Revenue from Principal Business (100 million yuan)					
		2000	2005	2009	2010	2011	2012
合计	**Total**	**4036.6**	**9132.0**	**20425.3**	**26266.5**	**32551.4**	**41355.4**
医药制造业	**Manufacture of Medicines**	**1296.5**	**3052.8**	**6541.1**	**8386.3**	**10932.7**	**13281.6**
#化学药品制造	Manufacture of Chemical Medicine	760.6	1679.5	3054.9	3855.9	4779.1	5702.4
中成药生产	Production of Finished Traditional Chinese Herbal Medicine		834.7	1664.2	2184.7	2927.3	3564.2
生物药品制造	Manufacture of Biological Medicine	82.7	219.1	627.4	799.1	1132.9	1522.0
航空、航天器及设备制造业	**Manufacture of Aircrafts and Spacecrafts and Related Equipment**	**352.7**	**704.9**	**1123.0**	**1349.6**	**1616.3**	**1944.3**
#飞机制造	Manufacture of Airplanes	310.3	659.6	1048.5	1257.2	1496.2	1521.1
航天器制造	Manufacture of Spacecrafts	42.4	45.2	74.4	92.4	120.1	140.3
电子及通信设备制造业	**Manufacture of Electronic Equipment and Communication Equipment**	**1755.9**	**3732.2**	**8475.3**	**11337.2**	**13821.8**	**18694.9**
#通信设备制造	Manufacture of Communication Equipment	623.7	1379.4	3253.5	4087.3	5068.1	5760.2
#通信系统设备制造	Manufacture of Communication System Equipment	430.8	940.7	2593.1	3183.8	3781.7	4568.3
通信终端设备制造	Manufacture of Communication Terminal Equipment	40.5	108.3	168.3	174.4	225.8	1192.0
广播电视设备制造	Manufacture of Broadcasting and TV Equipment	16.5	104.2	220.1	304.8	392.7	588.4
雷达及配套设备制造	Manufacture of Radar and Its Fittings	34.1	91.1	130.2	191.9	229.6	301.0
视听设备制造	Manufacture of TV Set and Radio Receiver	429.8	871.1	1474.2	1768.5	2069.1	2296.6
电子器件制造	Manufacture of Electronic Appliances	298.4	480.7	1216.0	1931.8	2309.3	3055.3
#电子真空器件制造	Manufacture of Electronic Vacuum Appliance	226.1	155.6	186.7	224.8	152.5	122.7
半导体分立器件制造	Manufacture of Semiconductor Discreting Appliances	28.9	71.1	139.3	187.7	221.6	290.0
集成电路制造	Manufacture of Integrate Circuit	43.4	78.8	216.3	389.1	451.3	584.7
电子元件制造	Manufacture of Electronic Components	264.9	697.2	1707.3	2484.2	3029.2	3683.0
其他电子设备制造	Manufacture of Other Electronic Equipment	88.4	108.4	473.9	568.6	723.8	908.8
计算机及办公设备制造业	**Manufacture of Computers and Office Equipment**	**299.0**	**718.0**	**1584.2**	**1656.1**	**1737.3**	**1983.6**
#计算机整机制造	Manufacture of Entired Computer	153.1	340.3	737.7	517.9	577.2	707.4
计算机零部件制造	Manufacture of Computer Components and Parts	126.8	348.3	758.5	1033.7	1033.2	304.7
计算机外围设备制造	Manufacture of Computer Peripheral Equipment						571.5
办公设备制造	Manufacture of Office Equipment	19.0	29.5	88.0	104.5	126.9	139.1
医疗仪器设备及仪器仪表制造业	**Manufacture of Medical Equipments and Measuring Instrument**	**332.6**	**924.1**	**2701.8**	**3537.2**	**4443.3**	**5451.0**
1.医疗仪器设备及器械制造	Manufacture of Medical Equipment and Appliance	55.2	153.3	519.2	662.9	817.7	1036.8
2.仪器仪表制造	Manufacture of Measuring Instrument	277.4	770.8	2182.6	2874.4	3625.6	4414.2

1-1-6 续表 3 continued

行　业	Industry	利润总额（亿元） Profits (100 million yuan)					
		2000	2005	2009	2010	2011	2012
合计	**Total**	**266.3**	**495.2**	**1685.4**	**2487.2**	**2754.2**	**3421.8**
医药制造业	**Manufacture of Medicines**	**105.3**	**235.0**	**664.0**	**919.9**	**1193.4**	**1394.7**
#化学药品制造	Manufacture of Chemical Medicine	47.4	113.3	293.9	400.6	476.7	552.4
中成药生产	Production of Finished Traditional Chinese Herbal Medicine		77.7	178.6	250.0	344.6	399.5
生物药品制造	Manufacture of Biological Medicine	11.3	22.7	87.4	126.7	170.8	205.1
航空、航天器及设备制造业	**Manufacture of Aircrafts and Spacecrafts and Related Equipment**	**0.3**	**24.5**	**68.5**	**73.3**	**82.4**	**96.7**
#飞机制造	Manufacture of Airplanes	0.1	19.7	61.5	65.1	71.8	61.7
航天器制造	Manufacture of Spacecrafts	0.2	4.8	7.0	8.2	10.6	11.4
电子及通信设备制造业	**Manufacture of Electronic Equipment and Communication Equipment**	**133.5**	**146.2**	**619.6**	**1015.7**	**943.3**	**1303.0**
#通信设备制造	Manufacture of Communication Equipment	73.5	78.2	345.9	490.5	364.8	382.7
#通信系统设备制造	Manufacture of Communication System Equipment	56.3	70.5	299.0	412.1	256.0	282.2
通信终端设备制造	Manufacture of Communication Terminal Equipment	1.7	-0.1	10.9	17.1	18.3	100.5
广播电视设备制造	Manufacture of Broadcasting and TV Equipment	0.6	5.7	19.0	26.6	36.6	63.1
雷达及配套设备制造	Manufacture of Radar and Its Fittings	-0.1	6.5	11.2	13.6	18.0	23.0
视听设备制造	Manufacture of TV Set and Radio Receiver	11.0	15.9	51.5	95.3	95.9	99.7
电子器件制造	Manufacture of Electronic Appliances	17.1	-3.8	64.0	162.8	138.3	183.0
#电子真空器件制造	Manufacture of Electronic Vacuum Appliance	15.0	-23.6	-20.9	9.3	6.0	11.0
半导体分立器件制造	Manufacture of Semiconductor Discreting Appliances	0.5	4.5	8.8	14.8	14.8	20.1
集成电路制造	Manufacture of Integrate Circuit	1.6	5.9	17.8	31.5	23.6	27.4
电子元件制造	Manufacture of Electronic Components	16.9	36.3	95.9	179.5	226.6	284.2
其他电子设备制造	Manufacture of Other Electronic Equipment	14.5	7.3	32.2	47.3	63.2	81.7
计算机及办公设备制造业	**Manufacture of Computers and Office Equipment**	**13.5**	**21.5**	**92.1**	**146.8**	**115.5**	**122.0**
#计算机整机制造	Manufacture of Entired Computer	7.3	9.5	20.0	40.0	32.3	31.4
计算机零部件制造	Manufacture of Computer Components and Parts	6.1	10.4	61.5	91.7	68.0	18.8
计算机外围设备制造	Manufacture of Computer Peripheral Equipment						37.3
办公设备制造	Manufacture of Office Equipment		1.7	10.5	15.1	15.1	13.6
医疗仪器设备及仪器仪表制造业	**Manufacture of Medical Equipments and Measuring Instrument**	**13.9**	**68.1**	**241.3**	**331.5**	**419.6**	**505.3**
1.医疗仪器设备及器械制造	Manufacture of Medical Equipment and Appliance	2.9	11.4	57.2	66.3	90.8	123.2
2.仪器仪表制造	Manufacture of Measuring Instrument	10.9	56.6	184.1	265.2	328.8	382.1

1-1-6 续表 4 continued

行 业	Industry	利税（亿元） Taxes and Profits (100 million yuan)					
		2000	2005	2009	2010	2011	2012
合计	**Total**	**477.3**	**875.1**	**2538.2**	**3555.6**	**4299.2**	**5331.5**
医药制造业	**Manufacture of Medicines**	**201.6**	**409.9**	**1029.3**	**1354.9**	**1721.8**	**2111.4**
#化学药品制造	Manufacture of Chemical Medicine	98.9	197.1	461.3	593.7	697.7	841.8
中成药生产	Production of Finished Traditional Chinese Herbal Medicine		143.3	296.1	388.3	518.4	642.2
生物药品制造	Manufacture of Biological Medicine	17.3	35.1	117.9	167.5	224.0	282.5
航空、航天器及设备制造业	**Manufacture of Aircrafts and Spacecrafts and Related Equipment**	**12.7**	**33.7**	**89.1**	**94.5**	**105.1**	**139.7**
#飞机制造	Manufacture of Airplanes	11.7	28.6	81.4	85.6	93.4	93.6
航天器制造	Manufacture of Spacecrafts	0.9	5.1	7.7	9.0	11.7	12.7
电子及通信设备制造业	**Manufacture of Electronic Equipment and Communication Equipment**	**213.4**	**285.1**	**936.5**	**1435.9**	**1694.1**	**2144.8**
#通信设备制造	Manufacture of Communication Equipment	105.4	145.1	499.4	685.9	836.7	739.0
#通信系统设备制造	Manufacture of Communication System Equipment	79.3	127.6	430.3	577.3	693.8	605.8
通信终端设备制造	Manufacture of Communication Terminal Equipment	3.5	2.5	15.4	21.6	23.8	133.2
广播电视设备制造	Manufacture of Broadcasting and TV Equipment	1.4	10.2	26.2	35.0	48.5	83.7
雷达及配套设备制造	Manufacture of Radar and Its Fittings	0.3	7.7	13.4	19.9	25.9	31.2
视听设备制造	Manufacture of TV Set and Radio Receiver	24.2	35.3	87.7	152.3	162.4	217.9
电子器件制造	Manufacture of Electronic Appliances	32.1	12.0	104.6	217.0	210.1	265.8
#电子真空器件制造	Manufacture of Electronic Vacuum Appliance	26.2	-19.6	-16.3	14.2	10.4	16.3
半导体分立器件制造	Manufacture of Semiconductor Discreting Appliances	2.1	6.8	13.3	19.9	19.6	29.2
集成电路制造	Manufacture of Integrate Circuit	3.7	8.9	27.2	43.4	36.8	46.4
电子元件制造	Manufacture of Electronic Components	29.9	63.0	156.1	258.8	324.2	419.0
其他电子设备制造	Manufacture of Other Electronic Equipment	20.1	11.8	49.1	67.0	86.3	116.0
计算机及办公设备制造业	**Manufacture of Computers and Office Equipment**	**18.3**	**34.9**	**124.6**	**184.6**	**168.4**	**182.8**
#计算机整机制造	Manufacture of Entired Computer	9.2	14.5	30.7	51.3	50.6	56.1
计算机零部件制造	Manufacture of Computer Components and Parts	8.7	17.5	80.0	113.9	96.7	28.9
计算机外围设备制造	Manufacture of Computer Peripheral Equipment						48.1
办公设备制造	Manufacture of Office Equipment	0.4	2.9	13.9	19.4	21.2	20.9
医疗仪器设备及仪器仪表制造业	**Manufacture of Medical Equipments and Measuring Instrument**	**31.3**	**111.5**	**358.7**	**485.7**	**609.8**	**752.8**
1.医疗仪器设备及器械制造	Manufacture of Medical Equipment and Appliance	6.2	19.1	78.6	92.4	125.0	172.0
2.仪器仪表制造	Manufacture of Measuring Instrument	25.1	92.5	280.1	393.3	484.8	580.8

1-1-6 续表 5 continued

行 业	Industry	出口交货值（亿元）Exports (100 million yuan)					
		2000	2005	2009	2010	2011	2012
合计	**Total**	**510.8**	**1490.7**	**3247.3**	**4202.9**	**4582.6**	**5361.7**
医药制造业	**Manufacture of Medicines**	**141.1**	**320.7**	**410.3**	**527.1**	**604.6**	**673.6**
#化学药品制造	Manufacture of Chemical Medicine	114.1	242.7	301.3	387.2	400.9	444.9
中成药生产	Production of Finished Traditional Chinese Herbal Medicine		20.3	25.3	16.8	24.7	27.8
生物药品制造	Manufacture of Biological Medicine	5.4	33.9	41.2	69.1	111.5	96.7
航空、航天器及设备制造业	**Manufacture of Aircrafts and Spacecrafts and Related Equipment**	**24.4**	**47.7**	**97.0**	**124.7**	**170.9**	**190.6**
#飞机制造	Manufacture of Airplanes	21.0	47.4	95.3	122.2	168.0	175.5
航天器制造	Manufacture of Spacecrafts	3.4	0.3	1.7	2.5	2.9	
电子及通信设备制造业	**Manufacture of Electronic Equipment and Communication Equipment**	**237.1**	**854.4**	**2137.8**	**2828.7**	**3105.6**	**3745.5**
#通信设备制造	Manufacture of Communication Equipment	25.2	336.1	1171.2	1331.8	1613.6	1812.0
#通信系统设备制造	Manufacture of Communication System Equipment	17.2	284.7	1100.3	1253.7	1463.3	1589.1
通信终端设备制造	Manufacture of Communication Terminal Equipment	3.7	4.5	32.3	17.8	32.4	222.9
广播电视设备制造	Manufacture of Broadcasting and TV Equipment	0.5	21.4	43.7	67.6	84.1	139.9
雷达及配套设备制造	Manufacture of Radar and Its Fittings	6.0	13.8	1.8	24.5	36.8	53.7
视听设备制造	Manufacture of TV Set and Radio Receiver	57.1	203.6	367.2	494.1	488.6	539.1
电子器件制造	Manufacture of Electronic Appliances	64.1	126.4	238.6	468.7	419.7	510.2
#电子真空器件制造	Manufacture of Electronic Vacuum Appliance	50.5	57.8	57.5	94.1	23.6	9.7
半导体分立器件制造	Manufacture of Semiconductor Discreting Appliances	5.5	20.8	28.3	35.2	41.1	50.8
集成电路制造	Manufacture of Integrate Circuit	8.1	16.9	41.6	51.3	62.9	83.9
电子元件制造	Manufacture of Electronic Components	77.1	138.6	257.4	393.5	414.7	518.8
其他电子设备制造	Manufacture of Other Electronic Equipment	6.9	14.5	57.9	48.4	48.1	63.9
计算机及办公设备制造业	**Manufacture of Computers and Office Equipment**	**70.8**	**172.9**	**333.6**	**418.6**	**335.6**	**390.2**
#计算机整机制造	Manufacture of Entired Computer	21.8	16.8	81.7	33.2	50.5	89.6
计算机零部件制造	Manufacture of Computer Components and Parts	40.2	145.5	241.0	370.3	263.9	38.9
计算机外围设备制造	Manufacture of Computer Peripheral Equipment						211.1
办公设备制造	Manufacture of Office Equipment	8.8	10.6	11.0	15.0	21.2	20.2
医疗仪器设备及仪器仪表制造业	**Manufacture of Medical Equipments and Measuring Instrument**	**37.4**	**95.0**	**268.5**	**303.8**	**365.9**	**361.8**
1.医疗仪器设备及器械制造	Manufacture of Medical Equipment and Appliance	8.0	16.2	75.7	103.4	118.4	132.5
2.仪器仪表制造	Manufacture of Measuring Instrument	29.3	78.8	192.8	200.5	247.5	229.3

1-1-7　港澳台资企业分行业高技术产业生产经营情况

Statistics on Production and Management in High-tech Industry of Hong Kong, Macau and Taiwan Funded Enterprises by Industrial Sector

行　业	Industry	企业数（个）Number of Enterprises (unit)					
		2000	2005	2009	2010	2011	2012
合计	**Total**	**1627**	**2856**	**3809**	**3891**	**3173**	**3311**
医药制造业	**Manufacture of Medicines**	**276**	**356**	**452**	**444**	**392**	**381**
#化学药品制造	Manufacture of Chemical Medicine	125	155	188	180	160	144
中成药生产	Production of Finished Traditional Chinese Herbal Medicine		103	111	110	93	99
生物药品制造	Manufacture of Biological Medicine	28	36	62	58	52	59
航空、航天器及设备制造业	**Manufacture of Aircrafts and Spacecrafts and Related Equipment**	**2**	**4**	**9**	**9**	**11**	**11**
#飞机制造	Manufacture of Airplanes	2	4	9	9	10	1
航天器制造	Manufacture of Spacecrafts					1	
电子及通信设备制造业	**Manufacture of Electronic Equipment and Communication Equipment**	**1045**	**1830**	**2553**	**2644**	**2151**	**2280**
#通信设备制造	Manufacture of Communication Equipment	138	183	236	224	183	190
#通信系统设备制造	Manufacture of Communication System Equipment	49	56	61	57	42	68
通信终端设备制造	Manufacture of Communication Terminal Equipment	28	59	52	49	34	122
广播电视设备制造	Manufacture of Broadcasting and TV Equipment	13	61	74	64	61	77
雷达及配套设备制造	Manufacture of Radar and Its Fittings		1				1
视听设备制造	Manufacture of TV Set and Radio Receiver	157	280	313	306	258	236
电子器件制造	Manufacture of Electronic Appliances	156	311	420	428	391	398
#电子真空器件制造	Manufacture of Electronic Vacuum Appliance	19	14	13	13	10	7
半导体分立器件制造	Manufacture of Semiconductor Discreting Appliances	67	62	66	64	51	52
集成电路制造	Manufacture of Integrate Circuit	70	97	107	104	82	77
电子元件制造	Manufacture of Electronic Components	457	895	1319	1445	1120	1097
其他电子设备制造	Manufacture of Other Electronic Equipment	124	99	191	177	138	164
计算机及办公设备制造业	**Manufacture of Computers and Office Equipment**	**184**	**390**	**417**	**408**	**334**	**339**
#计算机整机制造	Manufacture of Entired Computer	29	47	27	32	30	30
计算机零部件制造	Manufacture of Computer Components and Parts	121	294	342	329	268	122
计算机外围设备制造	Manufacture of Computer Peripheral Equipment						112
办公设备制造	Manufacture of Office Equipment	34	49	48	47	36	42
医疗仪器设备及仪器仪表制造业	**Manufacture of Medical Equipments and Measuring Instrument**	**120**	**276**	**378**	**386**	**285**	**300**
1.医疗仪器设备及器械制造	Manufacture of Medical Equipment and Appliance	20	61	105	110	82	87
2.仪器仪表制造	Manufacture of Measuring Instrument	100	215	273	276	203	213

1-1-7 续表 1 continued

行　业	Industry	从业人员年平均人数（人） Annual Average Number of Employed Personnel (person)					
		2000	2005	2009	2010	2011	2012
合计	**Total**	**595800**	**1518686**	**2136353**	**2489372**	**2847497**	**3188950**
医药制造业	**Manufacture of Medicines**	**55317**	**77653**	**131968**	**147499**	**151972**	**165039**
#化学药品制造	Manufacture of Chemical Medicine	28233	36231	66666	75619	82660	81615
中成药生产	Production of Finished Traditional Chinese Herbal Medicine		25897	24671	26225	27891	37275
生物药品制造	Manufacture of Biological Medicine	2773	4409	12366	15975	17878	18298
航空、航天器及设备制造业	**Manufacture of Aircrafts and Spacecrafts and Related Equipment**	**1618**	**3475**	**6272**	**6050**	**11774**	**10404**
#飞机制造	Manufacture of Airplanes	1618	3475	6272	6050	11706	140
航天器制造	Manufacture of Spacecrafts					68	
电子及通信设备制造业	**Manufacture of Electronic Equipment and Communication Equipment**	**417128**	**1051800**	**1519854**	**1742415**	**1986772**	**2268279**
#通信设备制造	Manufacture of Communication Equipment	41321	110824	163968	176403	310315	447711
#通信系统设备制造	Manufacture of Communication System Equipment	14035	17226	32163	42619	49409	71344
通信终端设备制造	Manufacture of Communication Terminal Equipment	13511	49249	28626	41192	48020	376367
广播电视设备制造	Manufacture of Broadcasting and TV Equipment	1790	16729	26388	21268	26816	37915
雷达及配套设备制造	Manufacture of Radar and Its Fittings		1500				1147
视听设备制造	Manufacture of TV Set and Radio Receiver	111703	240474	204072	213900	236802	240164
电子器件制造	Manufacture of Electronic Appliances	67372	154813	295227	332816	368034	356247
#电子真空器件制造	Manufacture of Electronic Vacuum Appliance	12774	12272	3790	4744	5358	2275
半导体分立器件制造	Manufacture of Semiconductor Discreting Appliances	17873	17952	22838	24086	28745	28569
集成电路制造	Manufacture of Integrate Circuit	36725	48406	86622	81112	64152	60043
电子元件制造	Manufacture of Electronic Components	153496	477794	741579	906234	947155	967944
其他电子设备制造	Manufacture of Other Electronic Equipment	41446	49666	88620	91794	97650	107720
计算机及办公设备制造业	**Manufacture of Computers and Office Equipment**	**96660**	**300184**	**391834**	**481738**	**575160**	**630961**
#计算机整机制造	Manufacture of Entired Computer	19667	45879	66145	105398	226015	302983
计算机零部件制造	Manufacture of Computer Components and Parts	47954	223575	294180	341491	318793	124057
计算机外围设备制造	Manufacture of Computer Peripheral Equipment						137761
办公设备制造	Manufacture of Office Equipment	29039	30730	31509	34849	30352	26269
医疗仪器设备及仪器仪表制造业	**Manufacture of Medical Equipments and Measuring Instrument**	**25077**	**85574**	**86425**	**111670**	**121819**	**114267**
1.医疗仪器设备及器械制造	Manufacture of Medical Equipment and Appliance	4175	13463	25933	27459	25629	30679
2.仪器仪表制造	Manufacture of Measuring Instrument	20902	72111	60492	84211	96190	83588

1-1-7　续表 2　continued

行　业	Industry	主营业务收入（亿元） Revenue from Principal Business (100 million yuan)					
		2000	2005	2009	2010	2011	2012
合计	**Total**	**1872.1**	**6539.4**	**11822.2**	**14345.9**	**17534.7**	**21056.7**
医药制造业	**Manufacture of Medicines**	**134.3**	**254.7**	**842.3**	**1056.2**	**1194.0**	**1377.5**
#化学药品制造	Manufacture of Chemical Medicine	70.1	145.9	543.5	669.3	691.9	764.7
中成药生产	Production of Finished Traditional Chinese Herbal Medicine		66.6	132.0	147.5	198.9	318.7
生物药品制造	Manufacture of Biological Medicine	8.6	20.2	93.0	135.3	161.5	154.0
航空、航天器及设备制造业	**Manufacture of Aircrafts and Spacecrafts and Related Equipment**	**6.4**	**24.9**	**42.8**	**30.8**	**72.1**	**94.1**
#飞机制造	Manufacture of Airplanes	6.4	24.9	42.8	30.8	71.5	2.5
航天器制造	Manufacture of Spacecrafts					0.6	
电子及通信设备制造业	**Manufacture of Electronic Equipment and Communication Equipment**	**1125.0**	**3541.7**	**6612.8**	**7741.3**	**9690.8**	**12441.3**
#通信设备制造	Manufacture of Communication Equipment	99.0	431.4	895.4	1057.1	1687.0	3033.5
#通信系统设备制造	Manufacture of Communication System Equipment	32.8	60.7	217.4	280.3	419.7	578.5
通信终端设备制造	Manufacture of Communication Terminal Equipment	28.2	132.9	70.7	142.3	143.8	2455.0
广播电视设备制造	Manufacture of Broadcasting and TV Equipment	2.8	33.0	99.5	103.9	132.9	182.2
雷达及配套设备制造	Manufacture of Radar and Its Fittings		0.3				5.1
视听设备制造	Manufacture of TV Set and Radio Receiver	496.8	1135.2	1069.2	1180.8	1371.7	1766.8
电子器件制造	Manufacture of Electronic Appliances	223.0	659.5	1592.3	1733.6	2157.1	1937.4
#电子真空器件制造	Manufacture of Electronic Vacuum Appliance	112.2	110.7	29.9	51.2	7.3	7.0
半导体分立器件制造	Manufacture of Semiconductor Discreting Appliances	31.8	56.0	127.6	116.6	129.5	129.0
集成电路制造	Manufacture of Integrate Circuit	79.1	274.2	446.4	415.2	457.3	390.8
电子元件制造	Manufacture of Electronic Components	234.0	1180.3	2647.5	3292.5	3912.2	4273.9
其他电子设备制造	Manufacture of Other Electronic Equipment	69.3	102.0	308.7	373.4	430.0	558.6
计算机及办公设备制造业	**Manufacture of Computers and Office Equipment**	**563.6**	**2461.8**	**3975.4**	**5028.8**	**5959.8**	**6576.8**
#计算机整机制造	Manufacture of Entired Computer	263.6	1137.7	2215.8	3053.9	3745.0	4206.2
计算机零部件制造	Manufacture of Computer Components and Parts	251.1	1223.5	1579.3	1729.9	1947.9	602.9
计算机外围设备制造	Manufacture of Computer Peripheral Equipment						1233.4
办公设备制造	Manufacture of Office Equipment	48.9	100.5	180.3	245.0	267.0	199.6
医疗仪器设备及仪器仪表制造业	**Manufacture of Medical Equipments and Measuring Instrument**	**42.8**	**256.3**	**349.0**	**488.9**	**618.0**	**567.0**
1.医疗仪器设备及器械制造	Manufacture of Medical Equipment and Appliance	5.0	32.7	107.6	121.5	126.5	118.9
2.仪器仪表制造	Manufacture of Measuring Instrument	37.8	223.6	241.5	367.4	491.5	448.1

1-1-7 续表 3 continued

行 业	Industry	利润总额（亿元）Profits (100 million yuan)					
		2000	2005	2009	2010	2011	2012
合计	**Total**	**84.4**	**186.0**	**497.4**	**735.3**	**862.3**	**986.6**
医药制造业	**Manufacture of Medicines**	**11.3**	**22.5**	**109.7**	**147.4**	**154.2**	**174.6**
#化学药品制造	Manufacture of Chemical Medicine	4.9	11.2	65.7	90.9	83.3	93.3
中成药生产	Production of Finished Traditional Chinese Herbal Medicine		7.6	16.8	19.1	28.5	39.5
生物药品制造	Manufacture of Biological Medicine	1.5	2.2	18.9	22.5	22.2	22.8
航空、航天器及设备制造业	**Manufacture of Aircrafts and Spacecrafts and Related Equipment**	**1.7**	**2.6**	**2.0**	**1.7**	**3.7**	**3.4**
#飞机制造	Manufacture of Airplanes	1.7	2.6	2.0	1.7	3.8	0.4
航天器制造	Manufacture of Spacecrafts					-0.1	
电子及通信设备制造业	**Manufacture of Electronic Equipment and Communication Equipment**	**49.4**	**101.9**	**257.1**	**398.8**	**446.5**	**521.1**
#通信设备制造	Manufacture of Communication Equipment	5.9	-1.6	29.1	60.5	78.4	146.5
#通信系统设备制造	Manufacture of Communication System Equipment	2.7	1.5	9.7	28.3	44.5	16.0
通信终端设备制造	Manufacture of Communication Terminal Equipment	1.2	2.3	1.1	8.6	6.3	130.5
广播电视设备制造	Manufacture of Broadcasting and TV Equipment		0.6	2.6	3.5	6.0	11.4
雷达及配套设备制造	Manufacture of Radar and Its Fittings						0.7
视听设备制造	Manufacture of TV Set and Radio Receiver	7.5	22.2	38.2	67.0	56.3	66.3
电子器件制造	Manufacture of Electronic Appliances	21.5	20.3	65.9	73.1	103.1	81.3
#电子真空器件制造	Manufacture of Electronic Vacuum Appliance	15.8	-4.2	0.9	2.3	0.4	-1.0
半导体分立器件制造	Manufacture of Semiconductor Discreting Appliances	1.6	3.0	23.1	7.6	4.8	2.0
集成电路制造	Manufacture of Integrate Circuit	4.1	11.9	4.1	19.6	27.2	27.0
电子元件制造	Manufacture of Electronic Components	13.5	52.9	106.4	180.1	182.1	162.6
其他电子设备制造	Manufacture of Other Electronic Equipment	1.0	7.5	15.0	14.6	20.6	22.3
计算机及办公设备制造业	**Manufacture of Computers and Office Equipment**	**19.2**	**44.4**	**93.2**	**139.4**	**194.9**	**233.3**
#计算机整机制造	Manufacture of Entired Computer	12.6	4.7	10.6	21.8	38.0	73.7
计算机零部件制造	Manufacture of Computer Components and Parts	5.7	36.4	73.0	107.2	148.0	25.3
计算机外围设备制造	Manufacture of Computer Peripheral Equipment						65.7
办公设备制造	Manufacture of Office Equipment	0.9	3.4	9.6	10.4	8.9	7.0
医疗仪器设备及仪器仪表制造业	**Manufacture of Medical Equipments and Measuring Instrument**	**2.8**	**14.4**	**35.4**	**48.1**	**62.9**	**54.2**
1.医疗仪器设备及器械制造	Manufacture of Medical Equipment and Appliance	0.4	2.8	17.0	18.2	15.8	15.8
2.仪器仪表制造	Manufacture of Measuring Instrument	2.4	11.7	18.4	29.9	47.2	38.4

1-1-7　续表 4　continued

行　业	Industry	利税（亿元） Taxes and Profits (100 million yuan)					
		2000	2005	2009	2010	2011	2012
合计	**Total**	**127.4**	**270.3**	**682.3**	**945.3**	**1199.0**	**1519.0**
医药制造业	**Manufacture of Medicines**	**21.6**	**38.7**	**150.7**	**197.9**	**231.2**	**262.1**
#化学药品制造	Manufacture of Chemical Medicine	10.5	18.5	90.8	119.5	134.2	140.4
中成药生产	Production of Finished Traditional Chinese Herbal Medicine		14.1	25.7	29.8	42.0	61.4
生物药品制造	Manufacture of Biological Medicine	2.4	3.5	22.7	28.4	29.1	32.8
航空、航天器及设备制造业	**Manufacture of Aircrafts and Spacecrafts and Related Equipment**	**1.8**	**3.0**	**2.2**	**1.9**	**5.6**	**6.0**
#飞机制造	Manufacture of Airplanes	1.8	3.0	2.2	1.9	5.7	0.4
航天器制造	Manufacture of Spacecrafts					-0.1	
电子及通信设备制造业	**Manufacture of Electronic Equipment and Communication Equipment**	**71.6**	**140.6**	**351.3**	**503.0**	**597.1**	**814.9**
#通信设备制造	Manufacture of Communication Equipment	9.2	3.6	39.1	72.1	107.8	255.9
#通信系统设备制造	Manufacture of Communication System Equipment	4.1	2.8	11.1	30.6	46.9	21.8
通信终端设备制造	Manufacture of Communication Terminal Equipment	2.2	3.1	1.7	10.2	7.5	234.0
广播电视设备制造	Manufacture of Broadcasting and TV Equipment	0.1	1.2	3.6	5.2	9.6	15.3
雷达及配套设备制造	Manufacture of Radar and Its Fittings						1.0
视听设备制造	Manufacture of TV Set and Radio Receiver	10.2	33.6	55.7	80.4	79.9	115.0
电子器件制造	Manufacture of Electronic Appliances	28.3	27.7	88.7	97.7	129.3	106.3
#电子真空器件制造	Manufacture of Electronic Vacuum Appliance	19.4	-2.8	1.2	2.6	0.7	-0.9
半导体分立器件制造	Manufacture of Semiconductor Discreting Appliances	2.1	3.7	29.5	9.5	6.4	2.3
集成电路制造	Manufacture of Integrate Circuit	6.7	15.2	7.7	24.2	32.3	32.8
电子元件制造	Manufacture of Electronic Components	22.1	65.6	143.1	225.9	241.9	235.0
其他电子设备制造	Manufacture of Other Electronic Equipment	1.8	9.0	21.2	21.7	28.7	43.4
计算机及办公设备制造业	**Manufacture of Computers and Office Equipment**	**28.0**	**67.9**	**132.4**	**180.1**	**282.8**	**362.5**
#计算机整机制造	Manufacture of Entired Computer	18.2	13.4	24.6	28.2	89.0	151.9
计算机零部件制造	Manufacture of Computer Components and Parts	8.5	50.7	96.4	140.1	182.5	35.6
计算机外围设备制造	Manufacture of Computer Peripheral Equipment						83.5
办公设备制造	Manufacture of Office Equipment	1.3	3.8	11.4	11.8	11.2	14.4
医疗仪器设备及仪器仪表制造业	**Manufacture of Medical Equipments and Measuring Instrument**	**4.5**	**20.1**	**45.8**	**62.5**	**82.3**	**73.6**
1.医疗仪器设备及器械制造	Manufacture of Medical Equipment and Appliance	0.7	3.7	21.0	21.5	20.4	20.3
2.仪器仪表制造	Manufacture of Measuring Instrument	3.8	16.4	24.8	41.0	61.9	53.4

1-1-7 续表 5 continued

行 业	Industry	出口交货值（亿元） Expoats (100 million yuan)					
		2000	2005	2009	2010	2011	2012
合计	**Total**	**867.1**	**4301.8**	**7516.4**	**9233.4**	**11214.8**	**14107.7**
医药制造业	**Manufacture of Medicines**	**18.1**	**34.8**	**122.1**	**151.0**	**150.5**	**171.1**
#化学药品制造	Manufacture of Chemical Medicine	9.6	21.4	84.9	109.1	111.2	110.3
中成药生产	Production of Finished Traditional Chinese Herbal Medicine		2.3	3.0	3.6	1.4	16.8
生物药品制造	Manufacture of Biological Medicine	0.8	5.1	18.7	21.8	22.4	15.7
航空、航天器及设备制造业	**Manufacture of Aircrafts and Spacecrafts and Related Equipment**	**5.6**	**23.4**	**35.0**	**23.5**	**49.5**	**71.7**
#飞机制造	Manufacture of Airplanes	5.6	23.4	35.0	23.5	49.5	2.5
航天器制造	Manufacture of Spacecrafts						
电子及通信设备制造业	**Manufacture of Electronic Equipment and Communication Equipment**	**516.9**	**2347.3**	**4329.8**	**5213.4**	**6212.9**	**8429.2**
#通信设备制造	Manufacture of Communication Equipment	32.0	219.2	535.7	723.8	1108.2	2431.9
#通信系统设备制造	Manufacture of Communication System Equipment	7.6	38.0	160.2	220.9	201.3	398.4
通信终端设备制造	Manufacture of Communication Terminal Equipment	15.3	104.0	44.2	108.6	112.6	2033.5
广播电视设备制造	Manufacture of Broadcasting and TV Equipment	1.1	18.5	73.6	77.1	75.1	100.9
雷达及配套设备制造	Manufacture of Radar and Its Fittings		0.2				2.5
视听设备制造	Manufacture of TV Set and Radio Receiver	145.5	732.4	563.2	615.0	689.5	991.3
电子器件制造	Manufacture of Electronic Appliances	122.9	477.4	1158.5	1293.2	1499.8	1381.5
#电子真空器件制造	Manufacture of Electronic Vacuum Appliance	27.4	67.6	20.6	37.8	3.2	3.4
半导体分立器件制造	Manufacture of Semiconductor Discreting Appliances	26.3	37.4	50.6	75.5	83.4	87.0
集成电路制造	Manufacture of Integrate Circuit	69.2	213.6	327.1	274.6	248.5	297.1
电子元件制造	Manufacture of Electronic Components	170.8	819.2	1791.6	2272.1	2576.4	2826.2
其他电子设备制造	Manufacture of Other Electronic Equipment	44.5	80.5	207.2	232.3	263.9	262.4
计算机及办公设备制造业	**Manufacture of Computers and Office Equipment**	**309.0**	**1729.9**	**2908.7**	**3638.6**	**4566.2**	**5221.7**
#计算机整机制造	Manufacture of Entired Computer	93.4	731.0	1570.5	2168.7	2780.0	3298.6
计算机零部件制造	Manufacture of Computer Components and Parts	167.7	912.0	1238.4	1343.2	1574.2	537.1
计算机外围设备制造	Manufacture of Computer Peripheral Equipment						1078.3
办公设备制造	Manufacture of Office Equipment	48.0	86.9	99.8	126.7	211.9	124.7
医疗仪器设备及仪器仪表制造业	**Manufacture of Medical Equipments and Measuring Instrument**	**17.5**	**166.5**	**120.7**	**207.0**	**235.8**	**214.1**
1.医疗仪器设备及器械制造	Manufacture of Medical Equipment and Appliance	1.7	18.1	51.1	64.9	74.9	44.3
2.仪器仪表制造	Manufacture of Measuring Instrument	15.8	148.4	69.6	142.1	160.9	169.9

1-1-8　外资企业分行业高技术产业生产经营情况

Statistics on Production and Management in High-tech Industry of Foreign Funded Enterprises by Industrial Sector

行　业	Industry	企业数（个） Number of Enterprises (unit)					
		2000	2005	2009	2010	2011	2012
合计	**Total**	**1441**	**3635**	**5487**	**5393**	**4434**	**4684**
医药制造业	**Manufacture of Medicines**	**316**	**534**	**692**	**696**	**559**	**565**
#化学药品制造	Manufacture of Chemical Medicine	152	232	297	293	252	245
中成药生产	Production of Finished Traditional Chinese Herbal Medicine		89	97	104	72	68
生物药品制造	Manufacture of Biological Medicine	42	92	129	129	106	103
航空、航天器及设备制造业	**Manufacture of Aircrafts and Spacecrafts and Related Equipment**	**6**	**26**	**50**	**52**	**46**	**54**
#飞机制造	Manufacture of Airplanes	5	25	47	46	41	22
航天器制造	Manufacture of Spacecrafts	1	1	3	6	5	
电子及通信设备制造业	**Manufacture of Electronic Equipment and Communication Equipment**	**789**	**2117**	**3326**	**3243**	**2682**	**2961**
#通信设备制造	Manufacture of Communication Equipment	162	278	362	322	260	254
#通信系统设备制造	Manufacture of Communication System Equipment	60	79	91	73	56	104
通信终端设备制造	Manufacture of Communication Terminal Equipment	28	39	45	36	28	150
广播电视设备制造	Manufacture of Broadcasting and TV Equipment	8	60	76	75	49	63
雷达及配套设备制造	Manufacture of Radar and Its Fittings		2	4	4	1	4
视听设备制造	Manufacture of TV Set and Radio Receiver	71	206	229	218	196	192
电子器件制造	Manufacture of Electronic Appliances	104	417	720	732	664	698
#电子真空器件制造	Manufacture of Electronic Vacuum Appliance	23	38	43	38	22	17
半导体分立器件制造	Manufacture of Semiconductor Discreting Appliances	45	74	131	126	100	104
集成电路制造	Manufacture of Integrate Circuit	36	140	164	164	146	137
电子元件制造	Manufacture of Electronic Components	339	1051	1676	1652	1325	1355
其他电子设备制造	Manufacture of Other Electronic Equipment	105	103	259	240	187	205
计算机及办公设备制造业	**Manufacture of Computers and Office Equipment**	**121**	**410**	**525**	**498**	**427**	**393**
#计算机整机制造	Manufacture of Entired Computer	25	64	51	46	47	45
计算机零部件制造	Manufacture of Computer Components and Parts	65	285	415	401	332	145
计算机外围设备制造	Manufacture of Computer Peripheral Equipment						114
办公设备制造	Manufacture of Office Equipment	31	61	59	51	48	47
医疗仪器设备及仪器仪表制造业	**Manufacture of Medical Equipments and Measuring Instrument**	**209**	**548**	**894**	**904**	**720**	**711**
1.医疗仪器设备及器械制造	Manufacture of Medical Equipment and Appliance	46	140	274	273	212	204
2.仪器仪表制造	Manufacture of Measuring Instrument	163	408	620	631	508	507

1-1-8 续表 1 continued

行业	Industry	从业人员年平均人数（人） Annual Average Number of Employed Personnel (person)					
		2000	2005	2009	2010	2011	2012
合计	**Total**	**611611**	**2175564**	**3371703**	**3893476**	**3954530**	**4075094**
医药制造业	**Manufacture of Medicines**	**71625**	**148583**	**215777**	**234551**	**241575**	**255430**
#化学药品制造	Manufacture of Chemical Medicine	35739	89070	128557	141583	152767	161267
中成药生产	Production of Finished Traditional Chinese Herbal Medicine		25059	28098	31519	27098	25721
生物药品制造	Manufacture of Biological Medicine	6127	13254	21316	21717	24584	25983
航空、航天器及设备制造业	**Manufacture of Aircrafts and Spacecrafts and Related Equipment**	**6598**	**10595**	**19689**	**20643**	**16301**	**21373**
#飞机制造	Manufacture of Airplanes	6383	10344	19066	19575	15494	5806
航天器制造	Manufacture of Spacecrafts	215	251	623	1068	807	
电子及通信设备制造业	**Manufacture of Electronic Equipment and Communication Equipment**	**416351**	**1315984**	**1912010**	**2310706**	**2330697**	**2484491**
#通信设备制造	Manufacture of Communication Equipment	77733	234972	346342	410558	419959	364361
#通信系统设备制造	Manufacture of Communication System Equipment	22008	29244	42382	47018	53587	80299
通信终端设备制造	Manufacture of Communication Terminal Equipment	12164	32155	32780	39947	30672	284062
广播电视设备制造	Manufacture of Broadcasting and TV Equipment	2314	16080	21416	27055	25076	33867
雷达及配套设备制造	Manufacture of Radar and Its Fittings		222	225	251	111	1189
视听设备制造	Manufacture of TV Set and Radio Receiver	69927	142980	138354	142121	179616	168598
电子器件制造	Manufacture of Electronic Appliances	64375	285129	438761	538830	666169	724523
#电子真空器件制造	Manufacture of Electronic Vacuum Appliance	26143	37231	22115	22024	17825	5858
半导体分立器件制造	Manufacture of Semiconductor Discreting Appliances	21132	23474	41964	54686	48000	50194
集成电路制造	Manufacture of Integrate Circuit	17100	114442	136609	146033	153469	147596
电子元件制造	Manufacture of Electronic Components	178842	599470	878593	1100089	950820	997281
其他电子设备制造	Manufacture of Other Electronic Equipment	23160	37131	88319	91802	88946	122432
计算机及办公设备制造业	**Manufacture of Computers and Office Equipment**	**72465**	**580240**	**1023903**	**1102664**	**1141333**	**1098383**
#计算机整机制造	Manufacture of Entired Computer	10906	244348	397862	405493	418046	391140
计算机零部件制造	Manufacture of Computer Components and Parts	48312	303303	582091	654030	671205	471700
计算机外围设备制造	Manufacture of Computer Peripheral Equipment						126465
办公设备制造	Manufacture of Office Equipment	13247	32589	43950	43141	52082	62698
医疗仪器设备及仪器仪表制造业	**Manufacture of Medical Equipments and Measuring Instrument**	**44572**	**120162**	**200324**	**224912**	**224624**	**215417**
1.医疗仪器设备及器械制造	Manufacture of Medical Equipment and Appliance	7324	32501	60517	66356	66298	63311
2.仪器仪表制造	Manufacture of Measuring Instrument	37248	87661	139807	158556	158326	152106

1-1-8　续表 2　continued

行　业	Industry	主营业务收入（亿元） Revenue from Principal Business (100 million yuan)					
		2000	2005	2009	2010	2011	2012
合计	**Total**	**4141.4**	**18244.8**	**27319.1**	**33870.4**	**37441.0**	**39871.9**
医药制造业	**Manufacture of Medicines**	**252.0**	**712.3**	**1703.6**	**1974.8**	**2357.7**	**2678.7**
#化学药品制造	Manufacture of Chemical Medicine	170.0	500.1	1181.9	1389.0	1647.2	1837.2
中成药生产	Production of Finished Traditional Chinese Herbal Medicine		69.6	146.6	187.9	218.2	229.6
生物药品制造	Manufacture of Biological Medicine	21.0	78.9	199.0	194.3	230.9	302.9
航空、航天器及设备制造业	**Manufacture of Aircrafts and Spacecrafts and Related Equipment**	**18.7**	**51.6**	**157.1**	**211.9**	**245.9**	**291.5**
#飞机制造	Manufacture of Airplanes	18.4	50.8	154.6	208.1	240.9	166.3
航天器制造	Manufacture of Spacecrafts	0.3	0.8	2.6	3.9	5.0	
电子及通信设备制造业	**Manufacture of Electronic Equipment and Communication Equipment**	**2993.6**	**9372.3**	**13377.4**	**16906.0**	**19693.7**	**21662.9**
#通信设备制造	Manufacture of Communication Equipment	1439.6	4023.2	4391.6	4758.2	5171.4	4976.2
#通信系统设备制造	Manufacture of Communication System Equipment	449.7	402.2	529.3	647.7	742.9	771.9
通信终端设备制造	Manufacture of Communication Terminal Equipment	214.4	249.2	264.9	249.6	243.3	4204.3
广播电视设备制造	Manufacture of Broadcasting and TV Equipment	13.9	58.7	89.3	150.8	121.4	157.1
雷达及配套设备制造	Manufacture of Radar and Its Fittings		1.1	1.8	1.8	1.1	7.1
视听设备制造	Manufacture of TV Set and Radio Receiver	541.2	1042.7	1370.9	1642.0	2048.3	2108.7
电子器件制造	Manufacture of Electronic Appliances	398.7	1818.3	3354.7	4945.0	6852.0	7732.7
#电子真空器件制造	Manufacture of Electronic Vacuum Appliance	194.8	296.7	167.9	222.0	317.9	64.9
半导体分立器件制造	Manufacture of Semiconductor Discreting Appliances	66.1	121.9	255.5	334.9	319.2	366.3
集成电路制造	Manufacture of Integrate Circuit	137.7	765.8	1119.1	1465.8	1499.1	1515.6
电子元件制造	Manufacture of Electronic Components	494.9	2289.6	3746.7	4925.7	4924.1	5108.8
其他电子设备制造	Manufacture of Other Electronic Equipment	105.4	138.6	422.5	482.5	575.5	972.6
计算机及办公设备制造业	**Manufacture of Computers and Office Equipment**	**744.1**	**7536.8**	**10872.4**	**13272.9**	**13466.4**	**13484.8**
#计算机整机制造	Manufacture of Entired Computer	240.6	4205.4	6323.4	6836.0	7498.0	7730.7
计算机零部件制造	Manufacture of Computer Components and Parts	385.1	2936.9	4135.7	6005.3	5467.3	3839.0
计算机外围设备制造	Manufacture of Computer Peripheral Equipment						919.7
办公设备制造	Manufacture of Office Equipment	118.4	394.5	413.3	431.6	501.1	690.4
医疗仪器设备及仪器仪表制造业	**Manufacture of Medical Equipments and Measuring Instrument**	**133.0**	**571.7**	**1208.6**	**1504.8**	**1677.4**	**1754.1**
1.医疗仪器设备及器械制造	Manufacture of Medical Equipment and Appliance	35.1	155.5	312.5	364.2	418.7	446.3
2.仪器仪表制造	Manufacture of Measuring Instrument	97.8	416.2	896.0	1140.7	1258.7	1307.8

1-1-8 续表 3 continued

行 业	Industry	利润总额（亿元） Profits (100 million yuan)					
		2000	2005	2009	2010	2011	2012
合计	**Total**	**322.4**	**742.0**	**1095.7**	**1657.2**	**1628.5**	**1778.0**
医药制造业	**Manufacture of Medicines**	**22.6**	**80.7**	**220.3**	**263.9**	**258.4**	**296.6**
#化学药品制造	Manufacture of Chemical Medicine	14.9	50.0	149.1	176.0	167.0	192.4
中成药生产	Production of Finished Traditional Chinese Herbal Medicine		12.1	24.9	36.3	32.5	32.7
生物药品制造	Manufacture of Biological Medicine	1.4	13.2	29.0	29.3	31.4	45.5
航空、航天器及设备制造业	**Manufacture of Aircrafts and Spacecrafts and Related Equipment**	**1.7**	**5.3**	**19.1**	**6.3**	**17.9**	**21.7**
#飞机制造	Manufacture of Airplanes	1.9	5.2	18.4	5.8	15.7	18.1
航天器制造	Manufacture of Spacecrafts	-0.2	0.1	0.8	0.5	2.2	
电子及通信设备制造业	**Manufacture of Electronic Equipment and Communication Equipment**	**243.2**	**402.7**	**433.0**	**819.3**	**772.0**	**855.4**
#通信设备制造	Manufacture of Communication Equipment	131.8	201.2	175.8	181.3	184.2	173.6
#通信系统设备制造	Manufacture of Communication System Equipment	41.3	5.1	26.1	25.9	23.9	9.7
通信终端设备制造	Manufacture of Communication Terminal Equipment	8.8	6.0	8.5	15.8	12.4	163.9
广播电视设备制造	Manufacture of Broadcasting and TV Equipment	0.9	2.8	4.3	9.3	5.0	3.3
雷达及配套设备制造	Manufacture of Radar and Its Fittings		0.1	0.2	0.2	0.1	0.3
视听设备制造	Manufacture of TV Set and Radio Receiver	22.4	26.0	55.2	84.4	78.4	76.7
电子器件制造	Manufacture of Electronic Appliances	44.1	48.8	23.7	243.6	265.3	378.0
#电子真空器件制造	Manufacture of Electronic Vacuum Appliance	26.3	14.6	-11.9	8.9	12.2	2.6
半导体分立器件制造	Manufacture of Semiconductor Discreting Appliances	5.8	-0.4	10.4	24.1	15.2	15.6
集成电路制造	Manufacture of Integrate Circuit	11.9	14.8	-13.0	81.6	99.5	102.8
电子元件制造	Manufacture of Electronic Components	35.1	120.7	150.7	269.5	200.0	168.1
其他电子设备制造	Manufacture of Other Electronic Equipment	8.9	3.2	23.0	30.9	39.0	43.6
计算机及办公设备制造业	**Manufacture of Computers and Office Equipment**	**43.4**	**196.7**	**301.9**	**404.2**	**400.0**	**435.2**
#计算机整机制造	Manufacture of Entired Computer	16.3	89.4	118.3	166.4	217.2	236.6
计算机零部件制造	Manufacture of Computer Components and Parts	21.9	90.5	163.1	212.2	162.0	133.1
计算机外围设备制造	Manufacture of Computer Peripheral Equipment						29.9
办公设备制造	Manufacture of Office Equipment	5.2	16.8	20.5	25.6	20.8	27.9
医疗仪器设备及仪器仪表制造业	**Manufacture of Medical Equipments and Measuring Instrument**	**11.5**	**56.7**	**121.3**	**163.6**	**180.2**	**169.1**
1.医疗仪器设备及器械制造	Manufacture of Medical Equipment and Appliance	2.6	16.3	38.0	41.1	47.0	48.1
2.仪器仪表制造	Manufacture of Measuring Instrument	8.9	40.4	83.4	122.5	133.2	121.0

1-1-8　续表 4　continued

行　业	Industry	利税（亿元） Taxes and Profits (100 million yuan)					
		2000	2005	2009	2010	2011	2012
合计	**Total**	**428.9**	**944.2**	**1439.8**	**2252.1**	**2315.6**	**2643.8**
医药制造业	**Manufacture of Medicines**	**44.8**	**135.9**	**337.7**	**403.1**	**421.7**	**483.6**
#化学药品制造	Manufacture of Chemical Medicine	30.0	90.8	239.9	284.4	293.4	336.0
中成药生产	Production of Finished Traditional Chinese Herbal Medicine		19.7	35.2	49.4	46.7	48.6
生物药品制造	Manufacture of Biological Medicine	3.1	17.5	37.6	38.4	45.4	61.4
航空、航天器及设备制造业	**Manufacture of Aircrafts and Spacecrafts and Related Equipment**	**2.8**	**7.8**	**22.0**	**10.5**	**29.0**	**36.0**
#飞机制造	Manufacture of Airplanes	3.0	7.7	21.3	9.9	26.7	28.7
航天器制造	Manufacture of Spacecrafts	-0.2	0.1	0.8	0.6	2.2	
电子及通信设备制造业	**Manufacture of Electronic Equipment and Communication Equipment**	**307.5**	**501.6**	**570.3**	**1080.4**	**1065.5**	**1326.8**
#通信设备制造	Manufacture of Communication Equipment	166.4	243.6	208.0	255.2	293.8	330.9
#通信系统设备制造	Manufacture of Communication System Equipment	55.3	18.9	37.0	34.3	38.3	40.5
通信终端设备制造	Manufacture of Communication Terminal Equipment	12.0	7.0	10.3	17.9	13.3	290.4
广播电视设备制造	Manufacture of Broadcasting and TV Equipment	1.5	3.6	5.7	12.8	7.8	6.1
雷达及配套设备制造	Manufacture of Radar and Its Fittings		0.1	0.2	0.3	0.2	0.5
视听设备制造	Manufacture of TV Set and Radio Receiver	30.0	36.6	67.4	117.0	101.3	118.3
电子器件制造	Manufacture of Electronic Appliances	54.4	69.0	55.5	307.8	339.1	516.1
#电子真空器件制造	Manufacture of Electronic Vacuum Appliance	34.1	22.2	-10.3	12.4	13.4	3.9
半导体分立器件制造	Manufacture of Semiconductor Discreting Appliances	7.3	0.3	15.4	28.7	20.7	21.9
集成电路制造	Manufacture of Integrate Circuit	13.1	22.1	-4.0	107.1	125.2	131.7
电子元件制造	Manufacture of Electronic Components	44.1	144.1	204.4	347.1	273.4	269.7
其他电子设备制造	Manufacture of Other Electronic Equipment	11.1	4.6	29.2	40.2	49.9	64.1
计算机及办公设备制造业	**Manufacture of Computers and Office Equipment**	**57.8**	**228.2**	**350.9**	**553.6**	**566.5**	**570.3**
#计算机整机制造	Manufacture of Entired Computer	25.0	97.6	132.1	218.7	331.0	298.6
计算机零部件制造	Manufacture of Computer Components and Parts	25.3	109.3	193.4	303.9	208.5	174.6
计算机外围设备制造	Manufacture of Computer Peripheral Equipment						41.1
办公设备制造	Manufacture of Office Equipment	7.5	21.3	25.3	31.0	26.9	44.6
医疗仪器设备及仪器仪表制造业	**Manufacture of Medical Equipments and Measuring Instrument**	**16.1**	**70.7**	**158.9**	**204.6**	**233.0**	**227.1**
1.医疗仪器设备及器械制造	Manufacture of Medical Equipment and Appliance	3.7	19.5	47.8	51.0	61.5	61.8
2.仪器仪表制造	Manufacture of Measuring Instrument	12.4	51.2	111.1	153.6	171.5	165.3

1-1-8 续表 5 continued

行 业	Industry	出口交货值（亿元） Exports (100 million yuan) 2000	2005	2009	2010	2011	2012
合计	**Total**	**2018.1**	**11843.4**	**18736.1**	**23565.2**	**24802.9**	**27231.7**
医药制造业	**Manufacture of Medicines**	**30.3**	**83.7**	**214.7**	**270.6**	**275.4**	**320.3**
#化学药品制造	Manufacture of Chemical Medicine	15.5	48.7	108.4	132.8	122.6	143.7
中成药生产	Production of Finished Traditional Chinese Herbal Medicine		2.6	20.1	19.9	28.2	10.0
生物药品制造	Manufacture of Biological Medicine	3.9	16.3	40.3	58.7	47.6	71.5
航空、航天器及设备制造业	**Manufacture of Aircrafts and Spacecrafts and Related Equipment**	**1.2**	**6.7**	**76.2**	**54.3**	**54.6**	**96.5**
#飞机制造	Manufacture of Airplanes	0.9	6.6	76.2	53.5	52.0	32.4
航天器制造	Manufacture of Spacecrafts	0.3	0.2		0.8	2.6	
电子及通信设备制造业	**Manufacture of Electronic Equipment and Communication Equipment**	**1404.2**	**6208.3**	**9074.4**	**11546.4**	**12921.5**	**14874.3**
#通信设备制造	Manufacture of Communication Equipment	382.0	2529.4	2774.2	2824.1	2929.6	2811.2
#通信系统设备制造	Manufacture of Communication System Equipment	51.7	94.5	196.1	330.5	420.8	435.9
通信终端设备制造	Manufacture of Communication Terminal Equipment	84.1	185.8	208.6	213.4	223.4	2375.2
广播电视设备制造	Manufacture of Broadcasting and TV Equipment	2.6	26.8	42.5	82.0	68.5	91.6
雷达及配套设备制造	Manufacture of Radar and Its Fittings		0.2	0.9	0.6	0.2	2.0
视听设备制造	Manufacture of TV Set and Radio Receiver	387.7	771.6	955.3	1118.1	1422.6	1355.0
电子器件制造	Manufacture of Electronic Appliances	180.7	1215.8	2693.3	3994.6	5106.0	6484.9
#电子真空器件制造	Manufacture of Electronic Vacuum Appliance	39.8	113.6	82.0	144.6	252.5	40.6
半导体分立器件制造	Manufacture of Semiconductor Discreting Appliances	58.7	90.9	168.1	227.6	199.0	264.9
集成电路制造	Manufacture of Integrate Circuit	82.3	603.2	1013.8	1219.8	1154.4	1260.4
电子元件制造	Manufacture of Electronic Components	396.5	1590.9	2348.8	3252.2	3127.6	3252.1
其他电子设备制造	Manufacture of Other Electronic Equipment	54.7	73.6	259.2	274.8	267.0	638.2
计算机及办公设备制造业	**Manufacture of Computers and Office Equipment**	**530.8**	**5291.8**	**8900.7**	**11120.8**	**10978.1**	**11314.5**
#计算机整机制造	Manufacture of Entired Computer	124.6	2413.2	5147.8	5539.6	5678.5	6112.7
计算机零部件制造	Manufacture of Computer Components and Parts	330.3	2535.8	3402.6	5206.8	4882.1	3548.2
计算机外围设备制造	Manufacture of Computer Peripheral Equipment						829.3
办公设备制造	Manufacture of Office Equipment	75.8	342.9	350.2	374.5	417.5	595.9
医疗仪器设备及仪器仪表制造业	**Manufacture of Medical Equipments and Measuring Instrument**	**51.6**	**252.9**	**470.1**	**573.1**	**573.4**	**626.1**
1.医疗仪器设备及器械制造	Manufacture of Medical Equipment and Appliance	18.5	80.3	153.7	183.7	221.2	217.4
2.仪器仪表制造	Manufacture of Measuring Instrument	33.1	172.7	316.4	389.4	352.3	408.8

1-1-9　各地区高技术产业生产经营情况

Statistics on Production and Management in High-tech Industry by Region

地　区	Region	企业数（个） Number of Enterprises (unit)					
		2000	2005	2009	2010	2011	2012
全　国	**Total**	**9835**	**17527**	**27218**	**28189**	**21682**	**24636**
东部地区	Eastern Region	6734	13174	20222	20795	15582	17227
中部地区	Middle Region	1361	1920	3402	3773	3239	3805
西部地区	Western Region	1028	1485	1939	1999	1654	2311
东北地区	Northeastern Region	712	948	1655	1622	1207	1293
北　京	Beijing	582	1101	1150	1103	737	760
天　津	Tianjin	496	602	868	817	497	587
河　北	Hebei	254	312	424	438	370	433
山　西	Shanxi	127	145	154	157	118	136
内蒙古	Inner Mongolia	55	71	109	107	98	97
辽　宁	Liaoning	350	547	999	987	701	738
吉　林	Jilin	237	246	447	436	368	394
黑龙江	Heilongjiang	125	155	209	199	138	161
上　海	Shanghai	737	1248	1536	1423	962	1030
江　苏	Jiangsu	1144	2220	4542	4868	4061	4598
浙　江	Zhejiang	861	1991	3094	3339	1923	2143
安　徽	Anhui	177	287	617	745	574	744
福　建	Fujian	315	517	743	791	596	692
江　西	Jiangxi	176	272	502	555	499	602
山　东	Shandong	424	1219	1907	1847	1514	1875
河　南	Henan	303	383	678	728	723	848
湖　北	Hubei	333	446	739	798	544	687
湖　南	Hunan	190	316	603	683	683	788
广　东	Guangdong	1711	3693	5603	5774	4601	5059
广　西	Guangxi	160	214	303	338	275	285
海　南	Hainan	50	57	52	57	46	50
重　庆	Chongqing	116	149	287	324	252	315
四　川	Sichuan	277	563	830	830	727	813
贵　州	Guizhou	157	178	151	150	119	135
云　南	Yunnan	92	122	143	144	104	123
西　藏	Tibet	15	12	10	11	5	6
陕　西	Shaanxi	245	307	359	381	325	379
甘　肃	Gansu	69	84	80	81	59	87
青　海	Qinghai	10	24	28	28	26	27
宁　夏	Ningxia	16	20	20	16	14	19
新　疆	Xinjiang	31	26	31	34	23	25

1-1-9 续表 1 continued

地 区	Region	从业人员年平均人数（人） Annual Average Number of Employed Personnel (person)					
		2000	2005	2009	2010	2011	2012
全 国	**Total**	**3922875**	**6633422**	**9575428**	**10922252**	**11469153**	**12686722**
东部地区	Eastern Region	2385858	5171091	7546210	8644117	8805608	9377423
中部地区	Middle Region	532438	569739	938437	1130945	1378481	1675962
西部地区	Western Region	658980	588365	692160	754912	885502	1184464
东北地区	Northeastern Region	345599	304227	398621	392278	399562	448873
北 京	Beijing	158433	208827	238984	249889	259535	282589
天 津	Tianjin	139192	176089	200280	240022	238898	295597
河 北	Hebei	98710	111211	144490	171439	181494	182291
山 西	Shanxi	41713	44027	93724	120945	121814	147733
内 蒙 古	Inner Mongolia	17205	21598	23293	27846	31145	30896
辽 宁	Liaoning	179272	162618	215211	218709	198248	212992
吉 林	Jilin	78439	59259	107673	101147	127094	155255
黑 龙 江	Heilongjiang	87888	82350	75737	72422	74220	80626
上 海	Shanghai	215236	389357	475240	531834	586846	596542
江 苏	Jiangsu	399677	1000337	1923840	2267628	2333488	2486148
浙 江	Zhejiang	218291	429489	553078	646326	586366	644264
安 徽	Anhui	54542	64533	114639	146412	149818	187326
福 建	Fujian	125585	230226	270506	321249	332282	355641
江 西	Jiangxi	97208	109870	185719	218106	239996	267263
山 东	Shandong	172261	356621	523435	545398	553395	674943
河 南	Henan	117308	139235	196213	244892	400204	553026
湖 北	Hubei	129716	121394	195742	214977	221429	268785
湖 南	Hunan	74746	69082	129107	157767	214075	251829
广 东	Guangdong	811708	2214553	3124661	3547488	3614903	3842156
广 西	Guangxi	40522	47455	80973	110210	104282	116808
海 南	Hainan	6243	6926	10723	12634	14119	17252
重 庆	Chongqing	58706	51282	79949	88616	115688	179452
四 川	Sichuan	197771	203812	278478	325736	426474	515131
贵 州	Guizhou	92967	67411	67722	66968	63297	49315
云 南	Yunnan	23264	23326	25576	26672	25390	31775
西 藏	Tibet	1191	1085	1282	1471	1060	1130
陕 西	Shaanxi	222716	196330	195119	198975	211006	216232
甘 肃	Gansu	45729	27156	25740	27545	24873	26974
青 海	Qinghai	3699	4528	5197	5145	4638	5747
宁 夏	Ningxia	7815	8565	6634	6708	5612	7161
新 疆	Xinjiang	5122	4870	6463	7076	7464	3843

1-1-9 续表 2 continued

地 区	Region	主营业务收入（亿元） Revenue from Principal Business (100 million yuan)					
		2000	2005	2009	2010	2011	2012
全 国	**Total**	**10050.1**	**33916.2**	**59566.7**	**74482.8**	**87527.2**	**102284.0**
东部地区	Eastern Region	8084.9	30000.4	50236.4	62159.5	70102.4	78350.3
中部地区	Middle Region	641.2	1456.5	4117.2	5508.8	8160.6	11104.0
西部地区	Western Region	723.1	1392.1	3088.1	4063.0	5974.8	8952.7
东北地区	Northeastern Region	600.9	1067.2	2125.0	2751.4	3289.3	3877.0
北 京	Beijing	1020.8	2168.5	3019.2	3333.8	3326.3	3569.9
天 津	Tianjin	656.3	1909.0	1918.3	2291.1	2697.4	3526.9
河 北	Hebei	155.5	300.2	622.3	883.1	1041.4	1204.5
山 西	Shanxi	29.1	67.6	172.3	233.9	302.4	621.5
内蒙古	Inner Mongolia	19.4	102.8	231.0	225.2	312.2	273.1
辽 宁	Liaoning	354.0	608.5	1294.1	1709.8	1898.5	2214.1
吉 林	Jilin	80.0	145.4	474.4	642.4	918.1	1138.7
黑龙江	Heilongjiang	166.9	313.3	356.5	399.2	472.7	524.2
上 海	Shanghai	1057.1	4030.3	5785.7	7019.7	7063.6	7051.6
江 苏	Jiangsu	1235.5	6137.5	12781.8	16169.6	19396.0	22863.6
浙 江	Zhejiang	489.5	1741.8	2569.4	3323.7	3607.3	3976.9
安 徽	Anhui	79.5	156.5	431.4	661.5	1055.1	1460.0
福 建	Fujian	415.9	1421.9	1948.1	2576.5	2989.8	3229.4
江 西	Jiangxi	100.0	229.9	743.4	1039.3	1432.0	1856.7
山 东	Shandong	366.1	1737.9	4548.8	5148.8	6121.4	7729.2
河 南	Henan	120.0	297.6	897.2	1185.6	2033.5	3257.8
湖 北	Hubei	195.1	396.9	1025.9	1257.0	1552.1	2027.3
湖 南	Hunan	98.2	205.1	616.1	906.1	1473.4	1880.7
广 东	Guangdong	2625.3	10428.8	16758.0	20952.8	23227.6	25046.6
广 西	Guangxi	44.7	94.2	234.4	383.8	539.6	806.2
海 南	Hainan	18.1	30.4	50.4	76.7	92.1	151.9
重 庆	Chongqing	60.6	136.0	339.1	507.8	1111.8	1883.4
四 川	Sichuan	297.1	578.3	1583.3	2104.9	3186.5	3962.1
贵 州	Guizhou	67.5	127.9	245.0	266.0	305.0	342.9
云 南	Yunnan	32.3	59.8	131.3	160.1	188.7	239.4
西 藏	Tibet	1.9	3.7	4.6	5.1	5.2	7.7
陕 西	Shaanxi	230.6	414.3	665.8	865.2	1001.5	1238.0
甘 肃	Gansu	20.0	39.2	56.5	76.2	87.6	112.3
青 海	Qinghai	2.4	6.9	15.0	21.3	21.6	38.7
宁 夏	Ningxia	5.9	15.7	28.5	30.9	35.9	31.9
新 疆	Xinjiang	4.7	10.5	19.1	25.5	31.1	16.9

1-1-9 续表 3 continued

地区	Region	利润总额（亿元） Profits (100 million yuan)					
		2000	2005	2009	2010	2011	2012
全国	**Total**	**673.1**	**1423.2**	**3278.5**	**4879.7**	**5244.9**	**6186.3**
东部地区	Eastern Region	558.7	1244.5	2567.9	3754.2	3864.3	4368.3
中部地区	Middle Region	45.3	76.0	317.3	547.7	673.7	867.4
西部地区	Western Region	38.3	59.7	236.2	331.6	408.4	650.7
东北地区	Northeastern Region	30.8	43.0	157.1	246.2	298.5	299.9
北京	Beijing	82.6	96.8	156.5	182.2	228.9	235.6
天津	Tianjin	78.0	156.0	106.2	115.6	165.1	247.7
河北	Hebei	8.0	18.0	72.5	89.3	83.6	79.7
山西	Shanxi	2.0	2.7	8.1	12.8	28.4	109.8
内蒙古	Inner Mongolia	0.5	6.3	12.8	31.1	33.8	20.8
辽宁	Liaoning	14.1	16.8	67.7	141.0	153.5	160.0
吉林	Jilin	9.6	11.8	50.9	57.5	98.0	93.4
黑龙江	Heilongjiang	7.1	14.4	38.5	47.7	47.0	46.5
上海	Shanghai	92.5	93.9	75.9	251.2	222.0	215.5
江苏	Jiangsu	66.6	252.3	676.1	942.1	1065.1	1282.0
浙江	Zhejiang	41.9	82.0	198.3	296.3	350.2	370.9
安徽	Anhui	2.5	9.5	40.9	69.6	85.9	143.4
福建	Fujian	19.7	69.1	114.2	197.7	182.8	181.6
江西	Jiangxi	3.7	10.8	41.5	64.0	85.8	122.1
山东	Shandong	21.0	95.7	279.1	383.6	463.7	612.9
河南	Henan	11.9	15.0	83.2	129.7	167.1	205.9
湖北	Hubei	19.0	21.3	80.4	151.3	130.1	130.1
湖南	Hunan	5.6	10.5	50.3	89.3	142.5	156.1
广东	Guangdong	143.1	367.3	859.9	1225.6	1006.5	1110.9
广西	Guangxi	3.8	7.7	19.2	55.9	83.7	108.7
海南	Hainan	1.5	5.5	10.0	14.5	12.8	31.6
重庆	Chongqing	0.3	9.1	23.3	25.4	36.2	50.2
四川	Sichuan	17.2	27.6	116.1	154.6	212.3	304.2
贵州	Guizhou	2.1	3.0	21.2	27.2	29.1	33.1
云南	Yunnan	3.6	6.6	19.5	21.5	28.9	28.6
西藏	Tibet	0.6	1.6	1.8	2.1	1.9	2.6
陕西	Shaanxi	13.9	6.5	38.4	77.6	73.4	77.2
甘肃	Gansu	-0.2	2.6	9.7	11.7	12.1	14.5
青海	Qinghai	0.1	0.8	0.7	1.2	2.4	5.0
宁夏	Ningxia	0.6	0.9	2.7	6.0	7.7	3.1
新疆	Xinjiang	0.1	1.1	2.9	4.2	4.4	2.7

1-1-9 续表 4 continued

地 区	Region	利税（亿元） Taxes and Profits (100 million yuan)					
		2000	2005	2009	2010	2011	2012
全 国	**Total**	**1033.6**	**2089.6**	**4660.3**	**6753.1**	**7813.8**	**9494.3**
东部地区	Eastern Region	812.9	1760.9	3572.4	5143.0	5771.0	6682.7
中部地区	Middle Region	81.0	133.8	479.0	760.1	973.6	1315.0
西部地区	Western Region	77.3	116.1	373.1	517.0	671.6	1050.2
东北地区	Northeastern Region	62.4	78.7	235.8	333.0	397.5	446.4
北 京	Beijing	110.6	139.4	220.3	264.9	312.3	320.4
天 津	Tianjin	97.5	183.9	139.8	187.4	255.9	408.0
河 北	Hebei	16.3	31.1	95.8	123.3	117.4	120.0
山 西	Shanxi	3.9	6.0	14.5	20.4	38.2	127.7
内蒙古	Inner Mongolia	1.3	9.1	23.6	40.3	46.6	31.5
辽 宁	Liaoning	26.5	27.9	106.2	182.8	199.1	231.2
吉 林	Jilin	15.9	20.1	72.4	79.8	130.4	140.2
黑龙江	Heilongjiang	20.0	30.7	57.2	70.4	68.1	75.0
上 海	Shanghai	124.4	136.5	124.1	307.9	279.1	283.8
江 苏	Jiangsu	117.1	334.4	949.5	1285.7	1474.4	1901.5
浙 江	Zhejiang	66.2	133.0	288.7	404.4	475.0	526.8
安 徽	Anhui	5.9	14.8	58.6	95.1	136.1	200.8
福 建	Fujian	31.5	85.3	147.9	242.1	221.0	237.5
江 西	Jiangxi	10.3	22.6	72.6	101.6	134.2	192.9
山 东	Shandong	36.1	149.2	407.7	554.7	660.9	901.1
河 南	Henan	19.4	28.0	115.8	169.2	238.1	354.2
湖 北	Hubei	29.1	33.7	110.1	192.1	169.0	188.2
湖 南	Hunan	11.1	19.7	84.0	141.5	211.4	251.1
广 东	Guangdong	202.8	545.7	1154.8	1684.1	1853.2	1942.9
广 西	Guangxi	7.4	14.1	30.3	69.0	101.8	137.6
海 南	Hainan	2.9	8.4	13.6	19.5	19.9	40.8
重 庆	Chongqing	3.9	15.2	42.7	45.9	73.0	86.1
四 川	Sichuan	33.3	47.3	177.5	257.9	368.2	538.4
贵 州	Guizhou	5.2	9.3	31.9	38.6	42.9	50.0
云 南	Yunnan	5.8	11.2	30.2	33.2	41.0	45.7
西 藏	Tibet	0.9	2.1	2.5	2.7	2.6	3.5
陕 西	Shaanxi	25.4	21.6	66.1	108.9	110.3	121.7
甘 肃	Gansu	0.8	4.7	12.3	15.1	16.1	19.5
青 海	Qinghai	0.4	1.2	1.6	2.2	3.5	7.3
宁 夏	Ningxia	1.0	1.4	3.9	7.1	8.8	5.1
新 疆	Xinjiang	0.5	2.1	4.4	5.4	5.2	3.7

1-1-9 续表 5 continued

地 区	Region	出口交货值（亿元） Exports (100 million yuan)					
		2000	2005	2009	2010	2011	2012
全 国	**Total**	**3396.0**	**17636.0**	**29499.7**	**37001.6**	**40600.3**	**46701.1**
东部地区	Eastern Region	3115.8	17014.1	28311.7	35129.0	37209.3	40173.1
中部地区	Middle Region	43.5	205.7	482.3	723.6	1341.3	2947.2
西部地区	Western Region	58.0	123.1	335.6	611.2	1610.3	3086.8
东北地区	Northeastern Region	178.7	293.1	370.1	537.8	439.4	494.0
北 京	Beijing	160.2	832.6	1170.8	1217.0	1055.8	1081.4
天 津	Tianjin	259.2	1054.5	879.2	1114.8	1185.3	1545.8
河 北	Hebei	17.3	41.8	108.4	158.0	157.4	166.9
山 西	Shanxi	1.7	5.7	53.5	53.6	78.5	297.6
内蒙古	Inner Mongolia	1.1	31.7	5.6	6.6	6.5	6.9
辽 宁	Liaoning	163.9	271.1	344.3	516.2	415.8	466.6
吉 林	Jilin	2.0	6.6	6.5	7.2	10.6	13.5
黑龙江	Heilongjiang	12.8	15.4	19.3	14.4	13.0	14.0
上 海	Shanghai	370.7	2726.0	3901.9	4987.0	4918.8	4691.2
江 苏	Jiangsu	537.0	3876.4	7762.9	9726.0	10936.9	12525.1
浙 江	Zhejiang	120.9	744.7	1026.9	1290.0	1305.0	1317.6
安 徽	Anhui	4.5	15.6	32.3	44.7	119.5	200.8
福 建	Fujian	196.6	827.5	1133.6	1494.4	1771.1	1832.1
江 西	Jiangxi	4.8	27.1	104.4	146.9	213.4	242.7
山 东	Shandong	78.8	423.8	1334.5	1564.9	1463.7	1597.1
河 南	Henan	10.1	33.7	37.2	59.5	436.6	1343.2
湖 北	Hubei	11.7	61.5	225.6	377.7	382.7	546.2
湖 南	Hunan	9.6	30.5	23.8	34.6	104.1	316.8
广 东	Guangdong	1371.7	6475.2	10956.4	13479.4	14265.7	15411.2
广 西	Guangxi	2.4	9.5	34.2	95.1	147.8	157.0
海 南	Hainan	0.9	2.0	2.9	2.3	1.9	4.7
重 庆	Chongqing	6.3	9.5	30.2	57.1	489.4	1216.0
四 川	Sichuan	21.6	66.1	227.2	453.1	987.8	1556.7
贵 州	Guizhou	1.8	10.7	11.2	9.7	17.4	13.4
云 南	Yunnan	4.0	5.0	6.3	6.5	6.2	8.2
西 藏	Tibet			0.1		0.0	
陕 西	Shaanxi	19.7	24.8	49.2	68.9	85.4	109.7
甘 肃	Gansu	2.7	0.5	1.4	2.6	5.7	8.5
青 海	Qinghai	0.2	0.2		0.1	0.1	0.2
宁 夏	Ningxia	1.1	6.1	8.3	9.3	12.9	9.6
新 疆	Xinjiang	0.4	0.4	1.7	3.8	5.4	0.7

1-1-10　大中型企业各地区高技术产业生产经营情况

Statistics on Production and Management in High-tech Industry of Large and Medium-sized Enterprises by Region

地　区	Region	企业数（个） Number of Enterprises (unit)					
		2000	2005	2009	2010	2011	2012
全　国	**Total**	**2030**	**3454**	**4936**	**5654**	**6803**	**7506**
东部地区	Eastern Region	1208	2705	3875	4450	5265	5629
中部地区	Middle Region	318	306	500	590	815	998
西部地区	Western Region	320	310	402	445	523	663
东北地区	Northeastern Region	184	133	159	169	200	216
北　京	Beijing	75	125	134	149	179	193
天　津	Tianjin	106	108	131	151	167	197
河　北	Hebei	52	47	64	75	86	87
山　西	Shanxi	28	28	37	37	37	42
内蒙古	Inner Mongolia	12	15	24	27	23	21
辽　宁	Liaoning	81	67	93	96	101	112
吉　林	Jilin	69	38	37	44	68	62
黑龙江	Heilongjiang	34	28	29	29	31	42
上　海	Shanghai	224	258	286	294	322	329
江　苏	Jiangsu	197	591	1019	1170	1356	1439
浙　江	Zhejiang	85	259	341	418	459	486
安　徽	Anhui	46	50	72	83	101	139
福　建	Fujian	26	102	156	182	213	235
江　西	Jiangxi	47	40	67	94	163	217
山　东	Shandong	118	189	245	254	338	398
河　南	Henan	63	69	125	148	219	289
湖　北	Hubei	83	65	110	115	140	158
湖　南	Hunan	39	39	65	86	132	153
广　东	Guangdong	271	989	1445	1689	2062	2244
广　西	Guangxi	41	29	43	54	67	80
海　南	Hainan	13	8	11	14	16	21
重　庆	Chongqing	35	38	55	68	93	124
四　川	Sichuan	93	100	156	177	213	243
贵　州	Guizhou	60	51	46	49	48	40
云　南	Yunnan	13	17	19	19	25	31
西　藏	Tibet	1		1	1	1	1
陕　西	Shaanxi	80	74	95	96	112	92
甘　肃	Gansu	23	18	18	21	18	19
青　海	Qinghai	4	4	4	5	5	4
宁　夏	Ningxia	5	6	5	6	5	6
新　疆	Xinjiang	6	2	3	3	3	2

注：本表数据口径相同于表1-1-4。

1-1-10 续表 1 continued

地 区	Region	从业人员年平均人数（人） Annual Average Number of Employed Personnel (person)					
		2000	2005	2009	2010	2011	2012
全 国	**Total**	**2252216**	**4717460**	**6995399**	**8234957**	**9537086**	**10346625**
东部地区	Eastern Region	1108137	3704130	5607204	6652629	7428666	7829850
中部地区	Middle Region	365378	355992	604073	746169	1075640	1327516
西部地区	Western Region	521352	438608	520909	579421	744901	869827
东北地区	Northeastern Region	257349	218730	263213	256738	287879	319432
北 京	Beijing	70587	127846	150183	163350	192969	210544
天 津	Tianjin	87568	119281	138349	180173	199084	249901
河 北	Hebei	67464	74527	102448	127943	145421	137137
山 西	Shanxi	28389	29934	81006	107704	111911	136137
内 蒙 古	Inner Mongolia	9924	13789	13872	19245	21497	20558
辽 宁	Liaoning	130205	119453	143097	143687	134501	141098
吉 林	Jilin	54155	31630	62429	58946	93435	113303
黑 龙 江	Heilongjiang	72989	67647	57687	54105	59943	65031
上 海	Shanghai	145747	286602	360275	421724	506100	506696
江 苏	Jiangsu	190250	791908	1529151	1844586	1977685	2067990
浙 江	Zhejiang	81637	247568	309264	379794	398992	439731
安 徽	Anhui	34154	36976	65095	84477	98347	124149
福 建	Fujian	46940	169598	196876	236207	277642	295994
江 西	Jiangxi	77329	76012	110776	134923	188892	211833
山 东	Shandong	113403	213921	336052	362454	422526	501065
河 南	Henan	76979	88429	128719	168770	331945	478106
湖 北	Hubei	85980	72403	137043	153115	178165	210096
湖 南	Hunan	52623	38449	67562	77935	144883	167195
广 东	Guangdong	276531	1645177	2430112	2860542	3222867	3408618
广 西	Guangxi	25495	24487	48543	68844	76199	88588
海 南	Hainan	2515	3215	5951	7012	9181	12174
重 庆	Chongqing	42490	35326	53511	63165	95967	155305
四 川	Sichuan	157478	147969	203015	247418	362269	443769
贵 州	Guizhou	76097	52389	57236	55705	54089	38930
云 南	Yunnan	10104	10812	12177	13179	15692	21172
西 藏	Tibet	181		361	393	395	395
陕 西	Shaanxi	191102	162001	164249	165343	184660	72703
甘 肃	Gansu	33839	18351	19024	21515	19899	19067
青 海	Qinghai	2745	2470	2635	2881	2660	2788
宁 夏	Ningxia	5391	6369	4929	5767	4354	5531
新 疆	Xinjiang	1925	2921	3772	4055	4916	1021

1-1-10　续表 2　continued

地　区	Region	主营业务收入（亿元） Revenue from Principal Business (100 million yuan)					
		2000	2005	2009	2010	2011	2012
全　国	**Total**	**6085.2**	**28783.2**	**48277.5**	**60501.1**	**72065.5**	**83239.5**
东部地区	Eastern Region	4612.6	25859.0	42211.9	52461.2	59878.0	66523.8
中部地区	Middle Region	429.5	972.5	2519.5	3329.6	5447.9	7971.3
西部地区	Western Region	559.1	1091.1	2254.1	3099.4	4899.4	6562.2
东北地区	Northeastern Region	484.0	860.5	1292.0	1611.0	1840.1	2182.2
北　京	Beijing	320.5	1762.4	2536.0	2823.3	2799.4	2993.7
天　津	Tianjin	585.2	1766.0	1669.0	2015.6	2415.2	3163.3
河　北	Hebei	113.5	220.7	401.4	578.7	694.0	808.0
山　西	Shanxi	16.4	44.2	146.3	193.2	254.3	561.5
内蒙古	Inner Mongolia	12.5	76.2	180.2	167.0	227.7	170.5
辽　宁	Liaoning	275.9	496.6	782.1	981.2	971.0	1159.6
吉　林	Jilin	57.7	94.4	222.5	320.3	488.5	597.8
黑龙江	Heilongjiang	150.4	269.5	287.4	309.5	380.6	424.8
上　海	Shanghai	886.1	3437.4	5217.1	6332.9	6472.1	6439.0
江　苏	Jiangsu	601.5	5454.0	10768.3	13572.3	16318.7	19002.1
浙　江	Zhejiang	210.3	1181.6	1751.1	2319.6	2539.3	2819.3
安　徽	Anhui	36.8	104.5	265.5	394.6	619.0	905.5
福　建	Fujian	217.6	1283.9	1688.2	2242.9	2631.4	2835.8
江　西	Jiangxi	83.6	172.9	389.9	538.8	979.5	1312.7
山　东	Shandong	268.4	1278.5	3152.8	3589.1	4528.9	5602.3
河　南	Henan	81.3	193.8	534.8	753.7	1493.1	2670.3
湖　北	Hubei	136.2	260.9	745.2	916.2	1122.1	1497.1
湖　南	Hunan	62.5	120.1	257.6	366.1	752.3	1024.1
广　东	Guangdong	1369.7	9412.6	14901.0	18737.7	21136.3	22741.9
广　西	Guangxi	32.1	49.1	99.4	201.4	286.8	521.0
海　南	Hainan	7.7	12.7	27.5	47.8	55.9	118.2
重　庆	Chongqing	46.3	101.7	239.5	357.2	985.8	1697.3
四　川	Sichuan	236.0	454.1	1128.8	1627.8	2637.3	3323.3
贵　州	Guizhou	43.3	96.0	181.9	191.8	211.5	178.0
云　南	Yunnan	11.0	32.1	75.1	90.2	118.2	158.8
西　藏	Tibet	1.1		0.5	0.8	1.0	1.1
陕　西	Shaanxi	196.1	354.8	549.1	723.3	833.9	408.2
甘　肃	Gansu	16.4	28.2	40.5	56.9	55.9	61.2
青　海	Qinghai	1.6	4.0	4.1	6.8	6.7	17.4
宁　夏	Ningxia	5.2	13.7	23.1	28.6	28.8	22.6
新　疆	Xinjiang	2.2	6.4	11.5	16.0	20.3	2.7

1-1-10 续表 3 continued

地 区	Region	利润总额（亿元） Profits (100 million yuan)					
		2000	2005	2009	2010	2011	2012
全 国	**Total**	**434.1**	**1153.7**	**2533.6**	**3794.9**	**4087.2**	**4858.7**
东部地区	Eastern Region	356.2	1021.2	2066.2	3023.0	3122.9	3581.5
中部地区	Middle Region	29.9	51.9	199.5	363.7	457.0	617.9
西部地区	Western Region	25.3	46.9	169.7	254.5	313.0	473.4
东北地区	Northeastern Region	22.6	33.7	98.2	153.7	194.3	186.0
北 京	Beijing	20.5	65.7	105.6	127.8	174.8	178.0
天 津	Tianjin	74.2	150.6	100.1	99.6	140.4	226.2
河 北	Hebei	5.9	12.1	51.9	57.2	50.1	43.4
山 西	Shanxi	1.1	2.5	7.4	11.2	24.5	105.7
内蒙古	Inner Mongolia	0.1	5.2	9.2	25.0	26.1	16.5
辽 宁	Liaoning	11.3	11.0	40.8	86.6	91.7	95.6
吉 林	Jilin	6.1	12.1	28.8	33.7	65.4	52.0
黑龙江	Heilongjiang	5.2	10.6	28.6	33.4	37.2	38.4
上 海	Shanghai	82.6	58.1	32.5	185.5	177.5	163.7
江 苏	Jiangsu	35.6	214.9	566.1	767.5	857.3	1035.3
浙 江	Zhejiang	19.2	52.3	141.9	223.6	266.0	285.7
安 徽	Anhui	1.4	7.0	26.6	45.6	51.6	93.0
福 建	Fujian	4.9	61.9	94.4	166.4	156.1	159.5
江 西	Jiangxi	2.0	8.0	23.5	34.8	56.1	86.4
山 东	Shandong	14.1	59.3	187.1	268.4	349.3	462.8
河 南	Henan	8.8	8.2	46.6	83.2	109.0	151.9
湖 北	Hubei	14.6	15.7	59.5	121.9	99.1	89.0
湖 南	Hunan	2.0	5.2	26.7	42.0	90.6	91.9
广 东	Guangdong	95.6	338.3	766.6	1082.8	895.8	1000.3
广 西	Guangxi	3.3	6.2	13.5	35.0	48.6	74.3
海 南	Hainan	0.3	1.8	6.6	9.3	6.9	26.7
重 庆	Chongqing	0.1	7.7	16.2	17.2	26.5	37.3
四 川	Sichuan	10.4	21.9	78.8	117.7	169.6	258.6
贵 州	Guizhou	0.6	1.2	16.3	18.9	17.1	17.0
云 南	Yunnan	1.6	5.3	12.6	14.8	23.2	20.9
西 藏	Tibet	0.5		0.2	0.4	0.2	0.3
陕 西	Shaanxi	11.2	5.7	32.3	66.2	57.0	33.8
甘 肃	Gansu	0.2	2.5	8.7	10.0	8.7	9.2
青 海	Qinghai	0.1	0.7		0.7	1.4	3.8
宁 夏	Ningxia	0.7	1.1	2.6	5.8	6.3	1.7
新 疆	Xinjiang	0.1	0.7	1.9	2.9	3.1	

1-1-10　续表 4　continued

地　区	Region	利税（亿元） Taxes and Profits (100 million yuan)					
		2000	2005	2009	2010	2011	2012
全　国	**Total**	**666.0**	**1638.5**	**3494.9**	**5159.5**	**6109.6**	**7471.4**
东部地区	Eastern Region	510.6	1404.0	2797.2	4085.0	4680.7	5469.9
中部地区	Middle Region	54.0	89.3	292.6	486.3	650.5	936.6
西部地区	Western Region	53.2	86.6	262.2	391.9	532.2	793.9
东北地区	Northeastern Region	48.2	58.7	142.9	196.3	246.2	271.0
北　京	Beijing	27.4	91.2	144.7	187.2	236.2	236.1
天　津	Tianjin	90.9	174.1	125.8	162.5	219.0	369.1
河　北	Hebei	12.6	22.0	66.6	80.2	71.6	70.9
山　西	Shanxi	2.1	4.7	12.5	17.2	32.4	120.6
内蒙古	Inner Mongolia	0.3	6.6	17.8	31.6	36.0	24.5
辽　宁	Liaoning	21.1	17.4	61.5	102.3	110.1	130.8
吉　林	Jilin	10.4	17.4	38.0	43.7	82.5	77.8
黑龙江	Heilongjiang	16.7	23.9	43.4	50.3	53.6	62.4
上　海	Shanghai	109.0	85.4	60.6	220.9	217.6	212.8
江　苏	Jiangsu	63.3	274.9	768.4	1015.4	1158.1	1512.4
浙　江	Zhejiang	32.2	86.7	202.1	295.9	350.6	393.8
安　徽	Anhui	3.2	10.2	37.1	61.2	87.4	131.6
福　建	Fujian	9.1	73.9	118.5	198.7	184.1	205.1
江　西	Jiangxi	7.6	17.4	42.7	56.8	87.6	138.5
山　东	Shandong	25.0	96.5	271.0	385.4	488.2	669.9
河　南	Henan	13.8	16.4	63.4	106.5	160.0	280.2
湖　北	Hubei	21.9	24.0	77.2	147.3	122.6	125.8
湖　南	Hunan	5.2	9.8	41.8	65.7	124.5	139.7
广　东	Guangdong	134.0	485.5	1011.6	1484.3	1686.0	1766.8
广　西	Guangxi	6.2	10.9	19.3	42.2	58.8	93.4
海　南	Hainan	0.9	2.8	8.5	12.2	10.6	33.0
重　庆	Chongqing	3.0	12.5	30.3	31.4	59.6	66.6
四　川	Sichuan	22.5	36.2	117.5	196.2	304.3	465.6
贵　州	Guizhou	1.9	5.6	23.7	26.6	26.7	28.1
云　南	Yunnan	2.3	7.9	19.1	21.4	31.4	33.4
西　藏	Tibet	0.6		0.3	0.4	0.4	0.5
陕　西	Shaanxi	20.3	16.3	53.9	91.8	86.2	61.1
甘　肃	Gansu	1.0	4.1	10.9	12.6	11.3	12.2
青　海	Qinghai	0.2	0.9	0.3	1.1	1.9	5.2
宁　夏	Ningxia	1.0	1.5	3.4	6.8	7.2	3.0
新　疆	Xinjiang	0.3	1.3	2.8	3.4	3.2	0.2

1-1-10 续表 5 continued

地 区	Region	出口交货值（亿元） Exports (100 million yuan) 2000	2005	2009	2010	2011	2012
全 国	**Total**	**1771.5**	**16271.8**	**27619.9**	**34977.9**	**38611.3**	**44345.9**
东部地区	Eastern Region	1548.5	15745.0	26605.1	33319.9	35488.0	38093.8
中部地区	Middle Region	34.5	154.9	374.6	578.4	1209.0	2832.3
西部地区	Western Region	46.1	100.7	294.3	570.8	1562.5	2959.4
东北地区	Northeastern Region	142.5	271.1	345.9	508.8	351.7	460.4
北 京	Beijing	50.8	806.0	1130.8	1181.8	997.1	1028.3
天 津	Tianjin	241.6	1017.5	828.3	1060.4	1143.0	1498.1
河 北	Hebei	14.8	35.4	91.7	144.3	144.1	153.1
山 西	Shanxi	1.4	5.6	53.1	51.7	76.9	296.1
内蒙古	Inner Mongolia	0.9	25.6	4.2	5.6	5.4	5.5
辽 宁	Liaoning	128.3	256.9	324.1	490.1	332.8	440.3
吉 林	Jilin	1.4	5.3	3.3	4.4	6.9	6.7
黑龙江	Heilongjiang	12.8	8.9	18.5	14.3	12.0	13.4
上 海	Shanghai	317.9	2485.8	3749.7	4803.0	4762.3	4520.5
江 苏	Jiangsu	174.8	3702.9	7378.6	9293.8	10444.9	11833.2
浙 江	Zhejiang	40.4	518.5	857.5	1075.6	1086.2	1069.5
安 徽	Anhui	1.6	12.2	21.3	29.4	97.9	172.1
福 建	Fujian	98.6	790.3	1088.1	1434.5	1705.9	1773.3
江 西	Jiangxi	4.6	23.3	66.1	97.0	171.3	202.6
山 东	Shandong	55.5	341.9	1167.2	1468.0	1360.2	1451.3
河 南	Henan	8.8	26.6	33.1	46.9	434.6	1337.5
湖 北	Hubei	8.4	33.8	181.1	329.2	332.0	516.2
湖 南	Hunan	8.8	27.8	15.7	18.5	91.0	307.8
广 东	Guangdong	551.8	6038.0	10282.1	12767.8	13710.8	14761.9
广 西	Guangxi	1.6	6.9	28.2	88.5	131.8	147.0
海 南	Hainan	0.5	1.7	2.9	2.3	1.9	4.7
重 庆	Chongqing	3.2	4.1	22.1	45.5	481.5	1207.3
四 川	Sichuan	17.3	56.8	205.5	438.2	968.2	1534.5
贵 州	Guizhou	1.7	6.7	7.6	5.2	10.6	2.5
云 南	Yunnan	1.2	3.1	3.2	3.7	3.5	5.1
西 藏	Tibet						
陕 西	Shaanxi	18.6	23.2	45.8	63.3	77.1	41.0
甘 肃	Gansu	2.7	0.4	1.3	2.6	3.9	6.9
青 海	Qinghai	0.2	0.2		0.1	0.1	0.2
宁 夏	Ningxia	1.1	6.1	7.5	9.3	12.9	9.4
新 疆	Xinjiang	0.1	0.3	1.3	2.9	4.7	

1-1-11　国有及国有控股企业各地区高技术产业生产经营情况

Statistics on Production and Management in High-tech Industry of State-owned and State-controlled Enterprises by Region

地　区	Region	企业数（个）Number of Enterprises (unit)					
		2000	2005	2009	2010	2011	2012
全　国	**Total**	**3759**	**2179**	**1770**	**1707**	**1413**	**1532**
东部地区	Eastern Region	1992	1331	1031	986	812	853
中部地区	Middle Region	793	340	265	280	227	236
西部地区	Western Region	597	347	356	328	289	356
东北地区	Northeastern Region	377	161	118	113	85	87
北　京	Beijing	317	357	239	234	188	189
天　津	Tianjin	185	185	140	118	87	100
河　北	Hebei	129	53	33	34	30	33
山　西	Shanxi	93	44	23	22	18	24
内蒙古	Inner Mongolia	32	14	10	9	7	8
辽　宁	Liaoning	167	85	61	58	42	42
吉　林	Jilin	143	45	29	29	23	25
黑龙江	Heilongjiang	67	31	28	26	20	20
上　海	Shanghai	272	219	182	165	128	127
江　苏	Jiangsu	242	99	96	99	89	106
浙　江	Zhejiang	133	68	47	50	40	46
安　徽	Anhui	69	42	45	52	43	51
福　建	Fujian	82	43	35	34	27	32
江　西	Jiangxi	135	46	35	34	28	25
山　东	Shandong	141	61	60	58	51	60
河　南	Henan	150	66	41	47	33	38
湖　北	Hubei	198	78	69	72	61	59
湖　南	Hunan	116	50	42	44	37	39
广　东	Guangdong	359	190	175	169	151	153
广　西	Guangxi	109	45	19	18	14	17
海　南	Hainan	23	11	5	7	7	7
重　庆	Chongqing	72	43	56	54	42	45
四　川	Sichuan	113	80	108	83	73	86
贵　州	Guizhou	97	59	40	43	38	44
云　南	Yunnan	58	25	25	23	22	22
西　藏	Tibet	11	9	3	4	1	1
陕　西	Shaanxi	157	89	94	94	87	102
甘　肃	Gansu	48	23	16	13	14	17
青　海	Qinghai	7	3	4	4	3	5
宁　夏	Ningxia	11	6	1	1		
新　疆	Xinjiang	23	10	9	9	9	9

1-1-11 续表 1 continued

地 区	Region	从业人员年平均人数（人） Annual Average Number of Employed Personnel (person)					
		2000	2005	2009	2010	2011	2012
全 国	**Total**	**2079749**	**1369536**	**1297339**	**1347248**	**1375122**	**1418484**
东部地区	Eastern Region	848724	616352	573746	601348	663017	701013
中部地区	Middle Region	409912	236915	239516	258619	237193	247144
西部地区	Western Region	561115	362194	364320	353064	362495	355219
东北地区	Northeastern Region	259998	154075	119757	134217	112417	115108
北 京	Beijing	117353	85785	67505	71811	83460	91415
天 津	Tianjin	54378	51152	39482	43396	47150	62156
河 北	Hebei	73605	58035	37878	37994	35774	35982
山 西	Shanxi	34661	23173	13439	14821	13735	21168
内 蒙 古	Inner Mongolia	13481	5741	6028	5845	3247	2734
辽 宁	Liaoning	128616	75880	81452	77608	53155	59142
吉 林	Jilin	57934	21848	12424	12724	11459	11359
黑 龙 江	Heilongjiang	73448	56347	25881	43885	47803	44607
上 海	Shanghai	106081	82416	69245	65216	71944	61116
江 苏	Jiangsu	151107	65176	75399	79961	73081	89419
浙 江	Zhejiang	43114	32798	24176	27878	27036	28147
安 徽	Anhui	31517	22170	32432	39587	36895	44229
福 建	Fujian	33385	30157	14391	13823	19243	21568
江 西	Jiangxi	84883	54225	50156	52807	42622	31446
山 东	Shandong	87667	44191	49436	53272	59809	67925
河 南	Henan	83652	52618	43029	46045	31950	39000
湖 北	Hubei	97190	53570	63331	68835	73944	82544
湖 南	Hunan	64528	25418	31101	30679	34800	28757
广 东	Guangdong	149702	150517	187342	198487	236262	238881
广 西	Guangxi	29102	14116	7143	7022	5140	5418
海 南	Hainan	3230	2009	1749	2488	4118	4404
重 庆	Chongqing	49465	31159	32047	34340	29810	32797
四 川	Sichuan	149260	102535	122270	112248	119351	122204
贵 州	Guizhou	81752	44315	42426	41179	37520	20777
云 南	Yunnan	15427	6514	7543	7008	8132	9133
西 藏	Tibet	870	828	541	626	395	395
陕 西	Shaanxi	207777	152828	144025	142241	153389	147821
甘 肃	Gansu	43667	14562	11545	11227	11118	10829
青 海	Qinghai	2362	1112	959	789	794	1067
宁 夏	Ningxia	6598	4832	1434	1450		
新 疆	Xinjiang	3937	3509	1530	1956	1986	2044

1-1-11 续表 2 continued

地 区	Region	主营业务收入（亿元） Revenue from Principal Business (100 million yuan)					
		2000	2005	2009	2010	2011	2012
全 国	**Total**	**4197.4**	**5712.5**	**6905.9**	**8410.5**	**9801.0**	**11161.9**
东部地区	Eastern Region	2831.8	3812.9	3940.5	4587.9	5521.5	6259.4
中部地区	Middle Region	448.5	506.9	871.0	1116.4	1360.2	1602.8
西部地区	Western Region	534.1	785.1	1524.2	1817.6	2105.1	2417.2
东北地区	Northeastern Region	382.9	607.6	570.3	888.5	814.3	882.5
北 京	Beijing	682.4	451.7	376.0	437.2	628.3	812.3
天 津	Tianjin	79.3	268.6	251.2	283.2	338.4	432.4
河 北	Hebei	112.5	153.4	99.6	171.8	227.4	298.8
山 西	Shanxi	19.3	22.8	23.7	37.1	36.0	75.9
内 蒙 古	Inner Mongolia	14.5	12.9	16.5	23.7	27.7	21.8
辽 宁	Liaoning	197.9	313.5	444.3	581.5	470.5	522.8
吉 林	Jilin	55.2	37.2	26.1	29.6	37.3	42.8
黑 龙 江	Heilongjiang	129.8	256.9	99.9	277.4	306.5	316.8
上 海	Shanghai	354.3	321.6	449.1	507.5	534.0	399.9
江 苏	Jiangsu	408.8	415.6	414.6	523.8	635.7	850.2
浙 江	Zhejiang	105.0	209.2	149.8	188.9	240.6	227.3
安 徽	Anhui	33.2	48.4	116.9	185.2	307.2	394.0
福 建	Fujian	125.0	206.6	42.0	51.8	91.0	111.5
江 西	Jiangxi	80.4	107.3	172.1	210.1	231.0	225.4
山 东	Shandong	209.1	451.4	703.4	753.5	959.1	1028.4
河 南	Henan	84.5	102.4	109.2	143.9	115.2	130.9
湖 北	Hubei	139.9	167.1	305.7	349.9	401.4	562.5
湖 南	Hunan	76.7	46.1	126.8	166.5	241.7	214.2
广 东	Guangdong	722.5	1306.8	1414.3	1617.2	1801.7	2044.0
广 西	Guangxi	26.5	22.6	33.6	32.2	40.9	56.4
海 南	Hainan	6.4	5.5	6.9	20.8	24.2	54.6
重 庆	Chongqing	49.5	66.5	140.9	160.9	177.5	218.9
四 川	Sichuan	207.5	313.7	730.3	828.0	1029.9	1066.6
贵 州	Guizhou	47.3	66.4	119.9	127.4	129.7	165.9
云 南	Yunnan	15.2	18.9	51.8	58.9	73.4	91.0
西 藏	Tibet	0.7	1.5	0.6	1.0	1.0	1.1
陕 西	Shaanxi	186.2	282.1	448.4	601.3	657.0	751.7
甘 肃	Gansu	18.0	15.3	21.4	27.5	28.3	31.9
青 海	Qinghai	1.4	2.3	1.5	1.9	1.4	4.5
宁 夏	Ningxia	5.0	11.1	5.7	5.1		
新 疆	Xinjiang	3.2	7.3	3.7	5.5	7.0	7.4

1-1-11 续表 3 continued

地 区	Region	利润总额（亿元）Profits (100 million yuan)					
		2000	2005	2009	2010	2011	2012
全 国	**Total**	**248.1**	**182.1**	**431.3**	**695.0**	**728.6**	**677.4**
东部地区	Eastern Region	188.6	138.3	258.9	366.1	471.5	408.3
中部地区	Middle Region	27.5	15.7	54.1	128.2	75.8	94.8
西部地区	Western Region	16.8	18.4	88.2	130.7	121.7	129.0
东北地区	Northeastern Region	15.2	9.8	30.0	69.9	59.5	45.3
北 京	Beijing	56.2	20.5	49.6	51.1	98.5	78.2
天 津	Tianjin	8.8	16.5	23.1	23.8	29.6	33.2
河 北	Hebei	5.2	0.8	8.9	9.8	6.7	6.6
山 西	Shanxi	0.3	1.0	0.9	3.4	2.0	4.1
内 蒙 古	Inner Mongolia	0.1	0.9	0.4	4.4	4.1	1.3
辽 宁	Liaoning	6.5	-0.7	20.1	39.2	31.4	25.4
吉 林	Jilin	4.8	1.2	4.1	5.3	7.0	5.6
黑 龙 江	Heilongjiang	3.9	9.3	5.8	25.4	21.1	14.3
上 海	Shanghai	40.0	10.1	2.3	30.3	29.1	24.5
江 苏	Jiangsu	16.5	20.0	26.5	37.7	40.7	44.1
浙 江	Zhejiang	9.0	7.1	33.2	36.7	46.5	26.8
安 徽	Anhui	0.8	2.9	7.9	13.0	8.6	30.0
福 建	Fujian	-0.2	-2.0	5.7	8.0	14.1	14.6
江 西	Jiangxi	2.7	4.0	8.2	11.0	8.7	8.2
山 东	Shandong	12.6	9.3	30.7	40.5	72.6	76.7
河 南	Henan	8.7	-0.2	-6.3	11.5	8.2	13.1
湖 北	Hubei	12.5	6.0	28.8	65.9	18.7	25.9
湖 南	Hunan	2.3	1.1	14.4	19.0	25.8	13.5
广 东	Guangdong	39.0	54.9	77.2	124.6	125.9	94.1
广 西	Guangxi	1.2	0.7	0.4	1.4	6.4	8.7
海 南	Hainan	0.4	0.4	1.3	2.3	1.4	9.6
重 庆	Chongqing	-0.7	3.3	6.2	6.4	9.2	12.0
四 川	Sichuan	7.4	12.9	40.3	51.8	57.8	57.1
贵 州	Guizhou	0.6	-1.0	9.3	6.9	4.9	7.4
云 南	Yunnan	1.5	3.6	8.7	8.5	13.6	11.0
西 藏	Tibet	0.1	0.2	0.2	0.4	0.2	0.3
陕 西	Shaanxi	7.5	-3.3	17.5	49.2	29.4	24.5
甘 肃	Gansu	-0.3	0.7	5.5	6.1	5.8	5.8
青 海	Qinghai	0.1	0.6	0.1	-0.1		0.3
宁 夏	Ningxia	0.5	0.8	0.1	1.0		
新 疆	Xinjiang		0.7	0.4	0.6	0.9	0.5

1-1-11　续表 4　continued

地　区	Region	利税（亿元） Taxes and Profits (100 million yuan)					
		2000	2005	2009	2010	2011	2012
全　国	**Total**	**414.7**	**357.1**	**642.0**	**996.5**	**1197.7**	**1203.4**
东部地区	Eastern Region	283.1	254.4	380.4	534.3	786.8	757.0
中部地区	Middle Region	51.5	33.4	84.4	173.3	133.0	151.8
西部地区	Western Region	42.2	41.3	132.4	194.2	198.5	223.6
东北地区	Northeastern Region	37.9	28.0	44.7	94.7	79.4	71.0
北　京	Beijing	73.9	35.7	67.9	71.2	120.6	102.6
天　津	Tianjin	14.3	25.8	33.2	32.7	44.2	58.3
河　北	Hebei	11.4	5.9	12.6	13.9	12.0	11.1
山　西	Shanxi	1.4	2.4	1.9	4.9	2.6	5.1
内蒙古	Inner Mongolia	0.5	1.7	1.3	5.0	5.1	2.7
辽　宁	Liaoning	14.2	3.4	31.2	47.6	36.7	34.0
吉　林	Jilin	8.7	3.6	5.3	6.8	8.8	7.6
黑龙江	Heilongjiang	15.0	21.0	8.2	40.3	33.9	29.3
上　海	Shanghai	52.8	20.1	14.2	44.0	42.4	37.8
江　苏	Jiangsu	36.0	35.3	38.1	54.1	59.7	72.4
浙　江	Zhejiang	14.8	12.5	43.1	48.2	59.2	37.9
安　徽	Anhui	2.4	4.7	11.9	19.5	33.0	41.2
福　建	Fujian	1.7	0.7	8.0	10.9	18.1	20.1
江　西	Jiangxi	7.4	7.7	13.7	18.0	13.1	18.4
山　东	Shandong	21.5	22.3	55.2	69.9	112.4	123.2
河　南	Henan	13.9	3.1	-3.6	16.5	12.0	17.1
湖　北	Hubei	19.7	10.7	38.2	79.5	30.2	41.3
湖　南	Hunan	6.2	3.0	21.0	29.9	37.1	28.8
广　东	Guangdong	52.8	93.0	105.0	184.4	308.2	281.4
广　西	Guangxi	3.3	2.4	1.4	1.8	6.9	9.3
海　南	Hainan	0.7	0.7	1.7	3.2	3.1	12.1
重　庆	Chongqing	2.3	7.0	14.5	12.7	16.4	22.6
四　川	Sichuan	17.7	20.8	57.9	86.7	105.7	115.9
贵　州	Guizhou	2.2	0.6	11.3	8.8	7.1	9.6
云　南	Yunnan	2.6	5.1	12.9	12.9	17.5	16.7
西　藏	Tibet	0.2	0.4	0.3	0.5	0.4	0.5
陕　西	Shaanxi	15.1	2.9	27.6	63.1	43.0	37.6
甘　肃	Gansu	0.7	1.3	6.6	7.4	7.1	7.4
青　海	Qinghai	0.2	0.7	0.2	-0.1	0.1	0.5
宁　夏	Ningxia	0.9	1.2	0.4	1.1		
新　疆	Xinjiang	0.3	1.4	0.7	1.0	1.2	0.8

1-1-11 续表 5 continued

地 区	Region	出口交货值（亿元） Exports (100 million yuan)					
		2000	2005	2009	2010	2011	2012
全 国	**Total**	**707.5**	**1566.8**	**1225.0**	**1650.4**	**1749.6**	**2051.6**
东部地区	Eastern Region	546.5	1301.3	893.5	1208.7	1310.9	1573.2
中部地区	Middle Region	33.7	51.8	52.2	87.2	128.6	154.7
西部地区	Western Region	48.4	74.8	122.5	127.0	163.3	165.6
东北地区	Northeastern Region	78.9	138.9	156.8	227.6	146.8	158.1
北 京	Beijing	108.9	91.0	29.9	35.5	41.9	83.3
天 津	Tianjin	9.8	45.4	11.0	16.9	22.0	39.4
河 北	Hebei	14.0	29.8	23.9	28.2	29.5	38.9
山 西	Shanxi	1.6	0.1	0.1	4.1	4.8	6.6
内蒙古	Inner Mongolia	0.8	1.5	1.8	2.6	0.0	
辽 宁	Liaoning	74.6	127.8	149.7	214.6	133.8	145.2
吉 林	Jilin	1.5	2.3	1.1	0.6	0.9	0.7
黑龙江	Heilongjiang	2.8	8.8	6.0	12.4	12.1	12.2
上 海	Shanghai	50.2	72.9	102.0	146.4	141.5	83.5
江 苏	Jiangsu	97.1	162.2	64.4	104.6	140.7	159.7
浙 江	Zhejiang	14.5	71.5	63.6	54.6	68.9	64.3
安 徽	Anhui	0.9	1.0	3.9	5.1	38.0	73.6
福 建	Fujian	24.6	63.1	10.4	8.4	8.3	10.4
江 西	Jiangxi	4.7	13.4	17.7	25.5	21.4	4.1
山 东	Shandong	18.9	60.6	69.6	101.8	116.0	127.7
河 南	Henan	8.8	16.3	5.0	9.8	11.7	8.0
湖 北	Hubei	8.1	13.3	13.8	30.8	36.7	53.1
湖 南	Hunan	8.7	6.1	10.0	9.2	15.8	9.3
广 东	Guangdong	207.1	704.2	518.4	712.2	742.1	965.7
广 西	Guangxi	1.4	0.6	0.1		0.1	0.2
海 南	Hainan	0.1					0.2
重 庆	Chongqing	4.9	3.6	6.4	9.0	18.1	9.7
四 川	Sichuan	16.7	37.8	66.4	56.5	67.4	66.9
贵 州	Guizhou	1.7	6.7	10.9	9.5	16.8	12.7
云 南	Yunnan	1.4	0.6	1.6	0.9	0.7	1.2
西 藏	Tibet						
陕 西	Shaanxi	19.5	21.6	37.0	50.7	59.7	74.6
甘 肃	Gansu	2.7		0.2	0.3	0.3	0.3
青 海	Qinghai						
宁 夏	Ningxia	1.1	4.1				
新 疆	Xinjiang	0.3	0.4	0.1	0.1	0.2	

1-1-12　内资企业各地区高技术产业生产经营情况

Statistics on Production and Management in High-tech Industry of Domesdtic Funded Enterprises by Region

地　　区	Region	企业数（个） Number of Enterprises (unit)					
		2000	2005	2009	2010	2011	2012
全　　国	**Total**	**6767**	**11036**	**17922**	**18905**	**14075**	**16641**
东部地区	Eastern Region	4072	7354	11899	12516	8780	10158
中部地区	Middle Region	1201	1642	2959	3298	2832	3368
西部地区	Western Region	925	1317	1719	1768	1466	2027
东北地区	Northeastern Region	569	723	1345	1323	997	1088
北　　京	Beijing	376	814	860	827	529	565
天　　津	Tianjin	310	300	407	379	202	271
河　　北	Hebei	214	256	350	368	310	369
山　　西	Shanxi	109	130	137	140	106	125
内 蒙 古	Inner Mongolia	49	57	93	93	88	88
辽　　宁	Liaoning	257	377	770	768	548	595
吉　　林	Jilin	203	212	390	379	325	348
黑 龙 江	Heilongjiang	109	134	185	176	124	145
上　　海	Shanghai	378	583	706	663	371	414
江　　苏	Jiangsu	800	1178	2384	2650	2089	2513
浙　　江	Zhejiang	701	1510	2453	2675	1410	1606
安　　徽	Anhui	149	239	544	661	513	673
福　　建	Fujian	137	245	388	429	319	387
江　　西	Jiangxi	159	228	396	441	388	486
山　　东	Shandong	310	783	1342	1332	1122	1445
河　　南	Henan	271	342	623	674	673	781
湖　　北	Hubei	295	372	634	690	462	594
湖　　南	Hunan	169	274	532	599	602	709
广　　东	Guangdong	673	1455	2723	2870	2166	2555
广　　西	Guangxi	143	189	250	282	232	236
海　　南	Hainan	30	41	36	41	30	33
重　　庆	Chongqing	99	131	257	285	210	254
四　　川	Sichuan	240	497	737	734	652	722
贵　　州	Guizhou	143	157	133	132	106	124
云　　南	Yunnan	80	99	121	122	89	106
西　　藏	Tibet	15	12	9	10	5	6
陕　　西	Shaanxi	225	278	313	334	289	339
甘　　肃	Gansu	67	79	77	79	56	85
青　　海	Qinghai	10	21	25	25	24	25
宁　　夏	Ningxia	16	20	18	15	13	18
新　　疆	Xinjiang	30	23	29	32	22	24

1-1-12 续表 1 continued

地区	Region	从业人员年平均人数（人） Annual Average Number of Employed Personnel (person)					
		2000	2005	2009	2010	2011	2012
全国	**Total**	**2715464**	**2939172**	**4067372**	**4539404**	**4667126**	**5422678**
东部地区	Eastern Region	1282759	1689891	2416948	2790462	2806472	3232150
中部地区	Middle Region	496948	482699	731510	830469	903147	1059268
西部地区	Western Region	629782	547314	622728	631522	665401	791866
东北地区	Northeastern Region	305975	219268	296186	286951	292106	339394
北京	Beijing	108682	115587	126978	128295	128345	150075
天津	Tianjin	68555	57253	66847	72370	69118	95779
河北	Hebei	92951	95956	90953	97138	99066	101664
山西	Shanxi	38095	36107	36392	41507	35027	41989
内蒙古	Inner Mongolia	16149	14318	17236	19231	24539	25361
辽宁	Liaoning	149753	109492	144951	145137	125887	143955
吉林	Jilin	73705	53300	101862	94320	119716	146578
黑龙江	Heilongjiang	82517	56476	49373	47494	46503	48861
上海	Shanghai	96515	104428	105028	110948	101360	107914
江苏	Jiangsu	272708	244102	435542	511902	552683	676908
浙江	Zhejiang	175391	286839	353447	412358	346150	379222
安徽	Anhui	46407	55999	98163	119963	122731	158492
福建	Fujian	34587	39861	68787	91280	89088	99595
江西	Jiangxi	93695	95286	133041	153703	163993	191772
山东	Shandong	131612	202621	258836	274369	283856	394428
河南	Henan	108661	123564	176059	207398	230059	273101
湖北	Hubei	122324	101982	165880	162902	155559	196699
湖南	Hunan	71617	55443	104739	125765	171239	197215
广东	Guangdong	259821	496496	856856	1020899	1066738	1214568
广西	Guangxi	38198	41438	47046	62663	60469	61291
海南	Hainan	3739	5310	6628	8240	9599	11997
重庆	Chongqing	54131	48455	64596	64910	65088	86965
四川	Sichuan	186634	188947	250228	256563	284659	307066
贵州	Guizhou	90076	62581	63790	62556	59243	45496
云南	Yunnan	21086	17151	21718	21060	19728	23700
西藏	Tibet	1191	1085	1228	1389	1060	1130
陕西	Shaanxi	215644	185610	178718	179969	194365	198752
甘肃	Gansu	44468	26163	25293	27189	24429	26636
青海	Qinghai	3699	4092	4542	4572	4155	5276
宁夏	Ningxia	7815	8565	6286	6366	5305	6460
新疆	Xinjiang	5038	4665	6329	6948	7369	3733

1-1-12 续表 2 continued

地 区	Region	主营业务收入（亿元） Revenue from Principal Business (100 million yuan)					
		2000	2005	2009	2010	2011	2012
全 国	**Total**	**4036.6**	**9132.0**	**20425.3**	**26266.5**	**32551.4**	**41355.4**
东部地区	Eastern Region	2455.1	6120.8	13177.9	16905.6	20261.7	25754.0
中部地区	Middle Region	511.2	1052.7	3114.9	4224.6	5926.6	7381.7
西部地区	Western Region	614.8	1240.7	2630.8	3198.3	4027.6	5327.3
东北地区	Northeastern Region	455.5	717.8	1501.7	1938.0	2335.4	2892.4
北 京	Beijing	237.5	494.2	675.6	761.2	884.3	1146.1
天 津	Tianjin	60.0	201.1	326.7	390.3	487.9	755.6
河 北	Hebei	147.3	247.4	353.8	527.8	659.8	794.9
山 西	Shanxi	19.9	47.5	77.6	117.5	124.8	176.0
内蒙古	Inner Mongolia	18.8	36.6	78.7	105.2	183.6	172.0
辽 宁	Liaoning	231.2	387.0	874.7	1143.7	1234.5	1557.3
吉 林	Jilin	75.8	121.8	439.0	583.1	823.9	1017.8
黑龙江	Heilongjiang	148.5	209.0	188.0	211.2	277.0	317.4
上 海	Shanghai	200.2	332.7	435.9	536.1	565.6	642.8
江 苏	Jiangsu	413.0	796.9	2542.4	3545.7	4734.9	6936.8
浙 江	Zhejiang	353.2	907.2	1442.3	1844.9	1836.1	2150.6
安 徽	Anhui	54.9	133.1	367.8	562.2	876.2	1248.6
福 建	Fujian	75.1	117.5	259.7	401.8	459.3	552.1
江 西	Jiangxi	92.8	193.8	576.7	811.0	1119.3	1422.0
山 东	Shandong	275.5	1048.9	2203.3	2542.2	3136.6	4440.0
河 南	Henan	79.7	229.7	768.7	1050.0	1445.3	1758.1
湖 北	Hubei	155.7	274.7	718.9	821.5	977.1	1320.8
湖 南	Hunan	89.4	137.5	526.6	757.1	1200.4	1456.2
广 东	Guangdong	641.6	1878.0	4736.5	6051.9	7061.8	8219.9
广 西	Guangxi	40.4	74.9	170.9	250.9	370.3	487.0
海 南	Hainan	11.3	22.0	31.0	52.7	65.2	115.2
重 庆	Chongqing	51.1	123.3	245.0	309.2	392.8	523.2
四 川	Sichuan	261.5	531.0	1367.5	1650.4	2143.4	2366.3
贵 州	Guizhou	60.4	112.8	227.7	245.4	278.2	321.4
云 南	Yunnan	25.7	45.2	110.5	130.7	152.3	186.4
西 藏	Tibet	1.9	3.7	4.5	5.1	5.2	7.7
陕 西	Shaanxi	182.7	354.9	561.9	709.3	888.1	1071.8
甘 肃	Gansu	18.6	38.0	55.6	75.6	85.6	111.7
青 海	Qinghai	2.4	6.3	13.7	19.7	20.3	37.2
宁 夏	Ningxia	5.9	15.7	26.0	28.0	31.0	26.6
新 疆	Xinjiang	4.6	10.0	18.4	24.9	30.7	15.8

1-1-12 续表 3 continued

地 区	Region	利润总额（亿元） Profits (100 million yuan)					
		2000	2005	2009	2010	2011	2012
全 国	**Total**	**266.3**	**495.2**	**1685.4**	**2487.2**	**2754.2**	**3421.8**
东部地区	Eastern Region	191.6	361.5	1129.2	1625.0	1717.3	2116.6
中部地区	Middle Region	26.0	57.2	250.6	433.2	497.8	630.8
西部地区	Western Region	26.1	54.6	196.1	272.0	337.3	452.4
东北地区	Northeastern Region	22.6	21.9	109.5	157.0	201.7	222.0
北 京	Beijing	26.1	24.9	74.6	101.7	126.2	150.5
天 津	Tianjin	5.5	15.2	32.8	44.5	59.3	94.9
河 北	Hebei	7.4	7.7	33.7	45.7	48.8	58.1
山 西	Shanxi	0.3	1.5	3.1	7.8	12.1	15.7
内蒙古	Inner Mongolia	0.5	2.8	6.0	12.4	17.8	14.9
辽 宁	Liaoning	7.1	6.8	42.2	78.0	82.2	106.1
吉 林	Jilin	9.0	9.1	46.3	52.4	87.4	80.0
黑龙江	Heilongjiang	6.5	6.0	21.0	26.6	32.1	35.9
上 海	Shanghai	11.7	21.5	30.4	51.5	46.5	56.1
江 苏	Jiangsu	16.5	43.1	176.4	259.6	370.3	551.1
浙 江	Zhejiang	29.5	54.4	140.0	198.6	180.1	198.4
安 徽	Anhui	1.6	7.8	31.7	55.7	64.9	119.0
福 建	Fujian	3.7	12.2	24.5	44.7	45.7	55.4
江 西	Jiangxi	2.1	8.3	32.9	50.2	66.2	96.2
山 东	Shandong	16.9	50.6	156.4	220.8	272.2	397.6
河 南	Henan	4.0	14.9	65.4	120.3	146.5	168.8
湖 北	Hubei	14.5	15.5	67.6	111.9	75.7	102.2
湖 南	Hunan	3.2	6.4	43.9	74.9	114.8	128.9
广 东	Guangdong	69.6	119.6	441.1	615.9	504.2	536.9
广 西	Guangxi	3.8	7.6	14.3	34.9	56.9	70.8
海 南	Hainan	0.8	4.7	4.9	7.0	7.1	17.6
重 庆	Chongqing	0.1	9.0	19.1	23.0	28.0	39.7
四 川	Sichuan	13.7	25.1	96.2	132.3	170.6	182.3
贵 州	Guizhou	1.5	9.1	20.0	25.9	27.1	29.5
云 南	Yunnan	2.3	5.8	17.1	17.6	22.9	22.4
西 藏	Tibet	0.6	1.6	1.8	2.1	1.9	2.6
陕 西	Shaanxi	7.5	-1.3	26.0	48.0	62.3	66.1
甘 肃	Gansu	-0.4	2.5	9.6	11.6	11.9	14.5
青 海	Qinghai	0.1	0.8	0.6	1.4	2.5	4.9
宁 夏	Ningxia	0.6	0.9	2.6	5.8	5.7	2.0
新 疆	Xinjiang	0.1	1.1	2.9	4.3	4.4	2.6

1-1-12　续表 4　continued

地　区	Region	利税（亿元）Taxes and Profits (100 million yuan)					
		2000	2005	2009	2010	2011	2012
全　国	**Total**	**477.3**	**875.1**	**2538.2**	**3555.6**	**4299.2**	**5331.5**
东部地区	Eastern Region	315.8	623.1	1686.9	2316.9	2790.3	3354.3
中部地区	Middle Region	52.9	105.6	379.9	611.8	731.2	935.0
西部地区	Western Region	58.3	102.0	308.9	413.8	509.3	717.1
东北地区	Northeastern Region	50.3	44.4	162.4	213.1	268.5	325.1
北　京	Beijing	36.6	45.7	108.2	136.5	166.0	198.3
天　津	Tianjin	10.0	23.9	49.9	62.8	86.6	145.6
河　北	Hebei	15.3	17.1	49.5	64.9	72.5	84.2
山　西	Shanxi	1.5	4.1	7.5	14.0	18.3	24.9
内蒙古	Inner Mongolia	1.2	5.1	9.7	16.3	24.5	22.7
辽　宁	Liaoning	16.4	14.8	67.4	104.6	110.9	154.9
吉　林	Jilin	14.9	15.9	66.1	72.0	115.3	118.3
黑龙江	Heilongjiang	19.0	13.7	28.9	36.5	42.3	51.8
上　海	Shanghai	20.7	34.5	49.3	73.4	68.2	81.9
江　苏	Jiangsu	38.5	78.1	282.3	403.3	563.9	864.3
浙　江	Zhejiang	49.6	90.6	206.1	273.4	254.2	296.3
安　徽	Anhui	4.3	12.1	46.4	77.1	107.0	168.7
福　建	Fujian	6.7	17.1	36.2	60.7	61.5	76.7
江　西	Jiangxi	8.1	18.7	56.7	81.3	104.6	154.5
山　东	Shandong	27.6	87.0	242.5	325.3	394.5	589.9
河　南	Henan	7.9	26.2	94.3	157.4	196.1	226.3
湖　北	Hubei	22.0	25.5	92.5	146.0	108.7	151.4
湖　南	Hunan	7.8	13.8	73.0	119.6	172.0	209.1
广　东	Guangdong	102.1	208.9	631.5	860.3	1039.7	993.0
广　西	Guangxi	7.3	13.6	24.2	46.6	71.1	91.2
海　南	Hainan	1.6	6.7	7.0	9.9	12.1	24.2
重　庆	Chongqing	3.4	14.9	34.7	36.5	43.1	68.0
四　川	Sichuan	27.8	42.1	150.9	213.2	272.4	318.3
贵　州	Guizhou	4.3	15.1	29.9	36.2	39.3	44.5
云　南	Yunnan	4.1	9.3	26.6	27.2	32.5	35.9
西　藏	Tibet	0.9	2.1	2.5	2.7	2.6	3.5
陕　西	Shaanxi	15.4	9.3	42.8	68.4	88.0	98.9
甘　肃	Gansu	0.5	4.5	12.2	15.0	15.9	19.5
青　海	Qinghai	0.4	1.2	1.5	2.4	3.6	7.1
宁　夏	Ningxia	1.0	1.4	3.5	6.8	6.8	3.8
新　疆	Xinjiang	0.5	2.1	4.3	5.4	5.2	3.6

1-1-12 续表 5 continued

地　区	Region	出口交货值（亿元） Exports (100 million yuan)					
		2000	2005	2009	2010	2011	2012
全　国	**Total**	**510.8**	**1490.7**	**3247.3**	**4202.9**	**4582.6**	**5361.7**
东部地区	Eastern Region	355.6	1196.0	2697.0	3505.7	3785.8	4317.3
中部地区	Middle Region	33.2	68.0	192.1	245.7	378.9	570.5
西部地区	Western Region	43.6	104.1	179.9	205.1	238.6	289.2
东北地区	Northeastern Region	78.3	122.6	178.4	246.4	179.3	184.7
北　京	Beijing	6.8	16.8	29.1	25.9	29.1	76.6
天　津	Tianjin	9.2	13.5	16.7	24.3	23.0	52.5
河　北	Hebei	15.5	35.2	35.5	44.8	46.9	57.3
山　西	Shanxi	1.7	0.3	1.0	2.5	3.2	2.1
内蒙古	Inner Mongolia	1.1	1.7	3.1	3.6	3.3	5.5
辽　宁	Liaoning	73.7	105.0	165.9	236.1	167.8	168.8
吉　林	Jilin	1.8	5.4	5.5	5.7	8.5	10.0
黑龙江	Heilongjiang	2.8	12.2	7.0	4.6	3.1	5.9
上　海	Shanghai	13.2	28.5	47.1	80.6	75.8	76.3
江　苏	Jiangsu	86.4	120.3	274.7	389.4	441.8	477.8
浙　江	Zhejiang	70.4	267.6	373.1	475.9	444.2	513.3
安　徽	Anhui	3.7	11.8	21.5	30.4	99.7	174.0
福　建	Fujian	10.3	20.2	39.1	51.8	71.9	75.8
江　西	Jiangxi	4.7	14.1	39.0	51.5	76.5	80.7
山　东	Shandong	23.2	105.6	119.7	207.5	231.9	314.8
河　南	Henan	3.6	17.1	12.9	27.0	26.7	103.5
湖　北	Hubei	9.2	14.9	94.8	104.0	96.0	105.3
湖　南	Hunan	9.3	8.3	19.7	26.6	73.5	104.8
广　东	Guangdong	118.3	584.7	1757.3	2200.5	2404.6	2672.8
广　西	Guangxi	2.1	3.5	4.7	5.1	16.4	8.3
海　南	Hainan	0.1				0.0	0.2
重　庆	Chongqing	4.2	6.2	22.7	15.8	24.3	30.9
四　川	Sichuan	12.3	59.1	93.0	108.2	108.1	123.3
贵　州	Guizhou	1.8	5.1	7.6	5.4	10.9	11.6
云　南	Yunnan	2.2	3.4	4.8	5.4	4.7	7.0
西　藏	Tibet			0.1			
陕　西	Shaanxi	18.9	23.3	41.1	54.5	66.4	83.6
甘　肃	Gansu	2.5	0.4	1.4	2.6	5.7	8.5
青　海	Qinghai	0.2	0.2		0.1	0.1	0.2
宁　夏	Ningxia	1.1	6.1	7.5	9.2	12.9	9.6
新　疆	Xinjiang	0.4	0.3	1.6	3.8	5.4	0.7

1-1-13　港澳台资企业各地区高技术产业生产经营情况

Statistics on Production and Management in High-tech Industry of Hong Kong, Macau and Taiwan Funded Enterprises by Region

地　区	Region	企业数（个） Number of Enterprises (unit)					
		2000	2005	2009	2010	2011	2012
全　国	**Total**	**1627**	**2856**	**3809**	**3891**	**3173**	**3311**
东部地区	Eastern Region	1449	2595	3443	3500	2822	2891
中部地区	Middle Region	97	145	220	235	218	235
西部地区	Western Region	42	60	78	86	73	128
东北地区	Northeastern Region	39	56	68	70	60	57
北　京	Beijing	67	71	78	75	59	53
天　津	Tianjin	45	28	48	43	29	31
河　北	Hebei	17	17	24	24	21	22
山　西	Shanxi	12	8	6	7	5	6
内蒙古	Inner Mongolia	2	7	7	7	6	6
辽　宁	Liaoning	23	37	53	54	46	40
吉　林	Jilin	12	11	11	11	11	11
黑龙江	Heilongjiang	4	8	4	5	3	6
上　海	Shanghai	121	173	216	204	151	156
江　苏	Jiangsu	173	432	729	757	632	670
浙　江	Zhejiang	91	217	282	290	227	237
安　徽	Anhui	18	26	32	33	25	31
福　建	Fujian	129	152	191	196	153	167
江　西	Jiangxi	9	21	58	64	64	70
山　东	Shandong	30	60	77	72	52	63
河　南	Henan	19	22	27	27	25	37
湖　北	Hubei	23	40	50	48	42	42
湖　南	Hunan	14	21	40	49	51	49
广　东	Guangdong	752	1418	1762	1800	1465	1485
广　西	Guangxi	10	15	28	31	27	35
海　南	Hainan	14	12	8	8	6	7
重　庆	Chongqing	6	7	9	16	17	27
四　川	Sichuan	14	19	27	28	25	29
贵　州	Guizhou	8	12	10	10	6	6
云　南	Yunnan	8	13	12	12	9	10
西　藏	Tibet						
陕　西	Shaanxi	5	7	15	16	13	13
甘　肃	Gansu	1	1	1	1	2	1
青　海	Qinghai			1	1		
宁　夏	Ningxia			2	1	1	1
新　疆	Xinjiang		1	1	1		

1-1-13 续表 1 continued

地 区	Region	从业人员年平均人数（人） Annual Average Number of Employed Personnel (person)					
		2000	2005	2009	2010	2011	2012
全 国	**Total**	**595800**	**1518686**	**2136353**	**2489372**	**2847497**	**3188950**
东部地区	Eastern Region	559263	1453041	2018134	2269787	2362135	2408998
中部地区	Middle Region	22441	42932	83391	146484	313601	470499
西部地区	Western Region	7449	13151	20082	56513	155354	293507
东北地区	Northeastern Region	6647	9562	14746	16588	16407	15946
北 京	Beijing	13440	16381	35007	24785	26218	24006
天 津	Tianjin	8039	12211	11325	17107	21951	37909
河 北	Hebei	2752	3657	36784	25659	30951	32298
山 西	Shanxi	3127	3502	1622	1207	18538	61120
内 蒙 古	Inner Mongolia	341	5602	3897	6436	5406	4495
辽 宁	Liaoning	3356	5032	12557	13389	13510	9101
吉 林	Jilin	2307	2095	1462	1528	2028	3488
黑 龙 江	Heilongjiang	984	2435	727	1671	869	3357
上 海	Shanghai	26528	64122	119981	129572	150084	160008
江 苏	Jiangsu	48728	232492	482638	555986	646323	635826
浙 江	Zhejiang	25102	54184	78695	94849	101472	106982
安 徽	Anhui	5566	5330	5988	14123	14816	17208
福 建	Fujian	63975	96057	100297	115347	110247	117389
江 西	Jiangxi	1829	4491	30783	39312	39463	40216
山 东	Shandong	8447	15543	17686	19548	22072	23945
河 南	Henan	6769	6101	8887	24320	153080	258465
湖 北	Hubei	2788	12080	18830	42223	56987	57537
湖 南	Hunan	2021	5826	13384	18863	25311	35953
广 东	Guangdong	358977	954629	1112647	1254853	1218556	1268515
广 西	Guangxi	1727	2558	21011	29931	32510	47727
海 南	Hainan	1548	1207	2063	2150	1751	2120
重 庆	Chongqing	1764	875	2569	8744	30364	62991
四 川	Sichuan	2724	5541	9765	39405	117980	169224
贵 州	Guizhou	597	1271	877	1068	520	551
云 南	Yunnan	1337	3156	2280	2337	2623	4684
西 藏	Tibet						
陕 西	Shaanxi	982	1665	3766	4133	3148	2829
甘 肃	Gansu	45	543	341	328	412	305
青 海	Qinghai			100	126		
宁 夏	Ningxia			348	342	307	701
新 疆	Xinjiang		100	36	30		

1-1-13　续表 2　continued

地　区	Region	主营业务收入（亿元）Revenue from Principal Business (100 million yuan)					
		2000	2005	2009	2010	2011	2012
全　国	**Total**	**1872.1**	**6539.4**	**11822.2**	**14345.9**	**17534.7**	**21056.7**
东部地区	Eastern Region	1757.5	6298.3	11047.5	13219.6	14715.2	15671.6
中部地区	Middle Region	79.6	184.9	590.8	792.0	1555.3	2859.0
西部地区	Western Region	21.2	31.9	104.6	227.9	1138.3	2419.8
东北地区	Northeastern Region	13.8	24.3	79.4	106.4	125.8	106.3
北　京	Beijing	209.2	287.5	687.1	706.6	757.5	832.8
天　津	Tianjin	9.7	45.3	71.1	100.8	196.5	469.3
河　北	Hebei	3.1	10.9	191.8	168.5	188.3	210.2
山　西	Shanxi	8.3	7.9	5.2	4.3	61.2	349.9
内蒙古	Inner Mongolia	0.2	64.1	140.1	102.1	103.3	78.6
辽　宁	Liaoning	7.7	16.5	73.4	94.6	109.1	79.8
吉　林	Jilin	1.8	4.6	4.2	6.1	14.2	20.0
黑龙江	Heilongjiang	4.3	3.2	1.8	5.7	2.4	6.5
上　海	Shanghai	127.5	1000.0	2203.3	2965.8	2768.0	2368.9
江　苏	Jiangsu	157.3	953.9	2217.7	2611.9	3533.9	4209.2
浙　江	Zhejiang	37.5	173.5	317.9	444.6	652.7	653.6
安　徽	Anhui	19.5	12.2	16.9	39.3	103.9	130.7
福　建	Fujian	224.9	635.4	610.0	791.5	921.3	983.9
江　西	Jiangxi	2.1	6.2	95.2	139.1	197.2	287.9
山　东	Shandong	14.1	55.9	134.6	184.8	250.2	279.7
河　南	Henan	37.5	28.8	45.9	36.0	441.6	1354.2
湖　北	Hubei	8.2	50.3	242.7	392.0	514.6	574.5
湖　南	Hunan	3.9	15.3	44.9	79.2	133.4	161.9
广　东	Guangdong	969.7	3121.0	4574.0	5150.8	5323.1	5654.5
广　西	Guangxi	0.8	9.3	32.9	88.6	117.5	255.5
海　南	Hainan	3.8	5.8	7.1	5.9	6.4	9.5
重　庆	Chongqing	5.4	2.6	17.8	64.8	429.3	925.6
四　川	Sichuan	4.6	15.7	53.1	81.0	658.8	1094.2
贵　州	Guizhou	0.9	1.4	7.6	8.8	8.3	5.5
云　南	Yunnan	3.3	9.1	14.8	17.0	23.2	36.0
西　藏	Tibet						
陕　西	Shaanxi	6.8	2.4	8.0	52.4	12.2	18.7
甘　肃	Gansu	0.2	0.5	0.3	0.3	1.7	0.4
青　海	Qinghai			0.1	0.3		
宁　夏	Ningxia			2.6	3.0	4.8	5.3
新　疆	Xinjiang		0.2	0.4	0.2		

1-1-13 续表 3 continued

地 区	Region	利润总额（亿元）Profits (100 million yuan)					
		2000	2005	2009	2010	2011	2012
全 国	**Total**	**84.4**	**186.0**	**497.4**	**735.3**	**862.3**	**986.6**
东部地区	Eastern Region	70.3	177.2	448.2	632.1	697.7	684.5
中部地区	Middle Region	11.2	6.0	36.0	73.3	122.7	184.9
西部地区	Western Region	1.5	0.6	7.6	20.8	32.8	108.8
东北地区	Northeastern Region	1.3	2.1	5.7	9.1	9.1	8.3
北 京	Beijing	14.6	9.3	21.9	22.2	23.2	22.7
天 津	Tianjin	0.3	2.4	2.8	6.2	8.3	10.2
河 北	Hebei	0.1	1.3	23.4	18.0	11.3	5.9
山 西	Shanxi	1.7	0.4	0.6	0.3	8.9	88.8
内蒙古	Inner Mongolia		3.5	6.4	15.0	13.1	5.2
辽 宁	Liaoning	0.8	1.2	5.3	7.6	7.5	5.4
吉 林	Jilin	0.4	0.6	0.5	0.7	1.5	1.4
黑龙江	Heilongjiang	0.1	0.3	-0.1	0.8	0.1	1.5
上 海	Shanghai	9.2	3.4	14.7	60.7	64.0	66.7
江 苏	Jiangsu	5.6	42.0	145.6	158.5	195.1	191.5
浙 江	Zhejiang	3.5	13.4	16.7	32.9	106.5	108.0
安 徽	Anhui	0.2	0.1	1.2	2.7	9.0	15.0
福 建	Fujian	6.5	12.9	30.3	65.2	45.2	44.4
江 西	Jiangxi	0.1	0.4	4.6	8.8	13.5	17.2
山 东	Shandong	1.5	4.1	12.1	15.3	34.4	38.0
河 南	Henan	7.8	-1.5	10.0	3.4	10.3	28.7
湖 北	Hubei	0.5	1.3	8.3	34.9	52.5	19.2
湖 南	Hunan	0.8	1.9	4.9	8.3	15.3	16.1
广 东	Guangdong	28.8	87.9	176.1	235.5	188.1	195.7
广 西	Guangxi		0.2	3.2	17.0	21.1	29.6
海 南	Hainan	0.3	0.3	1.2	0.8	0.7	1.5
重 庆	Chongqing	0.1	0.1	0.9	-2.5	2.2	1.2
四 川	Sichuan	0.8	0.3	4.6	5.7	23.3	65.9
贵 州	Guizhou	0.1	-0.1	0.2	0.2	0.3	0.2
云 南	Yunnan	0.2	0.1	1.5	1.9	4.0	3.9
西 藏	Tibet						
陕 西	Shaanxi	0.2	0.1	0.3	15.5	0.9	1.8
甘 肃	Gansu					0.1	
青 海	Qinghai				-0.2		
宁 夏	Ningxia			0.1	0.1	2.0	1.1
新 疆	Xinjiang						

1-1-13　续表 4　continued

地　区	Region	利税（亿元） Taxes and Profits (100 million yuan)					
		2000	2005	2009	2010	2011	2012
全　国	**Total**	**127.4**	**270.3**	**682.3**	**945.3**	**1199.0**	**1519.0**
东部地区	Eastern Region	106.3	254.8	607.1	809.7	930.0	1005.5
中部地区	Middle Region	16.6	9.9	54.9	93.9	171.3	301.5
西部地区	Western Region	2.4	2.1	11.0	28.2	83.6	198.2
东北地区	Northeastern Region	2.1	3.5	9.3	13.5	14.0	13.8
北　京	Beijing	20.2	16.6	31.5	32.4	33.8	40.0
天　津	Tianjin	0.5	2.8	3.8	8.9	11.7	24.9
河　北	Hebei	0.2	1.7	27.0	22.4	15.1	12.0
山　西	Shanxi	2.4	0.6	1.1	0.7	9.4	92.3
内蒙古	Inner Mongolia		3.9	12.8	19.6	18.4	7.9
辽　宁	Liaoning	1.2	1.9	8.4	11.1	11.6	8.6
吉　林	Jilin	0.7	1.0	0.9	1.3	2.2	3.0
黑龙江	Heilongjiang	0.2	0.6		1.1	0.2	2.3
上　海	Shanghai	13.3	7.7	20.1	66.2	71.1	72.4
江　苏	Jiangsu	10.2	53.2	203.3	210.9	262.8	286.0
浙　江	Zhejiang	5.5	20.1	25.1	44.4	132.4	135.2
安　徽	Anhui	0.5	0.6	1.9	4.2	13.9	19.0
福　建	Fujian	10.5	15.4	43.3	81.4	55.5	60.2
江　西	Jiangxi	0.3	0.6	8.6	12.9	21.3	26.5
山　东	Shandong	2.6	6.0	15.6	19.2	43.8	51.8
河　南	Henan	11.2	-0.8	11.7	4.3	29.4	116.7
湖　北	Hubei	1.2	2.0	11.8	40.0	56.7	25.6
湖　南	Hunan	1.2	3.0	6.9	12.2	22.4	21.4
广　东	Guangdong	42.6	130.3	232.1	304.9	278.6	320.7
广　西	Guangxi		0.3	3.6	17.7	24.2	37.3
海　南	Hainan	0.6	0.8	1.5	1.2	1.1	2.3
重　庆	Chongqing	0.2	0.2	1.0	-0.8	17.7	3.4
四　川	Sichuan	1.3	1.2	6.4	9.8	56.6	139.2
贵　州	Guizhou	0.2	0.1	0.3	0.4	0.5	0.7
云　南	Yunnan	0.4	0.4	2.2	2.7	5.1	5.4
西　藏	Tibet						
陕　西	Shaanxi	0.3	0.2	0.7	16.0	1.6	2.9
甘　肃	Gansu					0.2	
青　海	Qinghai				-0.2		
宁　夏	Ningxia			0.4	0.3	2.1	1.3
新　疆	Xinjiang						

1-1-13 续表 5 continued

地 区	Region	出口交货值 (亿元) Exports (100 million yuan)					
		2000	2005	2009	2010	2011	2012
全 国	**Total**	**867.1**	**4301.8**	**7516.4**	**9233.4**	**11214.8**	**14107.7**
东部地区	Eastern Region	854.5	4218.8	7311.5	8837.1	9425.2	9997.9
中部地区	Middle Region	7.3	76.6	175.5	332.6	793.4	2069.6
西部地区	Western Region	2.8	2.4	16.6	39.5	970.3	2033.0
东北地区	Northeastern Region	2.5	4.1	12.8	24.2	25.9	7.2
北 京	Beijing	13.0	19.3	185.0	120.6	107.6	107.2
天 津	Tianjin	7.4	27.9	34.8	55.8	55.2	343.5
河 北	Hebei	1.0	4.3	59.6	47.6	50.4	50.2
山 西	Shanxi		5.5			34.8	271.7
内 蒙 古	Inner Mongolia		29.9	2.4	3.0	3.3	1.2
辽 宁	Liaoning	2.5	3.9	12.6	24.2	25.1	6.4
吉 林	Jilin		0.1	0.1		0.7	0.7
黑 龙 江	Heilongjiang		0.1	0.1		0.1	0.1
上 海	Shanghai	31.0	758.8	1818.5	2503.1	2224.4	1851.1
江 苏	Jiangsu	90.7	546.3	1408.0	1701.6	2379.8	2819.5
浙 江	Zhejiang	19.7	64.3	142.7	200.9	254.4	267.0
安 徽	Anhui	0.4	1.5	1.9	3.6	3.4	3.4
福 建	Fujian	127.8	427.1	446.2	556.3	651.6	682.9
江 西	Jiangxi	0.1	1.0	40.9	55.7	75.0	103.8
山 东	Shandong	5.1	19.2	31.8	51.4	104.9	66.7
河 南	Henan	6.1	9.4	2.6	5.3	381.6	1222.9
湖 北	Hubei	0.4	28.6	125.9	263.2	279.1	423.1
湖 南	Hunan	0.2	0.8	1.8	1.9	16.2	44.7
广 东	Guangdong	558.0	2349.0	3162.0	3525.7	3497.7	3808.1
广 西	Guangxi	0.3	0.9	20.0	71.7	97.4	137.6
海 南	Hainan	0.6	2.0	2.9	2.3	1.8	1.7
重 庆	Chongqing	1.1	0.6	0.8	29.8	398.5	869.8
四 川	Sichuan	0.6	0.3	10.0	3.7	563.7	1021.7
贵 州	Guizhou	0.1	0.1	3.3	4.1	6.0	1.0
云 南	Yunnan	1.0	1.4	1.1	0.6	0.9	0.3
西 藏	Tibet						
陕 西	Shaanxi			0.6	1.2	1.2	1.2
甘 肃	Gansu						
青 海	Qinghai						
宁 夏	Ningxia			0.8			
新 疆	Xinjiang						

1-1-14 外资企业各地区高技术产业生产经营情况

Statistics on Production and Management in High-tech Industry of Foreign Funded Enterprises by Region

地 区	Region	企业数（个） Number of Enterprises (unit)					
		2000	2005	2009	2010	2011	2012
全 国	**Total**	**1441**	**3635**	**5487**	**5393**	**4434**	**4684**
东部地区	Eastern Region	1213	3225	4880	4779	3980	4178
中部地区	Middle Region	63	133	223	240	189	202
西部地区	Western Region	61	108	142	145	115	156
东北地区	Northeastern Region	104	169	242	229	150	148
北 京	Beijing	139	216	212	201	149	142
天 津	Tianjin	141	274	413	395	266	285
河 北	Hebei	23	39	50	46	39	42
山 西	Shanxi	6	7	11	10	7	5
内蒙古	Inner Mongolia	4	7	9	7	4	3
辽 宁	Liaoning	70	133	176	165	107	103
吉 林	Jilin	22	23	46	46	32	35
黑龙江	Heilongjiang	12	13	20	18	11	10
上 海	Shanghai	238	492	614	556	440	460
江 苏	Jiangsu	171	610	1429	1461	1340	1415
浙 江	Zhejiang	69	264	359	374	286	300
安 徽	Anhui	10	22	41	51	36	40
福 建	Fujian	49	120	164	166	124	138
江 西	Jiangxi	8	23	48	50	47	46
山 东	Shandong	84	376	488	443	340	367
河 南	Henan	13	19	28	27	25	30
湖 北	Hubei	15	34	55	60	40	51
湖 南	Hunan	7	21	31	35	30	30
广 东	Guangdong	286	820	1118	1104	970	1019
广 西	Guangxi	7	10	25	25	16	14
海 南	Hainan	6	4	8	8	10	10
重 庆	Chongqing	11	11	21	23	25	34
四 川	Sichuan	23	47	66	68	50	62
贵 州	Guizhou	6	9	8	8	7	5
云 南	Yunnan	4	10	10	10	6	7
西 藏	Tibet			1	1		
陕 西	Shaanxi	15	22	31	31	23	27
甘 肃	Gansu	1	4	2	1	1	1
青 海	Qinghai		3	2	2	2	2
宁 夏	Ningxia						
新 疆	Xinjiang	1	2	1	1	1	1

1-1-14 续表 1 continued

地区	Region	从业人员年平均人数（人） Annual Average Number of Employed Personnel (person)					
		2000	2005	2009	2010	2011	2012
全国	**Total**	**611611**	**2175564**	**3371703**	**3893476**	**3954530**	**4075094**
东部地区	Eastern Region	543836	2028159	3111128	3583868	3637001	3736275
中部地区	Middle Region	13049	44108	123536	153992	161733	146195
西部地区	Western Region	21749	27900	49350	66877	64747	99091
东北地区	Northeastern Region	32977	75397	87689	88739	91049	93533
北京	Beijing	36311	76859	76999	96809	104972	108508
天津	Tianjin	62598	106625	122108	150545	147829	161909
河北	Hebei	3007	11598	16753	48642	51477	48329
山西	Shanxi	491	4418	55710	78231	68249	44624
内蒙古	Inner Mongolia	715	1678	2160	2179	1200	1040
辽宁	Liaoning	26163	48094	57703	60183	58851	59936
吉林	Jilin	2427	3864	4349	5299	5350	5189
黑龙江	Heilongjiang	4387	23439	25637	23257	26848	28408
上海	Shanghai	92193	220807	250231	291314	335402	328620
江苏	Jiangsu	78241	523743	1005660	1199740	1134482	1173414
浙江	Zhejiang	17798	88466	120936	139119	138744	158060
安徽	Anhui	2569	3204	10488	12326	12271	11626
福建	Fujian	27023	94308	101422	114622	132947	138657
江西	Jiangxi	1684	10093	21895	25091	36540	35275
山东	Shandong	32202	138457	246913	251481	247467	256570
河南	Henan	1878	9570	11267	13174	17065	21460
湖北	Hubei	4604	7332	11032	9852	8883	14549
湖南	Hunan	1108	7813	10984	13139	17525	18661
广东	Guangdong	192910	763428	1155158	1271736	1329609	1359073
广西	Guangxi	597	3459	12916	17616	11303	7790
海南	Hainan	956	409	2032	2244	2769	3135
重庆	Chongqing	2811	1952	12784	14962	20236	29496
四川	Sichuan	8413	9324	18485	29768	23835	38841
贵州	Guizhou	2294	3559	3055	3344	3534	3268
云南	Yunnan	841	3019	1578	3275	3039	3391
西藏	Tibet			54	82		
陕西	Shaanxi	6090	9055	12635	14873	13493	14651
甘肃	Gansu	1216	450	106	28	32	33
青海	Qinghai		436	555	447	483	471
宁夏	Ningxia						
新疆	Xinjiang	84	105	98	98	95	110

1-1-14　续表 2　continued

地　区	Region	主营业务收入（亿元）Revenue from Principal Business (100 million yuan)					
		2000	2005	2009	2010	2011	2012
全　国	**Total**	**4141.4**	**18244.8**	**27319.1**	**33870.4**	**37441.0**	**39871.9**
东部地区	Eastern Region	3872.3	17581.4	26010.9	32034.4	35125.5	36924.7
中部地区	Middle Region	50.4	218.9	411.4	492.2	678.6	863.2
西部地区	Western Region	87.1	119.5	352.8	636.8	808.9	1205.6
东北地区	Northeastern Region	131.6	325.0	544.0	707.1	828.1	878.3
北　京	Beijing	574.2	1386.8	1656.4	1866.0	1684.6	1590.9
天　津	Tianjin	586.6	1662.6	1520.5	1800.0	2013.1	2302.0
河　北	Hebei	5.2	41.9	76.7	186.8	193.3	199.3
山　西	Shanxi	0.9	12.3	89.4	112.1	116.3	95.7
内蒙古	Inner Mongolia	0.5	2.2	12.2	17.9	25.3	22.6
辽　宁	Liaoning	115.1	204.9	346.0	471.5	554.8	577.0
吉　林	Jilin	2.4	18.9	31.2	53.3	80.0	100.9
黑龙江	Heilongjiang	14.1	101.2	166.8	182.3	193.3	200.4
上　海	Shanghai	729.4	2697.6	3146.5	3517.8	3729.9	4039.9
江　苏	Jiangsu	665.2	4386.7	8021.8	10012.0	11127.3	11717.6
浙　江	Zhejiang	98.8	661.1	809.2	1034.2	1118.5	1172.7
安　徽	Anhui	5.1	11.2	46.7	60.0	75.0	80.7
福　建	Fujian	115.9	669.0	1078.3	1383.2	1609.2	1693.4
江　西	Jiangxi	5.1	29.9	71.6	89.2	115.5	146.8
山　东	Shandong	76.5	633.2	2210.9	2421.9	2734.5	3009.5
河　南	Henan	2.8	39.1	82.6	99.6	146.6	145.5
湖　北	Hubei	31.2	72.0	64.3	43.5	60.3	132.0
湖　南	Hunan	4.9	52.3	44.6	69.9	139.6	262.6
广　东	Guangdong	1014.0	5429.8	7447.5	9750.1	10842.8	11172.3
广　西	Guangxi	3.5	10.0	30.6	44.4	51.8	63.7
海　南	Hainan	3.0	2.7	12.3	18.1	20.4	27.2
重　庆	Chongqing	4.1	10.2	76.3	133.8	289.6	434.6
四　川	Sichuan	30.9	31.6	162.7	373.6	384.3	501.6
贵　州	Guizhou	6.2	13.6	9.7	11.8	18.5	16.0
云　南	Yunnan	3.3	5.5	6.0	12.3	13.3	17.0
西　藏	Tibet			0.1	0.1		
陕　西	Shaanxi	41.2	57.0	95.8	103.5	101.2	147.5
甘　肃	Gansu	1.3	0.7	0.7	0.3	0.3	0.2
青　海	Qinghai		0.6	1.1	1.2	1.3	1.5
宁　夏	Ningxia						
新　疆	Xinjiang	0.1	0.3	0.3	0.4	0.4	1.0

1-1-14 续表 3 continued

地 区	Region	利润总额（亿元） Profits (100 million yuan)					
		2000	2005	2009	2010	2011	2012
全 国	**Total**	**322.4**	**742.0**	**1095.7**	**1657.2**	**1628.5**	**1778.0**
东部地区	Eastern Region	296.9	705.6	990.5	1497.1	1449.3	1567.1
中部地区	Middle Region	8.0	12.8	30.6	41.2	53.2	51.7
西部地区	Western Region	10.6	4.6	32.6	38.8	38.3	89.5
东北地区	Northeastern Region	6.9	19.0	42.0	80.1	87.7	69.6
北 京	Beijing	41.9	62.6	59.9	58.4	79.5	62.4
天 津	Tianjin	72.2	138.4	70.6	64.9	97.5	142.6
河 北	Hebei	0.5	9.1	15.3	25.6	23.5	15.7
山 西	Shanxi		0.9	4.3	4.7	7.4	5.3
内 蒙 古	Inner Mongolia			0.4	3.7	3.0	0.7
辽 宁	Liaoning	6.2	8.9	20.2	55.4	63.7	48.6
吉 林	Jilin	0.1	2.0	4.1	4.4	9.1	12.0
黑 龙 江	Heilongjiang	0.6	8.1	17.7	20.3	14.8	9.1
上 海	Shanghai	71.5	68.9	30.9	139.0	111.5	92.8
江 苏	Jiangsu	44.5	167.2	354.0	524.0	499.8	539.5
浙 江	Zhejiang	8.9	14.2	41.6	64.9	63.7	64.4
安 徽	Anhui	0.7	1.6	8.0	11.2	12.0	9.4
福 建	Fujian	9.5	43.9	59.4	87.8	91.9	81.8
江 西	Jiangxi	1.6	2.1	4.0	4.9	6.1	8.7
山 东	Shandong	2.7	41.0	110.6	147.6	157.1	177.2
河 南	Henan	0.2	1.6	7.8	6.1	10.3	8.4
湖 北	Hubei	4.0	4.5	4.5	4.4	2.0	8.7
湖 南	Hunan	1.6	2.2	1.6	6.1	12.4	11.2
广 东	Guangdong	44.7	159.8	242.6	374.2	314.2	378.3
广 西	Guangxi			1.8	4.0	5.7	8.2
海 南	Hainan	0.3	0.5	3.8	6.8	5.0	12.5
重 庆	Chongqing		-0.1	3.3	4.9	6.0	9.4
四 川	Sichuan	2.7	2.1	15.2	16.6	18.4	56.0
贵 州	Guizhou	0.4	-6.0	1.0	1.1	1.7	3.4
云 南	Yunnan	1.0	0.7	0.8	2.1	2.0	2.3
西 藏	Tibet						
陕 西	Shaanxi	6.2	7.7	12.1	14.0	10.2	9.4
甘 肃	Gansu	0.2	0.1	0.1			
青 海	Qinghai			0.1		-0.1	0.1
宁 夏	Ningxia						
新 疆	Xinjiang						0.1

1-1-14　续表 4　continued

地　区	Region	利税（亿元） Taxes and Profits (100 million yuan)					
		2000	2005	2009	2010	2011	2012
全　国	**Total**	**428.9**	**944.2**	**1439.8**	**2252.1**	**2315.6**	**2643.8**
东部地区	Eastern Region	390.8	883.0	1278.4	2016.3	2050.7	2322.9
中部地区	Middle Region	11.5	18.4	44.2	54.6	71.1	78.5
西部地区	Western Region	16.7	12.0	53.2	75.0	78.7	134.9
东北地区	Northeastern Region	10.0	30.8	64.0	106.3	115.0	107.5
北　京	Beijing	53.8	77.1	80.6	96.0	112.5	82.1
天　津	Tianjin	87.1	157.2	86.1	115.8	157.6	237.5
河　北	Hebei	0.7	12.2	19.2	36.0	29.9	23.7
山　西	Shanxi		1.3	5.9	5.7	10.6	10.5
内 蒙 古	Inner Mongolia	0.1	0.1	1.0	4.3	3.7	0.9
辽　宁	Liaoning	8.9	11.2	30.3	67.2	76.7	67.7
吉　林	Jilin	0.3	3.1	5.4	6.4	12.9	18.9
黑 龙 江	Heilongjiang	0.8	16.5	28.3	32.7	25.5	20.9
上　海	Shanghai	90.5	94.4	54.7	168.3	139.7	129.5
江　苏	Jiangsu	68.5	203.2	464.0	671.5	647.7	751.3
浙　江	Zhejiang	11.1	22.4	57.4	86.6	88.5	95.3
安　徽	Anhui	1.1	2.1	10.3	13.7	15.3	13.1
福　建	Fujian	14.3	52.9	68.4	99.9	104.1	100.6
江　西	Jiangxi	1.9	3.3	7.3	7.4	8.3	11.9
山　东	Shandong	6.0	56.2	149.5	210.2	222.5	259.3
河　南	Henan	0.3	2.5	9.8	7.5	12.6	11.3
湖　北	Hubei	5.9	6.1	5.8	6.2	3.7	11.2
湖　南	Hunan	2.1	2.9	4.1	9.7	17.1	20.6
广　东	Guangdong	58.1	206.5	291.2	518.9	535.0	629.2
广　西	Guangxi	0.1	0.2	2.4	4.6	6.5	9.1
海　南	Hainan	0.6	0.9	5.1	8.5	6.7	14.3
重　庆	Chongqing	0.3	0.1	6.9	10.2	12.2	14.7
四　川	Sichuan	4.3	4.0	20.2	34.9	39.2	81.0
贵　州	Guizhou	0.7	-5.9	1.7	2.0	3.1	4.8
云　南	Yunnan	1.4	1.5	1.4	3.3	3.4	4.3
西　藏	Tibet						
陕　西	Shaanxi	9.7	12.1	22.6	24.4	20.7	19.8
甘　肃	Gansu	0.3	0.1	0.1			
青　海	Qinghai			0.1			0.2
宁　夏	Ningxia						
新　疆	Xinjiang			0.1			0.1

1-1-14 续表 5 continued

地区	Region	出口交货值（亿元） Exports (100 million yuan)					
		2000	2005	2009	2010	2011	2012
全国	**Total**	**2018.1**	**11843.4**	**18736.1**	**23565.2**	**24802.9**	**27231.7**
东部地区	Eastern Region	1905.7	11599.3	18303.3	22786.1	23998.3	25857.9
中部地区	Middle Region	3.0	61.0	114.8	145.4	169.0	307.0
西部地区	Western Region	11.6	16.6	139.1	366.7	401.5	764.7
东北地区	Northeastern Region	97.9	166.5	178.8	267.1	234.1	302.1
北京	Beijing	140.5	796.5	956.7	1070.6	919.1	897.6
天津	Tianjin	242.6	1013.1	827.7	1034.7	1107.0	1149.7
河北	Hebei	0.8	2.4	13.2	65.6	60.0	59.4
山西	Shanxi			52.6	51.1	40.6	23.7
内蒙古	Inner Mongolia		0.1	0.1			0.2
辽宁	Liaoning	87.7	162.2	165.8	255.9	222.9	291.4
吉林	Jilin	0.2	1.2	0.9	1.4	1.4	2.8
黑龙江	Heilongjiang	10.0	3.1	12.1	9.8	9.8	7.9
上海	Shanghai	326.5	1938.7	2036.3	2403.2	2618.6	2763.8
江苏	Jiangsu	359.9	3209.8	6080.2	7635.0	8115.3	9227.9
浙江	Zhejiang	30.8	412.7	511.1	613.3	606.4	537.3
安徽	Anhui	0.4	2.3	8.8	10.7	16.4	23.3
福建	Fujian	58.5	380.3	648.3	886.3	1047.6	1073.4
江西	Jiangxi		12.0	24.4	39.7	61.8	58.3
山东	Shandong	50.4	299.0	1183.1	1306.0	1126.8	1215.7
河南	Henan	0.4	7.2	21.7	27.2	28.3	16.8
湖北	Hubei	2.1	18.1	4.9	10.5	7.6	17.7
湖南	Hunan	0.1	21.4	2.3	6.1	14.4	167.2
广东	Guangdong	695.4	3541.5	6037.2	7753.1	8363.4	8930.3
广西	Guangxi		5.2	9.6	18.2	34.1	11.1
海南	Hainan	0.3					2.8
重庆	Chongqing	1.0	2.8	6.7	11.6	66.5	315.3
四川	Sichuan	8.8	6.7	124.2	341.2	316.0	411.6
贵州	Guizhou		5.4	0.4	0.2	0.6	0.7
云南	Yunnan	0.8	0.2	0.3	0.5	0.6	0.9
西藏	Tibet						
陕西	Shaanxi	0.8	1.5	7.5	13.2	17.8	24.9
甘肃	Gansu	0.2					
青海	Qinghai						
宁夏	Ningxia						
新疆	Xinjiang		0.1	0.1			

1-2-1　按行业分高技术产业生产经营情况(2012年)

Statistics on Production and Management in High-tech Industry by Industrial Sector(2012)

单位：个，人，亿元　　(unit,person,100 million yuan)

行　业	Industry	企业单位数 Number of Enterp-rises	从业人员平均人数 Annual Average Number of Employed Personnel	资产总计 Total Assets	主营业务收入 Revenue from Principal Business	利润总额 Profits	利税 Taxes and Profits	出口交货值 Exports
合计	**Total**	**24636**	**12686722**	**76596.9**	**102284.0**	**6186.3**	**9494.3**	**46701.1**
医药制造业	**Manufacture of Medicines**	**6387**	**1966586**	**15768.5**	**17337.7**	**1865.9**	**2857.0**	**1164.9**
#化学药品制造	Manufacture of Chemical Medicine	2274	885445	8122.4	8304.3	838.1	1318.2	698.9
中成药生产	Production of Finished Traditional Chinese Herbal Medicine	1493	556175	3817.6	4112.5	471.6	752.2	54.7
生物药品制造	Manufacture of Biological Medicine	821	177311	1964.9	1978.8	273.4	376.7	183.9
航空、航天器及设备制造业	**Manufacture of Aircrafts and Spacecrafts and Related Equipment**	**304**	**359315**	**4093.2**	**2329.9**	**121.8**	**181.7**	**358.7**
#飞机制造	Manufacture of Airplanes	123	252073	3166.2	1689.8	80.1	122.7	210.5
航天器制造	Manufacture of Spacecrafts	27	24899	282.9	140.3	11.4	12.7	
电子及通信设备制造业	**Manufacture of Electronic Equipment and Communication Equipment**	**12215**	**7307914**	**40358.3**	**52799.1**	**2679.5**	**4286.5**	**27049.0**
#通信设备制造	Manufacture of Communication Equipment	1323	1377422	10150.7	13770.0	702.9	1325.8	7055.0
#通信系统设备制造	Manufacture of Communication System Equipment	720	535948	5825.2	5918.7	308.0	668.2	2423.5
通信终端设备制造	Manufacture of Communication Terminal Equipment	603	841474	4325.5	7851.3	394.9	657.6	4631.6
广播电视设备制造	Manufacture of Broadcasting and TV Equipment	447	167031	850.1	927.7	77.7	105.2	332.3
雷达及配套设备制造	Manufacture of Radar and Its Fittings	61	42697	445.9	313.1	24.0	32.7	58.1
视听设备制造	Manufacture of TV Set and Radio Receiver	897	657685	3699.9	6172.2	242.7	451.2	2885.4
电子器件制造	Manufacture of Electronic Appliances	2356	1561767	11613.3	12725.4	642.3	888.2	8376.6
#电子真空器件制造	Manufacture of Electronic Vacuum Appliance	96	36087	653.7	194.6	12.6	19.3	53.7
半导体分立器件制造	Manufacture of Semiconductor Discreting Appliances	327	126805	836.7	785.3	37.7	53.4	402.6
集成电路制造	Manufacture of Integrate Circuit	426	288256	2623.8	2491.2	157.2	210.9	1641.4
电子元件制造	Manufacture of Electronic Components	5091	2712470	9118.4	13065.7	614.9	923.7	6597.1
其他电子设备制造	Manufacture of Other Electronic Equipment	960	361962	1523.9	2439.9	147.6	223.6	964.5
计算机及办公设备制造业	**Manufacture of Computers and Office Equipment**	**1387**	**1981602**	**9585.9**	**22045.2**	**790.5**	**1115.7**	**16926.4**
#计算机整机制造	Manufacture of Entired Computer	157	737692	4395.9	12644.4	341.7	506.6	9500.9
计算机零部件制造	Manufacture of Computer Components and Parts	439	659032	2320.9	4746.6	177.2	239.1	4124.2
计算机外围设备制造	Manufacture of Computer Peripheral Equipment	404	348480	1627.3	2724.6	133.0	172.8	2118.7
办公设备制造	Manufacture of Office Equipment	194	114918	560.2	1029.0	48.5	79.9	740.7
医疗仪器设备及仪器仪表制造业	**Manufacture of Medical Equipments and Measuring Instrument**	**4343**	**1071305**	**6791.0**	**7772.1**	**728.7**	**1053.5**	**1202.1**
1.医疗仪器设备及器械制造	Manufacture of Medical Equipment and Appliance	974	260768	1340.3	1602.0	187.1	254.1	394.2
2.仪器仪表制造	Manufacture of Measuring Instrument	3369	810537	5450.7	6170.1	541.5	799.4	807.9

注：本表数据口径为年主营业务收入2000万元及以上的法人工业企业。以下至1-2-9表相同。

1-2-2 各地区高技术产业生产经营情况(2012年)

Statistics on Production and Management in High-tech Industry by Region (2012)

单位：个，人，亿元 (unit,person,100 million yuan)

地区	Region	企业单位数 Number of Enterprises	从业人员平均人数 Annual Average Number of Employed Personnel	资产总计 Total Assets	主营业务收入 Revenue from Principal Business	利润总额 Profits	利税 Taxes and Profits	出口交货值 Exports
全国	**Total**	**24636**	**12686722**	**76596.9**	**102284.0**	**6186.3**	**9494.3**	**46701.1**
东部地区	Eastern Region	17227	9377423	55743.3	78350.3	4368.3	6682.7	40173.1
中部地区	Middle Region	3805	1675962	9064.3	11104.0	867.4	1315.0	2947.2
西部地区	Western Region	2311	1184464	8390.5	8952.7	650.7	1050.2	3086.8
东北地区	Northeastern Region	1293	448873	3398.9	3877.0	299.9	446.4	494.0
北京	Beijing	760	282589	4178.0	3569.9	235.6	320.4	1081.4
天津	Tianjin	587	295597	2379.2	3526.9	247.7	408.0	1545.8
河北	Hebei	433	182291	1234.3	1204.5	79.7	120.0	166.9
山西	Shanxi	136	147733	769.0	621.5	109.8	127.7	297.6
内蒙古	Inner Mongolia	97	30896	330.6	273.1	20.8	31.5	6.9
辽宁	Liaoning	738	212992	1752.2	2214.1	160.0	231.2	466.6
吉林	Jilin	394	155255	957.2	1138.7	93.4	140.2	13.5
黑龙江	Heilongjiang	161	80626	689.4	524.2	46.5	75.0	14.0
上海	Shanghai	1030	596542	4719.3	7051.6	215.5	283.8	4691.2
江苏	Jiangsu	4598	2486148	13781.6	22863.6	1282.0	1901.5	12525.1
浙江	Zhejiang	2143	644264	4506.2	3976.9	370.9	526.8	1317.6
安徽	Anhui	744	187326	1367.4	1460.0	143.4	200.8	200.8
福建	Fujian	692	355641	1952.8	3229.4	181.6	237.5	1832.1
江西	Jiangxi	602	267263	1216.7	1856.7	122.1	192.9	242.7
山东	Shandong	1875	674943	4300.7	7729.2	612.9	901.1	1597.1
河南	Henan	848	553026	2364.7	3257.8	205.9	354.2	1343.2
湖北	Hubei	687	268785	1959.4	2027.3	130.1	188.2	546.2
湖南	Hunan	788	251829	1387.1	1880.7	156.1	251.1	316.8
广东	Guangdong	5059	3842156	18503.9	25046.6	1110.9	1942.9	15411.2
广西	Guangxi	285	116808	459.0	806.2	108.7	137.6	157.0
海南	Hainan	50	17252	187.3	151.9	31.6	40.8	4.7
重庆	Chongqing	315	179452	1023.0	1883.4	50.2	86.1	1216.0
四川	Sichuan	813	515131	3434.7	3962.1	304.2	538.4	1556.7
贵州	Guizhou	135	49315	502.6	342.9	33.1	50.0	13.4
云南	Yunnan	123	31775	346.3	239.4	28.6	45.7	8.2
西藏	Tibet	6	1130	20.9	7.7	2.6	3.5	
陕西	Shaanxi	379	216232	1805.9	1238.0	77.2	121.7	109.7
甘肃	Gansu	87	26974	276.2	112.3	14.5	19.5	8.5
青海	Qinghai	27	5747	78.6	38.7	5.0	7.3	0.2
宁夏	Ningxia	19	7161	78.5	31.9	3.1	5.1	9.6
新疆	Xinjiang	25	3843	34.1	16.9	2.7	3.7	0.7

1-2-3　按行业和企业规模分高技术产业生产经营情况(2012年)

Statistics on Production and Management in High-tech Industry by Industrial Sector and Scale of Enterprises(2012)

单位：个，人，亿元　　(unit,perosn,100 million yuan)

行　业	Industry	大型企业 Large-sized Enterprises						
		企　业单位数 Number of Enterp-rises	从业人员平均人数 Annual Average Number of Employed Personnel	资产总计 Total Assets	主营业务收入 Revenue from Principal Business	利润总额 Profits	利税 Taxes and Profits	出　口交货值 Exports
合计	**Total**	**1592**	**6743668**	**42496.5**	**63014.6**	**3229.0**	**5076.7**	**38762.5**
医药制造业	**Manufacture of Medicines**	**247**	**719201**	**6206.3**	**5871.2**	**627.5**	**999.2**	**441.6**
#化学药品制造	Manufacture of Chemical Medicine	137	387141	4029.9	3615.7	360.6	588.9	350.9
中成药生产	Production of Finished Traditional Chinese Herbal Medicine	69	237804	1469.4	1498.3	171.3	281.2	21.2
生物药品制造	Manufacture of Biological Medicine	20	35387	342.4	344.3	40.5	53.3	13.7
航空、航天器及设备制造业	**Manufacture of Aircrafts and Spacecrafts and Related Equipment**	**45**	**204254**	**2235.1**	**1241.3**	**48.7**	**78.8**	**202.0**
#飞机制造	Manufacture of Airplanes	27	157836	1849.3	985.8	36.2	60.4	112.5
航天器制造	Manufacture of Spacecrafts	5	10652	151.1	53.7	4.7	4.8	
电子及通信设备制造业	**Manufacture of Electronic Equipment and Communication Equipment**	**988**	**4010507**	**24468.8**	**34439.1**	**1693.5**	**2798.0**	**21840.0**
#通信设备制造	Manufacture of Communication Equipment	152	1057074	7838.5	11354.5	556.1	1109.5	6642.5
#通信系统设备制造	Manufacture of Communication System Equipment	56	385113	4578.3	4799.9	227.9	547.2	2306.8
通信终端设备制造	Manufacture of Communication Terminal Equipment	96	671961	3260.2	6554.6	328.2	562.3	4335.7
广播电视设备制造	Manufacture of Broadcasting and TV Equipment	25	61159	356.7	342.8	42.2	49.7	186.0
雷达及配套设备制造	Manufacture of Radar and Its Fittings	8	21004	234.1	140.0	12.6	18.3	4.1
视听设备制造	Manufacture of TV Set and Radio Receiver	96	397862	2583.7	4473.5	178.6	346.2	2193.4
电子器件制造	Manufacture of Electronic Appliances	263	931432	7094.8	9126.4	477.7	646.0	7119.3
#电子真空器件制造	Manufacture of Electronic Vacuum Appliance	6	10834	124.9	53.7	7.6	10.6	4.9
半导体分立器件制造	Manufacture of Semiconductor Discreting Appliances	25	48944	352.3	337.0	18.5	23.5	269.0
集成电路制造	Manufacture of Integrate Circuit	62	180868	1788.3	1791.1	126.8	163.0	1393.8
电子元件制造	Manufacture of Electronic Components	338	1207916	4336.8	6223.9	251.4	362.2	4485.7
其他电子设备制造	Manufacture of Other Electronic Equipment	44	148315	591.1	1097.7	57.4	90.3	676.1
计算机及办公设备制造业	**Manufacture of Computers and Office Equipment**	**211**	**1576192**	**7831.2**	**19832.5**	**692.3**	**967.7**	**15922.1**
#计算机整机制造	Manufacture of Entired Computer	50	706658	4097.1	12270.0	324.3	481.5	9472.0
计算机零部件制造	Manufacture of Computer Components and Parts	64	513596	1867.4	4152.2	160.5	209.6	3773.9
计算机外围设备制造	Manufacture of Computer Peripheral Equipment	55	214460	1132.8	2059.1	105.5	133.9	1670.5
办公设备制造	Manufacture of Office Equipment	20	65686	324.5	740.5	32.5	55.1	628.0
医疗仪器设备及仪器仪表制造业	**Manufacture of Medical Equipments and Measuring Instrument**	**101**	**233514**	**1755.2**	**1630.5**	**166.9**	**233.1**	**356.8**
1.医疗仪器设备及器械制造	Manufacture of Medical Equipment and Appliance	21	48403	268.5	306.7	46.4	59.7	121.0
2.仪器仪表制造	Manufacture of Measuring Instrument	80	185111	1486.7	1323.8	120.5	173.3	235.9

1-2-3 续表 continued

单位：个，人，亿元 (unit,perosn,100 million yuan)

行 业	Industry	中型企业 Medium-sized Enterprises						
		企 业 单位数 Number of Enterp-rises	从业人员 平均人数 Annual Average Number of Employed Personnel	资产 总计 Total Assets	主营业 务收入 Revenue from Principal Business	利润 总额 Profits	利税 Taxes and Profits	出 口 交货值 Exports
合计	**Total**	**5914**	**3602957**	**18774.1**	**20224.9**	**1629.7**	**2394.6**	**5583.3**
医药制造业	**Manufacture of Medicines**	**1216**	**640042**	**5106.3**	**5165.6**	**680.2**	**1009.0**	**422.8**
#化学药品制造	Manufacture of Chemical Medicine	535	286569	2441.6	2404.3	286.7	437.6	207.2
中成药生产	Production of Finished Traditional Chinese Herbal Medicine	323	168800	1160.3	1217.8	166.2	257.5	19.3
生物药品制造	Manufacture of Biological Medicine	137	69538	1006.0	815.2	140.6	192.2	100.3
航空、航天器及设备制造业	**Manufacture of Aircrafts and Spacecrafts and Related Equipment**	**73**	**50883**	**677.3**	**409.5**	**35.0**	**54.3**	**45.6**
#飞机制造	Manufacture of Airplanes	32	23006	464.2	249.5	22.3	36.0	21.9
航天器制造	Manufacture of Spacecrafts	11	6065	57.4	50.1	3.9	4.5	
电子及通信设备制造业	**Manufacture of Electronic Equipment and Communication Equipment**	**3416**	**2198844**	**9455.7**	**10461.3**	**579.4**	**847.7**	**3801.9**
#通信设备制造	Manufacture of Communication Equipment	336	207975	1359.4	1350.7	82.1	120.1	305.6
#通信系统设备制造	Manufacture of Communication System Equipment	148	81569	655.3	487.6	34.9	54.4	54.0
通信终端设备制造	Manufacture of Communication Terminal Equipment	188	126406	704.1	863.0	47.1	65.7	251.6
广播电视设备制造	Manufacture of Broadcasting and TV Equipment	109	64566	259.9	277.3	14.1	23.1	100.0
雷达及配套设备制造	Manufacture of Radar and Its Fittings	23	14707	114.4	117.5	6.8	8.3	48.5
视听设备制造	Manufacture of TV Set and Radio Receiver	268	181137	737.8	1131.5	41.6	69.9	513.9
电子器件制造	Manufacture of Electronic Appliances	680	438438	2876.8	2231.6	103.8	144.0	987.6
#电子真空器件制造	Manufacture of Electronic Vacuum Appliance	25	17700	461.4	93.5	3.3	5.1	43.7
半导体分立器件制造	Manufacture of Semiconductor Discreting Appliances	79	46712	294.3	256.5	12.8	18.2	100.5
集成电路制造	Manufacture of Integrate Circuit	122	76067	590.3	428.0	17.2	28.2	193.1
电子元件制造	Manufacture of Electronic Components	1544	1031035	2890.9	3940.1	221.7	329.3	1491.8
其他电子设备制造	Manufacture of Other Electronic Equipment	214	121330	449.3	599.8	49.6	68.8	179.6
计算机及办公设备制造业	**Manufacture of Computers and Office Equipment**	**421**	**293851**	**1100.5**	**1429.9**	**50.3**	**79.2**	**774.4**
#计算机整机制造	Manufacture of Entired Computer	35	20675	201.2	248.0	10.0	14.4	17.6
计算机零部件制造	Manufacture of Computer Components and Parts	149	109891	304.2	414.4	10.6	19.2	270.0
计算机外围设备制造	Manufacture of Computer Peripheral Equipment	132	98923	297.0	411.7	11.5	17.3	342.5
办公设备制造	Manufacture of Office Equipment	58	35207	153.6	189.4	8.8	14.4	92.1
医疗仪器设备及仪器仪表制造业	**Manufacture of Medical Equipments and Measuring Instrument**	**788**	**419337**	**2434.3**	**2758.5**	**284.8**	**404.4**	**538.7**
1.医疗仪器设备及器械制造	Manufacture of Medical Equipment and Appliance	218	117635	572.5	625.0	77.4	103.4	188.7
2.仪器仪表制造	Manufacture of Measuring Instrument	570	301702	1861.7	2133.5	207.4	301.1	349.9

1-2-4　按行业分国有及国有控股企业高技术产业生产经营情况(2012年)

Statistics on Production and Management in High-tech Industry of State-owned and State-controlled Enterprises by Industrial Sector (2012)

单位：个，人，亿元　　(unit,person,100 million yuan)

行业	Industry	企业单位数 Number of Enterprises	从业人员平均人数 Annual Average Number of Employed Personnel	资产总计 Total Assets	主营业务收入 Revenue from Principal Business	利润 Profits	利税 Taxes and Profits	出口交货值 Exports
合计	**Total**	**1532**	**1418484**	**16681.9**	**11161.9**	**677.4**	**1203.4**	**2051.6**
医药制造业	**Manufacture of Medicines**	**426**	**309598**	**2972.8**	**2226.4**	**233.4**	**367.7**	**176.7**
#化学药品制造	Manufacture of Chemical Medicine	196	181027	1743.8	1301.3	97.9	160.4	154.1
中成药生产	Production of Finished Traditional Chinese Herbal Medicine	135	89876	769.9	616.6	82.6	133.1	9.8
生物药品制造	Manufacture of Biological Medicine	41	20523	308.1	158.1	31.8	43.2	5.8
航空、航天器及设备制造业	**Manufacture of Aircrafts and Spacecrafts and Related Equipment**	**161**	**319157**	**3710.4**	**1787.6**	**80.3**	**119.6**	**182.2**
#飞机制造	Manufacture of Airplanes	85	237502	2997.4	1383.0	51.7	80.4	140.5
航天器制造	Manufacture of Spacecrafts	19	23484	275.1	129.5	10.9	11.5	
电子及通信设备制造业	**Manufacture of Electronic Equipment and Communication Equipment**	**613**	**597446**	**8020.7**	**5527.4**	**243.4**	**539.5**	**1383.0**
#通信设备制造	Manufacture of Communication Equipment	140	182074	2397.1	1838.3	83.2	240.3	600.0
#通信系统设备制造	Manufacture of Communication System Equipment	94	148477	2075.9	1542.5	68.3	217.1	563.4
通信终端设备制造	Manufacture of Communication Terminal Equipment	46	33597	321.2	295.7	14.8	23.2	36.6
广播电视设备制造	Manufacture of Broadcasting and TV Equipment	18	6742	71.8	44.5	3.8	4.7	3.7
雷达及配套设备制造	Manufacture of Radar and Its Fittings	30	32669	395.8	262.6	18.2	24.7	50.2
视听设备制造	Manufacture of TV Set and Radio Receiver	31	107053	1362.2	1490.7	57.5	149.9	210.9
电子器件制造	Manufacture of Electronic Appliances	180	137800	2846.7	1192.9	40.2	61.5	330.7
#电子真空器件制造	Manufacture of Electronic Vacuum Appliance	19	11739	444.6	43.3	2.8	4.5	2.8
半导体分立器件制造	Manufacture of Semiconductor Discreting Appliances	29	10082	145.3	56.4	4.0	4.8	6.7
集成电路制造	Manufacture of Integrate Circuit	41	17908	278.2	154.5	4.9	8.7	51.1
电子元件制造	Manufacture of Electronic Components	142	90471	559.0	432.4	25.0	36.4	153.8
其他电子设备制造	Manufacture of Other Electronic Equipment	30	9061	106.9	55.1	3.9	6.5	1.4
计算机及办公设备制造业	**Manufacture of Computers and Office Equipment**	**61**	**64084**	**751.9**	**792.2**	**50.1**	**69.6**	**269.7**
#计算机整机制造	Manufacture of Entired Computer	15	19460	365.3	366.1	11.4	20.0	14.8
计算机零部件制造	Manufacture of Computer Components and Parts	5	1282	19.8	13.0	1.0	1.5	0.8
计算机外围设备制造	Manufacture of Computer Peripheral Equipment	21	33045	281.2	347.7	26.7	32.0	250.9
办公设备制造	Manufacture of Office Equipment	7	2518	43.0	23.4	6.0	8.4	2.3
医疗仪器设备及仪器仪表制造业	**Manufacture of Medical Equipments and Measuring Instrument**	**271**	**128199**	**1226.1**	**828.3**	**70.1**	**107.0**	**40.0**
1.医疗仪器设备及器械制造	Manufacture of Medical Equipment and Appliance	28	11727	121.3	68.5	8.7	12.0	3.9
2.仪器仪表制造	Manufacture of Measuring Instrument	243	116472	1104.8	759.7	61.3	95.0	36.2

1-2-5 按行业和登记注册类型分高技术产业生产经营情况(2012年)

Statistics on Production and Management in High-tech Industry by Industrial Sector and Registration Status(2012)

单位：个，人，亿元 (unit,person,100 million yuan)

行业	Industry	内资企业 Domestic Funded						
		企业单位数 Number of Enterprises	从业人员平均人数 Annual Average Number of Employed Personnel	资产总计 Total Assets	主营业务收入 Revenue from Principal Business	利润总额 Profits	利税 Taxes and Profits	出口交货值 Exports
合计	**Total**	**16641**	**5422678**	**40699.6**	**41355.4**	**3421.8**	**5331.5**	**5361.7**
医药制造业	**Manufacture of Medicines**	**5441**	**1546117**	**11751.2**	**13281.6**	**1394.7**	**2111.4**	**673.6**
#化学药品制造	Manufacture of Chemical Medicine	1885	642563	5542.4	5702.4	552.4	841.8	444.9
中成药生产	Production of Finished Traditional Chinese Herbal Medicine	1326	493179	3278.5	3564.2	399.5	642.2	27.8
生物药品制造	Manufacture of Biological Medicine	659	133030	1417.9	1522.0	205.1	282.5	96.7
航空、航天器及设备制造业	**Manufacture of Aircrafts and Spacecrafts and Related Equipment**	**239**	**327538**	**3794.8**	**1944.3**	**96.7**	**139.7**	**190.6**
#飞机制造	Manufacture of Airplanes	100	246127	3059.0	1521.1	61.7	93.6	175.5
航天器制造	Manufacture of Spacecrafts	27	24899	282.9	140.3	11.4	12.7	
电子及通信设备制造业	**Manufacture of Electronic Equipment and Communication Equipment**	**6974**	**2555144**	**18751.4**	**18694.9**	**1303.0**	**2144.8**	**3745.5**
#通信设备制造	Manufacture of Communication Equipment	879	565350	5790.4	5760.2	382.7	739.0	1812.0
#通信系统设备制造	Manufacture of Communication System Equipment	548	384305	4785.0	4568.3	282.2	605.8	1589.1
通信终端设备制造	Manufacture of Communication Terminal Equipment	331	181045	1005.4	1192.0	100.5	133.2	222.9
广播电视设备制造	Manufacture of Broadcasting and TV Equipment	307	95249	611.7	588.4	63.1	83.7	139.9
雷达及配套设备制造	Manufacture of Radar and Its Fittings	56	40361	433.9	301.0	23.0	31.2	53.7
视听设备制造	Manufacture of TV Set and Radio Receiver	469	248923	1903.9	2296.6	99.7	217.9	539.1
电子器件制造	Manufacture of Electronic Appliances	1260	480997	4842.3	3055.3	183.0	265.8	510.2
#电子真空器件制造	Manufacture of Electronic Vacuum Appliance	72	27954	585.1	122.7	11.0	16.3	9.7
半导体分立器件制造	Manufacture of Semiconductor Discreting Appliances	171	48042	371.6	290.0	20.1	29.2	50.8
集成电路制造	Manufacture of Integrate Circuit	212	80617	622.2	584.7	27.4	46.4	83.9
电子元件制造	Manufacture of Electronic Components	2639	747245	2680.8	3683.0	284.2	419.0	518.8
其他电子设备制造	Manufacture of Other Electronic Equipment	591	131810	667.5	908.8	81.7	116.0	63.9
计算机及办公设备制造业	**Manufacture of Computers and Office Equipment**	**655**	**252258**	**1636.4**	**1983.6**	**122.0**	**182.8**	**390.2**
#计算机整机制造	Manufacture of Entired Computer	82	43569	576.2	707.4	31.4	56.1	89.6
计算机零部件制造	Manufacture of Computer Components and Parts	172	63275	178.6	304.7	18.8	28.9	38.9
计算机外围设备制造	Manufacture of Computer Peripheral Equipment	178	84254	471.0	571.5	37.3	48.1	211.1
办公设备制造	Manufacture of Office Equipment	105	25951	170.2	139.1	13.6	20.9	20.2
医疗仪器设备及仪器仪表制造业	**Manufacture of Medical Equipments and Measuring Instrument**	**3332**	**741621**	**4765.8**	**5451.0**	**505.3**	**752.8**	**361.8**
1.医疗仪器设备及器械制造	Manufacture of Medical Equipment and Appliance	683	166778	808.3	1036.8	123.2	172.0	132.5
2.仪器仪表制造	Manufacture of Measuring Instrument	2649	574843	3957.5	4414.2	382.1	580.8	229.3

1-2-5　续表 1　continued

单位：个，人，亿元 (unit,person,100 million yuan)

行　业	Industry	#国有企业 State-owned Enterprises						
		企业单位数 Number of Enterp-rises	从业人员平均人数 Annual Average Number of Employed Personnel	资产总计 Total Assets	主营业务收入 Revenue from Principal Business	利润总额 Profits	利税 Taxes and Profits	出口交货值 Exports
合计	**Total**	**357**	**303256**	**3410.5**	**2389.7**	**148.4**	**244.4**	**193.3**
医药制造业	**Manufacture of Medicines**	**95**	**57940**	**535.3**	**441.1**	**28.3**	**45.6**	**38.8**
#化学药品制造	Manufacture of Chemical Medicine	35	33447	339.5	308.0	11.9	19.9	36.9
中成药生产	Production of Finished Traditional Chinese Herbal Medicine	32	15796	95.1	71.5	6.1	11.4	1.5
生物药品制造	Manufacture of Biological Medicine	9	5546	81.1	36.5	8.2	11.1	0.4
航空、航天器及设备制造业	**Manufacture of Aircrafts and Spacecrafts and Related Equipment**	**56**	**85636**	**990.0**	**410.9**	**25.4**	**41.4**	**7.3**
#飞机制造	Manufacture of Airplanes	26	41955	566.4	225.5	11.1	22.7	6.8
航天器制造	Manufacture of Spacecrafts	11	18057	202.7	80.3	6.7	7.2	
电子及通信设备制造业	**Manufacture of Electronic Equipment and Communication Equipment**	**124**	**111609**	**1351.5**	**1202.8**	**62.3**	**111.5**	**142.2**
#通信设备制造	Manufacture of Communication Equipment	30	36229	382.2	292.9	12.4	27.4	18.4
#通信系统设备制造	Manufacture of Communication System Equipment	25	32925	363.6	280.7	11.2	25.9	18.3
通信终端设备制造	Manufacture of Communication Terminal Equipment	5	3304	18.6	12.2	1.2	1.5	0.2
广播电视设备制造	Manufacture of Broadcasting and TV Equipment	2	79	2.9	2.3	0.1	0.1	
雷达及配套设备制造	Manufacture of Radar and Its Fittings	9	7232	110.1	49.4	6.0	8.0	0.2
视听设备制造	Manufacture of TV Set and Radio Receiver	8	21074	393.0	553.5	30.7	55.3	86.3
电子器件制造	Manufacture of Electronic Appliances	24	16620	301.0	171.6	8.2	11.1	13.3
#电子真空器件制造	Manufacture of Electronic Vacuum Appliance	3	2922	28.3	13.5	1.1	1.9	0.7
半导体分立器件制造	Manufacture of Semiconductor Discreting Appliances	5	925	6.4	3.9	0.6	0.9	0.1
集成电路制造	Manufacture of Integrate Circuit	4	2084	15.6	13.9	1.5	1.9	
电子元件制造	Manufacture of Electronic Components	34	22719	111.1	94.3	3.0	6.2	22.5
其他电子设备制造	Manufacture of Other Electronic Equipment	9	3814	34.8	25.2	1.0	2.0	1.2
计算机及办公设备制造业	**Manufacture of Computers and Office Equipment**	**9**	**7288**	**77.8**	**95.8**	**15.4**	**17.7**	
#计算机整机制造	Manufacture of Entired Computer	2	460	4.4	3.0	0.1	0.1	
计算机零部件制造	Manufacture of Computer Components and Parts	1	223	4.5	0.8	0.1	0.2	
计算机外围设备制造	Manufacture of Computer Peripheral Equipment	4	6444	67.6	89.4	15.1	17.2	
办公设备制造	Manufacture of Office Equipment							
医疗仪器设备及仪器仪表制造业	**Manufacture of Medical Equipments and Measuring Instrument**	**73**	**40783**	**455.8**	**239.1**	**17.0**	**28.1**	**5.1**
1.医疗仪器设备及器械制造	Manufacture of Medical Equipment and Appliance	13	5960	52.9	40.4	2.8	4.0	0.7
2.仪器仪表制造	Manufacture of Measuring Instrument	60	34823	402.8	198.7	14.2	24.2	4.4

1-2-5 续表 2 continued

单位：个，人，亿元 (unit,person,100 million yuan)

行业	Industry	港澳台投资企业 Enterprises with Funds from Hong Kong, Macau and Tai Wan						
		企业单位数 Number of Enterp-rises	从业人员平均人数 Annual Average Number of Employed Personnel	资产总计 Total Assets	主营业务收入 Revenue from Principal Business	利润总额 Profits	利税 Taxes and Profits	出口交货值 Exports
合计	**Total**	**3311**	**3188950**	**13921.8**	**21056.7**	**986.6**	**1519.0**	**14107.7**
医药制造业	**Manufacture of Medicines**	**381**	**165039**	**1533.7**	**1377.5**	**174.6**	**262.1**	**171.1**
#化学药品制造	Manufacture of Chemical Medicine	144	81615	883.4	764.7	93.3	140.4	110.3
中成药生产	Production of Finished Traditional Chinese Herbal Medicine	99	37275	298.2	318.7	39.5	61.4	16.8
生物药品制造	Manufacture of Biological Medicine	59	18298	232.6	154.0	22.8	32.8	15.7
航空、航天器及设备制造业	**Manufacture of Aircrafts and Spacecrafts and Related Equipment**	**11**	**10404**	**61.4**	**94.1**	**3.4**	**6.0**	**71.7**
#飞机制造	Manufacture of Airplanes	1	140	2.3	2.5	0.4	0.4	2.5
航天器制造	Manufacture of Spacecrafts							
电子及通信设备制造业	**Manufacture of Electronic Equipment and Communication Equipment**	**2280**	**2268279**	**8702.5**	**12441.3**	**521.1**	**814.9**	**8429.2**
#通信设备制造	Manufacture of Communication Equipment	190	447711	1830.7	3033.5	146.5	255.9	2431.9
#通信系统设备制造	Manufacture of Communication System Equipment	68	71344	321.3	578.5	16.0	21.8	398.4
通信终端设备制造	Manufacture of Communication Terminal Equipment	122	376367	1509.4	2455.0	130.5	234.0	2033.5
广播电视设备制造	Manufacture of Broadcasting and TV Equipment	77	37915	119.9	182.2	11.4	15.3	100.9
雷达及配套设备制造	Manufacture of Radar and Its Fittings	1	1147	4.1	5.1	0.7	1.0	2.5
视听设备制造	Manufacture of TV Set and Radio Receiver	236	240164	975.3	1766.8	66.3	115.0	991.3
电子器件制造	Manufacture of Electronic Appliances	398	356247	1702.4	1937.4	81.3	106.3	1381.5
#电子真空器件制造	Manufacture of Electronic Vacuum Appliance	7	2275	15.5	7.0	-1.0	-0.9	3.4
半导体分立器件制造	Manufacture of Semiconductor Discreting Appliances	52	28569	145.3	129.0	2.0	2.3	87.0
集成电路制造	Manufacture of Integrate Circuit	77	60043	408.9	390.8	27.0	32.8	297.1
电子元件制造	Manufacture of Electronic Components	1097	967944	3156.1	4273.9	162.6	235.0	2826.2
其他电子设备制造	Manufacture of Other Electronic Equipment	164	107720	319.7	558.6	22.3	43.4	262.4
计算机及办公设备制造业	**Manufacture of Computers and Office Equipment**	**339**	**630961**	**3035.6**	**6576.8**	**233.3**	**362.5**	**5221.7**
#计算机整机制造	Manufacture of Entired Computer	30	302983	1609.5	4206.2	73.7	151.9	3298.6
计算机零部件制造	Manufacture of Computer Components and Parts	122	124057	406.9	602.9	25.3	35.6	537.1
计算机外围设备制造	Manufacture of Computer Peripheral Equipment	112	137761	684.9	1233.4	65.7	83.5	1078.3
办公设备制造	Manufacture of Office Equipment	42	26269	88.6	199.6	7.0	14.4	124.7
医疗仪器设备及仪器仪表制造业	**Manufacture of Medical Equipments and Measuring Instrument**	**300**	**114267**	**588.6**	**567.0**	**54.2**	**73.6**	**214.1**
1.医疗仪器设备及器械制造	Manufacture of Medical Equipment and Appliance	87	30679	143.2	118.9	15.8	20.3	44.3
2.仪器仪表制造	Manufacture of Measuring Instrument	213	83588	445.4	448.1	38.4	53.4	169.9

1-2-5　续表 3　continued

单位：个，人，亿元　　(unit,person,100 million yuan)

行　业	Industry	外商投资企业 Foreign Funded Enterprises						
		企业单位数 Number of Enterprises	从业人员平均人数 Annual Average Number of Employed Personnel	资产总计 Total Assets	主营业务收入 Revenue from Principal Business	利润总额 Profits	利税 Taxes and Profits	出口交货值 Exports
合计	**Total**	**4684**	**4075094**	**21975.5**	**39871.9**	**1778.0**	**2643.8**	**27231.7**
医药制造业	**Manufacture of Medicines**	**565**	**255430**	**2483.6**	**2678.7**	**296.6**	**483.6**	**320.3**
#化学药品制造	Manufacture of Chemical Medicine	245	161267	1696.5	1837.2	192.4	336.0	143.7
中成药生产	Production of Finished Traditional Chinese Herbal Medicine	68	25721	240.9	229.6	32.7	48.6	10.0
生物药品制造	Manufacture of Biological Medicine	103	25983	314.5	302.9	45.5	61.4	71.5
航空、航天器及设备制造业	**Manufacture of Aircrafts and Spacecrafts and Related Equipment**	**54**	**21373**	**237.0**	**291.5**	**21.7**	**36.0**	**96.5**
#飞机制造	Manufacture of Airplanes	22	5806	104.9	166.3	18.1	28.7	32.4
航天器制造	Manufacture of Spacecrafts							
电子及通信设备制造业	**Manufacture of Electronic Equipment and Communication Equipment**	**2961**	**2484491**	**12904.5**	**21662.9**	**855.4**	**1326.8**	**14874.3**
#通信设备制造	Manufacture of Communication Equipment	254	364361	2529.6	4976.2	173.6	330.9	2811.2
#通信系统设备制造	Manufacture of Communication System Equipment	104	80299	718.8	771.9	9.7	40.5	435.9
通信终端设备制造	Manufacture of Communication Terminal Equipment	150	284062	1810.8	4204.3	163.9	290.4	2375.2
广播电视设备制造	Manufacture of Broadcasting and TV Equipment	63	33867	118.4	157.1	3.3	6.1	91.6
雷达及配套设备制造	Manufacture of Radar and Its Fittings	4	1189	7.9	7.1	0.3	0.5	2.0
视听设备制造	Manufacture of TV Set and Radio Receiver	192	168598	820.6	2108.7	76.7	118.3	1355.0
电子器件制造	Manufacture of Electronic Appliances	698	724523	5068.5	7732.7	378.0	516.1	6484.9
#电子真空器件制造	Manufacture of Electronic Vacuum Appliance	17	5858	53.2	64.9	2.6	3.9	40.6
半导体分立器件制造	Manufacture of Semiconductor Discreting Appliances	104	50194	319.8	366.3	15.6	21.9	264.9
集成电路制造	Manufacture of Integrate Circuit	137	147596	1592.7	1515.6	102.8	131.7	1260.4
电子元件制造	Manufacture of Electronic Components	1355	997281	3281.5	5108.8	168.1	269.7	3252.1
其他电子设备制造	Manufacture of Other Electronic Equipment	205	122432	536.6	972.6	43.6	64.1	638.2
计算机及办公设备制造业	**Manufacture of Computers and Office Equipment**	**393**	**1098383**	**4913.9**	**13484.8**	**435.2**	**570.3**	**11314.5**
#计算机整机制造	Manufacture of Entired Computer	45	391140	2210.1	7730.7	236.6	298.6	6112.7
计算机零部件制造	Manufacture of Computer Components and Parts	145	471700	1735.4	3839.0	133.1	174.6	3548.2
计算机外围设备制造	Manufacture of Computer Peripheral Equipment	114	126465	471.3	919.7	29.9	41.1	829.3
办公设备制造	Manufacture of Office Equipment	47	62698	301.4	690.4	27.9	44.6	595.9
医疗仪器设备及仪器仪表制造业	**Manufacture of Medical Equipments and Measuring Instrument**	**711**	**215417**	**1436.6**	**1754.1**	**169.1**	**227.1**	**626.1**
1.医疗仪器设备及器械制造	Manufacture of Medical Equipment and Appliance	204	63311	388.8	446.3	48.1	61.8	217.4
2.仪器仪表制造	Manufacture of Measuring Instrument	507	152106	1047.8	1307.8	121.0	165.3	408.8

1-2-6 按地区和企业规模分高技术产业生产经营情况(2012年)

Statistics on Production and Management in High-tech Industry by Region and Scale of Enterprises(2012)

单位：个，人，亿元 (unit,perosn,100 million yuan)

地区	Region	大型企业 Large-sized Enterprises 企业单位数 Number of Enterprises	从业人员平均人数 Annual Average Number of Employed Personnel	资产总计 Total Assets	主营业务收入 Revenue from Principal Business	利润总额 Profits	利税 Taxes and Profits	出口交货值 Exports
全　国	**Total**	**1592**	**6743668**	**42496.5**	**63014.6**	**3229.0**	**5076.7**	**38762.5**
东部地区	Eastern Region	1263	5095652	32684.6	51536.1	2452.0	3820.1	33016.6
中部地区	Middle Region	158	868979	4503.4	5274.3	386.6	597.5	2611.4
西部地区	Western Region	127	556888	3701.5	4795.4	296.0	526.2	2826.7
东北地区	Northeastern Region	44	222149	1607.0	1408.8	94.4	132.9	307.9
北　京	Beijing	47	131744	1974.1	2336.9	86.2	115.4	887.4
天　津	Tianjin	53	163741	1395.8	2436.8	140.7	237.2	1349.9
河　北	Hebei	16	99738	781.3	614.7	28.8	47.8	130.0
山　西	Shanxi	9	114579	522.1	463.8	96.3	106.5	295.5
内蒙古	Inner Mongolia	5	12942	152.4	67.1	2.4	6.6	5.5
辽　宁	Liaoning	23	91136	837.5	677.5	47.5	59.2	291.4
吉　林	Jilin	12	85047	356.9	415.7	32.3	44.2	3.9
黑龙江	Heilongjiang	9	45966	412.6	315.5	14.6	29.5	12.5
上　海	Shanghai	95	362783	3032.7	5426.0	94.4	119.9	4127.6
江　苏	Jiangsu	353	1413219	7784.9	14381.7	719.9	1035.0	10351.4
浙　江	Zhejiang	82	216463	1764.6	1703.4	187.3	247.7	709.5
安　徽	Anhui	25	57095	570.4	538.6	54.7	74.8	140.7
福　建	Fujian	55	193831	1155.1	2305.3	109.7	135.3	1589.0
江　西	Jiangxi	37	123394	572.0	663.9	40.6	68.1	117.6
山　东	Shandong	80	320085	2295.4	3985.5	301.9	442.3	1215.8
河　南	Henan	36	343329	1383.1	1952.0	78.3	183.4	1316.4
湖　北	Hubei	32	134227	1091.6	1099.1	59.7	81.5	455.1
湖　南	Hunan	19	96355	364.1	557.0	56.9	83.2	286.1
广　东	Guangdong	480	2191407	12495.3	18299.5	775.0	1429.3	12655.9
广　西	Guangxi	15	48733	157.6	292.7	41.2	52.6	131.0
海　南	Hainan	2	2641	5.5	46.3	8.3	10.2	
重　庆	Chongqing	24	97113	533.6	1383.4	13.0	28.9	1153.0
四　川	Sichuan	53	333581	2275.6	2656.4	197.4	364.4	1496.9
贵　州	Guizhou	9	19166	139.1	88.7	9.7	15.7	2.0
云　南	Yunnan	5	8755	108.6	75.2	11.1	17.5	3.8
西　藏	Tibet							
陕　西	Shaanxi	12	26729	219.8	183.8	15.0	31.7	18.4
甘　肃	Gansu	2	6888	71.4	32.2	5.3	7.2	6.6
青　海	Qinghai							
宁　夏	Ningxia	2	2981	43.4	16.1	0.7	1.6	9.4
新　疆	Xinjiang							

1-2-6　续表　continued

单位：个，人，亿元　　(unit,perosn,100 million yuan)

地　区	Region	中型企业 Medium-sized Enterprises						
		企　业 单位数 Number of Enterpr-ises	从业人员 平均人数 Annual Average Number of Employed Personnel	资产 总计 Total Assets	主营业务 收　入 Revenue from Principal Business	利润总额 Profits	利税 Taxes and Profits	出　口 交货值 Exports
全　国	**Total**	**5914**	**3602957**	**18774.1**	**20224.9**	**1629.7**	**2394.6**	**5583.3**
东部地区	Eastern Region	4366	2734198	13661.1	14987.7	1129.4	1649.8	5077.3
中部地区	Middle Region	840	458537	2373.5	2697.0	231.3	339.1	220.9
西部地区	Western Region	536	312939	1905.8	1766.8	177.4	267.7	132.7
东北地区	Northeastern Region	172	97283	833.6	773.4	91.6	138.1	152.5
北　京	Beijing	146	78800	1344.3	656.8	91.8	120.7	140.9
天　津	Tianjin	144	86160	566.4	726.5	85.5	131.9	148.3
河　北	Hebei	71	37399	224.0	193.4	14.5	23.0	23.1
山　西	Shanxi	33	21558	158.3	97.7	9.3	14.2	0.7
内蒙古	Inner Mongolia	16	7616	98.2	103.5	14.1	17.9	
辽　宁	Liaoning	89	49962	429.3	482.2	48.1	71.7	148.9
吉　林	Jilin	50	28256	244.0	182.1	19.6	33.6	2.8
黑龙江	Heilongjiang	33	19065	160.3	109.2	23.9	32.8	0.9
上　海	Shanghai	234	143913	993.0	1013.1	69.3	92.9	392.9
江　苏	Jiangsu	1086	654771	3422.8	4620.4	315.4	477.4	1481.8
浙　江	Zhejiang	404	223268	1352.0	1115.9	98.4	146.2	360.0
安　徽	Anhui	114	67054	424.3	367.0	38.2	56.8	31.3
福　建	Fujian	180	102163	454.5	530.5	49.9	69.8	184.3
江　西	Jiangxi	180	88439	406.2	648.9	45.8	70.4	85.0
山　东	Shandong	318	180980	1076.4	1616.8	160.9	227.6	235.5
河　南	Henan	253	134777	628.7	718.4	73.6	96.8	21.1
湖　北	Hubei	126	75869	483.0	398.1	29.4	44.3	61.1
湖　南	Hunan	134	70840	273.0	467.0	35.0	56.5	21.7
广　东	Guangdong	1764	1217211	4107.2	4442.5	225.3	337.5	2106.0
广　西	Guangxi	65	39855	143.3	228.3	33.1	40.8	16.0
海　南	Hainan	19	9533	120.6	71.9	18.4	22.7	4.7
重　庆	Chongqing	100	58192	323.4	314.0	24.3	37.7	54.3
四　川	Sichuan	190	110188	647.6	667.0	61.2	101.2	37.6
贵　州	Guizhou	31	19764	113.8	89.3	7.3	12.4	0.5
云　南	Yunnan	26	12417	143.2	83.5	9.8	15.9	1.3
西　藏	Tibet	1	395	3.4	1.1	0.3	0.5	
陕　西	Shaanxi	80	45974	312.4	224.5	18.7	29.5	22.6
甘　肃	Gansu	17	12179	78.1	29.0	3.9	5.0	0.3
青　海	Qinghai	4	2788	15.4	17.4	3.8	5.2	0.2
宁　夏	Ningxia	4	2550	20.0	6.5	1.0	1.3	
新　疆	Xinjiang	2	1021	7.0	2.7		0.2	

1-2-7 按地区分国有及国有控股企业高技术产业生产经营情况(2012年)

Statistics on Production and Management in High-tech Industry of State-owned and State-controlled Enterprises by Region (2012)

单位：个，人，亿元 (unit,person,100 million yuan)

地区	Region	企业单位数 Number of Enterprises	从业人员平均人数 Annual Average Number of Employed Personnel	资产总计 Total Assets	主营业务收入 Revenue from Principal Business	利润总额 Profits	利税 Taxes and Profits	出口交货值 Exports
全国	**Total**	**1532**	**1418484**	**16681.9**	**11161.9**	**677.4**	**1203.4**	**2051.6**
东部地区	Eastern Region	853	701013	9189.4	6259.4	408.3	757.0	1573.2
中部地区	Middle Region	236	247144	2504.4	1602.8	94.8	151.8	154.7
西部地区	Western Region	356	355219	3836.0	2417.2	129.0	223.6	165.6
东北地区	Northeastern Region	87	115108	1152.0	882.5	45.3	71.0	158.1
北京	Beijing	189	91415	1946.4	812.3	78.2	102.6	83.3
天津	Tianjin	100	62156	853.1	432.4	33.2	58.3	39.4
河北	Hebei	33	35982	341.1	298.8	6.6	11.1	38.9
山西	Shanxi	24	21168	184.0	75.9	4.1	5.1	6.6
内蒙古	Inner Mongolia	8	2734	33.3	21.8	1.3	2.7	
辽宁	Liaoning	42	59142	675.5	522.8	25.4	34.0	145.2
吉林	Jilin	25	11359	84.8	42.8	5.6	7.6	0.7
黑龙江	Heilongjiang	20	44607	391.7	316.8	14.3	29.3	12.2
上海	Shanghai	127	61116	641.4	399.9	24.5	37.8	83.5
江苏	Jiangsu	106	89419	1331.1	850.2	44.1	72.4	159.7
浙江	Zhejiang	46	28147	393.0	227.3	26.8	37.9	64.3
安徽	Anhui	51	44229	521.7	394.0	30.0	41.2	73.6
福建	Fujian	32	21568	122.0	111.5	14.6	20.1	10.4
江西	Jiangxi	25	31446	454.5	225.4	8.2	18.4	4.1
山东	Shandong	60	67925	726.1	1028.4	76.7	123.2	127.7
河南	Henan	38	39000	254.9	130.9	13.1	17.1	8.0
湖北	Hubei	59	82544	858.7	562.5	25.9	41.3	53.1
湖南	Hunan	39	28757	230.8	214.2	13.5	28.8	9.3
广东	Guangdong	153	238881	2812.1	2044.0	94.1	281.4	965.7
广西	Guangxi	17	5418	36.1	56.4	8.7	9.3	0.2
海南	Hainan	7	4404	23.0	54.6	9.6	12.1	0.2
重庆	Chongqing	45	32797	313.3	218.9	12.0	22.6	9.7
四川	Sichuan	86	122204	1477.3	1066.6	57.1	115.9	66.9
贵州	Guizhou	44	20777	298.6	165.9	7.4	9.6	12.7
云南	Yunnan	22	9133	162.0	91.0	11.0	16.7	1.2
西藏	Tibet	1	395	3.4	1.1	0.3	0.5	
陕西	Shaanxi	102	147821	1401.6	751.7	24.5	37.6	74.6
甘肃	Gansu	17	10829	87.2	31.9	5.8	7.4	0.3
青海	Qinghai	5	1067	5.6	4.5	0.3	0.5	
宁夏	Ningxia							
新疆	Xinjiang	9	2044	17.5	7.4	0.5	0.8	

1-2-8　按地区和登记注册类型分高技术产业生产经营情况(2012年)

Statistics on Production and Management in High-tech Industry by Region and Registration Status (2012)

单位：个，人，亿元　　(unit,person,100 million yuan)

地　区	Region	内资企业 Domestic Funded						
		企业单位数 Number of Enterpr-ises	从业人员平均人数 Annual Average Number of Employed Personnel	资产总计 Total Assets	主营业务收入 Revenue from Principal Business	利润总额 Profits	利税 Taxes and Profits	出口交货值 Exports
全　国	**Total**	**16641**	**5422678**	**40699.6**	**41355.4**	**3421.8**	**5331.5**	**5361.7**
东部地区	Eastern Region	10158	3232150	24930.6	25754.0	2116.6	3354.3	4317.3
中部地区	Middle Region	3368	1059268	6563.6	7381.7	630.8	935.0	570.5
西部地区	Western Region	2027	791866	6632.2	5327.3	452.4	717.1	289.2
东北地区	Northeastern Region	1088	339394	2573.1	2892.4	222.0	325.1	184.7
北　京	Beijing	565	150075	2572.1	1146.1	150.5	198.3	76.6
天　津	Tianjin	271	95779	1211.6	755.6	94.9	145.6	52.5
河　北	Hebei	369	101664	728.3	794.9	58.1	84.2	57.3
山　西	Shanxi	125	41989	316.5	176.0	15.7	24.9	2.1
内蒙古	Inner Mongolia	88	25361	193.0	172.0	14.9	22.7	5.5
辽　宁	Liaoning	595	143955	1250.3	1557.3	106.1	154.9	168.8
吉　林	Jilin	348	146578	866.0	1017.8	80.0	118.3	10.0
黑龙江	Heilongjiang	145	48861	456.8	317.4	35.9	51.8	5.9
上　海	Shanghai	414	107914	920.9	642.8	56.1	81.9	76.3
江　苏	Jiangsu	2513	676908	5134.2	6936.8	551.1	864.3	477.8
浙　江	Zhejiang	1606	379222	2764.8	2150.6	198.4	296.3	513.3
安　徽	Anhui	673	158492	1218.9	1248.6	119.0	168.7	174.0
福　建	Fujian	387	99595	487.7	552.1	55.4	76.7	75.8
江　西	Jiangxi	486	191772	1022.2	1422.0	96.2	154.5	80.7
山　东	Shandong	1445	394428	2835.0	4440.0	397.6	589.9	314.8
河　南	Henan	781	273101	1257.6	1758.1	168.8	226.3	103.5
湖　北	Hubei	594	196699	1559.3	1320.8	102.2	151.4	105.3
湖　南	Hunan	709	197215	1189.1	1456.2	128.9	209.1	104.8
广　东	Guangdong	2555	1214568	8166.4	8219.9	536.9	993.0	2672.8
广　西	Guangxi	236	61291	311.0	487.0	70.8	91.2	8.3
海　南	Hainan	33	11997	109.6	115.2	17.6	24.2	0.2
重　庆	Chongqing	254	86965	558.0	523.2	39.7	68.0	30.9
四　川	Sichuan	722	307066	2643.3	2366.3	182.3	318.3	123.3
贵　州	Guizhou	124	45496	480.3	321.4	29.5	44.5	11.6
云　南	Yunnan	106	23700	297.8	186.4	22.4	35.9	7.0
西　藏	Tibet	6	1130	20.9	7.7	2.6	3.5	
陕　西	Shaanxi	339	198752	1671.5	1071.8	66.1	98.9	83.6
甘　肃	Gansu	85	26636	275.4	111.7	14.5	19.5	8.5
青　海	Qinghai	25	5276	76.3	37.2	4.9	7.1	0.2
宁　夏	Ningxia	18	6460	72.4	26.6	2.0	3.8	9.6
新　疆	Xinjiang	24	3733	32.2	15.8	2.6	3.6	0.7

1-2-8 续表 1 continued

单位：个，人，亿元 (unit,person,100 million yuan)

地 区	Region	#国有企业 State-owned Enterprises 企业单位数 Number of Enterprises	从业人员平均人数 Annual Average Number of Employed Personnel	资产总计 Total Assets	主营业务收入 Revenue from Principal Business	利润总额 Profits	利税 Taxes and Profits	出口交货值 Exports
全 国	**Total**	**357**	**303256**	**3410.5**	**2389.7**	**148.4**	**244.4**	**193.3**
东部地区	Eastern Region	161	134056	1801.1	1371.9	79.1	138.2	143.6
中部地区	Middle Region	72	72234	687.4	492.6	26.0	48.8	23.5
西部地区	Western Region	104	88496	830.2	456.4	37.1	50.2	12.5
东北地区	Northeastern Region	20	8470	91.8	68.8	6.3	7.2	13.6
北 京	Beijing	24	11616	148.8	52.6	5.9	7.5	0.1
天 津	Tianjin	24	22304	375.6	139.3	7.7	21.7	0.5
河 北	Hebei	9	23130	247.8	227.0	1.7	4.3	34.5
山 西	Shanxi	9	8220	72.2	36.9	3.2	3.5	
内蒙古	Inner Mongolia	1	246	1.1	1.6	0.1	0.2	
辽 宁	Liaoning	13	5771	70.6	52.5	2.4	2.8	13.6
吉 林	Jilin	5	1998	17.7	12.1	3.5	3.7	
黑龙江	Heilongjiang	2	701	3.5	4.2	0.4	0.7	
上 海	Shanghai	19	12623	113.0	70.3	7.0	8.7	11.3
江 苏	Jiangsu	27	19822	455.9	222.4	10.6	19.0	5.8
浙 江	Zhejiang	8	1924	21.0	27.7	3.0	4.4	17.2
安 徽	Anhui	16	10926	153.5	95.5	8.1	13.0	0.2
福 建	Fujian	5	2183	6.5	18.9	1.8	2.7	
江 西	Jiangxi	8	5134	18.2	14.6	0.3	1.4	0.8
山 东	Shandong	15	23886	338.9	531.9	33.9	58.4	69.3
河 南	Henan	11	9354	55.3	31.9	1.9	2.5	0.2
湖 北	Hubei	16	32614	315.7	226.1	9.2	15.3	17.3
湖 南	Hunan	12	5986	72.5	87.6	3.2	13.1	5.1
广 东	Guangdong	27	15372	82.5	77.2	7.2	11.1	4.7
广 西	Guangxi	11	3421	28.6	26.0	2.1	2.7	0.1
海 南	Hainan	3	1196	11.2	4.5	0.3	0.4	0.2
重 庆	Chongqing	6	2984	23.9	11.1	0.5	0.7	0.1
四 川	Sichuan	24	20639	217.1	148.6	20.9	25.2	1.0
贵 州	Guizhou	11	5619	96.9	40.1	0.9	1.3	5.4
云 南	Yunnan	6	1939	23.9	10.0	0.3	1.1	
西 藏	Tibet	1	395	3.4	1.1	0.3	0.5	
陕 西	Shaanxi	39	50897	398.4	201.5	7.8	13.3	5.9
甘 肃	Gansu	2	1795	35.1	13.5	3.9	4.9	
青 海	Qinghai	3	561	1.9	2.8	0.2	0.3	
宁 夏	Ningxia							
新 疆	Xinjiang							

1-2-8 续表 2 continued

单位：个，人，亿元 (unit,person,100 million yuan)

地区	Region	港澳台投资企业 Enterprises with Funds from Hong Kong, Macau and Taiwan						
		企业单位数 Number of Enterpr-ises	从业人员平均人数 Annual Average Number of Employed Personnel	资产总计 Total Assets	主营业务收入 Revenue from Principal Business	利润总额 Profits	利税 Taxes and Profits	出口交货值 Exports
全国	**Total**	**3311**	**3188950**	**13921.8**	**21056.7**	**986.6**	**1519.0**	**14107.7**
东部地区	Eastern Region	2891	2408998	10738.8	15671.6	684.5	1005.5	9997.9
中部地区	Middle Region	235	470499	1895.0	2859.0	184.9	301.5	2069.6
西部地区	Western Region	128	293507	1168.3	2419.8	108.8	198.2	2033.0
东北地区	Northeastern Region	57	15946	119.7	106.3	8.3	13.8	7.2
北京	Beijing	53	24006	484.3	832.8	22.7	40.0	107.2
天津	Tianjin	31	37909	169.7	469.3	10.2	24.9	343.5
河北	Hebei	22	32298	279.4	210.2	5.9	12.0	50.2
山西	Shanxi	6	61120	276.1	349.9	88.8	92.3	271.7
内蒙古	Inner Mongolia	6	4495	131.1	78.6	5.2	7.9	1.2
辽宁	Liaoning	40	9101	87.6	79.8	5.4	8.6	6.4
吉林	Jilin	11	3488	21.9	20.0	1.4	3.0	0.7
黑龙江	Heilongjiang	6	3357	10.2	6.5	1.5	2.3	0.1
上海	Shanghai	156	160008	1267.5	2368.9	66.7	72.4	1851.1
江苏	Jiangsu	670	635826	2644.6	4209.2	191.5	286.0	2819.5
浙江	Zhejiang	237	106982	758.7	653.6	108.0	135.2	267.0
安徽	Anhui	31	17208	83.1	130.7	15.0	19.0	3.4
福建	Fujian	167	117389	616.4	983.9	44.4	60.2	682.9
江西	Jiangxi	70	40216	103.3	287.9	17.2	26.5	103.8
山东	Shandong	63	23945	211.2	279.7	38.0	51.8	66.7
河南	Henan	37	258465	1017.2	1354.2	28.7	116.7	1222.9
湖北	Hubei	42	57537	283.6	574.5	19.2	25.6	423.1
湖南	Hunan	49	35953	131.7	161.9	16.1	21.4	44.7
广东	Guangdong	1485	1268515	4294.1	5654.5	195.7	320.7	3808.1
广西	Guangxi	35	47727	119.1	255.5	29.6	37.3	137.6
海南	Hainan	7	2120	12.9	9.5	1.5	2.3	1.7
重庆	Chongqing	27	62991	290.2	925.6	1.2	3.4	869.8
四川	Sichuan	29	169224	563.8	1094.2	65.9	139.2	1021.7
贵州	Guizhou	6	551	4.5	5.5	0.2	0.7	1.0
云南	Yunnan	10	4684	28.0	36.0	3.9	5.4	0.3
西藏	Tibet							
陕西	Shaanxi	13	2829	25.1	18.7	1.8	2.9	1.2
甘肃	Gansu	1	305	0.3	0.4			
青海	Qinghai							
宁夏	Ningxia	1	701	6.1	5.3	1.1	1.3	
新疆	Xinjiang							

1-2-8 续表 3 continued

单位：个，人，亿元 (unit,person,100 million yuan)

地区	Region	外商投资企业 Foreign Funded Enterprises						
		企业单位数 Number of Enterpr-ises	从业人员平均人数 Annual Average Number of Employed Personnel	资产总计 Total Assets	主营业务收入 Revenue from Principal Business	利润总额 Profits	利税 Taxes and Profits	出口交货值 Exports
全国	**Total**	**4684**	**4075094**	**21975.5**	**39871.9**	**1778.0**	**2643.8**	**27231.7**
东部地区	Eastern Region	4178	3736275	20073.9	36924.7	1567.1	2322.9	25857.9
中部地区	Middle Region	202	146195	605.6	863.2	51.7	78.5	307.0
西部地区	Western Region	156	99091	590.0	1205.6	89.5	134.9	764.7
东北地区	Northeastern Region	148	93533	706.0	878.3	69.6	107.5	302.1
北京	Beijing	142	108508	1121.6	1590.9	62.4	82.1	897.6
天津	Tianjin	285	161909	998.0	2302.0	142.6	237.5	1149.7
河北	Hebei	42	48329	226.6	199.3	15.7	23.7	59.4
山西	Shanxi	5	44624	176.3	95.7	5.3	10.5	23.7
内蒙古	Inner Mongolia	3	1040	6.5	22.6	0.7	0.9	0.2
辽宁	Liaoning	103	59936	414.3	577.0	48.6	67.7	291.4
吉林	Jilin	35	5189	69.4	100.9	12.0	18.9	2.8
黑龙江	Heilongjiang	10	28408	222.3	200.4	9.1	20.9	7.9
上海	Shanghai	460	328620	2530.8	4039.9	92.8	129.5	2763.8
江苏	Jiangsu	1415	1173414	6002.7	11717.6	539.5	751.3	9227.9
浙江	Zhejiang	300	158060	982.7	1172.7	64.4	95.3	537.3
安徽	Anhui	40	11626	65.3	80.7	9.4	13.1	23.3
福建	Fujian	138	138657	848.7	1693.4	81.8	100.6	1073.4
江西	Jiangxi	46	35275	91.3	146.8	8.7	11.9	58.3
山东	Shandong	367	256570	1254.6	3009.5	177.2	259.3	1215.7
河南	Henan	30	21460	89.9	145.5	8.4	11.3	16.8
湖北	Hubei	51	14549	116.5	132.0	8.7	11.2	17.7
湖南	Hunan	30	18661	66.3	262.6	11.2	20.6	167.2
广东	Guangdong	1019	1359073	6043.4	11172.3	378.3	629.2	8930.3
广西	Guangxi	14	7790	28.8	63.7	8.2	9.1	11.1
海南	Hainan	10	3135	64.8	27.2	12.5	14.3	2.8
重庆	Chongqing	34	29496	174.9	434.6	9.4	14.7	315.3
四川	Sichuan	62	38841	227.7	501.6	56.0	81.0	411.6
贵州	Guizhou	5	3268	17.8	16.0	3.4	4.8	0.7
云南	Yunnan	7	3391	20.5	17.0	2.3	4.3	0.9
西藏	Tibet							
陕西	Shaanxi	27	14651	109.3	147.5	9.4	19.8	24.9
甘肃	Gansu	1	33	0.4	0.2			
青海	Qinghai	2	471	2.3	1.5	0.1	0.2	
宁夏	Ningxia							
新疆	Xinjiang	1	110	1.9	1.0	0.1	0.1	

1-2-9　按地区和行业分高技术产业生产经营情况(2012年)

Statistics on Production and Management in High-tech Industry by Region and Industrial Sector (2012)

单位：个，人，亿元　(unit,person,100 million yuan)

地　区	Region	医药制造业 Medical and Pharmaceutical Products Manufacturing						
		企业单位数 Number of Enterprises	从业人员平均人数 Annual Average Number of Employed Personnel	资产总计 Total Assets	主营业务收入 Revenue from Principal Business	利润总额 Profits	利税 Taxes and Profits	出口交货值 Exports
全　国	**Total**	**6387**	**1966586**	**15768.5**	**17337.7**	**1865.9**	**2857.0**	**1164.9**
东部地区	Eastern Region	2933	927678	8914.6	9305.2	1090.2	1651.6	926.3
中部地区	Middle Region	1598	453950	2532.2	3655.6	330.3	492.8	140.9
西部地区	Western Region	1176	343955	2670.6	2356.4	268.1	433.8	64.3
东北地区	Northeastern Region	680	241003	1651.0	2020.4	177.3	278.9	33.4
北　京	Beijing	175	63711	767.2	525.7	86.1	137.2	8.6
天　津	Tianjin	103	41626	629.5	457.5	63.1	100.7	40.0
河　北	Hebei	197	86184	741.8	744.8	49.3	75.6	78.1
山　西	Shanxi	81	27868	230.2	115.8	9.2	16.9	7.5
内蒙古	Inner Mongolia	70	26269	260.6	182.7	12.6	21.8	6.7
辽　宁	Liaoning	269	52557	449.2	668.2	59.3	92.6	19.6
吉　林	Jilin	307	134151	809.7	985.6	77.7	121.0	6.4
黑龙江	Heilongjiang	104	54295	392.1	366.6	40.3	65.3	7.4
上　海	Shanghai	205	61919	637.3	517.0	67.7	105.2	47.4
江　苏	Jiangsu	661	175772	1500.3	2279.7	244.1	389.2	202.5
浙　江	Zhejiang	403	124022	1280.3	939.1	110.1	166.7	265.0
安　徽	Anhui	266	53228	296.6	457.2	44.1	62.3	22.6
福　建	Fujian	112	28420	185.1	176.9	21.9	31.4	18.5
江　西	Jiangxi	269	80711	400.3	763.7	58.2	95.3	18.1
山　东	Shandong	683	218126	1812.5	2608.2	298.4	432.0	191.2
河　南	Henan	394	141746	710.0	1089.3	105.9	142.5	20.1
湖　北	Hubei	315	91164	592.9	684.8	65.9	98.2	65.9
湖　南	Hunan	273	59233	302.2	544.8	47.0	77.6	6.8
广　东	Guangdong	352	115905	1204.4	966.7	134.8	192.1	75.0
广　西	Guangxi	151	37729	210.0	239.5	35.2	51.5	6.4
海　南	Hainan	42	11993	156.1	89.6	14.7	21.5	
重　庆	Chongqing	108	37557	340.7	247.1	19.5	37.0	13.8
四　川	Sichuan	373	121676	791.9	850.4	89.1	145.8	15.9
贵　州	Guizhou	79	26589	194.5	170.8	25.6	40.1	
云　南	Yunnan	92	23243	275.0	199.0	25.4	41.0	5.5
西　藏	Tibet	6	1130	20.9	7.7	2.6	3.5	
陕　西	Shaanxi	174	43318	239.4	314.9	38.2	65.0	4.9
甘　肃	Gansu	65	11979	168.8	72.2	11.1	14.8	1.2
青　海	Qinghai	24	4948	70.7	34.8	4.9	7.0	
宁　夏	Ningxia	12	5790	65.5	21.4	1.3	2.6	9.6
新　疆	Xinjiang	22	3727	32.6	16.0	2.6	3.6	0.2

1-2-9 续表 1 continued

单位：个，人，亿元 (unit,person,100 million yuan)

地区	Region	航空、航天器及设备制造业 Manufacture of Aircrafts and Spacecrafts and Related Equipment						
		企业单位数 Number of Enterprises	从业人员平均人数 Annual Average Number of Employed Personnel	资产总计 Total Assets	主营业务收入 Revenue from Principal Business	利润总额 Profits	利税 Taxes and Profits	出口交货值 Exports
全国	**Total**	**304**	**359315**	**4093.2**	**2329.9**	**121.8**	**181.7**	**358.7**
东部地区	Eastern Region	133	102970	1373.1	882.0	56.3	91.7	215.6
中部地区	Middle Region	31	57666	619.7	307.6	14.1	23.5	9.4
西部地区	Western Region	109	147061	1540.1	801.0	39.4	51.1	109.3
东北地区	Northeastern Region	31	51618	560.2	339.3	11.9	15.4	24.4
北京	Beijing	26	22829	258.9	136.2	10.5	13.3	8.6
天津	Tianjin	17	22849	430.0	257.5	24.9	48.9	4.1
河北	Hebei	3	5209	42.6	12.9	0.9	0.9	
山西	Shanxi	2	4553	26.1	12.7	0.9	1.1	
内蒙古	Inner Mongolia							
辽宁	Liaoning	20	35638	355.2	231.0	10.3	12.4	19.5
吉林	Jilin	2	3093	13.4	4.8	0.4	0.4	0.2
黑龙江	Heilongjiang	9	12887	191.7	103.5	1.3	2.6	4.7
上海	Shanghai	16	12207	164.3	89.6	1.6	2.0	29.6
江苏	Jiangsu	37	20225	197.5	224.4	12.4	16.5	73.6
浙江	Zhejiang	6	920	7.0	3.8	0.2	0.4	0.3
安徽	Anhui	2	2779	21.8	14.5	1.0	1.1	0.1
福建	Fujian	7	5933	50.0	80.0	0.9	1.7	74.7
江西	Jiangxi	6	16039	350.6	133.1	3.5	9.6	3.8
山东	Shandong	10	3092	11.7	11.9	0.8	1.5	1.4
河南	Henan	6	13618	70.4	44.1	3.8	4.7	0.5
湖北	Hubei	7	10355	81.8	44.0	2.3	3.2	1.5
湖南	Hunan	8	10322	68.9	59.2	2.6	3.9	3.5
广东	Guangdong	11	9706	211.1	65.8	4.2	6.5	23.3
广西	Guangxi	1	706	9.1	9.5	0.5	0.5	
海南	Hainan							
重庆	Chongqing	3	830	4.1	2.7	0.3	0.3	0.2
四川	Sichuan	26	36394	409.3	216.3	12.0	16.6	33.2
贵州	Guizhou	25	13645	230.1	105.8	3.1	4.4	11.5
云南	Yunnan							
西藏	Tibet							
陕西	Shaanxi	51	91680	868.6	459.6	22.6	28.3	64.3
甘肃	Gansu	3	3806	18.9	7.2	0.9	1.0	
青海	Qinghai							
宁夏	Ningxia							
新疆	Xinjiang							

1-2-9 续表 2 continued

单位：个，人，亿元 (unit,person,100 million yuan)

地 区	Region	电子及通信设备制造业 Manufacture of Electronic Equipment and Communication Equipment 企 业 单位数 Number of Enterpr-ises	从业人员平均人数 Annual Average Number of Employed Personnel	资产总计 Total Assets	主营业务收入 Revenue from Principal Business	利润总额 Profits	利税 Taxes and Profits	出口交货值 Exports
全 国	**Total**	**12215**	**7307914**	**40358.3**	**52799.1**	**2679.5**	**4286.5**	**27049.0**
东部地区	Eastern Region	9868	5911258	32151.0	43270.4	2009.1	3245.7	23496.6
中部地区	Middle Region	1432	953699	4895.2	5819.4	397.6	623.4	2598.0
西部地区	Western Region	643	351057	2521.5	2727.2	201.9	324.0	653.2
东北地区	Northeastern Region	272	91900	790.6	982.1	70.9	93.3	301.2
北 京	Beijing	273	130552	2102.9	1778.6	77.6	77.7	949.3
天 津	Tianjin	350	199491	1166.1	2580.8	143.2	237.9	1413.0
河 北	Hebei	148	70674	348.9	351.3	18.7	28.5	76.5
山 西	Shanxi	35	106567	430.4	443.2	94.7	103.6	289.5
内蒙古	Inner Mongolia	17	3794	61.6	83.0	8.1	9.6	0.3
辽 宁	Liaoning	217	77297	659.5	896.9	61.6	81.5	295.6
吉 林	Jilin	36	9875	74.2	63.4	6.4	8.0	4.4
黑龙江	Heilongjiang	19	4728	56.9	21.8	2.9	3.8	1.2
上 海	Shanghai	501	299499	2246.4	2371.1	83.9	92.5	1474.9
江 苏	Jiangsu	2529	1610532	8314.3	12404.5	560.5	875.2	7166.0
浙 江	Zhejiang	1076	353355	2094.1	1996.2	119.4	173.2	722.9
安 徽	Anhui	332	99800	878.1	749.1	70.5	101.8	103.6
福 建	Fujian	433	246297	1202.9	2047.3	123.3	152.8	1288.8
江 西	Jiangxi	242	128868	335.6	732.9	43.4	64.8	160.1
山 东	Shandong	759	264460	1550.0	2696.7	159.4	248.2	762.0
河 南	Henan	218	327537	1285.9	1775.2	60.5	158.0	1312.6
湖 北	Hubei	247	140772	1131.8	1114.9	50.0	69.9	429.6
湖 南	Hunan	358	150155	833.4	1004.1	78.5	125.5	302.6
广 东	Guangdong	3793	2732768	13097.6	17004.7	710.6	1345.5	9638.5
广 西	Guangxi	88	55389	132.6	324.4	43.6	50.8	69.5
海 南	Hainan	6	3630	27.9	39.1	12.6	14.0	4.6
重 庆	Chongqing	83	42821	154.1	301.6	20.0	28.8	88.7
四 川	Sichuan	298	170159	1506.0	1579.1	113.3	208.8	451.0
贵 州	Guizhou	22	7122	63.9	58.6	3.4	4.0	1.7
云 南	Yunnan	12	4405	24.5	15.5	1.9	2.5	0.8
西 藏	Tibet							
陕 西	Shaanxi	106	56711	490.7	328.5	8.5	15.1	34.0
甘 肃	Gansu	12	10027	77.9	30.4	2.5	3.6	6.7
青 海	Qinghai	2	281	6.1	2.8		0.2	
宁 夏	Ningxia	2	255	3.9	2.9	0.5	0.9	
新 疆	Xinjiang	1	93	0.3	0.5			0.4

1-2-9 续表 3 continued

单位：个，人，亿元 (unit,person,100 million yuan)

地区	Region	计算机及办公设备制造业 Manufacture of Computer and Office Equipments						
		企业单位数 Number of Enterprises	从业人员平均人数 Annual Average Number of Employed Personnel	资产总计 Total Assets	主营业务收入 Revenue from Principal Business	利润总额 Profits	利税 Taxes and Profits	出口交货值 Exports
全 国	**Total**	**1387**	**1981602**	**9585.9**	**22045.2**	**790.5**	**1115.7**	**16926.4**
东部地区	Eastern Region	1150	1646544	8131.2	18936.4	652.7	885.0	14464.2
中部地区	Middle Region	125	59007	261.2	373.6	26.7	36.8	161.1
西部地区	Western Region	76	257748	1098.4	2616.4	103.5	183.4	2237.9
东北地区	Northeastern Region	36	18303	95.2	118.8	7.6	10.5	63.2
北 京	Beijing	52	19950	530.6	766.9	12.7	25.6	61.9
天 津	Tianjin	16	16327	68.3	139.1	8.4	8.9	73.7
河 北	Hebei	8	2914	13.3	10.1	0.7	0.8	2.8
山 西	Shanxi	1	2050	9.6	3.0	-0.1		
内蒙古	Inner Mongolia	2	278	1.5	1.3	0.1	0.1	
辽 宁	Liaoning	24	14893	68.5	98.2	4.7	6.9	62.8
吉 林	Jilin	5	1732	13.8	11.9	2.2	2.4	
黑龙江	Heilongjiang	7	1678	12.9	8.6	0.8	1.2	0.4
上 海	Shanghai	53	167421	1281.8	3668.5	21.6	31.2	2996.6
江 苏	Jiangsu	290	389088	1607.6	5078.5	225.6	255.2	4726.8
浙 江	Zhejiang	81	32864	316.0	350.0	76.4	91.4	170.0
安 徽	Anhui	26	11117	50.5	78.0	8.0	9.6	58.0
福 建	Fujian	62	60229	456.3	844.1	28.1	41.9	424.0
江 西	Jiangxi	22	16150	40.6	79.5	5.3	7.3	54.9
山 东	Shandong	45	119367	544.8	1687.5	89.3	123.7	596.6
河 南	Henan	27	13733	55.9	58.0	5.9	8.2	1.9
湖 北	Hubei	20	7175	63.5	90.4	2.2	2.8	45.8
湖 南	Hunan	29	8782	41.1	64.7	5.4	9.0	0.6
广 东	Guangdong	543	838384	3312.7	6391.8	189.9	306.2	5411.7
广 西	Guangxi	14	16277	81.2	191.5	25.8	29.6	78.6
海 南	Hainan							
重 庆	Chongqing	32	71591	374.1	1192.6	-0.4	2.3	1105.1
四 川	Sichuan	22	168136	617.4	1215.7	77.4	149.9	1053.9
贵 州	Guizhou	1	15	0.4	0.5			
云 南	Yunnan	4	1309	22.9	14.2	0.6	1.4	0.3
西 藏	Tibet							
陕 西	Shaanxi	1	142	0.8	0.5	0.1	0.1	
甘 肃	Gansu							
青 海	Qinghai							
宁 夏	Ningxia							
新 疆	Xinjiang							

1-2-9 续表 4 continued

单位：个，人，亿元 (unit,person,100 million yuan)

地区	Region	医疗仪器设备及仪器仪表制造业 Manufacture of Medical Equipments and Measuring Instrument						
		企业单位数 Number of Enterprises	从业人员平均人数 Annual Average Number of Employed Personnel	资产总计 Total Assets	主营业务收入 Revenue from Principal Business	利润总额 Profits	利税 Taxes and Profits	出口交货值 Exports
全　国	**Total**	**4343**	**1071305**	**6791.0**	**7772.1**	**728.7**	**1053.5**	**1202.1**
东部地区	Eastern Region	3143	788973	5173.3	5956.4	560.0	808.8	1070.4
中部地区	Middle Region	619	151640	756.0	947.7	98.7	138.4	37.7
西部地区	Western Region	307	84643	559.9	451.6	37.8	58.0	22.1
东北地区	Northeastern Region	274	46049	301.9	416.4	32.2	48.3	71.8
北　京	Beijing	234	45547	518.3	362.6	48.8	66.7	52.9
天　津	Tianjin	101	15304	85.3	92.1	8.2	11.6	14.9
河　北	Hebei	77	17310	87.7	85.4	10.2	14.0	9.5
山　西	Shanxi	17	6695	72.7	46.7	5.2	6.2	0.6
内蒙古	Inner Mongolia	8	555	7.0	6.2			
辽　宁	Liaoning	208	32607	219.8	319.7	24.2	37.7	69.1
吉　林	Jilin	44	6404	46.1	73.0	6.7	8.5	2.5
黑龙江	Heilongjiang	22	7038	35.9	23.7	1.3	2.2	0.3
上　海	Shanghai	255	55496	389.5	405.3	40.8	52.9	142.8
江　苏	Jiangsu	1081	290531	2161.9	2876.5	239.4	365.4	356.3
浙　江	Zhejiang	577	133103	808.7	687.8	64.8	95.1	159.3
安　徽	Anhui	118	20402	120.4	161.2	19.7	26.0	16.5
福　建	Fujian	78	14762	58.5	81.1	7.4	9.7	26.1
江　西	Jiangxi	63	25495	89.6	147.5	11.6	15.9	5.8
山　东	Shandong	378	69898	381.7	724.8	64.9	95.6	46.0
河　南	Henan	203	56392	242.5	291.2	29.9	40.9	8.1
湖　北	Hubei	98	19319	89.4	93.2	9.7	14.2	3.4
湖　南	Hunan	120	23337	141.4	208.0	22.6	35.2	3.3
广　东	Guangdong	360	145393	678.1	617.7	71.4	92.5	262.7
广　西	Guangxi	31	6707	26.0	41.2	3.5	5.2	2.4
海　南	Hainan	2	1629	3.3	23.2	4.2	5.2	
重　庆	Chongqing	89	26653	150.0	139.4	10.8	17.7	8.1
四　川	Sichuan	94	18766	110.1	100.6	12.3	17.4	2.8
贵　州	Guizhou	8	1944	13.7	7.2	1.0	1.5	0.1
云　南	Yunnan	15	2818	23.9	10.8	0.7	0.8	1.7
西　藏	Tibet							
陕　西	Shaanxi	47	24381	206.5	134.5	7.8	13.2	6.4
甘　肃	Gansu	7	1162	10.6	2.6		0.2	0.5
青　海	Qinghai	1	518	1.7	1.1	0.1	0.2	0.2
宁　夏	Ningxia	5	1116	9.1	7.6	1.3	1.6	
新　疆	Xinjiang	2	23	1.2	0.4	0.1	0.1	

R&D 及相关活动情况

Statistics on R&D and Related Activities

2-1-1 大中型高技术产业企业R&D及相关活动情况

Statistics on R&D and Related Activities in High Technology Industry of Large and Medium-sized Enterprises

指　　标	Indicator	2000	2005	2009	2010	2011	2012
R&D活动情况	**Statitstics on R&D Activities**						
R&D人员折合全时当量(人年)	Full-time Equivalent of R&D Personnel (man-year)	91573	173161	320033	399074	426718	525614
R&D经费内部支出(万元)	Intramural Expenditure on R&D (10000 yuan)	1110410	3624985	7740499	9678300	12378065	14914940
新产品开发及生产情况	**Statitstics on New Products Development and Production**						
新产品开发经费支出(万元)	Expenditure on New Products Development (10000 yuan)	1177940	4156916	9250743	10069385	15280302	18274769
新产品销售收入(万元)	Sales Revenue of New Products (10000 yuan)	24838202	69146633	125950003	163647630	203845209	237653174
专利情况	**Statistics on Patents**						
专利申请数(件)	Patent Applications (piece)	2245	16823	51513	59683	77725	97200
有效发明专利数(件)	Number of Patents In Force (piece)	1443	6658	31830	50166	67428	97878
技术改造、技术获取情况	**Statistics on Technology Acquisition and Technology Reconstruction**						
技术改造经费支出(万元)	Expenditure for Technical Renovation (10000 yuan)	1047478	1590214	2017410	2687343	2396391	3191778
引进技术经费支出(万元)	Expenditure for Acquisition of Foreign Technology (10000 yuan)	470463	848184	644240	687810	621819	733053
消化吸收经费支出(万元)	Expenditure for Assimilation of Technology (10000 yuan)	33685	274972	106224	138268	152481	93179
购买国内技术经费支出(万元)	Expenditure for Purchase of Domestic Technology (10000 yuan)	72099	95359	139026	212944	162429	238341
企业办研发机构情况	**Statistics on R&D Institutions**						
机构数(个)	Number of R&D Institutions in Enterprises (unit)	1379	1619	2845	3184	3254	5158
机构人员(人)	Personnel in R&D Institutions (person)	90187	156789	341439	413640	394590	596526
机构经费支出(万元)	Expenditure in R&D Institutions (10000 yuan)	961000	2607837	6949092	8784256	9296716	13686558

注：2010年及以前年份数据口径为从业人员年平均人数300人及以上并且年主营业务收入3000万元及以上并且年资产合计4000万元及以上的法人工业企业。2011年及以后年份数据口径为从业人员年平均人数300人及以上且年主营业务收入2000万元及以上的法人工业企业。以下至2-1-12表相同。

2-1-2　大中型制造业企业R&D及相关活动情况

Statistics on R&D and Related Activities in Large and Medium-sized Manufacturing Enterprises

指　　标	Indicator	2000	2005	2009	2010	2011	2012
R&D活动情况	**Statitstics on R&D Activities**						
R&D人员折合全时当量(人年)	Full-time Equivalent of R&D Personnel (man-year)	296697	545026	1069889	1275556	1478986	2270921
R&D经费内部支出(万元)	Intramural Expenditure on R&D (10000 yuan)	3230543	11845186	30129433	37718648	47537548	56668627
新产品开发及生产情况	**Statitstics on New Products Development and Production**						
新产品开发经费支出(万元)	Expenditure on New Products Development (10000 yuan)	3791305	14222522	35495255	43246348	55887990	64400128
新产品销售收入(万元)	Sales Revenue of New Products (10000 yuan)	76076657	238042145	571758255	723101200	876813240	969399371
专利情况	**Statistics on Patents**						
专利申请数(件)	Patent Applications (piece)	11139	53843	161065	192674	255813	309250
有效发明专利数(件)	Number of Patents In Force (piece)	6054	21870	78884	109732	143397	199128
技术改造、技术获取情况	**Statistics on Technology Acquisition and Technology Reconstruction**						
技术改造经费支出(万元)	Expenditure for Technical Renovation (10000 yuan)	9950798	25122468	32352328	32809790	32793072	32728378
引进技术经费支出(万元)	Expenditure for Acquisition of Foreign Technology (10000 yuan)	2355387	2884886	3836873	3772500	3970371	3700487
消化吸收经费支出(万元)	Expenditure for Assimilation of Technology (10000 yuan)	176927	653496	1482563	1532166	1525239	1380674
购买国内技术经费支出(万元)	Expenditure for Purchase of Domestic Technology (10000 yuan)	245781	784587	1672216	1909182	1921047	1703639
企业办研发机构情况	**Statistics on R&D Institutions**						
机构数(个)	Number of R&D Institutions in Enterprises (unit)	7093	8659	14536	16083	15960	24603
机构人员(人)	Personnel in R&D Institutions (person)	399060	579427	1203352	1407109	1425632	1937389
机构经费支出(万元)	Expenditure in R&D Institutions (10000 yuan)	3075258	9678739	25027666	31432418	33355983	46270471

2-1-3 分行业大中型企业R&D及相关活动情况
Statistics on R&D and Related Activities in Large and Medium-sized Enterprises by Industrial Sector

行业	Industry	R&D人员折合全时当量（人年） Full-time Equivalent of R&D Personnel (man-year)					
		2000	2005	2009	2010	2011	2012
合计	**Total**	**91573**	**173161**	**320033**	**399074**	**426718**	**525614**
医药制造业	**Manufacture of Medicines**	**12238**	**19584**	**51108**	**55234**	**68682**	**81875**
#化学药品制造	Manufacture of Chemical Medicine	7794	12574	31457	37291	43985	48278
中成药生产	Production of Finished Traditional Chinese Herbal Medicine	2797	4976	11766	10458	13856	18930
生物药品制造	Manufacture of Biological Medicine	1406	1534	5186	5374	6284	8743
航空、航天器及设备制造业	**Manufacture of Aircrafts and Spacecrafts and Related Equipment**	**30835**	**29870**	**23034**	**28249**	**29497**	**37901**
#飞机制造	Manufacture of Airplanes	27704	27720	20587	25910	25424	28617
航天器制造	Manufacture of Spacecrafts	3131	2150	2448	2339	4073	4392
电子及通信设备制造业	**Manufacture of Electronic Equipment and Communication Equipment**	**36625**	**95091**	**183062**	**211512**	**241750**	**301396**
#通信设备制造	Manufacture of Communication Equipment	18505	49679	85735	98510	112346	120185
#通信系统设备制造	Manufacture of Communication System Equipment	15728	37954	68946	79031	88657	103432
通信终端设备制造	Manufacture of Communication Terminal Equipment	1023	3983	2532	3541	3484	16753
广播电视设备制造	Manufacture of Broadcasting and TV Equipment	448	1740	3073	2130	4053	7318
雷达及配套设备制造	Manufacture of Radar and Its Fittings	1794	1810	3768	4425	2809	3129
视听设备制造	Manufacture of TV Set and Radio Receiver	4117	11573	14945	21422	16822	24411
电子器件制造	Manufacture of Electronic Appliances	5083	15211	32278	31929	42442	60647
#电子真空器件制造	Manufacture of Electronic Vacuum Appliance	1814	3839	3221	2414	2038	2444
半导体分立器件制造	Manufacture of Semiconductor Discreting Appliances	1948	1832	4415	3198	4080	4490
集成电路制造	Manufacture of Integrate Circuit	1321	3908	13482	11149	14684	19243
电子元件制造	Manufacture of Electronic Components	4669	13672	34900	47274	56700	61175
其他电子设备制造	Manufacture of Other Electronic Equipment	2009	1407	8363	5822	6578	9196
计算机及办公设备制造业	**Manufacture of Computers and Office Equipment**	**3941**	**17484**	**35427**	**68509**	**45697**	**58590**
#计算机整机制造	Manufacture of Entired Computer	2950	7452	17075	22225	16152	18542
计算机零部件制造	Manufacture of Computer Components and Parts	806	8943	16366	44846	26690	20519
计算机外围设备制造	Manufacture of Computer Peripheral Equipment						8825
办公设备制造	Manufacture of Office Equipment	185	1089	1986	1438	2855	2906
医疗仪器设备及仪器仪表制造业	**Manufacture of Medical Equipments and Measuring Instrument**	**7934**	**11132**	**27401**	**35570**	**41092**	**45849**
1.医疗仪器设备及器械制造	Manufacture of Medical Equipment and Appliance	796	1262	5523	7303	7097	8814
2.仪器仪表制造	Manufacture of Measuring Instrument	7138	9870	21878	28267	33995	37035

2-1-3　续表 1　continued

行　业	Industry	R&D经费内部支出（万元） Intramural Expenditure on R&D (10000 yuan)					
		2000	2005	2009	2010	2011	2012
合计	**Total**	**1110410**	**3624985**	**7740499**	**9678300**	**12378065**	**14914940**
医药制造业	**Manufacture of Medicines**	**135888**	**399510**	**996221**	**1226262**	**1562720**	**2148864**
#化学药品制造	Manufacture of Chemical Medicine	88357	273832	636142	814547	1002710	1298451
中成药生产	Production of Finished Traditional Chinese Herbal Medicine	29227	91512	203612	207721	256329	392304
生物药品制造	Manufacture of Biological Medicine	16571	22955	96793	132828	174290	283437
航空、航天器及设备制造业	**Manufacture of Aircrafts and Spacecrafts and Related Equipment**	**137932**	**277969**	**657822**	**928427**	**1435570**	**1586828**
#飞机制造	Manufacture of Airplanes	119250	239156	517029	853331	1255553	1254488
航天器制造	Manufacture of Spacecrafts	18682	38813	140793	75096	180017	247090
电子及通信设备制造业	**Manufacture of Electronic Equipment and Communication Equipment**	**679441**	**2347164**	**4548486**	**5724094**	**7005706**	**8555044**
#通信设备制造	Manufacture of Communication Equipment	397600	1196585	2388342	3047068	3532317	3854850
#通信系统设备制造	Manufacture of Communication System Equipment	345463	914102	1917651	2505445	2914668	3307497
通信终端设备制造	Manufacture of Communication Terminal Equipment	11693	54847	65825	87283	89025	547352
广播电视设备制造	Manufacture of Broadcasting and TV Equipment	2036	18105	38732	40771	78966	128159
雷达及配套设备制造	Manufacture of Radar and Its Fittings	7003	24472	73858	56977	78121	79467
视听设备制造	Manufacture of TV Set and Radio Receiver	86682	500884	590999	635762	757855	891774
电子器件制造	Manufacture of Electronic Appliances	85820	328721	684095	933299	1290626	1774830
#电子真空器件制造	Manufacture of Electronic Vacuum Appliance	58896	42632	56427	65854	59890	54161
半导体分立器件制造	Manufacture of Semiconductor Discreting Appliances	9102	23160	52439	102095	76026	88182
集成电路制造	Manufacture of Integrate Circuit	17823	145065	279995	301329	369966	564116
电子元件制造	Manufacture of Electronic Components	79182	257997	675056	870798	1080411	1193080
其他电子设备制造	Manufacture of Other Electronic Equipment	21118	20401	97405	139420	187410	253264
计算机及办公设备制造业	**Manufacture of Computers and Office Equipment**	**115541**	**434480**	**988665**	**1175661**	**1513265**	**1580728**
#计算机整机制造	Manufacture of Entired Computer	101235	211999	422017	447584	697904	688980
计算机零部件制造	Manufacture of Computer Components and Parts	12777	207560	525557	690884	747540	338435
计算机外围设备制造	Manufacture of Computer Peripheral Equipment						259232
办公设备制造	Manufacture of Office Equipment	1529	14921	41092	37193	67820	72418
医疗仪器设备及仪器仪表制造业	**Manufacture of Medical Equipments and Measuring Instrument**	**41607**	**165862**	**549305**	**623856**	**860804**	**1043475**
1.医疗仪器设备及器械制造	Manufacture of Medical Equipment and Appliance	6274	34481	143234	148612	205736	257129
2.仪器仪表制造	Manufacture of Measuring Instrument	35334	131381	406071	475244	655068	786346

2-1-3 续表 2 continued

行 业	Industry	新产品开发经费支出（万元） Expenditure on New Products Development (10000 yuan)					
		2000	2005	2009	2010	2011	2012
合计	**Total**	**1177940**	**4156916**	**9250743**	**10069385**	**15280302**	**18274769**
医药制造业	**Manufacture of Medicines**	**149276**	**447725**	**1073412**	**1314022**	**1691315**	**2334948**
#化学药品制造	Manufacture of Chemical Medicine	91707	300482	680413	878141	1070585	1388701
中成药生产	Production of Finished Traditional Chinese Herbal Medicine	38556	97048	210019	225868	280804	413394
生物药品制造	Manufacture of Biological Medicine	15925	28373	108059	140126	205828	319138
航空、航天器及设备制造业	**Manufacture of Aircrafts and Spacecrafts and Related Equipment**	**114280**	**301632**	**764631**	**1033408**	**1340147**	**1528310**
#飞机制造	Manufacture of Airplanes	95570	270864	627015	964989	1156868	1187582
航天器制造	Manufacture of Spacecrafts	18709	30769	137616	68418	183279	245233
电子及通信设备制造业	**Manufacture of Electronic Equipment and Communication Equipment**	**736736**	**2611326**	**5442512**	**5392710**	**9112209**	**10791283**
#通信设备制造	Manufacture of Communication Equipment	363991	1267879	2793220	1994365	4494800	4486099
#通信系统设备制造	Manufacture of Communication System Equipment	303007	859024	2126319	1238300	3622003	3761802
通信终端设备制造	Manufacture of Communication Terminal Equipment	18365	66003	97709	119958	77626	724297
广播电视设备制造	Manufacture of Broadcasting and TV Equipment	1117	27438	60413	67349	119441	199951
雷达及配套设备制造	Manufacture of Radar and Its Fittings	11129	27487	75597	80554	131179	164741
视听设备制造	Manufacture of TV Set and Radio Receiver	142278	589840	726350	751944	917630	1131182
电子器件制造	Manufacture of Electronic Appliances	102543	355849	878320	1296953	1784389	2259496
#电子真空器件制造	Manufacture of Electronic Vacuum Appliance	73629	48067	77754	81119	76186	60039
半导体分立器件制造	Manufacture of Semiconductor Discreting Appliances	9795	30538	86230	106515	86488	108910
集成电路制造	Manufacture of Integrate Circuit	19119	129635	290902	381026	513173	700881
电子元件制造	Manufacture of Electronic Components	97668	315540	780830	1049434	1380871	1574072
其他电子设备制造	Manufacture of Other Electronic Equipment	18010	27294	127781	152111	283899	400482
计算机及办公设备制造业	**Manufacture of Computers and Office Equipment**	**133132**	**617788**	**1271478**	**1479659**	**2090912**	**2255064**
#计算机整机制造	Manufacture of Entired Computer	100730	271034	510656	563301	1077812	1011171
计算机零部件制造	Manufacture of Computer Components and Parts	28414	307709	712642	861000	928256	571029
计算机外围设备制造	Manufacture of Computer Peripheral Equipment						318660
办公设备制造	Manufacture of Office Equipment	3989	39045	48181	55358	84844	93650
医疗仪器设备及仪器仪表制造业	**Manufacture of Medical Equipments and Measuring Instrument**	**44516**	**178445**	**698711**	**849586**	**1045718**	**1365164**
1.医疗仪器设备及器械制造	Manufacture of Medical Equipment and Appliance	7174	33142	171711	206115	257477	335862
2.仪器仪表制造	Manufacture of Measuring Instrument	37342	145303	527000	643471	788242	1029301

2-1-3 续表 3 continued

行 业	Industry	新产品销售收入（万元） Sales Revenue of New Products (10000 yuan)					
		2000	2005	2009	2010	2011	2012
合计	**Total**	**24838202**	**69146633**	**125950003**	**163647630**	**203845209**	**237653174**
医药制造业	**Manufacture of Medicines**	**1720272**	**4693608**	**12483159**	**16755263**	**18253060**	**24493419**
#化学药品制造	Manufacture of Chemical Medicine	1348607	3327695	8468850	11455030	10844461	14732281
中成药生产	Production of Finished Traditional Chinese Herbal Medicine	251856	1045794	2342221	2943796	3446421	5128065
生物药品制造	Manufacture of Biological Medicine	95979	171308	991985	1387671	2048086	1791701
航空、航天器及设备制造业	**Manufacture of Aircrafts and Spacecrafts and Related Equipment**	**813277**	**3373540**	**2721714**	**4721627**	**4980325**	**6018300**
#飞机制造	Manufacture of Airplanes	696006	3335683	2562529	4485881	4619963	5411575
航天器制造	Manufacture of Spacecrafts	117272	37857	159185	235747	360362	334240
电子及通信设备制造业	**Manufacture of Electronic Equipment and Communication Equipment**	**16308150**	**38520369**	**82327726**	**90714882**	**104118444**	**129043438**
#通信设备制造	Manufacture of Communication Equipment	6717290	16431725	41430667	42748773	46192610	49104988
#通信系统设备制造	Manufacture of Communication System Equipment	2171794	5727443	18307560	16789919	22655327	21965299
通信终端设备制造	Manufacture of Communication Terminal Equipment	1288981	994193	1416433	1627424	1491957	27139689
广播电视设备制造	Manufacture of Broadcasting and TV Equipment	6198	161757	588380	711803	1298986	2365379
雷达及配套设备制造	Manufacture of Radar and Its Fittings	102849	258585	514724	431244	752468	1378993
视听设备制造	Manufacture of TV Set and Radio Receiver	6376889	13313107	15386164	15392293	19026208	22945964
电子器件制造	Manufacture of Electronic Appliances	1910948	5127979	12010483	14657975	17858509	24596177
#电子真空器件制造	Manufacture of Electronic Vacuum Appliance	1512257	1205662	743568	1020064	769817	646911
半导体分立器件制造	Manufacture of Semiconductor Discreting Appliances	62650	161634	739217	1094858	842190	891207
集成电路制造	Manufacture of Integrate Circuit	336040	2150651	4380166	1752030	3415390	4456503
电子元件制造	Manufacture of Electronic Components	973788	3023700	10918384	14970598	16971775	19412060
其他电子设备制造	Manufacture of Other Electronic Equipment	220190	203515	1478924	1802197	2017889	1855681
计算机及办公设备制造业	**Manufacture of Computers and Office Equipment**	**5369985**	**20700912**	**22531229**	**44214684**	**67388516**	**66129950**
#计算机整机制造	Manufacture of Entired Computer	2707176	12278252	9492276	15335388	33655127	34629249
计算机零部件制造	Manufacture of Computer Components and Parts	2560950	7750678	12542334	27639164	32831137	22404561
计算机外围设备制造	Manufacture of Computer Peripheral Equipment						5620351
办公设备制造	Manufacture of Office Equipment	101858	671983	496619	1240132	902253	1042823
医疗仪器设备及仪器仪表制造业	**Manufacture of Medical Equipments and Measuring Instrument**	**626518**	**1858204**	**5886175**	**7241173**	**9104864**	**11968064**
1.医疗仪器设备及器械制造	Manufacture of Medical Equipment and Appliance	101634	319050	1126830	880563	862209	1813170
2.仪器仪表制造	Manufacture of Measuring Instrument	524884	1539155	4759345	6360610	8242654	10154893

2-1-3 续表 4 continued

行 业	Industry	专利申请数（件） Patent Applications (piece)					
		2000	2005	2009	2010	2011	2012
合计	**Total**	**2245**	**16823**	**51513**	**59683**	**77725**	**97200**
医药制造业	**Manufacture of Medicines**	**579**	**2708**	**4785**	**5767**	**6413**	**9580**
#化学药品制造	Manufacture of Chemical Medicine	215	1133	2340	2792	3229	4814
中成药生产	Production of Finished Traditional Chinese Herbal Medicine	286	1288	1827	2098	2153	2718
生物药品制造	Manufacture of Biological Medicine	43	242	321	382	524	976
航空、航天器及设备制造业	**Manufacture of Aircrafts and Spacecrafts and Related Equipment**	**79**	**328**	**1504**	**2172**	**2414**	**3415**
#飞机制造	Manufacture of Airplanes	74	314	1362	2014	2125	2600
航天器制造	Manufacture of Spacecrafts	5	14	142	158	289	418
电子及通信设备制造业	**Manufacture of Electronic Equipment and Communication Equipment**	**1099**	**11022**	**32485**	**35575**	**49360**	**64602**
#通信设备制造	Manufacture of Communication Equipment	570	6602	18913	16886	23751	24416
#通信系统设备制造	Manufacture of Communication System Equipment	529	5718	16478	12734	18982	18937
通信终端设备制造	Manufacture of Communication Terminal Equipment	29	177	378	867	649	5479
广播电视设备制造	Manufacture of Broadcasting and TV Equipment	4	101	540	1459	2881	2703
雷达及配套设备制造	Manufacture of Radar and Its Fittings	22	9	123	288	361	395
视听设备制造	Manufacture of TV Set and Radio Receiver	331	2434	3594	4212	3275	5791
电子器件制造	Manufacture of Electronic Appliances	65	812	5165	6887	9902	16530
#电子真空器件制造	Manufacture of Electronic Vacuum Appliance	47	110	287	519	1244	2751
半导体分立器件制造	Manufacture of Semiconductor Discreting Appliances	6	10	262	352	302	725
集成电路制造	Manufacture of Integrate Circuit	12	457	2129	2714	3469	3756
电子元件制造	Manufacture of Electronic Components	85	947	3278	4879	7532	7935
其他电子设备制造	Manufacture of Other Electronic Equipment	22	117	872	964	1658	2095
计算机及办公设备制造业	**Manufacture of Computers and Office Equipment**	**263**	**1863**	**7922**	**10810**	**11180**	**9475**
#计算机整机制造	Manufacture of Entired Computer	166	1020	3500	5644	6284	5389
计算机零部件制造	Manufacture of Computer Components and Parts	93	796	4278	4990	4524	893
计算机外围设备制造	Manufacture of Computer Peripheral Equipment						1314
办公设备制造	Manufacture of Office Equipment	4	47	144	176	372	608
医疗仪器设备及仪器仪表制造业	**Manufacture of Medical Equipments and Measuring Instrument**	**225**	**902**	**4817**	**5359**	**8358**	**10128**
1.医疗仪器设备及器械制造	Manufacture of Medical Equipment and Appliance	68	401	1009	1217	1705	2514
2.仪器仪表制造	Manufacture of Measuring Instrument	157	501	3808	4142	6653	7614

2-1-3 续表 5 continued

行 业	Industry	有效发明专利数（件） Number of Patents In Force (piece)					
		2000	2005	2009	2010	2011	2012
合计	**Total**	**1443**	**6658**	**31830**	**50166**	**67428**	**97878**
医药制造业	**Manufacture of Medicines**	**460**	**1134**	**3911**	**5672**	**6527**	**10073**
#化学药品制造	Manufacture of Chemical Medicine	165	495	1762	2598	3306	5141
中成药生产	Production of Finished Traditional Chinese Herbal Medicine	211	497	1677	2270	2346	3442
生物药品制造	Manufacture of Biological Medicine	37	49	294	402	533	835
航空、航天器及设备制造业	**Manufacture of Aircrafts and Spacecrafts and Related Equipment**	**139**	**192**	**565**	**700**	**1277**	**1770**
#飞机制造	Manufacture of Airplanes	102	185	480	585	1053	1463
航天器制造	Manufacture of Spacecrafts	37	7	85	115	224	160
电子及通信设备制造业	**Manufacture of Electronic Equipment and Communication Equipment**	**589**	**4268**	**21298**	**33677**	**44448**	**64603**
#通信设备制造	Manufacture of Communication Equipment	372	2959	14770	23979	31499	42207
#通信系统设备制造	Manufacture of Communication System Equipment	346	2660	13692	21818	28825	39695
通信终端设备制造	Manufacture of Communication Terminal Equipment	9	110	160	465	313	2512
广播电视设备制造	Manufacture of Broadcasting and TV Equipment	2	13	149	278	663	935
雷达及配套设备制造	Manufacture of Radar and Its Fittings	15	5	43	63	44	162
视听设备制造	Manufacture of TV Set and Radio Receiver	118	371	1165	1538	1809	3973
电子器件制造	Manufacture of Electronic Appliances	29	540	3607	4451	4970	8381
#电子真空器件制造	Manufacture of Electronic Vacuum Appliance	19	346	321	260	277	326
半导体分立器件制造	Manufacture of Semiconductor Discreting Appliances	6	14	115	253	213	557
集成电路制造	Manufacture of Integrate Circuit	4	115	1808	2004	1835	2800
电子元件制造	Manufacture of Electronic Components	44	369	1176	2840	4358	4433
其他电子设备制造	Manufacture of Other Electronic Equipment	9	11	388	528	1105	1474
计算机及办公设备制造业	**Manufacture of Computers and Office Equipment**	**131**	**473**	**4192**	**7552**	**10532**	**14922**
#计算机整机制造	Manufacture of Entired Computer	69	146	2738	4641	5947	9938
计算机零部件制造	Manufacture of Computer Components and Parts	57	323	1412	2812	4448	886
计算机外围设备制造	Manufacture of Computer Peripheral Equipment						889
办公设备制造	Manufacture of Office Equipment	5	4	42	99	137	245
医疗仪器设备及仪器仪表制造业	**Manufacture of Medical Equipments and Measuring Instrument**	**124**	**591**	**1864**	**2565**	**4644**	**6510**
1.医疗仪器设备及器械制造	Manufacture of Medical Equipment and Appliance	52	90	434	658	1626	2297
2.仪器仪表制造	Manufacture of Measuring Instrument	72	501	1430	1907	3018	4213

2-1-3 续表 6 continued

行业	Industry	技术改造经费支出（万元） Expenditure for Technical Renovation (10000 yuan)					
		2000	2005	2009	2010	2011	2012
合计	**Total**	**1047478**	**1590214**	**2017410**	**2687343**	**2396391**	**3191778**
医药制造业	**Manufacture of Medicines**	**288150**	**441007**	**627433**	**600803**	**602350**	**873929**
#化学药品制造	Manufacture of Chemical Medicine	240426	299639	419595	423886	450630	537613
中成药生产	Production of Finished Traditional Chinese Herbal Medicine	41244	115426	126035	87116	75515	179601
生物药品制造	Manufacture of Biological Medicine	4751	14754	31766	41378	40938	92523
航空、航天器及设备制造业	**Manufacture of Aircrafts and Spacecrafts and Related Equipment**	**154666**	**368919**	**413887**	**387274**	**373716**	**505999**
#飞机制造	Manufacture of Airplanes	128203	353441	400696	352979	330906	471001
航天器制造	Manufacture of Spacecrafts	26464	15478	13190	34295	42810	22030
电子及通信设备制造业	**Manufacture of Electronic Equipment and Communication Equipment**	**520752**	**611919**	**661653**	**1208715**	**846082**	**1164027**
#通信设备制造	Manufacture of Communication Equipment	79122	80990	61687	74395	118517	111674
#通信系统设备制造	Manufacture of Communication System Equipment	44764	32707	34056	17975	57619	76525
通信终端设备制造	Manufacture of Communication Terminal Equipment	31322	12728	7032	25292	18720	35149
广播电视设备制造	Manufacture of Broadcasting and TV Equipment	3394	12355	6833	4142	3666	18286
雷达及配套设备制造	Manufacture of Radar and Its Fittings	8482	17859	36326	10179	29563	25899
视听设备制造	Manufacture of TV Set and Radio Receiver	72331	102632	86786	305377	154353	193681
电子器件制造	Manufacture of Electronic Appliances	142873	160201	265275	597467	293921	332004
#电子真空器件制造	Manufacture of Electronic Vacuum Appliance	86502	42193	13908	69829	11575	10312
半导体分立器件制造	Manufacture of Semiconductor Discreting Appliances	21303	12241	32077	97821	40067	25711
集成电路制造	Manufacture of Integrate Circuit	35068	76839	121210	62147	96822	65700
电子元件制造	Manufacture of Electronic Components	192458	233566	195426	195460	235365	237267
其他电子设备制造	Manufacture of Other Electronic Equipment	22092	4316	9321	21694	10696	23270
计算机及办公设备制造业	**Manufacture of Computers and Office Equipment**	**28852**	**53753**	**120367**	**201172**	**132809**	**164577**
#计算机整机制造	Manufacture of Entired Computer	10885	15313	44089	88406	66152	53442
计算机零部件制造	Manufacture of Computer Components and Parts	17915	35001	71479	106202	64366	11166
计算机外围设备制造	Manufacture of Computer Peripheral Equipment						95193
办公设备制造	Manufacture of Office Equipment	52	3439	4800	6564	2291	3279
医疗仪器设备及仪器仪表制造业	**Manufacture of Medical Equipments and Measuring Instrument**	**55058**	**114617**	**194070**	**289378**	**441435**	**483244**
1.医疗仪器设备及器械制造	Manufacture of Medical Equipment and Appliance	7423	12635	21641	60644	44273	66933
2.仪器仪表制造	Manufacture of Measuring Instrument	47635	101982	172429	228734	397162	416311

2-1-3 续表 7 continued

行 业	Industry	引进技术经费支出（万元） Expenditure for Acquisition of Foreign Technology (10000 yuan)					
		2000	2005	2009	2010	2011	2012
合计	**Total**	**470463**	**848184**	**644240**	**687810**	**621819**	**733053**
医药制造业	**Manufacture of Medicines**	**45441**	**35815**	**42329**	**48413**	**54311**	**51730**
#化学药品制造	Manufacture of Chemical Medicine	28040	28159	38522	39192	45399	40087
中成药生产	Production of Finished Traditional Chinese Herbal Medicine	9602	4874	662	1225	1240	1675
生物药品制造	Manufacture of Biological Medicine	7353	151	2277	5255	2186	2871
航空、航天器及设备制造业	**Manufacture of Aircrafts and Spacecrafts and Related Equipment**	**29793**	**30369**	**26663**	**64941**	**21109**	**9693**
#飞机制造	Manufacture of Airplanes	19970	28933	26623	64941	21109	7868
航天器制造	Manufacture of Spacecrafts	9823	1436	40			
电子及通信设备制造业	**Manufacture of Electronic Equipment and Communication Equipment**	**305560**	**665035**	**480315**	**474667**	**478520**	**563563**
#通信设备制造	Manufacture of Communication Equipment	75927	198733	173136	171859	42183	47367
#通信系统设备制造	Manufacture of Communication System Equipment	24209	9472	12283	8769	12938	7247
通信终端设备制造	Manufacture of Communication Terminal Equipment	47938	2550	15752	13324	8448	40119
广播电视设备制造	Manufacture of Broadcasting and TV Equipment	152	833	485	532	1633	3822
雷达及配套设备制造	Manufacture of Radar and Its Fittings	769	14	630	547	596	1232
视听设备制造	Manufacture of TV Set and Radio Receiver	42840	155500	96296	77984	105122	198257
电子器件制造	Manufacture of Electronic Appliances	81345	200662	159958	148097	243710	196318
#电子真空器件制造	Manufacture of Electronic Vacuum Appliance	40312	79691	26637	26902	35592	14843
半导体分立器件制造	Manufacture of Semiconductor Discreting Appliances	7838	236	8752	9411	4600	4926
集成电路制造	Manufacture of Integrate Circuit	33195	56049	15291	16436	20124	15161
电子元件制造	Manufacture of Electronic Components	102500	106226	47431	75149	84834	82386
其他电子设备制造	Manufacture of Other Electronic Equipment	2028	3067	2379	499	443	3967
计算机及办公设备制造业	**Manufacture of Computers and Office Equipment**	**77839**	**114665**	**56422**	**36594**	**8572**	**24123**
#计算机整机制造	Manufacture of Entired Computer	34399	41904	3779	3753	4372	
计算机零部件制造	Manufacture of Computer Components and Parts	43048	52436	41715	16184	3050	2506
计算机外围设备制造	Manufacture of Computer Peripheral Equipment						16705
办公设备制造	Manufacture of Office Equipment	392	20325	10929	16657	1150	4095
医疗仪器设备及仪器仪表制造业	**Manufacture of Medical Equipments and Measuring Instrument**	**11829**	**2300**	**38510**	**63195**	**59306**	**83943**
1.医疗仪器设备及器械制造	Manufacture of Medical Equipment and Appliance	1890	30	432	27636	32224	60983
2.仪器仪表制造	Manufacture of Measuring Instrument	9940	2270	38079	35559	27082	22959

2-1-3 续表 8 continued

行业	Industry	消化吸收经费支出（万元） Expenditure for Assimilation of Technology (10000 yuan)					
		2000	2005	2009	2010	2011	2012
合计	**Total**	**33685**	**274972**	**106224**	**138268**	**152481**	**93179**
医药制造业	**Manufacture of Medicines**	**12121**	**34971**	**42094**	**49874**	**43981**	**51356**
#化学药品制造	Manufacture of Chemical Medicine	11034	31449	30941	40815	33493	37696
中成药生产	Production of Finished Traditional Chinese Herbal Medicine	226	3417	5392	6210	6414	4889
生物药品制造	Manufacture of Biological Medicine	771	55	3812	859	673	1339
航空、航天器及设备制造业	**Manufacture of Aircrafts and Spacecrafts and Related Equipment**	**1943**	**1438**	**27586**	**27220**	**5820**	**4346**
#飞机制造	Manufacture of Airplanes	1943	1438	27578	23563	5820	4346
航天器制造	Manufacture of Spacecrafts			8	3657		
电子及通信设备制造业	**Manufacture of Electronic Equipment and Communication Equipment**	**12716**	**226463**	**22483**	**39048**	**70993**	**30174**
#通信设备制造	Manufacture of Communication Equipment	2508	166912	3252	4910	3465	1175
#通信系统设备制造	Manufacture of Communication System Equipment	1611	473	580	912	5	499
通信终端设备制造	Manufacture of Communication Terminal Equipment	656	85	180	1067	791	676
广播电视设备制造	Manufacture of Broadcasting and TV Equipment		326	91		21	867
雷达及配套设备制造	Manufacture of Radar and Its Fittings	1		102	108	168	510
视听设备制造	Manufacture of TV Set and Radio Receiver	5442	34519	8621	14325	7607	6969
电子器件制造	Manufacture of Electronic Appliances	2746	15915	4043	10875	6484	10058
#电子真空器件制造	Manufacture of Electronic Vacuum Appliance	2541	176	190	109	212	140
半导体分立器件制造	Manufacture of Semiconductor Discreting Appliances	87	43	666	2639	418	1017
集成电路制造	Manufacture of Integrate Circuit	118	4375	469	2764	862	975
电子元件制造	Manufacture of Electronic Components	1978	8779	6274	8377	51678	5271
其他电子设备制造	Manufacture of Other Electronic Equipment	41	11	101	454	1570	1799
计算机及办公设备制造业	**Manufacture of Computers and Office Equipment**	**6136**	**8795**	**3835**	**9264**	**8282**	**823**
#计算机整机制造	Manufacture of Entired Computer	1413	5447	3082	4563	5927	326
计算机零部件制造	Manufacture of Computer Components and Parts	4708	1533	754	4039	51	
计算机外围设备制造	Manufacture of Computer Peripheral Equipment						164
办公设备制造	Manufacture of Office Equipment	15	1815		662	2305	17
医疗仪器设备及仪器仪表制造业	**Manufacture of Medical Equipments and Measuring Instrument**	**768**	**3306**	**10226**	**12862**	**23405**	**6479**
1.医疗仪器设备及器械制造	Manufacture of Medical Equipment and Appliance	180	49	709	423	393	464
2.仪器仪表制造	Manufacture of Measuring Instrument	588	3257	9517	12440	23012	6015

2-1-3 续表 9 continued

行 业	Industry	购买国内技术经费支出（万元）Expenditure on Purchase of Domestic Technology (10000 yuan)					
		2000	2005	2009	2010	2011	2012
合计	**Total**	**72099**	**95359**	**139026**	**212944**	**162429**	**238341**
医药制造业	**Manufacture of Medicines**	**61208**	**56041**	**65555**	**71200**	**69021**	**116787**
#化学药品制造	Manufacture of Chemical Medicine	19286	46206	44855	48303	50650	93239
中成药生产	Production of Finished Traditional Chinese Herbal Medicine	37713	8399	14108	17379	8591	13069
生物药品制造	Manufacture of Biological Medicine	3691	897	4252	3645	6473	4017
航空、航天器及设备制造业	**Manufacture of Aircrafts and Spacecrafts and Related Equipment**	**4437**	**10751**	**14150**	**16530**	**14764**	**8930**
#飞机制造	Manufacture of Airplanes	2421	10751	14070	16530	14764	8776
航天器制造	Manufacture of Spacecrafts	2016		81			
电子及通信设备制造业	**Manufacture of Electronic Equipment and Communication Equipment**	**3013**	**23056**	**44935**	**83360**	**49191**	**81901**
#通信设备制造	Manufacture of Communication Equipment	1019	6046	9560	12221	18483	10253
#通信系统设备制造	Manufacture of Communication System Equipment	745	1100	2222	3364	6257	1217
通信终端设备制造	Manufacture of Communication Terminal Equipment	154	199	1117	593	459	9035
广播电视设备制造	Manufacture of Broadcasting and TV Equipment	10	4300	545	56	1021	12
雷达及配套设备制造	Manufacture of Radar and Its Fittings	2	488	1542	2822	2268	2412
视听设备制造	Manufacture of TV Set and Radio Receiver	470	2287	5153	3205	7273	29012
电子器件制造	Manufacture of Electronic Appliances	584	4064	14655	48024	7828	15011
#电子真空器件制造	Manufacture of Electronic Vacuum Appliance	224	1163	616	382		
半导体分立器件制造	Manufacture of Semiconductor Discreting Appliances	357	2159	998	3810	240	580
集成电路制造	Manufacture of Integrate Circuit	3	70	239	33404	1981	86
电子元件制造	Manufacture of Electronic Components	897	5429	12809	14983	10933	11750
其他电子设备制造	Manufacture of Other Electronic Equipment	31	442	671	2050	1385	1404
计算机及办公设备制造业	**Manufacture of Computers and Office Equipment**	**251**	**2191**	**5104**	**25477**	**14435**	**11604**
#计算机整机制造	Manufacture of Entired Computer	243	1933	290	804	15	52
计算机零部件制造	Manufacture of Computer Components and Parts	9	152	4814	24638	14400	115
计算机外围设备制造	Manufacture of Computer Peripheral Equipment						10179
办公设备制造	Manufacture of Office Equipment		106		35	20	
医疗仪器设备及仪器仪表制造业	**Manufacture of Medical Equipments and Measuring Instrument**	**3190**	**3320**	**9282**	**16377**	**15019**	**19117**
1.医疗仪器设备及器械制造	Manufacture of Medical Equipment and Appliance	2806	15	300	1015	4708	1288
2.仪器仪表制造	Manufacture of Measuring Instrument	384	3305	8982	15362	10311	17828

2-1-3 续表 10 continued

行 业	Industry	研发机构数（个） Number of R&D Institutions in Enterprises (unit)					
		2000	2005	2009	2010	2011	2012
合计	**Total**	**1379**	**1619**	**2845**	**3184**	**3254**	**5158**
医药制造业	**Manufacture of Medicines**	**512**	**581**	**849**	**929**	**927**	**1254**
#化学药品制造	Manufacture of Chemical Medicine	308	339	477	526	525	658
中成药生产	Production of Finished Traditional Chinese Herbal Medicine	145	176	234	248	239	311
生物药品制造	Manufacture of Biological Medicine	43	31	70	77	88	142
航空、航天器及设备制造业	**Manufacture of Aircrafts and Spacecrafts and Related Equipment**	**161**	**103**	**111**	**122**	**88**	**128**
#飞机制造	Manufacture of Airplanes	128	98	99	109	79	85
航天器制造	Manufacture of Spacecrafts	33	5	12	13	9	11
电子及通信设备制造业	**Manufacture of Electronic Equipment and Communication Equipment**	**482**	**643**	**1251**	**1439**	**1560**	**2704**
#通信设备制造	Manufacture of Communication Equipment	168	141	239	296	254	344
#通信系统设备制造	Manufacture of Communication System Equipment	103	65	108	134	122	216
通信终端设备制造	Manufacture of Communication Terminal Equipment	22	28	28	33	23	128
广播电视设备制造	Manufacture of Broadcasting and TV Equipment	8	17	29	37	49	96
雷达及配套设备制造	Manufacture of Radar and Its Fittings	30	25	29	25	23	40
视听设备制造	Manufacture of TV Set and Radio Receiver	80	104	122	142	145	198
电子器件制造	Manufacture of Electronic Appliances	49	118	287	333	295	658
#电子真空器件制造	Manufacture of Electronic Vacuum Appliance	23	36	34	37	15	24
半导体分立器件制造	Manufacture of Semiconductor Discreting Appliances	17	19	36	46	36	79
集成电路制造	Manufacture of Integrate Circuit	9	29	72	87	68	137
电子元件制造	Manufacture of Electronic Components	132	220	480	505	704	1001
其他电子设备制造	Manufacture of Other Electronic Equipment	15	18	65	101	90	151
计算机及办公设备制造业	**Manufacture of Computers and Office Equipment**	**63**	**101**	**217**	**213**	**209**	**340**
#计算机整机制造	Manufacture of Entired Computer	44	32	55	46	48	53
计算机零部件制造	Manufacture of Computer Components and Parts	16	61	144	143	141	96
计算机外围设备制造	Manufacture of Computer Peripheral Equipment						97
办公设备制造	Manufacture of Office Equipment	3	8	18	24	20	36
医疗仪器设备及仪器仪表制造业	**Manufacture of Medical Equipments and Measuring Instrument**	**161**	**191**	**417**	**481**	**470**	**732**
1.医疗仪器设备及器械制造	Manufacture of Medical Equipment and Appliance	22	25	78	86	88	159
2.仪器仪表制造	Manufacture of Measuring Instrument	139	166	339	395	382	573

2-1-3 续表 11 continued

行业	Industry	机构人员（人） Personnel in the R&D Institutions (person)					
		2000	2005	2009	2010	2011	2012
合计	**Total**	**90187**	**156789**	**341439**	**413640**	**394590**	**596526**
医药制造业	**Manufacture of Medicines**	**16366**	**22081**	**49474**	**59036**	**62023**	**84704**
#化学药品制造	Manufacture of Chemical Medicine	10749	13181	28776	35962	35684	47535
中成药生产	Production of Finished Traditional Chinese Herbal Medicine	3593	6340	12573	14010	15253	20455
生物药品制造	Manufacture of Biological Medicine	1507	1577	5346	5725	6612	9039
航空、航天器及设备制造业	**Manufacture of Aircrafts and Spacecrafts and Related Equipment**	**15017**	**14518**	**17797**	**23062**	**22634**	**30994**
#飞机制造	Manufacture of Airplanes	12281	14414	17017	21978	21630	25210
航天器制造	Manufacture of Spacecrafts	2736	104	780	1084	1004	2021
电子及通信设备制造业	**Manufacture of Electronic Equipment and Communication Equipment**	**44988**	**87031**	**203782**	**234563**	**235921**	**355249**
#通信设备制造	Manufacture of Communication Equipment	23216	46175	91835	113258	123514	143288
#通信系统设备制造	Manufacture of Communication System Equipment	18937	37026	74269	92597	102411	123520
通信终端设备制造	Manufacture of Communication Terminal Equipment	1280	3367	2067	4358	2251	19768
广播电视设备制造	Manufacture of Broadcasting and TV Equipment	455	1390	3081	3404	7092	12048
雷达及配套设备制造	Manufacture of Radar and Its Fittings	2811	1983	4499	4494	3861	5712
视听设备制造	Manufacture of TV Set and Radio Receiver	4802	14930	21674	23634	15301	30575
电子器件制造	Manufacture of Electronic Appliances	3531	8028	29475	36457	34984	59720
#电子真空器件制造	Manufacture of Electronic Vacuum Appliance	1857	1998	2899	3111	2205	1696
半导体分立器件制造	Manufacture of Semiconductor Discreting Appliances	764	1600	3268	4274	3507	4775
集成电路制造	Manufacture of Integrate Circuit	910	1747	10393	9901	9905	14975
电子元件制造	Manufacture of Electronic Components	8173	12689	48481	47316	44530	72922
其他电子设备制造	Manufacture of Other Electronic Equipment	2000	1836	4737	6000	6639	12883
计算机及办公设备制造业	**Manufacture of Computers and Office Equipment**	**6715**	**21628**	**40031**	**59788**	**36435**	**68746**
#计算机整机制造	Manufacture of Entired Computer	4850	5524	20163	11273	13890	24095
计算机零部件制造	Manufacture of Computer Components and Parts	1678	14911	18461	46966	20444	22199
计算机外围设备制造	Manufacture of Computer Peripheral Equipment						10339
办公设备制造	Manufacture of Office Equipment	187	1193	1407	1549	2101	3199
医疗仪器设备及仪器仪表制造业	**Manufacture of Medical Equipments and Measuring Instrument**	**7101**	**11531**	**30355**	**37191**	**37577**	**56833**
1.医疗仪器设备及器械制造	Manufacture of Medical Equipment and Appliance	957	1789	6098	7374	6918	9993
2.仪器仪表制造	Manufacture of Measuring Instrument	6144	9742	24257	29817	30659	46840

2-1-3 续表 12 continued

行 业	Industry	机构经费支出（万元） Expenditure in the R&D Institutions (10000 yuan)					
		2000	2005	2009	2010	2011	2012
合计	**Total**	**961000**	**2607837**	**6949093**	**8784256**	**9296716**	**13686558**
医药制造业	**Manufacture of Medicines**	**121593**	**337652**	**831378**	**1104925**	**1192574**	**1843718**
#化学药品制造	Manufacture of Chemical Medicine	76463	219877	502073	705108	721205	1108264
中成药生产	Production of Finished Traditional Chinese Herbal Medicine	30744	90525	189585	233093	237261	373226
生物药品制造	Manufacture of Biological Medicine	10305	16358	95594	113270	157195	224082
航空、航天器及设备制造业	**Manufacture of Aircrafts and Spacecrafts and Related Equipment**	**83791**	**130860**	**257915**	**382422**	**398750**	**480727**
#飞机制造	Manufacture of Airplanes	77214	130334	250039	356578	364680	373935
航天器制造	Manufacture of Spacecrafts	6577	527	7877	25844	34070	50698
电子及通信设备制造业	**Manufacture of Electronic Equipment and Communication Equipment**	**596823**	**1749116**	**4613256**	**5800914**	**5957820**	**8692984**
#通信设备制造	Manufacture of Communication Equipment	359866	971936	2626764	3301142	3660095	4133935
#通信系统设备制造	Manufacture of Communication System Equipment	299900	764386	2209378	2848977	3222326	3676418
通信终端设备制造	Manufacture of Communication Terminal Equipment	13079	50443	33258	65477	41476	457517
广播电视设备制造	Manufacture of Broadcasting and TV Equipment	1374	15044	38267	41910	65555	156388
雷达及配套设备制造	Manufacture of Radar and Its Fittings	8941	16808	67770	66002	74949	133236
视听设备制造	Manufacture of TV Set and Radio Receiver	93887	461781	687401	620418	539939	881658
电子器件制造	Manufacture of Electronic Appliances	62900	100552	572019	945930	835193	1563928
#电子真空器件制造	Manufacture of Electronic Vacuum Appliance	43653	27702	45192	85527	40190	49842
半导体分立器件制造	Manufacture of Semiconductor Discreting Appliances	4259	12893	36194	60664	41939	79059
集成电路制造	Manufacture of Integrate Circuit	14988	24668	268815	283056	294079	462169
电子元件制造	Manufacture of Electronic Components	51177	171325	560352	744582	683261	1168002
其他电子设备制造	Manufacture of Other Electronic Equipment	18680	11668	60683	80929	98829	280810
计算机及办公设备制造业	**Manufacture of Computers and Office Equipment**	**125045**	**288173**	**760427**	**1005461**	**1156083**	**1686109**
#计算机整机制造	Manufacture of Entired Computer	95462	121762	343672	348736	617265	785524
计算机零部件制造	Manufacture of Computer Components and Parts	29057	159259	400267	620651	506324	357071
计算机外围设备制造	Manufacture of Computer Peripheral Equipment						284710
办公设备制造	Manufacture of Office Equipment	526	7153	16487	36075	32495	57514
医疗仪器设备及仪器仪表制造业	**Manufacture of Medical Equipments and Measuring Instrument**	**33748**	**102036**	**486117**	**490534**	**591489**	**983017**
1.医疗仪器设备及器械制造	Manufacture of Medical Equipment and Appliance	5519	12949	134957	106014	158092	228354
2.仪器仪表制造	Manufacture of Measuring Instrument	28229	89087	351160	384521	433397	754663

2-1-4 大中型国有及国有控股企业分行业R&D及相关活动情况
Statistics on R&D and Related Activities of State-owned and State-controlled Enterprises in Large and Medium-sized Enterprises by Industrial Sector

行 业	Industry	R&D人员折合全时当量（人年） Full-time Equivalent of R&D Personnel (man-year)					
		2000	2005	2009	2010	2011	2012
合计	**Total**	**58427**	**91740**	**105444**	**120200**	**128400**	**145058**
医药制造业	**Manufacture of Medicines**	**5875**	**8813**	**15515**	**17519**	**19552**	**21041**
#化学药品制造	Manufacture of Chemical Medicine	4347	6234	10516	12592	13995	13689
中成药生产	Production of Finished Traditional Chinese Herbal Medicine	790	1712	3270	3293	2803	3881
生物药品制造	Manufacture of Biological Medicine	722	668	1529	1396	1730	2089
航空、航天器及设备制造业	**Manufacture of Aircrafts and Spacecrafts and Related Equipment**	**29634**	**29869**	**22593**	**27300**	**28918**	**36538**
#飞机制造	Manufacture of Airplanes	26503	27719	20217	25044	24887	27915
航天器制造	Manufacture of Spacecrafts	3131	2150	2376	2256	4031	4392
电子及通信设备制造业	**Manufacture of Electronic Equipment and Communication Equipment**	**15673**	**42179**	**52607**	**57291**	**57445**	**66491**
#通信设备制造	Manufacture of Communication Equipment	6286	21703	30666	31696	36061	35555
#通信系统设备制造	Manufacture of Communication System Equipment	5025	16931	27509	27508	31003	31098
通信终端设备制造	Manufacture of Communication Terminal Equipment	541	2363	387	1231	1398	4456
广播电视设备制造	Manufacture of Broadcasting and TV Equipment	358	227	154	187	255	749
雷达及配套设备制造	Manufacture of Radar and Its Fittings	1428	1782	3125	3894	2593	2535
视听设备制造	Manufacture of TV Set and Radio Receiver	1894	7790	4798	10729	4037	8714
电子器件制造	Manufacture of Electronic Appliances	3463	7051	6412	5948	7779	10644
#电子真空器件制造	Manufacture of Electronic Vacuum Appliance	1330	2876	1651	1200	750	710
半导体分立器件制造	Manufacture of Semiconductor Discreting Appliances	1670	1095	955	295	739	415
集成电路制造	Manufacture of Integrate Circuit	463	721	938	1338	1440	1888
电子元件制造	Manufacture of Electronic Components	2019	3288	5170	4037	5613	5701
其他电子设备制造	Manufacture of Other Electronic Equipment	225	339	2283	801	1107	924
计算机及办公设备制造业	**Manufacture of Computers and Office Equipment**	**984**	**4721**	**4211**	**5185**	**10594**	**10079**
#计算机整机制造	Manufacture of Entired Computer	898	2380	2564	2569	4349	5262
计算机零部件制造	Manufacture of Computer Components and Parts	81	2202	1563	2616	5402	261
计算机外围设备制造	Manufacture of Computer Peripheral Equipment						1163
办公设备制造	Manufacture of Office Equipment	6	140	84		842	886
医疗仪器设备及仪器仪表制造业	**Manufacture of Medical Equipments and Measuring Instrument**	**6261**	**6158**	**10519**	**12904**	**11891**	**10907**
1.医疗仪器设备及器械制造	Manufacture of Medical Equipment and Appliance	401	321	526	726	609	834
2.仪器仪表制造	Manufacture of Measuring Instrument	5860	5836	9993	12178	11283	10072

2-1-4 续表 1 continued

行业	Industry	R&D经费内部支出（万元）Intramural Expenditure on R&D (10000 yuan)					
		2000	2005	2009	2010	2011	2012
合计	**Total**	**384700**	**1475400**	**2418554**	**3160532**	**4352362**	**4982793**
医药制造业	**Manufacture of Medicines**	**42131**	**145225**	**247226**	**316071**	**365066**	**463965**
#化学药品制造	Manufacture of Chemical Medicine	30935	103304	158701	207562	238902	275638
中成药生产	Production of Finished Traditional Chinese Herbal Medicine	6627	32040	52273	52860	57365	88484
生物药品制造	Manufacture of Biological Medicine	4320	6280	32430	49429	48907	72543
航空、航天器及设备制造业	**Manufacture of Aircrafts and Spacecrafts and Related Equipment**	**130627**	**277954**	**649429**	**912701**	**1417420**	**1563513**
#飞机制造	Manufacture of Airplanes	111945	239141	510965	839015	1238888	1235648
航天器制造	Manufacture of Spacecrafts	18682	38813	138465	73686	178532	247090
电子及通信设备制造业	**Manufacture of Electronic Equipment and Communication Equipment**	**185141**	**872394**	**1256890**	**1605025**	**2049150**	**2399731**
#通信设备制造	Manufacture of Communication Equipment	103769	411782	661074	936271	1191039	1160964
#通信系统设备制造	Manufacture of Communication System Equipment	92380	330041	612211	870788	1075755	1064178
通信终端设备制造	Manufacture of Communication Terminal Equipment	5849	31199	9246	25915	24099	96786
广播电视设备制造	Manufacture of Broadcasting and TV Equipment	1878	1598	1869	3805	3096	9721
雷达及配套设备制造	Manufacture of Radar and Its Fittings	3859	23932	67194	50415	74076	72551
视听设备制造	Manufacture of TV Set and Radio Receiver	36242	303240	296736	324692	276786	453719
电子器件制造	Manufacture of Electronic Appliances	24247	85600	136202	222829	339732	484384
#电子真空器件制造	Manufacture of Electronic Vacuum Appliance	13568	25333	29568	36878	31888	28005
半导体分立器件制造	Manufacture of Semiconductor Discreting Appliances	7753	7541	5735	6804	3087	10207
集成电路制造	Manufacture of Integrate Circuit	2926	10232	9280	31986	79393	75929
电子元件制造	Manufacture of Electronic Components	12962	44262	65270	53605	111548	118860
其他电子设备制造	Manufacture of Other Electronic Equipment	2186	1980	28546	13410	52873	44609
计算机及办公设备制造业	**Manufacture of Computers and Office Equipment**	**9180**	**114519**	**120173**	**126384**	**281818**	**286282**
#计算机整机制造	Manufacture of Entired Computer	7236	91644	89863	78965	165229	189260
计算机零部件制造	Manufacture of Computer Components and Parts	1655	20412	28422	47419	102662	5188
计算机外围设备制造	Manufacture of Computer Peripheral Equipment						30799
办公设备制造	Manufacture of Office Equipment	289	2462	1887		13927	20066
医疗仪器设备及仪器仪表制造业	**Manufacture of Medical Equipments and Measuring Instrument**	**17619**	**65308**	**144836**	**200351**	**238909**	**269300**
1.医疗仪器设备及器械制造	Manufacture of Medical Equipment and Appliance	1790	6070	14442	17828	13999	25227
2.仪器仪表制造	Manufacture of Measuring Instrument	15830	59237	130394	182522	224910	244073

2-1-4　续表 2　continued

行　业	Industry	新产品开发经费支出（万元） Expenditure on New Products Development (10000 yuan)					
		2000	2005	2009	2010	2011	2012
合计	**Total**	**436906**	**1583476**	**2986596**	**3674866**	**4784601**	**5524884**
医药制造业	**Manufacture of Medicines**	**48657**	**149858**	**259570**	**311031**	**349386**	**482155**
#化学药品制造	Manufacture of Chemical Medicine	36158	106835	165112	210309	226384	281101
中成药生产	Production of Finished Traditional Chinese Herbal Medicine	6390	32650	50185	48594	56604	104338
生物药品制造	Manufacture of Biological Medicine	5744	5844	37788	43610	46866	73901
航空、航天器及设备制造业	**Manufacture of Aircrafts and Spacecrafts and Related Equipment**	**108459**	**300918**	**746749**	**1007823**	**1321431**	**1495345**
#飞机制造	Manufacture of Airplanes	89750	270149	611461	940815	1141476	1164905
航天器制造	Manufacture of Spacecrafts	18709	30769	135287	67008	179954	245233
电子及通信设备制造业	**Manufacture of Electronic Equipment and Communication Equipment**	**249388**	**948548**	**1629271**	**1940192**	**2549276**	**2884089**
#通信设备制造	Manufacture of Communication Equipment	111117	429979	828479	1130441	1510461	1250239
#通信系统设备制造	Manufacture of Communication System Equipment	95725	284084	757354	1042834	1305907	1120142
通信终端设备制造	Manufacture of Communication Terminal Equipment	6996	39851	19267	35277	25146	130097
广播电视设备制造	Manufacture of Broadcasting and TV Equipment	991	3662	4288	6430	9699	19444
雷达及配套设备制造	Manufacture of Radar and Its Fittings	6426	26180	67289	73048	117103	156376
视听设备制造	Manufacture of TV Set and Radio Receiver	83449	329126	403868	343972	292946	535745
电子器件制造	Manufacture of Electronic Appliances	24885	93897	191036	264559	410404	605152
#电子真空器件制造	Manufacture of Electronic Vacuum Appliance	13790	28755	38640	35604	32478	28627
半导体分立器件制造	Manufacture of Semiconductor Discreting Appliances	6876	10776	10327	9138	8612	20935
集成电路制造	Manufacture of Integrate Circuit	4219	10977	17713	32914	94801	102836
电子元件制造	Manufacture of Electronic Components	20389	56681	94239	108044	149807	192636
其他电子设备制造	Manufacture of Other Electronic Equipment	2132	9022	40072	13698	58858	53565
计算机及办公设备制造业	**Manufacture of Computers and Office Equipment**	**11245**	**115916**	**139124**	**151147**	**290036**	**296915**
#计算机整机制造	Manufacture of Entired Computer	9359	87774	90867	95355	162300	187536
计算机零部件制造	Manufacture of Computer Components and Parts	1593	25251	46142	55277	113809	5188
计算机外围设备制造	Manufacture of Computer Peripheral Equipment						43978
办公设备制造	Manufacture of Office Equipment	293	2891	2114	514	13927	21600
医疗仪器设备及仪器仪表制造业	**Manufacture of Medical Equipments and Measuring Instrument**	**19157**	**68236**	**211883**	**264674**	**274473**	**366380**
1.医疗仪器设备及器械制造	Manufacture of Medical Equipment and Appliance	1973	5869	22623	24355	20805	28125
2.仪器仪表制造	Manufacture of Measuring Instrument	17183	62367	189259	240319	253667	338254

2-1-4 续表 3 continued

行 业	Industry	新产品销售收入（万元） Sales Revenue of New Products (10000 yuan)					
		2000	2005	2009	2010	2011	2012
合计	**Total**	**5884034**	**20608590**	**27632537**	**31769634**	**39123877**	**45558591**
医药制造业	**Manufacture of Medicines**	**660791**	**1495400**	**2679023**	**3611522**	**4439014**	**4932986**
#化学药品制造	Manufacture of Chemical Medicine	598623	1016304	1757268	2309047	2647283	2698089
中成药生产	Production of Finished Traditional Chinese Herbal Medicine	49137	378861	538303	794064	962774	1337351
生物药品制造	Manufacture of Biological Medicine	12316	48681	263078	364281	363863	422939
航空、航天器及设备制造业	**Manufacture of Aircrafts and Spacecrafts and Related Equipment**	**799533**	**3371379**	**2721170**	**4692000**	**4532694**	**5034055**
#飞机制造	Manufacture of Airplanes	682261	3333522	2561985	4471396	4199646	4520250
航天器制造	Manufacture of Spacecrafts	117272	37857	159185	220604	333048	334240
电子及通信设备制造业	**Manufacture of Electronic Equipment and Communication Equipment**	**4063063**	**13374188**	**18707077**	**19115563**	**24163534**	**29256447**
#通信设备制造	Manufacture of Communication Equipment	1252911	4897255	8268603	10536407	13685081	11291446
#通信系统设备制造	Manufacture of Communication System Equipment	861797	3324418	7198624	8926404	11856548	9960026
通信终端设备制造	Manufacture of Communication Terminal Equipment	279880	292399	163501	365351	482562	1331419
广播电视设备制造	Manufacture of Broadcasting and TV Equipment	3789	16144	19475	42814	83332	188406
雷达及配套设备制造	Manufacture of Radar and Its Fittings	39160	245404	461015	386929	687940	1299466
视听设备制造	Manufacture of TV Set and Radio Receiver	2179853	6231810	7396151	5066475	5552084	9643661
电子器件制造	Manufacture of Electronic Appliances	292590	1397602	1647150	2187747	2486405	4461018
#电子真空器件制造	Manufacture of Electronic Vacuum Appliance	213187	591650	364877	199228	100977	23876
半导体分立器件制造	Manufacture of Semiconductor Discreting Appliances	21285	80094	41711	113423	192027	165246
集成电路制造	Manufacture of Integrate Circuit	58118	64397	71846	91508	251159	631317
电子元件制造	Manufacture of Electronic Components	288863	515825	745976	764327	1462384	1354618
其他电子设备制造	Manufacture of Other Electronic Equipment	5897	70148	168709	130865	206307	215927
计算机及办公设备制造业	**Manufacture of Computers and Office Equipment**	**176921**	**1729158**	**1982613**	**2310484**	**3867371**	**3759396**
#计算机整机制造	Manufacture of Entired Computer	158285	1405272	1601203	1843005	2793243	2995645
计算机零部件制造	Manufacture of Computer Components and Parts	5807	268740	366652	452438	915783	37112
计算机外围设备制造	Manufacture of Computer Peripheral Equipment						265192
办公设备制造	Manufacture of Office Equipment	12829	55147	14758	15041	158346	168445
医疗仪器设备及仪器仪表制造业	**Manufacture of Medical Equipments and Measuring Instrument**	**183726**	**638465**	**1542655**	**2040066**	**2121265**	**2575706**
1.医疗仪器设备及器械制造	Manufacture of Medical Equipment and Appliance	42674	77978	116839	135263	128349	151793
2.仪器仪表制造	Manufacture of Measuring Instrument	141052	560487	1425815	1904803	1992915	2423913

2-1-4　续表 4　continued

行　业	Industry	专利申请数（件） Patent Applications (piece)					
		2000	2005	2009	2010	2011	2012
合计	**Total**	**734**	**5474**	**17328**	**18596**	**22683**	**27459**
医药制造业	**Manufacture of Medicines**	**128**	**859**	**1184**	**1383**	**1232**	**1467**
#化学药品制造	Manufacture of Chemical Medicine	68	467	770	896	679	696
中成药生产	Production of Finished Traditional Chinese Herbal Medicine	52	336	339	403	415	501
生物药品制造	Manufacture of Biological Medicine	8	45	56	56	72	189
航空、航天器及设备制造业	**Manufacture of Aircrafts and Spacecrafts and Related Equipment**	**79**	**305**	**1472**	**2137**	**2271**	**3205**
#飞机制造	Manufacture of Airplanes	74	291	1359	1982	2011	2460
航天器制造	Manufacture of Spacecrafts	5	14	113	155	260	418
电子及通信设备制造业	**Manufacture of Electronic Equipment and Communication Equipment**	**462**	**3794**	**12731**	**12842**	**15802**	**19048**
#通信设备制造	Manufacture of Communication Equipment	251	2143	8601	7826	9954	6636
#通信系统设备制造	Manufacture of Communication System Equipment	242	1681	8191	7343	8888	5747
通信终端设备制造	Manufacture of Communication Terminal Equipment	2	43	80	170	167	889
广播电视设备制造	Manufacture of Broadcasting and TV Equipment	4	1	37	30	84	100
雷达及配套设备制造	Manufacture of Radar and Its Fittings	8	2	97	255	305	328
视听设备制造	Manufacture of TV Set and Radio Receiver	141	1200	1982	2319	1703	2808
电子器件制造	Manufacture of Electronic Appliances	23	227	1194	1438	2657	7184
#电子真空器件制造	Manufacture of Electronic Vacuum Appliance	14	102	116	225	867	2561
半导体分立器件制造	Manufacture of Semiconductor Discreting Appliances	2	3	27	72	48	134
集成电路制造	Manufacture of Integrate Circuit	7	38	80	97	226	372
电子元件制造	Manufacture of Electronic Components	33	212	757	946	828	1078
其他电子设备制造	Manufacture of Other Electronic Equipment	2	9	63	28	271	321
计算机及办公设备制造业	**Manufacture of Computers and Office Equipment**	**2**	**233**	**821**	**949**	**1646**	**1950**
#计算机整机制造	Manufacture of Entired Computer	2	168	547	588	920	1012
计算机零部件制造	Manufacture of Computer Components and Parts		58	272	356	651	23
计算机外围设备制造	Manufacture of Computer Peripheral Equipment						392
办公设备制造	Manufacture of Office Equipment		7	2	5	75	185
医疗仪器设备及仪器仪表制造业	**Manufacture of Medical Equipments and Measuring Instrument**	**63**	**283**	**1120**	**1285**	**1732**	**1789**
1.医疗仪器设备及器械制造	Manufacture of Medical Equipment and Appliance	23	30	97	108	213	252
2.仪器仪表制造	Manufacture of Measuring Instrument	40	253	1023	1177	1519	1537

2-1-4 续表 5 continued

行 业	Industry	有效发明专利数（件） Number of Patents In Force (piece)					
		2000	2005	2009	2010	2011	2012
合计	**Total**	**616**	**1650**	**6633**	**10969**	**16421**	**24748**
医药制造业	**Manufacture of Medicines**	**129**	**370**	**921**	**1291**	**1413**	**2189**
#化学药品制造	Manufacture of Chemical Medicine	101	206	527	559	619	1067
中成药生产	Production of Finished Traditional Chinese Herbal Medicine	16	148	324	573	603	827
生物药品制造	Manufacture of Biological Medicine	12	16	55	137	155	199
航空、航天器及设备制造业	**Manufacture of Aircrafts and Spacecrafts and Related Equipment**	**139**	**188**	**537**	**686**	**1190**	**1707**
#飞机制造	Manufacture of Airplanes	102	181	477	571	1004	1419
航天器制造	Manufacture of Spacecrafts	37	7	60	115	186	160
电子及通信设备制造业	**Manufacture of Electronic Equipment and Communication Equipment**	**318**	**844**	**4070**	**8073**	**11956**	**18236**
#通信设备制造	Manufacture of Communication Equipment	249	527	2717	6372	9076	11907
#通信系统设备制造	Manufacture of Communication System Equipment	242	388	2625	6268	8260	11119
通信终端设备制造	Manufacture of Communication Terminal Equipment	2	20	15	13	92	788
广播电视设备制造	Manufacture of Broadcasting and TV Equipment	2		2	14	102	19
雷达及配套设备制造	Manufacture of Radar and Its Fittings	4	5	16	46	40	147
视听设备制造	Manufacture of TV Set and Radio Receiver	40	75	333	403	401	1410
电子器件制造	Manufacture of Electronic Appliances	3	142	654	851	1511	2914
#电子真空器件制造	Manufacture of Electronic Vacuum Appliance		89	183	43	132	133
半导体分立器件制造	Manufacture of Semiconductor Discreting Appliances	3	2	14	39	67	34
集成电路制造	Manufacture of Integrate Circuit		15	89	114	183	474
电子元件制造	Manufacture of Electronic Components	17	95	278	378	481	774
其他电子设备制造	Manufacture of Other Electronic Equipment	3		70	9	345	607
计算机及办公设备制造业	**Manufacture of Computers and Office Equipment**	**4**	**146**	**574**	**176**	**786**	**994**
#计算机整机制造	Manufacture of Entired Computer		127	451	127	236	243
计算机零部件制造	Manufacture of Computer Components and Parts	4	19	123	46	498	3
计算机外围设备制造	Manufacture of Computer Peripheral Equipment						144
办公设备制造	Manufacture of Office Equipment				3	52	175
医疗仪器设备及仪器仪表制造业	**Manufacture of Medical Equipments and Measuring Instrument**	**26**	**102**	**531**	**743**	**1076**	**1622**
1.医疗仪器设备及器械制造	Manufacture of Medical Equipment and Appliance	1	5	116	134	178	346
2.仪器仪表制造	Manufacture of Measuring Instrument	25	97	415	609	898	1276

2-1-4　续表 6　continued

行　业	Industry	技术改造经费支出（万元） Expenditure for Technical Renovation (10000 yuan)					
		2000	2005	2009	2010	2011	2012
合计	**Total**	**511340**	**892924**	**842784**	**1077632**	**785873**	**1110469**
医药制造业	**Manufacture of Medicines**	**110643**	**151727**	**142882**	**121545**	**175950**	**292439**
#化学药品制造	Manufacture of Chemical Medicine	104095	121544	115811	103092	153789	209390
中成药生产	Production of Finished Traditional Chinese Herbal Medicine	4988	28015	19688	16610	10304	19560
生物药品制造	Manufacture of Biological Medicine	1483	1850	7052	1750	1710	51405
航空、航天器及设备制造业	**Manufacture of Aircrafts and Spacecrafts and Related Equipment**	**153555**	**368895**	**412509**	**385005**	**324774**	**453207**
#飞机制造	Manufacture of Airplanes	127092	353417	399879	350710	281964	419609
航天器制造	Manufacture of Spacecrafts	26464	15478	12630	34295	42810	22030
电子及通信设备制造业	**Manufacture of Electronic Equipment and Communication Equipment**	**214112**	**298441**	**188174**	**458601**	**195031**	**271100**
#通信设备制造	Manufacture of Communication Equipment	30530	55435	39336	30912	68858	64129
#通信系统设备制造	Manufacture of Communication System Equipment	27856	32306	29784	8090	45096	52378
通信终端设备制造	Manufacture of Communication Terminal Equipment	770	11527	2551	11422	13241	11751
广播电视设备制造	Manufacture of Broadcasting and TV Equipment	3372	384		1847		11580
雷达及配套设备制造	Manufacture of Radar and Its Fittings	4772	17400	28808	6544	24633	22028
视听设备制造	Manufacture of TV Set and Radio Receiver	44731	61929	21994	201299	9751	14904
电子器件制造	Manufacture of Electronic Appliances	56573	68123	34963	181668	57541	108260
#电子真空器件制造	Manufacture of Electronic Vacuum Appliance	27870	34838	9536	6027	5369	6693
半导体分立器件制造	Manufacture of Semiconductor Discreting Appliances	7504	6923	4456	12046	6847	9107
集成电路制造	Manufacture of Integrate Circuit	21198	13478	529	19775	1399	2201
电子元件制造	Manufacture of Electronic Components	73930	94233	60056	34349	31739	30066
其他电子设备制造	Manufacture of Other Electronic Equipment	204	938	3017	1983	2510	4461
计算机及办公设备制造业	**Manufacture of Computers and Office Equipment**	**6596**	**12233**	**56061**	**24772**	**35281**	**48915**
#计算机整机制造	Manufacture of Entired Computer	6489	6904	39425	19600	30362	40034
计算机零部件制造	Manufacture of Computer Components and Parts	55	3755	16329	4814	4919	55
计算机外围设备制造	Manufacture of Computer Peripheral Equipment						8825
办公设备制造	Manufacture of Office Equipment	52	1573	307	359		
医疗仪器设备及仪器仪表制造业	**Manufacture of Medical Equipments and Measuring Instrument**	**26433**	**61629**	**43158**	**87709**	**54837**	**44806**
1.医疗仪器设备及器械制造	Manufacture of Medical Equipment and Appliance	2480	5104	7143	8300	6000	6141
2.仪器仪表制造	Manufacture of Measuring Instrument	23953	56525	36015	79409	48837	38665

2-1-4 续表 7 continued

行业	Industry	引进技术经费支出（万元） Expenditure for Acquisition of Foreign Technology (10000 yuan)					
		2000	2005	2009	2010	2011	2012
合计	**Total**	**125120**	**150492**	**125430**	**109735**	**93845**	**214172**
医药制造业	**Manufacture of Medicines**	**16437**	**12056**	**6674**	**9385**	**14013**	**16998**
#化学药品制造	Manufacture of Chemical Medicine	14811	11320	5217	6962	7413	9809
中成药生产	Production of Finished Traditional Chinese Herbal Medicine	1220	584	102	56	48	123
生物药品制造	Manufacture of Biological Medicine	406	151	1354	2367	1954	2327
航空、航天器及设备制造业	**Manufacture of Aircrafts and Spacecrafts and Related Equipment**	**29743**	**30369**	**23853**	**60573**	**15133**	**6368**
#飞机制造	Manufacture of Airplanes	19920	28933	23853	60573	15133	6368
航天器制造	Manufacture of Spacecrafts	9823	1436				
电子及通信设备制造业	**Manufacture of Electronic Equipment and Communication Equipment**	**69882**	**96517**	**79037**	**24845**	**55814**	**179934**
#通信设备制造	Manufacture of Communication Equipment	4075	27368	8741	5483	12222	528
#通信系统设备制造	Manufacture of Communication System Equipment	2128	3528	8557	5197	11154	
通信终端设备制造	Manufacture of Communication Terminal Equipment	147	2510			410	528
广播电视设备制造	Manufacture of Broadcasting and TV Equipment	152				1633	
雷达及配套设备制造	Manufacture of Radar and Its Fittings	304		172			689
视听设备制造	Manufacture of TV Set and Radio Receiver	8113	10194	49610	3654	10602	142490
电子器件制造	Manufacture of Electronic Appliances	26465	18799	16971	12336	30418	30580
#电子真空器件制造	Manufacture of Electronic Vacuum Appliance	10084	5051	10962	7296	28776	7825
半导体分立器件制造	Manufacture of Semiconductor Discreting Appliances	4996	39				
集成电路制造	Manufacture of Integrate Circuit	11385	162			742	811
电子元件制造	Manufacture of Electronic Components	30508	40152	3544	3372	940	3022
其他电子设备制造	Manufacture of Other Electronic Equipment	265	5				2302
计算机及办公设备制造业	**Manufacture of Computers and Office Equipment**	**1821**	**9867**	**3839**	**3847**	**3895**	**409**
#计算机整机制造	Manufacture of Entired Computer	1821	9297	3759	3753	3825	
计算机零部件制造	Manufacture of Computer Components and Parts		570	80	94	70	
计算机外围设备制造	Manufacture of Computer Peripheral Equipment						409
办公设备制造	Manufacture of Office Equipment						
医疗仪器设备及仪器仪表制造业	**Manufacture of Medical Equipments and Measuring Instrument**	**7237**	**1683**	**12029**	**11086**	**4990**	**10461**
1.医疗仪器设备及器械制造	Manufacture of Medical Equipment and Appliance	234					180
2.仪器仪表制造	Manufacture of Measuring Instrument	7003	1683	12029	11086	4990	10281

2-1-4 续表 8 continued

行 业	Industry	消化吸收经费支出（万元） Expenditure for Assimilation of Technology (10000 yuan)					
		2000	2005	2009	2010	2011	2012
合计	**Total**	**15787**	**31659**	**48200**	**59689**	**29041**	**22693**
医药制造业	**Manufacture of Medicines**	**8848**	**10721**	**11402**	**12285**	**13852**	**12422**
#化学药品制造	Manufacture of Chemical Medicine	8609	10292	10063	11890	12267	10299
中成药生产	Production of Finished Traditional Chinese Herbal Medicine	45	377	50	379	319	490
生物药品制造	Manufacture of Biological Medicine	194	52	1236		192	538
航空、航天器及设备制造业	**Manufacture of Aircrafts and Spacecrafts and Related Equipment**	**1943**	**1438**	**27075**	**26269**	**3706**	**3146**
#飞机制造	Manufacture of Airplanes	1943	1438	27075	22612	3706	3146
航天器制造	Manufacture of Spacecrafts				3657		
电子及通信设备制造业	**Manufacture of Electronic Equipment and Communication Equipment**	**4150**	**17916**	**6000**	**8035**	**4927**	**4855**
#通信设备制造	Manufacture of Communication Equipment	577	1323	922	955	875	525
#通信系统设备制造	Manufacture of Communication System Equipment	488	466	380			200
通信终端设备制造	Manufacture of Communication Terminal Equipment	1		180	372	343	325
广播电视设备制造	Manufacture of Broadcasting and TV Equipment		226				
雷达及配套设备制造	Manufacture of Radar and Its Fittings			100			210
视听设备制造	Manufacture of TV Set and Radio Receiver	36	2280	4098	3054	2717	3684
电子器件制造	Manufacture of Electronic Appliances	2265	11553	100	4011	364	277
#电子真空器件制造	Manufacture of Electronic Vacuum Appliance	2215	176		14	212	
半导体分立器件制造	Manufacture of Semiconductor Discreting Appliances	20			8		
集成电路制造	Manufacture of Integrate Circuit	30	83				
电子元件制造	Manufacture of Electronic Components	1231	2523	780	15	971	26
其他电子设备制造	Manufacture of Other Electronic Equipment	41	11				
计算机及办公设备制造业	**Manufacture of Computers and Office Equipment**	**513**	**943**	**3022**	**4579**	**5925**	**488**
#计算机整机制造	Manufacture of Entired Computer	513	405	2922	4560	5876	326
计算机零部件制造	Manufacture of Computer Components and Parts						
计算机外围设备制造	Manufacture of Computer Peripheral Equipment		539	100	19	49	162
办公设备制造	Manufacture of Office Equipment						
医疗仪器设备及仪器仪表制造业	**Manufacture of Medical Equipments and Measuring Instrument**	**334**	**641**	**702**	**8522**	**630**	**1780**
1.医疗仪器设备及器械制造	Manufacture of Medical Equipment and Appliance	20			13		21
2.仪器仪表制造	Manufacture of Measuring Instrument	314	641	702	8509	630	1759

2-1-4 续表 9 continued

行 业	Industry	购买国内技术经费支出（万元） Expenditure on Purchase of Domestic Technology (10000 yuan)					
		2000	2005	2009	2010	2011	2012
合计	**Total**	**14799**	**41679**	**41130**	**42381**	**43663**	**63406**
医药制造业	**Manufacture of Medicines**	**9273**	**20216**	**15700**	**10114**	**13243**	**24366**
#化学药品制造	Manufacture of Chemical Medicine	7374	17437	11836	7371	8547	20178
中成药生产	Production of Finished Traditional Chinese Herbal Medicine	1390	2154	2980	2322	961	2191
生物药品制造	Manufacture of Biological Medicine	510	423	818	400	3329	1413
航空、航天器及设备制造业	**Manufacture of Aircrafts and Spacecrafts and Related Equipment**	**4437**	**10751**	**12315**	**15691**	**8968**	**8930**
#飞机制造	Manufacture of Airplanes	2421	10751	12315	15691	8968	8776
航天器制造	Manufacture of Spacecrafts	2016					
电子及通信设备制造业	**Manufacture of Electronic Equipment and Communication Equipment**	**683**	**8166**	**5987**	**8728**	**13287**	**21251**
#通信设备制造	Manufacture of Communication Equipment	238	5537	1152	4060	7120	1210
#通信系统设备制造	Manufacture of Communication System Equipment	120	1020	350	3135	6192	865
通信终端设备制造	Manufacture of Communication Terminal Equipment	53	192			128	345
广播电视设备制造	Manufacture of Broadcasting and TV Equipment	10				181	
雷达及配套设备制造	Manufacture of Radar and Its Fittings	2	333	1445	2421	2213	2391
视听设备制造	Manufacture of TV Set and Radio Receiver	5	374	665	1614	2277	5213
电子器件制造	Manufacture of Electronic Appliances	98	943	280	553	1291	7454
#电子真空器件制造	Manufacture of Electronic Vacuum Appliance	40	160	11	382		
半导体分立器件制造	Manufacture of Semiconductor Discreting Appliances	55	88	44	8	200	418
集成电路制造	Manufacture of Integrate Circuit	3	44				
电子元件制造	Manufacture of Electronic Components	299	957	2065	80	205	4845
其他电子设备制造	Manufacture of Other Electronic Equipment	31	21	380			
计算机及办公设备制造业	**Manufacture of Computers and Office Equipment**	**106**	**156**	**715**	**786**	**3170**	**8101**
#计算机整机制造	Manufacture of Entired Computer	106		260	757		
计算机零部件制造	Manufacture of Computer Components and Parts		50	455	29	3170	
计算机外围设备制造	Manufacture of Computer Peripheral Equipment						8101
办公设备制造	Manufacture of Office Equipment		106				
医疗仪器设备及仪器仪表制造业	**Manufacture of Medical Equipments and Measuring Instrument**	**300**	**2390**	**6413**	**7062**	**4995**	**756**
1.医疗仪器设备及器械制造	Manufacture of Medical Equipment and Appliance	89		30		320	530
2.仪器仪表制造	Manufacture of Measuring Instrument	212	2390	6383	7062	4675	226

2-1-4 续表 10 continued

行 业	Industry	研发机构数（个） Number of R&D Institutions in Enterprises (unit)					
		2000	2005	2009	2010	2011	2012
合计	**Total**	**744**	**712**	**680**	**722**	**633**	**867**
医药制造业	**Manufacture of Medicines**	**209**	**216**	**201**	**200**	**193**	**232**
#化学药品制造	Manufacture of Chemical Medicine	140	130	113	117	117	117
中成药生产	Production of Finished Traditional Chinese Herbal Medicine	48	63	66	66	56	77
生物药品制造	Manufacture of Biological Medicine	17	15	13	12	11	27
航空、航天器及设备制造业	**Manufacture of Aircrafts and Spacecrafts and Related Equipment**	**160**	**101**	**107**	**116**	**77**	**113**
#飞机制造	Manufacture of Airplanes	127	96	97	104	70	74
航天器制造	Manufacture of Spacecrafts	33	5	10	12	7	11
电子及通信设备制造业	**Manufacture of Electronic Equipment and Communication Equipment**	**253**	**279**	**238**	**254**	**237**	**350**
#通信设备制造	Manufacture of Communication Equipment	91	75	60	78	79	85
#通信系统设备制造	Manufacture of Communication System Equipment	53	43	43	52	46	58
通信终端设备制造	Manufacture of Communication Terminal Equipment	11	14	4	6	12	27
广播电视设备制造	Manufacture of Broadcasting and TV Equipment	6	7	1	3	2	7
雷达及配套设备制造	Manufacture of Radar and Its Fittings	17	20	20	14	10	26
视听设备制造	Manufacture of TV Set and Radio Receiver	42	41	25	28	21	26
电子器件制造	Manufacture of Electronic Appliances	25	65	60	61	46	98
#电子真空器件制造	Manufacture of Electronic Vacuum Appliance	10	30	18	17	6	12
半导体分立器件制造	Manufacture of Semiconductor Discreting Appliances	10	11	4	11	5	11
集成电路制造	Manufacture of Integrate Circuit	5	5	7	6	9	12
电子元件制造	Manufacture of Electronic Components	66	65	67	65	70	77
其他电子设备制造	Manufacture of Other Electronic Equipment	6	6	5	5	9	11
计算机及办公设备制造业	**Manufacture of Computers and Office Equipment**	**28**	**29**	**17**	**23**	**32**	**52**
#计算机整机制造	Manufacture of Entired Computer	23	19	8	10	12	16
计算机零部件制造	Manufacture of Computer Components and Parts	3	9	8	12	19	2
计算机外围设备制造	Manufacture of Computer Peripheral Equipment						20
办公设备制造	Manufacture of Office Equipment	2	1	1	1	1	4
医疗仪器设备及仪器仪表制造业	**Manufacture of Medical Equipments and Measuring Instrument**	**94**	**87**	**117**	**129**	**94**	**120**
1.医疗仪器设备及器械制造	Manufacture of Medical Equipment and Appliance	10	3	11	8	8	9
2.仪器仪表制造	Manufacture of Measuring Instrument	84	84	106	121	86	111

2-1-4 续表 11 continued

行 业	Industry	机构人员（人） Personnel in the R&D Institutions (person)					
		2000	2005	2009	2010	2011	2012
合计	**Total**	**48076**	**77435**	**100425**	**115667**	**111552**	**145454**
医药制造业	**Manufacture of Medicines**	**6359**	**8261**	**12261**	**12774**	**13853**	**16269**
#化学药品制造	Manufacture of Chemical Medicine	4779	5476	7727	8254	8190	9265
中成药生产	Production of Finished Traditional Chinese Herbal Medicine	996	1989	3086	3061	3203	4176
生物药品制造	Manufacture of Biological Medicine	544	522	1105	1169	1459	1682
航空、航天器及设备制造业	**Manufacture of Aircrafts and Spacecrafts and Related Equipment**	**14838**	**14463**	**17702**	**22472**	**21640**	**29980**
#飞机制造	Manufacture of Airplanes	12102	14359	16945	21418	20725	24399
航天器制造	Manufacture of Spacecrafts	2736	104	757	1054	915	2021
电子及通信设备制造业	**Manufacture of Electronic Equipment and Communication Equipment**	**20272**	**43682**	**56755**	**63648**	**54955**	**74153**
#通信设备制造	Manufacture of Communication Equipment	9305	23434	28536	34948	35296	33632
#通信系统设备制造	Manufacture of Communication System Equipment	6952	18069	25810	30413	30875	30291
通信终端设备制造	Manufacture of Communication Terminal Equipment	700	2270	236	1722	1237	3341
广播电视设备制造	Manufacture of Broadcasting and TV Equipment	371	365	404	458	396	1289
雷达及配套设备制造	Manufacture of Radar and Its Fittings	1187	1836	4028	3985	3372	5098
视听设备制造	Manufacture of TV Set and Radio Receiver	2611	8202	9817	11101	3348	12799
电子器件制造	Manufacture of Electronic Appliances	2386	4423	5838	6229	5393	9862
#电子真空器件制造	Manufacture of Electronic Vacuum Appliance	1172	1797	1656	1370	1229	923
半导体分立器件制造	Manufacture of Semiconductor Discreting Appliances	566	941	264	941	766	1021
集成电路制造	Manufacture of Integrate Circuit	648	247	200	430	508	1442
电子元件制造	Manufacture of Electronic Components	4255	4398	7321	6033	5840	7598
其他电子设备制造	Manufacture of Other Electronic Equipment	157	1024	811	894	1310	1603
计算机及办公设备制造业	**Manufacture of Computers and Office Equipment**	**1776**	**5408**	**4201**	**5432**	**10997**	**10990**
#计算机整机制造	Manufacture of Entired Computer	1616	2629	2198	2392	4448	4805
计算机零部件制造	Manufacture of Computer Components and Parts	109	2675	1996	3027	5834	270
计算机外围设备制造	Manufacture of Computer Peripheral Equipment						2115
办公设备制造	Manufacture of Office Equipment	51	104	7	13	715	972
医疗仪器设备及仪器仪表制造业	**Manufacture of Medical Equipments and Measuring Instrument**	**4831**	**5621**	**9506**	**11341**	**10107**	**14062**
1.医疗仪器设备及器械制造	Manufacture of Medical Equipment and Appliance	652	555	793	876	815	1068
2.仪器仪表制造	Manufacture of Measuring Instrument	4179	5066	8713	10465	9292	12994

2-1-4 续表 12 continued

行 业	Industry	机构经费支出（万元）Expenditure in the R&D Institutions (10000 yuan)					
		2000	2005	2009	2010	2011	2012
合计	**Total**	**325230**	**1241169**	**2000660**	**2499301**	**2635886**	**3426869**
医药制造业	**Manufacture of Medicines**	**41990**	**125836**	**190162**	**253590**	**268308**	**371474**
#化学药品制造	Manufacture of Chemical Medicine	29328	85074	120227	168351	146399	194466
中成药生产	Production of Finished Traditional Chinese Herbal Medicine	7428	31355	47236	55700	68232	104072
生物药品制造	Manufacture of Biological Medicine	3627	4935	17146	22796	34026	50385
航空、航天器及设备制造业	**Manufacture of Aircrafts and Spacecrafts and Related Equipment**	**83240**	**130150**	**256154**	**372970**	**371120**	**451893**
#飞机制造	Manufacture of Airplanes	76663	129623	248645	347368	338504	346074
航天器制造	Manufacture of Spacecrafts	6577	527	7509	25602	32616	50698
电子及通信设备制造业	**Manufacture of Electronic Equipment and Communication Equipment**	**172235**	**822647**	**1346118**	**1610960**	**1619374**	**2118734**
#通信设备制造	Manufacture of Communication Equipment	79568	405311	734613	978592	1121835	986038
#通信系统设备制造	Manufacture of Communication System Equipment	65211	287001	695529	907699	1046816	930335
通信终端设备制造	Manufacture of Communication Terminal Equipment	6567	37704	5832	25873	19525	55703
广播电视设备制造	Manufacture of Broadcasting and TV Equipment	1196	4193	4356	4440	6659	21176
雷达及配套设备制造	Manufacture of Radar and Its Fittings	4671	16147	63319	62535	69582	125729
视听设备制造	Manufacture of TV Set and Radio Receiver	52182	299670	379034	325330	201410	410141
电子器件制造	Manufacture of Electronic Appliances	12075	51263	100456	183589	121460	366712
#电子真空器件制造	Manufacture of Electronic Vacuum Appliance	3076	23579	22262	41888	25892	26065
半导体分立器件制造	Manufacture of Semiconductor Discreting Appliances	2955	6643	3082	7029	3936	9942
集成电路制造	Manufacture of Integrate Circuit	6043	6001	5659	5235	9185	31811
电子元件制造	Manufacture of Electronic Components	21368	38662	54049	45207	71725	114674
其他电子设备制造	Manufacture of Other Electronic Equipment	1176	7401	10291	11268	26704	42959
计算机及办公设备制造业	**Manufacture of Computers and Office Equipment**	**10528**	**124130**	**101620**	**141175**	**237752**	**238220**
#计算机整机制造	Manufacture of Entired Computer	8891	103799	74809	95058	139861	151021
计算机零部件制造	Manufacture of Computer Components and Parts	1348	18807	26692	45877	86536	3401
计算机外围设备制造	Manufacture of Computer Peripheral Equipment						22362
办公设备制造	Manufacture of Office Equipment	289	1525	119	240	11356	21199
医疗仪器设备及仪器仪表制造业	**Manufacture of Medical Equipments and Measuring Instrument**	**17238**	**38407**	**106606**	**120605**	**139332**	**246546**
1.医疗仪器设备及器械制造	Manufacture of Medical Equipment and Appliance	2726	4250	12004	13501	11293	15950
2.仪器仪表制造	Manufacture of Measuring Instrument	14512	34157	94602	107104	128039	230595

2-1-5 大中型内资企业分行业R&D及相关活动情况

Statistics on R&D and Related Activities of Domestic Funded Enterprises in Large and Medium-sized Enterprises by Industrial Sector

行 业	Industry	R&D人员折合全时当量（人年） Full-time Equivalent of R&D Personnel (man-year)					
		2000	2005	2009	2010	2011	2012
合计	**Total**	**78771**	**121421**	**197695**	**228884**	**268918**	**331204**
医药制造业	**Manufacture of Medicines**	**10677**	**16539**	**38436**	**39477**	**48988**	**60519**
#化学药品制造	Manufacture of Chemical Medicine	6855	10352	23009	26682	30159	34869
中成药生产	Production of Finished Traditional Chinese Herbal Medicine	2376	4354	10078	8669	11526	15314
生物药品制造	Manufacture of Biological Medicine	1222	1413	3220	2741	3655	5275
航空、航天器及设备制造业	**Manufacture of Aircrafts and Spacecrafts and Related Equipment**	**29951**	**29837**	**22715**	**28047**	**28057**	**36696**
#飞机制造	Manufacture of Airplanes	26820	27688	20268	25708	23984	28604
航天器制造	Manufacture of Spacecrafts	3131	2150	2448	2339	4073	4392
电子及通信设备制造业	**Manufacture of Electronic Equipment and Communication Equipment**	**28317**	**60818**	**107531**	**126318**	**148220**	**185895**
#通信设备制造	Manufacture of Communication Equipment	14889	37702	69752	78096	93719	101384
#通信系统设备制造	Manufacture of Communication System Equipment	13291	33246	62662	70457	84053	93619
通信终端设备制造	Manufacture of Communication Terminal Equipment	690	2922	1385	1945	2308	7764
广播电视设备制造	Manufacture of Broadcasting and TV Equipment	448	1463	2234	1287	3004	6096
雷达及配套设备制造	Manufacture of Radar and Its Fittings	1794	1810	3768	4425	2809	3129
视听设备制造	Manufacture of TV Set and Radio Receiver	2540	6955	6187	12586	6809	12719
电子器件制造	Manufacture of Electronic Appliances	4270	7331	11857	13143	19769	26542
#电子真空器件制造	Manufacture of Electronic Vacuum Appliance	1676	1388	2407	1678	1738	2299
半导体分立器件制造	Manufacture of Semiconductor Discreting Appliances	1778	1448	2313	1447	2858	2434
集成电路制造	Manufacture of Integrate Circuit	816	1054	2113	3769	5466	5953
电子元件制造	Manufacture of Electronic Components	3576	4726	11937	13718	17235	19918
其他电子设备制造	Manufacture of Other Electronic Equipment	798	833	1796	3063	4874	6283
计算机及办公设备制造业	**Manufacture of Computers and Office Equipment**	**2509**	**5288**	**9063**	**9233**	**13978**	**15086**
#计算机整机制造	Manufacture of Entired Computer	2111	2684	4046	3928	5268	6034
计算机零部件制造	Manufacture of Computer Components and Parts	392	2394	4319	4545	6885	2400
计算机外围设备制造	Manufacture of Computer Peripheral Equipment						2804
办公设备制造	Manufacture of Office Equipment	6	211	698	759	1825	1853
医疗仪器设备及仪器仪表制造业	**Manufacture of Medical Equipments and Measuring Instrument**	**7317**	**8939**	**19948**	**25809**	**29676**	**33007**
1.医疗仪器设备及器械制造	Manufacture of Medical Equipment and Appliance	655	796	3651	5375	4421	5759
2.仪器仪表制造	Manufacture of Measuring Instrument	6662	8143	16297	20434	25255	27247

2-1-5　续表 1　continued

行　业	Industry	R&D经费内部支出（万元） Intramural Expenditure on R&D (10000 yuan)					
		2000	2005	2009	2010	2011	2012
合计	**Total**	**790317**	**2099137**	**4750743**	**6009981**	**7888445**	**9667304**
医药制造业	**Manufacture of Medicines**	**105252**	**306401**	**705405**	**830477**	**1070889**	**1510316**
#化学药品制造	Manufacture of Chemical Medicine	64927	203950	425568	519775	655266	878023
中成药生产	Production of Finished Traditional Chinese Herbal Medicine	24645	76775	172857	176042	213977	310699
生物药品制造	Manufacture of Biological Medicine	14090	19148	66452	81048	103361	171317
航空、航天器及设备制造业	**Manufacture of Aircrafts and Spacecrafts and Related Equipment**	**132595**	**275677**	**653632**	**923108**	**1422192**	**1572723**
#飞机制造	Manufacture of Airplanes	113913	236864	512839	848012	1242175	1254093
航天器制造	Manufacture of Spacecrafts	18682	38813	140793	75096	180017	247090
电子及通信设备制造业	**Manufacture of Electronic Equipment and Communication Equipment**	**470519**	**1274838**	**2769737**	**3494583**	**4474812**	**5457777**
#通信设备制造	Manufacture of Communication Equipment	291761	793048	1894767	2423173	2993980	3293780
#通信系统设备制造	Manufacture of Communication System Equipment	277127	733409	1777376	2264572	2786163	3086355
通信终端设备制造	Manufacture of Communication Terminal Equipment	7175	34042	24996	36042	47851	207425
广播电视设备制造	Manufacture of Broadcasting and TV Equipment	2036	12572	31498	25900	54991	87954
雷达及配套设备制造	Manufacture of Radar and Its Fittings	7003	24472	73858	56977	78121	79467
视听设备制造	Manufacture of TV Set and Radio Receiver	41554	272004	326956	366141	345312	563019
电子器件制造	Manufacture of Electronic Appliances	57716	95675	217490	348026	541463	705246
#电子真空器件制造	Manufacture of Electronic Vacuum Appliance	42000	16478	41190	50723	55434	50850
半导体分立器件制造	Manufacture of Semiconductor Discreting Appliances	8669	11355	20088	23137	37411	37362
集成电路制造	Manufacture of Integrate Circuit	7047	17355	33523	93780	136666	181121
电子元件制造	Manufacture of Electronic Components	54914	69216	176395	216975	340865	377355
其他电子设备制造	Manufacture of Other Electronic Equipment	15536	7851	48774	57392	120079	136740
计算机及办公设备制造业	**Manufacture of Computers and Office Equipment**	**47653**	**124477**	**241808**	**300743**	**349069**	**402246**
#计算机整机制造	Manufacture of Entired Computer	40350	94082	148448	124943	189686	215605
计算机零部件制造	Manufacture of Computer Components and Parts	7013	27048	83220	159236	128730	48788
计算机外围设备制造	Manufacture of Computer Peripheral Equipment						50714
办公设备制造	Manufacture of Office Equipment	289	3347	10139	16565	30653	39210
医疗仪器设备及仪器仪表制造业	**Manufacture of Medical Equipments and Measuring Instrument**	**34299**	**117744**	**380162**	**461070**	**571483**	**724240**
1.医疗仪器设备及器械制造	Manufacture of Medical Equipment and Appliance	3686	12954	81446	99224	107134	156948
2.仪器仪表制造	Manufacture of Measuring Instrument	30613	104791	298717	361847	464349	567291

2-1-5 续表 2 continued

行 业	Industry	新产品开发经费支出（万元） Expenditure on New Products Development (10000 yuan)					
		2000	2005	2009	2010	2011	2012
合计	**Total**	**808228**	**2237723**	**5541285**	**5365011**	**9042866**	**11070439**
医药制造业	**Manufacture of Medicines**	**118340**	**335802**	**767211**	**880270**	**1157776**	**1671572**
#化学药品制造	Manufacture of Chemical Medicine	71081	217035	456653	560165	698471	954670
中成药生产	Production of Finished Traditional Chinese Herbal Medicine	31824	77861	172244	190271	239491	343020
生物药品制造	Manufacture of Biological Medicine	12492	24091	84869	80761	121189	193235
航空、航天器及设备制造业	**Manufacture of Aircrafts and Spacecrafts and Related Equipment**	**108942**	**296293**	**752682**	**1016455**	**1317951**	**1498945**
#飞机制造	Manufacture of Airplanes	90233	265524	615066	948037	1134672	1183183
航天器制造	Manufacture of Spacecrafts	18709	30769	137616	68418	183279	245233
电子及通信设备制造业	**Manufacture of Electronic Equipment and Communication Equipment**	**504817**	**1347212**	**3251491**	**2486185**	**5477564**	**6541523**
#通信设备制造	Manufacture of Communication Equipment	261902	781128	2050486	1119219	3593733	3635310
#通信系统设备制造	Manufacture of Communication System Equipment	242007	684949	1896571	922719	3294187	3401943
通信终端设备制造	Manufacture of Communication Terminal Equipment	9094	41760	41316	54695	52439	233366
广播电视设备制造	Manufacture of Broadcasting and TV Equipment	1117	20566	51643	47646	75550	124553
雷达及配套设备制造	Manufacture of Radar and Its Fittings	11129	27487	75597	80554	131179	164113
视听设备制造	Manufacture of TV Set and Radio Receiver	87768	311046	448338	421669	380003	676617
电子器件制造	Manufacture of Electronic Appliances	58356	111855	321742	444140	699556	900443
#电子真空器件制造	Manufacture of Electronic Vacuum Appliance	42174	19476	61834	69880	70001	55675
半导体分立器件制造	Manufacture of Semiconductor Discreting Appliances	7670	15058	27799	30876	41041	57057
集成电路制造	Manufacture of Integrate Circuit	8512	23109	63677	90155	175299	229479
电子元件制造	Manufacture of Electronic Components	67393	81050	230964	308502	453499	499842
其他电子设备制造	Manufacture of Other Electronic Equipment	17152	14081	72719	64455	144044	168203
计算机及办公设备制造业	**Manufacture of Computers and Office Equipment**	**40953**	**136348**	**284010**	**381667**	**407760**	**458497**
#计算机整机制造	Manufacture of Entired Computer	30484	92085	151043	149323	191403	230741
计算机零部件制造	Manufacture of Computer Components and Parts	10176	38698	122477	210365	180381	51523
计算机外围设备制造	Manufacture of Computer Peripheral Equipment						68249
办公设备制造	Manufacture of Office Equipment	293	5565	10490	21979	35976	44490
医疗仪器设备及仪器仪表制造业	**Manufacture of Medical Equipments and Measuring Instrument**	**35176**	**122068**	**485891**	**600435**	**681815**	**899900**
1.医疗仪器设备及器械制造	Manufacture of Medical Equipment and Appliance	4205	13166	96338	119019	137319	171657
2.仪器仪表制造	Manufacture of Measuring Instrument	30971	108902	389553	481416	544496	728243

2-1-5 续表 3 continued

行 业	Industry	新产品销售收入（万元） Sales Revenue of New Products (10000 yuan)					
		2000	2005	2009	2010	2011	2012
合计	**Total**	**9880026**	**22804873**	**49579521**	**59419070**	**68764411**	**91001519**
医药制造业	**Manufacture of Medicines**	**1382686**	**3827635**	**9456669**	**12152367**	**12872676**	**17893504**
#化学药品制造	Manufacture of Chemical Medicine	1082852	2592266	6057585	8170904	7239845	10002777
中成药生产	Production of Finished Traditional Chinese Herbal Medicine	213073	926895	2128770	2453055	2924884	4110166
生物药品制造	Manufacture of Biological Medicine	70466	164505	719728	742799	1133437	1360242
航空、航天器及设备制造业	**Manufacture of Aircrafts and Spacecrafts and Related Equipment**	**813277**	**3366753**	**2721714**	**4712321**	**4966752**	**5952943**
#飞机制造	Manufacture of Airplanes	696006	3328896	2562529	4476575	4606390	5376866
航天器制造	Manufacture of Spacecrafts	117272	37857	159185	235747	360362	334240
电子及通信设备制造业	**Manufacture of Electronic Equipment and Communication Equipment**	**6212548**	**12261940**	**29307443**	**32553104**	**39969328**	**53053957**
#通信设备制造	Manufacture of Communication Equipment	2508581	4815723	14610338	16399305	21276510	21629922
#通信系统设备制造	Manufacture of Communication System Equipment	2028201	3483039	13573134	14642927	19174667	19873547
通信终端设备制造	Manufacture of Communication Terminal Equipment	356827	322889	265768	498701	789418	1756374
广播电视设备制造	Manufacture of Broadcasting and TV Equipment	6198	143250	361973	444836	1032841	1763039
雷达及配套设备制造	Manufacture of Radar and Its Fittings	102849	258585	514724	431244	752468	1378993
视听设备制造	Manufacture of TV Set and Radio Receiver	2519020	5213165	8274196	6365975	6772963	10929105
电子器件制造	Manufacture of Electronic Appliances	443258	917332	2544758	4272602	4891386	7292576
#电子真空器件制造	Manufacture of Electronic Vacuum Appliance	308024	303425	461247	278186	274069	192620
半导体分立器件制造	Manufacture of Semiconductor Discreting Appliances	37007	106341	230085	328184	385318	586289
集成电路制造	Manufacture of Integrate Circuit	98227	145452	932554	807423	1038856	1090213
电子元件制造	Manufacture of Electronic Components	442934	796187	2335282	4010674	4238828	4602253
其他电子设备制造	Manufacture of Other Electronic Equipment	189708	117698	666173	628468	1004333	1227102
计算机及办公设备制造业	**Manufacture of Computers and Office Equipment**	**1012211**	**2009549**	**4362200**	**5069468**	**5269429**	**5468659**
#计算机整机制造	Manufacture of Entired Computer	838867	1571203	2622199	2803410	3310568	3675541
计算机零部件制造	Manufacture of Computer Components and Parts	160317	353399	1627372	2032198	1680448	299304
计算机外围设备制造	Manufacture of Computer Peripheral Equipment						569185
办公设备制造	Manufacture of Office Equipment	13027	84947	112629	233860	278413	340397
医疗仪器设备及仪器仪表制造业	**Manufacture of Medical Equipments and Measuring Instrument**	**459304**	**1338995**	**3731496**	**4931811**	**5686226**	**8632455**
1.医疗仪器设备及器械制造	Manufacture of Medical Equipment and Appliance	80040	173972	553525	581609	616209	1452612
2.仪器仪表制造	Manufacture of Measuring Instrument	379264	1165023	3177970	4350202	5070016	7179843

2-1-5 续表 4 continued

行业	Industry	专利申请数（件） Patent Applications (piece)					
		2000	2005	2009	2010	2011	2012
合计	**Total**	**1663**	**10787**	**33567**	**35149**	**48692**	**63774**
医药制造业	**Manufacture of Medicines**	**492**	**2114**	**3900**	**4324**	**4911**	**7545**
#化学药品制造	Manufacture of Chemical Medicine	200	870	1794	1882	2226	3496
中成药生产	Production of Finished Traditional Chinese Herbal Medicine	242	1033	1694	1925	2016	2474
生物药品制造	Manufacture of Biological Medicine	15	171	213	181	265	634
航空、航天器及设备制造业	**Manufacture of Aircrafts and Spacecrafts and Related Equipment**	**79**	**305**	**1497**	**2155**	**2359**	**3323**
#飞机制造	Manufacture of Airplanes	74	291	1355	1997	2070	2562
航天器制造	Manufacture of Spacecrafts	5	14	142	158	289	418
电子及通信设备制造业	**Manufacture of Electronic Equipment and Communication Equipment**	**795**	**7387**	**23148**	**22506**	**33230**	**42281**
#通信设备制造	Manufacture of Communication Equipment	504	5595	16745	13235	19736	18978
#通信系统设备制造	Manufacture of Communication System Equipment	490	5440	15801	12026	18335	17703
通信终端设备制造	Manufacture of Communication Terminal Equipment	4	65	217	440	467	1275
广播电视设备制造	Manufacture of Broadcasting and TV Equipment	4	61	457	711	2073	2137
雷达及配套设备制造	Manufacture of Radar and Its Fittings	22	9	123	288	361	389
视听设备制造	Manufacture of TV Set and Radio Receiver	145	1005	2269	2921	2201	3841
电子器件制造	Manufacture of Electronic Appliances	38	285	1601	2793	4610	9487
#电子真空器件制造	Manufacture of Electronic Vacuum Appliance	22	55	199	421	1230	2696
半导体分立器件制造	Manufacture of Semiconductor Discreting Appliances	6	10	127	150	148	544
集成电路制造	Manufacture of Integrate Circuit	10	50	273	780	776	1195
电子元件制造	Manufacture of Electronic Components	60	354	1552	2062	2907	3653
其他电子设备制造	Manufacture of Other Electronic Equipment	22	78	401	496	1342	1494
计算机及办公设备制造业	**Manufacture of Computers and Office Equipment**	**85**	**378**	**1759**	**2451**	**2463**	**2744**
#计算机整机制造	Manufacture of Entired Computer	22	177	861	741	985	1084
计算机零部件制造	Manufacture of Computer Components and Parts	62	154	825	1580	1174	304
计算机外围设备制造	Manufacture of Computer Peripheral Equipment						555
办公设备制造	Manufacture of Office Equipment	1	47	73	130	304	425
医疗仪器设备及仪器仪表制造业	**Manufacture of Medical Equipments and Measuring Instrument**	**212**	**603**	**3263**	**3713**	**5729**	**7881**
1.医疗仪器设备及器械制造	Manufacture of Medical Equipment and Appliance	66	247	634	801	1104	1716
2.仪器仪表制造	Manufacture of Measuring Instrument	146	356	2629	2912	4625	6165

2-1-5　续表 5　continued

行　业	Industry	有效发明专利数（件） Number of Patents In Force (piece)					
		2000	2005	2009	2010	2011	2012
合计	**Total**	**1008**	**4745**	**22121**	**34267**	**45852**	**66893**
医药制造业	**Manufacture of Medicines**	**292**	**861**	**3020**	**4074**	**4736**	**7747**
#化学药品制造	Manufacture of Chemical Medicine	154	427	1266	1628	2140	3586
中成药生产	Production of Finished Traditional Chinese Herbal Medicine	77	366	1465	2023	2028	3046
生物药品制造	Manufacture of Biological Medicine	14	40	142	282	324	611
航空、航天器及设备制造业	**Manufacture of Aircrafts and Spacecrafts and Related Equipment**	**139**	**188**	**565**	**692**	**1276**	**1747**
#飞机制造	Manufacture of Airplanes	102	181	480	577	1052	1463
航天器制造	Manufacture of Spacecrafts	37	7	85	115	224	160
电子及通信设备制造业	**Manufacture of Electronic Equipment and Communication Equipment**	**401**	**3068**	**16309**	**25980**	**35645**	**50472**
#通信设备制造	Manufacture of Communication Equipment	277	2604	13578	21790	29509	39580
#通信系统设备制造	Manufacture of Communication System Equipment	262	2523	13347	21236	28248	38850
通信终端设备制造	Manufacture of Communication Terminal Equipment	2	36	95	294	229	730
广播电视设备制造	Manufacture of Broadcasting and TV Equipment	2	10	118	202	506	651
雷达及配套设备制造	Manufacture of Radar and Its Fittings	15	5	43	63	44	162
视听设备制造	Manufacture of TV Set and Radio Receiver	44	87	533	658	710	1685
电子器件制造	Manufacture of Electronic Appliances	13	157	1131	1790	2382	3775
#电子真空器件制造	Manufacture of Electronic Vacuum Appliance	5	85	276	211	265	215
半导体分立器件制造	Manufacture of Semiconductor Discreting Appliances	6	9	32	113	155	475
集成电路制造	Manufacture of Integrate Circuit	2	16	233	297	573	721
电子元件制造	Manufacture of Electronic Components	41	197	688	1096	1535	1819
其他电子设备制造	Manufacture of Other Electronic Equipment	9	8	218	381	959	1065
计算机及办公设备制造业	**Manufacture of Computers and Office Equipment**	**66**	**197**	**985**	**1630**	**769**	**1466**
#计算机整机制造	Manufacture of Entired Computer	11	134	634	353	254	285
计算机零部件制造	Manufacture of Computer Components and Parts	55	59	341	1198	415	130
计算机外围设备制造	Manufacture of Computer Peripheral Equipment						261
办公设备制造	Manufacture of Office Equipment		4	10	79	100	227
医疗仪器设备及仪器仪表制造业	**Manufacture of Medical Equipments and Measuring Instrument**	**110**	**431**	**1242**	**1891**	**3426**	**5461**
1.医疗仪器设备及器械制造	Manufacture of Medical Equipment and Appliance	46	60	279	480	1330	1857
2.仪器仪表制造	Manufacture of Measuring Instrument	64	371	963	1411	2096	3604

2-1-5 续表 6 continued

行 业	Industry	技术改造经费支出（万元） Expenditure for Technical Renovation (10000 yuan)					
		2000	2005	2009	2010	2011	2012
合计	**Total**	**924581**	**1183084**	**1565201**	**1826384**	**1664720**	**2352550**
医药制造业	**Manufacture of Medicines**	**263464**	**363380**	**510014**	**451146**	**463076**	**724350**
#化学药品制造	Manufacture of Chemical Medicine	223744	257301	332236	316705	340057	429881
中成药生产	Production of Finished Traditional Chinese Herbal Medicine	34240	81966	113286	80354	66179	151048
生物药品制造	Manufacture of Biological Medicine	3751	13554	24724	15546	27451	81833
航空、航天器及设备制造业	**Manufacture of Aircrafts and Spacecrafts and Related Equipment**	**154666**	**364356**	**413712**	**385746**	**373716**	**505999**
#飞机制造	Manufacture of Airplanes	128203	348878	400522	351451	330906	471001
航天器制造	Manufacture of Spacecrafts	26464	15478	13190	34295	42810	22030
电子及通信设备制造业	**Manufacture of Electronic Equipment and Communication Equipment**	**435972**	**337168**	**412940**	**735038**	**403391**	**699131**
#通信设备制造	Manufacture of Communication Equipment	46178	56507	44868	55882	94039	88387
#通信系统设备制造	Manufacture of Communication System Equipment	40793	27960	30682	17451	57616	62791
通信终端设备制造	Manufacture of Communication Terminal Equipment	2900	11727	6027	17613	18286	25595
广播电视设备制造	Manufacture of Broadcasting and TV Equipment	3394	7981	5994	4124	3656	15036
雷达及配套设备制造	Manufacture of Radar and Its Fittings	8482	17859	36326	10179	29563	25899
视听设备制造	Manufacture of TV Set and Radio Receiver	48867	47562	53814	211896	18858	35452
电子器件制造	Manufacture of Electronic Appliances	120232	89982	138219	318149	121936	200959
#电子真空器件制造	Manufacture of Electronic Vacuum Appliance	75414	24045	12438	13785	9076	9803
半导体分立器件制造	Manufacture of Semiconductor Discreting Appliances	10473	10359	5363	12675	20135	18521
集成电路制造	Manufacture of Integrate Circuit	34345	44123	63126	37533	3149	37284
电子元件制造	Manufacture of Electronic Components	186727	115214	124957	115742	125118	127235
其他电子设备制造	Manufacture of Other Electronic Equipment	22092	2063	8762	19067	10221	21231
计算机及办公设备制造业	**Manufacture of Computers and Office Equipment**	**19277**	**14873**	**70286**	**35975**	**45707**	**57559**
#计算机整机制造	Manufacture of Entired Computer	10369	6904	42842	24125	37798	43244
计算机零部件制造	Manufacture of Computer Components and Parts	8856	6396	23581	9704	7149	224
计算机外围设备制造	Manufacture of Computer Peripheral Equipment						11926
办公设备制造	Manufacture of Office Equipment	52	1573	3863	2147	761	668
医疗仪器设备及仪器仪表制造业	**Manufacture of Medical Equipments and Measuring Instrument**	**51202**	**103307**	**158249**	**218479**	**378831**	**365510**
1.医疗仪器设备及器械制造	Manufacture of Medical Equipment and Appliance	6210	11972	19478	42357	37796	54126
2.仪器仪表制造	Manufacture of Measuring Instrument	44992	91335	138771	176122	341034	311383

2-1-5 续表 7 continued

行 业	Industry	引进技术经费支出（万元） Expenditure for Acquisition of Foreign Technology (10000 yuan)					
		2000	2005	2009	2010	2011	2012
合计	**Total**	**235804**	**96198**	**140772**	**155978**	**145378**	**270747**
医药制造业	**Manufacture of Medicines**	**36257**	**22772**	**16221**	**16013**	**44917**	**39819**
#化学药品制造	Manufacture of Chemical Medicine	25613	15551	12739	12481	36438	28364
中成药生产	Production of Finished Traditional Chinese Herbal Medicine	9202	4440	636	422	1240	1612
生物药品制造	Manufacture of Biological Medicine	1120	151	1977	2367	1974	2871
航空、航天器及设备制造业	**Manufacture of Aircrafts and Spacecrafts and Related Equipment**	**29793**	**27419**	**23893**	**60573**	**16210**	**7868**
#飞机制造	Manufacture of Airplanes	19970	25982	23853	60573	16210	7868
航天器制造	Manufacture of Spacecrafts	9823	1436	40			
电子及通信设备制造业	**Manufacture of Electronic Equipment and Communication Equipment**	**155175**	**33696**	**76728**	**57919**	**71218**	**214008**
#通信设备制造	Manufacture of Communication Equipment	7653	8556	476	8742	8487	6447
#通信系统设备制造	Manufacture of Communication System Equipment	3256	2613	100	2820	5919	6447
通信终端设备制造	Manufacture of Communication Terminal Equipment	2292	2510	77	141	410	
广播电视设备制造	Manufacture of Broadcasting and TV Equipment	152	300			1633	1376
雷达及配套设备制造	Manufacture of Radar and Its Fittings	769	14	630	547	596	1232
视听设备制造	Manufacture of TV Set and Radio Receiver	8501	5719	51384	7388	12357	148326
电子器件制造	Manufacture of Electronic Appliances	45516	6795	16757	35198	43775	45156
#电子真空器件制造	Manufacture of Electronic Vacuum Appliance	14892	4109	10962	7296	28776	7825
半导体分立器件制造	Manufacture of Semiconductor Discreting Appliances	6978	126	1219		10	30
集成电路制造	Manufacture of Integrate Circuit	23646		749	691	1609	1645
电子元件制造	Manufacture of Electronic Components	90808	10715	7482	5807	4147	6783
其他电子设备制造	Manufacture of Other Electronic Equipment	1778	1597		238	224	3340
计算机及办公设备制造业	**Manufacture of Computers and Office Equipment**	**5492**	**10348**	**3966**	**9629**	**4116**	**1444**
#计算机整机制造	Manufacture of Entired Computer	2994	9297	3779	3753	3825	
计算机零部件制造	Manufacture of Computer Components and Parts	2498	570	188	5876	291	
计算机外围设备制造	Manufacture of Computer Peripheral Equipment						409
办公设备制造	Manufacture of Office Equipment		481				218
医疗仪器设备及仪器仪表制造业	**Manufacture of Medical Equipments and Measuring Instrument**	**9087**	**1963**	**19963**	**11844**	**8918**	**7606**
1.医疗仪器设备及器械制造	Manufacture of Medical Equipment and Appliance	1709	30	220	185	234	726
2.仪器仪表制造	Manufacture of Measuring Instrument	7377	1933	19743	11659	8684	6880

2-1-5 续表 8 continued

行 业	Industry	消化吸收经费支出（万元） Expenditure for Assimilation of Technology (10000 yuan)					
		2000	2005	2009	2010	2011	2012
合计	**Total**	**21260**	**31699**	**80557**	**94809**	**70417**	**68067**
医药制造业	**Manufacture of Medicines**	**11140**	**21741**	**30613**	**30925**	**35133**	**41810**
#化学药品制造	Manufacture of Chemical Medicine	10054	18575	20938	24680	26302	29640
中成药生产	Production of Finished Traditional Chinese Herbal Medicine	225	3061	4780	3821	5401	3570
生物药品制造	Manufacture of Biological Medicine	771	55	2946	659	673	1339
航空、航天器及设备制造业	**Manufacture of Aircrafts and Spacecrafts and Related Equipment**	**1943**	**1438**	**27083**	**26269**	**4937**	**4346**
#飞机制造	Manufacture of Airplanes	1943	1438	27075	22612	4937	4346
航天器制造	Manufacture of Spacecrafts			8	3657		
电子及通信设备制造业	**Manufacture of Electronic Equipment and Communication Equipment**	**4926**	**7337**	**11420**	**21842**	**19643**	**16377**
#通信设备制造	Manufacture of Communication Equipment	666	561	1537	3296	2219	669
#通信系统设备制造	Manufacture of Communication System Equipment	523	466	380	510		309
通信终端设备制造	Manufacture of Communication Terminal Equipment	1	85	180	507	791	360
广播电视设备制造	Manufacture of Broadcasting and TV Equipment		100				26
雷达及配套设备制造	Manufacture of Radar and Its Fittings	1		102	108	168	510
视听设备制造	Manufacture of TV Set and Radio Receiver	50	1226	4716	10389	3988	4500
电子器件制造	Manufacture of Electronic Appliances	2342	361	3132	4888	3877	2852
#电子真空器件制造	Manufacture of Electronic Vacuum Appliance	2215	10		14	212	
半导体分立器件制造	Manufacture of Semiconductor Discreting Appliances	87	43	50	8	29	80
集成电路制造	Manufacture of Integrate Circuit	40		443	11		
电子元件制造	Manufacture of Electronic Components	1826	5078	1834	2805	7822	2630
其他电子设备制造	Manufacture of Other Electronic Equipment	41	11	100	357	1570	1799
计算机及办公设备制造业	**Manufacture of Computers and Office Equipment**	**2825**	**577**	**3509**	**4579**	**5925**	**821**
#计算机整机制造	Manufacture of Entired Computer	1413	405	3082	4560	5876	326
计算机零部件制造	Manufacture of Computer Components and Parts	1412	157	427	19	49	
计算机外围设备制造	Manufacture of Computer Peripheral Equipment						162
办公设备制造	Manufacture of Office Equipment		15				17
医疗仪器设备及仪器仪表制造业	**Manufacture of Medical Equipments and Measuring Instrument**	**426**	**606**	**7931**	**11194**	**4779**	**4710**
1.医疗仪器设备及器械制造	Manufacture of Medical Equipment and Appliance	20	49	537	326	372	443
2.仪器仪表制造	Manufacture of Measuring Instrument	406	557	7394	10868	4406	4267

2-1-5 续表 9 continued

行业	Industry	购买国内技术经费支出（万元）Expenditure on Purchase of Domestic Technology (10000 yuan) 2000	2005	2009	2010	2011	2012
合计	**Total**	**63674**	**69133**	**83801**	**134285**	**102882**	**146982**
医药制造业	**Manufacture of Medicines**	**56493**	**45482**	**50105**	**43618**	**52308**	**83331**
#化学药品制造	Manufacture of Chemical Medicine	15849	37349	31899	28050	36686	65224
中成药生产	Production of Finished Traditional Chinese Herbal Medicine	36570	7138	12167	12635	7879	7774
生物药品制造	Manufacture of Biological Medicine	3556	605	3784	1125	6430	3958
航空、航天器及设备制造业	**Manufacture of Aircrafts and Spacecrafts and Related Equipment**	**4437**	**10751**	**12396**	**15691**	**8968**	**8930**
#飞机制造	Manufacture of Airplanes	2421	10751	12315	15691	8968	8776
航天器制造	Manufacture of Spacecrafts	2016		81			
电子及通信设备制造业	**Manufacture of Electronic Equipment and Communication Equipment**	**2030**	**9553**	**12053**	**61266**	**22071**	**41559**
#通信设备制造	Manufacture of Communication Equipment	918	1535	1800	5549	7857	3187
#通信系统设备制造	Manufacture of Communication System Equipment	745	1097	550	3363	6192	917
通信终端设备制造	Manufacture of Communication Terminal Equipment	53	102	25	580	448	2269
广播电视设备制造	Manufacture of Broadcasting and TV Equipment	10	4300	545	56	986	12
雷达及配套设备制造	Manufacture of Radar and Its Fittings	2	488	1542	2822	2268	2412
视听设备制造	Manufacture of TV Set and Radio Receiver	150	139	901	2073	2685	5554
电子器件制造	Manufacture of Electronic Appliances	444	1136	1608	47542	4251	9870
#电子真空器件制造	Manufacture of Electronic Vacuum Appliance	84	150	11	382		
半导体分立器件制造	Manufacture of Semiconductor Discreting Appliances	357	337	883	3569	240	580
集成电路制造	Manufacture of Integrate Circuit	3		184	33314	1551	
电子元件制造	Manufacture of Electronic Components	475	1714	5067	1293	2878	9918
其他电子设备制造	Manufacture of Other Electronic Equipment	31	241	590	1931	1145	1404
计算机及办公设备制造业	**Manufacture of Computers and Office Equipment**	**243**	**252**	**2003**	**789**	**6716**	**9524**
#计算机整机制造	Manufacture of Entired Computer	243		260	757		
计算机零部件制造	Manufacture of Computer Components and Parts		146	1743	32	6716	115
计算机外围设备制造	Manufacture of Computer Peripheral Equipment						8151
办公设备制造	Manufacture of Office Equipment		106				
医疗仪器设备及仪器仪表制造业	**Manufacture of Medical Equipments and Measuring Instrument**	**471**	**3095**	**7244**	**12922**	**12818**	**3636**
1.医疗仪器设备及器械制造	Manufacture of Medical Equipment and Appliance	99		202	505	4708	1130
2.仪器仪表制造	Manufacture of Measuring Instrument	372	3095	7042	12417	8111	2506

2-1-5 续表 10 continued

行 业	Industry	研发机构数（个） Number of R&D Institutions in Enterprises (unit)					
		2000	2005	2009	2010	2011	2012
合计	**Total**	**1190**	**1168**	**1770**	**1970**	**1981**	**3114**
医药制造业	**Manufacture of Medicines**	**452**	**483**	**675**	**711**	**721**	**980**
#化学药品制造	Manufacture of Chemical Medicine	278	268	371	394	410	510
中成药生产	Production of Finished Traditional Chinese Herbal Medicine	124	153	204	210	195	263
生物药品制造	Manufacture of Biological Medicine	35	29	50	50	54	102
航空、航天器及设备制造业	**Manufacture of Aircrafts and Spacecrafts and Related Equipment**	**161**	**100**	**110**	**120**	**84**	**119**
#飞机制造	Manufacture of Airplanes	128	95	98	107	75	81
航天器制造	Manufacture of Spacecrafts	33	5	12	13	9	11
电子及通信设备制造业	**Manufacture of Electronic Equipment and Communication Equipment**	**380**	**385**	**602**	**689**	**736**	**1346**
#通信设备制造	Manufacture of Communication Equipment	131	85	127	164	151	211
#通信系统设备制造	Manufacture of Communication System Equipment	84	51	76	99	99	153
通信终端设备制造	Manufacture of Communication Terminal Equipment	15	16	16	19	17	58
广播电视设备制造	Manufacture of Broadcasting and TV Equipment	8	14	22	27	35	59
雷达及配套设备制造	Manufacture of Radar and Its Fittings	30	25	29	25	23	39
视听设备制造	Manufacture of TV Set and Radio Receiver	55	38	55	57	68	85
电子器件制造	Manufacture of Electronic Appliances	39	76	124	150	149	297
#电子真空器件制造	Manufacture of Electronic Vacuum Appliance	16	26	22	26	14	21
半导体分立器件制造	Manufacture of Semiconductor Discreting Appliances	15	14	13	21	20	41
集成电路制造	Manufacture of Integrate Circuit	8	16	24	25	28	52
电子元件制造	Manufacture of Electronic Components	109	135	197	211	241	411
其他电子设备制造	Manufacture of Other Electronic Equipment	8	12	48	55	69	99
计算机及办公设备制造业	**Manufacture of Computers and Office Equipment**	**50**	**46**	**86**	**106**	**94**	**137**
#计算机整机制造	Manufacture of Entired Computer	40	20	22	24	20	28
计算机零部件制造	Manufacture of Computer Components and Parts	8	23	56	68	67	17
计算机外围设备制造	Manufacture of Computer Peripheral Equipment						42
办公设备制造	Manufacture of Office Equipment	2	3	8	14	7	22
医疗仪器设备及仪器仪表制造业	**Manufacture of Medical Equipments and Measuring Instrument**	**147**	**154**	**297**	**344**	**346**	**532**
1.医疗仪器设备及器械制造	Manufacture of Medical Equipment and Appliance	18	21	47	55	61	91
2.仪器仪表制造	Manufacture of Measuring Instrument	129	133	250	289	285	441

2-1-5 续表 11 continued

行　业	Industry	机构人员（人） Personnel in the R&D Institutions (person)					
		2000	2005	2009	2010	2011	2012
合计	**Total**	**76168**	**109651**	**205834**	**251977**	**263327**	**372228**
医药制造业	**Manufacture of Medicines**	**14513**	**18434**	**37291**	**42951**	**45636**	**63508**
#化学药品制造	Manufacture of Chemical Medicine	9796	10562	20814	26074	25289	34455
中成药生产	Production of Finished Traditional Chinese Herbal Medicine	3005	5623	11057	11853	12670	17275
生物药品制造	Manufacture of Biological Medicine	1209	1358	3298	2934	3910	5837
航空、航天器及设备制造业	**Manufacture of Aircrafts and Spacecrafts and Related Equipment**	**15017**	**14176**	**17439**	**22955**	**22329**	**30516**
#飞机制造	Manufacture of Airplanes	12281	14072	16659	21871	21325	25070
航天器制造	Manufacture of Spacecrafts	2736	104	780	1084	1004	2021
电子及通信设备制造业	**Manufacture of Electronic Equipment and Communication Equipment**	**36493**	**63054**	**121106**	**147293**	**155798**	**223156**
#通信设备制造	Manufacture of Communication Equipment	19033	37640	72742	92163	103808	119385
#通信系统设备制造	Manufacture of Communication System Equipment	16312	33371	66545	84277	96839	112265
通信终端设备制造	Manufacture of Communication Terminal Equipment	842	2327	1202	3017	1557	7120
广播电视设备制造	Manufacture of Broadcasting and TV Equipment	455	1080	2104	2345	5777	10003
雷达及配套设备制造	Manufacture of Radar and Its Fittings	2811	1983	4499	4494	3861	5692
视听设备制造	Manufacture of TV Set and Radio Receiver	3113	8252	11915	13841	6527	18123
电子器件制造	Manufacture of Electronic Appliances	3172	5080	11331	15245	14672	23456
#电子真空器件制造	Manufacture of Electronic Vacuum Appliance	1601	1600	2280	2194	2116	1563
半导体分立器件制造	Manufacture of Semiconductor Discreting Appliances	722	1195	1755	2277	2433	3033
集成电路制造	Manufacture of Integrate Circuit	849	762	1832	2901	2378	4136
电子元件制造	Manufacture of Electronic Components	6366	7409	14915	15251	16262	24572
其他电子设备制造	Manufacture of Other Electronic Equipment	1543	1610	3600	3954	4891	8676
计算机及办公设备制造业	**Manufacture of Computers and Office Equipment**	**3343**	**5310**	**7913**	**12215**	**12523**	**14875**
#计算机整机制造	Manufacture of Entired Computer	2463	2565	3437	4098	5183	6128
计算机零部件制造	Manufacture of Computer Components and Parts	829	2570	4152	7306	6222	1394
计算机外围设备制造	Manufacture of Computer Peripheral Equipment						3586
办公设备制造	Manufacture of Office Equipment	51	175	324	811	1118	1807
医疗仪器设备及仪器仪表制造业	**Manufacture of Medical Equipments and Measuring Instrument**	**6802**	**8677**	**22085**	**26563**	**27041**	**40173**
1.医疗仪器设备及器械制造	Manufacture of Medical Equipment and Appliance	912	1358	3805	4738	4650	5105
2.仪器仪表制造	Manufacture of Measuring Instrument	5890	7319	18280	21825	22391	35068

2-1-5 续表 12 continued

行业	Industry	机构经费支出（万元） Expenditure in the R&D Institutions (10000 yuan)					
		2000	2005	2009	2010	2011	2012
合计	**Total**	**669580**	**1817148**	**4242932**	**5421344**	**5860691**	**8159606**
医药制造业	**Manufacture of Medicines**	**98836**	**275045**	**571038**	**751434**	**808462**	**1282990**
#化学药品制造	Manufacture of Chemical Medicine	60200	171180	310871	459600	467437	733861
中成药生产	Production of Finished Traditional Chinese Herbal Medicine	26239	81481	166750	199843	199483	306927
生物药品制造	Manufacture of Biological Medicine	8803	14143	63852	58835	81457	131528
航空、航天器及设备制造业	**Manufacture of Aircrafts and Spacecrafts and Related Equipment**	**83791**	**125611**	**253941**	**380594**	**390164**	**458351**
#飞机制造	Manufacture of Airplanes	77214	125084	246064	354750	356095	368819
航天器制造	Manufacture of Spacecrafts	6577	527	7877	25844	34070	50698
电子及通信设备制造业	**Manufacture of Electronic Equipment and Communication Equipment**	**426296**	**1217536**	**2923795**	**3668325**	**4028743**	**5522877**
#通信设备制造	Manufacture of Communication Equipment	263185	769444	2058982	2710725	3119722	3518654
#通信系统设备制造	Manufacture of Communication System Equipment	244223	690664	1974482	2615355	3028437	3409134
通信终端设备制造	Manufacture of Communication Terminal Equipment	8205	37090	14342	37544	23130	109520
广播电视设备制造	Manufacture of Broadcasting and TV Equipment	1374	11304	27175	23591	50662	101966
雷达及配套设备制造	Manufacture of Radar and Its Fittings	8941	16808	67770	66002	74949	133132
视听设备制造	Manufacture of TV Set and Radio Receiver	55069	304221	414921	386767	277250	526508
电子器件制造	Manufacture of Electronic Appliances	45422	44889	151931	269158	230454	483681
#电子真空器件制造	Manufacture of Electronic Vacuum Appliance	30876	10506	35301	68723	39690	46990
半导体分立器件制造	Manufacture of Semiconductor Discreting Appliances	3478	8433	16196	23714	20332	38197
集成电路制造	Manufacture of Integrate Circuit	11068	10055	23194	31272	46149	88747
电子元件制造	Manufacture of Electronic Components	36142	60191	159921	171888	201166	338678
其他电子设备制造	Manufacture of Other Electronic Equipment	16163	10680	43094	40195	74539	148517
计算机及办公设备制造业	**Manufacture of Computers and Office Equipment**	**29880**	**124338**	**168273**	**300935**	**248731**	**300239**
#计算机整机制造	Manufacture of Entired Computer	20735	102219	121882	139594	151194	187670
计算机零部件制造	Manufacture of Computer Components and Parts	8856	19515	41749	147794	80983	15028
计算机外围设备制造	Manufacture of Computer Peripheral Equipment						37240
办公设备制造	Manufacture of Office Equipment	289	2604	4642	13547	16555	33022
医疗仪器设备及仪器仪表制造业	**Manufacture of Medical Equipments and Measuring Instrument**	**30777**	**74619**	**325885**	**320056**	**384591**	**595148**
1.医疗仪器设备及器械制造	Manufacture of Medical Equipment and Appliance	4649	11433	74289	48872	71046	63959
2.仪器仪表制造	Manufacture of Measuring Instrument	26128	63186	251595	271184	313545	531188

2-1-6　大中型港澳台资企业分行业R&D及相关活动情况

Statistics on R&D and Related Activities of Hong Kong, Macau and Taiwan Funded Enterprises in Large and Medium-sized Enterprises by Industry Sector

行　业	Industry	R&D人员折合全时当量（人年） Full-time Equivalent of R&D Personnel (man-year)					
		2000	2005	2009	2010	2011	2012
合计	**Total**	**3428**	**17880**	**44104**	**57034**	**71830**	**81932**
医药制造业	**Manufacture of Medicines**	**438**	**622**	**5824**	**7580**	**9907**	**11220**
#化学药品制造	Manufacture of Chemical Medicine	274	328	2866	4498	6433	5883
中成药生产	Production of Finished Traditional Chinese Herbal Medicine	89	289	1145	775	1205	2676
生物药品制造	Manufacture of Biological Medicine	75		1562	2088	1801	2329
航空、航天器及设备制造业	**Manufacture of Aircrafts and Spacecrafts and Related Equipment**					**1256**	**583**
#飞机制造	Manufacture of Airplanes					1256	
航天器制造	Manufacture of Spacecrafts						
电子及通信设备制造业	**Manufacture of Electronic Equipment and Communication Equipment**	**2050**	**11216**	**29297**	**37163**	**45893**	**55769**
#通信设备制造	Manufacture of Communication Equipment	329	3012	5497	5714	7828	8348
#通信系统设备制造	Manufacture of Communication System Equipment	43	355	1423	1235	1027	5351
通信终端设备制造	Manufacture of Communication Terminal Equipment	251	503	596	1074	546	2996
广播电视设备制造	Manufacture of Broadcasting and TV Equipment		77	471	405	577	560
雷达及配套设备制造	Manufacture of Radar and Its Fittings						
视听设备制造	Manufacture of TV Set and Radio Receiver	959	2892	4441	5713	7893	9281
电子器件制造	Manufacture of Electronic Appliances	111	2421	7202	6783	8470	8738
#电子真空器件制造	Manufacture of Electronic Vacuum Appliance	18	1854	167	457	209	86
半导体分立器件制造	Manufacture of Semiconductor Discreting Appliances	14	108	534	303	683	612
集成电路制造	Manufacture of Integrate Circuit	80	197	3839	2173	3218	2659
电子元件制造	Manufacture of Electronic Components	515	2636	11217	17788	20001	24074
其他电子设备制造	Manufacture of Other Electronic Equipment	135	179	469	759	1123	1292
计算机及办公设备制造业	**Manufacture of Computers and Office Equipment**	**884**	**4942**	**6591**	**9303**	**11242**	**9600**
#计算机整机制造	Manufacture of Entired Computer	702	1998	433	304	744	1431
计算机零部件制造	Manufacture of Computer Components and Parts	82	2879	5564	8725	10007	990
计算机外围设备制造	Manufacture of Computer Peripheral Equipment						4202
办公设备制造	Manufacture of Office Equipment	100	65	594	274	492	187
医疗仪器设备及仪器仪表制造业	**Manufacture of Medical Equipments and Measuring Instrument**	**56**	**1100**	**2392**	**2987**	**3532**	**4758**
1.医疗仪器设备及器械制造	Manufacture of Medical Equipment and Appliance			766	509	493	774
2.仪器仪表制造	Manufacture of Measuring Instrument	56	1100	1626	2478	3039	3983

2-1-6 续表 1 continued

行 业	Industry	R&D经费内部支出（万元） Intramural Expenditure on R&D (10000 yuan)					
		2000	2005	2009	2010	2011	2012
合计	**Total**	**117433**	**506685**	**1146688**	**1215278**	**1700201**	**2005351**
医药制造业	**Manufacture of Medicines**	**6145**	**18666**	**113046**	**155760**	**222322**	**304389**
#化学药品制造	Manufacture of Chemical Medicine	4546	10180	65516	97477	135961	164151
中成药生产	Production of Finished Traditional Chinese Herbal Medicine	1033	8394	15428	10790	13949	44877
生物药品制造	Manufacture of Biological Medicine	566		23854	42278	55025	85429
航空、航天器及设备制造业	**Manufacture of Aircrafts and Spacecrafts and Related Equipment**					**6201**	**9889**
#飞机制造	Manufacture of Airplanes					6201	
航天器制造	Manufacture of Spacecrafts						
电子及通信设备制造业	**Manufacture of Electronic Equipment and Communication Equipment**	**48793**	**299025**	**630927**	**713751**	**961727**	**1184687**
#通信设备制造	Manufacture of Communication Equipment	4884	63417	148028	122570	152778	158321
#通信系统设备制造	Manufacture of Communication System Equipment	759	9773	23757	9212	12025	69161
通信终端设备制造	Manufacture of Communication Terminal Equipment	2245	14261	26248	37552	22085	89159
广播电视设备制造	Manufacture of Broadcasting and TV Equipment		1407	4839	5942	11267	12054
雷达及配套设备制造	Manufacture of Radar and Its Fittings						
视听设备制造	Manufacture of TV Set and Radio Receiver	22108	151939	131633	149510	185933	212951
电子器件制造	Manufacture of Electronic Appliances	9315	29280	143452	141781	232316	280860
#电子真空器件制造	Manufacture of Electronic Vacuum Appliance	7089	11657	6774	7403	4021	1704
半导体分立器件制造	Manufacture of Semiconductor Discreting Appliances	240	2700	8578	12996	14240	13077
集成电路制造	Manufacture of Integrate Circuit	1987	9771	47611	39657	77477	80102
电子元件制造	Manufacture of Electronic Components	11629	46720	194632	279912	355878	415287
其他电子设备制造	Manufacture of Other Electronic Equipment	858	6262	8342	14036	23555	31536
计算机及办公设备制造业	**Manufacture of Computers and Office Equipment**	**61029**	**174549**	**361711**	**297978**	**441062**	**439922**
#计算机整机制造	Manufacture of Entired Computer	59794	94137	63034	70717	89120	113545
计算机零部件制造	Manufacture of Computer Components and Parts	1055	80222	286254	219950	341434	33711
计算机外围设备制造	Manufacture of Computer Peripheral Equipment						169433
办公设备制造	Manufacture of Office Equipment	180	190	12423	7310	10508	3647
医疗仪器设备及仪器仪表制造业	**Manufacture of Medical Equipments and Measuring Instrument**	**1466**	**14446**	**41004**	**47790**	**68888**	**66463**
1.医疗仪器设备及器械制造	Manufacture of Medical Equipment and Appliance			20234	12362	10684	14438
2.仪器仪表制造	Manufacture of Measuring Instrument	1466	14446	20770	35428	58204	52024

2-1-6　续表 2　continued

行　业	Industry	新产品开发经费支出（万元） Expenditure on New Products Development (10000 yuan)					
		2000	2005	2009	2010	2011	2012
合计	**Total**	**147684**	**702806**	**1350371**	**1652721**	**2081090**	**2531344**
医药制造业	**Manufacture of Medicines**	**6992**	**21745**	**135475**	**172666**	**244928**	**328548**
#化学药品制造	Manufacture of Chemical Medicine	4842	13129	93386	104392	146268	183685
中成药生产	Production of Finished Traditional Chinese Herbal Medicine	1031	8189	18196	15077	16819	35974
生物药品制造	Manufacture of Biological Medicine	1118		12166	42217	56879	90488
航空、航天器及设备制造业	**Manufacture of Aircrafts and Spacecrafts and Related Equipment**		**540**	**8048**	**6977**	**11375**	**14313**
#飞机制造	Manufacture of Airplanes		540	8048	6977	11375	
航天器制造	Manufacture of Spacecrafts						
电子及通信设备制造业	**Manufacture of Electronic Equipment and Communication Equipment**	**69510**	**386800**	**744062**	**1050970**	**1261066**	**1553539**
#通信设备制造	Manufacture of Communication Equipment	3488	80721	192639	170121	191575	212318
#通信系统设备制造	Manufacture of Communication System Equipment	765	13444	41932	12961	17935	75796
通信终端设备制造	Manufacture of Communication Terminal Equipment	843	15084	26910	44706	17228	136522
广播电视设备制造	Manufacture of Broadcasting and TV Equipment		1911	2718	5351	16227	28640
雷达及配套设备制造	Manufacture of Radar and Its Fittings						628
视听设备制造	Manufacture of TV Set and Radio Receiver	29094	176521	140155	195760	241305	292845
电子器件制造	Manufacture of Electronic Appliances	20146	49280	183388	306233	345153	369601
#电子真空器件制造	Manufacture of Electronic Vacuum Appliance	18214	9728	8023	6727	4021	2510
半导体分立器件制造	Manufacture of Semiconductor Discreting Appliances	1932	3520	12432	26735	21606	13832
集成电路制造	Manufacture of Integrate Circuit		18220	50753	95916	71795	76119
电子元件制造	Manufacture of Electronic Components	15923	71955	217531	343801	443239	515754
其他电子设备制造	Manufacture of Other Electronic Equipment	858	6414	7631	29705	23567	42957
计算机及办公设备制造业	**Manufacture of Computers and Office Equipment**	**70522**	**276098**	**413631**	**356773**	**477030**	**506600**
#计算机整机制造	Manufacture of Entired Computer	69730	135150	71454	75454	108874	142188
计算机零部件制造	Manufacture of Computer Components and Parts	612	134239	326203	267787	353745	41651
计算机外围设备制造	Manufacture of Computer Peripheral Equipment						191649
办公设备制造	Manufacture of Office Equipment	180	6709	15974	13532	14411	8798
医疗仪器设备及仪器仪表制造业	**Manufacture of Medical Equipments and Measuring Instrument**	**661**	**17623**	**49156**	**65336**	**86691**	**128343**
1.医疗仪器设备及器械制造	Manufacture of Medical Equipment and Appliance			24429	21445	18440	40485
2.仪器仪表制造	Manufacture of Measuring Instrument	661	17623	24728	43891	68251	87857

2-1-6 续表 3 continued

行 业	Industry	新产品销售收入（万元） Sales Revenue of New Products (10000 yuan)					
		2000	2005	2009	2010	2011	2012
合计	**Total**	**4687313**	**18624925**	**23497324**	**24992899**	**35147172**	**38754675**
医药制造业	**Manufacture of Medicines**	**64247**	**124649**	**1065473**	**1717173**	**2377701**	**2996961**
#化学药品制造	Manufacture of Chemical Medicine	51719	77245	906763	861423	1187271	1827944
中成药生产	Production of Finished Traditional Chinese Herbal Medicine	10373	45363	52265	154516	231834	628416
生物药品制造	Manufacture of Biological Medicine	2155		35394	585427	785769	314401
航空、航天器及设备制造业	**Manufacture of Aircrafts and Spacecrafts and Related Equipment**		**1854**			**1596**	
#飞机制造	Manufacture of Airplanes		1854			1596	
航天器制造	Manufacture of Spacecrafts						
电子及通信设备制造业	**Manufacture of Electronic Equipment and Communication Equipment**	**2807445**	**7652261**	**13376962**	**14374701**	**18983672**	**24873414**
#通信设备制造	Manufacture of Communication Equipment	142288	1094951	2473178	2318983	1895596	1881734
#通信系统设备制造	Manufacture of Communication System Equipment	2200	87501	968310	124997	186198	453738
通信终端设备制造	Manufacture of Communication Terminal Equipment	110607	150594	506348	676845	659607	1427996
广播电视设备制造	Manufacture of Broadcasting and TV Equipment		7566	118123	136197	48687	208200
雷达及配套设备制造	Manufacture of Radar and Its Fittings						
视听设备制造	Manufacture of TV Set and Radio Receiver	1811294	4753213	4059684	3874773	5818552	7823740
电子器件制造	Manufacture of Electronic Appliances	600997	1320316	3157416	2941902	5255489	5764855
#电子真空器件制造	Manufacture of Electronic Vacuum Appliance	586654	421945	60285	61136	90026	25191
半导体分立器件制造	Manufacture of Semiconductor Discreting Appliances	14342	22183	203218	318492	275526	145204
集成电路制造	Manufacture of Integrate Circuit		248761	983580	481411	677872	808228
电子元件制造	Manufacture of Electronic Components	222384	460137	3509829	4799048	5679245	6954283
其他电子设备制造	Manufacture of Other Electronic Equipment	30482	16077	58733	303799	286103	358705
计算机及办公设备制造业	**Manufacture of Computers and Office Equipment**	**1801450**	**10751823**	**8738483**	**8292545**	**12868832**	**9669817**
#计算机整机制造	Manufacture of Entired Computer	1750498	5966348	2246681	2532071	4658846	3102403
计算机零部件制造	Manufacture of Computer Components and Parts	30158	4502705	6477760	5757950	8108146	1104758
计算机外围设备制造	Manufacture of Computer Peripheral Equipment						4189710
办公设备制造	Manufacture of Office Equipment	20794	282770	14042	2523	101840	17685
医疗仪器设备及仪器仪表制造业	**Manufacture of Medical Equipments and Measuring Instrument**	**14171**	**94338**	**316405**	**608480**	**915371**	**1214482**
1.医疗仪器设备及器械制造	Manufacture of Medical Equipment and Appliance			133293	99211	67195	129633
2.仪器仪表制造	Manufacture of Measuring Instrument	14171	94338	183112	509269	848176	1084848

2-1-6　续表 4　continued

行　业	Industry	专利申请数（件） Patent Applications (piece)					
		2000	2005	2009	2010	2011	2012
合计	**Total**	**451**	**3203**	**6147**	**8285**	**10111**	**14255**
医药制造业	**Manufacture of Medicines**	**39**	**135**	**325**	**602**	**604**	**985**
#化学药品制造	Manufacture of Chemical Medicine	2	75	183	401	457	730
中成药生产	Production of Finished Traditional Chinese Herbal Medicine	15	60	69	65	42	144
生物药品制造	Manufacture of Biological Medicine	22		44	110	72	97
航空、航天器及设备制造业	**Manufacture of Aircrafts and Spacecrafts and Related Equipment**		**23**			**27**	**16**
#飞机制造	Manufacture of Airplanes		23			27	
航天器制造	Manufacture of Spacecrafts						
电子及通信设备制造业	**Manufacture of Electronic Equipment and Communication Equipment**	**257**	**1637**	**3449**	**4759**	**6029**	**9068**
#通信设备制造	Manufacture of Communication Equipment	26	488	853	1366	1158	1303
#通信系统设备制造	Manufacture of Communication System Equipment	2	172	359	201	238	775
通信终端设备制造	Manufacture of Communication Terminal Equipment	24	59	159	427	162	528
广播电视设备制造	Manufacture of Broadcasting and TV Equipment		1		8	25	200
雷达及配套设备制造	Manufacture of Radar and Its Fittings						6
视听设备制造	Manufacture of TV Set and Radio Receiver	181	579	746	1126	767	971
电子器件制造	Manufacture of Electronic Appliances	25	221	851	888	1368	2175
#电子真空器件制造	Manufacture of Electronic Vacuum Appliance	25	54		21	12	14
半导体分立器件制造	Manufacture of Semiconductor Discreting Appliances			93	117	131	97
集成电路制造	Manufacture of Integrate Circuit		158	367	429	642	979
电子元件制造	Manufacture of Electronic Components	25	312	870	1199	2567	2035
其他电子设备制造	Manufacture of Other Electronic Equipment		36	129	172	144	235
计算机及办公设备制造业	**Manufacture of Computers and Office Equipment**	**148**	**1339**	**1868**	**2285**	**2222**	**3232**
#计算机整机制造	Manufacture of Entired Computer	144	837	327	462	750	2099
计算机零部件制造	Manufacture of Computer Components and Parts	3	502	1515	1818	1451	100
计算机外围设备制造	Manufacture of Computer Peripheral Equipment						497
办公设备制造	Manufacture of Office Equipment	1		26	5	21	14
医疗仪器设备及仪器仪表制造业	**Manufacture of Medical Equipments and Measuring Instrument**	**7**	**69**	**505**	**639**	**1229**	**954**
1.医疗仪器设备及器械制造	Manufacture of Medical Equipment and Appliance			78	119	204	296
2.仪器仪表制造	Manufacture of Measuring Instrument	7	69	427	520	1025	658

2-1-6 续表 5 continued

行业	Industry	有效发明专利数（件） Number of Patents In Force (piece)					
		2000	2005	2009	2010	2011	2012
合计	**Total**	**265**	**719**	**3934**	**5640**	**8359**	**11990**
医药制造业	**Manufacture of Medicines**	**101**	**21**	**407**	**612**	**874**	**1147**
#化学药品制造	Manufacture of Chemical Medicine	6	12	227	415	552	697
中成药生产	Production of Finished Traditional Chinese Herbal Medicine	73	9	148	115	202	264
生物药品制造	Manufacture of Biological Medicine	22		27	58	103	145
航空、航天器及设备制造业	**Manufacture of Aircrafts and Spacecrafts and Related Equipment**		**4**			**1**	**1**
#飞机制造	Manufacture of Airplanes		4			1	
航天器制造	Manufacture of Spacecrafts						
电子及通信设备制造业	**Manufacture of Electronic Equipment and Communication Equipment**	**99**	**467**	**1816**	**2851**	**3681**	**5635**
#通信设备制造	Manufacture of Communication Equipment	8	182	411	859	669	877
#通信系统设备制造	Manufacture of Communication System Equipment	2	65	80	287	157	366
通信终端设备制造	Manufacture of Communication Terminal Equipment	6	63	42	171	74	511
广播电视设备制造	Manufacture of Broadcasting and TV Equipment			21	10	15	40
雷达及配套设备制造	Manufacture of Radar and Its Fittings						
视听设备制造	Manufacture of TV Set and Radio Receiver	74	155	294	584	886	1365
电子器件制造	Manufacture of Electronic Appliances	14	16	888	747	941	1256
#电子真空器件制造	Manufacture of Electronic Vacuum Appliance	14	10	25	41	12	1
半导体分立器件制造	Manufacture of Semiconductor Discreting Appliances		3	64	82	55	30
集成电路制造	Manufacture of Integrate Circuit		1	280	370	507	808
电子元件制造	Manufacture of Electronic Components	3	112	192	526	1085	1119
其他电子设备制造	Manufacture of Other Electronic Equipment		2	10	125	85	78
计算机及办公设备制造业	**Manufacture of Computers and Office Equipment**	**61**	**113**	**1451**	**1876**	**3202**	**4843**
#计算机整机制造	Manufacture of Entired Computer	58	11	888	1206	1279	2320
计算机零部件制造	Manufacture of Computer Components and Parts		102	562	650	1908	111
计算机外围设备制造	Manufacture of Computer Peripheral Equipment						457
办公设备制造	Manufacture of Office Equipment	3		1	20	15	
医疗仪器设备及仪器仪表制造业	**Manufacture of Medical Equipments and Measuring Instrument**	**4**	**114**	**260**	**301**	**601**	**364**
1.医疗仪器设备及器械制造	Manufacture of Medical Equipment and Appliance			32	43	115	169
2.仪器仪表制造	Manufacture of Measuring Instrument	4	114	228	258	486	195

2-1-6　续表 6　continued

行　业	Industry	技术改造经费支出（万元） Expenditure for Technical Renovation (10000 yuan)					
		2000	2005	2009	2010	2011	2012
合计	**Total**	**42477**	**128312**	**157591**	**334633**	**321057**	**454181**
医药制造业	**Manufacture of Medicines**	**8708**	**25435**	**35822**	**54442**	**69269**	**48733**
#化学药品制造	Manufacture of Chemical Medicine	8202	12367	25344	25851	51682	20784
中成药生产	Production of Finished Traditional Chinese Herbal Medicine	506	12899	5791	2882	8057	19595
生物药品制造	Manufacture of Biological Medicine			1637	25252	8978	8035
航空、航天器及设备制造业	**Manufacture of Aircrafts and Spacecrafts and Related Equipment**						
#飞机制造	Manufacture of Airplanes						
航天器制造	Manufacture of Spacecrafts						
电子及通信设备制造业	**Manufacture of Electronic Equipment and Communication Equipment**	**31860**	**85330**	**101580**	**210034**	**176395**	**261747**
#通信设备制造	Manufacture of Communication Equipment	793	3667	7468	9527	8020	15574
#通信系统设备制造	Manufacture of Communication System Equipment	198	10	3257	347		11957
通信终端设备制造	Manufacture of Communication Terminal Equipment	137	500	254	43	434	3617
广播电视设备制造	Manufacture of Broadcasting and TV Equipment		4344			10	3250
雷达及配套设备制造	Manufacture of Radar and Its Fittings						
视听设备制造	Manufacture of TV Set and Radio Receiver	18570	26584	17207	39599	94167	124933
电子器件制造	Manufacture of Electronic Appliances	7733	20758	37632	114159	31062	38523
#电子真空器件制造	Manufacture of Electronic Vacuum Appliance	4903	11415	77	55706		
半导体分立器件制造	Manufacture of Semiconductor Discreting Appliances	2830	60	4642	5269	2060	1750
集成电路制造	Manufacture of Integrate Circuit		619	14110	1401	10509	1342
电子元件制造	Manufacture of Electronic Components	4764	27844	39153	44343	42767	61320
其他电子设备制造	Manufacture of Other Electronic Equipment		2132	120	2406	369	696
计算机及办公设备制造业	**Manufacture of Computers and Office Equipment**	**157**	**12470**	**14890**	**37260**	**44625**	**92381**
#计算机整机制造	Manufacture of Entired Computer		7834		1	26981	10197
计算机零部件制造	Manufacture of Computer Components and Parts	157	3702	14890	37258	17644	697
计算机外围设备制造	Manufacture of Computer Peripheral Equipment						81453
办公设备制造	Manufacture of Office Equipment		935				32
医疗仪器设备及仪器仪表制造业	**Manufacture of Medical Equipments and Measuring Instrument**	**1752**	**5077**	**5300**	**32898**	**30768**	**51318**
1.医疗仪器设备及器械制造	Manufacture of Medical Equipment and Appliance			811	18243	2265	9424
2.仪器仪表制造	Manufacture of Measuring Instrument	1752	5077	4489	14654	28503	41894

2-1-6 续表 7 continued

行业	Industry	引进技术经费支出（万元） Expenditure for Acquisition of Foreign Technology (10000 yuan)					
		2000	2005	2009	2010	2011	2012
合计	**Total**	**20698**	**129886**	**72216**	**66251**	**117533**	**117755**
医药制造业	**Manufacture of Medicines**	**287**	**3660**	**1051**	**5674**	**1280**	**1309**
#化学药品制造	Manufacture of Chemical Medicine	287	3426	751	5360	1067	1201
中成药生产	Production of Finished Traditional Chinese Herbal Medicine		234		74		62
生物药品制造	Manufacture of Biological Medicine			300		213	
航空、航天器及设备制造业	**Manufacture of Aircrafts and Spacecrafts and Related Equipment**			**2770**	**1512**	**4900**	**1824**
#飞机制造	Manufacture of Airplanes			2770	1512	4900	
航天器制造	Manufacture of Spacecrafts						
电子及通信设备制造业	**Manufacture of Electronic Equipment and Communication Equipment**	**20136**	**124567**	**39748**	**49618**	**105884**	**108940**
#通信设备制造	Manufacture of Communication Equipment	538	8922	4430	2846	1285	3951
#通信系统设备制造	Manufacture of Communication System Equipment		7			627	800
通信终端设备制造	Manufacture of Communication Terminal Equipment	77	40				3151
广播电视设备制造	Manufacture of Broadcasting and TV Equipment						
雷达及配套设备制造	Manufacture of Radar and Its Fittings						
视听设备制造	Manufacture of TV Set and Radio Receiver	8160	42020	4135	14373	10960	789
电子器件制造	Manufacture of Electronic Appliances	6979	70892	22233	18967	69637	62319
#电子真空器件制造	Manufacture of Electronic Vacuum Appliance	6119	57859	254	8521		
半导体分立器件制造	Manufacture of Semiconductor Discreting Appliances	860	110	2740	5811	184	
集成电路制造	Manufacture of Integrate Circuit		11854	11468	131	6617	6716
电子元件制造	Manufacture of Electronic Components	4459	2384	8950	13171	24002	12384
其他电子设备制造	Manufacture of Other Electronic Equipment		350		261		626
计算机及办公设备制造业	**Manufacture of Computers and Office Equipment**	**91**	**1323**	**26626**	**7537**	**2617**	**180**
#计算机整机制造	Manufacture of Entired Computer					100	
计算机零部件制造	Manufacture of Computer Components and Parts	9	1273	26626	7537	2517	
计算机外围设备制造	Manufacture of Computer Peripheral Equipment						180
办公设备制造	Manufacture of Office Equipment	82	50				
医疗仪器设备及仪器仪表制造业	**Manufacture of Medical Equipments and Measuring Instrument**	**184**	**336**	**2020**	**1910**	**2853**	**5501**
1.医疗仪器设备及器械制造	Manufacture of Medical Equipment and Appliance						436
2.仪器仪表制造	Manufacture of Measuring Instrument	184	336	2020	1910	2853	5065

2-1-6 续表 8 continued

行 业	Industry	消化吸收经费支出（万元） Expenditure for Assimilation of Technology (10000 yuan)					
		2000	2005	2009	2010	2011	2012
合计	**Total**	**689**	**51254**	**11003**	**13420**	**12155**	**15388**
医药制造业	**Manufacture of Medicines**	**20**	**9825**	**4960**	**5413**	**2346**	**7650**
#化学药品制造	Manufacture of Chemical Medicine	20	9825	3511	5213	2346	7163
中成药生产	Production of Finished Traditional Chinese Herbal Medicine			583			476
生物药品制造	Manufacture of Biological Medicine			866	200		
航空、航天器及设备制造业	**Manufacture of Aircrafts and Spacecrafts and Related Equipment**			**503**	**581**	**883**	
#飞机制造	Manufacture of Airplanes			503	581	883	
航天器制造	Manufacture of Spacecrafts						
电子及通信设备制造业	**Manufacture of Electronic Equipment and Communication Equipment**	**554**	**36335**	**5120**	**5567**	**8181**	**7072**
#通信设备制造	Manufacture of Communication Equipment	3	863	878	265	154	159
#通信系统设备制造	Manufacture of Communication System Equipment		6				
通信终端设备制造	Manufacture of Communication Terminal Equipment	3					159
广播电视设备制造	Manufacture of Broadcasting and TV Equipment		226			21	
雷达及配套设备制造	Manufacture of Radar and Its Fittings						
视听设备制造	Manufacture of TV Set and Radio Receiver	173	31405	2476	764	754	426
电子器件制造	Manufacture of Electronic Appliances	326	3838	480	71	1332	5144
#电子真空器件制造	Manufacture of Electronic Vacuum Appliance	326	166		23		140
半导体分立器件制造	Manufacture of Semiconductor Discreting Appliances			400	48		
集成电路制造	Manufacture of Integrate Circuit		3645				50
电子元件制造	Manufacture of Electronic Components	52	3	1285	4370	5921	1208
其他电子设备制造	Manufacture of Other Electronic Equipment				97		
计算机及办公设备制造业	**Manufacture of Computers and Office Equipment**	**115**	**5047**	**89**	**1586**	**52**	**1**
#计算机整机制造	Manufacture of Entired Computer		5042		3	51	
计算机零部件制造	Manufacture of Computer Components and Parts	100	5	89	1584	1	
计算机外围设备制造	Manufacture of Computer Peripheral Equipment						1
办公设备制造	Manufacture of Office Equipment	15					
医疗仪器设备及仪器仪表制造业	**Manufacture of Medical Equipments and Measuring Instrument**		**47**	**331**	**273**	**693**	**663**
1.医疗仪器设备及器械制造	Manufacture of Medical Equipment and Appliance				87		
2.仪器仪表制造	Manufacture of Measuring Instrument		47	331	186	693	663

2-1-6 续表 9 continued

行业	Industry	购买国内技术经费支出（万元）Expenditure on Purchase of Domestic Technology (10000 yuan)					
		2000	2005	2009	2010	2011	2012
合计	**Total**	**4047**	**13067**	**28636**	**56585**	**35605**	**67286**
医药制造业	**Manufacture of Medicines**	**3158**	**3751**	**9072**	**15036**	**5218**	**17142**
#化学药品制造	Manufacture of Chemical Medicine	2875	3258	6698	9160	3340	15108
中成药生产	Production of Finished Traditional Chinese Herbal Medicine	163	343	1906	3355	400	1950
生物药品制造	Manufacture of Biological Medicine	120		468	2520	20	58
航空、航天器及设备制造业	**Manufacture of Aircrafts and Spacecrafts and Related Equipment**			**1754**	**839**	**5796**	
#飞机制造	Manufacture of Airplanes			1754	839	5796	
航天器制造	Manufacture of Spacecrafts						
电子及通信设备制造业	**Manufacture of Electronic Equipment and Communication Equipment**	**880**	**9069**	**14980**	**19696**	**16126**	**33252**
#通信设备制造	Manufacture of Communication Equipment		4426	5639	5119	4665	1243
#通信系统设备制造	Manufacture of Communication System Equipment		4			60	300
通信终端设备制造	Manufacture of Communication Terminal Equipment		97	1092	13	11	943
广播电视设备制造	Manufacture of Broadcasting and TV Equipment						
雷达及配套设备制造	Manufacture of Radar and Its Fittings						
视听设备制造	Manufacture of TV Set and Radio Receiver	320	1464	2632	1132	1561	23458
电子器件制造	Manufacture of Electronic Appliances	140	22	247	11	3146	4206
#电子真空器件制造	Manufacture of Electronic Vacuum Appliance	140		180			
半导体分立器件制造	Manufacture of Semiconductor Discreting Appliances			67	11		
集成电路制造	Manufacture of Integrate Circuit						
电子元件制造	Manufacture of Electronic Components	420	3157	6462	13434	6517	1636
其他电子设备制造	Manufacture of Other Electronic Equipment					236	
计算机及办公设备制造业	**Manufacture of Computers and Office Equipment**	**9**	**95**	**2829**	**19293**	**7561**	**2027**
#计算机整机制造	Manufacture of Entired Computer		89		5	15	
计算机零部件制造	Manufacture of Computer Components and Parts	9	6	2829	19288	7546	
计算机外围设备制造	Manufacture of Computer Peripheral Equipment						2027
办公设备制造	Manufacture of Office Equipment						
医疗仪器设备及仪器仪表制造业	**Manufacture of Medical Equipments and Measuring Instrument**		**152**		**1722**	**904**	**14864**
1.医疗仪器设备及器械制造	Manufacture of Medical Equipment and Appliance				500		93
2.仪器仪表制造	Manufacture of Measuring Instrument		152		1222	904	14770

2-1-6 续表 10 continued

行 业	Industry	研发机构数（个） Number of R&D Institutions in Enterprises (unit)					
		2000	2005	2009	2010	2011	2012
合计	**Total**	**74**	**177**	**440**	**545**	**660**	**864**
医药制造业	**Manufacture of Medicines**	**24**	**36**	**70**	**93**	**88**	**124**
#化学药品制造	Manufacture of Chemical Medicine	14	25	37	51	46	68
中成药生产	Production of Finished Traditional Chinese Herbal Medicine	7	11	16	20	21	30
生物药品制造	Manufacture of Biological Medicine	3		10	15	17	19
航空、航天器及设备制造业	**Manufacture of Aircrafts and Spacecrafts and Related Equipment**		**1**				**1**
#飞机制造	Manufacture of Airplanes		1				
航天器制造	Manufacture of Spacecrafts						
电子及通信设备制造业	**Manufacture of Electronic Equipment and Communication Equipment**	**39**	**91**	**293**	**370**	**482**	**595**
#通信设备制造	Manufacture of Communication Equipment	5	15	44	71	51	63
#通信系统设备制造	Manufacture of Communication System Equipment	1	1	14	21	16	34
通信终端设备制造	Manufacture of Communication Terminal Equipment	3	7	7	11	3	29
广播电视设备制造	Manufacture of Broadcasting and TV Equipment		2	2	2	2	17
雷达及配套设备制造	Manufacture of Radar and Its Fittings						
视听设备制造	Manufacture of TV Set and Radio Receiver	17	26	33	48	45	58
电子器件制造	Manufacture of Electronic Appliances	5	16	68	67	60	107
#电子真空器件制造	Manufacture of Electronic Vacuum Appliance	4	5	2	4	1	1
半导体分立器件制造	Manufacture of Semiconductor Discreting Appliances	1	2	12	14	7	7
集成电路制造	Manufacture of Integrate Circuit		1	20	21	11	24
电子元件制造	Manufacture of Electronic Components	12	28	138	155	309	286
其他电子设备制造	Manufacture of Other Electronic Equipment		4	8	27	15	26
计算机及办公设备制造业	**Manufacture of Computers and Office Equipment**	**6**	**32**	**41**	**38**	**47**	**80**
#计算机整机制造	Manufacture of Entired Computer	2	2	4	5	7	8
计算机零部件制造	Manufacture of Computer Components and Parts	3	26	34	29	34	30
计算机外围设备制造	Manufacture of Computer Peripheral Equipment						28
办公设备制造	Manufacture of Office Equipment	1	4	3	4	6	5
医疗仪器设备及仪器仪表制造业	**Manufacture of Medical Equipments and Measuring Instrument**	**5**	**17**	**36**	**44**	**43**	**64**
1.医疗仪器设备及器械制造	Manufacture of Medical Equipment and Appliance			15	6	4	23
2.仪器仪表制造	Manufacture of Measuring Instrument	5	17	21	38	39	41

2-1-6 续表 11 continued

行业	Industry	机构人员（人） Personnel in the R&D Institutions (person)					
		2000	2005	2009	2010	2011	2012
合计	**Total**	**6846**	**21584**	**55644**	**59293**	**58242**	**83731**
医药制造业	**Manufacture of Medicines**	**772**	**952**	**6308**	**7831**	**7989**	**10558**
#化学药品制造	Manufacture of Chemical Medicine	466	660	3671	4367	4962	6056
中成药生产	Production of Finished Traditional Chinese Herbal Medicine	129	292	840	963	1164	1823
生物药品制造	Manufacture of Biological Medicine	177		1612	1992	1600	1869
航空、航天器及设备制造业	**Manufacture of Aircrafts and Spacecrafts and Related Equipment**		**34**				**115**
#飞机制造	Manufacture of Airplanes		34				
航天器制造	Manufacture of Spacecrafts						
电子及通信设备制造业	**Manufacture of Electronic Equipment and Communication Equipment**	**2971**	**8952**	**39383**	**40378**	**36499**	**55857**
#通信设备制造	Manufacture of Communication Equipment	383	2392	4457	6768	6607	7603
#通信系统设备制造	Manufacture of Communication System Equipment	3	59	1157	952	836	4692
通信终端设备制造	Manufacture of Communication Terminal Equipment	345	388	357	918	285	2911
广播电视设备制造	Manufacture of Broadcasting and TV Equipment		60	381	348	56	830
雷达及配套设备制造	Manufacture of Radar and Its Fittings						
视听设备制造	Manufacture of TV Set and Radio Receiver	1369	3759	5894	6959	6163	8953
电子器件制造	Manufacture of Electronic Appliances	219	1230	8097	9591	8146	9498
#电子真空器件制造	Manufacture of Electronic Vacuum Appliance	185	184	52	531	89	72
半导体分立器件制造	Manufacture of Semiconductor Discreting Appliances	34	254	662	1102	299	306
集成电路制造	Manufacture of Integrate Circuit		12	3801	2714	2273	2725
电子元件制造	Manufacture of Electronic Components	1000	1328	19983	15701	14448	24341
其他电子设备制造	Manufacture of Other Electronic Equipment		183	571	1011	1079	1716
计算机及办公设备制造业	**Manufacture of Computers and Office Equipment**	**2955**	**10044**	**7656**	**7729**	**10030**	**12160**
#计算机整机制造	Manufacture of Entired Computer	2247	302	215	1211	1367	2381
计算机零部件制造	Manufacture of Computer Components and Parts	572	9525	6812	6182	8145	2552
计算机外围设备制造	Manufacture of Computer Peripheral Equipment						4045
办公设备制造	Manufacture of Office Equipment	136	217	629	336	518	228
医疗仪器设备及仪器仪表制造业	**Manufacture of Medical Equipments and Measuring Instrument**	**148**	**1602**	**2297**	**3355**	**3724**	**5041**
1.医疗仪器设备及器械制造	Manufacture of Medical Equipment and Appliance			839	741	359	1020
2.仪器仪表制造	Manufacture of Measuring Instrument	148	1602	1458	2614	3365	4021

2-1-6　续表 12　continued

行　业	Industry	机构经费支出（万元） Expenditure in the R&D Institutions (10000 yuan)					
		2000	2005	2009	2010	2011	2012
合计	**Total**	**142452**	**314620**	**951405**	**1225299**	**1374307**	**2010631**
医药制造业	**Manufacture of Medicines**	**5239**	**20590**	**103829**	**155712**	**172424**	**256939**
#化学药品制造	Manufacture of Chemical Medicine	3772	15708	64608	92559	97340	145403
中成药生产	Production of Finished Traditional Chinese Herbal Medicine	650	4882	12684	16167	14547	32674
生物药品制造	Manufacture of Biological Medicine	817		21701	40320	53489	64283
航空、航天器及设备制造业	**Manufacture of Aircrafts and Spacecrafts and Related Equipment**		**536**				**9856**
#飞机制造	Manufacture of Airplanes		536				
航天器制造	Manufacture of Spacecrafts						
电子及通信设备制造业	**Manufacture of Electronic Equipment and Communication Equipment**	**56750**	**201132**	**576166**	**738753**	**760323**	**1185102**
#通信设备制造	Manufacture of Communication Equipment	2546	45460	101874	105883	101513	108084
#通信系统设备制造	Manufacture of Communication System Equipment	5	335	13505	7636	5527	38687
通信终端设备制造	Manufacture of Communication Terminal Equipment	690	4553	8152	13411	5700	69397
广播电视设备制造	Manufacture of Broadcasting and TV Equipment		2055	5134	6222	112	22427
雷达及配套设备制造	Manufacture of Radar and Its Fittings						
视听设备制造	Manufacture of TV Set and Radio Receiver	30480	112339	132223	163293	176572	241250
电子器件制造	Manufacture of Electronic Appliances	12532	22249	134202	195647	234876	316954
#电子真空器件制造	Manufacture of Electronic Vacuum Appliance	11764	11107	1864	7680	500	1461
半导体分立器件制造	Manufacture of Semiconductor Discreting Appliances	768	828	9219	19535	5813	9152
集成电路制造	Manufacture of Integrate Circuit		326	61333	49226	66867	80549
电子元件制造	Manufacture of Electronic Components	11192	18319	199099	249820	234282	424451
其他电子设备制造	Manufacture of Other Electronic Equipment		710	3634	17887	12968	19481
计算机及办公设备制造业	**Manufacture of Computers and Office Equipment**	**79157**	**74073**	**232049**	**289896**	**389033**	**477622**
#计算机整机制造	Manufacture of Entired Computer	73937	6347	10827	76357	105796	131048
计算机零部件制造	Manufacture of Computer Components and Parts	4983	64976	218253	202941	273645	34500
计算机外围设备制造	Manufacture of Computer Peripheral Equipment						204086
办公设备制造	Manufacture of Office Equipment	237	2749	2970	10599	9592	1681
医疗仪器设备及仪器仪表制造业	**Manufacture of Medical Equipments and Measuring Instrument**	**1307**	**18289**	**39360**	**40938**	**52528**	**81109**
1.医疗仪器设备及器械制造	Manufacture of Medical Equipment and Appliance			21748	13790	3707	24875
2.仪器仪表制造	Manufacture of Measuring Instrument	1307	18289	17612	27148	48821	56234

2-1-7 大中型外资企业分行业R&D及相关活动情况

Statistics on R&D and Related Activities of Foreign Funded Enterprises in Large and Medium-sized Enterprises by Region

行 业	Industry	R&D人员折合全时当量（人年） Full-time Equivalent of R&D Personnel (man-year)					
		2000	2005	2009	2010	2011	2012
合计	**Total**	**9375**	**33860**	**78235**	**113156**	**85971**	**112477**
医药制造业	**Manufacture of Medicines**	**1123**	**2424**	**6848**	**8176**	**9787**	**10136**
#化学药品制造	Manufacture of Chemical Medicine	665	1894	5582	6111	7394	7525
中成药生产	Production of Finished Traditional Chinese Herbal Medicine	332	333	543	1014	1125	939
生物药品制造	Manufacture of Biological Medicine	109	121	404	545	827	1138
航空、航天器及设备制造业	**Manufacture of Aircrafts and Spacecrafts and Related Equipment**	**884**	**33**	**319**	**202**	**185**	**621**
#飞机制造	Manufacture of Airplanes	884	33	319	202	185	13
航天器制造	Manufacture of Spacecrafts						
电子及通信设备制造业	**Manufacture of Electronic Equipment and Communication Equipment**	**6258**	**23056**	**46234**	**48031**	**47637**	**59732**
#通信设备制造	Manufacture of Communication Equipment	3287	8964	10486	14700	10799	10452
#通信系统设备制造	Manufacture of Communication System Equipment	2394	4353	4862	7339	3578	4461
通信终端设备制造	Manufacture of Communication Terminal Equipment	83	557	550	523	630	5991
广播电视设备制造	Manufacture of Broadcasting and TV Equipment		200	367	437	472	662
雷达及配套设备制造	Manufacture of Radar and Its Fittings						
视听设备制造	Manufacture of TV Set and Radio Receiver	617	1726	4317	3123	2119	2410
电子器件制造	Manufacture of Electronic Appliances	702	5460	13220	12002	14202	25366
#电子真空器件制造	Manufacture of Electronic Vacuum Appliance	120	597	647	278	91	57
半导体分立器件制造	Manufacture of Semiconductor Discreting Appliances	157	277	1568	1449	539	1443
集成电路制造	Manufacture of Integrate Circuit	425	2657	7531	5207	6000	10630
电子元件制造	Manufacture of Electronic Components	578	6311	11746	15769	19464	17182
其他电子设备制造	Manufacture of Other Electronic Equipment	1075	395	6098	2000	581	1620
计算机及办公设备制造业	**Manufacture of Computers and Office Equipment**	**549**	**7254**	**19773**	**49973**	**20478**	**33903**
#计算机整机制造	Manufacture of Entired Computer	138	2771	12596	17992	10140	11076
计算机零部件制造	Manufacture of Computer Components and Parts	332	3670	6483	31576	9799	17128
计算机外围设备制造	Manufacture of Computer Peripheral Equipment						1818
办公设备制造	Manufacture of Office Equipment	79	814	694	404	539	865
医疗仪器设备及仪器仪表制造业	**Manufacture of Medical Equipments and Measuring Instrument**	**562**	**1093**	**5060**	**6774**	**7884**	**8084**
1.医疗仪器设备及器械制造	Manufacture of Medical Equipment and Appliance	141	466	1106	1419	2184	2280
2.仪器仪表制造	Manufacture of Measuring Instrument	420	627	3955	5354	5701	5804

2-1-7 续表 1 continued

行 业	Industry	R&D经费内部支出（万元） Intramural Expenditure on R&D (10000 yuan)					
		2000	2005	2009	2010	2011	2012
合计	**Total**	**202661**	**1019163**	**1843068**	**2453041**	**2789420**	**3242284**
医药制造业	**Manufacture of Medicines**	**24491**	**74443**	**177770**	**240025**	**269509**	**334158**
#化学药品制造	Manufacture of Chemical Medicine	18884	59703	145058	197295	211483	256276
中成药生产	Production of Finished Traditional Chinese Herbal Medicine	3549	6344	15328	20888	28403	36727
生物药品制造	Manufacture of Biological Medicine	1915	3807	6487	9502	15904	26690
航空、航天器及设备制造业	**Manufacture of Aircrafts and Spacecrafts and Related Equipment**	**5337**	**2292**	**4191**	**5319**	**7177**	**4215**
#飞机制造	Manufacture of Airplanes	5337	2292	4191	5319	7177	395
航天器制造	Manufacture of Spacecrafts						
电子及通信设备制造业	**Manufacture of Electronic Equipment and Communication Equipment**	**160130**	**773302**	**1147822**	**1515760**	**1569167**	**1912579**
#通信设备制造	Manufacture of Communication Equipment	100956	340120	345546	501326	385558	402748
#通信系统设备制造	Manufacture of Communication System Equipment	67578	170920	116518	231660	116480	151980
通信终端设备制造	Manufacture of Communication Terminal Equipment	2273	6544	14582	13689	19090	250767
广播电视设备制造	Manufacture of Broadcasting and TV Equipment		4126	2395	8929	12709	28150
雷达及配套设备制造	Manufacture of Radar and Its Fittings						
视听设备制造	Manufacture of TV Set and Radio Receiver	23021	76941	132410	120111	226610	115804
电子器件制造	Manufacture of Electronic Appliances	18790	203766	323153	443492	516847	788723
#电子真空器件制造	Manufacture of Electronic Vacuum Appliance	9807	14497	8463	7728	434	1606
半导体分立器件制造	Manufacture of Semiconductor Discreting Appliances	193	9105	23773	65963	24376	37743
集成电路制造	Manufacture of Integrate Circuit	8789	117939	198862	167892	155824	302893
电子元件制造	Manufacture of Electronic Components	12639	142061	304029	373912	383667	400437
其他电子设备制造	Manufacture of Other Electronic Equipment	4725	6288	40289	67991	43775	84987
计算机及办公设备制造业	**Manufacture of Computers and Office Equipment**	**6859**	**135454**	**385146**	**576940**	**723134**	**738559**
#计算机整机制造	Manufacture of Entired Computer	1091	23780	210535	251923	419098	359829
计算机零部件制造	Manufacture of Computer Components and Parts	4708	100290	156082	311698	277377	255935
计算机外围设备制造	Manufacture of Computer Peripheral Equipment						39085
办公设备制造	Manufacture of Office Equipment	1060	11384	18529	13319	26659	29560
医疗仪器设备及仪器仪表制造业	**Manufacture of Medical Equipments and Measuring Instrument**	**5843**	**33672**	**128139**	**114996**	**220434**	**252772**
1.医疗仪器设备及器械制造	Manufacture of Medical Equipment and Appliance	2588	21527	41555	37026	87918	85741
2.仪器仪表制造	Manufacture of Measuring Instrument	3255	12145	86584	77970	132516	167030

2-1-7 续表 2 continued

行　业	Industry	新产品开发经费支出（万元） Expenditure on New Products Development (10000 yuan)					
		2000	2005	2009	2010	2011	2012
合计	**Total**	**222028**	**1216386**	**2359088**	**3051653**	**4156346**	**4672985**
医药制造业	**Manufacture of Medicines**	**23945**	**90178**	**170726**	**261087**	**288611**	**334826**
#化学药品制造	Manufacture of Chemical Medicine	15784	70318	130374	213583	225846	250345
中成药生产	Production of Finished Traditional Chinese Herbal Medicine	5701	10997	19578	20520	24493	34400
生物药品制造	Manufacture of Biological Medicine	2315	4282	11024	17148	27760	35415
航空、航天器及设备制造业	**Manufacture of Aircrafts and Spacecrafts and Related Equipment**	**5337**	**4800**	**3901**	**9976**	**10821**	**15051**
#飞机制造	Manufacture of Airplanes	5337	4800	3901	9976	10821	4399
航天器制造	Manufacture of Spacecrafts						
电子及通信设备制造业	**Manufacture of Electronic Equipment and Communication Equipment**	**162410**	**877314**	**1446960**	**1855555**	**2373579**	**2696219**
#通信设备制造	Manufacture of Communication Equipment	98600	406031	550095	705024	709492	638470
#通信系统设备制造	Manufacture of Communication System Equipment	60236	160631	187816	302619	309881	284063
通信终端设备制造	Manufacture of Communication Terminal Equipment	8428	9159	29483	20558	7959	354407
广播电视设备制造	Manufacture of Broadcasting and TV Equipment		4961	6051	14353	27664	46758
雷达及配套设备制造	Manufacture of Radar and Its Fittings						
视听设备制造	Manufacture of TV Set and Radio Receiver	25416	102273	137857	134515	296323	161719
电子器件制造	Manufacture of Electronic Appliances	24041	194714	373191	546581	739680	989451
#电子真空器件制造	Manufacture of Electronic Vacuum Appliance	13241	18863	7898	4512	2164	1853
半导体分立器件制造	Manufacture of Semiconductor Discreting Appliances	193	11959	45999	48904	23841	38020
集成电路制造	Manufacture of Integrate Circuit	10608	88306	176472	194955	266079	395282
电子元件制造	Manufacture of Electronic Components	14352	162535	332335	397132	484132	558475
其他电子设备制造	Manufacture of Other Electronic Equipment		6800	47431	57951	116288	189320
计算机及办公设备制造业	**Manufacture of Computers and Office Equipment**	**21658**	**205341**	**573838**	**741220**	**1206122**	**1289967**
#计算机整机制造	Manufacture of Entired Computer	516	43798	288159	338524	777535	638240
计算机零部件制造	Manufacture of Computer Components and Parts	17626	134773	263962	382849	394130	477854
计算机外围设备制造	Manufacture of Computer Peripheral Equipment						58761
办公设备制造	Manufacture of Office Equipment	3516	26770	21716	19847	34457	40361
医疗仪器设备及仪器仪表制造业	**Manufacture of Medical Equipments and Measuring Instrument**	**8679**	**38754**	**163663**	**183815**	**277213**	**336920**
1.医疗仪器设备及器械制造	Manufacture of Medical Equipment and Appliance	2969	19976	50945	65651	101718	123719
2.仪器仪表制造	Manufacture of Measuring Instrument	5710	18778	112719	118164	175495	213201

2-1-7　续表 3　continued

行　业	Industry	新产品销售收入（万元） Sales Revenue of New Products (10000 yuan)					
		2000	2005	2009	2010	2011	2012
合计	**Total**	**10270862**	**27716836**	**52873158**	**79235660**	**99933626**	**107896980**
医药制造业	**Manufacture of Medicines**	**273340**	**741324**	**1961018**	**2885723**	**3002683**	**3602953**
#化学药品制造	Manufacture of Chemical Medicine	214036	658184	1504502	2422704	2417345	2901559
中成药生产	Production of Finished Traditional Chinese Herbal Medicine	28409	73537	161185	336226	289703	389482
生物药品制造	Manufacture of Biological Medicine	23358	6803	236862	59446	128880	117057
航空、航天器及设备制造业	**Manufacture of Aircrafts and Spacecrafts and Related Equipment**		**4933**		**9306**	**11977**	**65357**
#飞机制造	Manufacture of Airplanes		4933		9306	11977	34709
航天器制造	Manufacture of Spacecrafts						
电子及通信设备制造业	**Manufacture of Electronic Equipment and Communication Equipment**	**7288157**	**18606168**	**39643321**	**43787077**	**45165444**	**51116067**
#通信设备制造	Manufacture of Communication Equipment	4066420	10521050	24347152	24030485	23020504	25593331
#通信系统设备制造	Manufacture of Communication System Equipment	141393	2156903	3766116	2021995	3294462	1638013
通信终端设备制造	Manufacture of Communication Terminal Equipment	821547	520710	644316	451878	42932	23955318
广播电视设备制造	Manufacture of Broadcasting and TV Equipment		10942	108285	130771	217459	394139
雷达及配套设备制造	Manufacture of Radar and Its Fittings						
视听设备制造	Manufacture of TV Set and Radio Receiver	2046575	3346729	3052284	5151545	6434693	4193118
电子器件制造	Manufacture of Electronic Appliances	866693	2890331	6308309	7443471	7711633	11538746
#电子真空器件制造	Manufacture of Electronic Vacuum Appliance	617579	480293	222036	680742	405723	429100
半导体分立器件制造	Manufacture of Semiconductor Discreting Appliances	11301	33110	305914	448182	181346	159713
集成电路制造	Manufacture of Integrate Circuit	237813	1756438	2464032	463196	1698662	2558060
电子元件制造	Manufacture of Electronic Components	308469	1767376	5073274	6160875	7053702	7855523
其他电子设备制造	Manufacture of Other Electronic Equipment		69740	754018	869930	727453	269873
计算机及办公设备制造业	**Manufacture of Computers and Office Equipment**	**2556323**	**7939540**	**9430546**	**30852672**	**49250256**	**50991474**
#计算机整机制造	Manufacture of Entired Computer	117812	4740700	4623396	9999907	25685712	27851304
计算机零部件制造	Manufacture of Computer Components and Parts	2370475	2894574	4437202	19849016	23042543	21000498
计算机外围设备制造	Manufacture of Computer Peripheral Equipment						861455
办公设备制造	Manufacture of Office Equipment	68037	304266	369948	1003749	522000	684741
医疗仪器设备及仪器仪表制造业	**Manufacture of Medical Equipments and Measuring Instrument**	**153043**	**424870**	**1838274**	**1700883**	**2503267**	**2121127**
1.医疗仪器设备及器械制造	Manufacture of Medical Equipment and Appliance	21594	145078	440011	199743	178805	230924
2.仪器仪表制造	Manufacture of Measuring Instrument	131449	279793	1398263	1501140	2324462	1890202

2-1-7 续表 4 continued

行　业	Industry	专利申请数（件） Patent Applications (piece)					
		2000	2005	2009	2010	2011	2012
合计	**Total**	**131**	**2833**	**11799**	**16249**	**18922**	**19171**
医药制造业	**Manufacture of Medicines**	**48**	**459**	**560**	**841**	**898**	**1050**
#化学药品制造	Manufacture of Chemical Medicine	13	188	363	509	546	588
中成药生产	Production of Finished Traditional Chinese Herbal Medicine	29	195	64	108	95	100
生物药品制造	Manufacture of Biological Medicine	6	71	64	91	187	245
航空、航天器及设备制造业	**Manufacture of Aircrafts and Spacecrafts and Related Equipment**			**7**	**17**	**28**	**76**
#飞机制造	Manufacture of Airplanes			7	17	28	38
航天器制造	Manufacture of Spacecrafts						
电子及通信设备制造业	**Manufacture of Electronic Equipment and Communication Equipment**	**47**	**1998**	**5888**	**8310**	**10101**	**13253**
#通信设备制造	Manufacture of Communication Equipment	40	519	1315	2285	2857	4135
#通信系统设备制造	Manufacture of Communication System Equipment	37	106	318	507	409	459
通信终端设备制造	Manufacture of Communication Terminal Equipment	1	53	2		20	3676
广播电视设备制造	Manufacture of Broadcasting and TV Equipment		39	83	740	783	366
雷达及配套设备制造	Manufacture of Radar and Its Fittings						
视听设备制造	Manufacture of TV Set and Radio Receiver	5	850	579	165	307	979
电子器件制造	Manufacture of Electronic Appliances	2	306	2713	3206	3924	4868
#电子真空器件制造	Manufacture of Electronic Vacuum Appliance		1	88	77	2	41
半导体分立器件制造	Manufacture of Semiconductor Discreting Appliances			42	85	23	84
集成电路制造	Manufacture of Integrate Circuit	2	249	1489	1505	2051	1582
电子元件制造	Manufacture of Electronic Components		281	856	1618	2058	2247
其他电子设备制造	Manufacture of Other Electronic Equipment		3	342	296	172	366
计算机及办公设备制造业	**Manufacture of Computers and Office Equipment**	**30**	**146**	**4295**	**6074**	**6495**	**3499**
#计算机整机制造	Manufacture of Entired Computer		6	2312	4441	4549	2206
计算机零部件制造	Manufacture of Computer Components and Parts	28	140	1938	1592	1899	489
计算机外围设备制造	Manufacture of Computer Peripheral Equipment						262
办公设备制造	Manufacture of Office Equipment	2		45	41	47	169
医疗仪器设备及仪器仪表制造业	**Manufacture of Medical Equipments and Measuring Instrument**	**6**	**230**	**1049**	**1007**	**1400**	**1293**
1.医疗仪器设备及器械制造	Manufacture of Medical Equipment and Appliance	2	154	297	297	397	502
2.仪器仪表制造	Manufacture of Measuring Instrument	4	76	752	710	1003	791

2-1-7 续表 5 continued

行　业	Industry	有效发明专利数（件） Number of Patents In Force (piece)					
		2000	2005	2009	2010	2011	2012
合计	**Total**	**170**	**1194**	**5775**	**10259**	**13217**	**18995**
医药制造业	**Manufacture of Medicines**	**67**	**252**	**484**	**986**	**917**	**1179**
#化学药品制造	Manufacture of Chemical Medicine	5	56	269	555	614	858
中成药生产	Production of Finished Traditional Chinese Herbal Medicine	61	122	64	132	116	132
生物药品制造	Manufacture of Biological Medicine	1	9	125	62	106	79
航空、航天器及设备制造业	**Manufacture of Aircrafts and Spacecrafts and Related Equipment**				**8**		**22**
#飞机制造	Manufacture of Airplanes				8		
航天器制造	Manufacture of Spacecrafts						
电子及通信设备制造业	**Manufacture of Electronic Equipment and Communication Equipment**	**89**	**733**	**3173**	**4846**	**5122**	**8496**
#通信设备制造	Manufacture of Communication Equipment	87	173	781	1330	1321	1750
#通信系统设备制造	Manufacture of Communication System Equipment	82	72	265	295	420	479
通信终端设备制造	Manufacture of Communication Terminal Equipment	1	11	23		10	1271
广播电视设备制造	Manufacture of Broadcasting and TV Equipment		3	10	66	142	244
雷达及配套设备制造	Manufacture of Radar and Its Fittings						
视听设备制造	Manufacture of TV Set and Radio Receiver		129	338	296	213	923
电子器件制造	Manufacture of Electronic Appliances	2	367	1588	1914	1647	3350
#电子真空器件制造	Manufacture of Electronic Vacuum Appliance		251	20	8		110
半导体分立器件制造	Manufacture of Semiconductor Discreting Appliances		2	19	58	3	52
集成电路制造	Manufacture of Integrate Circuit	2	98	1295	1337	755	1271
电子元件制造	Manufacture of Electronic Components		60	296	1218	1738	1495
其他电子设备制造	Manufacture of Other Electronic Equipment		1	160	22	61	331
计算机及办公设备制造业	**Manufacture of Computers and Office Equipment**	**4**	**163**	**1756**	**4046**	**6561**	**8613**
#计算机整机制造	Manufacture of Entired Computer		1	1216	3082	4414	7333
计算机零部件制造	Manufacture of Computer Components and Parts	2	162	509	964	2125	645
计算机外围设备制造	Manufacture of Computer Peripheral Equipment						171
办公设备制造	Manufacture of Office Equipment	2		31		22	18
医疗仪器设备及仪器仪表制造业	**Manufacture of Medical Equipments and Measuring Instrument**	**10**	**46**	**362**	**373**	**617**	**685**
1.医疗仪器设备及器械制造	Manufacture of Medical Equipment and Appliance	6	30	123	135	181	271
2.仪器仪表制造	Manufacture of Measuring Instrument	4	16	239	238	436	414

2-1-7 续表 6 continued

行 业	Industry	技术改造经费支出（万元） Expenditure for Technical Renovation (10000 yuan)					
		2000	2005	2009	2010	2011	2012
合计	**Total**	**80420**	**278819**	**294618**	**526326**	**410614**	**385046**
医药制造业	**Manufacture of Medicines**	**15978**	**52192**	**81598**	**95215**	**70004**	**100845**
#化学药品制造	Manufacture of Chemical Medicine	8480	29971	62015	81330	58892	86947
中成药生产	Production of Finished Traditional Chinese Herbal Medicine	6498	20560	6959	3880	1278	8956
生物药品制造	Manufacture of Biological Medicine	1000	1200	5404	580	4510	2654
航空、航天器及设备制造业	**Manufacture of Aircrafts and Spacecrafts and Related Equipment**		**4564**	**175**	**1529**		
#飞机制造	Manufacture of Airplanes		4564	175	1529		
航天器制造	Manufacture of Spacecrafts						
电子及通信设备制造业	**Manufacture of Electronic Equipment and Communication Equipment**	**52920**	**189421**	**147133**	**263643**	**266296**	**203148**
#通信设备制造	Manufacture of Communication Equipment	32151	20815	9351	8986	16459	7712
#通信系统设备制造	Manufacture of Communication System Equipment	3772	4737	117	178	3	1776
通信终端设备制造	Manufacture of Communication Terminal Equipment	28286	501	751	7636		5935
广播电视设备制造	Manufacture of Broadcasting and TV Equipment		30	839	18		
雷达及配套设备制造	Manufacture of Radar and Its Fittings						
视听设备制造	Manufacture of TV Set and Radio Receiver	4894	28486	15765	53882	41328	33295
电子器件制造	Manufacture of Electronic Appliances	14908	49460	89424	165160	140923	92521
#电子真空器件制造	Manufacture of Electronic Vacuum Appliance	6185	6733	1393	338	2499	508
半导体分立器件制造	Manufacture of Semiconductor Discreting Appliances	8000	1822	22071	79877	17872	5439
集成电路制造	Manufacture of Integrate Circuit	723	32097	43974	23213	83163	27073
电子元件制造	Manufacture of Electronic Components	967	90508	31316	35375	67480	48711
其他电子设备制造	Manufacture of Other Electronic Equipment		121	439	222	107	1342
计算机及办公设备制造业	**Manufacture of Computers and Office Equipment**	**9417**	**26410**	**35191**	**127937**	**42477**	**14636**
#计算机整机制造	Manufacture of Entired Computer	516	575	1247	64280	1374	
计算机零部件制造	Manufacture of Computer Components and Parts	8902	24903	33008	59240	39572	10244
计算机外围设备制造	Manufacture of Computer Peripheral Equipment						1813
办公设备制造	Manufacture of Office Equipment		932	937	4417	1530	2578
医疗仪器设备及仪器仪表制造业	**Manufacture of Medical Equipments and Measuring Instrument**	**2105**	**6233**	**30520**	**38002**	**31837**	**66415**
1.医疗仪器设备及器械制造	Manufacture of Medical Equipment and Appliance	1213	663	1352	43	4212	3382
2.仪器仪表制造	Manufacture of Measuring Instrument	892	5570	29169	37959	27625	63033

2-1-7　续表 7　continued

行　业	Industry	引进技术经费支出（万元） Expenditure for Acquisition of Foreign Technology (10000 yuan)					
		2000	2005	2009	2010	2011	2012
合计	**Total**	**213961**	**622099**	**431253**	**465580**	**358907**	**344551**
医药制造业	**Manufacture of Medicines**	**8898**	**9383**	**25058**	**26725**	**8114**	**10602**
#化学药品制造	Manufacture of Chemical Medicine	2140	9183	25032	21350	7894	10522
中成药生产	Production of Finished Traditional Chinese Herbal Medicine	400	200	26	728		
生物药品制造	Manufacture of Biological Medicine	6233			2887		
航空、航天器及设备制造业	**Manufacture of Aircrafts and Spacecrafts and Related Equipment**		**2950**		**2856**		
#飞机制造	Manufacture of Airplanes		2950		2856		
航天器制造	Manufacture of Spacecrafts						
电子及通信设备制造业	**Manufacture of Electronic Equipment and Communication Equipment**	**130248**	**506772**	**363839**	**367130**	**301419**	**240615**
#通信设备制造	Manufacture of Communication Equipment	67737	181256	168230	160272	32411	36967
#通信系统设备制造	Manufacture of Communication System Equipment	20953	6852	12183	5949	6392	
通信终端设备制造	Manufacture of Communication Terminal Equipment	45569		15676	13183	8038	36967
广播电视设备制造	Manufacture of Broadcasting and TV Equipment		533	485	532		2446
雷达及配套设备制造	Manufacture of Radar and Its Fittings						
视听设备制造	Manufacture of TV Set and Radio Receiver	26179	107761	40777	56224	81805	49140
电子器件制造	Manufacture of Electronic Appliances	28850	122975	120969	93932	130299	88841
#电子真空器件制造	Manufacture of Electronic Vacuum Appliance	19300	17723	15420	11085	6816	7018
半导体分立器件制造	Manufacture of Semiconductor Discreting Appliances			4792	3600	4407	4896
集成电路制造	Manufacture of Integrate Circuit	9549	44195	3074	15614	11899	6798
电子元件制造	Manufacture of Electronic Components	7233	93128	30999	56171	56685	63218
其他电子设备制造	Manufacture of Other Electronic Equipment	250	1120	2379		219	
计算机及办公设备制造业	**Manufacture of Computers and Office Equipment**	**72256**	**102994**	**25829**	**19427**	**1840**	**22498**
#计算机整机制造	Manufacture of Entired Computer	31405	32607			447	
计算机零部件制造	Manufacture of Computer Components and Parts	40540	50593	14901	2771	243	2506
计算机外围设备制造	Manufacture of Computer Peripheral Equipment						16116
办公设备制造	Manufacture of Office Equipment	310	19794	10929	16657	1150	3876
医疗仪器设备及仪器仪表制造业	**Manufacture of Medical Equipments and Measuring Instrument**	**2559**		**16527**	**49441**	**47535**	**70834**
1.医疗仪器设备及器械制造	Manufacture of Medical Equipment and Appliance	180		212	27451	31990	59820
2.仪器仪表制造	Manufacture of Measuring Instrument	2379		16315	21991	15545	11014

2-1-7 续表 8 continued

行 业	Industry	消化吸收经费支出（万元） Expenditure for Assimilation of Technology (10000 yuan)					
		2000	2005	2009	2010	2011	2012
合计	**Total**	**11736**	**192020**	**14664**	**30039**	**69909**	**9723**
医药制造业	**Manufacture of Medicines**	**961**	**3405**	**6521**	**13536**	**6502**	**1894**
#化学药品制造	Manufacture of Chemical Medicine	960	3049	6492	10923	4846	892
中成药生产	Production of Finished Traditional Chinese Herbal Medicine	1	356	29	2389	1014	842
生物药品制造	Manufacture of Biological Medicine						
航空、航天器及设备制造业	**Manufacture of Aircrafts and Spacecrafts and Related Equipment**				**370**		
#飞机制造	Manufacture of Airplanes				370		
航天器制造	Manufacture of Spacecrafts						
电子及通信设备制造业	**Manufacture of Electronic Equipment and Communication Equipment**	**7236**	**182791**	**5943**	**11639**	**43169**	**6724**
#通信设备制造	Manufacture of Communication Equipment	1839	165488	837	1348	1092	347
#通信系统设备制造	Manufacture of Communication System Equipment	1088		200	402	5	190
通信终端设备制造	Manufacture of Communication Terminal Equipment	652			561		157
广播电视设备制造	Manufacture of Broadcasting and TV Equipment			91			841
雷达及配套设备制造	Manufacture of Radar and Its Fittings						
视听设备制造	Manufacture of TV Set and Radio Receiver	5219	1889	1429	3172	2866	2041
电子器件制造	Manufacture of Electronic Appliances	78	11716	431	5916	1275	2061
#电子真空器件制造	Manufacture of Electronic Vacuum Appliance			190	72		
半导体分立器件制造	Manufacture of Semiconductor Discreting Appliances			216	2583	389	936
集成电路制造	Manufacture of Integrate Circuit	78	730	25	2753	862	925
电子元件制造	Manufacture of Electronic Components	100	3698	3155	1202	37935	1431
其他电子设备制造	Manufacture of Other Electronic Equipment			1			
计算机及办公设备制造业	**Manufacture of Computers and Office Equipment**	**3197**	**3171**	**237**	**3099**	**2305**	
#计算机整机制造	Manufacture of Entired Computer						
计算机零部件制造	Manufacture of Computer Components and Parts	3197	1371	237	2436		
计算机外围设备制造	Manufacture of Computer Peripheral Equipment						
办公设备制造	Manufacture of Office Equipment		1800		662	2305	
医疗仪器设备及仪器仪表制造业	**Manufacture of Medical Equipments and Measuring Instrument**	**342**	**2653**	**1964**	**1396**	**17934**	**1104**
1.医疗仪器设备及器械制造	Manufacture of Medical Equipment and Appliance	160		172	10	21	21
2.仪器仪表制造	Manufacture of Measuring Instrument	182	2653	1792	1386	17913	1083

2-1-7 续表 9 continued

行 业	Industry	购买国内技术经费支出（万元） Expenditure on Purchase of Domestic Technology (10000 yuan)					
		2000	2005	2009	2010	2011	2012
合计	**Total**	**4379**	**13159**	**26590**	**22074**	**23943**	**24072**
医药制造业	**Manufacture of Medicines**	**1557**	**6808**	**6377**	**12546**	**11495**	**16314**
#化学药品制造	Manufacture of Chemical Medicine	562	5598	6259	11093	10624	12906
中成药生产	Production of Finished Traditional Chinese Herbal Medicine	980	918	35	1388	312	3344
生物药品制造	Manufacture of Biological Medicine	15	292			23	
航空、航天器及设备制造业	**Manufacture of Aircrafts and Spacecrafts and Related Equipment**						
#飞机制造	Manufacture of Airplanes						
航天器制造	Manufacture of Spacecrafts						
电子及通信设备制造业	**Manufacture of Electronic Equipment and Communication Equipment**	**102**	**4434**	**17902**	**2399**	**10994**	**7089**
#通信设备制造	Manufacture of Communication Equipment	101	85	2121	1553	5961	5822
#通信系统设备制造	Manufacture of Communication System Equipment			1672	1	5	
通信终端设备制造	Manufacture of Communication Terminal Equipment	101					5822
广播电视设备制造	Manufacture of Broadcasting and TV Equipment					36	
雷达及配套设备制造	Manufacture of Radar and Its Fittings						
视听设备制造	Manufacture of TV Set and Radio Receiver		684	1621		3026	
电子器件制造	Manufacture of Electronic Appliances		2906	12800	470	430	934
#电子真空器件制造	Manufacture of Electronic Vacuum Appliance		1013	425			
半导体分立器件制造	Manufacture of Semiconductor Discreting Appliances		1822	48	230		
集成电路制造	Manufacture of Integrate Circuit		70	55	90	430	86
电子元件制造	Manufacture of Electronic Components	2	558	1280	256	1538	195
其他电子设备制造	Manufacture of Other Electronic Equipment		200	81	119	4	
计算机及办公设备制造业	**Manufacture of Computers and Office Equipment**		**1844**	**272**	**5396**	**158**	**52**
#计算机整机制造	Manufacture of Entired Computer		1844	30	42		52
计算机零部件制造	Manufacture of Computer Components and Parts			242	5319	138	
计算机外围设备制造	Manufacture of Computer Peripheral Equipment						
办公设备制造	Manufacture of Office Equipment				35	20	
医疗仪器设备及仪器仪表制造业	**Manufacture of Medical Equipments and Measuring Instrument**	**2720**	**74**	**2038**	**1734**	**1296**	**616**
1.医疗仪器设备及器械制造	Manufacture of Medical Equipment and Appliance	2707	15	98	10		65
2.仪器仪表制造	Manufacture of Measuring Instrument	12	59	1940	1724	1296	551

2-1-7 续表 10 continued

行 业	Industry	研发机构数（个） Number of R&D Institutions in Enterprises (unit)					
		2000	2005	2009	2010	2011	2012
合计	**Total**	**115**	**274**	**635**	**669**	**613**	**1180**
医药制造业	**Manufacture of Medicines**	**36**	**62**	**104**	**125**	**118**	**150**
#化学药品制造	Manufacture of Chemical Medicine	16	46	69	81	69	80
中成药生产	Production of Finished Traditional Chinese Herbal Medicine	14	12	14	18	23	18
生物药品制造	Manufacture of Biological Medicine	5	2	10	12	17	21
航空、航天器及设备制造业	**Manufacture of Aircrafts and Spacecrafts and Related Equipment**		**2**	**1**	**2**	**4**	**8**
#飞机制造	Manufacture of Airplanes		2	1	2	4	4
航天器制造	Manufacture of Spacecrafts						
电子及通信设备制造业	**Manufacture of Electronic Equipment and Communication Equipment**	**63**	**167**	**356**	**380**	**342**	**763**
#通信设备制造	Manufacture of Communication Equipment	32	41	68	61	52	70
#通信系统设备制造	Manufacture of Communication System Equipment	18	13	18	14	7	29
通信终端设备制造	Manufacture of Communication Terminal Equipment	4	5	5	3	3	41
广播电视设备制造	Manufacture of Broadcasting and TV Equipment		1	5	8	12	20
雷达及配套设备制造	Manufacture of Radar and Its Fittings						1
视听设备制造	Manufacture of TV Set and Radio Receiver	8	40	34	37	32	55
电子器件制造	Manufacture of Electronic Appliances	5	26	95	116	86	254
#电子真空器件制造	Manufacture of Electronic Vacuum Appliance	3	5	10	7		2
半导体分立器件制造	Manufacture of Semiconductor Discreting Appliances	1	3	11	11	9	31
集成电路制造	Manufacture of Integrate Circuit	1	12	28	41	29	61
电子元件制造	Manufacture of Electronic Components	11	57	145	139	154	304
其他电子设备制造	Manufacture of Other Electronic Equipment	7	2	9	19	6	26
计算机及办公设备制造业	**Manufacture of Computers and Office Equipment**	**7**	**23**	**90**	**69**	**68**	**123**
#计算机整机制造	Manufacture of Entired Computer	2	10	29	17	21	17
计算机零部件制造	Manufacture of Computer Components and Parts	5	12	54	46	40	49
计算机外围设备制造	Manufacture of Computer Peripheral Equipment						27
办公设备制造	Manufacture of Office Equipment		1	7	6	7	9
医疗仪器设备及仪器仪表制造业	**Manufacture of Medical Equipments and Measuring Instrument**	**9**	**20**	**84**	**93**	**81**	**136**
1.医疗仪器设备及器械制造	Manufacture of Medical Equipment and Appliance	4	4	16	25	23	45
2.仪器仪表制造	Manufacture of Measuring Instrument	5	16	68	68	58	91

2-1-7 续表 11 continued

行 业	Industry	机构人员（人） Personnel in the R&D Institutions (person)					
		2000	2005	2009	2010	2011	2012
合计	**Total**	**7173**	**25554**	**79961**	**102370**	**73021**	**140567**
医药制造业	**Manufacture of Medicines**	**1081**	**2695**	**5875**	**8254**	**8398**	**10638**
#化学药品制造	Manufacture of Chemical Medicine	487	1959	4291	5521	5433	7024
中成药生产	Production of Finished Traditional Chinese Herbal Medicine	459	425	676	1194	1419	1357
生物药品制造	Manufacture of Biological Medicine	121	219	436	799	1102	1333
航空、航天器及设备制造业	**Manufacture of Aircrafts and Spacecrafts and Related Equipment**		**308**	**358**	**107**	**305**	**363**
#飞机制造	Manufacture of Airplanes		308	358	107	305	140
航天器制造	Manufacture of Spacecrafts						
电子及通信设备制造业	**Manufacture of Electronic Equipment and Communication Equipment**	**5524**	**15025**	**43293**	**46892**	**43624**	**76236**
#通信设备制造	Manufacture of Communication Equipment	3800	6143	14636	14327	13099	16300
#通信系统设备制造	Manufacture of Communication System Equipment	2622	3596	6567	7368	4736	6563
通信终端设备制造	Manufacture of Communication Terminal Equipment	93	652	508	423	409	9737
广播电视设备制造	Manufacture of Broadcasting and TV Equipment		250	596	711	1259	1215
雷达及配套设备制造	Manufacture of Radar and Its Fittings						20
视听设备制造	Manufacture of TV Set and Radio Receiver	320	2919	3865	2834	2611	3499
电子器件制造	Manufacture of Electronic Appliances	140	1718	10047	11621	12166	26766
#电子真空器件制造	Manufacture of Electronic Vacuum Appliance	71	214	567	386		61
半导体分立器件制造	Manufacture of Semiconductor Discreting Appliances	8	151	851	895	775	1436
集成电路制造	Manufacture of Integrate Circuit	61	973	4760	4286	5254	8114
电子元件制造	Manufacture of Electronic Components	807	3952	13583	16364	13820	24009
其他电子设备制造	Manufacture of Other Electronic Equipment	457	43	566	1035	669	2491
计算机及办公设备制造业	**Manufacture of Computers and Office Equipment**	**417**	**6274**	**24462**	**39844**	**13882**	**41711**
#计算机整机制造	Manufacture of Entired Computer	140	2657	16511	5964	7340	15586
计算机零部件制造	Manufacture of Computer Components and Parts	277	2816	7497	33478	6077	18253
计算机外围设备制造	Manufacture of Computer Peripheral Equipment						2708
办公设备制造	Manufacture of Office Equipment		801	454	402	465	1164
医疗仪器设备及仪器仪表制造业	**Manufacture of Medical Equipments and Measuring Instrument**	**151**	**1252**	**5973**	**7273**	**6812**	**11619**
1.医疗仪器设备及器械制造	Manufacture of Medical Equipment and Appliance	45	431	1454	1895	1909	3868
2.仪器仪表制造	Manufacture of Measuring Instrument	106	821	4519	5378	4903	7751

2-1-7 续表 12 continued

行 业	Industry	机构经费支出（万元） Expenditure in the R&D Institutions (10000 yuan)					
		2000	2005	2009	2010	2011	2012
合计	**Total**	**148968**	**476070**	**1754756**	**2137613**	**2061718**	**3516320**
医药制造业	**Manufacture of Medicines**	**17518**	**42017**	**156510**	**197780**	**211688**	**303787**
#化学药品制造	Manufacture of Chemical Medicine	12491	32989	126594	152949	156427	228999
中成药生产	Production of Finished Traditional Chinese Herbal Medicine	3856	4162	10151	17083	23231	33624
生物药品制造	Manufacture of Biological Medicine	685	2216	10041	14115	22249	28271
航空、航天器及设备制造业	**Manufacture of Aircrafts and Spacecrafts and Related Equipment**		**4713**	**3974**	**1828**	**8586**	**12519**
#飞机制造	Manufacture of Airplanes		4713	3974	1828	8586	5115
航天器制造	Manufacture of Spacecrafts						
电子及通信设备制造业	**Manufacture of Electronic Equipment and Communication Equipment**	**113778**	**330448**	**1113294**	**1393836**	**1168755**	**1985005**
#通信设备制造	Manufacture of Communication Equipment	94135	157033	465908	484534	438859	507196
#通信系统设备制造	Manufacture of Communication System Equipment	55672	73388	221392	225986	188363	228596
通信终端设备制造	Manufacture of Communication Terminal Equipment	4185	8799	10764	14522	12647	278599
广播电视设备制造	Manufacture of Broadcasting and TV Equipment		1686	5957	12097	14782	31994
雷达及配套设备制造	Manufacture of Radar and Its Fittings						103
视听设备制造	Manufacture of TV Set and Radio Receiver	8339	45221	140256	70359	86117	113899
电子器件制造	Manufacture of Electronic Appliances	4946	33415	285886	481125	369863	763292
#电子真空器件制造	Manufacture of Electronic Vacuum Appliance	1013	6088	8027	9124		1390
半导体分立器件制造	Manufacture of Semiconductor Discreting Appliances	13	3632	10779	17415	15795	31709
集成电路制造	Manufacture of Integrate Circuit	3920	14287	184288	202558	181064	292872
电子元件制造	Manufacture of Electronic Components	3843	92816	201331	322874	247813	404872
其他电子设备制造	Manufacture of Other Electronic Equipment	2516	278	13956	22847	11322	112810
计算机及办公设备制造业	**Manufacture of Computers and Office Equipment**	**16008**	**89763**	**360104**	**414630**	**518319**	**908247**
#计算机整机制造	Manufacture of Entired Computer	791	13195	210963	132786	360275	466806
计算机零部件制造	Manufacture of Computer Components and Parts	15218	74768	140266	269916	151697	307542
计算机外围设备制造	Manufacture of Computer Peripheral Equipment						43383
办公设备制造	Manufacture of Office Equipment		1800	8875	11928	6347	22810
医疗仪器设备及仪器仪表制造业	**Manufacture of Medical Equipments and Measuring Instrument**	**1664**	**9128**	**120872**	**129540**	**154370**	**306760**
1.医疗仪器设备及器械制造	Manufacture of Medical Equipment and Appliance	870	1516	38920	43352	83339	139519
2.仪器仪表制造	Manufacture of Measuring Instrument	794	7612	81953	86189	71031	167240

2-1-8　各地区大中型企业R&D及相关活动情况

Statistics on R&D and Related Activities of Enterprises in Large and Medium-sized Enterprises by Region

地　区	Region	R&D人员折合全时当量（人年） Full-time Equivalent of R&D Personnel (man-year)					
		2000	2005	2009	2010	2011	2012
全　国	**Total**	**91573**	**173161**	**320033**	**399074**	**426718**	**525614**
东部地区	Eastern Region	45397	112545	246246	317475	345745	418575
中部地区	Middle Region	13932	23154	29774	36124	41565	50983
西部地区	Western Region	25138	25244	31818	34860	25928	38858
东北地区	Northeastern Region	7106	12219	12194	10615	13480	17196
北　京	Beijing	4374	8591	7546	8440	12955	14930
天　津	Tianjin	1895	3464	4891	6750	8205	8793
河　北	Hebei	1768	3469	5561	6632	5689	6488
山　西	Shanxi	286	302	1522	1098	1385	2734
内蒙古	Inner Mongolia	20	108	155	227	159	224
辽　宁	Liaoning	3725	6089	4845	4047	5094	8595
吉　林	Jilin	1136	630	2001	1644	2828	3637
黑龙江	Heilongjiang	2245	5500	5348	4924	5559	4963
上　海	Shanghai	7128	7045	17770	19278	15630	18876
江　苏	Jiangsu	6272	18901	48224	64496	63191	70473
浙　江	Zhejiang	1724	11571	20024	24485	28734	34315
安　徽	Anhui	1136	1404	3173	6693	6192	7085
福　建	Fujian	1595	5277	10457	14034	19058	22529
江　西	Jiangxi	6493	5441	5756	5418	6924	7512
山　东	Shandong	3195	5836	13963	15618	23865	31274
河　南	Henan	1217	3826	7342	7262	7886	8853
湖　北	Hubei	2704	8461	9126	10461	14596	18994
湖　南	Hunan	2077	3611	2702	4964	4422	5802
广　东	Guangdong	16915	47488	116894	156235	167069	210298
广　西	Guangxi	491	870	599	1115	1132	1313
海　南	Hainan	39	33	318	392	218	595
重　庆	Chongqing	1379	2094	3048	4000	4055	4132
四　川	Sichuan	2425	9401	13187	11640	5111	12176
贵　州	Guizhou	2393	2451	2708	4932	688	2364
云　南	Yunnan	118	246	668	1002	1418	1826
西　藏	Tibet			337	10		
陕　西	Shaanxi	17561	9686	10594	12006	13039	15624
甘　肃	Gansu	1116	848	757	727	730	825
青　海	Qinghai	61	12	31	22	13	48
宁　夏	Ningxia	85	480	463	408	394	303
新　疆	Xinjiang		25	26	114	480	19

2-1-8 续表 1 continued

地 区	Region	R&D经费内部支出（万元）Intramural Expenditure on R&D (10000 yuan)					
		2000	2005	2009	2010	2011	2012
全 国	**Total**	**1110410**	**3624985**	**7740499**	**9678300**	**12378065**	**14914940**
东部地区	Eastern Region	815839	3008915	6245196	7871363	9905284	11971280
中部地区	Middle Region	86856	179047	546299	637548	994714	1192353
西部地区	Western Region	161628	288813	604883	732536	782789	1102368
东北地区	Northeastern Region	46087	148210	344120	436853	695278	648939
北 京	Beijing	107059	207216	341785	368388	626895	775203
天 津	Tianjin	60429	90124	164774	220547	251607	289196
河 北	Hebei	15687	34702	66843	90836	103594	129320
山 西	Shanxi	1577	2949	14728	13882	23271	45447
内蒙古	Inner Mongolia	73	1174	2447	3672	4564	4832
辽 宁	Liaoning	19875	78649	195817	258646	482418	432952
吉 林	Jilin	7870	13897	24569	19327	50970	48353
黑龙江	Heilongjiang	18342	55664	123734	158880	161890	167633
上 海	Shanghai	119707	341939	555271	673565	619208	802296
江 苏	Jiangsu	68974	381402	1083429	1351327	1737028	2060527
浙 江	Zhejiang	43078	328463	442093	524402	637981	845079
安 徽	Anhui	8765	18711	43522	122141	162140	171111
福 建	Fujian	28198	139019	255335	373649	462941	482354
江 西	Jiangxi	17724	43024	95260	104371	138099	150116
山 东	Shandong	49329	267923	527368	612385	868851	1143258
河 南	Henan	11431	29571	100172	98992	101271	123753
湖 北	Hubei	40537	63366	203312	198633	420870	552623
湖 南	Hunan	6749	20253	86858	95857	144501	149301
广 东	Guangdong	319979	1206178	2789522	3630850	4551770	5423062
广 西	Guangxi	2827	11391	10660	15746	36396	36824
海 南	Hainan	573	560	8118	9668	9014	20980
重 庆	Chongqing	7960	24712	42269	64451	61831	83812
四 川	Sichuan	24759	109765	259515	247534	176643	348968
贵 州	Guizhou	7274	22100	58213	98334	16311	42326
云 南	Yunnan	1701	2846	9776	17283	31243	41925
西 藏	Tibet			1937	648		
陕 西	Shaanxi	116030	119312	214485	261870	450657	506251
甘 肃	Gansu	3464	4496	11108	30314	21641	26487
青 海	Qinghai	284	38	1194	722	183	778
宁 夏	Ningxia	157	5165	4924	7680	7896	8418
新 疆	Xinjiang		380	1461	3701	16385	1741

2-1-8　续表 2　continued

地　区	Region	新产品开发经费支出（万元） Expenditure on New Products Development (10000 yuan)					
		2000	2005	2009	2010	2011	2012
全　国	**Total**	**1177940**	**4156916**	**9250743**	**10069385**	**15280302**	**18274769**
东部地区	Eastern Region	875860	3472865	7348521	7977871	12498323	14839631
中部地区	Middle Region	87719	196713	698792	788760	1172196	1405131
西部地区	Western Region	170484	305893	766892	936082	955604	1453930
东北地区	Northeastern Region	43877	181445	436539	366672	654179	576075
北　京	Beijing	96740	222839	421029	503264	791684	999613
天　津	Tianjin	65426	73238	161678	286850	239216	307348
河　北	Hebei	17761	29647	62112	84196	103164	136997
山　西	Shanxi	1983	4845	15421	14488	29213	52147
内蒙古	Inner Mongolia	181	1314	2873	3962	4610	4174
辽　宁	Liaoning	20382	88205	282935	187839	432049	326271
吉　林	Jilin	10559	25342	34362	20702	61632	64568
黑龙江	Heilongjiang	12936	67898	119242	158131	160498	185235
上　海	Shanghai	142679	340142	709547	851462	1005813	1154728
江　苏	Jiangsu	97846	534778	1369519	1839490	2617921	3498145
浙　江	Zhejiang	38881	384648	480187	580192	718215	869679
安　徽	Anhui	6208	25874	75940	151688	211458	291846
福　建	Fujian	28892	190738	307203	401274	511819	525643
江　西	Jiangxi	13422	45405	82102	123956	156085	137577
山　东	Shandong	104224	323607	626160	685158	944538	1218569
河　南	Henan	16914	29634	125029	129567	129766	153533
湖　北	Hubei	41304	56204	290250	285418	482625	593543
湖　南	Hunan	7708	33438	107176	79681	158439	176483
广　东	Guangdong	278654	1360287	3188554	2710412	5503043	6093940
广　西	Guangxi	3683	12147	16816	20935	46803	43286
海　南	Hainan	1073	794	5718	14639	16108	34964
重　庆	Chongqing	8571	28943	48183	57767	74253	91791
四　川	Sichuan	41501	112205	335115	372848	336348	632592
贵　州	Guizhou	10049	30087	96969	134270	20846	88135
云　南	Yunnan	4217	4330	10969	13069	30473	37165
西　藏	Tibet			516			82
陕　西	Shaanxi	99505	117805	244160	326309	446259	514357
甘　肃	Gansu	5582	6771	18071	16562	20110	31143
青　海	Qinghai	3	58	335	710	1132	922
宁　夏	Ningxia	951	4288	6601	6555	8868	8447
新　疆	Xinjiang	105	1407	5973	7992	17314	1833

2-1-8 续表 3 continued

地 区	Region	新产品销售收入（万元） Sales Revenue of New Products (10000 yuan)					
		2000	2005	2009	2010	2011	2012
全 国	**Total**	**24838202**	**69146633**	**125950003**	**163647630**	**203845209**	**237653174**
东部地区	Eastern Region	21149400	60959695	110218507	147015851	182636750	209126662
中部地区	Middle Region	726582	1604267	5620631	8173351	9652452	13477314
西部地区	Western Region	1991396	4199611	8162814	5663147	7949597	10554887
东北地区	Northeastern Region	970824	2383061	1948051	2795282	3606411	4494310
北 京	Beijing	3830492	3777312	12928253	13607777	13299197	11263682
天 津	Tianjin	2561451	8959529	7544355	8481937	7444982	10731674
河 北	Hebei	223976	233586	503020	701062	697650	1419564
山 西	Shanxi	22065	74075	188242	478459	266004	412272
内蒙古	Inner Mongolia	777	17420	6500	85620	44163	83049
辽 宁	Liaoning	476716	1344617	1367928	2185478	2594695	3236318
吉 林	Jilin	55312	97961	337570	317110	615757	766622
黑龙江	Heilongjiang	438796	940483	242553	292694	395960	491369
上 海	Shanghai	3174322	12571834	11799623	11761955	9146581	7829314
江 苏	Jiangsu	2824340	5294970	22468752	25619005	46004626	55482350
浙 江	Zhejiang	1003813	2779731	5101601	6956994	8927026	10706727
安 徽	Anhui	43246	348387	651668	841827	2112693	3232533
福 建	Fujian	1529296	6120112	6027027	8074863	10443966	11633960
江 西	Jiangxi	130176	356989	790975	1175791	1339551	1931650
山 东	Shandong	1229598	3971258	9244470	11133363	14780965	16877161
河 南	Henan	313657	460775	1139907	1323861	1155186	1123518
湖 北	Hubei	125908	142090	2132075	2781652	2673095	4213685
湖 南	Hunan	90753	204531	711265	1486141	2061761	2563654
广 东	Guangdong	4726973	17159425	34449811	60464340	71682228	83121251
广 西	Guangxi	43301	91789	134112	199155	174451	450882
海 南	Hainan	1838	150	17484	15401	35077	60976
重 庆	Chongqing	84774	513508	1334709	1469500	3665576	1431173
四 川	Sichuan	1289807	2235391	4945762	1385860	1319503	5489428
贵 州	Guizhou	82183	229843	329614	581453	184131	347984
云 南	Yunnan	43546	60538	213575	261031	340912	287242
西 藏	Tibet			40769			
陕 西	Shaanxi	377599	1038495	1072488	1586068	1997131	2071035
甘 肃	Gansu	91462	38676	84039	170318	198930	284347
青 海	Qinghai	5	1300	160	215	237	
宁 夏	Ningxia	22019	44660	126209	178064	148734	107656
新 疆	Xinjiang		37200	15490	30638	94443	2087

2-1-8 续表 4 continued

地　区	Region	专利申请数（件） Patent Applications (piece)					
		2000	2005	2009	2010	2011	2012
全　国	**Total**	**2245**	**16823**	**51513**	**59683**	**77725**	**97200**
东部地区	Eastern Region	1550	14150	44964	51219	67793	80537
中部地区	Middle Region	181	903	2936	4049	5544	7138
西部地区	Western Region	410	1085	2623	3382	2931	7361
东北地区	Northeastern Region	104	685	990	1033	1457	2164
北　京	Beijing	7	777	1785	2804	5184	8544
天　津	Tianjin	73	393	1801	1889	1990	2478
河　北	Hebei	27	118	279	349	367	392
山　西	Shanxi	4	18	92	100	152	208
内蒙古	Inner Mongolia	1	13	14	12	14	16
辽　宁	Liaoning	30	445	681	650	746	1151
吉　林	Jilin	27	126	84	113	221	401
黑龙江	Heilongjiang	47	114	225	270	490	612
上　海	Shanghai	118	1445	3042	3453	3572	4772
江　苏	Jiangsu	129	1000	3815	7528	9659	10502
浙　江	Zhejiang	54	838	2977	3358	3787	5261
安　徽	Anhui	3	43	412	938	1203	1803
福　建	Fujian	50	233	1453	1865	1752	2507
江　西	Jiangxi	17	202	361	349	390	678
山　东	Shandong	155	991	2433	3087	4555	5291
河　南	Henan	26	141	732	997	1128	1195
湖　北	Hubei	81	409	687	886	1316	1882
湖　南	Hunan	49	77	638	767	1341	1372
广　东	Guangdong	922	8268	27255	26740	36742	40711
广　西	Guangxi	11	87	77	92	111	127
海　南	Hainan	4		47	54	74	79
重　庆	Chongqing	54	80	412	420	803	812
四　川	Sichuan	146	261	911	1452	663	4218
贵　州	Guizhou	38	98	437	520	136	479
云　南	Yunnan	40	167	175	110	164	186
西　藏	Tibet			14	1	2	2
陕　西	Shaanxi	53	395	569	732	964	1252
甘　肃	Gansu	4	48	66	114	129	219
青　海	Qinghai	13	1				
宁　夏	Ningxia	62	20	24	18	54	48
新　疆	Xinjiang		15	15	15	16	2

2-1-8 续表 5 continued

地 区	Region	有效发明专利数（件） Number of Patents In Force (piece)					
		2000	2005	2009	2010	2011	2012
全 国	**Total**	**1443**	**6658**	**31830**	**50166**	**67428**	**97878**
东部地区	Eastern Region	941	5648	27504	45079	60911	87182
中部地区	Middle Region	125	375	2054	2656	3361	4686
西部地区	Western Region	232	462	1568	1872	2031	4360
东北地区	Northeastern Region	145	173	704	559	1125	1650
北 京	Beijing	18	500	1585	2136	3464	6693
天 津	Tianjin	6	113	509	872	922	1420
河 北	Hebei	12	42	346	285	399	679
山 西	Shanxi	1	8	61	79	109	154
内 蒙 古	Inner Mongolia		13	8	8	18	15
辽 宁	Liaoning	62	92	410	271	598	829
吉 林	Jilin	15	30	158	105	186	384
黑 龙 江	Heilongjiang	68	51	136	183	341	437
上 海	Shanghai	110	264	2338	2509	2495	3904
江 苏	Jiangsu	84	489	1849	3604	4924	7498
浙 江	Zhejiang	50	333	1555	2199	3111	4265
安 徽	Anhui	1	34	203	347	337	903
福 建	Fujian	1	434	271	624	874	1522
江 西	Jiangxi	12	42	154	203	302	496
山 东	Shandong	97	247	1373	1268	1842	2943
河 南	Henan	32	47	211	328	383	489
湖 北	Hubei	28	160	1037	1201	1717	2067
湖 南	Hunan	51	71	380	490	495	577
广 东	Guangdong	552	3197	17525	31356	42741	58182
广 西	Guangxi	9	29	147	195	101	219
海 南	Hainan	2		6	31	38	76
重 庆	Chongqing	15	38	255	320	308	435
四 川	Sichuan	81	91	240	417	391	1838
贵 州	Guizhou	33	84	346	399	212	374
云 南	Yunnan	17	73	105	221	215	311
西 藏	Tibet			9		1	
陕 西	Shaanxi	68	154	536	466	828	1089
甘 肃	Gansu	5	3	19	29	48	64
青 海	Qinghai	4	1				
宁 夏	Ningxia	9	15	30	11	14	7
新 疆	Xinjiang		3	28	9	14	8

2-1-8　续表 6　continued

地　　区	Region	技术改造经费支出（万元） Expenditure for Technical Renovation (10000 yuan)					
		2000	2005	2009	2010	2011	2012
全　　国	**Total**	**1047478**	**1590214**	**2017410**	**2687343**	**2396391**	**3191778**
东部地区	Eastern Region	569560	919104	1164063	1792542	1712997	2171436
中部地区	Middle Region	95484	158537	307856	222323	275943	388999
西部地区	Western Region	231467	295319	401724	570275	206264	398059
东北地区	Northeastern Region	150967	217254	143767	102202	201187	233283
北　　京	Beijing	7625	18144	4721	8930	22309	17257
天　　津	Tianjin	51416	47343	6952	90271	61997	28078
河　　北	Hebei	33335	17614	23231	27409	25443	35263
山　　西	Shanxi	4632	3975	1864	812	2560	8414
内 蒙 古	Inner Mongolia	3961	210	259	6091	7301	1415
辽　　宁	Liaoning	76013	51994	58466	39851	99690	101630
吉　　林	Jilin	14919	21988	24205	531	17607	43764
黑 龙 江	Heilongjiang	60035	143272	61096	61820	83890	87887
上　　海	Shanghai	58546	53656	73843	102880	83524	110582
江　　苏	Jiangsu	107929	216469	471886	693797	785871	1080619
浙　　江	Zhejiang	86613	212220	193827	261491	228686	275779
安　　徽	Anhui	10450	32871	26363	34269	34566	51664
福　　建	Fujian	16177	33522	39418	98744	135505	118044
江　　西	Jiangxi	15333	34012	44973	28630	28119	132110
山　　东	Shandong	92982	132152	197918	170118	172283	269657
河　　南	Henan	21323	44723	151200	43790	40623	31140
湖　　北	Hubei	32884	15126	28186	35837	51283	65668
湖　　南	Hunan	6903	27620	55011	72896	111492	100001
广　　东	Guangdong	110504	173141	134247	322451	171626	217599
广　　西	Guangxi	3867	14845	17645	16268	20826	36892
海　　南	Hainan	566		376	184	4929	18555
重　　庆	Chongqing	5901	32133	43666	43668	15469	35501
四　　川	Sichuan	38775	63437	155014	306163	65886	142893
贵　　州	Guizhou	27235	35210	40521	35281	1380	31216
云　　南	Yunnan	3973	9228	2792	2224	3342	3564
西　　藏	Tibet						
陕　　西	Shaanxi	133595	129342	143023	156236	108964	128228
甘　　肃	Gansu	5495	18726	6957	19130	3344	2823
青　　海	Qinghai	1002					
宁　　夏	Ningxia	15407	963	1623	7146	4378	6224
新　　疆	Xinjiang	85	6281	8127	427	3500	9300

2-1-8 续表 7 continued

地 区	Region	引进技术经费支出（万元） Expenditure for Acquisition of Foreign Technology (10000 yuan)					
		2000	2005	2009	2010	2011	2012
全 国	**Total**	**470463**	**848184**	**644240**	**687810**	**621819**	**733053**
东部地区	Eastern Region	320932	797643	555368	608629	571201	576357
中部地区	Middle Region	27460	11339	11977	15340	33117	6074
西部地区	Western Region	102037	24803	26649	31098	16732	145946
东北地区	Northeastern Region	20034	14399	50246	32742	769	4675
北 京	Beijing	2904	31155	24954	58452	56689	83618
天 津	Tianjin	6088	248797	148724	153264	18317	50041
河 北	Hebei	8208	1882	1335	2122	886	779
山 西	Shanxi	315		650			
内 蒙 古	Inner Mongolia	2263					
辽 宁	Liaoning	12396	5813	46659	5090	105	226
吉 林	Jilin	3071	706	500	706	663	4449
黑 龙 江	Heilongjiang	4567	7880	3087	26946		
上 海	Shanghai	153586	141906	45166	49054	62829	67756
江 苏	Jiangsu	54830	168260	95032	130605	192444	142437
浙 江	Zhejiang	8306	9197	12150	22273	19515	23523
安 徽	Anhui	1906	3374	12	312	8138	874
福 建	Fujian	11572	27311	83394	102565	156441	88814
江 西	Jiangxi	3365	4442		5020	3020	1655
山 东	Shandong	5957	7565	10560	11068	19662	36438
河 南	Henan	3786	498	1900	1131	20786	1775
湖 北	Hubei	13060	1672	992	620	919	1727
湖 南	Hunan	2765	1354	8423	8257	255	42
广 东	Guangdong	68671	161527	132347	78986	42298	82947
广 西	Guangxi	239	42		240	1806	
海 南	Hainan	573		1708		315	
重 庆	Chongqing	609	2490	4614	33	108	907
四 川	Sichuan	21569	4069	20537	30166	15811	142758
贵 州	Guizhou	11654	7223	221	251	35	
云 南	Yunnan	427	217		20	5	883
西 藏	Tibet						
陕 西	Shaanxi	64595	10804	20	628	419	1124
甘 肃	Gansu	3058		327		355	273
青 海	Qinghai	2					
宁 夏	Ningxia	64		930			
新 疆	Xinjiang	60					

2-1-8　续表 8　continued

地　区	Region	消化吸收经费支出（万元） Expenditure for Assimilation of Technology (10000 yuan)					
		2000	2005	2009	2010	2011	2012
全　国	**Total**	**33685**	**274972**	**106224**	**138268**	**152481**	**93179**
东部地区	Eastern Region	20561	265981	64069	90355	135831	74894
中部地区	Middle Region	1960	3603	9260	20730	10293	9343
西部地区	Western Region	2345	2471	5156	5413	6086	7686
东北地区	Northeastern Region	8819	2917	27739	21769	272	1254
北　京	Beijing	4538	196	833	260	1504	599
天　津	Tianjin	816	158030	290	1443	1113	321
河　北	Hebei	1806	785	1493	1265	1651	4849
山　西	Shanxi	13	30	610	124	121	122
内蒙古	Inner Mongolia				12		
辽　宁	Liaoning	2240	43	1140	142	257	34
吉　林	Jilin		252	759		15	1220
黑龙江	Heilongjiang	6579	2622	25840	21627		
上　海	Shanghai	1637	9373	5439	5991	11773	3308
江　苏	Jiangsu	2373	11721	22831	21596	71459	25796
浙　江	Zhejiang	1129	7904	5979	17394	12348	13706
安　徽	Anhui	749	280	1503	7413	3416	388
福　建	Fujian	858	3328	2393	4261	3641	1850
江　西	Jiangxi	22	1309	123	1856	1784	1250
山　东	Shandong	1315	2581	11696	22651	18065	19064
河　南	Henan	53	820	3731	677	1669	862
湖　北	Hubei	794	280	1070	341	1161	6033
湖　南	Hunan	330	884	2223	10308	2142	688
广　东	Guangdong	5972	71581	8359	12319	10597	5221
广　西	Guangxi	15	423	1014	1430	3583	146
海　南	Hainan	102	60	3743	1745	99	176
重　庆	Chongqing	400	1025	636	733	955	536
四　川	Sichuan	532	899	1996	280	1594	5962
贵　州	Guizhou	35	44	110	596	35	
云　南	Yunnan	654		75	80	384	409
西　藏	Tibet						
陕　西	Shaanxi	702	504	868	3711	2632	585
甘　肃	Gansu			433		35	47
青　海	Qinghai						
宁　夏	Ningxia	12		1039	13	450	
新　疆	Xinjiang	10					

2-1-8 续表 9 continued

地 区	Region	购买国内技术经费支出（万元） Expenditure on Purchase of Domestic Technology (10000 yuan)					
		2000	2005	2009	2010	2011	2012
全 国	**Total**	**72099**	**95359**	**139026**	**212944**	**162429**	**238341**
东部地区	Eastern Region	27678	70402	102948	175655	129482	202096
中部地区	Middle Region	7373	11196	11185	15172	12507	15185
西部地区	Western Region	3143	12246	10429	15059	16920	18431
东北地区	Northeastern Region	33905	1515	14465	7057	3520	2628
北 京	Beijing	86	3274	5215	4375	5593	934
天 津	Tianjin	2231	1254	3719	6310	800	242
河 北	Hebei	2066	1637	1891	1812	4006	6147
山 西	Shanxi	145	181	1502	908	925	4255
内蒙古	Inner Mongolia	2018					
辽 宁	Liaoning	327	592	827	2123	284	1404
吉 林	Jilin	32722	323	2036	90	2529	1169
黑龙江	Heilongjiang	856	600	11602	4844	707	55
上 海	Shanghai	4683	5669	8115	11728	13935	5999
江 苏	Jiangsu	8472	16724	27888	52315	24539	30162
浙 江	Zhejiang	3303	11229	12854	12226	17806	24032
安 徽	Anhui	1511	348	942	2935	3657	1974
福 建	Fujian	540	9702	21743	30784	21904	47399
江 西	Jiangxi	173	5129	1776	790	109	220
山 东	Shandong	4205	3812	11057	11295	18101	49095
河 南	Henan	82	4653	3135	2838	1959	1395
湖 北	Hubei	2952	774	650	2765	1613	2975
湖 南	Hunan	493	110	3180	4937	4244	4363
广 东	Guangdong	1329	16220	8933	36610	19239	32839
广 西	Guangxi	388	602	327	1257	1248	1993
海 南	Hainan	375	280	1207	6943	2313	5242
重 庆	Chongqing	1024	2488	2418	2722	3502	1001
四 川	Sichuan	887	1705	5223	10312	12164	13735
贵 州	Guizhou	100	6102	50	8	255	87
云 南	Yunnan	40	297	296	482	135	718
西 藏	Tibet						
陕 西	Shaanxi	1001	1484	2184	1534	804	870
甘 肃	Gansu	41	100	185		60	26
青 海	Qinghai						
宁 夏	Ningxia	10	56	73			
新 疆	Xinjiang	40	15				

2-1-8　续表 10　continued

地　区	Region	研发机构数（个）Number of R&D Institutions in Enterprises (unit)					
		2000	2005	2009	2010	2011	2012
全　国	**Total**	**1379**	**1619**	**2845**	**3184**	**3254**	**5158**
东部地区	Eastern Region	762	1042	2041	2357	2546	3957
中部地区	Middle Region	212	214	379	425	375	599
西部地区	Western Region	277	268	318	305	246	462
东北地区	Northeastern Region	128	95	107	97	87	140
北　京	Beijing	49	32	94	104	125	129
天　津	Tianjin	38	41	63	61	70	78
河　北	Hebei	35	27	36	40	41	57
山　西	Shanxi	18	23	22	21	12	19
内蒙古	Inner Mongolia	3	3	10	9	10	8
辽　宁	Liaoning	56	34	55	54	34	64
吉　林	Jilin	41	29	24	16	25	38
黑龙江	Heilongjiang	31	32	28	27	28	38
上　海	Shanghai	82	74	167	170	108	173
江　苏	Jiangsu	193	225	497	620	663	1615
浙　江	Zhejiang	68	193	302	388	365	462
安　徽	Anhui	27	33	64	81	78	158
福　建	Fujian	25	43	90	101	106	150
江　西	Jiangxi	27	39	42	48	45	67
山　东	Shandong	81	123	142	175	217	304
河　南	Henan	43	49	119	131	110	152
湖　北	Hubei	62	37	75	84	74	126
湖　南	Hunan	32	30	47	51	46	77
广　东	Guangdong	168	264	616	656	814	969
广　西	Guangxi	17	17	28	26	23	36
海　南	Hainan	6	3	6	16	14	20
重　庆	Chongqing	25	43	50	57	48	61
四　川	Sichuan	75	54	69	63	54	136
贵　州	Guizhou	45	41	36	41	15	38
云　南	Yunnan	6	9	16	16	18	21
西　藏	Tibet			3	1		2
陕　西	Shaanxi	106	89	115	96	90	132
甘　肃	Gansu	11	23	15	18	11	21
青　海	Qinghai	3	2	1	1	1	1
宁　夏	Ningxia	5	6	11	10	8	5
新　疆	Xinjiang	1	1	2	2	1	1

2-1-8 续表 11 continued

地 区	Region	机构人员（人） Personnel in the R&D Institutions (person)					
		2000	2005	2009	2010	2011	2012
全 国	**Total**	**90187**	**156789**	**341439**	**413640**	**394590**	**596526**
东部地区	Eastern Region	54377	112007	270179	328667	322950	481118
中部地区	Middle Region	11253	13989	27780	38379	35563	51056
西部地区	Western Region	16145	21814	34523	35520	24869	47837
东北地区	Northeastern Region	8412	8979	8957	11074	11208	16515
北 京	Beijing	4556	1983	8457	11629	13685	15347
天 津	Tianjin	1865	2401	4443	6016	6443	9599
河 北	Hebei	1805	3058	4639	5089	4882	6203
山 西	Shanxi	643	756	1446	1250	1510	2002
内 蒙 古	Inner Mongolia	59	124	150	236	274	372
辽 宁	Liaoning	3803	4252	4551	6305	5314	8549
吉 林	Jilin	1956	2087	2188	2119	2600	4101
黑 龙 江	Heilongjiang	2653	2640	2218	2650	3294	3865
上 海	Shanghai	4789	8518	23723	24723	16498	25337
江 苏	Jiangsu	9033	14095	40905	50152	50126	113520
浙 江	Zhejiang	2790	11397	23784	29852	32954	40190
安 徽	Anhui	1191	1417	3615	5347	5794	9819
福 建	Fujian	1414	4896	11020	12119	14112	18739
江 西	Jiangxi	2614	3257	5452	6518	5363	7688
山 东	Shandong	6824	8134	16344	19346	28696	40116
河 南	Henan	2851	2241	7651	9130	9066	11018
湖 北	Hubei	2352	4651	6159	11282	9159	15579
湖 南	Hunan	1543	1543	3307	4616	4397	4950
广 东	Guangdong	20702	56472	135735	167866	153681	211123
广 西	Guangxi	503	989	962	1218	1351	1520
海 南	Hainan	96	64	167	657	522	944
重 庆	Chongqing	1427	2041	2869	2940	2845	3568
四 川	Sichuan	4800	8446	15595	16400	7301	22778
贵 州	Guizhou	2568	2447	3743	4088	1010	3054
云 南	Yunnan	277	365	631	1259	1488	1679
西 藏	Tibet			404	8		7
陕 西	Shaanxi	6060	7305	9340	8957	10258	12580
甘 肃	Gansu	764	770	1067	1223	1310	1203
青 海	Qinghai	68	26	15	8	14	14
宁 夏	Ningxia	181	391	761	577	640	1059
新 疆	Xinjiang		23	98	60	3	3

2-1-8 续表 12 continued

地 区	Region	机构经费支出（万元） Expenditure in the R&D Institutions (10000 yuan)					
		2000	2005	2009	2010	2011	2012
全 国	**Total**	**961000**	**2607837**	**6949093**	**8784256**	**9296716**	**13686558**
东部地区	Eastern Region	763576	2147524	5981305	7599298	8195338	11872713
中部地区	Middle Region	68174	147760	320970	486297	504604	751345
西部地区	Western Region	94504	242990	505463	508148	415274	787745
东北地区	Northeastern Region	34747	69564	141355	190513	181501	274753
北 京	Beijing	93430	34981	189317	388112	448528	574503
天 津	Tianjin	51922	51146	122895	135963	109292	169276
河 北	Hebei	10559	21291	39362	63988	64094	93989
山 西	Shanxi	2250	3822	8609	10159	13829	19952
内 蒙 古	Inner Mongolia	331	1251	9612	4360	4614	5437
辽 宁	Liaoning	12920	21392	94039	139792	119205	184667
吉 林	Jilin	5227	23316	22562	18265	26076	41738
黑 龙 江	Heilongjiang	16600	24856	24754	32456	36220	48347
上 海	Shanghai	87868	170503	699157	713007	663981	729599
江 苏	Jiangsu	79704	245943	845765	1183946	1194825	2867338
浙 江	Zhejiang	35530	180522	423624	545013	612042	786330
安 徽	Anhui	4467	22432	50422	80471	84045	162349
福 建	Fujian	22457	115969	253980	337694	347176	413081
江 西	Jiangxi	20987	50582	51859	58138	62154	100728
山 东	Shandong	69872	242094	560540	651911	793069	1015129
河 南	Henan	14745	23778	82456	101200	88732	113015
湖 北	Hubei	17648	34510	78784	165486	182928	303781
湖 南	Hunan	7746	11387	39227	66483	68302	51518
广 东	Guangdong	307542	1073765	2826583	3548905	3927497	5204525
广 西	Guangxi	3076	10784	15067	18749	23524	34973
海 南	Hainan	1615	526	5015	12010	11309	18941
重 庆	Chongqing	8234	14299	37439	40917	45068	60520
四 川	Sichuan	25813	134953	251899	246285	136116	425576
贵 州	Guizhou	7037	22470	46649	36604	13693	27677
云 南	Yunnan	3681	2697	13302	22926	31032	47661
西 藏	Tibet			1296	335		80
陕 西	Shaanxi	45287	58724	129419	132758	158637	151622
甘 肃	Gansu	3150	5742	13014	12734	20665	25875
青 海	Qinghai	284	54	50	80	100	246
宁 夏	Ningxia	1019	3672	5345	7653	9953	8059
新 疆	Xinjiang		380	7051	7857	11	15

2-1-9 各地区大中型国有及国有控股企业R&D及相关活动情况
Statistics on R&D and Related Activities of State-owned and State-controlled Enterprises in Large and Medium-sized Enterprises by Region

地区	Region	R&D人员折合全时当量（人年） Full-time Equivalent of R&D Personnel (man-year)					
		2000	2005	2009	2010	2011	2012
全国	**Total**	**58427**	**91740**	**105444**	**120200**	**128400**	**145058**
东部地区	Eastern Region	19305	40860	56866	61416	76878	80767
中部地区	Middle Region	12404	19913	18218	21172	23740	25157
西部地区	Western Region	21734	21995	23595	30034	18570	27623
东北地区	Northeastern Region	4985	8972	6766	7577	9212	11509
北京	Beijing	2750	4139	3989	4209	7131	8199
天津	Tianjin	616	1598	1949	2483	3956	3590
河北	Hebei	1501	3105	3485	3656	2431	2911
山西	Shanxi	96	213	623	388	376	1849
内蒙古	Inner Mongolia	14	48	21	39	32	
辽宁	Liaoning	2337	3526	3768	2911	3839	7008
吉林	Jilin	624	320	98	221	606	755
黑龙江	Heilongjiang	2024	5126	2900	4445	4767	3745
上海	Shanghai	3218	1902	5732	7225	5504	4903
江苏	Jiangsu	3885	3421	4618	6073	4534	7189
浙江	Zhejiang	246	2761	4663	4860	4950	3708
安徽	Anhui	993	806	2179	4447	3541	2376
福建	Fujian	213	3301	1547	1661	3016	4945
江西	Jiangxi	6443	4941	4297	4277	5047	4622
山东	Shandong	1939	3523	5596	6680	10900	9899
河南	Henan	923	3125	3257	3001	2845	2536
湖北	Hubei	2149	7333	6749	6458	9859	11169
湖南	Hunan	1785	3448	1092	2562	2039	2603
广东	Guangdong	4581	16641	24903	23844	34127	35316
广西	Guangxi	351	461	84	449	262	235
海南	Hainan	6	7	301	277	65	103
重庆	Chongqing	731	1674	2289	2836	2397	2859
四川	Sichuan	1617	8206	8588	10969	3251	7854
贵州	Guizhou	2301	2252	2672	4483	117	1640
云南	Yunnan	37	180	124	230	435	460
西藏	Tibet			1	10		
陕西	Shaanxi	16053	8574	9178	11174	11969	14157
甘肃	Gansu	971	644	545	328	396	397
青海	Qinghai	24	12				
宁夏	Ningxia		453	192			
新疆	Xinjiang			6	6	6	19

2-1-9　续表 1　continued

地　区	Region	R&D经费内部支出（万元） Intramural Expenditure on R&D (10000 yuan)					
		2000	2005	2009	2010	2011	2012
全　国	**Total**	**384700**	**1475400**	**2418554**	**3160532**	**4352362**	**4982793**
东部地区	Eastern Region	188894	978804	1338116	1753379	2460842	2878211
中部地区	Middle Region	67043	142244	314768	393834	626684	681118
西部地区	Western Region	96156	248303	497648	628596	644616	871997
东北地区	Northeastern Region	32607	106049	268023	384724	620220	551465
北　京	Beijing	18721	77902	187594	160958	394179	461961
天　津	Tianjin	3402	19501	25898	46409	75915	86045
河　北	Hebei	13477	30614	35092	42066	35618	48358
山　西	Shanxi	466	2234	6987	8418	8812	29189
内蒙古	Inner Mongolia	70	340	33	206	267	
辽　宁	Liaoning	13236	43072	178392	237173	458998	391456
吉　林	Jilin	2903	10435	1643	3768	15030	10439
黑龙江	Heilongjiang	16468	52542	87988	143783	146193	149568
上　海	Shanghai	13517	43938	132896	257831	238682	290005
江　苏	Jiangsu	33122	59117	77199	122742	101105	191038
浙　江	Zhejiang	3100	59118	76663	79623	98550	77832
安　徽	Anhui	7844	13335	27090	89989	84998	68506
福　建	Fujian	1613	61989	14916	15421	51509	67486
江　西	Jiangxi	17363	37738	53561	76697	109041	94716
山　东	Shandong	27191	190681	251517	259748	406293	441208
河　南	Henan	5898	22667	40403	40670	30734	40200
湖　北	Hubei	31081	50205	127924	123110	305888	387865
湖　南	Hunan	4321	15725	58770	54745	86943	60640
广　东	Guangdong	73325	429998	528010	757688	1047982	1213643
广　西	Guangxi	1332	5553	514	4274	7169	5103
海　南	Hainan	94	392	7817	6619	3840	631
重　庆	Chongqing	3697	15656	25105	41072	32148	50503
四　川	Sichuan	16294	101893	213057	231225	148514	274710
贵　州	Guizhou	6386	20428	56458	89994	1587	25750
云　南	Yunnan	379	2039	3311	9684	12680	18406
西　藏	Tibet			584	648		
陕　西	Shaanxi	66870	101395	190499	238439	435255	479394
甘　肃	Gansu	2487	2005	7107	17452	14334	16386
青　海	Qinghai	43	38				
宁　夏	Ningxia		4850	1463			
新　疆	Xinjiang			63	81	98	1741

2-1-9 续表 2 continued

地 区	Region	新产品开发经费支出（万元） Expenditure on New Products Development (10000 yuan)					
		2000	2005	2009	2010	2011	2012
全 国	**Total**	**436906**	**1583476**	**2986596**	**3674866**	**4784601**	**5524884**
东部地区	Eastern Region	254847	1052655	1618887	2039694	2820968	3168013
中部地区	Middle Region	54411	138483	390018	491227	710366	809473
西部地区	Western Region	93387	265044	622411	836963	748935	1131085
东北地区	Northeastern Region	34261	127294	355280	306982	504332	416311
北 京	Beijing	15608	85880	212651	194212	441274	529206
天 津	Tianjin	3348	23235	32575	52685	71194	85130
河 北	Hebei	15190	22403	26783	35191	35888	53678
山 西	Shanxi	1209	3922	7970	6848	8671	27755
内 蒙 古	Inner Mongolia	149	80		148	375	
辽 宁	Liaoning	19065	50126	254068	163252	348534	239502
吉 林	Jilin	3479	14896	2661	1626	14653	14706
黑 龙 江	Heilongjiang	11717	62272	98551	142104	141145	162103
上 海	Shanghai	10156	56606	222012	299231	317578	384813
江 苏	Jiangsu	49369	72772	110239	148118	156226	276784
浙 江	Zhejiang	3510	88534	73765	83370	94973	71711
安 徽	Anhui	5642	9604	32922	103733	103689	149646
福 建	Fujian	2270	73515	11164	17408	54034	62151
江 西	Jiangxi	12925	37148	54844	95178	115243	80109
山 东	Shandong	76047	224405	293751	282946	398848	432362
河 南	Henan	6670	22120	47363	60195	42924	64696
湖 北	Hubei	23727	43682	170883	185010	344652	408524
湖 南	Hunan	4089	21927	76036	40115	94812	78743
广 东	Guangdong	77120	398347	627335	915080	1239985	1267022
广 西	Guangxi	1915	6959	3218	4834	7169	8888
海 南	Hainan	313		5394	6619	3798	5151
重 庆	Chongqing	3623	19859	29296	39336	42127	57422
四 川	Sichuan	24699	102835	266440	356645	266697	501161
贵 州	Guizhou	7461	27610	92940	124404	3249	59943
云 南	Yunnan	619	2909	4216	4134	10225	16118
西 藏	Tibet			516			82
陕 西	Shaanxi	53380	103884	216233	303421	415136	468745
甘 肃	Gansu	3585	4153	10322	8879	10475	16740
青 海	Qinghai	3	53				150
宁 夏	Ningxia	18	3743	2226			
新 疆	Xinjiang			222	144	1027	1833

2-1-9 续表 3 continued

地 区	Region	新产品销售收入（万元） Sales Revenue of New Products (10000 yuan)					
		2000	2005	2009	2010	2011	2012
全 国	**Total**	**5884034**	**20608590**	**27632537**	**31769634**	**39123877**	**45558591**
东部地区	Eastern Region	3120003	13943711	18717236	22726701	28685172	29503500
中部地区	Middle Region	284722	998485	2188767	3444682	4639204	5857103
西部地区	Western Region	1605769	3508823	5640106	3376127	3278661	7128381
东北地区	Northeastern Region	873540	2157570	1086428	2222125	2520841	3069606
北 京	Beijing	201276	1107350	1427840	1401003	2326430	2724759
天 津	Tianjin	56644	171574	383040	609712	733465	1057091
河 北	Hebei	202721	170976	260794	257811	281218	325650
山 西	Shanxi	16053	55780	9953	32340	133567	332635
内蒙古	Inner Mongolia	732	3001			5730	
辽 宁	Liaoning	425003	1229677	937900	1991695	2233323	2703103
吉 林	Jilin	10145	31468	3710	19425	27867	35675
黑龙江	Heilongjiang	438392	896425	144818	211005	259650	330826
上 海	Shanghai	128874	554157	2252169	2500109	2724421	868628
江 苏	Jiangsu	855881	1788730	1205088	1734392	1483358	2784228
浙 江	Zhejiang	53273	1054020	754790	672844	1360294	1000542
安 徽	Anhui	21125	105266	152604	309511	909495	1421929
福 建	Fujian	9397	1536275	126667	137671	406882	480704
江 西	Jiangxi	129799	273934	556742	878320	871670	1119391
山 东	Shandong	859098	3338496	5161214	5691126	7111830	7563826
河 南	Henan	46509	346317	281687	500618	339234	360679
湖 北	Hubei	47327	97695	912424	949859	1160558	1849579
湖 南	Hunan	23177	116493	275358	774035	1218950	772888
广 东	Guangdong	734653	4208028	7118517	9713444	12248721	12698070
广 西	Guangxi	16346	14108	9633	6607	8553	13084
海 南	Hainan	1838		17484	1984		
重 庆	Chongqing	28148	199673	576719	666151	744919	867476
四 川	Sichuan	1212226	2049251	3908703	814518	625275	4116172
贵 州	Guizhou	63662	214228	273152	435377	34942	178533
云 南	Yunnan	1859	41476	67902	81221	115601	95442
西 藏	Tibet						
陕 西	Shaanxi	278677	925690	764234	1340190	1690613	1742934
甘 肃	Gansu	9730	33834	36096	35427	65137	112651
青 海	Qinghai	5					
宁 夏	Ningxia	11462	44617	13300			
新 疆	Xinjiang		54		3243	2174	2087

2-1-9 续表 4 continued

地　区	Region	专利申请数（件） Patent Applications (piece)					
		2000	2005	2009	2010	2011	2012
全　国	**Total**	**734**	**5474**	**17328**	**18596**	**22683**	**27459**
东部地区	Eastern Region	407	3966	13591	13373	17536	19385
中部地区	Middle Region	98	481	1479	2168	2708	3346
西部地区	Western Region	177	582	1645	2410	1579	3503
东北地区	Northeastern Region	52	445	613	645	860	1225
北　京	Beijing	7	509	804	891	2508	4836
天　津	Tianjin	10	60	426	672	685	817
河　北	Hebei	15	72	87	74	71	98
山　西	Shanxi	4	15	13	14	26	104
内蒙古	Inner Mongolia	1				2	
辽　宁	Liaoning	15	328	497	412	450	703
吉　林	Jilin	8	41	14	16	52	107
黑龙江	Heilongjiang	29	76	102	217	358	415
上　海	Shanghai	14	299	600	806	769	1083
江　苏	Jiangsu	46	152	563	667	862	1133
浙　江	Zhejiang	1	118	221	215	252	191
安　徽	Anhui	3	30	236	526	616	843
福　建	Fujian	4	113	113	109	370	494
江　西	Jiangxi	17	107	131	209	201	240
山　东	Shandong	65	548	1624	1695	2362	2881
河　南	Henan	21	114	442	495	480	513
湖　北	Hubei	42	160	413	566	870	1184
湖　南	Hunan	10	55	244	358	513	462
广　东	Guangdong	241	2076	9103	8238	9647	7852
广　西	Guangxi	4	19	3	6	9	18
海　南	Hainan			47		1	
重　庆	Chongqing	6	44	187	207	362	310
四　川	Sichuan	114	206	622	1141	333	1795
贵　州	Guizhou	10	72	357	398	26	270
云　南	Yunnan		63	84	27	54	78
西　藏	Tibet			1	1	2	2
陕　西	Shaanxi	44	181	379	614	771	992
甘　肃	Gansu	3	9	15	18	29	36
青　海	Qinghai		1				
宁　夏	Ningxia		6				
新　疆	Xinjiang				4	2	2

2-1-9 续表 5 continued

地 区	Region	有效发明专利数（件） Number of Patents In Force (piece)					
		2000	2005	2009	2010	2011	2012
全 国	**Total**	**616**	**1650**	**6633**	**10969**	**16421**	**24748**
东部地区	Eastern Region	358	1033	4409	8535	12719	18979
中部地区	Middle Region	41	256	1006	1184	1996	2735
西部地区	Western Region	138	232	773	967	1085	2345
东北地区	Northeastern Region	79	129	445	283	621	689
北 京	Beijing	13	293	414	670	1678	2760
天 津	Tianjin	1	21	107	152	250	454
河 北	Hebei	11	21	38	57	91	161
山 西	Shanxi	1	6	10	31	23	45
内蒙古	Inner Mongolia					5	
辽 宁	Liaoning	49	77	325	130	376	264
吉 林	Jilin	11	10	18	21	29	74
黑龙江	Heilongjiang	19	42	102	132	216	351
上 海	Shanghai	3	85	445	509	798	993
江 苏	Jiangsu	32	82	190	333	564	1271
浙 江	Zhejiang	5	36	133	175	343	314
安 徽	Anhui	1	24	79	111	121	460
福 建	Fujian		23	65	58	269	505
江 西	Jiangxi	12	30	45	63	82	241
山 东	Shandong	55	103	736	417	580	931
河 南	Henan	12	25	114	115	156	213
湖 北	Hubei	10	129	612	728	1369	1533
湖 南	Hunan	5	42	146	136	240	243
广 东	Guangdong	235	360	2280	6164	8137	11588
广 西	Guangxi	3	9			7	11
海 南	Hainan			1		2	2
重 庆	Chongqing	6	21	134	179	129	194
四 川	Sichuan	60	42	113	217	113	995
贵 州	Guizhou	10	30	108	119	1	124
云 南	Yunnan		53	52	55	86	143
西 藏	Tibet					1	
陕 西	Shaanxi	56	77	356	391	725	830
甘 肃	Gansu	5	1	4	5	23	40
青 海	Qinghai	1	1				
宁 夏	Ningxia		7	6			
新 疆	Xinjiang				1	7	8

2-1-9 续表 6 continued

地 区	Region	技术改造经费支出（万元） Expenditure for Technical Renovation (10000 yuan)					
		2000	2005	2009	2010	2011	2012
全 国	**Total**	**511340**	**892924**	**842784**	**1077632**	**785873**	**1110469**
东部地区	Eastern Region	223929	329980	243690	383980	309435	409254
中部地区	Middle Region	56908	115505	182302	103551	144202	229970
西部地区	Western Region	95077	251719	311094	492847	167273	298332
东北地区	Northeastern Region	135426	195720	105697	97254	164964	172912
北 京	Beijing	6935	17515	4428	6793	17311	14619
天 津	Tianjin	2269	9983	2718	33314	59158	26805
河 北	Hebei	31532	13209	16764	11287	10578	13045
山 西	Shanxi	3321	3734	1603	631	1397	8229
内蒙古	Inner Mongolia	3569	210				
辽 宁	Liaoning	71355	48217	55877	37137	93825	99837
吉 林	Jilin	7683	7851	7509	32	74	
黑龙江	Heilongjiang	56388	139652	42311	60085	71065	73075
上 海	Shanghai	4835	24259	42002	50166	21793	68920
江 苏	Jiangsu	45602	87015	39238	34958	25245	32803
浙 江	Zhejiang	10970	44219	38694	44531	42051	89465
安 徽	Anhui	9601	26550	15771	13537	4279	21785
福 建	Fujian	1646	22251	4033	7816	11411	10666
江 西	Jiangxi	15321	27979	34061	20552	18740	110806
山 东	Shandong	49770	40325	65896	47728	93425	92321
河 南	Henan	14540	22809	82542	29540	23865	16111
湖 北	Hubei	6766	11594	16108	8128	35752	43328
湖 南	Hunan	3792	22629	32218	31163	60169	29710
广 东	Guangdong	69533	67420	28567	145437	26866	58070
广 西	Guangxi	588	3783	974	1891	1148	733
海 南	Hainan	250		376	60	450	2537
重 庆	Chongqing	2085	27037	27479	31921	7789	15426
四 川	Sichuan	17290	56224	105158	274293	49535	117872
贵 州	Guizhou	14838	31569	39426	34211	50	29715
云 南	Yunnan	49	9228	1596		769	3120
西 藏	Tibet						
陕 西	Shaanxi	58062	122538	134303	149975	103614	120656
甘 肃	Gansu	2710	4371	3108	2021	2017	1506
青 海	Qinghai	2					
宁 夏	Ningxia	18	753				
新 疆	Xinjiang	24		25	427	3500	9300

2-1-9 续表 7 continued

地　区	Region	引进技术经费支出（万元） Expenditure for Acquisition of Foreign Technology (10000 yuan)					
		2000	2005	2009	2010	2011	2012
全　国	**Total**	**125120**	**150492**	**125430**	**109735**	**93845**	**214172**
东部地区	Eastern Region	50750	107980	46524	36559	54690	70783
中部地区	Middle Region	12031	10313	9339	10257	25649	2465
西部地区	Western Region	44885	18488	20456	30981	13506	140777
东北地区	Northeastern Region	17454	13711	49111	31937		146
北　京	Beijing	654	19754	13950	7271	8578	10966
天　津	Tianjin	1903	3309	1687	3322	388	180
河　北	Hebei	7727	1822	809	1083	434	526
山　西	Shanxi	260					
内蒙古	Inner Mongolia	2151					
辽　宁	Liaoning	12284	5780	46050	4590		146
吉　林	Jilin	803	151		401		
黑龙江	Heilongjiang	4367	7780	3061	26946		
上　海	Shanghai	282	1962	14593	10131	17816	24866
江　苏	Jiangsu	21110	29905	1155	336	861	784
浙　江	Zhejiang	12	5006	1425	3780	6886	8911
安　徽	Anhui	1906	3360		182	4928	594
福　建	Fujian	180	21727	4034	2520	900	10175
江　西	Jiangxi	3355	4229		2520	350	5
山　东	Shandong	3108	3100	6522	7768	16078	12579
河　南	Henan	1196	448	1099	187	20232	1503
湖　北	Hubei	2073	1672		120	69	320
湖　南	Hunan	1090	604	8240	7249	70	42
广　东	Guangdong	15704	21355	641	348	2748	1793
广　西	Guangxi	39	42				
海　南	Hainan	33		1708			
重　庆	Chongqing	434	73	613		63	123
四　川	Sichuan	19416	2492	19623	30102	12989	138785
贵　州	Guizhou	11025	4902	221	251	35	
云　南	Yunnan	369	217				823
西　藏	Tibet						
陕　西	Shaanxi	10987	10804		628	419	773
甘　肃	Gansu	2653					273
青　海	Qinghai	2					
宁　夏	Ningxia						
新　疆	Xinjiang						

2-1-9 续表 8 continued

地 区	Region	消化吸收经费支出（万元） Expenditure for Assimilation of Technology (10000 yuan)					
		2000	2005	2009	2010	2011	2012
全 国	**Total**	**15787**	**31659**	**48200**	**59689**	**29041**	**22693**
东部地区	Eastern Region	5561	25737	18531	23145	24760	18630
中部地区	Middle Region	1206	2090	1059	9763	915	545
西部地区	Western Region	803	1314	2255	5033	3136	3483
东北地区	Northeastern Region	8218	2517	26356	21748	230	34
北 京	Beijing	37	110	532		1256	326
天 津	Tianjin	13	90	198	760	1091	321
河 北	Hebei	1745	642	944	488	1080	830
山 西	Shanxi	13			100		
内蒙古	Inner Mongolia						
辽 宁	Liaoning	2225		545	121	230	34
吉 林	Jilin		52				
黑龙江	Heilongjiang	5993	2465	25811	21627		
上 海	Shanghai		686	2307	554	2229	2068
江 苏	Jiangsu	1221	1380	5	1025	134	40
浙 江	Zhejiang		5619	1007	8807	7413	8185
安 徽	Anhui	749	215	466	231	150	50
福 建	Fujian	463	2327	50	1820	40	78
江 西	Jiangxi	20	1306	89	1856		
山 东	Shandong	667	1220	9281	8951	9962	6382
河 南	Henan	53	370	144	123	210	
湖 北	Hubei	365	65		106	127	455
湖 南	Hunan	6	134	360	7347	428	39
广 东	Guangdong	1357	13485	846	742	1556	397
广 西	Guangxi	15	179				
海 南	Hainan	42		3361			
重 庆	Chongqing	380	875	464	725	469	84
四 川	Sichuan	11	249	790			3198
贵 州	Guizhou		3	110	596	35	
云 南	Yunnan	10					
西 藏	Tibet						
陕 西	Shaanxi	402	188	543	3711	2632	200
甘 肃	Gansu						
青 海	Qinghai						
宁 夏	Ningxia			348			
新 疆	Xinjiang						

2-1-9　续表 9　continued

地　区	Region	购买国内技术经费支出（万元）Expenditure on Purchase of Domestic Technology (10000 yuan)					
		2000	2005	2009	2010	2011	2012
全　国	**Total**	**14799**	**41679**	**41130**	**42381**	**43663**	**63406**
东部地区	Eastern Region	8678	25190	18915	18070	29178	43308
中部地区	Middle Region	4435	6193	4551	5754	4835	5270
西部地区	Western Region	1100	9080	5388	11630	8674	13372
东北地区	Northeastern Region	586	1215	12276	6927	977	1455
北　京	Beijing	25	2867	870	410	1589	238
天　津	Tianjin	1375	434	314	779	696	188
河　北	Hebei	2016	829	713	755	1182	1226
山　西	Shanxi	10		260	22	100	1651
内蒙古	Inner Mongolia	2018					
辽　宁	Liaoning	285	592	791	2083	270	1400
吉　林	Jilin		123				
黑龙江	Heilongjiang	301	500	11485	4844	707	55
上　海	Shanghai	81	5492	6889	8436	9494	5018
江　苏	Jiangsu	2263	819	1851	839	1898	2192
浙　江	Zhejiang	1687	3941	4249	2737	4955	12770
安　徽	Anhui	1511	206	525	1970	1915	595
福　建	Fujian	75	4952	774	50	1192	4127
江　西	Jiangxi	168	4597	1654	290		
山　东	Shandong	538	78	1921	1999	7259	8376
河　南	Henan	81	1044	887	949	915	619
湖　北	Hubei	563	236		307	136	490
湖　南	Hunan	85	110	1225	2216	1769	1914
广　东	Guangdong	336	5426	751	415	414	9171
广　西	Guangxi	8	352				
海　南	Hainan	275		585	1650	500	
重　庆	Chongqing	104	908	1675	809	315	295
四　川	Sichuan	257	503	2560	9558	7620	12264
贵　州	Guizhou	17	6029	50	8	35	87
云　南	Yunnan	40	43				80
西　藏	Tibet						
陕　西	Shaanxi	642	1484	1093	1256	704	645
甘　肃	Gansu	41	100	11			
青　海	Qinghai						
宁　夏	Ningxia						
新　疆	Xinjiang		15				

2-1-9 续表 10 continued

地　区	Region	研发机构数（个） Number of R&D Institutions in Enterprises (unit)					
		2000	2005	2009	2010	2011	2012
全　国	**Total**	**744**	**712**	**680**	**722**	**633**	**867**
东部地区	Eastern Region	328	340	344	363	359	456
中部地区	Middle Region	149	121	120	133	119	155
西部地区	Western Region	189	200	183	183	123	215
东北地区	Northeastern Region	78	51	33	43	32	41
北　京	Beijing	38	21	45	38	54	58
天　津	Tianjin	17	27	31	32	29	34
河　北	Hebei	17	17	11	14	14	16
山　西	Shanxi	13	15	9	9	4	8
内蒙古	Inner Mongolia	3	1	1	1	1	
辽　宁	Liaoning	34	20	22	26	15	20
吉　林	Jilin	20	10	1	2	2	7
黑龙江	Heilongjiang	24	21	10	15	15	14
上　海	Shanghai	25	35	43	37	27	32
江　苏	Jiangsu	114	96	71	81	57	100
浙　江	Zhejiang	9	31	20	22	24	28
安　徽	Anhui	20	17	18	18	19	27
福　建	Fujian	8	10	8	8	12	21
江　西	Jiangxi	24	29	17	26	18	16
山　东	Shandong	35	25	25	41	51	63
河　南	Henan	26	19	32	32	26	38
湖　北	Hubei	38	23	24	31	30	43
湖　南	Hunan	25	17	19	16	21	23
广　东	Guangdong	56	72	83	80	83	96
广　西	Guangxi	8	6	2	1	2	4
海　南	Hainan	1		5	9	6	8
重　庆	Chongqing	17	33	30	36	21	25
四　川	Sichuan	37	35	29	34	18	43
贵　州	Guizhou	36	31	28	30	4	23
云　南	Yunnan	1	5	3	2	4	6
西　藏	Tibet			2	1		2
陕　西	Shaanxi	87	74	85	75	71	98
甘　肃	Gansu	7	16	4	4	4	13
青　海	Qinghai	2	1				
宁　夏	Ningxia	1	5	1			
新　疆	Xinjiang	1		1	1	1	1

2-1-9　续表 11　continued

地　区	Region	机构人员（人） Personnel in the R&D Institutions (person)					
		2000	2005	2009	2010	2011	2012
全　国	**Total**	**48076**	**77435**	**100425**	**115667**	**111552**	**145454**
东部地区	Eastern Region	22333	40814	55706	61165	68682	80790
中部地区	Middle Region	7994	10284	13377	19300	18866	22704
西部地区	Western Region	11676	19035	26649	28351	17103	32620
东北地区	Northeastern Region	6073	7302	4693	6851	6901	9340
北　京	Beijing	1935	1477	3163	3904	5209	6780
天　津	Tianjin	797	1239	1906	2605	2573	3427
河　北	Hebei	1177	2215	1976	2174	1593	1757
山　西	Shanxi	271	659	670	624	401	849
内蒙古	Inner Mongolia	59	33	15	35	31	
辽　宁	Liaoning	2778	3810	3159	4774	4468	6331
吉　林	Jilin	829	1068	52	54	165	755
黑龙江	Heilongjiang	2466	2424	1482	2023	2268	2254
上　海	Shanghai	963	1467	7560	7881	5882	4291
江　苏	Jiangsu	5826	4256	6094	7445	6578	13237
浙　江	Zhejiang	304	3500	2846	3199	3619	3056
安　徽	Anhui	1077	781	1268	2138	2483	3349
福　建	Fujian	318	2810	994	675	3188	3675
江　西	Jiangxi	2411	2956	3388	4593	3378	4178
山　东	Shandong	3729	5314	6897	8190	11516	12603
河　南	Henan	1448	1150	2632	2882	3237	3265
湖　北	Hubei	1530	3725	3204	6866	6615	8843
湖　南	Hunan	1198	980	2200	2162	2721	2220
广　东	Guangdong	7015	18257	23989	24660	28176	31722
广　西	Guangxi	251	279	121	184	186	220
海　南	Hainan	18		160	248	162	242
重　庆	Chongqing	658	1813	2071	1964	1550	1888
四　川	Sichuan	2828	7544	12327	14502	4922	16281
贵　州	Guizhou	2274	2232	3279	3360	307	1914
云　南	Yunnan	21	292	102	194	378	500
西　藏	Tibet			8	8		7
陕　西	Shaanxi	5171	6339	8109	7886	9303	11308
甘　肃	Gansu	678	459	515	434	640	499
青　海	Qinghai	31	15				
宁　夏	Ningxia	15	341	235			
新　疆	Xinjiang			3	3	3	3

2-1-9 续表 12 continued

地 区	Region	机构经费支出（万元） Expenditure in the R&D Institutions (10000 yuan)					
		2000	2005	2009	2010	2011	2012
全 国	**Total**	**325230**	**1241169**	**2000660**	**2499301**	**2635886**	**3426869**
东部地区	Eastern Region	197183	864078	1365527	1643598	1891009	2304661
中部地区	Middle Region	42659	103943	143088	287302	314314	382503
西部地区	Western Region	60162	220669	406047	419186	294709	549682
东北地区	Northeastern Region	25227	52479	85997	149215	135854	190022
北 京	Beijing	12922	25829	54245	128429	182861	242436
天 津	Tianjin	3864	18241	25481	38348	36337	62558
河 北	Hebei	8435	16350	15084	16166	15835	17325
山 西	Shanxi	821	3442	4597	5854	4415	7005
内 蒙 古	Inner Mongolia	331	403	50	206	380	
辽 宁	Liaoning	8322	17114	73365	124875	105782	153742
吉 林	Jilin	1715	13266	500	513	1510	4472
黑 龙 江	Heilongjiang	15190	22099	12132	23827	28562	31808
上 海	Shanghai	7971	41605	198350	236909	213902	120162
江 苏	Jiangsu	47321	54701	81617	89891	89669	260972
浙 江	Zhejiang	2181	82767	53746	77777	86941	66300
安 徽	Anhui	4070	6197	23183	44052	33115	56165
福 建	Fujian	2306	62757	11463	9633	44746	52311
江 西	Jiangxi	20387	46217	23306	34207	40787	51906
山 东	Shandong	43008	208074	285974	323906	376464	419063
河 南	Henan	4981	15823	26830	39621	32596	39003
湖 北	Hubei	8372	27731	45052	120647	158385	214526
湖 南	Hunan	3699	4132	20070	42716	44636	13895
广 东	Guangdong	67699	350209	633359	715553	839350	1059391
广 西	Guangxi	1163	3546	1230	1437	1676	1870
海 南	Hainan	313		4980	5547	3230	4141
重 庆	Chongqing	4088	11347	23919	26986	25839	36068
四 川	Sichuan	12564	128729	211381	226521	95602	326144
贵 州	Guizhou	5528	21050	41730	25105	1107	12235
云 南	Yunnan	38	1862	2040	8579	11280	22243
西 藏	Tibet			385	335		80
陕 西	Shaanxi	35884	49571	118019	122970	149477	136708
甘 肃	Gansu	1981	4930	6503	8681	11394	14315
青 海	Qinghai	43	53				
宁 夏	Ningxia	36	3127	2062			
新 疆	Xinjiang			9	9	11	15

2-1-10 各地区大中型内资企业R&D及相关活动情况
Statistics on R&D and Related Activities of Domestic Funded Enterprises in Large and Medium-sized Enterprises by Region

地区	Region	R&D人员折合全时当量（人年） Full-time Equivalent of R&D Personnel (man-year)					
		2000	2005	2009	2010	2011	2012
全国	**Total**	**78771**	**121421**	**197695**	**228884**	**268918**	**331204**
东部地区	Eastern Region	35160	65010	132109	156252	196483	233065
中部地区	Middle Region	13732	21194	26569	31687	37210	45189
西部地区	Western Region	24005	24665	30115	32610	23920	37518
东北地区	Northeastern Region	5874	10553	8902	8334	11304	15430
北京	Beijing	3787	4678	5701	5791	9416	11018
天津	Tianjin	1010	1875	2309	3328	5117	5865
河北	Hebei	1666	3388	4621	4991	3921	4389
山西	Shanxi	286	283	1302	883	1078	2545
内蒙古	Inner Mongolia	20	108	155	201	137	224
辽宁	Liaoning	2533	4964	3415	3433	4589	7972
吉林	Jilin	1110	621	2001	1644	2758	3500
黑龙江	Heilongjiang	2231	4968	3486	3257	3957	3958
上海	Shanghai	3911	1337	3684	4088	3991	6092
江苏	Jiangsu	5501	5627	13904	18582	21044	28186
浙江	Zhejiang	1658	6962	12713	16725	18370	21573
安徽	Anhui	1088	1342	3126	5993	5463	5986
福建	Fujian	977	729	2125	3299	4786	5026
江西	Jiangxi	6489	5435	5289	5298	6789	6837
山东	Shandong	2950	5129	11078	12394	18149	22119
河南	Henan	1210	2012	6016	5750	6912	7354
湖北	Hubei	2562	8434	8754	9707	13057	17414
湖南	Hunan	2077	3579	1927	3855	3773	5050
广东	Guangdong	13180	34408	75195	85734	110562	128295
广西	Guangxi	488	870	484	958	965	1059
海南	Hainan	33	7	295	362	163	497
重庆	Chongqing	964	2070	2447	2609	3050	3833
四川	Sichuan	2255	9212	12872	11639	4906	12003
贵州	Guizhou	2380	2437	2705	4675	457	2292
云南	Yunnan	101	205	391	803	1268	1661
西藏	Tibet			337	10		
陕西	Shaanxi	17068	9375	10086	11683	12733	15312
甘肃	Gansu	1091	848	757	727	730	825
青海	Qinghai	61	12	31	22	13	48
宁夏	Ningxia	85	480	463	328	283	238
新疆	Xinjiang		25	26	114	480	19

2-1-10 续表 1 continued

地　区	Region	R&D经费内部支出（万元） Intramural Expenditure on R&D (10000 yuan)					
		2000	2005	2009	2010	2011	2012
全　国	**Total**	**790317**	**2099137**	**4750743**	**6009981**	**7888445**	**9667304**
东部地区	Eastern Region	523864	1538978	3397240	4351528	5589698	6965110
中部地区	Middle Region	77389	164548	475856	556026	893202	1038050
西部地区	Western Region	148102	279373	576753	699531	747248	1057082
东北地区	Northeastern Region	40962	116239	300895	402896	658297	607061
北　京	Beijing	47504	87864	221690	174759	358952	475405
天　津	Tianjin	24203	40977	44759	78061	94534	143778
河　北	Hebei	14469	33103	52794	58215	57717	74888
山　西	Shanxi	1577	2888	12513	11492	18480	40745
内蒙古	Inner Mongolia	73	1174	2447	2030	4299	4832
辽　宁	Liaoning	14810	53654	180310	250660	472261	416615
吉　林	Jilin	7838	13399	24569	19327	50514	46843
黑龙江	Heilongjiang	18314	49186	96016	132909	135522	143601
上　海	Shanghai	21368	31845	92494	125677	203167	327987
江　苏	Jiangsu	52975	122828	346880	429281	502923	819013
浙　江	Zhejiang	42272	146358	239102	378339	339522	457633
安　徽	Anhui	8134	18472	43095	113358	150279	144050
福　建	Fujian	14634	19391	29234	67059	80342	103817
江　西	Jiangxi	17702	42928	77507	101994	133261	132304
山　东	Shandong	43570	215452	376898	414795	629992	823749
河　南	Henan	7315	17520	80227	76500	86755	101657
湖　北	Hubei	35839	62963	183112	166053	372111	487973
湖　南	Hunan	6749	18603	76954	84600	128016	131319
广　东	Guangdong	259559	829378	1979098	2603017	3282305	3725868
广　西	Guangxi	2810	11391	9740	14045	34269	30777
海　南	Hainan	501	392	4550	8282	5976	12970
重　庆	Chongqing	6491	23842	37198	46949	46365	72325
四　川	Sichuan	24048	108754	253105	247480	173236	343288
贵　州	Guizhou	7250	21950	57971	97505	14341	39204
云　南	Yunnan	1628	2314	7204	13675	23215	33459
西　藏	Tibet			1937	648		
陕　西	Shaanxi	104894	112435	200650	252881	447086	498275
甘　肃	Gansu	3352	4496	11108	30314	21641	26487
青　海	Qinghai	284	38	1194	722	183	778
宁　夏	Ningxia	157	5165	4924	5655	4796	5911
新　疆	Xinjiang		380	1461	3701	16385	1741

2-1-10　续表 2　continued

地　区	Region	新产品开发经费支出（万元） Expenditure on New Products Development (10000 yuan)					
		2000	2005	2009	2010	2011	2012
全　国	**Total**	**808228**	**2237723**	**5541285**	**5365011**	**9042866**	**11070439**
东部地区	Eastern Region	532331	1616896	3827198	3425807	6498760	7977030
中部地区	Middle Region	73270	175275	605029	687248	1055422	1227243
西部地区	Western Region	159145	298194	721340	907781	900969	1377786
东北地区	Northeastern Region	43482	147358	387718	344175	587715	488378
北　京	Beijing	23308	64983	255841	225476	437726	585725
天　津	Tianjin	24517	25532	46870	90365	90081	129664
河　北	Hebei	16571	25923	38814	54866	62833	90540
山　西	Shanxi	1909	4635	13912	12026	21030	47322
内蒙古	Inner Mongolia	181	1314	2543	1896	4610	4174
辽　宁	Liaoning	20156	60689	247363	179215	379882	268352
吉　林	Jilin	10407	24800	34362	20702	61403	64197
黑龙江	Heilongjiang	12919	61869	105993	144258	146431	155827
上　海	Shanghai	19477	41794	127305	140726	162323	412328
江　苏	Jiangsu	71677	152407	418204	564810	668003	1226112
浙　江	Zhejiang	35780	195521	257487	397257	365408	450923
安　徽	Anhui	5834	25320	65818	139975	192723	254657
福　建	Fujian	15135	24643	40768	74045	99332	110469
江　西	Jiangxi	13400	45150	76760	118172	151335	117224
山　东	Shandong	97741	262757	456693	477532	638245	880918
河　南	Henan	8414	20142	101922	107089	107450	128319
湖　北	Hubei	35825	54359	250358	239268	437548	529953
湖　南	Hunan	7708	24355	93716	68824	140726	149766
广　东	Guangdong	223644	810564	2167670	1369738	3917967	4063500
广　西	Guangxi	3628	12147	15502	19463	44588	37358
海　南	Hainan	854	626	2042	11529	12254	26847
重　庆	Chongqing	7522	28084	39416	47916	60231	77064
四　川	Sichuan	39881	110981	318037	371962	324180	617876
贵　州	Guizhou	10021	29937	95680	133849	20249	85624
云　南	Yunnan	4144	3184	8650	7702	22788	26912
西　藏	Tibet			516			82
陕　西	Shaanxi	90947	113490	228061	316431	429197	489482
甘　肃	Gansu	5571	6771	18071	16562	20110	31143
青　海	Qinghai	3	53	335	710	1132	772
宁　夏	Ningxia	951	4288	6601	4658	5769	5463
新　疆	Xinjiang	105	1407	5973	7992	17314	1833

2-1-10 续表 3 continued

地区	Region	新产品销售收入（万元） Sales Revenue of New Products (10000 yuan)					
		2000	2005	2009	2010	2011	2012
全国	**Total**	**9880026**	**22804873**	**49579521**	**59419070**	**68764411**	**91001519**
东部地区	Eastern Region	6601650	15137702	36374888	46453364	53650380	67404804
中部地区	Middle Region	426147	1331792	4328436	5667816	7431989	9810775
西部地区	Western Region	1898184	4118064	7079641	4619631	4424633	9522809
东北地区	Northeastern Region	954045	2217314	1796557	2678259	3257410	4263130
北京	Beijing	507966	1161045	1744970	1871951	2468560	3094771
天津	Tianjin	67238	215575	553584	978192	975207	1693900
河北	Hebei	223424	196163	386292	480104	445906	493236
山西	Shanxi	22065	68953	40317	69010	108279	283709
内蒙古	Inner Mongolia	777	17420	6500	195	44163	83049
辽宁	Liaoning	461266	1312466	1254118	2153653	2358256	3089963
吉林	Jilin	53986	94760	337570	317110	585885	764254
黑龙江	Heilongjiang	438793	810088	204869	207496	313269	408913
上海	Shanghai	336024	361061	468487	885918	1216926	1232536
江苏	Jiangsu	1426725	1915941	5058338	7746569	6944573	13187041
浙江	Zhejiang	979752	2183048	3092515	4731325	4658681	6011173
安徽	Anhui	21851	348366	616889	787086	1639294	2238082
福建	Fujian	309753	267586	503654	1000672	775832	906129
江西	Jiangxi	130139	356647	763279	1144136	1289739	1809001
山东	Shandong	1126820	3722466	6642858	7977311	10049782	12246077
河南	Henan	75657	236226	980000	1017057	1012286	985025
湖北	Hubei	84905	138356	1361281	1565085	1645004	2847607
湖南	Hunan	90753	165825	560171	1085247	1693224	1647349
广东	Guangdong	1580373	5022878	17783400	20593758	25919702	28501335
广西	Guangxi	41739	91789	123428	172307	160773	358247
海南	Hainan	1838	150	17363	15255	34438	38604
重庆	Chongqing	68225	512141	961231	789028	630086	915043
四川	Sichuan	1288848	2203986	4564938	1278418	1268178	5368552
贵州	Guizhou	81254	229843	294127	540798	127450	270534
云南	Yunnan	43546	58564	181211	225676	277538	258516
西藏	Tibet			40769			
陕西	Shaanxi	302977	993022	811468	1408516	1722323	1909452
甘肃	Gansu	91310	38648	84039	170318	198930	284347
青海	Qinghai	5		160	215	237	
宁夏	Ningxia	22019	44660	126209	176026	105449	72976
新疆	Xinjiang		37200	15490	30638	94443	2087

2-1-10 续表 4 continued

地 区	Region	专利申请数（件） Patent Applications (piece)					
		2000	2005	2009	2010	2011	2012
全 国	**Total**	**1663**	**10787**	**33567**	**35149**	**48692**	**63774**
东部地区	Eastern Region	1005	8510	27740	27626	39880	48733
中部地区	Middle Region	177	848	2631	3439	4983	6168
西部地区	Western Region	381	1025	2371	3161	2595	6959
东北地区	Northeastern Region	100	404	825	923	1234	1914
北 京	Beijing	7	279	777	1064	2464	4905
天 津	Tianjin	67	305	1112	1332	1537	2087
河 北	Hebei	27	99	209	235	272	295
山 西	Shanxi	4	18	77	61	125	168
内 蒙 古	Inner Mongolia	1	13	14	12	12	16
辽 宁	Liaoning	26	182	597	571	635	1006
吉 林	Jilin	27	126	84	113	219	401
黑 龙 江	Heilongjiang	47	96	144	239	380	507
上 海	Shanghai	49	217	515	697	668	1376
江 苏	Jiangsu	125	472	1667	3050	4228	5646
浙 江	Zhejiang	49	393	1419	1922	1801	3324
安 徽	Anhui	3	43	399	908	1160	1715
福 建	Fujian	8	21	290	457	420	710
江 西	Jiangxi	17	202	318	306	361	596
山 东	Shandong	149	711	2202	2658	3467	4856
河 南	Henan	24	97	678	896	1075	1110
湖 北	Hubei	79	406	664	789	1236	1597
湖 南	Hunan	49	69	481	467	1014	982
广 东	Guangdong	510	5926	19452	16097	24851	25471
广 西	Guangxi	10	87	76	90	102	104
海 南	Hainan	4		21	24	70	63
重 庆	Chongqing	54	80	308	284	624	706
四 川	Sichuan	144	257	858	1448	641	4060
贵 州	Guizhou	13	93	421	520	130	460
云 南	Yunnan	39	160	160	81	122	146
西 藏	Tibet			14	1	2	2
陕 西	Shaanxi	52	351	505	691	907	1218
甘 肃	Gansu	4	48	66	114	129	219
青 海	Qinghai	13	1				
宁 夏	Ningxia	62	20	24	7	24	26
新 疆	Xinjiang		15	15	15	16	2

2-1-10 续表 5 continued

地 区	Region	有效发明专利数（件）Number of Patents In Force (piece)					
		2000	2005	2009	2010	2011	2012
全 国	**Total**	**1008**	**4745**	**22121**	**34267**	**45852**	**66893**
东部地区	Eastern Region	549	3814	18210	29853	39878	57255
中部地区	Middle Region	121	366	1861	2293	3154	4178
西部地区	Western Region	197	400	1453	1667	1861	3946
东北地区	Northeastern Region	141	165	597	454	959	1514
北 京	Beijing	14	317	478	738	1252	2750
天 津	Tianjin	6	76	246	615	758	1222
河 北	Hebei	12	40	220	115	220	422
山 西	Shanxi	1	8	60	74	105	150
内蒙古	Inner Mongolia		13	8	8	15	15
辽 宁	Liaoning	59	88	313	196	472	751
吉 林	Jilin	14	30	158	105	183	384
黑龙江	Heilongjiang	68	47	126	153	304	379
上 海	Shanghai	10	74	256	412	778	1143
江 苏	Jiangsu	84	232	729	1093	2033	4035
浙 江	Zhejiang	14	304	776	1789	891	1499
安 徽	Anhui	1	34	193	347	305	847
福 建	Fujian		28	99	164	357	443
江 西	Jiangxi	12	42	130	171	262	427
山 东	Shandong	93	177	1029	761	1358	2365
河 南	Henan	30	42	171	255	348	443
湖 北	Hubei	26	160	1021	1180	1669	1812
湖 南	Hunan	51	67	278	258	450	499
广 东	Guangdong	306	2537	14244	23959	32125	43306
广 西	Guangxi	8	29	132	184	70	186
海 南	Hainan	2		1	23	36	70
重 庆	Chongqing	15	38	233	252	233	355
四 川	Sichuan	72	87	186	379	351	1666
贵 州	Guizhou	13	53	346	377	210	373
云 南	Yunnan	15	68	88	162	175	256
西 藏	Tibet			9		1	
陕 西	Shaanxi	64	132	514	448	815	1016
甘 肃	Gansu	5	3	19	29	48	64
青 海	Qinghai	4	1				
宁 夏	Ningxia	9	15	30	11	14	7
新 疆	Xinjiang		3	28	9	14	8

2-1-10　续表 6　continued

地　区	Region	技术改造经费支出（万元） Expenditure for Technical Renovation (10000 yuan) 2000	2005	2009	2010	2011	2012
全　国	**Total**	**924581**	**1183084**	**1565201**	**1826384**	**1664720**	**2352550**
东部地区	Eastern Region	465138	560319	752895	1037716	1052443	1417048
中部地区	Middle Region	92480	145573	295739	164012	233576	348971
西部地区	Western Region	217146	291226	389144	540003	201663	365538
东北地区	Northeastern Region	149817	185966	127423	84653	177039	220992
北　京	Beijing	7295	17769	4408	8327	20071	15132
天　津	Tianjin	50463	21211	2907	34761	53726	27251
河　北	Hebei	33285	17433	20385	17693	14636	17108
山　西	Shanxi	4632	3050	1864	391	1763	4241
内蒙古	Inner Mongolia	3961	210	95	629	3501	1415
辽　宁	Liaoning	75062	50193	58250	39802	96813	101525
吉　林	Jilin	14917	11896	24205	531	17404	43764
黑龙江	Heilongjiang	59838	123877	44968	44320	62822	75701
上　海	Shanghai	17439	7729	35997	51320	26178	75294
江　苏	Jiangsu	98094	116979	284143	300334	455151	652542
浙　江	Zhejiang	82185	180377	159763	204555	173403	217668
安　徽	Anhui	10045	32612	25893	33591	33066	48377
福　建	Fujian	3372	9319	11923	27179	47700	37005
江　西	Jiangxi	15333	33832	41974	28417	24204	129812
山　东	Shandong	85169	100021	168191	156384	160684	252522
河　南	Henan	18823	35659	143852	40814	38053	27052
湖　北	Hubei	32784	14023	27681	17310	50221	48885
湖　南	Hunan	6903	26188	54379	42860	82768	90602
广　东	Guangdong	83703	74637	57225	227812	75912	111196
广　西	Guangxi	3867	14845	7869	9201	20286	19768
海　南	Hainan	266		85	148	4697	11327
重　庆	Chongqing	5901	29370	42943	19640	13971	25856
四　川	Sichuan	28270	63298	149569	303659	65577	142456
贵　州	Guizhou	27235	35210	40521	35281	1380	31216
云　南	Yunnan	3973	9226	1766	498	3108	3203
西　藏	Tibet						
陕　西	Shaanxi	129836	128152	137637	155421	106423	124297
甘　肃	Gansu	5484	18726	6957	19130	3344	2823
青　海	Qinghai	1002					
宁　夏	Ningxia	15407	963	1623	5946	4359	5200
新　疆	Xinjiang	39	6281	8127	427	3500	9300

2-1-10 续表 7 continued

地区	Region	引进技术经费支出（万元） Expenditure for Acquisition of Foreign Technology (10000 yuan)					
		2000	2005	2009	2010	2011	2012
全 国	**Total**	**235804**	**96198**	**140772**	**155978**	**145378**	**270747**
东部地区	Eastern Region	95979	46023	53996	79328	97118	116418
中部地区	Middle Region	18287	11340	10922	13879	32905	6074
西部地区	Western Region	101587	24803	25634	31065	14667	143659
东北地区	Northeastern Region	19952	14033	50220	31706	689	4595
北 京	Beijing	2202	6139	10948	7346	8578	10966
天 津	Tianjin	4690	3309	1726	3322	389	1
河 北	Hebei	7858	1882	924	1140	434	526
山 西	Shanxi	315		500			
内蒙古	Inner Mongolia	2263					
辽 宁	Liaoning	12314	5813	46659	5090	25	146
吉 林	Jilin	3071	706	500	706	663	4449
黑龙江	Heilongjiang	4567	7514	3061	25910		
上 海	Shanghai	1766	485	2829	4290	8693	21195
江 苏	Jiangsu	39073	5076	13370	4737	22221	20884
浙 江	Zhejiang	7903	6123	8439	19257	15464	21254
安 徽	Anhui	1906	3374	12	312	8138	874
福 建	Fujian	1901	9472	4034	12302	6289	15216
江 西	Jiangxi	3365	4442		5020	3020	1655
山 东	Shandong	4757	6359	8906	9097	17089	19054
河 南	Henan	1336	498	1390	993	20573	1775
湖 北	Hubei	6337	1672	600	120	919	1727
湖 南	Hunan	2765	1354	8420	7434	255	42
广 东	Guangdong	25018	7136	2820	17836	16156	7320
广 西	Guangxi	239	42			1806	
海 南	Hainan	573					
重 庆	Chongqing	559	2490	4398		55	861
四 川	Sichuan	21169	4069	19738	30166	13799	140517
贵 州	Guizhou	11654	7223	221	251	35	
云 南	Yunnan	427	217		20	5	883
西 藏	Tibet						
陕 西	Shaanxi	64595	10804	20	628	419	1124
甘 肃	Gansu	3058		327		355	273
青 海	Qinghai	2					
宁 夏	Ningxia	64		930			
新 疆	Xinjiang	60					

2-1-10 续表 8 continued

地区	Region	消化吸收经费支出（万元） Expenditure for Assimilation of Technology (10000 yuan)					
		2000	2005	2009	2010	2011	2012
全 国	**Total**	**21260**	**31699**	**80557**	**94809**	**70417**	**68067**
东部地区	Eastern Region	8488	25714	40926	47887	54167	50183
中部地区	Middle Region	1624	3437	8109	19829	10293	9043
西部地区	Western Region	2344	2131	3892	5405	5692	7585
东北地区	Northeastern Region	8804	417	27630	21687	265	1254
北 京	Beijing	37	109	652		1256	326
天 津	Tianjin	67	390	208	1343	1092	300
河 北	Hebei	1759	785	1117	673	1080	911
山 西	Shanxi	13	30	110	124	121	122
内蒙古	Inner Mongolia				12		
辽 宁	Liaoning	2225	43	1060	106	250	34
吉 林	Jilin		252	759		15	1220
黑龙江	Heilongjiang	6579	122	25811	21581		
上 海	Shanghai	53	71	2372	1308	2799	2068
江 苏	Jiangsu	1514	9159	17717	10715	10335	13195
浙 江	Zhejiang	1109	7152	4743	14638	11014	13227
安 徽	Anhui	749	280	1488	7413	3416	388
福 建	Fujian	508	1466	724	2873	1173	733
江 西	Jiangxi	22	1309	123	1856	1784	1250
山 东	Shandong	715	2106	11421	11675	13619	16945
河 南	Henan	53	654	3151	630	1669	562
湖 北	Hubei	457	280	1070	331	1161	6033
湖 南	Hunan	330	884	2167	9465	2142	688
广 东	Guangdong	2610	3992	959	3232	8216	2475
广 西	Guangxi	15	423	1014	1430	3583	146
海 南	Hainan	102	60				
重 庆	Chongqing	400	1010	125	725	562	536
四 川	Sichuan	531	890	1434	280	1594	5962
贵 州	Guizhou	35	44	110	596	35	
云 南	Yunnan	654		75	80	384	308
西 藏	Tibet						
陕 西	Shaanxi	702	188	677	3711	2632	585
甘 肃	Gansu			433		35	47
青 海	Qinghai						
宁 夏	Ningxia	12		1039	13	450	
新 疆	Xinjiang	10					

2-1-10 续表 9 continued

地区	Region	购买国内技术经费支出（万元） Expenditure on Purchase of Domestic Technology (10000 yuan)					
		2000	2005	2009	2010	2011	2012
全国	**Total**	**63674**	**69133**	**83801**	**134285**	**102882**	**146982**
东部地区	Eastern Region	19987	44954	52028	99628	72751	113247
中部地区	Middle Region	7138	11018	10189	13364	11399	13219
西部地区	Western Region	2763	12246	7356	14980	16920	17942
东北地区	Northeastern Region	33785	915	14228	6314	1813	2573
北京	Beijing	86	3167	870	427	2179	934
天津	Tianjin	2204	434	3719	6310	765	242
河北	Hebei	2066	1117	843	755	1560	1449
山西	Shanxi	10	181	1152	908	825	2712
内蒙古	Inner Mongolia	2018					
辽宁	Liaoning	327	592	707	2053	284	1404
吉林	Jilin	32602	323	2036	90	1529	1169
黑龙江	Heilongjiang	856		11485	4171		
上海	Shanghai	1846	5568	5011	9025	9680	5350
江苏	Jiangsu	7821	12581	14669	46567	15198	18456
浙江	Zhejiang	2848	7176	11895	8701	9816	21240
安徽	Anhui	1511	348	875	2935	3441	1974
福建	Fujian	200	4783	1199	4199	5798	10096
江西	Jiangxi	173	5129	1776	790	109	64
山东	Shandong	1275	2470	9693	6911	15972	39681
河南	Henan	82	4653	2685	2186	1959	1395
湖北	Hubei	2852	596	650	1864	1613	2838
湖南	Hunan	493	110	3051	4681	3452	4233
广东	Guangdong	879	6776	3745	13661	9273	13868
广西	Guangxi	388	602	299	1257	1248	1993
海南	Hainan	375	280	85	1814	1263	1927
重庆	Chongqing	1024	2488	2320	2717	3502	1001
四川	Sichuan	507	1705	3460	10312	12164	13735
贵州	Guizhou	100	6102	50	8	255	87
云南	Yunnan	40	297	175	432	135	230
西藏	Tibet						
陕西	Shaanxi	1001	1484	1094	1510	804	870
甘肃	Gansu	41	100	185		60	26
青海	Qinghai						
宁夏	Ningxia	10	56	73			
新疆	Xinjiang	40	15				

2-1-10　续表 10　continued

地　区	Region	研发机构数（个） Number of R&D Institutions in Enterprises (unit)					
		2000	2005	2009	2010	2011	2012
全　国	**Total**	**1190**	**1168**	**1770**	**1970**	**1981**	**3114**
东部地区	Eastern Region	608	645	1071	1275	1354	2053
中部地区	Middle Region	203	192	323	351	337	521
西部地区	Western Region	266	255	294	271	221	421
东北地区	Northeastern Region	113	76	82	73	69	119
北　京	Beijing	44	24	56	55	72	89
天　津	Tianjin	29	32	38	38	44	53
河　北	Hebei	33	24	28	31	34	47
山　西	Shanxi	16	19	17	15	10	17
内蒙古	Inner Mongolia	3	3	8	6	9	8
辽　宁	Liaoning	44	28	39	38	26	54
吉　林	Jilin	39	27	24	16	23	36
黑龙江	Heilongjiang	30	21	19	19	20	29
上　海	Shanghai	43	30	60	64	33	69
江　苏	Jiangsu	174	158	240	313	348	649
浙　江	Zhejiang	61	147	208	255	246	304
安　徽	Anhui	24	30	54	64	70	138
福　建	Fujian	17	17	30	36	44	62
江　西	Jiangxi	27	38	37	45	44	58
山　东	Shandong	72	92	106	131	166	257
河　南	Henan	41	43	101	109	101	136
湖　北	Hubei	60	34	67	72	64	107
湖　南	Hunan	32	25	39	40	39	65
广　东	Guangdong	114	102	275	316	336	506
广　西	Guangxi	17	17	26	23	19	31
海　南	Hainan	4	2	4	13	12	17
重　庆	Chongqing	24	41	37	39	37	49
四　川	Sichuan	71	50	66	60	52	125
贵　州	Guizhou	44	40	36	40	13	37
云　南	Yunnan	6	6	13	11	12	16
西　藏	Tibet			3	1		2
陕　西	Shaanxi	102	87	110	90	87	126
甘　肃	Gansu	10	23	15	18	11	21
青　海	Qinghai	3	1	1	1	1	1
宁　夏	Ningxia	5	6	11	9	7	4
新　疆	Xinjiang	1	1	2	2	1	1

2-1-10 续表 11 continued

地 区	Region	机构人员（人） Personnel in the R&D Institutions (person)					
		2000	2005	2009	2010	2011	2012
全 国	**Total**	**76168**	**109651**	**205834**	**251977**	**263327**	**372228**
东部地区	Eastern Region	42181	66824	140747	175025	197612	267121
中部地区	Middle Region	10995	13281	24607	33430	32576	44099
西部地区	Western Region	15243	21140	32692	33846	22893	45755
东北地区	Northeastern Region	7749	8406	7788	9676	10246	15253
北 京	Beijing	2772	1441	4765	6467	8124	9814
天 津	Tianjin	1078	1513	2624	3440	4388	6897
河 北	Hebei	1469	2865	3127	3349	3169	4211
山 西	Shanxi	620	718	1211	1073	1103	1473
内蒙古	Inner Mongolia	59	124	111	186	250	372
辽 宁	Liaoning	3194	4095	3740	5287	4857	7976
吉 林	Jilin	1914	2029	2188	2119	2520	4010
黑龙江	Heilongjiang	2641	2282	1860	2270	2869	3267
上 海	Shanghai	2307	1159	4144	3748	2245	5578
江 苏	Jiangsu	8060	7335	15034	18483	20728	40287
浙 江	Zhejiang	2609	8924	13675	18463	18275	23452
安 徽	Anhui	1140	1310	3295	4772	5628	8593
福 建	Fujian	791	731	2024	3171	3424	4264
江 西	Jiangxi	2614	3251	4908	6414	5273	6943
山 东	Shandong	6279	7261	13260	15274	21043	29326
河 南	Henan	2752	2102	6439	6972	8208	9538
湖 北	Hubei	2267	4566	5721	10757	8494	13713
湖 南	Hunan	1543	1210	2922	3256	3620	3839
广 东	Guangdong	16239	34568	81022	101069	114612	142535
广 西	Guangxi	503	989	922	1104	1138	1292
海 南	Hainan	74	38	150	457	466	757
重 庆	Chongqing	835	2018	2338	2172	2041	3052
四 川	Sichuan	4661	8185	14810	16362	7000	22385
贵 州	Guizhou	2555	2419	3743	3914	827	2874
云 南	Yunnan	277	306	510	1034	1197	1436
西 藏	Tibet			404	8		7
陕 西	Shaanxi	5918	7013	8946	8572	9974	12248
甘 肃	Gansu	748	770	1067	1223	1310	1203
青 海	Qinghai	68	15	15	8	14	14
宁 夏	Ningxia	181	391	761	493	527	869
新 疆	Xinjiang		23	98	60	3	3

2-1-10　续表 12　continued

地　区	Region	机构经费支出（万元） Expenditure in the R&D Institutions (10000 yuan)					
		2000	2005	2009	2010	2011	2012
全　国	**Total**	**669580**	**1817148**	**4242932**	**5421344**	**5860691**	**8159606**
东部地区	Eastern Region	487593	1385094	3372902	4351222	4849573	6534797
中部地区	Middle Region	59928	132383	273237	412207	463807	625665
西部地区	Western Region	90256	238459	476946	483792	385204	749741
东北地区	Northeastern Region	31803	61212	119847	174123	162107	249402
北　京	Beijing	21511	25519	84129	146459	200332	274599
天　津	Tianjin	22919	33237	52756	73859	52234	104028
河　北	Hebei	9423	19876	26359	32352	34766	49298
山　西	Shanxi	2162	3682	6342	8074	10118	17938
内蒙古	Inner Mongolia	331	1251	9555	2164	4254	5437
辽　宁	Liaoning	10146	19685	83100	132111	111448	175039
吉　林	Jilin	5075	22810	22562	18265	25602	40469
黑龙江	Heilongjiang	16582	18717	14185	23747	25057	33892
上　海	Shanghai	14194	35527	85392	90953	49957	126398
江　苏	Jiangsu	66936	107408	263858	310505	383774	959908
浙　江	Zhejiang	33749	155967	199229	366493	288774	398832
安　徽	Anhui	4262	21656	43277	65075	74893	135983
福　建	Fujian	8103	17920	27898	45639	42707	63633
江　西	Jiangxi	20987	50414	42531	56333	62051	88387
山　东	Shandong	60396	231089	405033	475909	540058	755245
河　南	Henan	7025	14611	62698	70097	77974	91362
湖　北	Hubei	17417	32497	72528	155156	176179	249971
湖　南	Hunan	7746	8272	36306	55307	58339	42022
广　东	Guangdong	245812	747409	2212629	2780813	3227202	3790159
广　西	Guangxi	3076	10784	14125	18426	20777	31515
海　南	Hainan	1473	358	1494	9815	8992	12692
重　庆	Chongqing	6400	14142	31292	27337	34278	49212
四　川	Sichuan	24972	132132	238560	246131	130434	421504
贵　州	Guizhou	6968	22415	46649	36203	12741	26857
云　南	Yunnan	3681	2162	9717	17191	22882	34743
西　藏	Tibet			1296	335		80
陕　西	Shaanxi	43965	57762	123973	129539	156433	148493
甘　肃	Gansu	2968	5742	13014	12734	20665	25875
青　海	Qinghai	284	53	50	80	100	246
宁　夏	Ningxia	1019	3672	5345	6385	7660	5759
新　疆	Xinjiang		380	7051	7857	11	15

2-1-11 各地区大中型港澳台资企业R&D及相关活动情况

Statistics on R&D and Related Activities of Hong Kong,Macau and Taiwan Funded Enterprises in Large and Medium-sized Enterprises by Region

地区	Region	R&D人员折合全时当量（人年） Full-time Equivalent of R&D Personnel (man-year)					
		2000	2005	2009	2010	2011	2012
全国	**Total**	**3428**	**17880**	**44104**	**57034**	**71830**	**81932**
东部地区	Eastern Region	3300	15879	42194	53660	68587	77622
中部地区	Middle Region	17	1842	1433	2651	2328	3384
西部地区	Western Region	10	72	209	314	579	546
东北地区	Northeastern Region	101	87	267	409	336	377
北京	Beijing	532	1867	626	740	712	820
天津	Tianjin	13	43	425	514	1368	612
河北	Hebei	96		790	1230	1365	1512
山西	Shanxi		19		45		30
内蒙古	Inner Mongolia				6	22	
辽宁	Liaoning	101	49	237	353	275	248
吉林	Jilin		9			44	56
黑龙江	Heilongjiang		29	30	56	17	72
上海	Shanghai	212	717	3819	4205	2925	4405
江苏	Jiangsu	126	3300	11110	13958	16507	14748
浙江	Zhejiang	66	1707	4489	3885	6299	7424
安徽	Anhui			22	118	9	725
福建	Fujian	447	2734	3401	4187	6724	8040
江西	Jiangxi	4	6	49	19	62	173
山东	Shandong	95	69	893	308	660	867
河南	Henan	6	1758	571	901	328	568
湖北	Hubei	7	27	313	529	1300	1236
湖南	Hunan		32	478	1032	608	649
广东	Guangdong	1708	5416	16535	24476	31882	39168
广西	Guangxi			107	155	145	229
海南	Hainan	6	26				22
重庆	Chongqing		19	22	124	304	156
四川	Sichuan	10	45		1	110	17
贵州	Guizhou						
云南	Yunnan		8	187	109	54	78
西藏	Tibet						
陕西	Shaanxi						
甘肃	Gansu						
青海	Qinghai						
宁夏	Ningxia				80	111	64
新疆	Xinjiang						

2-1-11 续表 1 continued

地 区	Region	R&D经费内部支出（万元） Intramural Expenditure on R&D (10000 yuan)					
		2000	2005	2009	2010	2011	2012
全 国	**Total**	**117433**	**506685**	**1146688**	**1215278**	**1700201**	**2005351**
东部地区	Eastern Region	112939	490670	1106958	1141205	1614479	1891440
中部地区	Middle Region	4242	12980	33777	59930	64052	83898
西部地区	Western Region	53	1485	2336	7395	15240	22967
东北地区	Northeastern Region	199	1551	3616	6747	6429	7045
北 京	Beijing	55730	68996	58315	84366	90340	118717
天 津	Tianjin	322	970	8736	9033	40486	8138
河 北	Hebei	1190		12511	21170	28560	34439
山 西	Shanxi		61		781		897
内 蒙 古	Inner Mongolia				636	264	
辽 宁	Liaoning	199	753	3462	5636	5918	5102
吉 林	Jilin		498			363	995
黑 龙 江	Heilongjiang		300	154	1111	148	947
上 海	Shanghai	3805	54103	85011	74063	117555	160898
江 苏	Jiangsu	5125	63352	242822	223986	353327	327747
浙 江	Zhejiang	807	61150	154601	87621	211429	265611
安 徽	Anhui			306	2479	852	14866
福 建	Fujian	9839	73592	136545	157124	154348	178118
江 西	Jiangxi	22	96	911	178	1490	5766
山 东	Shandong	1750	2349	21247	11684	30756	35310
河 南	Henan	4116	10770	8148	16741	5941	11118
湖 北	Hubei	104	402	19408	28914	41687	37058
湖 南	Hunan		1651	5003	10203	13818	14190
广 东	Guangdong	34300	165991	386280	470657	585659	761610
广 西	Guangxi			891	1501	2017	5802
海 南	Hainan	72	168				848
重 庆	Chongqing		805	472	3468	5354	8223
四 川	Sichuan	53	502		54	1007	373
贵 州	Guizhou						
云 南	Yunnan		178	1865	1849	5780	6061
西 藏	Tibet						
陕 西	Shaanxi						
甘 肃	Gansu						
青 海	Qinghai						
宁 夏	Ningxia				2025	3100	2507
新 疆	Xinjiang						

2-1-11 续表 2 continued

地 区	Region	新产品开发经费支出（万元） Expenditure on New Products Development (10000 yuan)					
		2000	2005	2009	2010	2011	2012
全 国	**Total**	**147684**	**702806**	**1350371**	**1652721**	**2081090**	**2531344**
东部地区	Eastern Region	138315	687944	1279908	1561681	2000606	2397199
中部地区	Middle Region	8925	10567	60102	74242	62984	97081
西部地区	Western Region	125	2084	2762	9094	10973	26220
东北地区	Northeastern Region	319	2211	7599	7704	6528	10843
北 京	Beijing	69369	104785	66083	93742	131563	163190
天 津	Tianjin	371	1050	11038	11286	41509	12783
河 北	Hebei	1190		14580	20735	27150	33532
山 西	Shanxi	74	100		781		3322
内 蒙 古	Inner Mongolia				2066		
辽 宁	Liaoning	199	1558	7445	6293	6177	9307
吉 林	Jilin	120	503			117	370
黑 龙 江	Heilongjiang		150	154	1411	233	1165
上 海	Shanghai	11653	58931	107279	107421	134305	195063
江 苏	Jiangsu	7263	86795	295111	375340	489755	549587
浙 江	Zhejiang	1799	64905	163655	98125	236920	283413
安 徽	Anhui	79	90	306	2479	4500	17846
福 建	Fujian	10031	102513	164309	177303	175721	194859
江 西	Jiangxi	22	255	1978	3585	1224	6342
山 东	Shandong	1754	5950	21908	16182	38568	46927
河 南	Henan	8500	8200	9520	13567	3706	11171
湖 北	Hubei	250	1751	38500	41963	38005	34610
湖 南	Hunan		172	9798	9803	15548	23787
广 东	Guangdong	34665	262848	434660	660077	723012	917842
广 西	Guangxi			1285	1472	2105	5765
海 南	Hainan	220	168				
重 庆	Chongqing		794	472	2281	2295	10036
四 川	Sichuan	125	498	258	730	1327	1018
贵 州	Guizhou						
云 南	Yunnan		792	1865	3407	3976	6416
西 藏	Tibet						
陕 西	Shaanxi			168	779	275	
甘 肃	Gansu						
青 海	Qinghai						
宁 夏	Ningxia				1897	3100	2983
新 疆	Xinjiang						

2-1-11 续表 3 continued

地区	Region	新产品销售收入（万元）Sales Revenue of New Products (10000 yuan)					
		2000	2005	2009	2010	2011	2012
全　国	**Total**	**4687313**	**18624925**	**23497324**	**24992899**	**35147172**	**38754675**
东部地区	Eastern Region	4435932	18353382	22473562	22761301	31265734	36009862
中部地区	Middle Region	238037	245677	988433	1839416	1561858	2236752
西部地区	Western Region	929	3056	20968	367103	2249979	473846
东北地区	Northeastern Region	12415	22811	14361	25080	69601	34213
北　京	Beijing	1410749	1841038	2443348	2860558	3294285	3212167
天　津	Tianjin	4672	167283	97583	140100	278927	250538
河　北	Hebei	552		67381	68878	102296	504836
山　西	Shanxi		20		12135		
内蒙古	Inner Mongolia				85425		
辽　宁	Liaoning	12415	19610	14361	25080	66351	31845
吉　林	Jilin		3201			3250	2368
黑龙江	Heilongjiang						
上　海	Shanghai	378021	4613506	2135981	1723242	1300378	2088081
江　苏	Jiangsu	50799	860875	4916649	4759572	7893767	8300684
浙　江	Zhejiang	14058	106152	1219003	868039	2284882	2921779
安　徽	Anhui		21	2581	12990	97519	591738
福　建	Fujian	543311	4668466	3522751	3988059	4251238	4348820
江　西	Jiangxi	37	342	2017	988	2146	54089
山　东	Shandong	44682	64898	217508	187391	525722	553016
河　南	Henan	238000	207809	111313	245213	86533	37491
湖　北	Hubei			762844	1174261	1017301	961265
湖　南	Hunan		37485	109677	308405	358359	592167
广　东	Guangdong	1989087	6031162	7842674	8138615	11320562	13808630
广　西	Guangxi			10684	26848	13678	92334
海　南	Hainan						21308
重　庆	Chongqing		1053	5894	204237	2157375	237956
四　川	Sichuan	929		3709	107442	23171	84129
贵　州	Guizhou						
云　南	Yunnan		1974	11365	13492	26148	24746
西　藏	Tibet						
陕　西	Shaanxi				39895		
甘　肃	Gansu		28				
青　海	Qinghai						
宁　夏	Ningxia				2038	43286	34679
新　疆	Xinjiang						

2-1-11 续表 4 continued

地 区	Region	专利申请数（件） Patent Applications (piece)					
		2000	2005	2009	2010	2011	2012
全 国	**Total**	**451**	**3203**	**6147**	**8285**	**10111**	**14255**
东部地区	Eastern Region	448	3145	5937	7734	9588	13319
中部地区	Middle Region	2	47	139	410	408	709
西部地区	Western Region		4	14	70	73	172
东北地区	Northeastern Region	1	7	57	71	42	55
北 京	Beijing		195	356	430	767	2141
天 津	Tianjin			73	129	111	113
河 北	Hebei			45	94	73	75
山 西	Shanxi				22		35
内 蒙 古	Inner Mongolia					2	
辽 宁	Liaoning	1	7	51	61	40	48
吉 林	Jilin						
黑 龙 江	Heilongjiang			6	10	2	7
上 海	Shanghai	27	318	477	595	709	1287
江 苏	Jiangsu	1	404	951	2360	2834	1934
浙 江	Zhejiang	2	274	1147	707	1412	1252
安 徽	Anhui			6	4	16	65
福 建	Fujian	42	116	405	567	522	649
江 西	Jiangxi			10	3	1	9
山 东	Shandong	2	2	56	59	161	117
河 南	Henan	2	38	16	41	20	15
湖 北	Hubei		3	16	46	52	218
湖 南	Hunan		6	91	294	317	367
广 东	Guangdong	374	1836	2426	2791	2992	5741
广 西	Guangxi			1	2	7	19
海 南	Hainan						10
重 庆	Chongqing			6	21	28	63
四 川	Sichuan		3	2	2	3	51
贵 州	Guizhou						
云 南	Yunnan		1	6	11	12	17
西 藏	Tibet						
陕 西	Shaanxi				25		
甘 肃	Gansu						
青 海	Qinghai						
宁 夏	Ningxia				11	30	22
新 疆	Xinjiang						

2-1-11 续表 5 continued

地 区	Region	有效发明专利数（件） Number of Patents In Force (piece)					
		2000	2005	2009	2010	2011	2012
全 国	**Total**	**265**	**719**	**3934**	**5640**	**8359**	**11990**
东部地区	Eastern Region	258	705	3742	5210	8138	11614
中部地区	Middle Region	2	5	130	299	78	195
西部地区	Western Region	2	5	33	56	73	129
东北地区	Northeastern Region	3	4	29	75	70	52
北 京	Beijing	4	61	892	1036	1265	2337
天 津	Tianjin			7	6	108	43
河 北	Hebei			105	144	154	222
山 西	Shanxi				4		1
内 蒙 古	Inner Mongolia					3	
辽 宁	Liaoning	3	4	28	65	68	49
吉 林	Jilin						
黑 龙 江	Heilongjiang			1	10	2	3
上 海	Shanghai	13	11	297	421	587	1042
江 苏	Jiangsu		113	505	790	1189	1201
浙 江	Zhejiang	8	17	673	211	1900	2348
安 徽	Anhui			6		13	36
福 建	Fujian	1	104	58	244	155	261
江 西	Jiangxi			1		1	3
山 东	Shandong	2	2	9	16	64	69
河 南	Henan	2	4	30	58	16	24
湖 北	Hubei			15	11	11	67
湖 南	Hunan		1	78	226	34	64
广 东	Guangdong	230	397	1181	2331	2700	4085
广 西	Guangxi			15	11	16	23
海 南	Hainan						6
重 庆	Chongqing				7	31	33
四 川	Sichuan	2	4	30	34	31	59
贵 州	Guizhou						
云 南	Yunnan		1	3	8	11	14
西 藏	Tibet						
陕 西	Shaanxi				7		
甘 肃	Gansu						
青 海	Qinghai						
宁 夏	Ningxia						
新 疆	Xinjiang						

2-1-11 续表 6 continued

地区	Region	技术改造经费支出（万元） Expenditure for Technical Renovation (10000 yuan)					
		2000	2005	2009	2010	2011	2012
全国	**Total**	**42477**	**128312**	**157591**	**334633**	**321057**	**454181**
东部地区	Eastern Region	39184	106927	146327	305743	282440	410093
中部地区	Middle Region	2600	9432	6864	26010	37532	16249
西部地区	Western Region	475	463	4370	2797	823	27732
东北地区	Northeastern Region	218	11490	31	84	262	105
北京	Beijing	328	44	21	195	216	230
天津	Tianjin	105		97	55310		626
河北	Hebei	50		1347	1448	1921	1536
山西	Shanxi		125				
内蒙古	Inner Mongolia				5440	3800	
辽宁	Liaoning	21	1162	31	49	59	105
吉林	Jilin		10093			203	
黑龙江	Heilongjiang	197	235		35		
上海	Shanghai	3722	9213	7888	10892	13069	12242
江苏	Jiangsu	3333	13393	50573	143353	140779	282577
浙江	Zhejiang	4338	13751	11651	23836	28269	20442
安徽	Anhui		259	450	678	1500	3000
福建	Fujian	11447	21203	21072	27043	20751	15545
江西	Jiangxi		160	158		3915	2258
山东	Shandong	2000	9730	9803	1635	2782	4184
河南	Henan	2500	6353	5801	436		713
湖北	Hubei	100	1103	455	18400	420	1625
湖南	Hunan		1432		1056	27897	8653
广东	Guangdong	13562	39593	34100	34965	74114	72707
广西	Guangxi			9776	7067	540	17124
海南	Hainan	300					
重庆	Chongqing		263	103		804	9224
四川	Sichuan	475		3241	44		
贵州	Guizhou						
云南	Yunnan			1026	1553		360
西藏	Tibet						
陕西	Shaanxi		200				
甘肃	Gansu						
青海	Qinghai						
宁夏	Ningxia				1200	19	1024
新疆	Xinjiang						

2-1-11 续表 7 continued

地 区	Region	引进技术经费支出（万元） Expenditure for Acquisition of Foreign Technology (10000 yuan)					
		2000	2005	2009	2010	2011	2012
全 国	**Total**	**20698**	**129886**	**72216**	**66251**	**117533**	**117755**
东部地区	Eastern Region	17966	129886	71916	65290	117240	117675
中部地区	Middle Region	2650		300	961	213	
西部地区	Western Region						
东北地区	Northeastern Region	82				80	80
北 京	Beijing		239				
天 津	Tianjin		28534	254	8384		26036
河 北	Hebei	350		411	453	452	253
山 西	Shanxi						
内蒙古	Inner Mongolia						
辽 宁	Liaoning	82				80	80
吉 林	Jilin						
黑龙江	Heilongjiang						
上 海	Shanghai	4343	15737	9648	10487	22271	18702
江 苏	Jiangsu	1892	2845	17008	14292	59802	52458
浙 江	Zhejiang	381	51	754	1214	3424	406
安 徽	Anhui						
福 建	Fujian	7761	9479	12114	15932	27310	10562
江 西	Jiangxi						
山 东	Shandong		300	304	402	1305	
河 南	Henan	2450		300	138	213	
湖 北	Hubei	200					
湖 南	Hunan				823		
广 东	Guangdong	3239	72702	31423	13888	2678	9254
广 西	Guangxi				240		
海 南	Hainan						
重 庆	Chongqing						
四 川	Sichuan						
贵 州	Guizhou						
云 南	Yunnan						
西 藏	Tibet						
陕 西	Shaanxi						
甘 肃	Gansu						
青 海	Qinghai						
宁 夏	Ningxia						
新 疆	Xinjiang						

2-1-11 续表 8 continued

地区	Region	消化吸收经费支出（万元） Expenditure for Assimilation of Technology (10000 yuan)					
		2000	2005	2009	2010	2011	2012
全 国	**Total**	**689**	**51254**	**11003**	**13420**	**12155**	**15388**
东部地区	Eastern Region	664	50988	9846	12492	12148	15287
中部地区	Middle Region	10	166	595	890		
西部地区	Western Region			562			101
东北地区	Northeastern Region	15	100		37	7	
北 京	Beijing						
天 津	Tianjin			83			
河 北	Hebei	18		376	393	395	3432
山 西	Shanxi						
内蒙古	Inner Mongolia						
辽 宁	Liaoning	15			37	7	
吉 林	Jilin						
黑龙江	Heilongjiang		100				
上 海	Shanghai	124	3645	33	200	2270	710
江 苏	Jiangsu	326	82	1907	5602	5274	5475
浙 江	Zhejiang	20		435	916	659	112
安 徽	Anhui			15			
福 建	Fujian	173	1857	863	1083	1447	1028
江 西	Jiangxi						
山 东	Shandong		300	265	312	859	1782
河 南	Henan		166	580	47		
湖 北	Hubei	10					
湖 南	Hunan				843		
广 东	Guangdong	3	45104	5884	3987	1245	2746
广 西	Guangxi						
海 南	Hainan						
重 庆	Chongqing						
四 川	Sichuan			562			
贵 州	Guizhou						
云 南	Yunnan						101
西 藏	Tibet						
陕 西	Shaanxi						
甘 肃	Gansu						
青 海	Qinghai						
宁 夏	Ningxia						
新 疆	Xinjiang						

2-1-11 续表 9 continued

地 区	Region	购买国内技术经费支出（万元） Expenditure on Purchase of Domestic Technology (10000 yuan)					
		2000	2005	2009	2010	2011	2012
全 国	**Total**	**4047**	**13067**	**28636**	**56585**	**35605**	**67286**
东部地区	Eastern Region	3692	12789	27907	55339	34812	66925
中部地区	Middle Region	235	178	517	1115	793	130
西部地区	Western Region			212	60		231
东北地区	Northeastern Region	120	100		71		
北 京	Beijing			4345	3948	3414	
天 津	Tianjin						
河 北	Hebei			1048	1057	2446	3323
山 西	Shanxi	135					
内 蒙 古	Inner Mongolia						
辽 宁	Liaoning				71		
吉 林	Jilin	120					
黑 龙 江	Heilongjiang		100				
上 海	Shanghai	39		79	2640	125	45
江 苏	Jiangsu	180	84	10439	182	1033	5531
浙 江	Zhejiang	453	100	481	2117	7245	1897
安 徽	Anhui			67			
福 建	Fujian	340	4917	6383	25609	11742	31636
江 西	Jiangxi						
山 东	Shandong	2330	200	501	21	531	5909
河 南	Henan			450			
湖 北	Hubei	100	178		901		
湖 南	Hunan				215	793	130
广 东	Guangdong	350	7487	4603	19766	8276	18583
广 西	Guangxi			28			
海 南	Hainan						
重 庆	Chongqing						
四 川	Sichuan			91			
贵 州	Guizhou						
云 南	Yunnan			121	50		231
西 藏	Tibet						
陕 西	Shaanxi				10		
甘 肃	Gansu						
青 海	Qinghai						
宁 夏	Ningxia						
新 疆	Xinjiang						

2-1-11 续表 10 continued

地　区	Region	研发机构数（个） Number of R&D Institutions in Enterprises (unit)					
		2000	2005	2009	2010	2011	2012
全　国	**Total**	**74**	**177**	**440**	**545**	**660**	**864**
东部地区	Eastern Region	64	156	408	489	628	798
中部地区	Middle Region	6	13	19	34	18	36
西部地区	Western Region	2	4	3	9	9	19
东北地区	Northeastern Region	2	4	10	13	5	11
北　京	Beijing	4	2	9	14	15	7
天　津	Tianjin	2	1	10	6	10	7
河　北	Hebei	1		2	3	2	5
山　西	Shanxi	2	2		1		1
内蒙古	Inner Mongolia				2	1	
辽　宁	Liaoning	1	2	9	11	3	7
吉　林	Jilin	1	2			1	2
黑龙江	Heilongjiang			1	2	1	2
上　海	Shanghai	6	9	36	34	22	31
江　苏	Jiangsu	4	19	89	111	121	316
浙　江	Zhejiang	5	12	43	60	63	69
安　徽	Anhui	1	1	2	2	3	8
福　建	Fujian	6	16	23	25	24	47
江　西	Jiangxi		1	4	2		5
山　东	Shandong	4	4	7	9	5	9
河　南	Henan	2	4	8	11	3	7
湖　北	Hubei	1	2	4	6	6	10
湖　南	Hunan		3	1	10	5	5
广　东	Guangdong	30	92	187	224	363	306
广　西	Guangxi			2	3	3	3
海　南	Hainan	2	1				1
重　庆	Chongqing		1	1	3	5	9
四　川	Sichuan	2	1		1		3
贵　州	Guizhou						
云　南	Yunnan		2	2	2	3	2
西　藏	Tibet						
陕　西	Shaanxi				2		1
甘　肃	Gansu						
青　海	Qinghai						
宁　夏	Ningxia				1	1	1
新　疆	Xinjiang						

2-1-11　续表 11　continued

地　区	Region	机构人员（人） Personnel in the R&D Institutions (person)					
		2000	2005	2009	2010	2011	2012
全　国	**Total**	**6846**	**21584**	**55644**	**59293**	**58242**	**83731**
东部地区	Eastern Region	6479	20907	53872	55097	56039	78376
中部地区	Middle Region	205	458	1134	3300	1536	3948
西部地区	Western Region	16	86	82	282	460	819
东北地区	Northeastern Region	146	133	556	614	207	588
北　京	Beijing	1628	16	1098	1464	1747	1511
天　津	Tianjin	23	25	357	447	756	962
河　北	Hebei	326		1109	1214	1187	1425
山　西	Shanxi	23	18		52		268
内蒙古	Inner Mongolia				35	24	
辽　宁	Liaoning	136	75	533	518	137	297
吉　林	Jilin	10	58			50	91
黑龙江	Heilongjiang			23	96	20	200
上　海	Shanghai	266	523	4223	5576	2876	4416
江　苏	Jiangsu	190	2051	11628	10502	11160	22986
浙　江	Zhejiang	141	400	6023	4999	8643	9043
安　徽	Anhui	28	5	48	42	50	700
福　建	Fujian	544	2646	4198	3606	3899	5833
江　西	Jiangxi		6	155	86		221
山　东	Shandong	306	303	615	414	223	507
河　南	Henan	99	78	576	1382	291	609
湖　北	Hubei	55	76	319	383	525	1273
湖　南	Hunan		275	36	1320	646	877
广　东	Guangdong	3033	14917	24581	26761	25437	31562
广　西	Guangxi			40	114	111	119
海　南	Hainan	22	26				131
重　庆	Chongqing		13	16	39	204	318
四　川	Sichuan	16	41		17		105
贵　州	Guizhou						
云　南	Yunnan		32	66	74	143	82
西　藏	Tibet						
陕　西	Shaanxi				68		5
甘　肃	Gansu						
青　海	Qinghai						
宁　夏	Ningxia				84	113	190
新　疆	Xinjiang						

2-1-11 续表 12 continued

地 区	Region	机构经费支出（万元） Expenditure in the R&D Institutions (10000 yuan)					
		2000	2005	2009	2010	2011	2012
全 国	**Total**	**142452**	**314620**	**951405**	**1225299**	**1374307**	**2010631**
东部地区	Eastern Region	133988	298301	924588	1170208	1337006	1913334
中部地区	Middle Region	8047	13154	16438	40217	22937	66788
西部地区	Western Region	60	1298	2698	7420	11824	21145
东北地区	Northeastern Region	357	1868	7682	7455	2540	9362
北 京	Beijing	71514	52	19334	85091	120091	138485
天 津	Tianjin	70	311	4191	10120	24295	4012
河 北	Hebei	1109		9439	21245	20970	31882
山 西	Shanxi	88	55		12		1398
内 蒙 古	Inner Mongolia				1213	360	
辽 宁	Liaoning	237	1362	7562	6144	1978	6648
吉 林	Jilin	120	506			363	1268
黑 龙 江	Heilongjiang			120	1311	200	1444
上 海	Shanghai	5353	9404	93203	102742	125464	143652
江 苏	Jiangsu	4416	30307	172478	261063	280356	517698
浙 江	Zhejiang	1531	6047	167697	90336	218363	273862
安 徽	Anhui	79	72	1029	2417	2375	10130
福 建	Fujian	12226	70337	139307	163234	133521	159428
江 西	Jiangxi		168	1590	1358		4591
山 东	Shandong	6182	6042	13988	12550	10444	21379
河 南	Henan	7720	8175	8244	16104	6822	11023
湖 北	Hubei	160	1828	5204	8122	4930	31801
湖 南	Hunan		2857	370	10991	8449	7844
广 东	Guangdong	31446	175632	304009	423506	401627	621680
广 西	Guangxi			942	323	1876	2606
海 南	Hainan	142	168				1252
重 庆	Chongqing		92	124	2101	4169	8872
四 川	Sichuan	60	1000		28		947
贵 州	Guizhou						
云 南	Yunnan		206	2573	3012	5363	6416
西 藏	Tibet						
陕 西	Shaanxi				1011		3
甘 肃	Gansu						
青 海	Qinghai						
宁 夏	Ningxia				1268	2293	2300
新 疆	Xinjiang						

2-1-12 各地区大中型外资企业R&D及相关活动情况

Statistics on R&D and Related Activities of Foreign Funded Enterprises in Large and Medium-sized Enterprises by Region

地 区	Region	R&D人员折合全时当量（人年） Full-time Equivalent of R&D Personnel (man-year)					
		2000	2005	2009	2010	2011	2012
全 国	**Total**	**9375**	**33860**	**78235**	**113156**	**85971**	**112477**
东部地区	Eastern Region	6938	31656	71943	107563	80675	107887
中部地区	Middle Region	183	118	1773	1785	2027	2408
西部地区	Western Region	1123	506	1494	1936	1429	793
东北地区	Northeastern Region	1131	1579	3025	1873	1840	1387
北 京	Beijing	55	2046	1219	1909	2828	3091
天 津	Tianjin	873	1546	2156	2907	1720	2315
河 北	Hebei	6	81	150	411	403	586
山 西	Shanxi			220	170	307	158
内蒙古	Inner Mongolia				20		
辽 宁	Liaoning	1091	1076	1193	261	229	374
吉 林	Jilin	27				26	80
黑龙江	Heilongjiang	13	503	1832	1612	1585	932
上 海	Shanghai	3006	4991	10267	10984	8714	8378
江 苏	Jiangsu	645	9975	23210	31955	25640	27538
浙 江	Zhejiang		2902	2822	3875	4065	5317
安 徽	Anhui	48	62	25	582	720	373
福 建	Fujian	171	1814	4931	6548	7549	9462
江 西	Jiangxi			418	101	73	500
山 东	Shandong	151	638	1992	2916	5055	8287
河 南	Henan		56	755	611	646	930
湖 北	Hubei	135		59	225	238	344
湖 南	Hunan			296	76	42	101
广 东	Guangdong	2028	7664	25164	46025	24625	42834
广 西	Guangxi	4		9	1	22	24
海 南	Hainan			24	30	55	76
重 庆	Chongqing	414	5	578	1267	702	142
四 川	Sichuan	160	144	315		94	155
贵 州	Guizhou	13	14	4	257	231	72
云 南	Yunnan	17	32	90	90	95	87
西 藏	Tibet						
陕 西	Shaanxi	493	311	508	322	306	311
甘 肃	Gansu	25					
青 海	Qinghai						
宁 夏	Ningxia						
新 疆	Xinjiang						

2-1-12 续表 1 continued

地 区	Region	R&D经费内部支出（万元） Intramural Expenditure on R&D (10000 yuan)					
		2000	2005	2009	2010	2011	2012
全 国	**Total**	**202661**	**1019163**	**1843068**	**2453041**	**2789420**	**3242284**
东部地区	Eastern Region	179037	979268	1740998	2378630	2701107	3114728
中部地区	Middle Region	5225	1520	36665	21591	37460	70404
西部地区	Western Region	13473	7955	25794	25610	20300	22318
东北地区	Northeastern Region	4926	30420	39610	27210	30552	34833
北 京	Beijing	3826	50356	61780	109263	177602	181079
天 津	Tianjin	35904	48177	111278	133452	116587	137279
河 北	Hebei	27	1599	1538	11450	17317	19992
山 西	Shanxi			2214	1609	4791	3804
内蒙古	Inner Mongolia				1007		
辽 宁	Liaoning	4866	24242	12045	2350	4239	11234
吉 林	Jilin	32				94	514
黑龙江	Heilongjiang	28	6178	27565	24860	26219	23084
上 海	Shanghai	94533	255992	377766	473826	298485	313411
江 苏	Jiangsu	10874	195222	493727	698061	880778	913766
浙 江	Zhejiang		120955	48390	58442	87030	121835
安 徽	Anhui	631	239	121	6304	11009	12193
福 建	Fujian	3726	46036	89556	149466	228251	200418
江 西	Jiangxi			16842	2199	3347	12045
山 东	Shandong	4009	50122	129223	185907	208103	284199
河 南	Henan		1281	11796	5751	8575	10976
湖 北	Hubei	4594		791	3667	7072	27592
湖 南	Hunan			4901	1055	2667	3791
广 东	Guangdong	26121	210810	424144	557176	683807	935583
广 西	Guangxi	17		28	201	110	245
海 南	Hainan			3568	1386	3038	7162
重 庆	Chongqing	1469	65	4600	14034	10112	3263
四 川	Sichuan	658	509	6410		2400	5305
贵 州	Guizhou	24	150	243	829	1969	3122
云 南	Yunnan	74	354	707	1759	2248	2405
西 藏	Tibet						
陕 西	Shaanxi	11136	6878	13835	8988	3571	7975
甘 肃	Gansu	112					
青 海	Qinghai						
宁 夏	Ningxia						
新 疆	Xinjiang						

2-1-12 续表 2 continued

地区	Region	新产品开发经费支出（万元） Expenditure on New Products Development (10000 yuan)					
		2000	2005	2009	2010	2011	2012
全　国	**Total**	**222028**	**1216386**	**2359088**	**3051653**	**4156346**	**4672985**
东部地区	Eastern Region	205214	1168024	2241416	2990384	3998957	4465400
中部地区	Middle Region	5524	10870	33661	27269	53790	80807
西部地区	Western Region	11214	5615	42790	19207	43662	49923
东北地区	Northeastern Region	76	31877	41221	14794	59937	76853
北　京	Beijing	4064	53072	99105	184045	222395	250697
天　津	Tianjin	40538	46656	103769	185199	107626	164901
河　北	Hebei		3724	8718	8596	13182	12924
山　西	Shanxi		110	1510	1681	8183	1502
内蒙古	Inner Mongolia			330			
辽　宁	Liaoning	27	25958	28126	2331	45990	48611
吉　林	Jilin	32	40			112	
黑龙江	Heilongjiang	17	5879	13095	12463	13834	28242
上　海	Shanghai	111550	239418	474963	603316	709186	547336
江　苏	Jiangsu	18905	295576	656204	899341	1460163	1722446
浙　江	Zhejiang	1303	124222	59044	84810	115888	135341
安　徽	Anhui	296	464	9815	9234	14235	19342
福　建	Fujian	3726	63583	102126	149927	236766	220315
江　西	Jiangxi			3365	2199	3526	14010
山　东	Shandong	4730	54899	147559	191444	267725	290724
河　南	Henan		1292	13587	8912	18611	14043
湖　北	Hubei	5228	93	1392	4188	7072	28980
湖　南	Hunan		8911	3663	1055	2165	2929
广　东	Guangdong	20345	286875	586224	680597	862065	1112597
广　西	Guangxi	55		28		110	162
海　南	Hainan			3675	3110	3854	8117
重　庆	Chongqing	1049	65	8295	7571	11728	4690
四　川	Sichuan	1496	726	16820	155	10842	13697
贵　州	Guizhou	28	150	1289	422	597	2510
云　南	Yunnan	74	354	455	1960	3709	3837
西　藏	Tibet						
陕　西	Shaanxi	8558	4316	15931	9100	16787	24875
甘　肃	Gansu	11					
青　海	Qinghai		5				150
宁　夏	Ningxia						
新　疆	Xinjiang						

2-1-12 续表 3 continued

地区	Region	新产品销售收入（万元） Sales Revenue of New Products (10000 yuan)					
		2000	2005	2009	2010	2011	2012
全　国	**Total**	**10270862**	**27716836**	**52873158**	**79235660**	**99933626**	**107896980**
东部地区	Eastern Region	10111817	27468611	51370057	77801186	97720636	105711995
中部地区	Middle Region	62398	26796	303763	666119	658605	1429786
西部地区	Western Region	92282	78491	1062206	676413	1274985	558232
东北地区	Northeastern Region	4365	142937	137133	91943	279400	196966
北　京	Beijing	1911777	775229	8739935	8875267	7536353	4956744
天　津	Tianjin	2489541	8576670	6893189	7363645	6190848	8787235
河　北	Hebei		37423	49346	152080	149448	421492
山　西	Shanxi		5102	147925	397315	157725	128563
内蒙古	Inner Mongolia						
辽　宁	Liaoning	3035	12541	99449	6745	170088	114510
吉　林	Jilin	1327				26622	
黑龙江	Heilongjiang	3	130396	37684	85198	82691	82456
上　海	Shanghai	2460277	7597266	9195155	9152795	6629278	4508696
江　苏	Jiangsu	1346817	2518154	12493765	13112864	31166286	33994625
浙　江	Zhejiang	10003	490531	790083	1357630	1983463	1773775
安　徽	Anhui	21396		32198	41752	375880	402712
福　建	Fujian	676232	1184060	2000623	3086132	5416897	6379010
江　西	Jiangxi			25679	30667	47666	68560
山　东	Shandong	58096	183894	2384104	2968660	4205462	4078067
河　南	Henan		16740	48594	61591	56367	101000
湖　北	Hubei	41003	3734	7950	42306	10790	404813
湖　南	Hunan		1221	41417	92489	10177	324137
广　东	Guangdong	1157513	6105385	8823737	31731966	34441964	40811285
广　西	Guangxi	1562					300
海　南	Hainan			121	146	638	1062
重　庆	Chongqing	16549	313	367585	476235	878115	278173
四　川	Sichuan	30	31406	377115		28154	36746
贵　州	Guizhou	929		35487	40655	56682	77450
云　南	Yunnan			21000	21864	37226	3980
西　藏	Tibet						
陕　西	Shaanxi	74622	45473	261020	137658	274808	161582
甘　肃	Gansu	152					
青　海	Qinghai		1300				
宁　夏	Ningxia						
新　疆	Xinjiang						

2-1-12 续表 4 continued

地 区	Region	专利申请数（件） Patent Applications (piece)					
		2000	2005	2009	2010	2011	2012
全 国	**Total**	**131**	**2833**	**11799**	**16249**	**18922**	**19171**
东部地区	Eastern Region	97	2495	11287	15859	18325	18485
中部地区	Middle Region	2	8	166	200	153	261
西部地区	Western Region	29	56	238	151	263	230
东北地区	Northeastern Region	3	274	108	39	181	195
北 京	Beijing		303	652	1310	1953	1498
天 津	Tianjin	6	88	616	428	342	278
河 北	Hebei		19	25	20	22	22
山 西	Shanxi			15	17	27	5
内蒙古	Inner Mongolia						
辽 宁	Liaoning	3	256	33	18	71	97
吉 林	Jilin					2	
黑龙江	Heilongjiang		18	75	21	108	98
上 海	Shanghai	42	910	2050	2161	2195	2109
江 苏	Jiangsu	3	124	1197	2118	2597	2922
浙 江	Zhejiang	3	171	411	729	574	685
安 徽	Anhui			7	26	27	23
福 建	Fujian		96	758	841	810	1148
江 西	Jiangxi			33	40	28	73
山 东	Shandong	4	278	175	370	927	318
河 南	Henan		6	38	60	33	70
湖 北	Hubei	2		7	51	28	67
湖 南	Hunan		2	66	6	10	23
广 东	Guangdong	38	506	5377	7852	8899	9499
广 西	Guangxi	1				2	4
海 南	Hainan			26	30	4	6
重 庆	Chongqing			98	115	151	43
四 川	Sichuan	2	1	51	2	19	107
贵 州	Guizhou	25	5	16		6	19
云 南	Yunnan	1	6	9	18	30	23
西 藏	Tibet						
陕 西	Shaanxi	1	44	64	16	57	34
甘 肃	Gansu						
青 海	Qinghai						
宁 夏	Ningxia						
新 疆	Xinjiang						

2-1-12 续表 5 continued

地 区	Region	有效发明专利数（件） Number of Patents In Force (piece)					
		2000	2005	2009	2010	2011	2012
全 国	**Total**	**170**	**1194**	**5775**	**10259**	**13217**	**18995**
东部地区	Eastern Region	134	1129	5552	10016	12895	18313
中部地区	Middle Region	2	4	63	64	129	313
西部地区	Western Region	33	57	82	149	97	285
东北地区	Northeastern Region	1	4	78	30	96	84
北 京	Beijing		122	215	362	947	1606
天 津	Tianjin		37	256	251	56	155
河 北	Hebei		2	21	26	25	35
山 西	Shanxi			1	1	4	3
内 蒙 古	Inner Mongolia						
辽 宁	Liaoning			69	10	58	29
吉 林	Jilin	1				3	
黑 龙 江	Heilongjiang		4	9	20	35	55
上 海	Shanghai	87	179	1785	1676	1130	1719
江 苏	Jiangsu		144	615	1721	1702	2262
浙 江	Zhejiang	28	12	106	199	320	418
安 徽	Anhui			4		19	20
福 建	Fujian		302	114	216	362	818
江 西	Jiangxi			23	32	39	66
山 东	Shandong	2	68	335	491	420	509
河 南	Henan		1	10	15	19	22
湖 北	Hubei	2		1	10	37	188
湖 南	Hunan		3	24	6	11	14
广 东	Guangdong	16	263	2100	5066	7916	10791
广 西	Guangxi	1				15	10
海 南	Hainan			5	8	2	
重 庆	Chongqing			22	61	44	47
四 川	Sichuan	7		24	4	9	113
贵 州	Guizhou	20	31		22	2	1
云 南	Yunnan	2	4	14	51	29	41
西 藏	Tibet						
陕 西	Shaanxi	4	22	22	11	13	73
甘 肃	Gansu						
青 海	Qinghai						
宁 夏	Ningxia						
新 疆	Xinjiang						

2-1-12　续表 6　continued

地　区	Region	技术改造经费支出（万元） Expenditure for Technical Renovation (10000 yuan)					
		2000	2005	2009	2010	2011	2012
全　国	**Total**	**80420**	**278819**	**294618**	**526326**	**410614**	**385046**
东部地区	Eastern Region	65237	251858	264842	449084	378114	344294
中部地区	Middle Region	405	3530	5252	32300	4836	23777
西部地区	Western Region	13846	3631	8210	27476	3778	4788
东北地区	Northeastern Region	932	19801	16314	17466	23886	12185
北　京	Beijing	2	331	292	408	2022	1894
天　津	Tianjin	848	26132	3947	200	8270	201
河　北	Hebei		181	1500	8268	8887	16619
山　西	Shanxi		800		421	797	4173
内 蒙 古	Inner Mongolia			164	22		
辽　宁	Liaoning	930	640	185		2819	
吉　林	Jilin	2					
黑 龙 江	Heilongjiang		19161	16129	17466	21068	12185
上　海	Shanghai	37385	36715	29957	40668	44277	23045
江　苏	Jiangsu	6502	86097	137170	250109	189941	145499
浙　江	Zhejiang	90	18092	22413	33100	27014	37668
安　徽	Anhui	405		20			286
福　建	Fujian	1358	2999	6423	44522	67054	65492
江　西	Jiangxi		20	2840	212		39
山　东	Shandong	5813	22400	19924	12099	8817	12950
河　南	Henan		2710	1547	2539	2570	3375
湖　北	Hubei			50	127	642	15158
湖　南	Hunan			631	28980	827	745
广　东	Guangdong	13240	58911	42922	59674	21600	33695
广　西	Guangxi						
海　南	Hainan			291	36	232	7227
重　庆	Chongqing		2500	620	24028	694	420
四　川	Sichuan	10030	139	2204	2460	309	437
贵　州	Guizhou						
云　南	Yunnan		2		173	235	
西　藏	Tibet						
陕　西	Shaanxi	3759	990	5386	815	2541	3931
甘　肃	Gansu	11					
青　海	Qinghai						
宁　夏	Ningxia						
新　疆	Xinjiang	47					

2-1-12 续表 7 continued

地 区	Region	引进技术经费支出（万元） Expenditure for Acquisition of Foreign Technology (10000 yuan)					
		2000	2005	2009	2010	2011	2012
全 国	**Total**	**213961**	**622099**	**431253**	**465580**	**358907**	**344551**
东部地区	Eastern Region	206988	621734	429457	464011	356843	342264
中部地区	Middle Region	6523		755	501		
西部地区	Western Region	450		1015	33	2065	2286
东北地区	Northeastern Region		366	26	1035		
北 京	Beijing	702	24778	14005	51106	48111	72652
天 津	Tianjin	1398	216953	146744	141559	17927	24003
河 北	Hebei				528		
山 西	Shanxi			150			
内 蒙 古	Inner Mongolia						
辽 宁	Liaoning						
吉 林	Jilin						
黑 龙 江	Heilongjiang		366	26	1035		
上 海	Shanghai	147477	125685	32689	34278	31865	27858
江 苏	Jiangsu	13865	160340	64655	111576	110422	69094
浙 江	Zhejiang	22	3022	2957	1802	627	1863
安 徽	Anhui						
福 建	Fujian	1910	8360	67246	74331	122843	63035
江 西	Jiangxi						
山 东	Shandong	1200	906	1350	1569	1268	17384
河 南	Henan			210			
湖 北	Hubei	6523		392	501		
湖 南	Hunan			4			
广 东	Guangdong	40414	81690	98104	47263	23465	66372
广 西	Guangxi						
海 南	Hainan			1708		315	
重 庆	Chongqing	50		216	33	53	46
四 川	Sichuan	400		799		2012	2240
贵 州	Guizhou						
云 南	Yunnan						
西 藏	Tibet						
陕 西	Shaanxi						
甘 肃	Gansu						
青 海	Qinghai						
宁 夏	Ningxia						
新 疆	Xinjiang						

2-1-12 续表 8 continued

地区	Region	消化吸收经费支出（万元） Expenditure for Assimilation of Technology (10000 yuan)					
		2000	2005	2009	2010	2011	2012
全 国	**Total**	**11736**	**192020**	**14664**	**30039**	**69909**	**9723**
东部地区	Eastern Region	11408	189280	13297	29975	69516	9423
中部地区	Middle Region	327		556	10		300
西部地区	Western Region	1	340	702	8	394	
东北地区	Northeastern Region		2400	109	47		
北 京	Beijing	4501	86	180	260	248	273
天 津	Tianjin	749	157640		100	21	21
河 北	Hebei	29			199	176	506
山 西	Shanxi			500			
内蒙古	Inner Mongolia						
辽 宁	Liaoning			80			
吉 林	Jilin						
黑龙江	Heilongjiang		2400	29	47		
上 海	Shanghai	1460	5657	3034	4483	6704	528
江 苏	Jiangsu	534	2479	3207	5280	55850	7126
浙 江	Zhejiang		752	801	1840	675	366
安 徽	Anhui						
福 建	Fujian	177	5	806	305	1021	89
江 西	Jiangxi						
山 东	Shandong	600	175	10	10663	3586	336
河 南	Henan						300
湖 北	Hubei	327			10		
湖 南	Hunan			57			
广 东	Guangdong	3360	22485	1515	5100	1136	
广 西	Guangxi						
海 南	Hainan			3743	1745	99	176
重 庆	Chongqing		15	511	8	394	
四 川	Sichuan	1	9				
贵 州	Guizhou						
云 南	Yunnan						
西 藏	Tibet						
陕 西	Shaanxi		316	191			
甘 肃	Gansu						
青 海	Qinghai						
宁 夏	Ningxia						
新 疆	Xinjiang						

2-1-12 续表 9 continued

地 区	Region	购买国内技术经费支出（万元） Expenditure on Purchase of Domestic Technology (10000 yuan)					
		2000	2005	2009	2010	2011	2012
全 国	**Total**	**4379**	**13159**	**26590**	**22074**	**23943**	**24072**
东部地区	Eastern Region	3999	12659	23014	20688	21920	21922
中部地区	Middle Region			478	693	316	1836
西部地区	Western Region	380		2860	19		257
东北地区	Northeastern Region		500	238	673	1707	55
北 京	Beijing		107				
天 津	Tianjin	27	820			36	
河 北	Hebei		520				1375
山 西	Shanxi			350		100	1543
内蒙古	Inner Mongolia						
辽 宁	Liaoning			120			
吉 林	Jilin					1000	
黑龙江	Heilongjiang		500	118	673	707	55
上 海	Shanghai	2798	101	3025	63	4130	603
江 苏	Jiangsu	472	4059	2780	5566	8308	6174
浙 江	Zhejiang	2	3953	479	1408	745	894
安 徽	Anhui					216	
福 建	Fujian		2	14160	977	4364	5667
江 西	Jiangxi						156
山 东	Shandong	600	1142	863	4363	1598	3505
河 南	Henan				652		
湖 北	Hubei						137
湖 南	Hunan			128	42		
广 东	Guangdong	100	1956	585	3183	1690	387
广 西	Guangxi						
海 南	Hainan			1122	5129	1050	3315
重 庆	Chongqing			98	5		
四 川	Sichuan	380		1672			
贵 州	Guizhou						
云 南	Yunnan						257
西 藏	Tibet						
陕 西	Shaanxi			1090	14		
甘 肃	Gansu						
青 海	Qinghai						
宁 夏	Ningxia						
新 疆	Xinjiang						

2-1-12　续表 10　continued

地　区	Region	研发机构数（个） Number of R&D Institutions in Enterprises (unit)					
		2000	2005	2009	2010	2011	2012
全　国	**Total**	**115**	**274**	**635**	**669**	**613**	**1180**
东部地区	Eastern Region	90	241	562	593	564	1106
中部地区	Middle Region	3	9	37	40	20	42
西部地区	Western Region	9	9	21	25	16	22
东北地区	Northeastern Region	13	15	15	11	13	10
北　京	Beijing	1	6	29	35	38	33
天　津	Tianjin	7	8	15	17	16	18
河　北	Hebei	1	3	6	6	5	5
山　西	Shanxi		2	5	5	2	1
内蒙古	Inner Mongolia			2	1		
辽　宁	Liaoning	11	4	7	5	5	3
吉　林	Jilin	1				1	
黑龙江	Heilongjiang	1	11	8	6	7	7
上　海	Shanghai	33	35	71	72	53	73
江　苏	Jiangsu	15	48	168	196	194	650
浙　江	Zhejiang	2	34	51	73	56	89
安　徽	Anhui	2	2	8	15	5	12
福　建	Fujian	2	10	37	40	38	41
江　西	Jiangxi			1	1	1	4
山　东	Shandong	5	27	29	35	46	38
河　南	Henan		2	10	11	6	9
湖　北	Hubei	1	1	4	6	4	9
湖　南	Hunan		2	7	1	2	7
广　东	Guangdong	24	70	154	116	115	157
广　西	Guangxi					1	2
海　南	Hainan			2	3	2	2
重　庆	Chongqing	1	1	12	15	6	3
四　川	Sichuan	2	3	3	2	2	8
贵　州	Guizhou	1	1		1	2	1
云　南	Yunnan		1	1	3	3	3
西　藏	Tibet						
陕　西	Shaanxi	4	2	5	4	3	5
甘　肃	Gansu	1					
青　海	Qinghai		1				
宁　夏	Ningxia						
新　疆	Xinjiang						

2-1-12 续表 11 continued

地　区	Region	机构人员（人） Personnel in the R&D Institutions (person)					
		2000	2005	2009	2010	2011	2012
全　国	**Total**	**7173**	**25554**	**79961**	**102370**	**73021**	**140567**
东部地区	Eastern Region	5717	24276	75560	98545	69299	135621
中部地区	Middle Region	53	250	2039	1649	1451	3009
西部地区	Western Region	886	588	1749	1392	1516	1263
东北地区	Northeastern Region	517	440	613	784	755	674
北　京	Beijing	156	526	2594	3698	3814	4022
天　津	Tianjin	764	863	1462	2129	1299	1740
河　北	Hebei	10	193	403	526	526	567
山　西	Shanxi		20	235	125	407	261
内蒙古	Inner Mongolia			39	15		
辽　宁	Liaoning	473	82	278	500	320	276
吉　林	Jilin	32				30	
黑龙江	Heilongjiang	12	358	335	284	405	398
上　海	Shanghai	2216	6836	15356	15399	11377	15343
江　苏	Jiangsu	783	4709	14243	21167	18238	50247
浙　江	Zhejiang	40	2073	4086	6390	6036	7695
安　徽	Anhui	23	102	272	533	116	526
福　建	Fujian	79	1519	4798	5342	6789	8642
江　西	Jiangxi			389	18	90	524
山　东	Shandong	239	570	2469	3658	7430	10283
河　南	Henan		61	636	776	567	871
湖　北	Hubei	30	9	119	142	140	593
湖　南	Hunan		58	349	40	131	234
广　东	Guangdong	1430	6987	30132	40036	13632	37026
广　西	Guangxi					102	109
海　南	Hainan			17	200	56	56
重　庆	Chongqing	592	10	515	729	600	198
四　川	Sichuan	123	220	785	21	301	288
贵　州	Guizhou	13	28		174	183	180
云　南	Yunnan		27	55	151	148	161
西　藏	Tibet						
陕　西	Shaanxi	142	292	394	317	284	327
甘　肃	Gansu	16					
青　海	Qinghai		11				
宁　夏	Ningxia						
新　疆	Xinjiang						

2-1-12 续表 12 continued

地区	Region	机构经费支出（万元） Expenditure in the R&D Institutions (10000 yuan)					
		2000	2005	2009	2010	2011	2012
全国	**Total**	**148968**	**476070**	**1754756**	**2137613**	**2061718**	**3516320**
东部地区	Eastern Region	141995	464129	1683815	2077867	2008759	3424581
中部地区	Middle Region	198	2225	31296	33872	17860	58890
西部地区	Western Region	4188	3233	25819	16937	18246	16859
东北地区	Northeastern Region	2588	6483	13826	8937	16853	15989
北京	Beijing	406	9410	85854	156562	128105	161418
天津	Tianjin	28933	17597	65948	51985	32763	61235
河北	Hebei	27	1415	3564	10391	8359	12808
山西	Shanxi		85	2267	2073	3711	615
内蒙古	Inner Mongolia			57	983		
辽宁	Liaoning	2537	345	3377	1538	5779	2978
吉林	Jilin	32				111	
黑龙江	Heilongjiang	19	6138	10449	7399	10964	13010
上海	Shanghai	68321	125571	520563	519312	488561	459547
江苏	Jiangsu	8352	108229	409430	612378	530695	1389731
浙江	Zhejiang	250	18508	56698	88184	104905	113635
安徽	Anhui	126	704	6115	12978	6777	16235
福建	Fujian	2128	27711	86774	128822	170948	190019
江西	Jiangxi			7738	446	103	7750
山东	Shandong	3295	4962	141519	163452	242567	238503
河南	Henan		992	11514	14999	3935	10629
湖北	Hubei	72	185	1053	2208	1819	22008
湖南	Hunan		259	2551	185	1514	1650
广东	Guangdong	30284	150725	309945	344587	298668	792685
广西	Guangxi					871	852
海南	Hainan			3521	2195	2318	4995
重庆	Chongqing	1834	65	6022	11480	6621	2435
四川	Sichuan	781	1822	13339	126	5682	3124
贵州	Guizhou	69	55		401	952	819
云南	Yunnan		329	1012	2723	2787	6500
西藏	Tibet						
陕西	Shaanxi	1322	962	5446	2208	2204	3126
甘肃	Gansu	182					
青海	Qinghai		1				
宁夏	Ningxia						
新疆	Xinjiang						

2-2-1 按行业分高技术产业R&D活动人员情况(2012年)
R&D Personnel in High-tech Industry by Industrial Sector(2012)

行业	Industry	有R&D活动的企业数(个) Number of Enterprises Having R&D Activities (unit)	R&D人员(人) R&D Personnel (person)	#全时人员 Full-time Personnel	#研究人员 Researchers	R&D人员折合全时当量(人年) Full-time Equivalent (man-year)
合计	**Total**	**8498**	**774054**	**275726**	**607673**	**623249**
医药制造业	**Manufacture of Medicines**	**2280**	**141545**	**45372**	**100520**	**106684**
#化学药品制造	Manufacture of Chemical Medicine	983	75826	24563	56356	58684
中成药生产	Production of Finished Traditional Chinese Herbal Medicine	556	33376	10793	22439	24657
生物药品制造	Manufacture of Biological Medicine	374	18352	6185	12652	13520
航空、航天器及设备制造业	**Manufacture of Aircrafts and Spacecrafts and Related Equipment**	**139**	**51363**	**25391**	**39650**	**43071**
#飞机制造	Manufacture of Airplanes	73	39556	18854	30212	32916
航天器制造	Manufacture of Spacecrafts	15	4760	3084	3993	4395
电子及通信设备制造业	**Manufacture of Electronic Equipment and Communication Equipment**	**3861**	**408303**	**164144**	**327663**	**340679**
#通信设备制造	Manufacture of Communication Equipment	506	138284	93778	125040	127533
#通信系统设备制造	Manufacture of Communication System Equipment	307	113981	86691	105804	108670
通信终端设备制造	Manufacture of Communication Terminal Equipment	199	24303	7087	19236	18862
广播电视设备制造	Manufacture of Broadcasting and TV Equipment	176	12664	4988	9700	9681
雷达及配套设备制造	Manufacture of Radar and Its Fittings	29	5196	2228	4712	3472
视听设备制造	Manufacture of TV Set and Radio Receiver	244	33433	10037	27473	26550
电子器件制造	Manufacture of Electronic Appliances	915	84909	22389	63179	69266
#电子真空器件制造	Manufacture of Electronic Vacuum Appliance	35	3216	872	2601	2730
半导体分立器件制造	Manufacture of Semiconductor Discreting Appliances	126	7312	1814	5499	5741
集成电路制造	Manufacture of Integrate Circuit	194	25728	7504	18262	22081
电子元件制造	Manufacture of Electronic Components	1379	91507	18959	64486	71897
其他电子设备制造	Manufacture of Other Electronic Equipment	274	16236	3860	13094	12949
计算机及办公设备制造业	**Manufacture of Computers and Office Equipment**	**417**	**77636**	**12542**	**67697**	**62783**
#计算机整机制造	Manufacture of Entired Computer	55	24353	3980	22115	18890
计算机零部件制造	Manufacture of Computer Components and Parts	103	24394	1901	21186	21025
计算机外围设备制造	Manufacture of Computer Peripheral Equipment	104	13692	3616	11198	9957
办公设备制造	Manufacture of Office Equipment	75	4766	1024	3800	3638
医疗仪器设备及仪器仪表制造业	**Manufacture of Medical Equipments and Measuring Instrument**	**1801**	**95207**	**28277**	**72143**	**70029**
1.医疗仪器设备及器械制造	Manufacture of Medical Equipment and Appliance	381	18291	4327	13536	13521
2.仪器仪表制造	Manufacture of Measuring Instrument	1420	76916	23950	58607	56508

注：本表数据口径范围为年主营业务收入2000万元及以上的法人工业企业。以下至2-7-9表相同。

2-2-2 各地区高技术产业R&D活动人员情况(2012年)
R&D Personnel in High-tech Industry by Region(2012)

地 区	Region	有R&D活动的企业数(个) Number of Enterprises Having R&D Activities (unit)	R&D人员(人) R&D Personnel (person)	#全时人员 Full-time Personnel	#研究人员 Researchers	R&D人员折合全时当量(人年) Full-time Equivalent (man-year)
全 国	**Total**	**8498**	**774054**	**275726**	**607673**	**623249**
东部地区	Eastern Region	6406	592917	202804	473690	490303
中部地区	Middle Region	1141	83737	30937	62913	62699
西部地区	Western Region	662	69329	30115	50446	49651
东北地区	Northeaastern Region	289	28071	11870	20624	20596
北 京	Beijing	395	27821	7766	24256	20408
天 津	Tianjin	183	14456	4725	10816	11622
河 北	Hebei	106	9718	4776	7863	7638
山 西	Shanxi	39	3904	1719	2669	2981
内蒙古	Inner Mongolia	21	822	255	567	575
辽 宁	Liaoning	133	13936	5926	10856	10298
吉 林	Jilin	85	6260	2125	4589	4422
黑龙江	Heilongjiang	71	7875	3819	5179	5874
上 海	Shanghai	340	28335	9299	23286	22606
江 苏	Jiangsu	1918	113817	27733	80860	89303
浙 江	Zhejiang	1158	60566	12854	43762	49022
安 徽	Anhui	264	14725	4231	10501	9973
福 建	Fujian	330	31731	7334	24126	26786
江 西	Jiangxi	91	10147	3737	8174	8219
山 东	Shandong	472	52418	18334	42626	37499
河 南	Henan	211	14661	5182	10808	11117
湖 北	Hubei	241	29259	12305	23126	22073
湖 南	Hunan	295	11041	3763	7635	8333
广 东	Guangdong	1475	252429	109573	214851	224334
广 西	Guangxi	98	3362	1581	2338	2310
海 南	Hainan	29	1626	410	1244	1081
重 庆	Chongqing	96	6569	2579	4977	4818
四 川	Sichuan	168	19119	7555	15919	13638
贵 州	Guizhou	57	8091	2920	5663	6944
云 南	Yunnan	64	3259	945	1710	2409
西 藏	Tibet	1	20	14		8
陕 西	Shaanxi	120	25387	13175	17433	17367
甘 肃	Gansu	20	1697	852	1036	1019
青 海	Qinghai	4	90	19	63	86
宁 夏	Ningxia	10	839	202	692	405
新 疆	Xinjiang	3	74	18	48	66

2-2-3 按行业和企业规模分高技术产业R&D活动人员情况(2012年)

R&D Personnel in High-tech Industry by Industrial Sector and Scale of Enterprises (2012)

行业	Industry	大型企业 Large-size Enterprises				
		有R&D活动的企业数(个) Number of Enterprises Having R&D Activities (unit)	R&D人员(人) R&D Personnel (person)	#全时人员 Full-time Personnel	#研究人员 Researchers	R&D人员折合全时当量(人年) Full-time Equivalent (man-year)
合计	**Total**	**988**	**438117**	**178218**	**367253**	**373067**
医药制造业	**Manufacture of Medicines**	**196**	**53189**	**18837**	**41847**	**43851**
#化学药品制造	Manufacture of Chemical Medicine	109	35667	12942	28801	30085
中成药生产	Production of Finished Traditional Chinese Herbal Medicine	57	11352	3812	8382	9528
生物药品制造	Manufacture of Biological Medicine	18	3220	1457	2429	2011
航空、航天器及设备制造业	**Manufacture of Aircrafts and Spacecrafts and Related Equipment**	**49**	**39760**	**19853**	**30435**	**32990**
#飞机制造	Manufacture of Airplanes	31	32841	16195	24742	27017
航天器制造	Manufacture of Spacecrafts	8	3797	2349	3172	3562
电子及通信设备制造业	**Manufacture of Electronic Equipment and Communication Equipment**	**564**	**256319**	**122388**	**216883**	**225976**
#通信设备制造	Manufacture of Communication Equipment	89	113335	85291	105222	108150
#通信系统设备制造	Manufacture of Communication System Equipment	38	98506	81448	93543	96786
通信终端设备制造	Manufacture of Communication Terminal Equipment	51	14829	3843	11679	11363
广播电视设备制造	Manufacture of Broadcasting and TV Equipment	15	6093	3266	5035	4414
雷达及配套设备制造	Manufacture of Radar and Its Fittings	6	2515	900	2400	1507
视听设备制造	Manufacture of TV Set and Radio Receiver	55	23484	7881	20145	18781
电子器件制造	Manufacture of Electronic Appliances	159	48924	11973	36324	41985
#电子真空器件制造	Manufacture of Electronic Vacuum Appliance	3	557	248	414	557
半导体分立器件制造	Manufacture of Semiconductor Discreting Appliances	17	3096	695	2697	2482
集成电路制造	Manufacture of Integrate Circuit	38	15106	3612	10274	13766
电子元件制造	Manufacture of Electronic Components	174	42970	7534	31507	35495
其他电子设备制造	Manufacture of Other Electronic Equipment	22	5962	1393	5288	5048
计算机及办公设备制造业	**Manufacture of Computers and Office Equipment**	**100**	**62324**	**8328**	**55657**	**51267**
#计算机整机制造	Manufacture of Entired Computer	27	22677	3311	20597	17720
计算机零部件制造	Manufacture of Computer Components and Parts	29	21110	1051	18787	18469
计算机外围设备制造	Manufacture of Computer Peripheral Equipment	26	9604	2674	7972	6950
办公设备制造	Manufacture of Office Equipment	9	1967	305	1826	1681
医疗仪器设备及仪器仪表制造业	**Manufacture of Medical Equipments and Measuring Instrument**	**79**	**26525**	**8812**	**22431**	**18982**
1.医疗仪器设备及器械制造	Manufacture of Medical Equipment and Appliance	17	3882	1110	3289	3047
2.仪器仪表制造	Manufacture of Measuring Instrument	62	22643	7702	19142	15935

2-2-3　续表　continued

行　业	Industry	中型企业 Medium-sized Enterprises				
		有R&D活动的企业数(个) Number of Enterprises Having R&D Activities (unit)	R&D人员(人) R&D Personnel (person)	#全时人员 Full-time Personnel	#研究人员 Researchers	R&D人员折合全时当量(人年) Full-time Equivalent (man-year)
合计	**Total**	**2774**	**201976**	**57680**	**144992**	**152546**
医药制造业	**Manufacture of Medicines**	**749**	**52473**	**15517**	**35099**	**38024**
#化学药品制造	Manufacture of Chemical Medicine	367	25825	7126	17737	18193
中成药生产	Production of Finished Traditional Chinese Herbal Medicine	195	13433	4352	8491	9402
生物药品制造	Manufacture of Biological Medicine	95	8275	2579	5936	6732
航空、航天器及设备制造业	**Manufacture of Aircrafts and Spacecrafts and Related Equipment**	**45**	**5894**	**3571**	**4565**	**4910**
#飞机制造	Manufacture of Airplanes	23	2156	1183	1753	1600
航天器制造	Manufacture of Spacecrafts	6	944	716	806	830
电子及通信设备制造业	**Manufacture of Electronic Equipment and Communication Equipment**	**1358**	**97978**	**26092**	**71861**	**75420**
#通信设备制造	Manufacture of Communication Equipment	141	15115	5262	12185	12035
#通信系统设备制造	Manufacture of Communication System Equipment	83	8481	2848	6758	6645
通信终端设备制造	Manufacture of Communication Terminal Equipment	58	6634	2414	5427	5389
广播电视设备制造	Manufacture of Broadcasting and TV Equipment	50	3497	921	2633	2903
雷达及配套设备制造	Manufacture of Radar and Its Fittings	12	2173	1039	1883	1622
视听设备制造	Manufacture of TV Set and Radio Receiver	90	6989	1388	5189	5630
电子器件制造	Manufacture of Electronic Appliances	323	24323	6752	18265	18662
#电子真空器件制造	Manufacture of Electronic Vacuum Appliance	15	2304	449	1913	1887
半导体分立器件制造	Manufacture of Semiconductor Discreting Appliances	42	2603	732	1778	2007
集成电路制造	Manufacture of Integrate Circuit	61	7078	2717	5157	5476
电子元件制造	Manufacture of Electronic Components	570	33937	7486	22896	25679
其他电子设备制造	Manufacture of Other Electronic Equipment	80	5258	1166	4012	4147
计算机及办公设备制造业	**Manufacture of Computers and Office Equipment**	**140**	**9790**	**2670**	**7515**	**7323**
#计算机整机制造	Manufacture of Entired Computer	11	1093	507	1037	821
计算机零部件制造	Manufacture of Computer Components and Parts	45	2464	647	1770	2050
计算机外围设备制造	Manufacture of Computer Peripheral Equipment	32	2620	447	1964	1875
办公设备制造	Manufacture of Office Equipment	27	1868	432	1254	1224
医疗仪器设备及仪器仪表制造业	**Manufacture of Medical Equipments and Measuring Instrument**	**482**	**35841**	**9830**	**25952**	**26867**
1.医疗仪器设备及器械制造	Manufacture of Medical Equipment and Appliance	111	8009	1517	5657	5767
2.仪器仪表制造	Manufacture of Measuring Instrument	371	27832	8313	20295	21099

2-2-4 按行业分国有及国有控股企业高技术产业R&D活动人员情况(2012年)

R&D Personnel in High-tech Industry of State-owned and State-controlled Enterprises by Industrial Sector (2012)

行业	Industry	有R&D活动的企业数(个) Number of Enterprises Having R&D Activities (unit)	R&D人员(人) R&D Personnel (person)	#全时人员 Full-time Personnel	#研究人员 Researchers	R&D人员折合全时当量(人年) Full-time Equivalent (man-year)
合计	**Total**	**945**	**194678**	**91947**	**158574**	**158655**
医药制造业	**Manufacture of Medicines**	**244**	**28822**	**12617**	**20947**	**22912**
#化学药品制造	Manufacture of Chemical Medicine	112	18154	7872	13652	14863
中成药生产	Production of Finished Traditional Chinese Herbal Medicine	76	5598	2568	3922	4269
生物药品制造	Manufacture of Biological Medicine	31	3020	1480	2137	2295
航空、航天器及设备制造业	**Manufacture of Aircrafts and Spacecrafts and Related Equipment**	**103**	**49009**	**24151**	**38614**	**41363**
#飞机制造	Manufacture of Airplanes	62	38538	18535	29609	32123
航天器制造	Manufacture of Spacecrafts	14	4741	3065	3978	4392
电子及通信设备制造业	**Manufacture of Electronic Equipment and Communication Equipment**	**390**	**83725**	**42984**	**70440**	**71117**
#通信设备制造	Manufacture of Communication Equipment	90	38553	25843	34352	36715
#通信系统设备制造	Manufacture of Communication System Equipment	63	33480	24200	29651	31961
通信终端设备制造	Manufacture of Communication Terminal Equipment	27	5073	1643	4701	4754
广播电视设备制造	Manufacture of Broadcasting and TV Equipment	15	1181	387	1028	978
雷达及配套设备制造	Manufacture of Radar and Its Fittings	17	4105	1724	3823	2646
视听设备制造	Manufacture of TV Set and Radio Receiver	17	10371	4772	9516	8809
电子器件制造	Manufacture of Electronic Appliances	130	16101	5634	11771	11973
#电子真空器件制造	Manufacture of Electronic Vacuum Appliance	9	1024	325	693	754
半导体分立器件制造	Manufacture of Semiconductor Discreting Appliances	19	1341	432	890	582
集成电路制造	Manufacture of Integrate Circuit	31	3490	1606	1801	2482
电子元件制造	Manufacture of Electronic Components	85	8965	2510	6075	6880
其他电子设备制造	Manufacture of Other Electronic Equipment	14	1447	378	1327	1201
计算机及办公设备制造业	**Manufacture of Computers and Office Equipment**	**34**	**12451**	**2807**	**11468**	**10420**
#计算机整机制造	Manufacture of Entired Computer	11	6282	1541	5792	5335
计算机零部件制造	Manufacture of Computer Components and Parts	2	282	67	274	267
计算机外围设备制造	Manufacture of Computer Peripheral Equipment	11	2218	574	1750	1205
办公设备制造	Manufacture of Office Equipment	4	1007	234	1004	963
医疗仪器设备及仪器仪表制造业	**Manufacture of Medical Equipments and Measuring Instrument**	**174**	**20671**	**9388**	**17105**	**12841**
1.医疗仪器设备及器械制造	Manufacture of Medical Equipment and Appliance	16	1551	527	1198	1016
2.仪器仪表制造	Manufacture of Measuring Instrument	158	19120	8861	15907	11824

2-2-5 按行业和登记注册类型分高技术产业R&D活动人员情况(2012年)

R&D Personnel in High-tech Industry by Industrial Sector and Registration Status(2012)

行业	Industry	内资企业 Domestic Funded				
		有R&D活动的企业数(个) Number of Enterprises Having R&D Activities (unit)	R&D人员(人) R&D Personnel (person)	#全时人员 Full-time Personnel	#研究人员 Researchers	R&D人员折合全时当量(人年) Full-time Equivalent (man-year)
合计	**Total**	**5976**	**507889**	**217795**	**403225**	**407750**
医药制造业	**Manufacture of Medicines**	**1811**	**107610**	**34797**	**74152**	**79797**
#化学药品制造	Manufacture of Chemical Medicine	761	55740	17918	39874	42791
中成药生产	Production of Finished Traditional Chinese Herbal Medicine	461	27408	8958	18501	20027
生物药品制造	Manufacture of Biological Medicine	279	12508	4537	8181	8763
航空、航天器及设备制造业	**Manufacture of Aircrafts and Spacecrafts and Related Equipment**	**130**	**49589**	**24452**	**38693**	**41812**
#飞机制造	Manufacture of Airplanes	69	39470	18802	30170	32851
航天器制造	Manufacture of Spacecrafts	15	4760	3084	3993	4395
电子及通信设备制造业	**Manufacture of Electronic Equipment and Communication Equipment**	**2372**	**253404**	**129998**	**214203**	**215356**
#通信设备制造	Manufacture of Communication Equipment	361	113762	88332	107327	107376
#通信系统设备制造	Manufacture of Communication Equipment	242	101781	84577	97809	97936
通信终端设备制造	Manufacture of Communication Terminal Equipment	119	11981	3755	9518	9439
广播电视设备制造	Manufacture of Broadcasting and TV Equipment	129	10309	4397	7785	7844
雷达及配套设备制造	Manufacture of Radar and Its Fittings	28	5162	2209	4681	3438
视听设备制造	Manufacture of TV Set and Radio Receiver	126	16916	5843	14559	13948
电子器件制造	Manufacture of Electronic Appliances	549	41171	12434	31660	32655
#电子真空器件制造	Manufacture of Electronic Vacuum Appliance	30	2954	827	2373	2555
半导体分立器件制造	Manufacture of Semiconductor Discreting Appliances	75	4350	1229	3314	3110
集成电路制造	Manufacture of Integrate Circuit	101	9653	3283	6949	7911
电子元件制造	Manufacture of Electronic Components	753	36726	8772	25170	27939
其他电子设备制造	Manufacture of Other Electronic Equipment	190	11639	2932	9758	9344
计算机及办公设备制造业	**Manufacture of Computers and Office Equipment**	**232**	**24544**	**5462**	**20914**	**18279**
#计算机整机制造	Manufacture of Entired Computer	29	7759	1815	6837	6360
计算机零部件制造	Manufacture of Computer Components and Parts	40	4202	618	3661	2843
计算机外围设备制造	Manufacture of Computer Peripheral Equipment	52	5697	1169	4624	3456
办公设备制造	Manufacture of Office Equipment	55	3285	841	2546	2519
医疗仪器设备及仪器仪表制造业	**Manufacture of Medical Equipments and Measuring Instrument**	**1431**	**72742**	**23086**	**55263**	**52505**
1.医疗仪器设备及器械制造	Manufacture of Medical Equipment and Appliance	273	12357	2946	9047	8963
2.仪器仪表制造	Manufacture of Measuring Instrument	1158	60385	20140	46216	43542

2-2-5 续表 1 continued

行业	Industry	#国有企业 State-owned Enterprises				
		有R&D活动的企业数（个） Number of Enterprises Having R&D Activities (unit)	R&D人员（人） R&D Personnel (person)	#全时人员 Full-time Personnel	#研究人员 Researchers	R&D人员折合全时当量（人年） Full-time Equivalent (man-year)
合计	**Total**	**184**	**35996**	**18558**	**30016**	**30379**
医药制造业	**Manufacture of Medicines**	**45**	**5477**	**3076**	**3970**	**4716**
#化学药品制造	Manufacture of Chemical Medicine	17	3202	1747	2215	2725
中成药生产	Production of Finished Traditional Chinese Herbal Medicine	12	960	439	744	902
生物药品制造	Manufacture of Biological Medicine	7	966	723	893	931
航空、航天器及设备制造业	**Manufacture of Aircrafts and Spacecrafts and Related Equipment**	**31**	**10198**	**4771**	**8608**	**9670**
#飞机制造	Manufacture of Airplanes	14	4417	1554	3839	4185
航天器制造	Manufacture of Spacecrafts	7	2858	1713	2312	2738
电子及通信设备制造业	**Manufacture of Electronic Equipment and Communication Equipment**	**61**	**14202**	**7415**	**12353**	**11403**
#通信设备制造	Manufacture of Communication Equipment	15	5513	3497	5006	5073
#通信系统设备制造	Manufacture of Communication Equipment	14	5467	3474	4960	5029
通信终端设备制造	Manufacture of Communication Terminal Equipment	1	46	23	46	44
广播电视设备制造	Manufacture of Broadcasting and TV Equipment					
雷达及配套设备制造	Manufacture of Radar and Its Fittings	6	1553	705	1468	1031
视听设备制造	Manufacture of TV Set and Radio Receiver	4	3304	1774	2728	2206
电子器件制造	Manufacture of Electronic Appliances	14	1333	529	1248	1135
#电子真空器件制造	Manufacture of Electronic Vacuum Appliance	1	69	24	7	37
半导体分立器件制造	Manufacture of Semiconductor Discreting Appliances	4	145	75	143	140
集成电路制造	Manufacture of Integrate Circuit	3	171	121	171	103
电子元件制造	Manufacture of Electronic Components	16	1336	563	1002	1181
其他电子设备制造	Manufacture of Other Electronic Equipment	3	612	174	576	495
计算机及办公设备制造业	**Manufacture of Computers and Office Equipment**	**4**	**534**	**275**	**458**	**411**
#计算机整机制造	Manufacture of Entired Computer	1	37	2	9	6
计算机零部件制造	Manufacture of Computer Components and Parts					
计算机外围设备制造	Manufacture of Computer Peripheral Equipment	2	433	239	385	340
办公设备制造	Manufacture of Office Equipment					
医疗仪器设备及仪器仪表制造业	**Manufacture of Medical Equipments and Measuring Instrument**	**43**	**5585**	**3021**	**4627**	**4178**
1.医疗仪器设备及器械制造	Manufacture of Medical Equipment and Appliance	3	579	361	433	359
2.仪器仪表制造	Manufacture of Measuring Instrument	40	5006	2660	4194	3818

2-2-5 续表 2 continued

行 业	Industry	港澳台投资企业 Enterprises with Funds from Hong Kong, Macau and Taiwan 有R&D活动的企业数（个）Number of Enterprises Having R&D Activities (unit)	R&D人员（人）R&D Personnel (person)	#全时人员 Full-time Personnel	#研究人员 Researchers	R&D人员折合全时当量（人年）Full-time Equivalent (man-year)
合计	**Total**	**1112**	**109640**	**24397**	**84269**	**91103**
医药制造业	**Manufacture of Medicines**	**221**	**16889**	**4874**	**12711**	**13783**
#化学药品制造	Manufacture of Chemical Medicine	93	8550	2379	6695	6825
中成药生产	Production of Finished Traditional Chinese Herbal Medicine	65	4413	1328	2917	3486
生物药品制造	Manufacture of Biological Medicine	41	3200	952	2602	2819
航空、航天器及设备制造业	**Manufacture of Aircrafts and Spacecrafts and Related Equipment**	**1**	**806**	**196**	**806**	**583**
#飞机制造	Manufacture of Airplanes					
航天器制造	Manufacture of Spacecrafts					
电子及通信设备制造业	**Manufacture of Electronic Equipment and Communication Equipment**	**694**	**71616**	**14625**	**55374**	**60342**
#通信设备制造	Manufacture of Communication Equipment	60	10041	1616	7956	8846
#通信系统设备制造	Manufacture of Communication Equipment	26	5963	488	4882	5761
通信终端设备制造	Manufacture of Communication Terminal Equipment	34	4078	1128	3074	3085
广播电视设备制造	Manufacture of Broadcasting and TV Equipment	24	1219	426	980	1037
雷达及配套设备制造	Manufacture of Radar and Its Fittings					
视听设备制造	Manufacture of TV Set and Radio Receiver	57	11619	2688	9384	9730
电子器件制造	Manufacture of Electronic Appliances	147	11901	2586	9552	9917
#电子真空器件制造	Manufacture of Electronic Vacuum Appliance	2	176	16	175	110
半导体分立器件制造	Manufacture of Semiconductor Discreting Appliances	17	944	92	591	818
集成电路制造	Manufacture of Integrate Circuit	33	3729	701	3145	3148
电子元件制造	Manufacture of Electronic Components	314	30343	5671	22399	25415
其他电子设备制造	Manufacture of Other Electronic Equipment	44	2127	422	1466	1616
计算机及办公设备制造业	**Manufacture of Computers and Office Equipment**	**77**	**12476**	**3380**	**9481**	**9899**
#计算机整机制造	Manufacture of Entired Computer	7	1969	486	1492	1431
计算机零部件制造	Manufacture of Computer Components and Parts	25	1565	366	788	999
计算机外围设备制造	Manufacture of Computer Peripheral Equipment	26	5623	2047	4449	4395
办公设备制造	Manufacture of Office Equipment	9	368	69	326	234
医疗仪器设备及仪器仪表制造业	**Manufacture of Medical Equipments and Measuring Instrument**	**119**	**7853**	**1322**	**5897**	**6493**
1.医疗仪器设备及器械制造	Manufacture of Medical Equipment and Appliance	31	1356	226	1053	1113
2.仪器仪表制造	Manufacture of Measuring Instrument	88	6497	1096	4844	5380

2-2-5 续表 3 continued

行 业	Industry	外商投资企业 Foreign Funded Enterprises				
		有R&D活动的企业数（个） Number of Enterprises Having R&D Activities (unit)	R&D人员（人） R&D Personnel (person)	#全时人员 Full-time Personnel	#研究人员 Researchers	R&D人员折合全时当量（人年） Full-time Equivalent (man-year)
合计	**Total**	**1410**	**156525**	**33534**	**120179**	**124395**
医药制造业	**Manufacture of Medicines**	**248**	**17046**	**5701**	**13657**	**13103**
#化学药品制造	Manufacture of Chemical Medicine	129	11536	4266	9787	9067
中成药生产	Production of Finished Traditional Chinese Herbal Medicine	30	1555	507	1021	1142
生物药品制造	Manufacture of Biological Medicine	54	2644	696	1869	1937
航空、航天器及设备制造业	**Manufacture of Aircrafts and Spacecrafts and Related Equipment**	**8**	**968**	**743**	**151**	**675**
#飞机制造	Manufacture of Airplanes	4	86	52	42	64
航天器制造	Manufacture of Spacecrafts					
电子及通信设备制造业	**Manufacture of Electronic Equipment and Communication Equipment**	**795**	**83283**	**19521**	**58086**	**64980**
#通信设备制造	Manufacture of Communication Equipment	85	14481	3830	9757	11310
#通信系统设备制造	Manufacture of Communication Equipment	39	6237	1626	3113	4972
通信终端设备制造	Manufacture of Communication Terminal Equipment	46	8244	2204	6644	6337
广播电视设备制造	Manufacture of Broadcasting and TV Equipment	23	1136	165	935	799
雷达及配套设备制造	Manufacture of Radar and Its Fittings	1	34	19	31	34
视听设备制造	Manufacture of TV Set and Radio Receiver	61	4898	1506	3530	2872
电子器件制造	Manufacture of Electronic Appliances	219	31837	7369	21967	26693
#电子真空器件制造	Manufacture of Electronic Vacuum Appliance	3	86	29	53	64
半导体分立器件制造	Manufacture of Semiconductor Discreting Appliances	34	2018	493	1594	1812
集成电路制造	Manufacture of Integrate Circuit	60	12346	3520	8168	11022
电子元件制造	Manufacture of Electronic Components	312	24438	4516	16917	18543
其他电子设备制造	Manufacture of Other Electronic Equipment	40	2470	506	1870	1988
计算机及办公设备制造业	**Manufacture of Computers and Office Equipment**	**108**	**40616**	**3700**	**37302**	**34605**
#计算机整机制造	Manufacture of Entired Computer	19	14625	1679	13786	11097
计算机零部件制造	Manufacture of Computer Components and Parts	38	18627	917	16737	17182
计算机外围设备制造	Manufacture of Computer Peripheral Equipment	26	2372	400	2125	2105
办公设备制造	Manufacture of Office Equipment	11	1113	114	928	884
医疗仪器设备及仪器仪表制造业	**Manufacture of Medical Equipments and Measuring Instrument**	**251**	**14612**	**3869**	**10983**	**11030**
1.医疗仪器设备及器械制造	Manufacture of Medical Equipment and Appliance	77	4578	1155	3436	3444
2.仪器仪表制造	Manufacture of Measuring Instrument	174	10034	2714	7547	7586

2-2-6　按地区和企业规模分高技术产业R&D活动人员情况(2012年)
R&D Personnel in High-tech Industry by Region and Industrial Sector(2012)

地　区	Region	大型企业 Large-sized Enterprises				
		有R&D活动的企业数(个) Number of Enterprises Having R&D Activities (unit)	R&D人员(人) R&D Personnel (person)	#全时人员 Full-time Personnel	#研究人员 Researchers	R&D人员折合全时当量(人年) Full-time Equivalent (man-year)
全　国	**Total**	**988**	**438117**	**178218**	**367253**	**373067**
东部地区	Eastern Region	776	346750	137108	295253	302060
中部地区	Middle Region	105	37744	15274	30199	31419
西部地区	Western Region	80	37862	18150	28263	26977
东北地区	Norheastern Region	27	15761	7686	13538	12610
北　京	Beijing	33	10373	3192	9143	7664
天　津	Tianjin	20	6030	1903	4806	4931
河　北	Hebei	12	6042	3277	5019	5080
山　西	Shanxi	5	1085	433	872	1019
内蒙古	Inner Mongolia	2	148	62	120	84
辽　宁	Liaoning	8	8091	3955	7341	6563
吉　林	Jilin	11	2493	953	2301	2196
黑龙江	Heilongjiang	8	5177	2778	3896	3850
上　海	Shanghai	49	15336	5059	13586	12919
江　苏	Jiangsu	240	56477	12479	41579	45178
浙　江	Zhejiang	64	21097	4278	16605	17457
安　徽	Anhui	19	4704	1428	3485	3020
福　建	Fujian	42	16868	4091	12920	15206
江　西	Jiangxi	20	6552	2529	5384	5765
山　东	Shandong	56	31685	10418	27412	22742
河　南	Henan	21	4647	1913	3813	3981
湖　北	Hubei	28	17103	7831	13965	14361
湖　南	Hunan	12	3653	1140	2680	3272
广　东	Guangdong	260	182842	92411	164183	170880
广　西	Guangxi	6	808	393	448	596
海　南	Hainan					
重　庆	Chongqing	9	1997	942	1587	1755
四　川	Sichuan	23	12167	5107	10861	8924
贵　州	Guizhou	7	1233	374	382	857
云　南	Yunnan	4	552	115	378	550
西　藏	Tibet					
陕　西	Shaanxi	25	19675	10531	13820	13335
甘　肃	Gansu	2	925	484	423	635
青　海	Qinghai					
宁　夏	Ningxia	2	357	142	244	237
新　疆	Xinjiang					

2-2-6 续表 continued

地区	Region	中型企业 Medium-sized Enterprises				
		有R&D活动的企业数（个）Number of Enterprises Having R&D Activities (unit)	R&D人员（人）R&D Personnel (person)	#全时人员 Full-time Personnel	#研究人员 Researchers	R&D人员折合全时当量（人年）Full-time Equivalent (man-year)
全国	**Total**	**2774**	**201976**	**57680**	**144992**	**152546**
东部地区	Eastern Region	2098	150038	39513	109008	116515
中部地区	Middle Region	347	27938	9481	20371	19563
西部地区	Western Region	239	16999	6397	11561	11881
东北地区	Norheastern Region	90	7001	2289	4052	4586
北京	Beijing	108	10017	2528	8569	7265
天津	Tianjin	56	4731	1687	3241	3862
河北	Hebei	34	2063	899	1622	1408
山西	Shanxi	15	2394	1064	1413	1715
内蒙古	Inner Mongolia	5	171	63	61	140
辽宁	Liaoning	39	3186	1016	1624	2032
吉林	Jilin	28	2352	669	1602	1440
黑龙江	Heilongjiang	23	1463	604	826	1112
上海	Shanghai	106	7701	2533	6142	5956
江苏	Jiangsu	662	33227	8604	22292	25295
浙江	Zhejiang	295	21087	4115	15108	16857
安徽	Anhui	72	5496	1550	3976	4065
福建	Fujian	103	9091	1754	6763	7323
江西	Jiangxi	32	2581	838	2019	1747
山东	Shandong	126	11388	4971	8520	8531
河南	Henan	91	6629	2288	4759	4872
湖北	Hubei	66	7355	2705	5659	4633
湖南	Hunan	71	3483	1036	2545	2529
广东	Guangdong	594	49905	12232	36132	39418
广西	Guangxi	31	1122	604	848	717
海南	Hainan	14	828	190	619	595
重庆	Chongqing	39	3357	1112	2560	2376
四川	Sichuan	60	4326	1496	3126	3251
贵州	Guizhou	22	1865	799	1226	1507
云南	Yunnan	21	1856	511	952	1276
西藏	Tibet					
陕西	Shaanxi	48	3376	1536	1916	2288
甘肃	Gansu	8	496	241	470	189
青海	Qinghai	2	51	12	47	48
宁夏	Ningxia	2	356	19	342	66
新疆	Xinjiang	1	23	4	13	19

2-2-7 各地区国有及国有控股企业高技术产业R&D活动人员情况(2012年)
R&D Personnel in High-tech Industry of State-owned and State-controlled Enterprises by Region (2012)

地区	Region	有R&D活动的企业数(个) Number of Enterprises Having R&D Activities (unit)	R&D人员(人) R&D Personnel (person)	#全时人员 Full-time Personnel	#研究人员 Researchers	R&D人员折合全时当量(人年) Full-time Equivalent (man-year)
全国	**Total**	**945**	**194678**	**91947**	**158574**	**158655**
东部地区	Eastern Region	563	101525	47523	84732	86862
中部地区	Middle Region	147	32082	14349	26011	26247
西部地区	Western Region	194	45898	22372	35287	33745
东北地区	Northeastern Region	41	15173	7703	12544	11799
北京	Beijing	122	12706	5286	10305	9485
天津	Tianjin	69	5412	2500	4149	4356
河北	Hebei	20	3886	2297	2882	3110
山西	Shanxi	12	2010	1137	1473	1872
内蒙古	Inner Mongolia	3	200	44	200	140
辽宁	Liaoning	19	8902	4315	7682	7066
吉林	Jilin	12	1258	513	897	963
黑龙江	Heilongjiang	10	5013	2875	3965	3768
上海	Shanghai	76	6682	2505	5672	5594
江苏	Jiangsu	76	9684	3845	7440	8055
浙江	Zhejiang	36	4285	1734	3617	4081
安徽	Anhui	32	4808	1738	3476	2913
福建	Fujian	24	5711	965	3810	5296
江西	Jiangxi	16	5432	2102	4650	4691
山东	Shandong	37	13790	5618	12069	10298
河南	Henan	21	2904	1124	2246	2565
湖北	Hubei	41	13784	7167	11953	11517
湖南	Hunan	25	3144	1081	2213	2688
广东	Guangdong	100	39111	22732	34567	36326
广西	Guangxi	6	449	279	424	263
海南	Hainan	3	258	41	221	256
重庆	Chongqing	34	3771	1619	2889	3042
四川	Sichuan	37	11131	5204	9887	8072
贵州	Guizhou	34	6887	2708	5106	6114
云南	Yunnan	16	721	386	518	624
西藏	Tibet					
陕西	Shaanxi	56	21987	11700	15570	14996
甘肃	Gansu	5	666	411	642	412
青海	Qinghai	1	14	4	5	12
宁夏	Ningxia					
新疆	Xinjiang	2	72	17	46	66

2-2-8 按地区和登记注册类型分高技术产业R&D活动人员情况(2012年)
R&D Personnel in High-tech Industry by Region and Registration Status(2012)

地区	Region	内资企业 Domestic Funded				
		有R&D活动的企业数(个) Number of Enterprises Having R&D Activities (unit)	R&D人员(人) R&D Personnel (person)	#全时人员 Full-time Personnel	#研究人员 Researchers	R&D人员折合全时当量(人年) Full-time Equivalent (man-year)
全国	**Total**	**5976**	**507889**	**217795**	**403225**	**407750**
东部地区	Eastern Region	4134	343514	150289	281264	286048
中部地区	Middle Region	1008	73963	28435	55709	55547
西部地区	Western Region	586	66029	28974	48454	47742
东北地区	Northeastern Region	248	24383	10097	17798	18413
北京	Beijing	309	20321	6262	17359	15438
天津	Tianjin	137	10265	3615	7975	8257
河北	Hebei	87	7067	3503	5356	5398
山西	Shanxi	35	3612	1671	2553	2789
内蒙古	Inner Mongolia	19	789	243	536	542
辽宁	Liaoning	115	12918	5548	10317	9581
吉林	Jilin	74	5885	2024	4322	4147
黑龙江	Heilongjiang	59	5580	2525	3159	4683
上海	Shanghai	180	10170	3509	8284	8043
江苏	Jiangsu	1087	51578	13874	37572	41369
浙江	Zhejiang	877	40285	9560	28358	32570
安徽	Anhui	238	12776	3786	9216	8566
福建	Fujian	201	10807	2701	8220	8249
江西	Jiangxi	75	9187	3435	7377	7410
山东	Shandong	397	38916	15322	30832	27571
河南	Henan	184	12252	4518	8927	9296
湖北	Hubei	209	26321	11641	21006	20075
湖南	Hunan	267	9815	3384	6630	7409
广东	Guangdong	841	153036	91711	136470	138315
广西	Guangxi	84	2801	1340	2047	1966
海南	Hainan	18	1069	232	838	833
重庆	Chongqing	80	5858	2423	4530	4419
四川	Sichuan	149	18415	7229	15417	13244
贵州	Guizhou	54	7817	2896	5639	6844
云南	Yunnan	54	2882	817	1482	2165
西藏	Tibet	1	20	14		8
陕西	Shaanxi	110	24920	12946	17115	17053
甘肃	Gansu	19	1679	844	1026	1003
青海	Qinghai	4	90	19	63	86
宁夏	Ningxia	9	684	185	551	340
新疆	Xinjiang	3	74	18	48	66

2-2-8 续表 1 continued

地 区	Region	#国有企业 State-owned Enterprises 有R&D活动的企业数(个) Number of Enterprises Having R&D Activities (unit)	R&D人员(人) R&D Personnel (person)	#全时人员 Full-time Personnel	#研究人员 Researchers	R&D人员折合全时当量(人年) Full-time Equivalent (man-year)
全 国	**Total**	**184**	**35996**	**18558**	**30016**	**30379**
东部地区	Eastern Region	87	14176	7065	11854	11399
中部地区	Middle Region	41	10644	5547	8902	8814
西部地区	Western Region	50	10562	5521	8876	9694
东北地区	Northeastern Region	6	614	425	384	471
北 京	Beijing	15	1299	768	901	1055
天 津	Tianjin	7	474	219	320	387
河 北	Hebei	5	2811	1647	2064	2419
山 西	Shanxi	5	1280	719	897	1189
内 蒙 古	Inner Mongolia					
辽 宁	Liaoning	2	99	82	40	41
吉 林	Jilin	3	432	277	344	352
黑 龙 江	Heilongjiang	1	83	66		76
上 海	Shanghai	10	827	357	737	773
江 苏	Jiangsu	18	2808	1060	2735	2462
浙 江	Zhejiang	7	271	115	254	255
安 徽	Anhui	11	1491	494	1160	965
福 建	Fujian	3	126	80	126	73
江 西	Jiangxi	6	496	205	397	194
山 东	Shandong	9	4271	2339	3575	2948
河 南	Henan	4	956	367	847	917
湖 北	Hubei	8	5844	3467	5103	5165
湖 南	Hunan	7	577	295	498	381
广 东	Guangdong	12	1243	457	1096	981
广 西	Guangxi	4	409	258	406	248
海 南	Hainan	1	46	23	46	44
重 庆	Chongqing	4	157	81	94	87
四 川	Sichuan	9	940	526	712	819
贵 州	Guizhou	7	3635	1256	3466	3513
云 南	Yunnan	4	162	89	129	158
西 藏	Tibet					
陕 西	Shaanxi	21	4951	3056	3761	4560
甘 肃	Gansu	1	308	255	308	308
青 海	Qinghai					
宁 夏	Ningxia					
新 疆	Xinjiang					

2-2-8 续表 2 continued

地区	Region	港澳台投资企业 Enterprises with Funds from Hong Kong, Macau and Taiwan				
		有R&D活动的企业数（个）Number of Enterprises Having R&D Activities (unit)	R&D人员（人）R&D Personnel (person)	#全时人员 Full-time Personnel	#研究人员 Researchers	R&D人员折合全时当量（人年）Full-time Equivalent (man-year)
全 国	**Total**	**1112**	**109640**	**24397**	**84269**	**91103**
东部地区	Eastern Region	994	102136	22545	78849	85719
中部地区	Middle Region	67	5164	1075	3970	4062
西部地区	Western Region	30	1532	443	817	775
东北地区	Northeastern Region	21	808	334	633	544
北 京	Beijing	29	1996	270	1749	1228
天 津	Tianjin	9	1028	220	492	712
河 北	Hebei	8	1874	951	1791	1535
山 西	Shanxi	3	132	9	29	34
内 蒙 古	Inner Mongolia					
辽 宁	Liaoning	10	443	206	370	282
吉 林	Jilin	7	207	92	159	161
黑 龙 江	Heilongjiang	4	158	36	104	101
上 海	Shanghai	46	5983	1602	5087	5056
江 苏	Jiangsu	293	20495	4451	16293	16949
浙 江	Zhejiang	137	10446	1583	7629	9106
安 徽	Anhui	12	1130	295	739	815
福 建	Fujian	70	9978	3039	7171	8491
江 西	Jiangxi	7	327	88	263	266
山 东	Shandong	20	1309	347	1172	1071
河 南	Henan	14	836	235	704	769
湖 北	Hubei	14	1868	255	1418	1432
湖 南	Hunan	17	871	193	817	743
广 东	Guangdong	378	48781	10026	37345	41516
广 西	Guangxi	9	478	204	229	275
海 南	Hainan	4	246	56	120	51
重 庆	Chongqing	6	406	56	183	189
四 川	Sichuan	6	226	106	113	91
贵 州	Guizhou	2	33	5	24	27
云 南	Yunnan	5	214	47	119	125
西 藏	Tibet					
陕 西	Shaanxi	1	20	8	8	1
甘 肃	Gansu					
青 海	Qinghai					
宁 夏	Ningxia	1	155	17	141	64
新 疆	Xinjiang					

2-2-8 续表 3 continued

地 区	Region	外商投资企业 Foreign Funded Enterprises 有R&D活动的企业数 (个) Number of Enterprises Having R&D Activities (unit)	R&D人员 (人) R&D Personnel (person)	#全时人员 Full-time Personnel	#研究人员 Researchers	R&D人员折合全时当量 (人年) Full-time Equivalent (man-year)
全 国	**Total**	**1410**	**156525**	**33534**	**120179**	**124395**
东部地区	Eastern Region	1278	147267	29970	113577	118535
中部地区	Middle Region	66	4610	1427	3234	3089
西部地区	Western Region	46	1768	698	1175	1133
东北地区	Northeastern Region	20	2880	1439	2193	1638
北 京	Beijing	57	5504	1234	5148	3741
天 津	Tianjin	37	3163	890	2349	2652
河 北	Hebei	11	777	322	716	704
山 西	Shanxi	1	160	39	87	158
内 蒙 古	Inner Mongolia	2	33	12	31	33
辽 宁	Liaoning	8	575	172	169	434
吉 林	Jilin	4	168	9	108	113
黑 龙 江	Heilongjiang	8	2137	1258	1916	1089
上 海	Shanghai	114	12182	4188	9915	9507
江 苏	Jiangsu	538	41744	9408	26995	30984
浙 江	Zhejiang	144	9835	1711	7775	7345
安 徽	Anhui	14	819	150	546	591
福 建	Fujian	59	10946	1594	8735	10045
江 西	Jiangxi	9	633	214	534	542
山 东	Shandong	55	12193	2665	10622	8856
河 南	Henan	13	1573	429	1177	1051
湖 北	Hubei	18	1070	409	702	564
湖 南	Hunan	11	355	186	188	180
广 东	Guangdong	256	50612	7836	41036	44502
广 西	Guangxi	5	83	37	62	69
海 南	Hainan	7	311	122	286	195
重 庆	Chongqing	10	305	100	264	209
四 川	Sichuan	13	478	220	389	302
贵 州	Guizhou	1	241	19		72
云 南	Yunnan	5	163	81	109	117
西 藏	Tibet					
陕 西	Shaanxi	9	447	221	310	312
甘 肃	Gansu	1	18	8	10	16
青 海	Qinghai					
宁 夏	Ningxia					
新 疆	Xinjiang					

2-2-9 按地区和行业分高技术产业R&D活动人员情况(2012年)
R&D Personnel in High-tech Industry by Region and Industrial Sector(2012)

地区	Region	医药制造业 Medical and Pharmaceutical Products Manufacturing				
		有R&D活动的企业数(个) Number of Enterprises Having R&D Activities (unit)	R&D人员(人) R&D Personnel (person)	#全时人员 Full-time Personnel	#研究人员 Researchers	R&D人员折合全时当量(人年) Full-time Equivalent (man-year)
全 国	**Total**	**2280**	**141545**	**45372**	**100520**	**106684**
东部地区	Eastern Region	1307	86501	26988	63892	67791
中部地区	Middle Region	484	27595	8023	19101	19918
西部地区	Western Region	323	16071	5839	10366	11383
东北地区	Northeastern Region	166	11378	4522	7161	7591
北 京	Beijing	88	5458	1186	4051	4026
天 津	Tianjin	61	5519	1833	4220	4369
河 北	Hebei	44	5915	3060	4653	4792
山 西	Shanxi	21	1670	515	1072	1162
内蒙古	Inner Mongolia	15	628	198	413	403
辽 宁	Liaoning	45	2699	1283	1647	1946
吉 林	Jilin	70	4237	1347	2696	2910
黑龙江	Heilongjiang	51	4442	1892	2818	2734
上 海	Shanghai	94	4910	1693	3690	3727
江 苏	Jiangsu	294	16349	4722	12367	13941
浙 江	Zhejiang	254	13996	3472	10471	11381
安 徽	Anhui	93	3992	1032	2680	2855
福 建	Fujian	63	3104	783	2063	2189
江 西	Jiangxi	46	2892	942	2072	2104
山 东	Shandong	190	16605	6280	12827	12819
河 南	Henan	99	6050	1850	4196	4363
湖 北	Hubei	106	9299	2524	6670	6817
湖 南	Hunan	119	3692	1160	2411	2615
广 东	Guangdong	191	13065	3572	8352	9506
广 西	Guangxi	57	1780	910	1165	1273
海 南	Hainan	28	1580	387	1198	1037
重 庆	Chongqing	44	2760	987	2174	2116
四 川	Sichuan	74	4101	1448	2797	2829
贵 州	Guizhou	20	1174	204	567	823
云 南	Yunnan	51	2757	695	1367	2014
西 藏	Tibet	1	20	14		8
陕 西	Shaanxi	35	1420	751	762	947
甘 肃	Gansu	12	637	439	513	518
青 海	Qinghai	4	90	19	63	86
宁 夏	Ningxia	7	630	156	497	294
新 疆	Xinjiang	3	74	18	48	66

2-2-9 续表 1 continued

地 区	Region	航空、航天器及设备制造业 Manufacture of Aircrafts and Spacecrafts and Related Equipment				
		有R&D活动的企业数（个）Number of Enterprises Having R&D Activities (unit)	R&D人员（人）R&D Personnel (person)	#全时人员 Full-time Personnel	#研究人员 Researchers	R&D人员折合全时当量（人年）Full-time Equivalent (man-year)
全 国	**Total**	**139**	**51363**	**25391**	**39650**	**43071**
东部地区	Eastern Region	50	9812	4761	8027	8336
中部地区	Middle Region	15	8966	4264	7418	8605
西部地区	Western Region	62	23602	11832	16061	18753
东北地区	Northeastern Region	12	8983	4534	8144	7376
北 京	Beijing	15	3157	1847	2467	2500
天 津	Tianjin	3	150	53	149	127
河 北	Hebei	3	1014	456	1000	815
山 西	Shanxi	1	258	152	174	193
内蒙古	Inner Mongolia					
辽 宁	Liaoning	7	6406	3124	6298	4997
吉 林	Jilin					
黑龙江	Heilongjiang	5	2577	1410	1846	2378
上 海	Shanghai	7	2516	1001	2494	2449
江 苏	Jiangsu	12	996	291	634	845
浙 江	Zhejiang	3	34	6	12	24
安 徽	Anhui	1	357	146	249	250
福 建	Fujian					
江 西	Jiangxi	2	3771	1541	3356	3749
山 东	Shandong	3	650	643	6	528
河 南	Henan	4	1190	483	1184	1155
湖 北	Hubei	4	2094	1582	1658	1973
湖 南	Hunan	3	1296	360	797	1283
广 东	Guangdong	4	1295	464	1265	1043
广 西	Guangxi					
海 南	Hainan					
重 庆	Chongqing	1	232	86	232	232
四 川	Sichuan	10	3131	1481	2483	1489
贵 州	Guizhou	20	5480	2094	4343	5177
云 南	Yunnan					
西 藏	Tibet					
陕 西	Shaanxi	30	14533	8084	8777	11833
甘 肃	Gansu	1	226	87	226	20
青 海	Qinghai					
宁 夏	Ningxia					
新 疆	Xinjiang					

2-2-9 续表 2 continued

地区	Region	电子及通信设备制造业 Manufacture of Electronic Equipment and Communication Equipment 有R&D活动的企业数(个) Number of Enterprises Having R&D Activities (unit)	R&D人员(人) R&D Personnel (person)	#全时人员 Full-time Personnel	#研究人员 Researchers	R&D人员折合全时当量(人年) Full-time Equivalent (man-year)
全 国	**Total**	**3861**	**408303**	**164144**	**327663**	**340679**
东部地区	Eastern Region	3234	352636	141387	283340	299633
中部地区	Middle Region	409	33213	13635	26309	24315
西部地区	Western Region	167	18914	8016	15227	13900
东北地区	Northeastern Region	51	3540	1106	2787	2830
北 京	Beijing	140	11567	2797	10822	8317
天 津	Tianjin	70	6427	2168	4930	5496
河 北	Hebei	33	1540	772	1045	1140
山 西	Shanxi	8	309	157	182	73
内蒙古	Inner Mongolia	3	72	24	35	63
辽 宁	Liaoning	40	2581	747	1887	1966
吉 林	Jilin	6	807	289	798	736
黑龙江	Heilongjiang	5	152	70	102	128
上 海	Shanghai	148	15422	4462	12408	12636
江 苏	Jiangsu	986	63309	14782	44077	49590
浙 江	Zhejiang	504	26354	5291	19216	20792
安 徽	Anhui	120	7758	2445	5705	5219
福 建	Fujian	203	19677	3894	13931	16509
江 西	Jiangxi	25	2489	909	1925	1873
山 东	Shandong	152	17315	7858	13692	11892
河 南	Henan	52	3084	1173	2394	2084
湖 北	Hubei	89	15666	7525	13162	12207
湖 南	Hunan	115	3907	1426	2941	2856
广 东	Guangdong	997	190979	99340	163173	173211
广 西	Guangxi	24	1141	517	853	709
海 南	Hainan	1	46	23	46	44
重 庆	Chongqing	18	1035	412	728	546
四 川	Sichuan	63	11099	4476	10082	8749
贵 州	Guizhou	15	1272	579	723	823
云 南	Yunnan	6	191	82	127	124
西 藏	Tibet					
陕 西	Shaanxi	32	3294	1606	2404	2434
甘 肃	Gansu	5	764	293	229	411
青 海	Qinghai					
宁 夏	Ningxia	1	46	27	46	38
新 疆	Xinjiang					

2-2-9　续表 3　continued

地　区	Region	计算机及办公设备制造业 Manufacture of Computer and Office Equipments 有R&D活动的企业数（个） Number of Enterprises Having R&D Activities (unit)	R&D人员（人） R&D Personnel (person)	#全时人员 Full-time Personnel	#研究人员 Researchers	R&D人员折合全时当量（人年） Full-time Equivalent (man-year)
全　国	**Total**	**417**	**77636**	**12542**	**67697**	**62783**
东部地区	Eastern Region	365	73168	11127	64529	60070
中部地区	Middle Region	32	2878	783	2039	1629
西部地区	Western Region	10	678	246	489	564
东北地区	Northeastern Region	10	912	386	640	519
北　京	Beijing	23	2094	384	2005	1452
天　津	Tianjin	7	784	185	478	569
河　北	Hebei	2	77	10	65	68
山　西	Shanxi	1	168	142	131	168
内蒙古	Inner Mongolia	1	28	8	28	19
辽　宁	Liaoning	7	428	136	244	134
吉　林	Jilin	2	369	214	341	292
黑龙江	Heilongjiang	1	115	36	55	92
上　海	Shanghai	13	1101	556	1041	814
江　苏	Jiangsu	113	9202	1921	6500	6055
浙　江	Zhejiang	44	5460	636	4086	4884
安　徽	Anhui	11	1544	332	1030	825
福　建	Fujian	28	7629	2343	7129	7003
江　西	Jiangxi	2	67	35	49	35
山　东	Shandong	15	12603	1576	11882	8820
河　南	Henan	3	160	52	154	117
湖　北	Hubei	5	423	55	423	97
湖　南	Hunan	10	516	167	252	386
广　东	Guangdong	120	34218	3516	31343	30400
广　西	Guangxi	3	134	36	89	77
海　南	Hainan					
重　庆	Chongqing	1	313	153	219	313
四　川	Sichuan	3	120	27	70	71
贵　州	Guizhou					
云　南	Yunnan	1	14	4	14	14
西　藏	Tibet					
陕　西	Shaanxi	1	69	18	69	69
甘　肃	Gansu					
青　海	Qinghai					
宁　夏	Ningxia					
新　疆	Xinjiang					

2-2-9 续表 4 continued

地 区	Region	医疗仪器设备及仪器仪表制造业 Manufacture of Medical Equipments and Measuring Instrument				
		有R&D活动的企业数（个） Number of Enterprises Having R&D Activities (unit)	R&D人员（人） R&D Personnel (person)	#全时人员 Full-time Personnel	#研究人员 Researchers	R&D人员折合全时当量（人年） Full-time Equivalent (man-year)
全　国	**Total**	**1801**	**95207**	**28277**	**72143**	**70029**
东部地区	Eastern Region	1450	70800	18541	53902	54472
中部地区	Middle Region	201	11085	4232	8046	8229
西部地区	Western Region	100	10064	4182	8303	5050
东北地区	Northeastern Region	50	3258	1322	1892	2277
北　京	Beijing	129	5545	1552	4911	4111
天　津	Tianjin	42	1576	486	1039	1060
河　北	Hebei	24	1172	478	1100	821
山　西	Shanxi	8	1499	753	1110	1384
内蒙古	Inner Mongolia	2	94	25	91	88
辽　宁	Liaoning	34	1822	636	780	1254
吉　林	Jilin	7	847	275	754	482
黑龙江	Heilongjiang	9	589	411	358	540
上　海	Shanghai	78	4386	1587	3653	2977
江　苏	Jiangsu	513	23961	6017	17282	18868
浙　江	Zhejiang	353	14722	3449	9977	11938
安　徽	Anhui	39	1074	276	837	822
福　建	Fujian	36	1321	314	1003	1083
江　西	Jiangxi	16	928	310	772	457
山　东	Shandong	112	5245	1977	4219	3438
河　南	Henan	53	4177	1624	2880	3396
湖　北	Hubei	37	1777	619	1213	977
湖　南	Hunan	48	1630	650	1234	1191
广　东	Guangdong	163	12872	2681	10718	10171
广　西	Guangxi	14	307	118	231	250
海　南	Hainan					
重　庆	Chongqing	32	2229	941	1624	1611
四　川	Sichuan	18	668	123	487	498
贵　州	Guizhou	2	165	43	30	119
云　南	Yunnan	6	297	164	202	256
西　藏	Tibet					
陕　西	Shaanxi	22	6071	2716	5421	2083
甘　肃	Gansu	2	70	33	68	69
青　海	Qinghai					
宁　夏	Ningxia	2	163	19	149	72
新　疆	Xinjiang					

2-3-1　按行业分高技术产业R&D活动经费情况(2012年)

R&D Expenditure in High-tech Industry by Industrial Sector(2012)

单位：万元　(10000 yuan)

行　业	Industry	R&D经费内部支出 Intramural Expenditure on R&D	#人员劳务费 Labor Cost	#仪器和设备 Equip-ment	#政府资金 Govern-ment Funds	#企业资金 Self-raised Funds by Enterprises	R&D经费外部支出 External Expenditure on R&D
合计	**Total**	**17338101**	**6231571**	**1677097**	**1454094**	**15543584**	**1212388**
医药制造业	**Manufacture of Medicines**	**2833055**	**731252**	**383776**	**180560**	**2608510**	**338593**
#化学药品制造	Manufacture of Chemical Medicine	1540669	409103	225505	88506	1425554	199899
中成药生产	Production of Finished Traditional Chinese Herbal Medicine	558390	147081	60910	47498	506048	88031
生物药品制造	Manufacture of Biological Medicine	450978	113506	63046	27632	414812	27457
航空、航天器及设备制造业	**Manufacture of Aircrafts and Spacecrafts and Related Equipment**	**1701358**	**300682**	**61361**	**693772**	**951456**	**336336**
#飞机制造	Manufacture of Airplanes	1351009	213142	51567	598235	739999	190065
航天器制造	Manufacture of Spacecrafts	247273	48058	5227	86882	119975	136206
电子及通信设备制造业	**Manufacture of Electronic Equipment and Communication Equipment**	**9540946**	**3896458**	**1001580**	**458143**	**8906745**	**444882**
#通信设备制造	Manufacture of Communication Equipment	4014709	2154516	273116	125583	3865252	269168
#通信系统设备制造	Manufacture of Communication Equipment	3418906	1906779	229131	98119	3315121	222544
通信终端设备制造	Manufacture of Communication Terminal Equipment	595803	247736	43985	27463	550130	46624
广播电视设备制造	Manufacture of Broadcasting and TV Equipment	184329	81916	12181	4302	174845	16532
雷达及配套设备制造	Manufacture of Radar and Its Fittings	87746	25839	9911	12949	73759	8779
视听设备制造	Manufacture of TV Set and Radio Receiver	945543	278493	106494	41993	889083	47691
电子器件制造	Manufacture of Electronic Appliances	2005398	601812	334195	155024	1800873	57520
#电子真空器件制造	Manufacture of Electronic Vacuum Appliance	60065	19360	5681	9294	50652	15270
半导体分立器件制造	Manufacture of Semiconductor Discreting Appliances	114950	31631	24817	5922	103103	6405
集成电路制造	Manufacture of Integrate Circuit	649506	214975	115465	83697	538835	6924
电子元件制造	Manufacture of Electronic Components	1471606	502224	185873	44677	1385014	30808
其他电子设备制造	Manufacture of Other Electronic Equipment	331799	118897	22778	38827	258823	6866
计算机及办公设备制造业	**Manufacture of Computers and Office Equipment**	**1694003**	**720088**	**79710**	**39929**	**1632866**	**23807**
#计算机整机制造	Manufacture of Entired Computer	712759	257612	31618	22256	682159	5497
计算机零部件制造	Manufacture of Computer Components and Parts	364126	196997	14446	1061	361909	1525
计算机外围设备制造	Manufacture of Computer Peripheral Equipment	282233	94317	12671	6548	264861	3192
办公设备制造	Manufacture of Office Equipment	88198	34435	4657	3995	83899	1602
医疗仪器设备及仪器仪表制造业	**Manufacture of Medical Equipments and Measuring Instrument**	**1568738**	**583090**	**150669**	**81688**	**1444005**	**68768**
1.医疗仪器设备及器械制造	Manufacture of Medical Equipment and Appliance	373870	137629	40556	17375	351695	12880
2.仪器仪表制造	Manufacture of Measuring Instrument	1194867	445461	110112	64312	1092309	55888

2-3-2 各地区高技术产业R&D活动经费情况(2012年)

R&D Expenditure in High-tech Industry by Region(2012)

单位：万元 (10000 yuan)

地区	Region	R&D经费内部支出 Intramural Expenditure on R&D	#人员劳务费 Labor Cost	#仪器和设备 Equipment	#政府资金 Government Funds	#企业资金 Self-raised Funds by Enterprises	R&D经费外部支出 External Expenditure on R&D
全国	**Total**	**17338101**	**6231571**	**1677097**	**1454094**	**15543584**	**1212388**
东部地区	Eastern Region	13817027	5359300	1298457	782298	12765011	965681
中部地区	Middle Region	1451764	449275	178252	133453	1283674	88964
西部地区	Western Region	1344900	298489	123861	302799	1010713	77230
东北地区	Northeaastern Region	724408	124506	76526	235542	484184	80512
北京	Beijing	922229	342744	46532	126617	751845	180031
天津	Tianjin	392072	119303	59265	20608	342963	16261
河北	Hebei	154272	45888	19480	12225	140764	30434
山西	Shanxi	52044	14199	3038	2091	43042	4005
内蒙古	Inner Mongolia	10760	2510	2834	449	10244	320
辽宁	Liaoning	471169	73263	56587	165813	302927	27010
吉林	Jilin	72789	14752	13152	9378	61877	19246
黑龙江	Heilongjiang	180450	36490	6787	60351	119379	34255
上海	Shanghai	907644	309142	90354	215263	672237	164372
江苏	Jiangsu	2575680	766963	324038	81494	2412192	90273
浙江	Zhejiang	1155257	445346	105070	50945	1091820	71126
安徽	Anhui	223916	61857	30206	19861	195490	27879
福建	Fujian	577771	177269	58327	18257	550974	41249
江西	Jiangxi	165122	53166	14781	16236	139134	24433
山东	Shandong	1345637	351472	113849	63522	1264085	71693
河南	Henan	160620	51864	20413	9608	148514	9683
湖北	Hubei	618955	212334	77637	68963	545204	11793
湖南	Hunan	231106	55853	32176	16692	212288	11168
广东	Guangdong	5760005	2796835	475638	192030	5513014	288367
广西	Guangxi	60799	15338	7331	5684	54748	2284
海南	Hainan	26455	4333	5900	1332	25112	11871
重庆	Chongqing	104240	33737	13915	9020	93458	8398
四川	Sichuan	382941	104961	47321	67799	304693	29886
贵州	Guizhou	134342	26654	3481	24486	100713	4514
云南	Yunnan	55006	9412	6256	5460	49214	5558
西藏	Tibet	196	43	64	52	144	34
陕西	Shaanxi	553120	95775	36189	183243	361247	24284
甘肃	Gansu	29271	6254	4700	4892	23917	1131
青海	Qinghai	1486	354	395		1486	106
宁夏	Ningxia	10524	3161	830	1108	9237	128
新疆	Xinjiang	2210	286	539	603	1607	582

2-3-3　按行业和企业规模分高技术产业R&D活动经费情况(2012年)

R&D Expenditure in High-tech Industry by Industrial Sector and Scale of Enterprises(2012)

单位：万元　　(10000 yuan)

行　业	Industry	大型企业 Large-sized Enterprises					
		R&D经费内部支出 Intramural Expenditure on R&D	#人员劳务费 Labor Cost	#仪器和设备 Equipment	#政府资金 Government Funds	#企业资金 Self-raised Funds by Enterprises	R&D经费外部支出 External Expenditure on R&D
合计	**Total**	**11325163**	**4334849**	**978128**	**1016803**	**10122284**	**733197**
医药制造业	**Manufacture of Medicines**	**1191042**	**322788**	**141837**	**84614**	**1100932**	**127057**
#化学药品制造	Manufacture of Chemical Medicine	809850	223840	95018	53871	751847	93893
中成药生产	Production of Finished Traditional Chinese Herbal Medicine	204648	59842	14978	20233	183307	28170
生物药品制造	Manufacture of Biological Medicine	87471	24399	22827	5269	82123	3100
航空、航天器及设备制造业	**Manufacture of Aircrafts and Spacecrafts and Related Equipment**	**1414933**	**246127**	**50626**	**610309**	**760769**	**189394**
#飞机制造	Manufacture of Airplanes	1227559	185964	45173	574091	649540	187250
航天器制造	Manufacture of Spacecrafts	141678	37408	4308	30556	71194	1084
电子及通信设备制造业	**Manufacture of Electronic Equipment and Communication Equipment**	**6857448**	**2979377**	**695893**	**271318**	**6478160**	**366637**
#通信设备制造	Manufacture of Communication Equipment	3559245	1952806	244626	91833	3462668	257774
#通信系统设备制造	Manufacture of Communication Equipment	3158058	1783818	212458	82205	3075733	216596
通信终端设备制造	Manufacture of Communication Terminal Equipment	401186	168988	32167	9627	386935	41178
广播电视设备制造	Manufacture of Broadcasting and TV Equipment	69602	37167	1870	882	68720	10013
雷达及配套设备制造	Manufacture of Radar and Its Fittings	36319	10688	3450	11981	24003	6288
视听设备制造	Manufacture of TV Set and Radio Receiver	774383	219846	92327	37498	727706	39069
电子器件制造	Manufacture of Electronic Appliances	1305153	379692	231427	73333	1192195	28182
#电子真空器件制造	Manufacture of Electronic Vacuum Appliance	19241	3840	958	81	19063	91
半导体分立器件制造	Manufacture of Semiconductor Discreting Appliances	40040	12109	9497	759	36273	3575
集成电路制造	Manufacture of Integrate Circuit	393336	128113	77320	38071	331741	1780
电子元件制造	Manufacture of Electronic Components	680648	258301	86455	15722	646069	18624
其他电子设备制造	Manufacture of Other Electronic Equipment	159635	54696	7507	15614	111384	4512
计算机及办公设备制造业	**Manufacture of Computers and Office Equipment**	**1422292**	**618531**	**53518**	**27223**	**1376414**	**15691**
#计算机整机制造	Manufacture of Entired Computer	659896	241887	23128	16716	634835	3002
计算机零部件制造	Manufacture of Computer Components and Parts	289476	176441	9086	402	288561	266
计算机外围设备制造	Manufacture of Computer Peripheral Equipment	232357	71589	8396	3667	218957	690
办公设备制造	Manufacture of Office Equipment	48156	17678	1367	2861	45228	1000
医疗仪器设备及仪器仪表制造业	**Manufacture of Medical Equipments and Measuring Instrument**	**439445**	**168023**	**36253**	**23337**	**406009**	**34416**
1.医疗仪器设备及器械制造	Manufacture of Medical Equipment and Appliance	92094	39922	5593	3440	88033	7378
2.仪器仪表制造	Manufacture of Measuring Instrument	347351	128101	30659	19897	317976	27037

2-3-3 续表 continued

单位：万元 (10000 yuan)

行业	Industry	中型企业 Medium-sized Enterprises R&D经费内部支出 Intramural Expenditure on R&D	#人员劳务费 Labor Cost	#仪器和设备 Equip-ment	#政府资金 Govern-ment Funds	#企业资金 Self-raised Funds by Enterprises	R&D经费外部支出 External Expenditure on R&D
合计	**Total**	**3589777**	**1163828**	**421070**	**289286**	**3197331**	**362136**
医药制造业	**Manufacture of Medicines**	**957821**	**246035**	**149877**	**54367**	**879836**	**143288**
#化学药品制造	Manufacture of Chemical Medicine	488601	121610	93300	21854	449242	78138
中成药生产	Production of Finished Traditional Chinese Herbal Medicine	187656	52643	28170	13518	172502	39970
生物药品制造	Manufacture of Biological Medicine	195965	51061	19292	13560	179452	14329
航空、航天器及设备制造业	**Manufacture of Aircrafts and Spacecrafts and Related Equipment**	**171895**	**32457**	**3001**	**63174**	**107274**	**144622**
#飞机制造	Manufacture of Airplanes	26929	10236	331	5224	20758	505
航天器制造	Manufacture of Spacecrafts	105412	10607	849	56325	48598	135121
电子及通信设备制造业	**Manufacture of Electronic Equipment and Communication Equipment**	**1697595**	**595723**	**191802**	**130927**	**1516276**	**49849**
#通信设备制造	Manufacture of Communication Equipment	295604	128369	16564	23044	257985	6649
#通信系统设备制造	Manufacture of Communication Equipment	149438	69731	8442	8992	137545	4248
通信终端设备制造	Manufacture of Communication Terminal Equipment	146166	58638	8122	14051	120439	2400
广播电视设备制造	Manufacture of Broadcasting and TV Equipment	58557	25046	5783	1988	52783	2646
雷达及配套设备制造	Manufacture of Radar and Its Fittings	43148	11995	6247	735	42412	1693
视听设备制造	Manufacture of TV Set and Radio Receiver	117391	41388	9213	2921	110422	3361
电子器件制造	Manufacture of Electronic Appliances	469677	150713	70484	61415	401191	25121
#电子真空器件制造	Manufacture of Electronic Vacuum Appliance	34920	13725	4094	8676	26221	15171
半导体分立器件制造	Manufacture of Semiconductor Discreting Appliances	48142	13508	9818	3529	41780	2002
集成电路制造	Manufacture of Integrate Circuit	170780	57011	30242	35593	133364	3454
电子元件制造	Manufacture of Electronic Components	512431	168443	63338	18610	475317	8357
其他电子设备制造	Manufacture of Other Electronic Equipment	93629	37405	7385	17146	76076	677
计算机及办公设备制造业	**Manufacture of Computers and Office Equipment**	**158436**	**61300**	**14174**	**6868**	**150079**	**4536**
#计算机整机制造	Manufacture of Entired Computer	29084	8359	4861	3184	25899	1674
计算机零部件制造	Manufacture of Computer Components and Parts	48959	15059	2711	253	48413	1109
计算机外围设备制造	Manufacture of Computer Peripheral Equipment	26875	12506	1651	1849	24545	1147
办公设备制造	Manufacture of Office Equipment	24262	11074	2258	822	23201	110
医疗仪器设备及仪器仪表制造业	**Manufacture of Medical Equipments and Measuring Instrument**	**604029**	**228311**	**62214**	**33948**	**543863**	**19838**
1.医疗仪器设备及器械制造	Manufacture of Medical Equipment and Appliance	165034	61397	20444	8374	154321	2418
2.仪器仪表制造	Manufacture of Measuring Instrument	438995	166914	41770	25574	389542	17419

2-3-4　按行业分国有及国有控股企业高技术产业R&D活动经费情况(2012年)

R&D Expenditure in High-tech Industry of State-owned and State-controlled Enterprises by Industrial Sector (2012)

单位：万元　　(10000 yuan)

行　业	Industry	R&D经费内部支出 Intramural Expenditure on R&D	#人员劳务费 Labor Cost	#仪器和设备 Equipment
合计	**Total**	**5310697**	**1520698**	**488405**
医药制造业	**Manufacture of Medicines**	**499018**	**152369**	**56118**
#化学药品制造	Manufacture of Chemical Medicine	293986	90198	37050
中成药生产	Production of Finished Traditional Chinese Herbal Medicine	94044	32559	7694
生物药品制造	Manufacture of Biological Medicine	78385	20982	8876
航空、航天器及设备制造业	**Manufacture of Aircrafts and Spacecrafts and Related Equipment**	**1670243**	**292314**	**59738**
#飞机制造	Manufacture of Airplanes	1330382	208842	50820
航天器制造	Manufacture of Spacecrafts	247090	48016	5158
电子及通信设备制造业	**Manufacture of Electronic Equipment and Communication Equipment**	**2525008**	**844632**	**335774**
#通信设备制造	Manufacture of Communication Equipment	1189368	468153	135123
#通信系统设备制造	Manufacture of Communication System Equipment	1082534	419510	122623
通信终端设备制造	Manufacture of Communication Terminal Equipment	106833	48643	12500
广播电视设备制造	Manufacture of Broadcasting and TV Equipment	15201	6069	371
雷达及配套设备制造	Manufacture of Radar and Its Fittings	76493	21854	8955
视听设备制造	Manufacture of TV Set and Radio Receiver	455401	100473	71935
电子器件制造	Manufacture of Electronic Appliances	530176	170087	92042
#电子真空器件制造	Manufacture of Electronic Vacuum Appliance	28801	12903	2472
半导体分立器件制造	Manufacture of Semiconductor Discreting Appliances	11611	3378	1112
集成电路制造	Manufacture of Integrate Circuit	106158	28665	17698
电子元件制造	Manufacture of Electronic Components	141877	44461	19536
其他电子设备制造	Manufacture of Other Electronic Equipment	50370	17163	1465
计算机及办公设备制造业	**Manufacture of Computers and Office Equipment**	**304320**	**124075**	**11782**
#计算机整机制造	Manufacture of Entired Computer	201740	71172	7134
计算机零部件制造	Manufacture of Computer Components and Parts	6144	2068	513
计算机外围设备制造	Manufacture of Computer Peripheral Equipment	31801	17632	1518
办公设备制造	Manufacture of Office Equipment	20908	7480	210
医疗仪器设备及仪器仪表制造业	**Manufacture of Medical Equipments and Measuring Instrument**	**312108**	**107306**	**24992**
1.医疗仪器设备及器械制造	Manufacture of Medical Equipment and Appliance	29529	10454	3869
2.仪器仪表制造	Manufacture of Measuring Instrument	282578	96852	21122

2-3-4 续表 continued

单位：万元 (10000 yuan)

行业	Industry	#政府资金 Government Funds	#企业资金 Self-raised Funds by Enterprises	R&D经费外部支出 External Expenditure on R&D
合计	**Total**	**989866**	**4215325**	**469313**
医药制造业	**Manufacture of Medicines**	**41744**	**454213**	**54006**
#化学药品制造	Manufacture of Chemical Medicine	23281	269467	32737
中成药生产	Production of Finished Traditional Chinese Herbal Medicine	8598	85276	10741
生物药品制造	Manufacture of Biological Medicine	7840	69849	2224
航空、航天器及设备制造业	**Manufacture of Aircrafts and Spacecrafts and Related Equipment**	**692085**	**922320**	**335264**
#飞机制造	Manufacture of Airplanes	596829	721056	189006
航天器制造	Manufacture of Spacecrafts	86882	119792	136205
电子及通信设备制造业	**Manufacture of Electronic Equipment and Communication Equipment**	**207195**	**2296918**	**61230**
#通信设备制造	Manufacture of Communication Equipment	70179	1115265	12276
#通信系统设备制造	Manufacture of Communication System Equipment	63611	1015760	9309
通信终端设备制造	Manufacture of Communication Terminal Equipment	6567	99505	2967
广播电视设备制造	Manufacture of Broadcasting and TV Equipment	482	13733	2763
雷达及配套设备制造	Manufacture of Radar and Its Fittings	12262	63192	7219
视听设备制造	Manufacture of TV Set and Radio Receiver	23882	423267	8332
电子器件制造	Manufacture of Electronic Appliances	60098	466556	20462
#电子真空器件制造	Manufacture of Electronic Vacuum Appliance	7193	21607	15262
半导体分立器件制造	Manufacture of Semiconductor Discreting Appliances	1062	10499	161
集成电路制造	Manufacture of Integrate Circuit	26515	77928	1702
电子元件制造	Manufacture of Electronic Components	10870	129941	5989
其他电子设备制造	Manufacture of Other Electronic Equipment	23529	26000	2550
计算机及办公设备制造业	**Manufacture of Computers and Office Equipment**	**25695**	**272005**	**4728**
#计算机整机制造	Manufacture of Entired Computer	18477	182489	2769
计算机零部件制造	Manufacture of Computer Components and Parts	145	5999	5
计算机外围设备制造	Manufacture of Computer Peripheral Equipment	1931	24025	975
办公设备制造	Manufacture of Office Equipment	2717	18190	324
医疗仪器设备及仪器仪表制造业	**Manufacture of Medical Equipments and Measuring Instrument**	**23144**	**269867**	**14083**
1.医疗仪器设备及器械制造	Manufacture of Medical Equipment and Appliance	1523	27751	677
2.仪器仪表制造	Manufacture of Measuring Instrument	21621	242115	13406

2-3-5　按行业和登记注册类型分高技术产业R&D活动经费情况(2012年)

R&D Expenditure in High-tech Industry by Industrial Sector and Registration Status(2012)

单位：万元　　　　(10000 yuan)

行　业	Industry	内资企业 Domestic Funded					
		R&D经费内部支出 Intramural Expenditure on R&D	#人员劳务费 Labor Cost	#仪器和设备 Equip-ment	#政府资金 Govern-ment Funds	#企业资金 Self-raised Funds by Enterprises	R&D经费外部支出 External Expenditure on R&D
合计	**Total**	**11571178**	**4125271**	**1063572**	**1282931**	**10146870**	**953851**
医药制造业	**Manufacture of Medicines**	**2057123**	**511865**	**272899**	**136732**	**1900434**	**231832**
#化学药品制造	Manufacture of Chemical Medicine	1058769	272714	158903	61121	989522	125672
中成药生产	Production of Finished Traditional Chinese Herbal Medicine	460952	120907	50951	39462	418207	67757
生物药品制造	Manufacture of Biological Medicine	295271	68890	33861	20344	269160	17015
航空、航天器及设备制造业	**Manufacture of Aircrafts and Spacecrafts and Related Equipment**	**1684231**	**287599**	**60188**	**693707**	**935903**	**336283**
#飞机制造	Manufacture of Airplanes	1347677	212302	51033	598212	738200	190065
航天器制造	Manufacture of Spacecrafts	247273	48058	5227	86882	119975	136206
电子及通信设备制造业	**Manufacture of Electronic Equipment and Communication Equipment**	**6185322**	**2722986**	**587288**	**357941**	**5790467**	**331460**
#通信设备制造	Manufacture of Communication Equipment	3423687	1898388	230251	119740	3296438	238054
#通信系统设备制造	Manufacture of Communication System Equipment	3178660	1797088	209740	97095	3076056	212203
通信终端设备制造	Manufacture of Communication Terminal Equipment	245027	101299	20510	22644	220382	25851
广播电视设备制造	Manufacture of Broadcasting and TV Equipment	128663	56191	6578	4226	122650	14221
雷达及配套设备制造	Manufacture of Radar and Its Fittings	86874	25536	9911	12949	72887	8590
视听设备制造	Manufacture of TV Set and Radio Receiver	594980	150859	81195	27443	558705	16635
电子器件制造	Manufacture of Electronic Appliances	878092	260992	131210	101827	772436	28406
#电子真空器件制造	Manufacture of Electronic Vacuum Applianc	55749	18406	3933	9294	46336	15267
半导体分立器件制造	Manufacture of Semiconductor Discreting Appliances	52834	13382	9506	5350	47376	1776
集成电路制造	Manufacture of Integrate Circuit	244654	67717	54855	43090	199388	3862
电子元件制造	Manufacture of Electronic Components	576739	165990	86275	28231	538829	13330
其他电子设备制造	Manufacture of Other Electronic Equipment	193493	79651	11670	34171	157663	6114
计算机及办公设备制造业	**Manufacture of Computers and Office Equipment**	**498222**	**201153**	**26394**	**30256**	**459823**	**10927**
#计算机整机制造	Manufacture of Entired Computer	238350	83148	7988	18915	218661	3011
计算机零部件制造	Manufacture of Computer Components and Parts	72906	29744	6963	1018	71100	220
计算机外围设备制造	Manufacture of Computer Peripheral Equipme	63303	33233	4011	3372	53929	1396
办公设备制造	Manufacture of Office Equipment	53942	20856	2269	3664	50277	714
医疗仪器设备及仪器仪表制造业	**Manufacture of Medical Equipments and Measuring Instrument**	**1146278**	**401667**	**116801**	**64294**	**1060241**	**43346**
1.医疗仪器设备及器械制造	Manufacture of Medical Equipment and Appliance	239494	82652	26783	12391	225538	12105
2.仪器仪表制造	Manufacture of Measuring Instrument	906784	319015	90017	51902	834702	31241

2-3-5 续表 1 continued

单位：万元 (10000 yuan)

行业	Industry	#国有企业 State-owned Enterprises R&D经费内部支出 Intramural Expenditure on R&D	#人员劳务费 Labor Cost	#仪器和设备 Equipment	#政府资金 Government Funds	#企业资金 Self-raised Funds by Enterprises	R&D经费外部支出 External Expenditure on R&D
合计	**Total**	**1002770**	**241712**	**95240**	**123685**	**849937**	**32391**
医药制造业	**Manufacture of Medicines**	**118275**	**31837**	**20673**	**10540**	**106239**	**11776**
#化学药品制造	Manufacture of Chemical Medicine	67334	17636	14159	5104	61170	3181
中成药生产	Production of Finished Traditional Chinese Herbal Medicine	12548	4342	1779	1045	11439	1179
生物药品制造	Manufacture of Biological Medicine	33097	8679	4050	3993	28732	367
航空、航天器及设备制造业	**Manufacture of Aircrafts and Spacecrafts and Related Equipment**	**225648**	**48573**	**6744**	**61084**	**149486**	**4162**
#飞机制造	Manufacture of Airplanes	83365	17855	1405	19347	59889	1683
航天器制造	Manufacture of Spacecrafts	98948	18503	4247	35661	54960	1108
电子及通信设备制造业	**Manufacture of Electronic Equipment and Communication Equipment**	**542983**	**130062**	**55126**	**40633**	**499568**	**10097**
#通信设备制造	Manufacture of Communication Equipment	192742	72222	32105	19074	171884	884
#通信系统设备制造	Manufacture of Communication System Equipment	192544	72146	32096	19060	171700	884
通信终端设备制造	Manufacture of Communication Terminal Equipment	198	75	9	14	184	
广播电视设备制造	Manufacture of Broadcasting and TV Equipment						
雷达及配套设备制造	Manufacture of Radar and Its Fittings	13504	3368	876	4396	9108	4879
视听设备制造	Manufacture of TV Set and Radio Receiver	241300	31685	13287	7369	233930	3241
电子器件制造	Manufacture of Electronic Appliances	62312	10206	4817	7294	55018	597
#电子真空器件制造	Manufacture of Electronic Vacuum Appliance	289	167	32		289	
半导体分立器件制造	Manufacture of Semiconductor Discreting Appliances	2636	1496	112	113	2522	126
集成电路制造	Manufacture of Integrate Circuit	3587	975	127	358	3229	273
电子元件制造	Manufacture of Electronic Components	17460	3975	3139	1698	15761	206
其他电子设备制造	Manufacture of Other Electronic Equipment	13089	8080	753	779	11469	220
计算机及办公设备制造业	**Manufacture of Computers and Office Equipment**	**19159**	**3339**	**3817**	**3027**	**16132**	**868**
#计算机整机制造	Manufacture of Entired Computer	10994	490	3162	2060	8934	
计算机零部件制造	Manufacture of Computer Components and Parts						
计算机外围设备制造	Manufacture of Computer Peripheral Equipment	6548	2526	655	967	5581	868
办公设备制造	Manufacture of Office Equipment						
医疗仪器设备及仪器仪表制造业	**Manufacture of Medical Equipments and Measuring Instrument**	**96704**	**27899**	**8878**	**8399**	**78511**	**5487**
1.医疗仪器设备及器械制造	Manufacture of Medical Equipment and Appliance	11095	3732	3039	455	10640	530
2.仪器仪表制造	Manufacture of Measuring Instrument	85608	24167	5839	7943	67870	4957

2-3-5　续表 2　continued

单位：万元　　(10000 yuan)

行　业	Industry	港澳台投资企业 Enterprises with Funds from Hong Kong, Macau and Taiwan: R&D经费内部支出 Intramural Expenditure on R&D	#人员劳务费 Labor Cost	#仪器和设备 Equip-ment	#政府资金 Govern-ment Funds	#企业资金 Self-raised Funds by Enterprises	R&D经费外部支出 External Expenditure on R&D
合计	**Total**	**2217543**	**765291**	**241230**	**80782**	**2096218**	**94103**
医药制造业	**Manufacture of Medicines**	**363605**	**102253**	**57920**	**20904**	**337663**	**52981**
#化学药品制造	Manufacture of Chemical Medicine	193492	50691	28808	13609	178172	36929
中成药生产	Production of Finished Traditional Chinese Herbal Medicine	57008	17538	6479	2061	53837	9745
生物药品制造	Manufacture of Biological Medicine	96978	29439	21408	4926	89834	5806
航空、航天器及设备制造业	**Manufacture of Aircrafts and Spacecrafts and Related Equipment**	**9889**	**9845**	**16**	**25**	**9864**	**50**
#飞机制造	Manufacture of Airplanes						
航天器制造	Manufacture of Spacecrafts						
电子及通信设备制造业	**Manufacture of Electronic Equipment and Communication Equipment**	**1297018**	**446529**	**149569**	**49171**	**1222544**	**30479**
#通信设备制造	Manufacture of Communication Equipment	166953	70337	14538	985	161161	444
#通信系统设备制造	Manufacture of Communication System Equipment	76003	36128	4946	398	75448	435
通信终端设备制造	Manufacture of Communication Terminal Equipment	90949	34209	9592	587	85712	8
广播电视设备制造	Manufacture of Broadcasting and TV Equipment	24269	11140	3157		23975	
雷达及配套设备制造	Manufacture of Radar and Its Fittings						
视听设备制造	Manufacture of TV Set and Radio Receiver	221683	76007	17070	13550	207209	12280
电子器件制造	Manufacture of Electronic Appliances	306977	80129	49636	22376	283580	3253
#电子真空器件制造	Manufacture of Electronic Vacuum Appliance	2253	338	1543		2253	3
半导体分立器件制造	Manufacture of Semiconductor Discreting Appliances	17761	4557	1779	538	17196	39
集成电路制造	Manufacture of Integrate Circuit	89448	28477	13069	17874	71573	966
电子元件制造	Manufacture of Electronic Components	458878	171046	49998	9766	432163	13501
其他电子设备制造	Manufacture of Other Electronic Equipment	37139	13985	4267	570	36537	253
计算机及办公设备制造业	**Manufacture of Computers and Office Equipment**	**447502**	**164881**	**25101**	**6667**	**436019**	**9151**
#计算机整机制造	Manufacture of Entired Computer	113545	35209	6613	3064	109684	1933
计算机零部件制造	Manufacture of Computer Components and Parts	33870	13641	3758		33841	68
计算机外围设备制造	Manufacture of Computer Peripheral Equipment	175821	42623	7137	2952	168945	850
办公设备制造	Manufacture of Office Equipment	4226	2069	427	116	4044	94
医疗仪器设备及仪器仪表制造业	**Manufacture of Medical Equipments and Measuring Instrument**	**99528**	**41782**	**8621**	**4013**	**90126**	**1440**
1.医疗仪器设备及器械制造	Manufacture of Medical Equipment and Appliance	25158	7661	2277	1673	23212	286
2.仪器仪表制造	Manufacture of Measuring Instrument	74370	34120	6344	2339	66913	1154

2-3-5 续表 3 continued

单位：万元 (10000 yuan)

行业	Industry	外商投资企业 Foreign Funded Enterprises					
		R&D经费内部支出 Intramural Expenditure on R&D	#人员劳务费 Labor Cost	#仪器和设备 Equip-ment	#政府资金 Govern-ment Funds	#企业资金 Self-raised Funds by Enterprises	R&D经费外部支出 External Expenditure on R&D
合计	**Total**	**3549379**	**1341008**	**372294**	**90381**	**3300494**	**164433**
医药制造业	**Manufacture of Medicines**	**412326**	**117132**	**52956**	**22923**	**370413**	**53779**
#化学药品制造	Manufacture of Chemical Medicine	288407	85697	37793	13774	257859	37297
中成药生产	Production of Finished Traditional Chinese Herbal Medicine	40428	8636	3480	5973	34002	10527
生物药品制造	Manufacture of Biological Medicine	58727	15177	7776	2362	55817	4635
航空、航天器及设备制造业	**Manufacture of Aircrafts and Spacecrafts and Related Equipment**	**7237**	**3237**	**1156**	**39**	**5688**	**2**
#飞机制造	Manufacture of Airplanes	3331	840	534	23	1799	
航天器制造	Manufacture of Spacecrafts						
电子及通信设备制造业	**Manufacture of Electronic Equipment and Communication Equipment**	**2058605**	**726942**	**264722**	**51031**	**1893732**	**82941**
#通信设备制造	Manufacture of Communication Equipment	424068	185790	28326	4858	407652	30669
#通信系统设备制造	Manufacture of Communication System Equipment	164242	73562	14444	625	163616	9905
通信终端设备制造	Manufacture of Communication Terminal Equipment	259826	112228	13882	4232	244035	20763
广播电视设备制造	Manufacture of Broadcasting and TV Equipment	31396	14585	2445	76	28219	2311
雷达及配套设备制造	Manufacture of Radar and Its Fittings	871	302			871	188
视听设备制造	Manufacture of TV Set and Radio Receiver	128879	51626	8228	999	123169	18775
电子器件制造	Manufacture of Electronic Appliances	820328	260690	153347	30820	744855	25859
#电子真空器件制造	Manufacture of Electronic Vacuum Appliance	2063	615	204		2063	
半导体分立器件制造	Manufacture of Semiconductor Discreting Appliances	44354	13691	13531	33	38530	4589
集成电路制造	Manufacture of Integrate Circuit	315404	118780	47540	22731	267873	2095
电子元件制造	Manufacture of Electronic Components	435988	165188	49599	6679	414021	3976
其他电子设备制造	Manufacture of Other Electronic Equipment	101166	25260	6841	4086	64621	498
计算机及办公设备制造业	**Manufacture of Computers and Office Equipment**	**748279**	**354054**	**28214**	**3005**	**737023**	**3728**
#计算机整机制造	Manufacture of Entired Computer	360862	139254	17016	276	353813	553
计算机零部件制造	Manufacture of Computer Components and Parts	257349	153611	3724	43	256966	1237
计算机外围设备制造	Manufacture of Computer Peripheral Equipment	43107	18459	1522	223	41986	945
办公设备制造	Manufacture of Office Equipment	30030	11509	1960	214	29576	793
医疗仪器设备及仪器仪表制造业	**Manufacture of Medical Equipments and Measuring Instrument**	**322930**	**139640**	**25245**	**13380**	**293637**	**23981**
1.医疗仪器设备及器械制造	Manufacture of Medical Equipment and Appliance	109217	47315	11495	3310	102944	488
2.仪器仪表制造	Manufacture of Measuring Instrument	213713	92325	13750	10070	190693	23492

2-3-6 按地区和企业规模分高技术产业R&D活动经费情况(2012年)

R&D Expenditure in High-tech Industry by Region and Industrial Sector(2012)

单位：万元 (10000 yuan)

地区	Region	大型企业 Large-sized Enterprises					
		R&D经费内部支出 Intramural Expenditure on R&D	#人员劳务费 Labor Cost	#仪器和设备 Equipment	#政府资金 Government Funds	#企业资金 Self-raised Funds by Enterprises	R&D经费外部支出 External Expenditure on R&D
全　国	**Total**	**11325163**	**4334849**	**978128**	**1016803**	**10122284**	**733197**
东部地区	Eastern Region	9112267	3812614	765972	463601	8487058	596847
中部地区	Middle Region	793710	268873	84438	85996	702579	42327
西部地区	Western Region	890255	178831	74035	247681	625151	45215
东北地区	Northeaastern Region	528930	74530	53682	219524	307494	48807
北　京	Beijing	437875	165073	22982	21517	382100	7222
天　津	Tianjin	188447	66075	33046	5839	159708	3803
河　北	Hebei	104520	32165	14806	8998	95335	25455
山　西	Shanxi	18642	4290	707	788	17854	104
内蒙古	Inner Mongolia	1086	460	163	59	1027	71
辽　宁	Liaoning	356129	41170	48753	157160	197655	21594
吉　林	Jilin	21072	5211	2174	3665	17406	4606
黑龙江	Heilongjiang	151728	28148	2753	58699	92432	22607
上　海	Shanghai	611988	199371	59569	188013	409746	149368
江　苏	Jiangsu	1375929	410266	153356	47894	1287840	46175
浙　江	Zhejiang	510614	214422	43058	21361	484122	39495
安　徽	Anhui	92310	27135	7077	11323	80962	15793
福　建	Fujian	348271	100412	27163	8248	334446	34324
江　西	Jiangxi	108804	36366	8366	13506	92321	12391
山　东	Shandong	901389	239498	54457	43583	852847	34394
河　南	Henan	55495	19324	8174	4333	51064	4819
湖　北	Hubei	429875	160245	45164	44855	383301	6336
湖　南	Hunan	88581	21510	14949	11188	77076	2880
广　东	Guangdong	4633231	2385327	357532	118145	4480910	256606
广　西	Guangxi	15402	3680	2636	1712	13435	1537
海　南	Hainan						
重　庆	Chongqing	37544	12190	4944	3220	34324	3343
四　川	Sichuan	298202	80063	35517	59487	230668	20111
贵　州	Guizhou	23134	3303	1024	4867	18266	973
云　南	Yunnan	17440	1413	1309	1144	16115	405
西　藏	Tibet						
陕　西	Shaanxi	469212	71834	25746	172584	288325	18733
甘　肃	Gansu	22612	4330	2571	4417	17733	
青　海	Qinghai						
宁　夏	Ningxia	5620	1555	121	186	5254	38
新　疆	Xinjiang						

2-3-6 续表 continued

单位：万元 (10000 yuan)

地区	Region	中型企业 Medium-sized Enterprises					
		R&D经费内部支出 Intramural Expenditure on R&D	#人员劳务费 Labor Cost	#仪器和设备 Equipment	#政府资金 Government Funds	#企业资金 Self-raised Funds by Enterprises	R&D经费外部支出 External Expenditure on R&D
全　国	**Total**	**3589777**	**1163828**	**421070**	**289286**	**3197331**	**362136**
东部地区	Eastern Region	2859013	963523	322684	227453	2554835	283265
中部地区	Middle Region	398642	110568	59876	33722	342663	30273
西部地区	Western Region	212112	58215	25795	20204	189603	21088
东北地区	Northeaastern Region	120009	31520	12713	7907	110229	27509
北　京	Beijing	337327	116802	16948	94270	239038	159195
天　津	Tianjin	100749	27915	16495	7090	91035	8490
河　北	Hebei	24800	7321	2923	1805	22086	1786
山　西	Shanxi	26804	8323	1628	718	19175	2352
内蒙古	Inner Mongolia	3746	636	1717	81	3665	149
辽　宁	Liaoning	76822	21038	4595	5249	71058	3746
吉　林	Jilin	27281	5911	6638	2346	23577	13088
黑龙江	Heilongjiang	15904	4570	1480	311	15593	10674
上　海	Shanghai	190307	67411	22759	17978	167167	13622
江　苏	Jiangsu	684598	207942	95449	19679	630093	28818
浙　江	Zhejiang	334465	121302	29308	19355	311906	15819
安　徽	Anhui	78801	20812	13224	5475	68886	6675
福　建	Fujian	134083	49208	15416	5076	126536	4450
江　西	Jiangxi	41312	11914	4999	1329	33208	10535
山　东	Shandong	241869	69462	35629	10984	219763	24444
河　南	Henan	68257	20638	7565	3348	62645	3800
湖　北	Hubei	122748	33491	24412	20041	101502	3042
湖　南	Hunan	60719	15387	8046	2808	57245	3866
广　东	Guangdong	789831	293446	82604	50218	727231	16964
广　西	Guangxi	21422	5954	1865	1200	20112	224
海　南	Hainan	20980	2710	5148	994	19974	9673
重　庆	Chongqing	46268	15995	6215	3970	41329	4672
四　川	Sichuan	50766	14374	5984	5149	44751	7349
贵　州	Guizhou	19192	3933	1087	3258	15888	1987
云　南	Yunnan	24485	5520	2945	2415	21942	2531
西　藏	Tibet						
陕　西	Shaanxi	37039	9577	3595	2783	34066	3293
甘　肃	Gansu	3875	810	1595	219	3655	281
青　海	Qinghai	778	227	125		778	77
宁　夏	Ningxia	2797	1010	210	588	2209	37
新　疆	Xinjiang	1741	174	453	538	1203	483

2-3-7　各地区国有及国有控股企业高技术产业R&D活动经费情况(2012年)

R&D Expenditure in High-tech Industry of State-owned and State-controlled Enterprises by Region (2012)

单位：万元　(10000 yuan)

地区	Region	R&D经费内部支出 Intramural Expenditure on R&D	#人员劳务费 Labor Cost	#仪器和设备 Equipment	#政府资金 Government Funds	#企业资金 Self-raised Funds by Enterprises	R&D经费外部支出 External Expenditure on R&D
全　国	**Total**	**5310697**	**1520698**	**488405**	**989866**	**4215325**	**469313**
东部地区	Eastern Region	3039665	1006578	265707	403602	2576624	351061
中部地区	Middle Region	698899	229079	82095	95028	588700	24925
西部地区	Western Region	1005198	203112	80357	271665	705711	41583
东北地区	Northeaastern Region	566933	81928	60244	219570	344288	51742
北　京	Beijing	502711	151443	23584	108707	354794	163476
天　津	Tianjin	109706	33198	6635	11355	95247	3581
河　北	Hebei	52824	16169	9848	3290	48720	882
山　西	Shanxi	29391	9471	1277	685	22185	696
内蒙古	Inner Mongolia	2057	387	2	200	1857	
辽　宁	Liaoning	393531	49928	51037	157658	234293	21751
吉　林	Jilin	23543	4168	6821	3036	19607	390
黑龙江	Heilongjiang	149859	27831	2385	58874	90387	29600
上　海	Shanghai	310495	67831	11555	161852	142403	130385
江　苏	Jiangsu	215749	69055	17100	17475	198252	6147
浙　江	Zhejiang	86883	30526	6580	7018	79864	15043
安　徽	Anhui	74017	21226	5504	11552	61840	8969
福　建	Fujian	73319	36276	7500	3218	70100	1030
江　西	Jiangxi	95317	29384	6909	12148	76937	8768
山　东	Shandong	449413	120794	15964	27374	420471	9814
河　南	Henan	41074	15011	5285	3256	37015	2411
湖　北	Hubei	395699	143277	52271	54908	339921	2293
湖　南	Hunan	63399	10707	10847	12476	50800	1786
广　东	Guangdong	1237480	480938	166816	63296	1165700	19136
广　西	Guangxi	5416	2430	116	787	4629	13
海　南	Hainan	1082	345	122	14	1068	1563
重　庆	Chongqing	54899	18086	7753	5469	48204	3378
四　川	Sichuan	281285	73190	33703	57649	214542	15484
贵　州	Guizhou	115750	22721	1826	21884	84802	1782
云　南	Yunnan	20727	3730	738	1669	18930	254
西　藏	Tibet						
陕　西	Shaanxi	506055	79408	32835	181221	316521	19910
甘　肃	Gansu	16682	2836	2728	2210	14472	206
青　海	Qinghai	173	36	125		173	
宁　夏	Ningxia						
新　疆	Xinjiang	2151	282	528	573	1577	553

2-3-8 按地区和登记注册类型分高技术产业R&D活动经费情况(2012年)

R&D Expenditure in High-tech Industry by Region and Registration Status(2012)

单位：万元 (10000 yuan)

地区	Region	内资企业 Domestic Funded					
		R&D经费内部支出 Intramural Expenditure on R&D	#人员劳务费 Labor Cost	#仪器和设备 Equipment	#政府资金 Government Funds	#企业资金 Self-raised Funds by Enterprises	R&D经费外部支出 External Expenditure on R&D
全国	**Total**	**11571178**	**4125271**	**1063572**	**1282931**	**10146870**	**953851**
东部地区	Eastern Region	8336356	3328684	720061	625274	7629685	740641
中部地区	Middle Region	1272849	408355	154400	127256	1119219	72034
西部地区	Western Region	1286146	281727	115648	298486	958185	74313
东北地区	Northeaastern Region	675826	106505	73462	231914	439781	66861
北京	Beijing	592990	215320	24379	115678	436106	177821
天津	Tianjin	237390	65649	28142	19068	216153	12941
河北	Hebei	98143	29415	14260	6030	90873	3289
山西	Shanxi	46950	13553	2188	1578	38460	2546
内蒙古	Inner Mongolia	9805	2344	2428	449	9356	320
辽宁	Liaoning	451835	66331	55299	163740	286094	23617
吉林	Jilin	69611	14089	12776	9228	58850	10027
黑龙江	Heilongjiang	154378	26084	5387	58945	94835	33216
上海	Shanghai	388735	90219	19283	171821	216459	126951
江苏	Jiangsu	1180264	305137	163729	61367	1112216	44057
浙江	Zhejiang	692363	249855	74806	35441	650615	45074
安徽	Anhui	193817	51941	23917	19410	169726	17046
福建	Fujian	172842	58148	27556	11890	159182	6575
江西	Jiangxi	145191	46540	12315	15747	121409	22827
山东	Shandong	995803	237521	88110	51667	939338	56081
河南	Henan	135305	44028	17793	9420	124281	9306
湖北	Hubei	546800	203170	68896	64782	478334	10763
湖南	Hunan	204783	49120	29288	16316	187006	9543
广东	Guangdong	3961536	2074507	276042	151829	3792932	262612
广西	Guangxi	53513	13344	6828	5337	47983	2281
海南	Hainan	16285	2908	3749	478	15807	5236
重庆	Chongqing	90585	29113	11309	7831	81431	8170
四川	Sichuan	370138	100406	45435	67089	293831	29850
贵州	Guizhou	130871	26383	3406	23742	97986	4319
云南	Yunnan	45272	7881	4668	4775	40165	3521
西藏	Tibet	196	43	64	52	144	34
陕西	Shaanxi	544931	93256	35070	183193	353108	23902
甘肃	Gansu	29117	6133	4685	4892	23764	1131
青海	Qinghai	1486	354	395		1486	106
宁夏	Ningxia	8017	2178	817	519	7318	90
新疆	Xinjiang	2210	286	539	603	1607	582

2-3-8　续表 1　continued

单位：万元 (10000 yuan)

地　区	Region	#国有企业 State-owned Enterprises					
		R&D经费内部支出 Intramural Expenditure on R&D	#人员劳务费 Labor Cost	#仪器和设备 Equipment	#政府资金 Government Funds	#企业资金 Self-raised Funds by Enterprises	R&D经费外部支出 External Expenditure on R&D
全　国	**Total**	**1002770**	**241712**	**95240**	**123685**	**849937**	**32391**
东部地区	Eastern Region	493613	104727	43028	33419	454988	10073
中部地区	Middle Region	272714	94879	36591	31187	231234	8308
西部地区	Western Region	220338	39286	11686	56819	150047	6952
东北地区	Northeaastern Region	16104	2818	3935	2258	13666	7056
北　京	Beijing	41624	11541	947	6583	32913	2147
天　津	Tianjin	13821	2339	770	1772	11132	307
河　北	Hebei	39630	11539	9557	2038	37449	734
山　西	Shanxi	18328	7788	704	96	11711	581
内蒙古	Inner Mongolia						
辽　宁	Liaoning	1077	285	97	198	699	
吉　林	Jilin	13861	2391	3817	2060	11801	15
黑龙江	Heilongjiang	1164	142	20		1164	7041
上　海	Shanghai	27779	7505	5227	6624	21154	542
江　苏	Jiangsu	80761	16633	7438	6200	74560	549
浙　江	Zhejiang	7734	2412	184	159	7574	70
安　徽	Anhui	30229	5036	1385	8013	22012	6502
福　建	Fujian	2440	979	127		2440	28
江　西	Jiangxi	9244	2448	611		5990	34
山　东	Shandong	248126	40963	8729	8237	239186	4508
河　南	Henan	15965	5977	619	2258	13515	504
湖　北	Hubei	175401	72409	24618	18391	156888	684
湖　南	Hunan	23544	1218	8652	2428	21116	
广　东	Guangdong	31497	10738	10038	1789	28393	1185
广　西	Guangxi	5162	2326	94	768	4394	8
海　南	Hainan	198	75	9	14	184	
重　庆	Chongqing	2512	766	1014	141	2371	49
四　川	Sichuan	18863	3984	1848	2314	16492	520
贵　州	Guizhou	54853	9911	492	7366	40735	1223
云　南	Yunnan	5455	1709	315	758	4569	45
西　藏	Tibet						
陕　西	Shaanxi	118105	18140	5391	43550	68018	5106
甘　肃	Gansu	15385	2447	2528	1920	13465	
青　海	Qinghai						
宁　夏	Ningxia						
新　疆	Xinjiang						

2-3-8 续表 2 continued

单位：万元 (10000 yuan)

地 区	Region	港澳台投资企业 Enterprises with Funds from Hong Kong, Macau and Taiwan					
		R&D经费内部支出 Intramural Expenditure on R&D	#人员劳务费 Labor Cost	#仪器和设备 Equipment	#政府资金 Government Funds	#企业资金 Self-raised Funds by Enterprises	R&D经费外部支出 External Expenditure on R&D
全 国	**Total**	**2217543**	**765291**	**241230**	**80782**	**2096218**	**94103**
东部地区	Eastern Region	2085253	733982	221367	74843	1974796	83918
中部地区	Middle Region	92900	20499	13846	3163	85410	4996
西部地区	Western Region	29325	7641	4688	2223	26619	1707
东北地区	Northeaastern Region	10063	3168	1327	552	9392	3481
北 京	Beijing	134448	40181	2463	4349	130099	498
天 津	Tianjin	9392	4283	1223	361	8514	
河 北	Hebei	34606	12106	2660	5154	29451	18726
山 西	Shanxi	1290	61	306	219	1070	1459
内蒙古	Inner Mongolia						
辽 宁	Liaoning	6228	2351	1035	411	5697	3392
吉 林	Jilin	2375	348	157	90	2285	24
黑龙江	Heilongjiang	1459	469	134	50	1409	64
上 海	Shanghai	174940	62542	30272	23697	148298	10831
江 苏	Jiangsu	382848	130918	51188	3714	367915	12618
浙 江	Zhejiang	301416	132246	17293	5391	292420	9636
安 徽	Anhui	16002	4415	4842	400	14577	1414
福 建	Fujian	188363	47204	16858	3412	181613	913
江 西	Jiangxi	6885	2064	158	8	5161	1242
山 东	Shandong	43928	8652	7291	1083	40227	10342
河 南	Henan	13079	3671	1462		12184	225
湖 北	Hubei	39018	5314	5168	2183	36142	307
湖 南	Hunan	16625	4972	1908	352	16273	347
广 东	Guangdong	813432	295579	91921	27425	774633	20301
广 西	Guangxi	6714	1644	497	335	6313	
海 南	Hainan	1877	269	194	254	1623	49
重 庆	Chongqing	8894	2802	2126	811	7665	33
四 川	Sichuan	3730	1076	724	58	3671	13
贵 州	Guizhou	347	61	74	17	330	
云 南	Yunnan	7019	1014	1251	362	6656	1622
西 藏	Tibet						
陕 西	Shaanxi	112	57		48	63	
甘 肃	Gansu						
青 海	Qinghai						
宁 夏	Ningxia	2507	983	13	588	1919	37
新 疆	Xinjiang						

2-3-8　续表 3　continued

单位：万元　(10000 yuan)

地　区	Region	外商投资企业 Foreign Funded Enterprises R&D经费内部支出 Intramural Expenditure on R&D	#人员劳务费 Labor Cost	#仪器和设备 Equipment	#政府资金 Government Funds	#企业资金 Self-raised Funds by Enterprises	R&D经费外部支出 External Expenditure on R&D
全　国	**Total**	**3549379**	**1341008**	**372294**	**90381**	**3300494**	**164433**
东部地区	Eastern Region	3395417	1296633	357028	82180	3160529	141121
中部地区	Middle Region	86014	20421	10006	3033	79045	11933
西部地区	Western Region	29428	9121	3524	2090	25909	1209
东北地区	Northeaastern Region	38518	14832	1736	3076	35011	10169
北　京	Beijing	194790	87242	19688	6590	185640	1710
天　津	Tianjin	145290	49371	29898	1179	118294	3320
河　北	Hebei	21522	4366	2559	1040	20439	8418
山　西	Shanxi	3804	584	544	292	3511	
内 蒙 古	Inner Mongolia	955	165	406		888	
辽　宁	Liaoning	13105	4580	252	1660	11135	
吉　林	Jilin	801	314	217	60	741	9194
黑 龙 江	Heilongjiang	24612	9937	1266	1356	23134	975
上　海	Shanghai	343967	156380	40799	19744	307480	26589
江　苏	Jiangsu	1012568	330907	109119	16412	932061	33598
浙　江	Zhejiang	161478	63244	12970	10112	148785	16415
安　徽	Anhui	14096	5500	1446	51	11186	9418
福　建	Fujian	216565	71917	13911	2955	210178	33760
江　西	Jiangxi	13044	4561	2307	480	12564	362
山　东	Shandong	305905	105298	18448	10771	284520	5270
河　南	Henan	12236	4165	1157	187	12048	151
湖　北	Hubei	33136	3850	3572	1997	30726	722
湖　南	Hunan	9696	1759	978	23	9008	1277
广　东	Guangdong	985036	426749	107675	12774	945448	5453
广　西	Guangxi	572	348	6	11	451	2
海　南	Hainan	8293	1156	1957	600	7682	6586
重　庆	Chongqing	4760	1822	479	377	4362	193
四　川	Sichuan	9073	3478	1161	650	7190	22
贵　州	Guizhou	3122	209		726	2396	194
云　南	Yunnan	2714	515	336	323	2391	414
西　藏	Tibet						
陕　西	Shaanxi	8077	2461	1119	1	8075	381
甘　肃	Gansu	153	121	14		153	
青　海	Qinghai						
宁　夏	Ningxia						
新　疆	Xinjiang						

2-3-9 按地区和行业分高技术产业R&D活动经费情况(2012年)

R&D Expenditure in High-tech Industry by Region and Industrial Sector(2012)

单位：万元 (10000 yuan)

地区	Region	医药制造业 Medical and Pharmaceutical Products Manufacturing					
		R&D经费内部支出 Intramural Expenditure on R&D	#人员劳务费 Labor Cost	#仪器和设备 Equipment	#政府资金 Government Funds	#企业资金 Self-raised Funds by Enterprises	R&D经费外部支出 External Expenditure on R&D
全国	**Total**	**2833055**	**731252**	**383776**	**180560**	**2608510**	**338593**
东部地区	Eastern Region	2047907	530878	278253	123043	1896806	219081
中部地区	Middle Region	372632	101201	47506	21522	339124	49342
西部地区	Western Region	278592	63704	41247	24994	250722	33205
东北地区	Northeaastern Region	133922	35467	16770	11000	121856	36965
北京	Beijing	98913	31734	9473	4966	92556	17355
天津	Tianjin	143381	38421	18477	9091	133024	12591
河北	Hebei	110181	29460	17638	9834	100127	29892
山西	Shanxi	21903	4564	1706	1156	20356	3370
内蒙古	Inner Mongolia	7856	1766	2761	150	7706	320
辽宁	Liaoning	36846	10308	4698	2517	33896	5361
吉林	Jilin	47910	9186	7211	6598	40677	19156
黑龙江	Heilongjiang	49166	15973	4860	1884	47282	12447
上海	Shanghai	154502	47977	29651	10349	143034	5778
江苏	Jiangsu	461434	113011	53840	15685	429716	32125
浙江	Zhejiang	256100	79442	29587	16736	236930	38224
安徽	Anhui	52172	12989	10705	4356	42699	7571
福建	Fujian	50608	13054	7887	4567	46041	4336
江西	Jiangxi	42591	13696	4774	1926	38589	15423
山东	Shandong	499893	102234	67396	32523	465826	48247
河南	Henan	69727	20354	10070	3216	65311	7384
湖北	Hubei	125431	33973	14210	8486	114020	8295
湖南	Hunan	60806	15622	6037	2380	58147	7298
广东	Guangdong	246634	71284	38409	17971	224622	18659
广西	Guangxi	33214	6117	5188	2402	30510	1925
海南	Hainan	26257	4258	5891	1318	24927	11871
重庆	Chongqing	55249	15157	7537	5763	48848	5829
四川	Sichuan	66828	18192	11435	5452	60029	11619
贵州	Guizhou	18142	3800	1641	2517	15546	2706
云南	Yunnan	45698	7349	5778	4644	40722	5552
西藏	Tibet	196	43	64	52	144	34
陕西	Shaanxi	20333	4924	984	826	19507	3315
甘肃	Gansu	20635	3810	4537	2362	18273	1127
青海	Qinghai	1486	354	395		1486	106
宁夏	Ningxia	6738	1901	384	219	6340	83
新疆	Xinjiang	2210	286	539	603	1607	582

2-3-9 续表 1 continued

单位：万元 (10000 yuan)

地区	Region	航空、航天器及设备制造业 Manufacture of Aircrafts and Spacecrafts and Related Equipment R&D经费内部支出 Intramural Expenditure on R&D	#人员劳务费 Labor Cost	#仪器和设备 Equipment	#政府资金 Government Funds	#企业资金 Self-raised Funds by Enterprises	R&D经费外部支出 External Expenditure on R&D
全国	**Total**	**1701358**	**300682**	**61361**	**693772**	**951456**	**336336**
东部地区	Eastern Region	464458	101076	7674	214362	215225	261088
中部地区	Middle Region	177721	49195	9302	36499	137756	8668
西部地区	Western Region	642289	99436	37302	230840	394253	23788
东北地区	Northeaastern Region	416889	50973	7081	212070	204221	42791
北京	Beijing	189796	43081	2115	57400	98762	136207
天津	Tianjin	1580	1257		30	1260	
河北	Hebei	4874	3987	13		4204	
山西	Shanxi	4976	1343	48	96	4880	104
内蒙古	Inner Mongolia						
辽宁	Liaoning	294875	33201	6866	155015	139859	21061
吉林	Jilin						
黑龙江	Heilongjiang	122014	17772	215	57055	64361	21729
上海	Shanghai	221177	30892	4279	153106	68071	122874
江苏	Jiangsu	26389	4784	978	3250	22862	1956
浙江	Zhejiang	469	136	4		469	
安徽	Anhui	9454	1724	622	3054	6400	281
福建	Fujian						
江西	Jiangxi	74473	21724	5050	12075	59420	7853
山东	Shandong	1717	1126	255	28	1689	
河南	Henan	19065	7577	518	2590	15986	107
湖北	Hubei	44156	12174	2957	10130	34026	32
湖南	Hunan	25594	4650	106	8552	17042	289
广东	Guangdong	18452	15809	29	546	17906	50
广西	Guangxi						
海南	Hainan						
重庆	Chongqing	1305	724	40	69	1236	
四川	Sichuan	135921	20748	10750	38878	95457	8616
贵州	Guizhou	94962	16240	876	19190	66724	1642
云南	Yunnan						
西藏	Tibet						
陕西	Shaanxi	410069	61696	25634	172701	230805	13528
甘肃	Gansu	30	26			30	
青海	Qinghai						
宁夏	Ningxia						
新疆	Xinjiang						

2-3-9 续表 2 continued

单位：万元 (10000 yuan)

地区	Region	电子及通信设备制造业 Manufacture of Electronic Equipment and Communication Equipment					
		R&D经费内部支出 Intramural Expenditure on R&D	#人员劳务费 Labor Cost	#仪器和设备 Equipment	#政府资金 Government Funds	#企业资金 Self-raised Funds by Enterprises	R&D经费外部支出 External Expenditure on R&D
全　国	**Total**	**9540946**	**3896458**	**1001580**	**458143**	**8906745**	**444882**
东部地区	Eastern Region	8428909	3532753	821832	352590	7919338	416244
中部地区	Middle Region	705694	239797	98027	66089	631540	15888
西部地区	Western Region	295380	102643	37808	35685	250632	12581
东北地区	Northeaastern Region	110961	21263	43912	3779	105233	168
北　京	Beijing	363909	161206	25021	53271	303887	24351
天　津	Tianjin	208115	66845	35207	7385	175097	3132
河　北	Hebei	26563	7416	1036	1639	24593	207
山　西	Shanxi	2297	534	442	337	1959	529
内蒙古	Inner Mongolia	1026	329	45	99	861	
辽　宁	Liaoning	104706	19270	43665	3575	99429	122
吉　林	Jilin	4263	1095	72	108	4030	40
黑龙江	Heilongjiang	1991	897	175	95	1773	5
上　海	Shanghai	428590	179796	51696	46449	369087	30103
江　苏	Jiangsu	1383896	418780	195841	44556	1286208	40493
浙　江	Zhejiang	486560	179359	50195	20258	461089	13164
安　徽	Anhui	124387	35389	12578	10370	110695	8088
福　建	Fujian	353773	102105	40375	10004	339230	35801
江　西	Jiangxi	32564	13249	3880	1194	29925	786
山　东	Shandong	481267	99822	32379	14808	451527	15120
河　南	Henan	27544	9072	3032	1534	25324	671
湖　北	Hubei	407470	155862	56933	48183	357945	3033
湖　南	Hunan	111430	25689	21161	4468	105690	2778
广　东	Guangdong	4696034	2317345	390070	154203	4508431	253869
广　西	Guangxi	18254	5373	1490	2757	15432	260
海　南	Hainan	198	75	9	14	184	
重　庆	Chongqing	17775	5629	3214	670	16085	483
四　川	Sichuan	170117	61551	24877	22445	140359	9009
贵　州	Guizhou	18035	5935	897	2778	15240	115
云　南	Yunnan	3620	902	438	573	3046	6
西　藏	Tibet						
陕　西	Shaanxi	57930	20674	6681	3631	54176	2706
甘　肃	Gansu	8064	2067	163	2529	5074	
青　海	Qinghai						
宁　夏	Ningxia	556	178		199	356	
新　疆	Xinjiang						

2-3-9 续表 3 continued

单位：万元 (10000 yuan)

地 区	Region	计算机及办公设备制造业 Manufacture of Computer and Office Equipments R&D经费内部支出 Intramural Expenditure on R&D	#人员劳务费 Labor Cost	#仪器和设备 Equipment	#政府资金 Government Funds	#企业资金 Self-raised Funds by Enterprises	R&D经费外部支出 External Expenditure on R&D
全 国	**Total**	**1694003**	**720088**	**79710**	**39929**	**1632866**	**23807**
东部地区	Eastern Region	1612763	699776	68133	34230	1557496	19985
中部地区	Middle Region	53365	12222	7176	2495	50698	2666
西部地区	Western Region	10026	3816	429	1114	8912	1154
东北地区	Northeaastern Region	17848	4273	3970	2089	15759	
北 京	Beijing	155484	53968	4364	4672	150746	630
天 津	Tianjin	9782	2619	667	2956	6826	29
河 北	Hebei	1423	428	305		1423	66
山 西	Shanxi	1567	312		200	1367	
内蒙古	Inner Mongolia	128	50	28		128	
辽 宁	Liaoning	3313	1873	153	29	3283	
吉 林	Jilin	13670	2204	3817	2060	11610	
黑龙江	Heilongjiang	865	196			865	
上 海	Shanghai	24287	9215	2516	420	23436	94
江 苏	Jiangsu	237563	71949	16283	647	235939	1685
浙 江	Zhejiang	189360	94215	9230	2958	186401	7173
安 徽	Anhui	19687	4844	3783	1370	18257	2263
福 建	Fujian	149993	54066	4946	3024	143641	629
江 西	Jiangxi	912	387	263	3	909	80
山 东	Shandong	270087	119322	2550	12239	257029	1524
河 南	Henan	1902	1221	48		1902	
湖 北	Hubei	19623	2638	1524	762	18861	26
湖 南	Hunan	9672	2818	1557	159	9401	297
广 东	Guangdong	574780	293992	27269	7311	552052	8151
广 西	Guangxi	1289	567	47	142	1147	
海 南	Hainan						
重 庆	Chongqing	5883	1897	311	471	5411	1131
四 川	Sichuan	1520	789	42	158	1361	22
贵 州	Guizhou						
云 南	Yunnan	379	70		231	147	
西 藏	Tibet						
陕 西	Shaanxi	825	441		110	715	
甘 肃	Gansu						
青 海	Qinghai						
宁 夏	Ningxia						
新 疆	Xinjiang						

2-3-9 续表 4 continued

单位：万元 (10000 yuan)

地 区	Region	医疗仪器设备及仪器仪表制造业 Manufacture of Medical Equipments and Measuring Instrument					
		R&D经费内部支出 Intramural Expenditure on R&D	#人员劳务费 Labor Cost	#仪器和设备 Equipment	#政府资金 Government Funds	#企业资金 Self-raised Funds by Enterprises	R&D经费外部支出 External Expenditure on R&D
全 国	**Total**	**1568738**	**583090**	**150669**	**81688**	**1444005**	**68768**
东部地区	Eastern Region	1262989	494816	122563	58073	1176144	49281
中部地区	Middle Region	142350	46858	16239	6846	124554	12398
西部地区	Western Region	118612	28888	7073	10166	106192	6501
东北地区	Northeaastern Region	44786	12527	4792	6603	37114	587
北 京	Beijing	114125	52753	5556	6306	105893	1486
天 津	Tianjin	29212	10159	4913	1145	26754	508
河 北	Hebei	11229	4595	487	752	10416	269
山 西	Shanxi	21300	7445	841	300	14478	2
内蒙古	Inner Mongolia	1747	363		200	1547	
辽 宁	Liaoning	31428	8609	1204	4675	26458	465
吉 林	Jilin	6944	2266	2051	610	5559	49
黑龙江	Heilongjiang	6413	1650	1536	1316	5096	73
上 海	Shanghai	79087	41260	2212	4938	68608	5520
江 苏	Jiangsu	466397	158438	57094	17355	437465	14013
浙 江	Zhejiang	222767	92193	16053	10992	206929	12564
安 徽	Anhui	18214	6909	2516	709	17438	9674
福 建	Fujian	23395	8043	5117	662	22060	482
江 西	Jiangxi	14581	4109	811	1036	10289	289
山 东	Shandong	92671	28967	11267	3922	88013	6800
河 南	Henan	42380	13638	6743	2268	39990	1520
湖 北	Hubei	22272	7684	2012	1400	20350	406
湖 南	Hunan	23601	7072	3314	1131	22007	505
广 东	Guangdong	224102	98404	19861	11997	210002	7636
广 西	Guangxi	8041	3279	605	382	7659	97
海 南	Hainan						
重 庆	Chongqing	24027	10328	2811	2045	21877	953
四 川	Sichuan	8554	3678	215	863	7486	617
贵 州	Guizhou	3202	678	65		3202	50
云 南	Yunnan	5309	1090	40	11	5297	
西 藏	Tibet						
陕 西	Shaanxi	63961	8038	2889	5974	56042	4733
甘 肃	Gansu	539	349			539	3
青 海	Qinghai						
宁 夏	Ningxia	3229	1082	446	688	2541	45
新 疆	Xinjiang						

2-4-1　按行业分高技术产业新产品开发和生产情况(2012年)

New Products Development and Production in High-tech Industry by Industrial Sector (2012)

单位：万元　　(10000 yuan)

行　业	Industry	新产品开发项目数(项) New Products (item)	新产品开发经费支出 Expenditure on New Products Development	新产品销售收入 Sales Revenue of New Products	#出口 Exports
合计	**Total**	**83228**	**21281948**	**255710383**	**113878114**
医药制造业	**Manufacture of Medicines**	**19925**	**3082346**	**29286008**	**2933596**
#化学药品制造	Manufacture of Chemical Medicine	10834	1662511	16618378	2162831
中成药生产	Production of Finished Traditional Chinese Herbal Medicine	4281	575209	6591441	107732
生物药品制造	Manufacture of Biological Medicine	2806	495514	2552810	348232
航空、航天器及设备制造业	**Manufacture of Aircrafts and Spacecrafts and Related Equipment**	**4338**	**1674417**	**6391332**	**471388**
#飞机制造	Manufacture of Airplanes	2744	1302812	5613612	459029
航天器制造	Manufacture of Spacecrafts	1078	245416	335421	
电子及通信设备制造业	**Manufacture of Electronic Equipment and Communication Equipment**	**40467**	**12061842**	**136954427**	**57286163**
#通信设备制造	Manufacture of Communication Equipment	7389	4708856	50443019	21077338
#通信系统设备制造	Manufacture of Communication System Equipment	5438	3904498	22766205	12278897
通信终端设备制造	Manufacture of Communication Terminal Equipment	1951	804358	27676814	8798440
广播电视设备制造	Manufacture of Broadcasting and TV Equipment	1421	279475	2908053	1008689
雷达及配套设备制造	Manufacture of Radar and Its Fittings	911	177048	1456019	64254
视听设备制造	Manufacture of TV Set and Radio Receiver	5545	1203268	23530973	7509019
电子器件制造	Manufacture of Electronic Appliances	7528	2540301	26458667	14646226
#电子真空器件制造	Manufacture of Electronic Vacuum Appliance	378	67075	695865	329398
半导体分立器件制造	Manufacture of Semiconductor Discreting Appliances	790	144093	1084354	181983
集成电路制造	Manufacture of Integrate Circuit	2161	807917	4974502	3097801
电子元件制造	Manufacture of Electronic Components	12571	1916123	21428663	10267356
其他电子设备制造	Manufacture of Other Electronic Equipment	2176	522040	2481642	480388
计算机及办公设备制造业	**Manufacture of Computers and Office Equipment**	**4285**	**2405466**	**67173270**	**50957488**
#计算机整机制造	Manufacture of Entired Computer	1201	1041062	35062943	24781631
计算机零部件制造	Manufacture of Computer Components and Parts	924	602783	22504360	21375648
计算机外围设备制造	Manufacture of Computer Peripheral Equipment	1050	352561	5887898	4033217
办公设备制造	Manufacture of Office Equipment	494	112830	1164860	591547
医疗仪器设备及仪器仪表制造业	**Manufacture of Medical Equipments and Measuring Instrument**	**14213**	**2057875**	**15905343**	**2229477**
1.医疗仪器设备及器械制造	Manufacture of Medical Equipment and Appliance	2978	491805	2504121	682596
2.仪器仪表制造	Manufacture of Measuring Instrument	11235	1566070	13401222	1546881

2-4-2 各地区高技术产业新产品开发和生产情况(2012年)

New Products Development and Production in High-tech Industry by Region(2012)

单位：万元 (10000 yuan)

地 区	Region	新产品开发项目数(项) New Products (item)	新产品开发经费支出 Expenditure on New Products Development	新产品销售收入 Sales Revenue of New Products	#出口 Exports
全 国	**Total**	**83228**	**21281948**	**255710383**	**113878114**
东部地区	Eastern Region	60561	17083935	222028687	110671639
中部地区	Middle Region	8528	1751101	16212113	2106486
西部地区	Western Region	11260	1764275	12402493	638838
东北地区	Northeaastern Region	2879	682635	5067089	461150
北 京	Beijing	5135	1249324	13152739	4377753
天 津	Tianjin	3807	394316	11564670	5975620
河 北	Hebei	1444	159434	1537199	224954
山 西	Shanxi	555	66714	461825	25185
内蒙古	Inner Mongolia	78	7771	104792	6055
辽 宁	Liaoning	1290	380210	3496976	443742
吉 林	Jilin	669	99521	993409	8697
黑龙江	Heilongjiang	920	202903	576704	8711
上 海	Shanghai	3845	1320820	8484068	3599183
江 苏	Jiangsu	12360	4159925	58689818	35132522
浙 江	Zhejiang	6951	1202898	13574710	3572754
安 徽	Anhui	2464	382587	3898078	837760
福 建	Fujian	2317	625912	12106266	7217675
江 西	Jiangxi	978	156833	2030687	211516
山 东	Shandong	5083	1427346	17621221	3348870
河 南	Henan	1206	196783	1373208	123752
湖 北	Hubei	2344	680074	4753622	588021
湖 南	Hunan	981	268109	3694690	320250
广 东	Guangdong	19177	6502335	85195533	47222246
广 西	Guangxi	588	66034	596971	22289
海 南	Hainan	442	41620	102459	59
重 庆	Chongqing	1284	122362	2008123	140365
四 川	Sichuan	5522	692761	5895644	206589
贵 州	Guizhou	895	198913	763092	37471
云 南	Yunnan	355	52986	369872	33978
西 藏	Tibet	2	198	20579	259
陕 西	Shaanxi	2096	572372	2213523	99714
甘 肃	Gansu	246	34980	305916	66417
青 海	Qinghai	16	1374	3896	
宁 夏	Ningxia	155	11263	117828	25697
新 疆	Xinjiang	23	3257	2253	

2-4-3　按行业和企业规模分高技术产业新产品开发和生产情况(2012年)

New Products Development and Production in High-tech Industry by Industrial Sector and Scale of Enterprises(2012)

单位：万元　　(10000 yuan)

行　业	Industry	大型企业 Large-sized Enterprises			
		新产品开发项目数(项) New Products (item)	新产品开发经费支出 Expenditure on New Products Development	新产品销售收入 Sales Revenue of New Products	#出口 Exports
合计	**Total**	**30665**	**13675017**	**200212319**	**102866057**
医药制造业	**Manufacture of Medicines**	**5560**	**1256873**	**14975618**	**1523805**
#化学药品制造	Manufacture of Chemical Medicine	3807	845622	9638840	1330704
中成药生产	Production of Finished Traditional Chinese Herbal Medicine	1266	197174	3097177	54773
生物药品制造	Manufacture of Biological Medicine	207	93825	559324	36994
航空、航天器及设备制造业	**Manufacture of Aircrafts and Spacecrafts and Related Equipment**	**3512**	**1311318**	**5555142**	**400416**
#飞机制造	Manufacture of Airplanes	2265	1123180	5233033	395068
航天器制造	Manufacture of Spacecrafts	1035	140023	214082	
电子及通信设备制造业	**Manufacture of Electronic Equipment and Communication Equipment**	**17285**	**8537605**	**109907150**	**50076328**
#通信设备制造	Manufacture of Communication Equipment	3811	4065827	46455843	20297984
#通信系统设备制造	Manufacture of Communication System Equipment	3036	3541690	20854387	12126122
通信终端设备制造	Manufacture of Communication Terminal Equipment	775	524137	25601455	8171862
广播电视设备制造	Manufacture of Broadcasting and TV Equipment	371	105867	1472254	557291
雷达及配套设备制造	Manufacture of Radar and Its Fittings	656	123780	596183	60655
视听设备制造	Manufacture of TV Set and Radio Receiver	4109	986294	21171877	6571991
电子器件制造	Manufacture of Electronic Appliances	2520	1648153	20105831	12828514
#电子真空器件制造	Manufacture of Electronic Vacuum Appliance	137	19302	160739	19053
半导体分立器件制造	Manufacture of Semiconductor Discreting Appliances	193	39633	368633	84274
集成电路制造	Manufacture of Integrate Circuit	620	477665	3712754	2658315
电子元件制造	Manufacture of Electronic Components	4173	921968	13078598	7787871
其他电子设备制造	Manufacture of Other Electronic Equipment	540	277707	1079534	207269
计算机及办公设备制造业	**Manufacture of Computers and Office Equipment**	**2059**	**2040678**	**63399159**	**49730182**
#计算机整机制造	Manufacture of Entired Computer	928	967944	34007422	24739528
计算机零部件制造	Manufacture of Computer Components and Parts	500	516280	21228813	20426230
计算机外围设备制造	Manufacture of Computer Peripheral Equipment	348	278012	5267114	3903566
办公设备制造	Manufacture of Office Equipment	113	56586	774713	509667
医疗仪器设备及仪器仪表制造业	**Manufacture of Medical Equipments and Measuring Instrument**	**2249**	**528541**	**6375248**	**1135325**
1.医疗仪器设备及器械制造	Manufacture of Medical Equipment and Appliance	453	99338	891038	394546
2.仪器仪表制造	Manufacture of Measuring Instrument	1796	429203	5484209	740778

2-4-3 续表 continued

单位：万元 (10000 yuan)

行业	Industry	中型企业 Medium-sized Enterprises			
		新产品开发项目数(项) New Products (item)	新产品开发经费支出 Expenditure on New Products Development	新产品销售收入 Sales Revenue of New Products	#出口 Exports
合计	**Total**	**25881**	**4599752**	**37440854**	**8687220**
医药制造业	**Manufacture of Medicines**	**7945**	**1078074**	**9517801**	**1079568**
#化学药品制造	Manufacture of Chemical Medicine	4385	543078	5093441	644278
中成药生产	Production of Finished Traditional Chinese Herbal Medicine	1761	216220	2030888	42893
生物药品制造	Manufacture of Biological Medicine	1205	225313	1232377	210686
航空、航天器及设备制造业	**Manufacture of Aircrafts and Spacecrafts and Related Equipment**	**458**	**216991**	**463158**	**29151**
#飞机制造	Manufacture of Airplanes	224	64402	178542	25359
航天器制造	Manufacture of Spacecrafts	37	105210	120158	
电子及通信设备制造业	**Manufacture of Electronic Equipment and Communication Equipment**	**11311**	**2253678**	**19136288**	**5717602**
#通信设备制造	Manufacture of Communication Equipment	1513	420272	2649145	609595
#通信系统设备制造	Manufacture of Communication System Equipment	921	220112	1110912	70633
通信终端设备制造	Manufacture of Communication Terminal Equipment	592	200159	1538233	538962
广播电视设备制造	Manufacture of Broadcasting and TV Equipment	506	94083	893125	299086
雷达及配套设备制造	Manufacture of Radar and Its Fittings	156	40960	782810	3130
视听设备制造	Manufacture of TV Set and Radio Receiver	924	144887	1774086	702784
电子器件制造	Manufacture of Electronic Appliances	2918	611342	4490346	1420418
#电子真空器件制造	Manufacture of Electronic Vacuum Appliance	195	40736	486172	308899
半导体分立器件制造	Manufacture of Semiconductor Discreting Appliances	328	69277	522573	83446
集成电路制造	Manufacture of Integrate Circuit	855	223215	743748	211185
电子元件制造	Manufacture of Electronic Components	3899	652103	6333462	2180362
其他电子设备制造	Manufacture of Other Electronic Equipment	588	122774	776146	148311
计算机及办公设备制造业	**Manufacture of Computers and Office Equipment**	**961**	**214385**	**2730790**	**1124992**
#计算机整机制造	Manufacture of Entired Computer	107	43226	621826	41243
计算机零部件制造	Manufacture of Computer Components and Parts	242	54748	1175748	925780
计算机外围设备制造	Manufacture of Computer Peripheral Equipment	198	40648	353236	76311
办公设备制造	Manufacture of Office Equipment	189	37063	268110	62967
医疗仪器设备及仪器仪表制造业	**Manufacture of Medical Equipments and Measuring Instrument**	**5206**	**836622**	**5592816**	**735905**
1.医疗仪器设备及器械制造	Manufacture of Medical Equipment and Appliance	1127	236523	922132	176118
2.仪器仪表制造	Manufacture of Measuring Instrument	4079	600098	4670683	559786

2-4-4 按行业分国有及国有控股企业高技术产业新产品开发和生产情况(2012年)

New Products Development and Production in High-tech Industry of State-owned and State-controlled Enterprises by Industrial Sector (2012)

单位：万元 (10000 yuan)

行业	Industry	新产品开发项目数(项) New Products (item)	新产品开发经费支出 Expenditure on New Products Development	新产品销售收入 Sales Revenue of New Products	#出口 Exports
合计	**Total**	**22492**	**5984396**	**47977543**	**10799236**
医药制造业	**Manufacture of Medicines**	**4009**	**539221**	**5278762**	**791046**
#化学药品制造	Manufacture of Chemical Medicine	2249	318179	2926858	709271
中成药生产	Production of Finished Traditional Chinese Herbal Medicine	1039	113326	1401491	27807
生物药品制造	Manufacture of Biological Medicine	489	80308	445488	9894
航空、航天器及设备制造业	**Manufacture of Aircrafts and Spacecrafts and Related Equipment**	**4052**	**1617862**	**5297022**	**250851**
#飞机制造	Manufacture of Airplanes	2582	1277043	4713192	245502
航天器制造	Manufacture of Spacecrafts	1072	245233	334240	
电子及通信设备制造业	**Manufacture of Electronic Equipment and Communication Equipment**	**10653**	**3078290**	**30595182**	**9473359**
#通信设备制造	Manufacture of Communication Equipment	1827	1292732	11682800	5628156
#通信系统设备制造	Manufacture of Communication System Equipment	1490	1145698	10127712	5414778
通信终端设备制造	Manufacture of Communication Terminal Equipment	337	147034	1555088	213378
广播电视设备制造	Manufacture of Broadcasting and TV Equipment	311	27985	255815	28753
雷达及配套设备制造	Manufacture of Radar and Its Fittings	784	162727	1321980	61719
视听设备制造	Manufacture of TV Set and Radio Receiver	2919	537428	9669471	1161810
电子器件制造	Manufacture of Electronic Appliances	1900	670949	4980476	1889928
#电子真空器件制造	Manufacture of Electronic Vacuum Appliance	129	30001	37812	1394
半导体分立器件制造	Manufacture of Semiconductor Discreting Appliances	248	26072	193082	11592
集成电路制造	Manufacture of Integrate Circuit	604	143888	876550	513995
电子元件制造	Manufacture of Electronic Components	2198	231741	1576837	519971
其他电子设备制造	Manufacture of Other Electronic Equipment	173	65674	272291	17446
计算机及办公设备制造业	**Manufacture of Computers and Office Equipment**	**872**	**321734**	**3832939**	**208401**
#计算机整机制造	Manufacture of Entired Computer	523	200715	3008502	147787
计算机零部件制造	Manufacture of Computer Components and Parts	34	8644	43799	3076
计算机外围设备制造	Manufacture of Computer Peripheral Equipment	147	46924	300407	51101
办公设备制造	Manufacture of Office Equipment	84	23020	176157	2190
医疗仪器设备及仪器仪表制造业	**Manufacture of Medical Equipments and Measuring Instrument**	**2906**	**427286**	**2973637**	**75578**
1.医疗仪器设备及器械制造	Manufacture of Medical Equipment and Appliance	145	31393	173693	10364
2.仪器仪表制造	Manufacture of Measuring Instrument	2761	395892	2799944	65213

2-4-5 按行业和登记注册类型分高技术产业新产品开发和生产情况(2012年)

New Products Development and Production in High-tech Industry by Industrial Sector and Registration Status(2012)

单位：万元 (10000 yuan)

行 业	Industry	内资企业 Domestic Funded			
		新产品开发项目数(项) New Products (item)	新产品开发经费支出 Expenditure on New Products Development	新产品销售收入 Sales Revenue of New Products	#出口 Exports
合计	**Total**	**60652**	**13393639**	**104822764**	**23268285**
医药制造业	**Manufacture of Medicines**	**15190**	**2270295**	**21810376**	**2285276**
#化学药品制造	Manufacture of Chemical Medicine	8191	1164647	11448904	1806087
中成药生产	Production of Finished Traditional Chinese Herbal Medicine	3583	485394	5425751	78536
生物药品制造	Manufacture of Biological Medicine	1755	324949	1887926	178441
航空、航天器及设备制造业	**Manufacture of Aircrafts and Spacecrafts and Related Equipment**	**4198**	**1638596**	**6322520**	**456799**
#飞机制造	Manufacture of Airplanes	2718	1293733	5578858	444494
航天器制造	Manufacture of Spacecrafts	1078	245416	335421	
电子及通信设备制造业	**Manufacture of Electronic Equipment and Communication Equipment**	**28045**	**7447500**	**58884002**	**18502637**
#通信设备制造	Manufacture of Communication Equipment	5429	3808725	22777990	11796661
#通信系统设备制造	Manufacture of Communication System Equipment	4420	3517696	20585351	11556062
通信终端设备制造	Manufacture of Communication Terminal Equipment	1009	291028	2192638	240598
广播电视设备制造	Manufacture of Broadcasting and TV Equipment	1032	180489	2186614	603722
雷达及配套设备制造	Manufacture of Radar and Its Fittings	891	175420	1446203	64028
视听设备制造	Manufacture of TV Set and Radio Receiver	4012	719679	11204646	2135710
电子器件制造	Manufacture of Electronic Appliances	4689	1100207	8579616	2292969
#电子真空器件制造	Manufacture of Electronic Vacuum Appliance	342	61564	235536	20744
半导体分立器件制造	Manufacture of Semiconductor Discreting Appliances	501	79093	701855	60621
集成电路制造	Manufacture of Integrate Circuit	1267	304024	1482627	568584
电子元件制造	Manufacture of Electronic Components	8040	732576	6141537	1081890
其他电子设备制造	Manufacture of Other Electronic Equipment	1728	251949	1677883	177742
计算机及办公设备制造业	**Manufacture of Computers and Office Equipment**	**2519**	**584471**	**6021056**	**756858**
#计算机整机制造	Manufacture of Entired Computer	693	257881	3773897	320105
计算机零部件制造	Manufacture of Computer Components and Parts	452	79487	380986	90428
计算机外围设备制造	Manufacture of Computer Peripheral Equipment	587	89995	717759	240339
办公设备制造	Manufacture of Office Equipment	358	61660	449276	32097
医疗仪器设备及仪器仪表制造业	**Manufacture of Medical Equipments and Measuring Instrument**	**10700**	**1452775**	**11784808**	**1266713**
1.医疗仪器设备及器械制造	Manufacture of Medical Equipment and Appliance	1960	280195	1932559	525149
2.仪器仪表制造	Manufacture of Measuring Instrument	8740	1172580	9852248	741564

2-4-5 续表 1 continued

单位：万元 (10000 yuan)

行业	Industry	#国有企业 State-owned Enterprises 新产品开发项目数(项) New Products (item)	新产品开发经费支出 Expenditure on New Products Development	新产品销售收入 Sales Revenue of New Products	#出口 Exports
合计	**Total**	**4685**	**1172493**	**8355336**	**1049783**
医药制造业	**Manufacture of Medicines**	**1156**	**121926**	**782018**	**41663**
#化学药品制造	Manufacture of Chemical Medicine	703	68116	523263	41478
中成药生产	Production of Finished Traditional Chinese Herbal Medicine	235	17043	140839	
生物药品制造	Manufacture of Biological Medicine	144	31000	82617	185
航空、航天器及设备制造业	**Manufacture of Aircrafts and Spacecrafts and Related Equipment**	**629**	**262117**	**571361**	**24991**
#飞机制造	Manufacture of Airplanes	415	124721	215192	24661
航天器制造	Manufacture of Spacecrafts	96	97294	226230	
电子及通信设备制造业	**Manufacture of Electronic Equipment and Communication Equipment**	**1892**	**629773**	**6236517**	**964819**
#通信设备制造	Manufacture of Communication Equipment	324	223705	945529	24193
#通信系统设备制造	Manufacture of Communication System Equipment	287	217596	929654	24193
通信终端设备制造	Manufacture of Communication Terminal Equipment	37	6108	15875	
广播电视设备制造	Manufacture of Broadcasting and TV Equipment	3	483	2960	
雷达及配套设备制造	Manufacture of Radar and Its Fittings	226	38904	94639	1498
视听设备制造	Manufacture of TV Set and Radio Receiver	368	230480	4298419	681971
电子器件制造	Manufacture of Electronic Appliances	267	75298	638365	220693
#电子真空器件制造	Manufacture of Electronic Vacuum Appliance	6	289	256	
半导体分立器件制造	Manufacture of Semiconductor Discreting Appliances	25	3460	15539	
集成电路制造	Manufacture of Integrate Circuit	149	11144	26309	
电子元件制造	Manufacture of Electronic Components	587	35827	83245	19015
其他电子设备制造	Manufacture of Other Electronic Equipment	56	18102	146927	17446
计算机及办公设备制造业	**Manufacture of Computers and Office Equipment**	**34**	**21995**	**31031**	
#计算机整机制造	Manufacture of Entired Computer	5	10994		
计算机零部件制造	Manufacture of Computer Components and Parts	9	2499		
计算机外围设备制造	Manufacture of Computer Peripheral Equipment	16	6694	21140	
办公设备制造	Manufacture of Office Equipment				
医疗仪器设备及仪器仪表制造业	**Manufacture of Medical Equipments and Measuring Instrument**	**974**	**136680**	**734408**	**18308**
1.医疗仪器设备及器械制造	Manufacture of Medical Equipment and Appliance	35	11811	101687	6773
2.仪器仪表制造	Manufacture of Measuring Instrument	939	124868	632720	11535

2-4-5 续表 2 continued

单位：万元 (10000 yuan)

行业	Industry	港澳台投资企业 Enterprises with Funds from Hong Kong, Macau and Taiwan			
		新产品开发项目数(项) New Products (item)	新产品开发经费支出 Expenditure on New Products Development	新产品销售收入 Sales Revenue of New Products	#出口 Exports
合计	**Total**	**9408**	**2816199**	**40379939**	**17852640**
医药制造业	**Manufacture of Medicines**	**2362**	**393855**	**3326369**	**192067**
#化学药品制造	Manufacture of Chemical Medicine	1266	214221	2008547	90600
中成药生产	Production of Finished Traditional Chinese Herbal Medicine	458	49943	702627	10184
生物药品制造	Manufacture of Biological Medicine	491	104352	367763	76252
航空、航天器及设备制造业	**Manufacture of Aircrafts and Spacecrafts and Related Equipment**	**82**	**15488**		
#飞机制造	Manufacture of Airplanes	7	1175		
航天器制造	Manufacture of Spacecrafts				
电子及通信设备制造业	**Manufacture of Electronic Equipment and Communication Equipment**	**5177**	**1721023**	**25804122**	**13169740**
#通信设备制造	Manufacture of Communication Equipment	1046	227573	1937991	888401
#通信系统设备制造	Manufacture of Communication System Equipment	490	85716	494613	79759
通信终端设备制造	Manufacture of Communication Terminal Equipment	556	141856	1443377	808641
广播电视设备制造	Manufacture of Broadcasting and TV Equipment	185	47167	292906	147127
雷达及配套设备制造	Manufacture of Radar and Its Fittings	3	628		
视听设备制造	Manufacture of TV Set and Radio Receiver	740	304154	8005743	2824105
电子器件制造	Manufacture of Electronic Appliances	975	404893	5967395	3431932
#电子真空器件制造	Manufacture of Electronic Vacuum Appliance	14	3058	26287	24287
半导体分立器件制造	Manufacture of Semiconductor Discreting Appliances	89	19399	172971	58881
集成电路制造	Manufacture of Integrate Circuit	261	90834	854039	558258
电子元件制造	Manufacture of Electronic Components	1697	587472	7245786	4337426
其他电子设备制造	Manufacture of Other Electronic Equipment	226	50275	379531	168700
计算机及办公设备制造业	**Manufacture of Computers and Office Equipment**	**491**	**518756**	**9754378**	**4086580**
#计算机整机制造	Manufacture of Entired Computer	86	143344	3102403	150313
计算机零部件制造	Manufacture of Computer Components and Parts	108	43843	1108594	817561
计算机外围设备制造	Manufacture of Computer Peripheral Equipment	188	199286	4267379	3047717
办公设备制造	Manufacture of Office Equipment	53	9665	20742	11425
医疗仪器设备及仪器仪表制造业	**Manufacture of Medical Equipments and Measuring Instrument**	**1296**	**167074**	**1495068**	**404251**
1.医疗仪器设备及器械制造	Manufacture of Medical Equipment and Appliance	458	52858	228687	32044
2.仪器仪表制造	Manufacture of Measuring Instrument	838	114216	1266381	372207

2-4-5 续表 3 continued

单位：万元 (10000 yuan)

行业	Industry	外商投资企业 Foreign Funded Enterprises			
		新产品开发项目数（项） New Products (item)	新产品开发经费支出 Expenditure on New Products Development	新产品销售收入 Sales Revenue of New Products	#出口 Exports
合计	**Total**	**13168**	**5072109**	**110507680**	**72757189**
医药制造业	**Manufacture of Medicines**	**2373**	**418195**	**4149263**	**456252**
#化学药品制造	Manufacture of Chemical Medicine	1377	283643	3160925	266143
中成药生产	Production of Finished Traditional Chinese Herbal Medicine	240	39871	463062	19011
生物药品制造	Manufacture of Biological Medicine	560	66212	297120	93538
航空、航天器及设备制造业	**Manufacture of Aircrafts and Spacecrafts and Related Equipment**	**58**	**20331**	**68812**	**14589**
#飞机制造	Manufacture of Airplanes	19	7903	34754	14535
航天器制造	Manufacture of Spacecrafts				
电子及通信设备制造业	**Manufacture of Electronic Equipment and Communication Equipment**	**7245**	**2893318**	**52266303**	**25613786**
#通信设备制造	Manufacture of Communication Equipment	914	672557	25727038	8392275
#通信系统设备制造	Manufacture of Communication System Equipment	528	301084	1686240	643075
通信终端设备制造	Manufacture of Communication Terminal Equipment	386	371473	24040797	7749200
广播电视设备制造	Manufacture of Broadcasting and TV Equipment	204	51819	428532	257839
雷达及配套设备制造	Manufacture of Radar and Its Fittings	17	999	9815	226
视听设备制造	Manufacture of TV Set and Radio Receiver	793	179435	4320584	2549203
电子器件制造	Manufacture of Electronic Appliances	1864	1035200	11911655	8921323
#电子真空器件制造	Manufacture of Electronic Vacuum Appliance	22	2452	434042	284365
半导体分立器件制造	Manufacture of Semiconductor Discreting Appliances	200	45600	209528	62480
集成电路制造	Manufacture of Integrate Circuit	633	413059	2637836	1970958
电子元件制造	Manufacture of Electronic Components	2834	596075	8041339	4848039
其他电子设备制造	Manufacture of Other Electronic Equipment	222	219815	424227	133945
计算机及办公设备制造业	**Manufacture of Computers and Office Equipment**	**1275**	**1302238**	**51397835**	**46114048**
#计算机整机制造	Manufacture of Entired Computer	422	639837	28186642	24311213
计算机零部件制造	Manufacture of Computer Components and Parts	364	479452	21014779	20467658
计算机外围设备制造	Manufacture of Computer Peripheral Equipment	275	63279	902758	745159
办公设备制造	Manufacture of Office Equipment	83	41504	694841	548025
医疗仪器设备及仪器仪表制造业	**Manufacture of Medical Equipments and Measuring Instrument**	**2217**	**438025**	**2625466**	**558512**
1.医疗仪器设备及器械制造	Manufacture of Medical Equipment and Appliance	560	158752	342874	125402
2.仪器仪表制造	Manufacture of Measuring Instrument	1657	279273	2282591	433110

2-4-6 按地区和企业规模分高技术产业新产品开发和生产情况(2012年)

New Products Development and Production in High-tech Industry by Region and Industrial Sector(2012)

单位：万元 (10000 yuan)

地区	Region	大型企业 Large-sized Enterprises			
		新产品开发项目数(项) New Products (item)	新产品开发经费支出 Expenditure on New Products Development	新产品销售收入 Sales Revenue of New Products	#出口 Exports
全　国	**Total**	**30665**	**13675017**	**200212319**	**102866057**
东部地区	Eastern Region	21381	11209609	180228234	100601454
中部地区	Middle Region	2672	910912	8694444	1414880
西部地区	Western Region	5461	1112656	8227395	459819
东北地区	Northeaastern Region	1151	441838	3062246	389902
北　京	Beijing	1487	520576	8522938	3596925
天　津	Tianjin	1759	208571	9492838	5588227
河　北	Hebei	905	102446	1308530	191107
山　西	Shanxi	107	15681	154089	24666
内蒙古	Inner Mongolia	7	665	68584	6055
辽　宁	Liaoning	478	249825	2225701	378528
吉　林	Jilin	188	29009	477121	3052
黑龙江	Heilongjiang	485	163003	359423	8322
上　海	Shanghai	1290	897240	6053895	3045558
江　苏	Jiangsu	3983	2522051	47987918	32930396
浙　江	Zhejiang	875	495402	6772686	1674717
安　徽	Anhui	678	177286	2152178	631472
福　建	Fujian	504	371935	10063549	6623927
江　西	Jiangxi	495	92226	1435849	82279
山　东	Shandong	2272	944163	14772597	3103902
河　南	Henan	171	66406	587312	66104
湖　北	Hubei	1061	448746	3006669	349572
湖　南	Hunan	160	110565	1358346	260785
广　东	Guangdong	8306	5147222	75253280	43846690
广　西	Guangxi	144	15101	322949	5374
海　南	Hainan				
重　庆	Chongqing	278	42390	827911	113675
四　川	Sichuan	3334	512382	4695105	142202
贵　州	Guizhou	238	51053	258475	
云　南	Yunnan	46	17738	94269	28397
西　藏	Tibet				
陕　西	Shaanxi	1210	442851	1658161	72000
甘　肃	Gansu	152	25010	231183	66417
青　海	Qinghai				
宁　夏	Ningxia	52	5463	70753	25696
新　疆	Xinjiang				

2-4-6 续表 continued

单位：万元 (10000 yuan)

地区	Region	中型企业 Medium-sized Enterprises			
		新产品开发项目数（项） New Products (item)	新产品开发经费支出 Expenditure on New Products Development	新产品销售收入 Sales Revenue of New Products	#出口 Exports
全 国	**Total**	**25881**	**4599752**	**37440854**	**8687220**
东部地区	Eastern Region	19040	3630021	28898428	7983244
中部地区	Middle Region	2910	494219	4782869	566299
西部地区	Western Region	3025	341274	2327492	94581
东北地区	Northeaastern Region	906	134237	1432064	43095
北 京	Beijing	1717	479037	2740744	638526
天 津	Tianjin	1219	98777	1238836	203266
河 北	Hebei	286	34550	111034	27913
山 西	Shanxi	333	36465	258183	227
内 蒙 古	Inner Mongolia	17	3508	14465	
辽 宁	Liaoning	330	76446	1010616	37510
吉 林	Jilin	292	35559	289500	5581
黑 龙 江	Heilongjiang	284	22231	131946	3
上 海	Shanghai	1275	257488	1775418	456157
江 苏	Jiangsu	4009	976094	7494432	1768164
浙 江	Zhejiang	2450	374276	3934041	1331369
安 徽	Anhui	720	114559	1080355	149625
福 建	Fujian	946	153708	1570410	553821
江 西	Jiangxi	324	45351	495800	124050
山 东	Shandong	1531	274406	2104563	179615
河 南	Henan	603	87126	536205	38503
湖 北	Hubei	633	144797	1207016	220053
湖 南	Hunan	297	65918	1205308	33838
广 东	Guangdong	5276	946718	7867971	2824351
广 西	Guangxi	224	28185	127932	7428
海 南	Hainan	331	34964	60976	59
重 庆	Chongqing	589	49400	603262	14229
四 川	Sichuan	1131	120209	794322	55621
贵 州	Guizhou	179	37081	89509	13
云 南	Yunnan	157	19427	192973	858
西 藏	Tibet	1	82		
陕 西	Shaanxi	609	71506	412873	16431
甘 肃	Gansu	62	6133	53164	
青 海	Qinghai	11	922		
宁 夏	Ningxia	37	2983	36902	
新 疆	Xinjiang	8	1833	2087	

2-4-7 各地区国有及国有控股企业高技术产业新产品开发和生产情况(2012年)

New Products Development and Production in High-tech Industry of State-owned and State-controlled Enterprises by Region (2012)

单位：万元 (10000 yuan)

地区	Region	新产品开发项目数(项) New Products (item)	新产品开发经费支出 Expenditure on New Products Development	新产品销售收入 Sales Revenue of New Products	#出口 Exports
全国	**Total**	**22492**	**5984396**	**47977543**	**10799236**
东部地区	Eastern Region	11437	3413803	31124383	9543459
中部地区	Middle Region	3027	849786	6165515	726767
西部地区	Western Region	6920	1285412	7600888	223761
东北地区	Northeaastern Region	1108	435394	3086755	305247
北京	Beijing	2528	612379	3458284	300473
天津	Tianjin	1616	112465	1316290	378264
河北	Hebei	499	59064	345058	50777
山西	Shanxi	289	31684	349337	24715
内蒙古	Inner Mongolia	11	485	515	
辽宁	Liaoning	462	242405	2706312	293676
吉林	Jilin	143	27882	36696	3234
黑龙江	Heilongjiang	503	165107	343747	8336
上海	Shanghai	1163	417074	1022782	141943
江苏	Jiangsu	1186	309431	2884740	528773
浙江	Zhejiang	352	87877	1058404	381015
安徽	Anhui	932	166540	1600791	415714
福建	Fujian	325	68438	525238	31053
江西	Jiangxi	362	80674	1127613	29487
山东	Shandong	1300	441230	7614404	1031102
河南	Henan	243	65593	369540	41848
湖北	Hubei	990	419834	1891720	193822
湖南	Hunan	211	85459	826511	21178
广东	Guangdong	2416	1300239	12899180	6700055
广西	Guangxi	66	10146	27855	1498
海南	Hainan	52	5602		
重庆	Chongqing	602	61002	903882	10228
四川	Sichuan	3724	513575	4161689	97702
贵州	Guizhou	674	166958	500815	37471
云南	Yunnan	103	18043	104158	453
西藏	Tibet	1	82		
陕西	Shaanxi	1648	495402	1769184	76407
甘肃	Gansu	76	17073	130533	
青海	Qinghai	3	323		
宁夏	Ningxia				
新疆	Xinjiang	12	2320	2253	

2-4-8　按地区和登记注册类型分高技术产业新产品开发和生产情况(2012年)

New Products Development and Production in High-tech Industry by Region and Registration Status (2012)

单位：万元　　(10000 yuan)

地　区	Region	内资企业 Domestic Funded			
		新产品开发项目数(项) New Products (item)	新产品开发经费支出 Expenditure on New Products Development	新产品销售收入 Sales Revenue of New Products	#出口 Exports
全　国	**Total**	**60652**	**13393639**	**104822764**	**23268285**
东部地区	Eastern Region	40081	9595498	76814041	20862063
中部地区	Middle Region	7800	1550045	12346506	1556774
西部地区	Western Region	10321	1662569	10944717	496579
东北地区	Northeaastern Region	2450	585526	4717497	352867
北　京	Beijing	4292	789897	4441175	268112
天　津	Tianjin	2294	209061	2494020	457941
河　北	Hebei	977	110255	605663	96557
山　西	Shanxi	528	60667	331670	518
内蒙古	Inner Mongolia	75	6667	99529	6055
辽　宁	Liaoning	1082	316854	3305138	335459
吉　林	Jilin	638	97299	919126	8697
黑龙江	Heilongjiang	730	171372	493232	8711
上　海	Shanghai	1716	499112	1650674	249551
江　苏	Jiangsu	6995	1671147	15381990	1346237
浙　江	Zhejiang	5069	701155	8149575	2081342
安　徽	Anhui	2293	342510	2886754	747321
福　建	Fujian	1267	176403	1274739	288816
江　西	Jiangxi	903	134005	1906995	148912
山　东	Shandong	4364	1061810	12933942	1595057
河　南	Henan	1068	168755	1212365	60677
湖　北	Hubei	2090	605255	3310524	479695
湖　南	Hunan	918	238850	2698196	119648
广　东	Guangdong	12735	4346175	29838967	14478447
广　西	Guangxi	508	59330	489931	8479
海　南	Hainan	372	30478	43291	
重　庆	Chongqing	983	101767	1136341	26921
四　川	Sichuan	5179	664902	5745033	195254
贵　州	Guizhou	880	194767	676288	37471
云　南	Yunnan	305	41667	330501	30875
西　藏	Tibet	2	198	20579	259
陕　西	Shaanxi	1991	545680	2051297	99147
甘　肃	Gansu	242	34826	305916	66417
青　海	Qinghai	15	1224	3896	
宁　夏	Ningxia	118	8279	83149	25697
新　疆	Xinjiang	23	3257	2253	

2-4-8 续表 1 continued

单位：万元 (10000 yuan)

地区	Region	#国有企业 State-owned Enterprises			
		新产品开发项目数(项) New Products (item)	新产品开发经费支出 Expenditure on New Products Development	新产品销售收入 Sales Revenue of New Products	#出口 Exports
全国	**Total**	**4685**	**1172493**	**8355336**	**1049783**
东部地区	Eastern Region	2100	535799	6279206	1002833
中部地区	Middle Region	1373	349649	1454367	20155
西部地区	Western Region	1185	270342	603907	26793
东北地区	Northeaastern Region	27	16702	17856	
北京	Beijing	131	45292	179232	810
天津	Tianjin	169	15837	66738	707
河北	Hebei	410	37885	269995	42285
山西	Shanxi	247	20399	190770	29
内蒙古	Inner Mongolia				
辽宁	Liaoning	7	1234	3557	
吉林	Jilin	10	13861	14299	
黑龙江	Heilongjiang	10	1606		
上海	Shanghai	199	35406	305435	106894
江苏	Jiangsu	302	98846	675253	119331
浙江	Zhejiang	23	13984	43457	17061
安徽	Anhui	647	92851	186108	2442
福建	Fujian	10	2212	4789	
江西	Jiangxi	67	10118	22604	
山东	Shandong	579	241767	4412228	697991
河南	Henan	28	16745	75983	
湖北	Hubei	336	178543	575569	6587
湖南	Hunan	48	30991	403330	11097
广东	Guangdong	243	39848	322075	17751
广西	Guangxi	54	9130	22177	1498
海南	Hainan	34	4718		
重庆	Chongqing	61	8946	35520	724
四川	Sichuan	290	29519	116876	100
贵州	Guizhou	95	67439	136284	23225
云南	Yunnan	17	1732	25617	
西藏	Tibet	1	82		
陕西	Shaanxi	628	137992	190049	1246
甘肃	Gansu	39	15500	77382	
青海	Qinghai				
宁夏	Ningxia				
新疆	Xinjiang				

2-4-8　续表 2　continued

单位：万元　　　　　(10000 yuan)

地　区	Region	港澳台投资企业 Enterprises with Funds from Hong Kong, Macau and Taiwan			
		新产品开发项目数（项） New Products (item)	新产品开发经费支出 Expenditure on New Products Development	新产品销售收入 Sales Revenue of New Products	#出口 Exports
全　国	**Total**	**9408**	**2816199**	**40379939**	**17852640**
东部地区	Eastern Region	8514	2659283	37506849	17356331
中部地区	Middle Region	367	105312	2289736	369211
西部地区	Western Region	389	36639	523753	126007
东北地区	Northeaastern Region	138	14964	59598	1090
北　京	Beijing	255	182952	3364493	458056
天　津	Tianjin	147	13625	255867	61907
河　北	Hebei	286	34722	504836	5261
山　西	Shanxi	10	3622		
内蒙古	Inner Mongolia	1	149	5263	
辽　宁	Liaoning	97	11532	52709	1090
吉　林	Jilin	17	1686	6889	
黑龙江	Heilongjiang	24	1745		
上　海	Shanghai	601	215474	2150300	1656916
江　苏	Jiangsu	1915	641151	8752554	4645179
浙　江	Zhejiang	906	322769	3259192	745921
安　徽	Anhui	100	18777	595165	29447
福　建	Fujian	624	212517	4381394	3165051
江　西	Jiangxi	33	7784	54611	54063
山　东	Shandong	170	52970	579306	89445
河　南	Henan	64	13484	52310	11704
湖　北	Hubei	118	36847	989408	76970
湖　南	Hunan	42	24795	598240	197026
广　东	Guangdong	3594	981526	14228958	6528591
广　西	Guangxi	76	6359	101899	13709
海　南	Hainan	16	1572	29943	
重　庆	Chongqing	221	12419	257989	107707
四　川	Sichuan	19	5834	89529	4590
贵　州	Guizhou	8	1040	9319	
云　南	Yunnan	24	7089	25073	
西　藏	Tibet				
陕　西	Shaanxi	3	762		
甘　肃	Gansu				
青　海	Qinghai				
宁　夏	Ningxia	37	2983	34679	
新　疆	Xinjiang				

2-4-8 续表 3 continued

单位：万元 (10000 yuan)

地 区	Region	外商投资企业 Foreign Funded Enterprises 新产品开发项目数(项) New Products (item)	新产品开发经费支出 Expenditure on New Products Development	新产品销售收入 Sales Revenue of New Products	#出口 Exports
全 国	**Total**	**13168**	**5072109**	**110507680**	**72757189**
东部地区	Eastern Region	11966	4829153	107707795	72453244
中部地区	Middle Region	361	95744	1575869	180500
西部地区	Western Region	550	65066	934022	16251
东北地区	Northeaastern Region	291	82145	289992	107192
北 京	Beijing	588	276474	5347070	3651584
天 津	Tianjin	1366	171628	8814781	5455771
河 北	Hebei	181	14456	426699	123134
山 西	Shanxi	17	2424	130155	24666
内蒙古	Inner Mongolia	2	955		
辽 宁	Liaoning	111	51824	139128	107192
吉 林	Jilin	14	536	67393	
黑龙江	Heilongjiang	166	29784	83471	
上 海	Shanghai	1528	606233	4683094	1692714
江 苏	Jiangsu	3450	1847626	34555273	29141105
浙 江	Zhejiang	976	178973	2165941	745490
安 徽	Anhui	71	21299	416158	60991
福 建	Fujian	426	236992	6450131	3763808
江 西	Jiangxi	42	15043	69080	8540
山 东	Shandong	549	312565	4107972	1664367
河 南	Henan	74	14543	108532	51371
湖 北	Hubei	136	37970	453689	31356
湖 南	Hunan	21	4463	398254	3574
广 东	Guangdong	2848	1174633	41127607	26215208
广 西	Guangxi	4	343	5140	100
海 南	Hainan	54	9569	29224	59
重 庆	Chongqing	80	8175	613792	5736
四 川	Sichuan	324	22025	61081	6745
贵 州	Guizhou	7	3105	77484	
云 南	Yunnan	26	4229	14297	3103
西 藏	Tibet				
陕 西	Shaanxi	102	25929	162225	566
甘 肃	Gansu	4	153		
青 海	Qinghai	1	150		
宁 夏	Ningxia				
新 疆	Xinjiang				

2-4-9　按地区和行业分高技术产业新产品开发和生产情况(2012年)

New Products Development and Productionl in High-tech Industry by Region and Industrial Sector (2012)

单位：万元　　(10000 yuan)

地　区	Region	医药制造业 Medical and Pharmaceutical Products Manufacturing			
		新产品开发项目数(项) New Products (item)	新产品开发经费支出 Expenditure on New Products Development	新产品销售收入 Sales Revenue of New Products	#出口 Exports
全　国	**Total**	**19925**	**3082346**	**29286008**	**2933596**
东部地区	Eastern Region	12647	2181260	20220442	2309282
中部地区	Middle Region	3086	395927	4914000	451379
西部地区	Western Region	2867	334825	2809547	106517
东北地区	Northeaastern Region	1325	170333	1342018	66417
北　京	Beijing	1156	144817	1270707	27266
天　津	Tianjin	776	95169	1407073	177771
河　北	Hebei	967	97763	1027467	40752
山　西	Shanxi	216	23437	211010	24957
内蒙古	Inner Mongolia	49	6319	96306	6055
辽　宁	Liaoning	338	43114	296164	65849
吉　林	Jilin	485	66327	818445	434
黑龙江	Heilongjiang	502	60892	227408	133
上　海	Shanghai	965	176057	1587461	51726
江　苏	Jiangsu	2237	524222	4087746	298753
浙　江	Zhejiang	1771	229283	2799187	1167891
安　徽	Anhui	745	79412	715580	56175
福　建	Fujian	511	52828	467623	22795
江　西	Jiangxi	399	41519	671001	62682
山　东	Shandong	2149	554624	5402594	433710
河　南	Henan	511	68335	693088	58610
湖　北	Hubei	825	122321	1667391	227131
湖　南	Hunan	390	60901	955928	21822
广　东	Guangdong	1712	276032	2102954	88557
广　西	Guangxi	368	32068	386574	1809
海　南	Hainan	403	30460	67626	59
重　庆	Chongqing	676	58892	618403	22329
四　川	Sichuan	830	90646	742708	5616
贵　州	Guizhou	207	30378	253708	
云　南	Yunnan	278	43485	264710	28896
西　藏	Tibet	2	198	20579	259
陕　西	Shaanxi	204	37487	231344	15853
甘　肃	Gansu	108	24045	111790	
青　海	Qinghai	14	1195	3896	
宁　夏	Ningxia	108	6851	77271	25696
新　疆	Xinjiang	23	3257	2253	

2-4-9 续表 1 continued

单位：万元 (10000 yuan)

地 区	Region	航空、航天器及设备制造业 Manufacture of Aircrafts and Spacecrafts and Related Equipment			
		新产品开发项目数(项) New Products (item)	新产品开发经费支出 Expenditure on New Products Development	新产品销售收入 Sales Revenue of New Products	#出口 Exports
全 国	**Total**	**4338**	**1674417**	**6391332**	**471388**
东部地区	Eastern Region	1632	526905	1370578	225019
中部地区	Middle Region	654	196991	1390816	40513
西部地区	Western Region	1416	677775	1596241	145780
东北地区	Northeastern Region	636	272745	2033696	60076
北 京	Beijing	1045	194139	246371	2513
天 津	Tianjin	14	1703	8622	244
河 北	Hebei	46	10616	18057	
山 西	Shanxi	40	3961	12722	
内 蒙 古	Inner Mongolia				
辽 宁	Liaoning	304	141992	1782725	60076
吉 林	Jilin	33	3792	700	
黑 龙 江	Heilongjiang	299	126960	250270	
上 海	Shanghai	108	223151	117426	3792
江 苏	Jiangsu	302	69127	937384	218212
浙 江	Zhejiang	6	526	8046	
安 徽	Anhui	179	14813	33727	
福 建	Fujian	2	4423		
江 西	Jiangxi	64	56399	894188	24092
山 东	Shandong	7	1979	31348	
河 南	Henan	33	37116	133085	
湖 北	Hubei	330	52026	94963	7100
湖 南	Hunan	8	32673	222129	9321
广 东	Guangdong	102	21237	3321	257
广 西	Guangxi				
海 南	Hainan				
重 庆	Chongqing	1	33		
四 川	Sichuan	657	173070	328997	74389
贵 州	Guizhou	281	143628	374415	36044
云 南	Yunnan				
西 藏	Tibet				
陕 西	Shaanxi	477	361043	859070	35346
甘 肃	Gansu			33758	
青 海	Qinghai				
宁 夏	Ningxia				
新 疆	Xinjiang				

2-4-9　续表 2　continued

单位：万元　(10000 yuan)

地　区	Region	电子及通信设备制造业 Manufacture of Electronic Equipment and Communication Equipment 新产品开发项目数(项) New Products (item)	新产品开发经费支出 Expenditure on New Products Development	新产品销售收入 Sales Revenue of New Products	#出口 Exports
全　国	**Total**	**40467**	**12061842**	**136954427**	**57286163**
东部地区	Eastern Region	31329	10420484	122451655	55513240
中部地区	Middle Region	3101	874098	7085164	1190449
西部地区	Western Region	5573	601589	6080239	266424
东北地区	Northeaastern Region	464	165669	1337368	316048
北　京	Beijing	1413	506604	6613214	3795270
天　津	Tianjin	2477	252767	9812652	5761906
河　北	Hebei	170	28860	381586	151387
山　西	Shanxi	54	10238	51727	178
内蒙古	Inner Mongolia	4	1026	4485	
辽　宁	Liaoning	373	154295	1198582	308043
吉　林	Jilin	67	7419	129678	8004
黑龙江	Heilongjiang	24	3954	9106	
上　海	Shanghai	1789	755605	6004552	3218427
江　苏	Jiangsu	5605	2147922	21226185	8025352
浙　江	Zhejiang	2886	546785	6504798	1819666
安　徽	Anhui	1117	216324	2296360	525694
福　建	Fujian	1300	388129	8918993	5356864
江　西	Jiangxi	385	40264	412036	122233
山　东	Shandong	1773	497656	7043955	2089509
河　南	Henan	259	35068	210346	9742
湖　北	Hubei	914	456289	2227633	278280
湖　南	Hunan	372	115913	1887060	254319
广　东	Guangdong	13881	5285439	55912690	25294856
广　西	Guangxi	146	22961	102542	10587
海　南	Hainan	35	10713	33026	
重　庆	Chongqing	165	23071	503746	20238
四　川	Sichuan	3734	406531	4669071	124304
贵　州	Guizhou	399	23530	104700	1427
云　南	Yunnan	50	3397	20621	
西　藏	Tibet				
陕　西	Shaanxi	936	110162	518669	43449
甘　肃	Gansu	133	10173	156401	66417
青　海	Qinghai	2	178		
宁　夏	Ningxia	4	556		
新　疆	Xinjiang				

2-4-9 续表 3 continued

单位：万元 (10000 yuan)

地区	Region	计算机及办公设备制造业 Manufacture of Computer and Office Equipments			
		新产品开发项目数(项) New Products (item)	新产品开发经费支出 Expenditure on New Products Development	新产品销售收入 Sales Revenue of New Products	#出口 Exports
全国	**Total**	**4285**	**2405466**	**67173270**	**50957488**
东部地区	Eastern Region	3870	2307039	65411365	50615523
中部地区	Middle Region	223	66776	1028967	236712
西部地区	Western Region	103	11773	640333	101057
东北地区	Northeaastern Region	89	19876	92604	4195
北京	Beijing	290	200802	3769027	475358
天津	Tianjin	87	11375	137443	8321
河北	Hebei	23	2517	1519	
山西	Shanxi				
内蒙古	Inner Mongolia	12	128	3800	
辽宁	Liaoning	56	3491	40944	4184
吉林	Jilin	10	14260	14299	
黑龙江	Heilongjiang	23	2125	37361	11
上海	Shanghai	121	39249	282796	216476
江苏	Jiangsu	810	778065	27438475	26134898
浙江	Zhejiang	240	192053	1578465	119273
安徽	Anhui	98	23257	232713	164963
福建	Fujian	225	152260	2606651	1790384
江西	Jiangxi	8	1037	5311	2111
山东	Shandong	439	272756	4393825	791729
河南	Henan	20	7712	65474	
湖北	Hubei	34	22267	620632	67902
湖南	Hunan	63	12501	104834	1734
广东	Guangdong	1635	657959	25203161	21079081
广西	Guangxi	8	1099	69967	5966
海南	Hainan				
重庆	Chongqing	56	6237	505650	94637
四川	Sichuan	20	2541	10558	
贵州	Guizhou				
云南	Yunnan	3	941	49280	453
西藏	Tibet				
陕西	Shaanxi	4	825	1077	
甘肃	Gansu				
青海	Qinghai				
宁夏	Ningxia				
新疆	Xinjiang				

2-4-9 续表 4 continued

单位：万元 (10000 yuan)

地区	Region	医疗仪器设备及仪器仪表制造业 Manufacture of Medical Equipments and Measuring Instrument			
		新产品开发项目数(项) New Products (item)	新产品开发经费支出 Expenditure on New Products Development	新产品销售收入 Sales Revenue of New Products	#出口 Exports
全 国	**Total**	**14213**	**2057875**	**15905343**	**2229477**
东部地区	Eastern Region	11083	1648245	12574645	2008573
中部地区	Middle Region	1464	217308	1793164	187432
西部地区	Western Region	1301	138311	1276131	19059
东北地区	Northeaastern Region	365	54010	261402	14412
北 京	Beijing	1231	202961	1253418	77344
天 津	Tianjin	453	33300	198879	27377
河 北	Hebei	238	19676	108569	32813
山 西	Shanxi	245	29076	186365	49
内蒙古	Inner Mongolia	13	296	200	
辽 宁	Liaoning	219	37317	178559	5587
吉 林	Jilin	74	7722	30286	258
黑龙江	Heilongjiang	72	8971	52557	8566
上 海	Shanghai	862	126755	491832	108761
江 苏	Jiangsu	3406	640588	5000026	455306
浙 江	Zhejiang	2048	234249	2684211	465923
安 徽	Anhui	325	48778	619696	90926
福 建	Fujian	279	28271	112997	47631
江 西	Jiangxi	122	17612	48149	397
山 东	Shandong	715	100329	749497	33921
河 南	Henan	383	48551	271214	55399
湖 北	Hubei	241	27169	143000	7607
湖 南	Hunan	148	46120	524737	33052
广 东	Guangdong	1847	261666	1973405	759495
广 西	Guangxi	66	9905	37886	3925
海 南	Hainan	4	446	1806	
重 庆	Chongqing	386	34127	380323	3159
四 川	Sichuan	281	19971	144309	2278
贵 州	Guizhou	8	1376	30268	
云 南	Yunnan	24	5162	35259	4629
西 藏	Tibet				
陕 西	Shaanxi	475	62854	603360	5064
甘 肃	Gansu	5	761	3966	
青 海	Qinghai				
宁 夏	Ningxia	43	3855	40557	1
新 疆	Xinjiang				

2-5-1 按行业分高技术产业专利情况(2012年)

Statistics on Patents in High-tech Industry by Industrial Sector(2012)

单位：件 (piece)

行　业	Industry	专利申请数 Patent Applications	#发明专利 Invention Patents	有效发明专利数 Number of Patents In Force
合计	**Total**	**127821**	**66870**	**115799**
医药制造业	**Manufacture of Medicines**	**14976**	**9050**	**15058**
#化学药品制造	Manufacture of Chemical Medicine	6678	3999	6758
中成药生产	Production of Finished Traditional Chinese Herbal Medicine	4007	2723	5321
生物药品制造	Manufacture of Biological Medicine	2004	1243	1600
航空、航天器及设备制造业	**Manufacture of Aircrafts and Spacecrafts and Related Equipment**	**3882**	**1789**	**2153**
#飞机制造	Manufacture of Airplanes	2836	1353	1584
航天器制造	Manufacture of Spacecrafts	422	201	160
电子及通信设备制造业	**Manufacture of Electronic Equipment and Communication Equipment**	**78764**	**42458**	**71584**
#通信设备制造	Manufacture of Communication Equipment	26275	20613	43218
#通信系统设备制造	Manufacture of Communication System Equipment	20143	16911	40436
通信终端设备制造	Manufacture of Communication Terminal Equipment	6132	3702	2782
广播电视设备制造	Manufacture of Broadcasting and TV Equipment	3587	1085	1418
雷达及配套设备制造	Manufacture of Radar and Its Fittings	535	181	296
视听设备制造	Manufacture of TV Set and Radio Receiver	6572	2003	4425
电子器件制造	Manufacture of Electronic Appliances	20199	10427	10269
#电子真空器件制造	Manufacture of Electronic Vacuum Appliance	2825	1474	383
半导体分立器件制造	Manufacture of Semiconductor Discreting Appliances	1153	428	714
集成电路制造	Manufacture of Integrate Circuit	4814	3090	3388
电子元件制造	Manufacture of Electronic Components	11393	3971	5891
其他电子设备制造	Manufacture of Other Electronic Equipment	3570	1340	2285
计算机及办公设备制造业	**Manufacture of Computers and Office Equipment**	**11156**	**7345**	**16216**
#计算机整机制造	Manufacture of Entired Computer	5705	4795	10062
计算机零部件制造	Manufacture of Computer Components and Parts	1071	344	1328
计算机外围设备制造	Manufacture of Computer Peripheral Equipment	1768	752	1253
办公设备制造	Manufacture of Office Equipment	881	342	429
医疗仪器设备及仪器仪表制造业	**Manufacture of Medical Equipments and Measuring Instrument**	**19043**	**6228**	**10788**
1.医疗仪器设备及器械制造	Manufacture of Medical Equipment and Appliance	4438	1534	3311
2.仪器仪表制造	Manufacture of Measuring Instrument	14605	4694	7477

2-5-2 各地区高技术产业专利情况(2012年)

Statistics on Patents in High-tech Industry by Region(2012)

单位：件 (piece)

地区	Region	专利申请数 Patent Applications	#发明专利 Invention Patents	有效发明专利数 Number of Patents In Force
全国	**Total**	**127821**	**66870**	**115799**
东部地区	Eastern Region	103642	56436	100267
中部地区	Middle Region	11167	4715	6608
西部地区	Western Region	9962	4158	6177
东北地区	Northeaastern Region	3050	1561	2747
北京	Beijing	9972	6314	7861
天津	Tianjin	3441	1878	2663
河北	Hebei	627	352	780
山西	Shanxi	376	150	250
内蒙古	Inner Mongolia	39	29	34
辽宁	Liaoning	1772	932	1580
吉林	Jilin	542	288	559
黑龙江	Heilongjiang	736	341	608
上海	Shanghai	6174	4250	4953
江苏	Jiangsu	16999	6524	10735
浙江	Zhejiang	10237	2968	5929
安徽	Anhui	3182	1107	1611
福建	Fujian	3444	1553	1857
江西	Jiangxi	865	436	577
山东	Shandong	6970	3223	3912
河南	Henan	1812	653	716
湖北	Hubei	2626	1446	2388
湖南	Hunan	2306	923	1066
广东	Guangdong	45449	29210	61400
广西	Guangxi	339	198	317
海南	Hainan	329	164	177
重庆	Chongqing	1153	473	658
四川	Sichuan	5054	1662	2393
贵州	Guizhou	966	511	652
云南	Yunnan	409	224	522
西藏	Tibet	15	14	69
陕西	Shaanxi	1606	835	1399
甘肃	Gansu	249	105	109
青海	Qinghai	3	3	
宁夏	Ningxia	125	102	12
新疆	Xinjiang	4	2	12

2-5-3 按行业和企业规模分高技术产业专利情况(2012年)

Statistics on Patents in High-tech Industry 2) by Industrial Sector and Scale of Enterprises(201

单位：件 (piece)

行　业	Industry	大型企业 Large-sized Enterprises		
		专利申请数 Patent Applications	#发明专利 Invention Patents	有效发明专利数 Number of Patents In Force
合计	**Total**	**64297**	**42524**	**79025**
医药制造业	**Manufacture of Medicines**	**4194**	**2751**	**5473**
#化学药品制造	Manufacture of Chemical Medicine	2272	1395	3113
中成药生产	Production of Finished Traditional Chinese Herbal Medicine	1556	1166	2072
生物药品制造	Manufacture of Biological Medicine	125	81	77
航空、航天器及设备制造业	**Manufacture of Aircrafts and Spacecrafts and Related Equipment**	**2863**	**1360**	**1561**
#飞机制造	Manufacture of Airplanes	2371	1139	1350
航天器制造	Manufacture of Spacecrafts	298	135	127
电子及通信设备制造业	**Manufacture of Electronic Equipment and Communication Equipment**	**46054**	**30774**	**55384**
#通信设备制造	Manufacture of Communication Equipment	22342	19190	40603
#通信系统设备制造	Manufacture of Communication System Equipment	17663	15966	38758
通信终端设备制造	Manufacture of Communication Terminal Equipment	4679	3224	1845
广播电视设备制造	Manufacture of Broadcasting and TV Equipment	1883	538	594
雷达及配套设备制造	Manufacture of Radar and Its Fittings	296	84	121
视听设备制造	Manufacture of TV Set and Radio Receiver	4687	1551	3502
电子器件制造	Manufacture of Electronic Appliances	9258	5892	5403
#电子真空器件制造	Manufacture of Electronic Vacuum Appliance	116	41	71
半导体分立器件制造	Manufacture of Semiconductor Discreting Appliances	183	54	133
集成电路制造	Manufacture of Integrate Circuit	2757	2103	1966
电子元件制造	Manufacture of Electronic Components	3596	1503	2199
其他电子设备制造	Manufacture of Other Electronic Equipment	670	333	570
计算机及办公设备制造业	**Manufacture of Computers and Office Equipment**	**8117**	**6290**	**13849**
#计算机整机制造	Manufacture of Entired Computer	5299	4586	9868
计算机零部件制造	Manufacture of Computer Components and Parts	538	192	714
计算机外围设备制造	Manufacture of Computer Peripheral Equipment	891	510	666
办公设备制造	Manufacture of Office Equipment	406	236	199
医疗仪器设备及仪器仪表制造业	**Manufacture of Medical Equipments and Measuring Instrument**	**3069**	**1349**	**2758**
1.医疗仪器设备及器械制造	Manufacture of Medical Equipment and Appliance	612	256	1039
2.仪器仪表制造	Manufacture of Measuring Instrument	2457	1093	1719

2-5-3 续表 continued

单位：件 (piece)

行业	Industry	中型企业 Medium-sized Enterprises 专利申请数 Patent Applications	#发明专利 Invention Patents	有效发明专利数 Number of Patents In Force
合计	**Total**	**32903**	**12971**	**18853**
医药制造业	**Manufacture of Medicines**	**5386**	**2961**	**4600**
#化学药品制造	Manufacture of Chemical Medicine	2542	1436	2028
中成药生产	Production of Finished Traditional Chinese Herbal Medicine	1162	694	1370
生物药品制造	Manufacture of Biological Medicine	851	503	758
航空、航天器及设备制造业	**Manufacture of Aircrafts and Spacecrafts and Related Equipment**	**552**	**247**	**209**
#飞机制造	Manufacture of Airplanes	229	101	113
航天器制造	Manufacture of Spacecrafts	120	64	33
电子及通信设备制造业	**Manufacture of Electronic Equipment and Communication Equipment**	**18548**	**7105**	**9219**
#通信设备制造	Manufacture of Communication Equipment	2074	845	1604
#通信系统设备制造	Manufacture of Communication System Equipment	1274	602	937
通信终端设备制造	Manufacture of Communication Terminal Equipment	800	243	667
广播电视设备制造	Manufacture of Broadcasting and TV Equipment	820	316	341
雷达及配套设备制造	Manufacture of Radar and Its Fittings	99	38	41
视听设备制造	Manufacture of TV Set and Radio Receiver	1104	291	471
电子器件制造	Manufacture of Electronic Appliances	7272	3220	2978
#电子真空器件制造	Manufacture of Electronic Vacuum Appliance	2635	1413	255
半导体分立器件制造	Manufacture of Semiconductor Discreting Appliances	542	231	424
集成电路制造	Manufacture of Integrate Circuit	999	519	834
电子元件制造	Manufacture of Electronic Components	4339	1414	2234
其他电子设备制造	Manufacture of Other Electronic Equipment	1425	513	904
计算机及办公设备制造业	**Manufacture of Computers and Office Equipment**	**1358**	**505**	**1073**
#计算机整机制造	Manufacture of Entired Computer	90	29	70
计算机零部件制造	Manufacture of Computer Components and Parts	355	69	172
计算机外围设备制造	Manufacture of Computer Peripheral Equipment	423	146	223
办公设备制造	Manufacture of Office Equipment	202	65	46
医疗仪器设备及仪器仪表制造业	**Manufacture of Medical Equipments and Measuring Instrument**	**7059**	**2153**	**3752**
1.医疗仪器设备及器械制造	Manufacture of Medical Equipment and Appliance	1902	672	1258
2.仪器仪表制造	Manufacture of Measuring Instrument	5157	1481	2494

2-5-4 按行业分国有及国有控股企业高技术产业专利情况(2012年)

Statistics on Patents in High-tech Industry of State-owned and State-controlled Enterprises by Industry (2012)

单位：件 (piece)

行业	Industry	专利申请数 Patent Applications	#发明专利 Invention Patents	有效发明专利数 Number of Patents In Force
合计	**Total**	**29987**	**17818**	**26731**
医药制造业	**Manufacture of Medicines**	**1832**	**1140**	**2703**
#化学药品制造	Manufacture of Chemical Medicine	855	636	1391
中成药生产	Production of Finished Traditional Chinese Herbal Medicine	585	262	938
生物药品制造	Manufacture of Biological Medicine	274	188	252
航空、航天器及设备制造业	**Manufacture of Aircrafts and Spacecrafts and Related Equipment**	**3470**	**1721**	**2000**
#飞机制造	Manufacture of Airplanes	2632	1327	1536
航天器制造	Manufacture of Spacecrafts	418	199	160
电子及通信设备制造业	**Manufacture of Electronic Equipment and Communication Equipment**	**20355**	**12710**	**19059**
#通信设备制造	Manufacture of Communication Equipment	6809	5557	12028
#通信系统设备制造	Manufacture of Communication System Equipment	5873	4961	11201
通信终端设备制造	Manufacture of Communication Terminal Equipment	936	596	827
广播电视设备制造	Manufacture of Broadcasting and TV Equipment	204	87	87
雷达及配套设备制造	Manufacture of Radar and Its Fittings	371	121	229
视听设备制造	Manufacture of TV Set and Radio Receiver	2830	1080	1413
电子器件制造	Manufacture of Electronic Appliances	7608	4649	3158
#电子真空器件制造	Manufacture of Electronic Vacuum Appliance	2565	1390	150
半导体分立器件制造	Manufacture of Semiconductor Discreting Appliances	180	116	75
集成电路制造	Manufacture of Integrate Circuit	506	317	538
电子元件制造	Manufacture of Electronic Components	1391	707	972
其他电子设备制造	Manufacture of Other Electronic Equipment	370	230	634
计算机及办公设备制造业	**Manufacture of Computers and Office Equipment**	**2046**	**1237**	**1073**
#计算机整机制造	Manufacture of Entired Computer	1041	589	244
计算机零部件制造	Manufacture of Computer Components and Parts	25	4	3
计算机外围设备制造	Manufacture of Computer Peripheral Equipment	419	176	170
办公设备制造	Manufacture of Office Equipment	209	152	215
医疗仪器设备及仪器仪表制造业	**Manufacture of Medical Equipments and Measuring Instrument**	**2284**	**1010**	**1896**
1.医疗仪器设备及器械制造	Manufacture of Medical Equipment and Appliance	265	66	354
2.仪器仪表制造	Manufacture of Measuring Instrument	2019	944	1542

2-5-5 按行业和登记注册类型分高技术产业专利情况(2012年)

Statistics on Patents in High-tech Industry by Industrial Sector and Registration Status(2012)

单位：件 (piece)

行业	Industry	内资企业 Domestic Funded		
		专利申请数 Patent Applications	#发明专利 Invention Patents	有效发明专利数 Number of Patents In Force
合计	**Total**	**88332**	**44494**	**81175**
医药制造业	**Manufacture of Medicines**	**12007**	**7245**	**11975**
#化学药品制造	Manufacture of Chemical Medicine	4980	2987	4930
中成药生产	Production of Finished Traditional Chinese Herbal Medicine	3592	2443	4801
生物药品制造	Manufacture of Biological Medicine	1451	859	1148
航空、航天器及设备制造业	**Manufacture of Aircrafts and Spacecrafts and Related Equipment**	**3760**	**1768**	**2129**
#飞机制造	Manufacture of Airplanes	2789	1349	1584
航天器制造	Manufacture of Spacecrafts	422	201	160
电子及通信设备制造业	**Manufacture of Electronic Equipment and Communication Equipment**	**53087**	**28831**	**55483**
#通信设备制造	Manufacture of Communication Equipment	20566	16913	40270
#通信系统设备制造	Manufacture of Communication System Equipment	18788	16205	39356
通信终端设备制造	Manufacture of Communication Terminal Equipment	1778	708	914
广播电视设备制造	Manufacture of Broadcasting and TV Equipment	2902	735	1053
雷达及配套设备制造	Manufacture of Radar and Its Fittings	518	181	294
视听设备制造	Manufacture of TV Set and Radio Receiver	4290	1327	1906
电子器件制造	Manufacture of Electronic Appliances	12138	5343	5101
#电子真空器件制造	Manufacture of Electronic Vacuum Appliance	2757	1451	246
半导体分立器件制造	Manufacture of Semiconductor Discreting Appliances	897	372	604
集成电路制造	Manufacture of Integrate Circuit	1778	789	1022
电子元件制造	Manufacture of Electronic Components	6329	2191	2964
其他电子设备制造	Manufacture of Other Electronic Equipment	2631	916	1691
计算机及办公设备制造业	**Manufacture of Computers and Office Equipment**	**4036**	**1712**	**2549**
#计算机整机制造	Manufacture of Entired Computer	1332	738	389
计算机零部件制造	Manufacture of Computer Components and Parts	430	114	540
计算机外围设备制造	Manufacture of Computer Peripheral Equipment	778	224	484
办公设备制造	Manufacture of Office Equipment	662	243	395
医疗仪器设备及仪器仪表制造业	**Manufacture of Medical Equipments and Measuring Instrument**	**15442**	**4938**	**9039**
1.医疗仪器设备及器械制造	Manufacture of Medical Equipment and Appliance	3113	953	2690
2.仪器仪表制造	Manufacture of Measuring Instrument	12329	3985	6349

2-5-5 续表 1 continued

单位：件 (piece)

行 业	Industry	#国有企业 State-owned Enterprises		
		专利申请数 Patent Applications	#发明专利 Invention Patents	有效发明专利数 Number of Patents In Force
合计	**Total**	**4857**	**2479**	**3497**
医药制造业	**Manufacture of Medicines**	**254**	**165**	**494**
#化学药品制造	Manufacture of Chemical Medicine	121	91	247
中成药生产	Production of Finished Traditional Chinese Herbal Medicine	81	35	123
生物药品制造	Manufacture of Biological Medicine	32	32	92
航空、航天器及设备制造业	**Manufacture of Aircrafts and Spacecrafts and Related Equipment**	**656**	**309**	**354**
#飞机制造	Manufacture of Airplanes	201	106	152
航天器制造	Manufacture of Spacecrafts	269	107	118
电子及通信设备制造业	**Manufacture of Electronic Equipment and Communication Equipment**	**3290**	**1780**	**2109**
#通信设备制造	Manufacture of Communication Equipment	729	509	768
#通信系统设备制造	Manufacture of Communication System Equipment	729	509	768
通信终端设备制造	Manufacture of Communication Terminal Equipment			
广播电视设备制造	Manufacture of Broadcasting and TV Equipment	1	1	3
雷达及配套设备制造	Manufacture of Radar and Its Fittings	91	50	115
视听设备制造	Manufacture of TV Set and Radio Receiver	1481	614	443
电子器件制造	Manufacture of Electronic Appliances	747	523	584
#电子真空器件制造	Manufacture of Electronic Vacuum Appliance			
半导体分立器件制造	Manufacture of Semiconductor Discreting Appliances	24	8	7
集成电路制造	Manufacture of Integrate Circuit	13	6	25
电子元件制造	Manufacture of Electronic Components	165	49	158
其他电子设备制造	Manufacture of Other Electronic Equipment	42	15	21
计算机及办公设备制造业	**Manufacture of Computers and Office Equipment**	**63**	**1**	**35**
#计算机整机制造	Manufacture of Entired Computer	6	1	1
计算机零部件制造	Manufacture of Computer Components and Parts			
计算机外围设备制造	Manufacture of Computer Peripheral Equipment	57		31
办公设备制造	Manufacture of Office Equipment			
医疗仪器设备及仪器仪表制造业	**Manufacture of Medical Equipments and Measuring Instrument**	**594**	**224**	**505**
1.医疗仪器设备及器械制造	Manufacture of Medical Equipment and Appliance	155	23	35
2.仪器仪表制造	Manufacture of Measuring Instrument	439	201	470

2-5-5 续表 2 continued

单位：件 (piece)

行业	Industry	港澳台投资企业 Enterprises with Funds from Hong Kong, Macau and Taiwan 专利申请数 Patent Applications	#发明专利 Invention Patents	有效发明专利数 Number of Patents In Force
合计	**Total**	**16897**	**8978**	**13316**
医药制造业	**Manufacture of Medicines**	**1457**	**839**	**1437**
#化学药品制造	Manufacture of Chemical Medicine	932	495	839
中成药生产	Production of Finished Traditional Chinese Herbal Medicine	286	187	348
生物药品制造	Manufacture of Biological Medicine	156	116	182
航空、航天器及设备制造业	**Manufacture of Aircrafts and Spacecrafts and Related Equipment**	**23**	**5**	**1**
#飞机制造	Manufacture of Airplanes	7		
航天器制造	Manufacture of Spacecrafts			
电子及通信设备制造业	**Manufacture of Electronic Equipment and Communication Equipment**	**10464**	**4971**	**6345**
#通信设备制造	Manufacture of Communication Equipment	1424	650	918
#通信系统设备制造	Manufacture of Communication System Equipment	841	434	395
通信终端设备制造	Manufacture of Communication Terminal Equipment	583	216	523
广播电视设备制造	Manufacture of Broadcasting and TV Equipment	283	149	112
雷达及配套设备制造	Manufacture of Radar and Its Fittings	6		
视听设备制造	Manufacture of TV Set and Radio Receiver	1123	258	1413
电子器件制造	Manufacture of Electronic Appliances	2625	1622	1508
#电子真空器件制造	Manufacture of Electronic Vacuum Appliance	25	8	16
半导体分立器件制造	Manufacture of Semiconductor Discreting Appliances	123	24	39
集成电路制造	Manufacture of Integrate Circuit	1131	966	914
电子元件制造	Manufacture of Electronic Components	2425	837	1277
其他电子设备制造	Manufacture of Other Electronic Equipment	313	81	158
计算机及办公设备制造业	**Manufacture of Computers and Office Equipment**	**3424**	**2716**	**4933**
#计算机整机制造	Manufacture of Entired Computer	2107	1919	2320
计算机零部件制造	Manufacture of Computer Components and Parts	121	30	129
计算机外围设备制造	Manufacture of Computer Peripheral Equipment	637	358	519
办公设备制造	Manufacture of Office Equipment	37	18	10
医疗仪器设备及仪器仪表制造业	**Manufacture of Medical Equipments and Measuring Instrument**	**1529**	**447**	**600**
1.医疗仪器设备及器械制造	Manufacture of Medical Equipment and Appliance	450	153	194
2.仪器仪表制造	Manufacture of Measuring Instrument	1079	294	406

2-5-5 续表 3 continued

单位：件 (piece)

行业	Industry	外商投资企业 Foreign Funded Enterprises 专利申请数 Patent Applications	#发明专利 Invention Patents	有效发明专利数 Number of Patents In Force
合计	**Total**	**22592**	**13398**	**21308**
医药制造业	**Manufacture of Medicines**	**1512**	**966**	**1646**
#化学药品制造	Manufacture of Chemical Medicine	766	517	989
中成药生产	Production of Finished Traditional Chinese Herbal Medicine	129	93	172
生物药品制造	Manufacture of Biological Medicine	397	268	270
航空、航天器及设备制造业	**Manufacture of Aircrafts and Spacecrafts and Related Equipment**	**99**	**16**	**23**
#飞机制造	Manufacture of Airplanes	40	4	
航天器制造	Manufacture of Spacecrafts			
电子及通信设备制造业	**Manufacture of Electronic Equipment and Communication Equipment**	**15213**	**8656**	**9756**
#通信设备制造	Manufacture of Communication Equipment	4285	3050	2030
#通信系统设备制造	Manufacture of Communication System Equipment	514	272	685
通信终端设备制造	Manufacture of Communication Terminal Equipment	3771	2778	1345
广播电视设备制造	Manufacture of Broadcasting and TV Equipment	402	201	253
雷达及配套设备制造	Manufacture of Radar and Its Fittings	11		2
视听设备制造	Manufacture of TV Set and Radio Receiver	1159	418	1106
电子器件制造	Manufacture of Electronic Appliances	5436	3462	3660
#电子真空器件制造	Manufacture of Electronic Vacuum Appliance	43	15	121
半导体分立器件制造	Manufacture of Semiconductor Discreting Appliances	133	32	71
集成电路制造	Manufacture of Integrate Circuit	1905	1335	1452
电子元件制造	Manufacture of Electronic Components	2639	943	1650
其他电子设备制造	Manufacture of Other Electronic Equipment	626	343	436
计算机及办公设备制造业	**Manufacture of Computers and Office Equipment**	**3696**	**2917**	**8734**
#计算机整机制造	Manufacture of Entired Computer	2266	2138	7353
计算机零部件制造	Manufacture of Computer Components and Parts	520	200	659
计算机外围设备制造	Manufacture of Computer Peripheral Equipment	353	170	250
办公设备制造	Manufacture of Office Equipment	182	81	24
医疗仪器设备及仪器仪表制造业	**Manufacture of Medical Equipments and Measuring Instrument**	**2072**	**843**	**1149**
1.医疗仪器设备及器械制造	Manufacture of Medical Equipment and Appliance	875	428	427
2.仪器仪表制造	Manufacture of Measuring Instrument	1197	415	722

2-5-6 按地区和企业规模分高技术产业专利情况(2012年)

Statistics on Patents in High-tech Industry by Region and Industrial Sector(2012)

单位：件 (piece)

地区	Region	大型企业 Large-sized Enterprises		
		专利申请数 Patent Applications	#发明专利 Invention Patents	有效发明专利数 Number of Patents In Force
全国	**Total**	**64297**	**42524**	**79025**
东部地区	Eastern Region	55302	38399	72534
中部地区	Middle Region	3732	1808	3081
西部地区	Western Region	3868	1601	2411
东北地区	Northeaastern Region	1395	716	999
北京	Beijing	4133	3145	4184
天津	Tianjin	1475	975	871
河北	Hebei	241	191	553
山西	Shanxi	93	42	90
内蒙古	Inner Mongolia	6	6	5
辽宁	Liaoning	754	407	432
吉林	Jilin	205	86	213
黑龙江	Heilongjiang	436	223	354
上海	Shanghai	3692	2992	2946
江苏	Jiangsu	5018	1983	4204
浙江	Zhejiang	2029	1116	3091
安徽	Anhui	809	382	434
福建	Fujian	1582	941	894
江西	Jiangxi	437	184	361
山东	Shandong	4016	1981	2017
河南	Henan	481	151	226
湖北	Hubei	1333	864	1712
湖南	Hunan	579	185	258
广东	Guangdong	33116	25075	53774
广西	Guangxi	43	26	44
海南	Hainan			
重庆	Chongqing	302	123	112
四川	Sichuan	2374	794	1205
贵州	Guizhou	143	76	200
云南	Yunnan	47	36	122
西藏	Tibet			
陕西	Shaanxi	808	458	698
甘肃	Gansu	119	56	18
青海	Qinghai			
宁夏	Ningxia	26	26	7
新疆	Xinjiang			

2-5-6 续表 continued

单位：件 (piece)

地　区	Region	中型企业 Medium-sized Enterprises		
		专利申请数 Patent Applications	#发明专利 Invention Patents	有效发明专利数 Number of Patents In Force
全　国	**Total**	**32903**	**12971**	**18853**
东部地区	Eastern Region	25235	9960	14648
中部地区	Middle Region	3406	1371	1605
西部地区	Western Region	3493	1292	1949
东北地区	Northeaastern Region	769	348	651
北　京	Beijing	4411	2596	2509
天　津	Tianjin	1003	474	549
河　北	Hebei	151	89	126
山　西	Shanxi	115	57	64
内蒙古	Inner Mongolia	10	10	10
辽　宁	Liaoning	397	187	397
吉　林	Jilin	196	113	171
黑龙江	Heilongjiang	176	48	83
上　海	Shanghai	1080	557	958
江　苏	Jiangsu	5484	2050	3294
浙　江	Zhejiang	3232	880	1174
安　徽	Anhui	994	312	469
福　建	Fujian	925	380	628
江　西	Jiangxi	241	177	135
山　东	Shandong	1275	590	926
河　南	Henan	714	253	263
湖　北	Hubei	549	267	355
湖　南	Hunan	793	305	319
广　东	Guangdong	7595	2287	4408
广　西	Guangxi	84	46	175
海　南	Hainan	79	57	76
重　庆	Chongqing	510	219	323
四　川	Sichuan	1844	543	633
贵　州	Guizhou	336	168	174
云　南	Yunnan	139	54	189
西　藏	Tibet	2	1	
陕　西	Shaanxi	444	208	391
甘　肃	Gansu	100	27	46
青　海	Qinghai			
宁　夏	Ningxia	22	16	
新　疆	Xinjiang	2		8

2-5-7 各地区国有及国有控股企业高技术产业专利情况(2012年)
Statistics on Patents in High-tech Industry of State-owned and State-controlled Enterprises by Region (2012)

单位：件 (piece)

地 区	Region	专利申请数 Patent Applications	#发明专利 Invention Patents	有效发明专利数 Number of Patents In Force
全 国	**Total**	**29987**	**17818**	**26731**
东部地区	Eastern Region	20837	13472	20046
中部地区	Middle Region	3690	1778	3122
西部地区	Western Region	4158	1864	2845
东北地区	Northeaastern Region	1302	704	718
北 京	Beijing	5180	2960	2991
天 津	Tianjin	1086	413	577
河 北	Hebei	108	71	170
山 西	Shanxi	127	52	74
内 蒙 古	Inner Mongolia	1		12
辽 宁	Liaoning	741	391	274
吉 林	Jilin	120	70	81
黑 龙 江	Heilongjiang	441	243	363
上 海	Shanghai	1300	886	1155
江 苏	Jiangsu	1297	778	1456
浙 江	Zhejiang	224	124	348
安 徽	Anhui	955	428	665
福 建	Fujian	532	400	521
江 西	Jiangxi	242	128	250
山 东	Shandong	2948	1440	1034
河 南	Henan	525	165	224
湖 北	Hubei	1299	802	1596
湖 南	Hunan	542	203	313
广 东	Guangdong	8155	6393	11785
广 西	Guangxi	25	12	20
海 南	Hainan	7	7	9
重 庆	Chongqing	345	139	205
四 川	Sichuan	1902	720	1028
贵 州	Guizhou	657	356	334
云 南	Yunnan	132	52	221
西 藏	Tibet	2	1	
陕 西	Shaanxi	1053	558	973
甘 肃	Gansu	38	25	44
青 海	Qinghai			
宁 夏	Ningxia			
新 疆	Xinjiang	3	1	8

2-5-8 按地区和登记注册类型分高技术产业专利情况(2012年)

Statistics on Patents in High-tech Industry by Region and Registration Status(2012)

单位：件 (piece)

地 区	Region	内资企业 Domestic Funded		
		专利申请数 Patent Applications	#发明专利 Invention Patents	有效发明专利数 Number of Patents In Force
全 国	**Total**	**88332**	**44494**	**81175**
东部地区	Eastern Region	66303	35074	67227
中部地区	Middle Region	9963	4273	5914
西部地区	Western Region	9375	3851	5503
东北地区	Northeaastern Region	2691	1296	2531
北 京	Beijing	6050	3382	3700
天 津	Tianjin	2908	1594	2246
河 北	Hebei	507	252	508
山 西	Shanxi	332	136	240
内 蒙 古	Inner Mongolia	33	26	33
辽 宁	Liaoning	1539	761	1443
吉 林	Jilin	531	277	548
黑 龙 江	Heilongjiang	621	258	540
上 海	Shanghai	2181	1242	1711
江 苏	Jiangsu	10339	3987	6460
浙 江	Zhejiang	7203	1774	2800
安 徽	Anhui	3040	1070	1499
福 建	Fujian	1309	471	705
江 西	Jiangxi	775	404	508
山 东	Shandong	6389	2940	3192
河 南	Henan	1696	606	637
湖 北	Hubei	2263	1269	2060
湖 南	Hunan	1857	788	970
广 东	Guangdong	29205	19330	45766
广 西	Guangxi	296	174	278
海 南	Hainan	212	102	139
重 庆	Chongqing	1020	394	574
四 川	Sichuan	4811	1543	2021
贵 州	Guizhou	931	504	640
云 南	Yunnan	338	179	429
西 藏	Tibet	15	14	69
陕 西	Shaanxi	1572	821	1326
甘 肃	Gansu	249	105	109
青 海	Qinghai	3	3	
宁 夏	Ningxia	103	86	12
新 疆	Xinjiang	4	2	12

2-5-8 续表 1 continued

单位：件 (piece)

地 区	Region	#国有企业 State-owned Enterprises		
		专利申请数 Patent Applications	#发明专利 Invention Patents	有效发明专利数 Number of Patents In Force
全 国	**Total**	**4857**	**2479**	**3497**
东部地区	Eastern Region	2919	1491	1867
中部地区	Middle Region	1254	735	1174
西部地区	Western Region	645	244	432
东北地区	Northeaastern Region	39	9	24
北 京	Beijing	140	81	117
天 津	Tianjin	97	42	39
河 北	Hebei	55	38	125
山 西	Shanxi	87	40	31
内 蒙 古	Inner Mongolia			
辽 宁	Liaoning	28	8	23
吉 林	Jilin	11	1	1
黑 龙 江	Heilongjiang			
上 海	Shanghai	420	295	325
江 苏	Jiangsu	459	352	614
浙 江	Zhejiang	38	12	23
安 徽	Anhui	391	169	342
福 建	Fujian	4	1	
江 西	Jiangxi	20	3	7
山 东	Shandong	1427	570	568
河 南	Henan	38	19	14
湖 北	Hubei	557	438	616
湖 南	Hunan	161	66	164
广 东	Guangdong	279	100	56
广 西	Guangxi	21	10	12
海 南	Hainan			
重 庆	Chongqing	60	26	43
四 川	Sichuan	70	30	42
贵 州	Guizhou	157	97	67
云 南	Yunnan	49	17	36
西 藏	Tibet	2	1	
陕 西	Shaanxi	284	61	230
甘 肃	Gansu	2	2	2
青 海	Qinghai			
宁 夏	Ningxia			
新 疆	Xinjiang			

2-5-8 续表 2 continued

单位：件 (piece)

地区	Region	港澳台投资企业 Enterprises with Funds from Hong Kong, Macau and Taiwan		
		专利申请数 Patent Applications	#发明专利 Invention Patents	有效发明专利数 Number of Patents In Force
全 国	**Total**	**16897**	**8978**	**13316**
东部地区	Eastern Region	15712	8461	12813
中部地区	Middle Region	820	270	240
西部地区	Western Region	259	154	187
东北地区	Northeaastern Region	106	93	76
北 京	Beijing	2270	1973	2372
天 津	Tianjin	136	68	155
河 北	Hebei	91	73	224
山 西	Shanxi	39	9	4
内蒙古	Inner Mongolia	5	2	
辽 宁	Liaoning	92	82	69
吉 林	Jilin	3	3	
黑龙江	Heilongjiang	11	8	7
上 海	Shanghai	1435	1191	1157
江 苏	Jiangsu	2764	977	1495
浙 江	Zhejiang	1773	776	2498
安 徽	Anhui	111	27	63
福 建	Fujian	741	250	305
江 西	Jiangxi	17	6	3
山 东	Shandong	129	42	73
河 南	Henan	23	8	26
湖 北	Hubei	250	117	75
湖 南	Hunan	380	103	69
广 东	Guangdong	6298	3080	4502
广 西	Guangxi	38	21	28
海 南	Hainan	75	31	32
重 庆	Chongqing	67	37	33
四 川	Sichuan	70	42	67
贵 州	Guizhou	13	5	9
云 南	Yunnan	44	31	50
西 藏	Tibet			
陕 西	Shaanxi			
甘 肃	Gansu			
青 海	Qinghai			
宁 夏	Ningxia	22	16	
新 疆	Xinjiang			

2-5-8　续表 3　continued

单位：件　　(piece)

地　区	Region	外商投资企业 Foreign Funded Enterprises		
		专利申请数 Patent Applications	#发明专利 Invention Patents	有效发明专利数 Number of Patents In Force
全　国	**Total**	**22592**	**13398**	**21308**
东部地区	Eastern Region	21627	12901	20227
中部地区	Middle Region	384	172	454
西部地区	Western Region	328	153	487
东北地区	Northeaastern Region	253	172	140
北　京	Beijing	1652	959	1789
天　津	Tianjin	397	216	262
河　北	Hebei	29	27	48
山　西	Shanxi	5	5	6
内蒙古	Inner Mongolia	1	1	1
辽　宁	Liaoning	141	89	68
吉　林	Jilin	8	8	11
黑龙江	Heilongjiang	104	75	61
上　海	Shanghai	2558	1817	2085
江　苏	Jiangsu	3896	1560	2780
浙　江	Zhejiang	1261	418	631
安　徽	Anhui	31	10	49
福　建	Fujian	1394	832	847
江　西	Jiangxi	73	26	66
山　东	Shandong	452	241	647
河　南	Henan	93	39	53
湖　北	Hubei	113	60	253
湖　南	Hunan	69	32	27
广　东	Guangdong	9946	6800	11132
广　西	Guangxi	5	3	11
海　南	Hainan	42	31	6
重　庆	Chongqing	66	42	51
四　川	Sichuan	173	77	305
贵　州	Guizhou	22	2	3
云　南	Yunnan	27	14	43
西　藏	Tibet			
陕　西	Shaanxi	34	14	73
甘　肃	Gansu			
青　海	Qinghai			
宁　夏	Ningxia			
新　疆	Xinjiang			

2-5-9 按地区和行业分高技术产业专利情况(2012年)

Statistics on Patents in High-tech Industry by Region and Industrial Sector(2012)

单位：件 (piece)

地区	Region	医药制造业 Medical and Pharmaceutical Products Manufacturing		
		专利申请数 Patent Applications	#发明专利 Invention Patents	有效发明专利数 Number of Patents In Force
全国	**Total**	**14976**	**9050**	**15058**
东部地区	Eastern Region	8290	5560	9926
中部地区	Middle Region	2955	1640	1882
西部地区	Western Region	2785	1305	2324
东北地区	Northeaastern Region	946	545	926
北京	Beijing	367	259	709
天津	Tianjin	1552	1218	1916
河北	Hebei	254	227	615
山西	Shanxi	77	56	149
内蒙古	Inner Mongolia	29	23	25
辽宁	Liaoning	291	187	274
吉林	Jilin	339	190	408
黑龙江	Heilongjiang	316	168	244
上海	Shanghai	516	358	587
江苏	Jiangsu	1580	944	1504
浙江	Zhejiang	966	682	1273
安徽	Anhui	624	303	462
福建	Fujian	204	105	158
江西	Jiangxi	288	229	263
山东	Shandong	1441	936	1708
河南	Henan	517	312	209
湖北	Hubei	665	362	422
湖南	Hunan	784	378	377
广东	Guangdong	1082	667	1279
广西	Guangxi	142	108	183
海南	Hainan	328	164	177
重庆	Chongqing	393	241	352
四川	Sichuan	1317	427	684
贵州	Guizhou	251	141	308
云南	Yunnan	341	181	452
西藏	Tibet	15	14	69
陕西	Shaanxi	166	108	200
甘肃	Gansu	71	16	27
青海	Qinghai	3	3	
宁夏	Ningxia	53	41	12
新疆	Xinjiang	4	2	12

2-5-9　续表 1　continued

单位：件　　　　(piece)

地　区	Region	航空、航天器及设备制造业 Manufacture of Aircrafts and Spacecrafts and Related Equipment		
		专利申请数 Patent Applications	#发明专利 Invention Patents	有效发明专利数 Number of Patents In Force
全　国	**Total**	**3882**	**1789**	**2153**
东部地区	Eastern Region	932	432	351
中部地区	Middle Region	993	378	518
西部地区	Western Region	1175	592	814
东北地区	Northeaastern Region	782	387	470
北　京	Beijing	250	144	152
天　津	Tianjin	1	1	2
河　北	Hebei	23	14	21
山　西	Shanxi	58	18	12
内蒙古	Inner Mongolia			
辽　宁	Liaoning	454	231	218
吉　林	Jilin	15	15	
黑龙江	Heilongjiang	313	141	252
上　海	Shanghai	250	156	82
江　苏	Jiangsu	297	84	88
浙　江	Zhejiang	1	1	
安　徽	Anhui	83	40	84
福　建	Fujian			
江　西	Jiangxi	172	99	186
山　东	Shandong	34	5	5
河　南	Henan	382	111	130
湖　北	Hubei	96	42	48
湖　南	Hunan	202	68	58
广　东	Guangdong	76	27	1
广　西	Guangxi			
海　南	Hainan			
重　庆	Chongqing	19	5	8
四　川	Sichuan	238	76	136
贵　州	Guizhou	396	210	181
云　南	Yunnan			
西　藏	Tibet			
陕　西	Shaanxi	510	295	469
甘　肃	Gansu	12	6	20
青　海	Qinghai			
宁　夏	Ningxia			
新　疆	Xinjiang			

2-5-9 续表 2 continued

单位：件 (piece)

地区	Region	电子及通信设备制造业 Manufacture of Electronic Equipment and Communication Equipment		
		专利申请数 Patent Applications	#发明专利 Invention Patents	有效发明专利数 Number of Patents In Force
全国	**Total**	**78764**	**42458**	**71584**
东部地区	Eastern Region	68991	38412	65578
中部地区	Middle Region	4634	1996	3196
西部地区	Western Region	4461	1743	2083
东北地区	Northeaastern Region	678	307	727
北京	Beijing	5529	3172	3243
天津	Tianjin	1445	482	357
河北	Hebei	207	73	68
山西	Shanxi	69	13	24
内蒙古	Inner Mongolia	4	4	2
辽宁	Liaoning	529	246	681
吉林	Jilin	122	55	28
黑龙江	Heilongjiang	27	6	18
上海	Shanghai	4546	3344	3945
江苏	Jiangsu	9373	3300	5825
浙江	Zhejiang	4982	1218	1455
安徽	Anhui	1832	615	777
福建	Fujian	2283	859	1065
江西	Jiangxi	264	71	89
山东	Shandong	3304	1354	1268
河南	Henan	313	96	124
湖北	Hubei	1555	933	1809
湖南	Hunan	601	268	373
广东	Guangdong	37322	24610	48352
广西	Guangxi	124	68	66
海南	Hainan			
重庆	Chongqing	257	80	88
四川	Sichuan	2963	1001	1387
贵州	Guizhou	292	157	118
云南	Yunnan	25	18	23
西藏	Tibet			
陕西	Shaanxi	623	311	374
甘肃	Gansu	134	65	25
青海	Qinghai			
宁夏	Ningxia	39	39	
新疆	Xinjiang			

2-5-9　续表 3　continued

单位：件　(piece)

地　区	Region	计算机及办公设备制造业 Manufacture of Computer and Office Equipments		
		专利申请数 Patent Applications	#发明专利 Invention Patents	有效发明专利数 Number of Patents In Force
全　国	**Total**	**11156**	**7345**	**16216**
东部地区	Eastern Region	10483	7173	15992
中部地区	Middle Region	522	106	180
西部地区	Western Region	98	47	33
东北地区	Northeaastern Region	53	19	11
北　京	Beijing	2439	2124	2747
天　津	Tianjin	88	41	34
河　北	Hebei	19	2	2
山　西	Shanxi			
内蒙古	Inner Mongolia	2		
辽　宁	Liaoning	23	13	6
吉　林	Jilin	18	5	5
黑龙江	Heilongjiang	12	1	
上　海	Shanghai	184	106	24
江　苏	Jiangsu	970	461	652
浙　江	Zhejiang	879	489	2198
安　徽	Anhui	355	57	136
福　建	Fujian	625	456	505
江　西	Jiangxi	12	7	1
山　东	Shandong	1187	698	277
河　南	Henan	8	1	2
湖　北	Hubei	51	23	15
湖　南	Hunan	96	18	26
广　东	Guangdong	4092	2796	9553
广　西	Guangxi	14	6	6
海　南	Hainan			
重　庆	Chongqing	12	1	
四　川	Sichuan	52	33	21
贵　州	Guizhou			
云　南	Yunnan	4	2	1
西　藏	Tibet			
陕　西	Shaanxi	14	5	5
甘　肃	Gansu			
青　海	Qinghai			
宁　夏	Ningxia			
新　疆	Xinjiang			

2-5-9 续表 4 continued

单位：件 (piece)

地 区	Region	医疗仪器设备及仪器仪表制造业 Manufacture of Medical Equipments and Measuring Instrument		
		专利申请数 Patent Applications	#发明专利 Invention Patents	有效发明专利数 Number of Patents In Force
全 国	**Total**	**19043**	**6228**	**10788**
东部地区	Eastern Region	14946	4859	8420
中部地区	Middle Region	2063	595	832
西部地区	Western Region	1443	471	923
东北地区	Northeaastern Region	591	303	613
北 京	Beijing	1387	615	1010
天 津	Tianjin	355	136	354
河 北	Hebei	124	36	74
山 西	Shanxi	172	63	65
内蒙古	Inner Mongolia	4	2	7
辽 宁	Liaoning	475	255	401
吉 林	Jilin	48	23	118
黑龙江	Heilongjiang	68	25	94
上 海	Shanghai	678	286	315
江 苏	Jiangsu	4779	1735	2666
浙 江	Zhejiang	3409	578	1003
安 徽	Anhui	288	92	152
福 建	Fujian	332	133	129
江 西	Jiangxi	129	30	38
山 东	Shandong	1004	230	654
河 南	Henan	592	133	251
湖 北	Hubei	259	86	94
湖 南	Hunan	623	191	232
广 东	Guangdong	2877	1110	2215
广 西	Guangxi	59	16	62
海 南	Hainan	1		
重 庆	Chongqing	472	146	210
四 川	Sichuan	484	125	165
贵 州	Guizhou	27	3	45
云 南	Yunnan	39	23	46
西 藏	Tibet			
陕 西	Shaanxi	293	116	351
甘 肃	Gansu	32	18	37
青 海	Qinghai			
宁 夏	Ningxia	33	22	
新 疆	Xinjiang			

2-6-1 按行业分高技术产业技术获取和技术改造情况(2012年)

Technology Acquisition and Renovation in High-tech Industry by Region (2012)

单位：万元 (10000 yuan)

行业	Industry	引进技术经费支出 Expenditure for Acquisition of Foreign Technology	消化吸收经费支出 Expenditure for Assimilation of Technology	购买国内技术经费支出 Expenditure for Purchase of Domestic Technology	技术改造经费支出 Expenditure for Technical Renovation
合计	**Total**	**762173**	**106302**	**293569**	**3688819**
医药制造业	**Manufacture of Medicines**	**56037**	**54227**	**141196**	**1047081**
#化学药品制造	Manufacture of Chemical Medicine	40609	38418	103507	610748
中成药生产	Production of Finished Traditional Chinese Herbal Medicine	2366	6020	17233	209525
生物药品制造	Manufacture of Biological Medicine	5768	1555	7519	132648
航空、航天器及设备制造业	**Manufacture of Aircrafts and Spacecrafts and Related Equipment**	**9693**	**8146**	**8930**	**528710**
#飞机制造	Manufacture of Airplanes	7868	8146	8776	486597
航天器制造	Manufacture of Spacecrafts				22030
电子及通信设备制造业	**Manufacture of Electronic Equipment and Communication Equipment**	**580945**	**32564**	**102228**	**1349974**
#通信设备制造	Manufacture of Communication Equipment	48054	1381	10708	133789
#通信系统设备制造	Manufacture of Communication System Equipment	7777	704	1400	96997
通信终端设备制造	Manufacture of Communication Terminal Equipment	40277	676	9307	36792
广播电视设备制造	Manufacture of Broadcasting and TV Equipment	7638	876	1157	24202
雷达及配套设备制造	Manufacture of Radar and Its Fittings	1232	510	2462	25899
视听设备制造	Manufacture of TV Set and Radio Receiver	198371	6969	29592	220448
电子器件制造	Manufacture of Electronic Appliances	197633	11076	18018	362648
#电子真空器件制造	Manufacture of Electronic Vacuum Appliance	14843	140		11227
半导体分立器件制造	Manufacture of Semiconductor Discreting Appliances	4982	1683	1101	31380
集成电路制造	Manufacture of Integrate Circuit	15327	1133	1079	69630
电子元件制造	Manufacture of Electronic Components	89528	5700	14973	302641
其他电子设备制造	Manufacture of Other Electronic Equipment	4796	1848	2801	30044
计算机及办公设备制造业	**Manufacture of Computers and Office Equipment**	**26302**	**2612**	**12079**	**168222**
#计算机整机制造	Manufacture of Entired Computer	667	326	235	54534
计算机零部件制造	Manufacture of Computer Components and Parts	2545		115	11894
计算机外围设备制造	Manufacture of Computer Peripheral Equipment	16710	1451	10179	96230
办公设备制造	Manufacture of Office Equipment	4141	32	204	3502
医疗仪器设备及仪器仪表制造业	**Manufacture of Medical Equipments and Measuring Instrument**	**89194**	**8752**	**29134**	**594829**
1.医疗仪器设备及器械制造	Manufacture of Medical Equipment and Appliance	63050	1822	4451	94782
2.仪器仪表制造	Manufacture of Measuring Instrument	26144	6929	24682	500047

2-6-2 各地区高技术产业技术获取和技术改造情况(2012年)

Technology Acquisition and Renovation in High-tech Industry by Region (2012)

单位：万元 (10000 yuan)

地　区	Region	引进技术经费支出 Expenditure for Acquisition of Foreign Technology	消化吸收经费支出 Expenditure for Assimilation of Technology	购买国内技术经费支出 Expenditure for Purchase of Domestic Technology	技术改造经费支出 Expenditure for Technical Renovation
全　国	**Total**	**762173**	**106302**	**293569**	**3688819**
东部地区	Eastern Region	600346	81743	244296	2470001
中部地区	Middle Region	7511	10813	21646	496951
西部地区	Western Region	149639	12138	22431	479597
东北地区	Northeaastern Region	4675	1607	5195	242268
北　京	Beijing	85485	1016	9511	36693
天　津	Tianjin	50288	321	862	29536
河　北	Hebei	779	5294	6221	38010
山　西	Shanxi		122	4255	8820
内蒙古	Inner Mongolia			3	1449
辽　宁	Liaoning	226	260	1702	106461
吉　林	Jilin	4449	1346	3216	46649
黑龙江	Heilongjiang			276	89157
上　海	Shanghai	70135	3308	6492	126229
江　苏	Jiangsu	147087	27661	41441	1225605
浙　江	Zhejiang	26715	15690	29407	311325
安　徽	Anhui	942	1166	3198	65348
福　建	Fujian	96007	2119	50950	129904
江　西	Jiangxi	1655	1266	220	134290
山　东	Shandong	36599	19772	50412	299388
河　南	Henan	1775	1184	1707	33678
湖　北	Hubei	2524	6326	3627	73349
湖　南	Hunan	614	748	8638	181465
广　东	Guangdong	87246	6351	43507	247986
广　西	Guangxi		644	2023	68356
海　南	Hainan		207	5488	25321
重　庆	Chongqing	907	568	1388	39251
四　川	Sichuan	146235	5993	14439	155690
贵　州	Guizhou		3800	137	46178
云　南	Yunnan	883	439	3219	4533
西　藏	Tibet				
陕　西	Shaanxi	1340	646	995	143419
甘　肃	Gansu	273	47	26	4193
青　海	Qinghai				
宁　夏	Ningxia			200	6767
新　疆	Xinjiang				9757

2-6-3　按行业和企业规模分高技术产业技术获取和技术改造情况(2012年)

Technology Acquisition and Renovation in High-tech Industry by Industrial Sector and Scale of Enterprises(2012)

单位：万元　　(10000 yuan)

行　业	Industry	大型企业 Large-sized Enterprises			
		引进技术经费支出 Expenditure for Acquisition of Foreign Technology	消化吸收经费支出 Expenditure for Assimilation of Technology	购买国内技术经费支出 Expenditure for Purchase of Domestic Technology	技术改造经费支出 Expenditure for Technical Renovation
合计	**Total**	**594940**	**64755**	**162303**	**2238995**
医药制造业	**Manufacture of Medicines**	**36754**	**35769**	**75279**	**439899**
#化学药品制造	Manufacture of Chemical Medicine	28742	27239	63687	304613
中成药生产	Production of Finished Traditional Chinese Herbal Medicine	123	1205	6743	54068
生物药品制造	Manufacture of Biological Medicine	1128	255	287	52326
航空、航天器及设备制造业	**Manufacture of Aircrafts and Spacecrafts and Related Equipment**	**9693**	**1523**	**8930**	**470290**
#飞机制造	Manufacture of Airplanes	7868	1523	8776	452036
航天器制造	Manufacture of Spacecrafts				8380
电子及通信设备制造业	**Manufacture of Electronic Equipment and Communication Equipment**	**514442**	**24508**	**66844**	**848090**
#通信设备制造	Manufacture of Communication Equipment	44050	581	8880	77338
#通信系统设备制造	Manufacture of Communication System Equipment	6447	200	200	53527
通信终端设备制造	Manufacture of Communication Terminal Equipment	37602	381	8680	23810
广播电视设备制造	Manufacture of Broadcasting and TV Equipment	1732	841		11667
雷达及配套设备制造	Manufacture of Radar and Its Fittings	689		2262	20723
视听设备制造	Manufacture of TV Set and Radio Receiver	193581	6885	28694	166720
电子器件制造	Manufacture of Electronic Appliances	170034	8608	7048	234588
#电子真空器件制造	Manufacture of Electronic Vacuum Appliance				9744
半导体分立器件制造	Manufacture of Semiconductor Discreting Appliances				1144
集成电路制造	Manufacture of Integrate Circuit	12070	975		61774
电子元件制造	Manufacture of Electronic Components	71757	2692	7580	137432
其他电子设备制造	Manufacture of Other Electronic Equipment	2504	1643	689	10064
计算机及办公设备制造业	**Manufacture of Computers and Office Equipment**	**20582**	**490**	**10089**	**150322**
#计算机整机制造	Manufacture of Entired Computer		326		42924
计算机零部件制造	Manufacture of Computer Components and Parts				10244
计算机外围设备制造	Manufacture of Computer Peripheral Equipment	16705	164	10089	94015
办公设备制造	Manufacture of Office Equipment	3876			2578
医疗仪器设备及仪器仪表制造业	**Manufacture of Medical Equipments and Measuring Instrument**	**13469**	**2463**	**1159**	**330391**
1.医疗仪器设备及器械制造	Manufacture of Medical Equipment and Appliance			530	26926
2.仪器仪表制造	Manufacture of Measuring Instrument	13469	2463	629	303464

2-6-3 续表 continued

单位：万元 (10000 yuan)

行业	Industry	中型企业 Medium-sized Enterprises			
		引进技术经费支出 Expenditure for Acquisition of Foreign Technology	消化吸收经费支出 Expenditure for Assimilation of Technology	购买国内技术经费支出 Expenditure for Purchase of Domestic Technology	技术改造经费支出 Expenditure for Technical Renovation
合计	**Total**	**138112**	**28423**	**76038**	**952783**
医药制造业	**Manufacture of Medicines**	**14976**	**15587**	**41508**	**434029**
#化学药品制造	Manufacture of Chemical Medicine	11345	10457	29552	232999
中成药生产	Production of Finished Traditional Chinese Herbal Medicine	1552	3683	6325	125532
生物药品制造	Manufacture of Biological Medicine	1742	1084	3730	40197
航空、航天器及设备制造业	**Manufacture of Aircrafts and Spacecrafts and Related Equipment**		**2822**		**35708**
#飞机制造	Manufacture of Airplanes		2822		18964
航天器制造	Manufacture of Spacecrafts				13649
电子及通信设备制造业	**Manufacture of Electronic Equipment and Communication Equipment**	**49121**	**5665**	**15057**	**315937**
#通信设备制造	Manufacture of Communication Equipment	3316	594	1373	34335
#通信系统设备制造	Manufacture of Communication System Equipment	800	299	1017	22997
通信终端设备制造	Manufacture of Communication Terminal Equipment	2516	295	355	11338
广播电视设备制造	Manufacture of Broadcasting and TV Equipment	2090	26	12	6619
雷达及配套设备制造	Manufacture of Radar and Its Fittings	543	510	149	5175
视听设备制造	Manufacture of TV Set and Radio Receiver	4675	83	318	26960
电子器件制造	Manufacture of Electronic Appliances	26284	1450	7962	97416
#电子真空器件制造	Manufacture of Electronic Vacuum Appliance	14843	140		567
半导体分立器件制造	Manufacture of Semiconductor Discreting Appliances	4926	1017	580	24567
集成电路制造	Manufacture of Integrate Circuit	3090		86	3926
电子元件制造	Manufacture of Electronic Components	10628	2579	4170	99835
其他电子设备制造	Manufacture of Other Electronic Equipment	1462	156	714	13205
计算机及办公设备制造业	**Manufacture of Computers and Office Equipment**	**3541**	**332**	**1515**	**14254**
#计算机整机制造	Manufacture of Entired Computer			52	10518
计算机零部件制造	Manufacture of Computer Components and Parts	2506		115	921
计算机外围设备制造	Manufacture of Computer Peripheral Equipment			90	1178
办公设备制造	Manufacture of Office Equipment	218	17		701
医疗仪器设备及仪器仪表制造业	**Manufacture of Medical Equipments and Measuring Instrument**	**70474**	**4015**	**17957**	**152852**
1.医疗仪器设备及器械制造	Manufacture of Medical Equipment and Appliance	60983	464	758	40006
2.仪器仪表制造	Manufacture of Measuring Instrument	9490	3551	17199	112846

2-6-4　按行业分国有及国有控股企业高技术产业技术获取和技术改造情况(2012年)

Technology Acquisition and Renovation in High-tech Industry of State-owned and State-controlled Enterprises by Industrial Sector (2012)

单位：万元　　　　(10000 yuan)

行　业	Industry	引进技术经费支出 Expenditure for Acquisition of Foreign Technology	消化吸收经费支出 Expenditure for Assimilation of Technology	购买国内技术经费支出 Expenditure for Purchase of Domestic Technology	技术改造经费支出 Expenditure for Technical Renovation
合计	**Total**	**218126**	**26556**	**66309**	**1155516**
医药制造业	**Manufacture of Medicines**	**17006**	**12434**	**26030**	**303253**
#化学药品制造	Manufacture of Chemical Medicine	9817	10299	20909	215787
中成药生产	Production of Finished Traditional Chinese Herbal Medicine	123	490	2648	20702
生物药品制造	Manufacture of Biological Medicine	2327	550	1413	53113
航空、航天器及设备制造业	**Manufacture of Aircrafts and Spacecrafts and Related Equipment**	**6368**	**6946**	**8930**	**474115**
#飞机制造	Manufacture of Airplanes	6368	6946	8776	435199
航天器制造	Manufacture of Spacecrafts				22030
电子及通信设备制造业	**Manufacture of Electronic Equipment and Communication Equipment**	**183880**	**4855**	**22193**	**283289**
#通信设备制造	Manufacture of Communication Equipment	658	525	1338	64797
#通信系统设备制造	Manufacture of Communication System Equipment	3	200	900	53042
通信终端设备制造	Manufacture of Communication Terminal Equipment	654	325	438	11755
广播电视设备制造	Manufacture of Broadcasting and TV Equipment	3816			11580
雷达及配套设备制造	Manufacture of Radar and Its Fittings	689	210	2391	22028
视听设备制造	Manufacture of TV Set and Radio Receiver	142490	3684	5213	14904
电子器件制造	Manufacture of Electronic Appliances	30580	277	8148	108717
#电子真空器件制造	Manufacture of Electronic Vacuum Appliance	7825			6693
半导体分立器件制造	Manufacture of Semiconductor Discreting Appliances			418	9525
集成电路制造	Manufacture of Integrate Circuit	811		694	2221
电子元件制造	Manufacture of Electronic Components	3022	26	4845	39646
其他电子设备制造	Manufacture of Other Electronic Equipment	2302		119	4557
计算机及办公设备制造业	**Manufacture of Computers and Office Equipment**	**409**	**488**	**8268**	**49116**
#计算机整机制造	Manufacture of Entired Computer		326	25	40034
计算机零部件制造	Manufacture of Computer Components and Parts				55
计算机外围设备制造	Manufacture of Computer Peripheral Equipment	409	162	8101	9026
办公设备制造	Manufacture of Office Equipment			141	
医疗仪器设备及仪器仪表制造业	**Manufacture of Medical Equipments and Measuring Instrument**	**10461**	**1831**	**887**	**45741**
1.医疗仪器设备及器械制造	Manufacture of Medical Equipment and Appliance	180	21	530	6163
2.仪器仪表制造	Manufacture of Measuring Instrument	10281	1810	357	39578

2-6-5 按行业和登记注册类型分高技术产业技术获取和技术改造情况(2012年)

Technology Acquisition and Renovation in High-tech Industry by Industrial Sector and Registration Status(2012)

单位：万元 (10000 yuan)

行业	Industry	内资企业 Domestic Funded			
		引进技术经费支出 Expenditure for Acquisition of Foreign Technology	消化吸收经费支出 Expenditure for Assimilation of Technology	购买国内技术经费支出 Expenditure for Purchase of Domestic Technology	技术改造经费支出 Expenditure for Technical Renovation
合计	**Total**	**286782**	**78433**	**184089**	**2782944**
医药制造业	**Manufacture of Medicines**	**43456**	**44473**	**102169**	**871315**
#化学药品制造	Manufacture of Chemical Medicine	28564	30305	71725	485599
中成药生产	Production of Finished Traditional Chinese Herbal Medicine	2304	4592	11668	179106
生物药品制造	Manufacture of Biological Medicine	5420	1513	6877	116244
航空、航天器及设备制造业	**Manufacture of Aircrafts and Spacecrafts and Related Equipment**	**7868**	**8146**	**8930**	**528293**
#飞机制造	Manufacture of Airplanes	7868	8146	8776	486597
航天器制造	Manufacture of Spacecrafts				22030
电子及通信设备制造业	**Manufacture of Electronic Equipment and Communication Equipment**	**223710**	**17937**	**52285**	**855605**
#通信设备制造	Manufacture of Communication Equipment	7135	874	3642	108957
#通信系统设备制造	Manufacture of Communication System Equipment	6977	514	1100	81995
通信终端设备制造	Manufacture of Communication Terminal Equipment	157	360	2541	26961
广播电视设备制造	Manufacture of Broadcasting and TV Equipment	5192	32	1157	20767
雷达及配套设备制造	Manufacture of Radar and Its Fittings	1232	510	2462	25899
视听设备制造	Manufacture of TV Set and Radio Receiver	148431	4500	5963	54723
电子器件制造	Manufacture of Electronic Appliances	45740	3247	12847	227094
#电子真空器件制造	Manufacture of Electronic Vacuum Appliance	7825			10719
半导体分立器件制造	Manufacture of Semiconductor Discreting Appliances	86	124	1101	22781
集成电路制造	Manufacture of Integrate Circuit	1657	158	993	40999
电子元件制造	Manufacture of Electronic Components	6987	2854	13090	185255
其他电子设备制造	Manufacture of Other Electronic Equipment	4170	1848	2801	25916
计算机及办公设备制造业	**Manufacture of Computers and Office Equipment**	**2151**	**1285**	**9916**	**58838**
#计算机整机制造	Manufacture of Entired Computer	667	326	183	43292
计算机零部件制造	Manufacture of Computer Components and Parts	39		115	527
计算机外围设备制造	Manufacture of Computer Peripheral Equipment	409	162	8151	12152
办公设备制造	Manufacture of Office Equipment	218	32	204	865
医疗仪器设备及仪器仪表制造业	**Manufacture of Medical Equipments and Measuring Instrument**	**9594**	**6591**	**10787**	**468890**
1.医疗仪器设备及器械制造	Manufacture of Medical Equipment and Appliance	1437	1409	1550	77643
2.仪器仪表制造	Manufacture of Measuring Instrument	8157	5181	9237	391247

2-6-5　续表 1　continued

单位：万元 (10000 yuan)

行　业	Industry	#国有企业 State-owned Enterprises 引进技术经费支出 Expenditure for Acquisition of Foreign Technology	消化吸收经费支出 Expenditure for Assimilation of Technology	购买国内技术经费支出 Expenditure for Purchase of Domestic Technology	技术改造经费支出 Expenditure for Technical Renovation
合计	**Total**	**10878**	**9080**	**9846**	**169654**
医药制造业	**Manufacture of Medicines**	**1627**	**1065**	**2510**	**40145**
#化学药品制造	Manufacture of Chemical Medicine	531	984	1802	30125
中成药生产	Production of Finished Traditional Chinese Herbal Medicine		80	708	7111
生物药品制造	Manufacture of Biological Medicine	1096			1951
航空、航天器及设备制造业	**Manufacture of Aircrafts and Spacecrafts and Related Equipment**	**1503**	**4123**	**846**	**34667**
#飞机制造	Manufacture of Airplanes	1503	4123	692	7222
航天器制造	Manufacture of Spacecrafts				16969
电子及通信设备制造业	**Manufacture of Electronic Equipment and Communication Equipment**	**7653**	**3821**	**5778**	**66823**
#通信设备制造	Manufacture of Communication Equipment			80	26230
#通信系统设备制造	Manufacture of Communication System Equipment			80	26230
通信终端设备制造	Manufacture of Communication Terminal Equipment				
广播电视设备制造	Manufacture of Broadcasting and TV Equipment				
雷达及配套设备制造	Manufacture of Radar and Its Fittings		210	128	2000
视听设备制造	Manufacture of TV Set and Radio Receiver	7653	3611	5152	12065
电子器件制造	Manufacture of Electronic Appliances			418	2007
#电子真空器件制造	Manufacture of Electronic Vacuum Appliance				59
半导体分立器件制造	Manufacture of Semiconductor Discreting Appliances			418	663
集成电路制造	Manufacture of Integrate Circuit				435
电子元件制造	Manufacture of Electronic Components				19567
其他电子设备制造	Manufacture of Other Electronic Equipment				4461
计算机及办公设备制造业	**Manufacture of Computers and Office Equipment**				
#计算机整机制造	Manufacture of Entired Computer				
计算机零部件制造	Manufacture of Computer Components and Parts				
计算机外围设备制造	Manufacture of Computer Peripheral Equipment				
办公设备制造	Manufacture of Office Equipment				
医疗仪器设备及仪器仪表制造业	**Manufacture of Medical Equipments and Measuring Instrument**	**94**	**70**	**710**	**28018**
1.医疗仪器设备及器械制造	Manufacture of Medical Equipment and Appliance			530	5471
2.仪器仪表制造	Manufacture of Measuring Instrument	94	70	180	22546

2-6-5 续表 2 continued

单位：万元 (10000 yuan)

行 业	Industry	港澳台投资企业 Enterprises with Funds from Hong Kong, Macau and Taiwan			
		引进技术经费支出 Expenditure for Acquisition of Foreign Technology	消化吸收经费支出 Expenditure for Assimilation of Technology	购买国内技术经费支出 Expenditure for Purchase of Domestic Technology	技术改造经费支出 Expenditure for Technical Renovation
合计	**Total**	**118736**	**15640**	**74779**	**484707**
医药制造业	**Manufacture of Medicines**	**1598**	**7731**	**21779**	**63913**
#化学药品制造	Manufacture of Chemical Medicine	1201	7165	18553	32682
中成药生产	Production of Finished Traditional Chinese Herbal Medicine	62	555	2188	21387
生物药品制造	Manufacture of Biological Medicine	289		62	8427
航空、航天器及设备制造业	**Manufacture of Aircrafts and Spacecrafts and Related Equipment**	**1824**			
#飞机制造	Manufacture of Airplanes				
航天器制造	Manufacture of Spacecrafts				
电子及通信设备制造业	**Manufacture of Electronic Equipment and Communication Equipment**	**109236**	**7189**	**33325**	**275137**
#通信设备制造	Manufacture of Communication Equipment	3951	159	1243	16548
#通信系统设备制造	Manufacture of Communication System Equipment	800		300	12653
通信终端设备制造	Manufacture of Communication Terminal Equipment	3151	159	943	3894
广播电视设备制造	Manufacture of Broadcasting and TV Equipment		2		3435
雷达及配套设备制造	Manufacture of Radar and Its Fittings				
视听设备制造	Manufacture of TV Set and Radio Receiver	799	426	23479	131442
电子器件制造	Manufacture of Electronic Appliances	62440	5144	4206	41141
#电子真空器件制造	Manufacture of Electronic Vacuum Appliance		140		
半导体分立器件制造	Manufacture of Semiconductor Discreting Appliances				1752
集成电路制造	Manufacture of Integrate Circuit	6837	50		1457
电子元件制造	Manufacture of Electronic Components	12549	1322	1687	64404
其他电子设备制造	Manufacture of Other Electronic Equipment	626			696
计算机及办公设备制造业	**Manufacture of Computers and Office Equipment**	**469**	**39**	**2111**	**92466**
#计算机整机制造	Manufacture of Entired Computer				10197
计算机零部件制造	Manufacture of Computer Components and Parts				697
计算机外围设备制造	Manufacture of Computer Peripheral Equipment	180	1	2027	81453
办公设备制造	Manufacture of Office Equipment				58
医疗仪器设备及仪器仪表制造业	**Manufacture of Medical Equipments and Measuring Instrument**	**5607**	**680**	**17564**	**53190**
1.医疗仪器设备及器械制造	Manufacture of Medical Equipment and Appliance	436	16	2793	10347
2.仪器仪表制造	Manufacture of Measuring Instrument	5171	663	14770	42842

2-6-5　续表 3　continued

单位：万元　　　　(10000 yuan)

行　业	Industry	外商投资企业 Foreign Funded Enterprises			
		引进技术经费支出 Expenditure for Acquisition of Foreign Technology	消化吸收经费支出 Expenditure for Assimilation of Technology	购买国内技术经费支出 Expenditure for Purchase of Domestic Technology	技术改造经费支出 Expenditure for Technical Renovation
合计	**Total**	**356654**	**12228**	**34700**	**421167**
医药制造业	**Manufacture of Medicines**	**10981**	**2022**	**17247**	**111853**
#化学药品制造	Manufacture of Chemical Medicine	10843	947	13228	92467
中成药生产	Production of Finished Traditional Chinese Herbal Medicine		872	3376	9031
生物药品制造	Manufacture of Biological Medicine	58	42	580	7976
航空、航天器及设备制造业	**Manufacture of Aircrafts and Spacecrafts and Related Equipment**				**417**
#飞机制造	Manufacture of Airplanes				
航天器制造	Manufacture of Spacecrafts				
电子及通信设备制造业	**Manufacture of Electronic Equipment and Communication Equipment**	**247998**	**7438**	**16617**	**219231**
#通信设备制造	Manufacture of Communication Equipment	36967	347	5822	8284
#通信系统设备制造	Manufacture of Communication System Equipment		190		2348
通信终端设备制造	Manufacture of Communication Terminal Equipment	36967	157	5822	5935
广播电视设备制造	Manufacture of Broadcasting and TV Equipment	2446	841		
雷达及配套设备制造	Manufacture of Radar and Its Fittings				
视听设备制造	Manufacture of TV Set and Radio Receiver	49140	2041	150	34282
电子器件制造	Manufacture of Electronic Appliances	89452	2683	964	94413
#电子真空器件制造	Manufacture of Electronic Vacuum Appliance	7018			508
半导体分立器件制造	Manufacture of Semiconductor Discreting Appliances	4896	1558		6847
集成电路制造	Manufacture of Integrate Circuit	6832	925	86	27173
电子元件制造	Manufacture of Electronic Components	69990	1522	195	52981
其他电子设备制造	Manufacture of Other Electronic Equipment				3431
计算机及办公设备制造业	**Manufacture of Computers and Office Equipment**	**23682**	**1286**	**52**	**16917**
#计算机整机制造	Manufacture of Entired Computer			52	1044
计算机零部件制造	Manufacture of Computer Components and Parts	2506			10669
计算机外围设备制造	Manufacture of Computer Peripheral Equipment	16121	1286		2625
办公设备制造	Manufacture of Office Equipment	3923			2578
医疗仪器设备及仪器仪表制造业	**Manufacture of Medical Equipments and Measuring Instrument**	**73992**	**1480**	**782**	**72748**
1.医疗仪器设备及器械制造	Manufacture of Medical Equipment and Appliance	61176	396	108	6791
2.仪器仪表制造	Manufacture of Measuring Instrument	12815	1083	674	65957

2-6-6 按地区和企业规模分高技术产业技术获取和技术改造情况(2012年)

Technology Acquisition and Renovation in High-tech Industry by Region and Scale of Enterprises(2012)

单位: 万元 (10000 yuan)

地 区	Region	大型企业 Large-sized Enterprises			
		引进技术经费支出 Expenditure for Acquisition of Foreign Technology	消化吸收经费支出 Expenditure for Assimilation of Technology	购买国内技术经费支出 Expenditure for Purchase of Domestic Technology	技术改造经费支出 Expenditure for Technical Renovation
全 国	**Total**	**594940**	**64755**	**162303**	**2238995**
东部地区	Eastern Region	447157	57234	139794	1583356
中部地区	Middle Region	4583	3772	6757	222803
西部地区	Western Region	143054	3433	14271	241559
东北地区	Northeaastern Region	146	314	1480	191275
北 京	Beijing	15201	599		2928
天 津	Tianjin	49173			12214
河 北	Hebei	779	4768	5874	33174
山 西	Shanxi			2050	8349
内 蒙 古	Inner Mongolia				862
辽 宁	Liaoning	146	34	1060	99837
吉 林	Jilin		280	365	17871
黑 龙 江	Heilongjiang			55	73566
上 海	Shanghai	57639	1084	5608	94087
江 苏	Jiangsu	125096	21043	18676	810593
浙 江	Zhejiang	14574	12291	16245	178579
安 徽	Anhui				8385
福 建	Fujian	88068	601	40329	80915
江 西	Jiangxi	1650	1250	62	112426
山 东	Shandong	35100	15285	40021	225836
河 南	Henan	1503	468	938	23315
湖 北	Hubei	1387	1790	1874	40172
湖 南	Hunan	42	264	1831	30154
广 东	Guangdong	61522	1560	13038	145026
广 西	Guangxi		146	1993	20143
海 南	Hainan				
重 庆	Chongqing	123	84	250	6374
四 川	Sichuan	141825	2568	10656	77365
贵 州	Guizhou			87	25372
云 南	Yunnan	60	281	638	430
西 藏	Tibet				
陕 西	Shaanxi	773	353	645	105776
甘 肃	Gansu	273			34
青 海	Qinghai				
宁 夏	Ningxia				5200
新 疆	Xinjiang				

2-6-6 续表 continued

单位：万元 (10000 yuan)

地 区	Region	中型企业 Medium-sized Enterprises 引进技术经费支出 Expenditure for Acquisition of Foreign Technology	消化吸收经费支出 Expenditure for Assimilation of Technology	购买国内技术经费支出 Expenditure for Purchase of Domestic Technology	技术改造经费支出 Expenditure for Technical Renovation
全 国	**Total**	**138112**	**28423**	**76038**	**952783**
东部地区	Eastern Region	129200	17659	62302	588080
中部地区	Middle Region	1491	5571	8428	166196
西部地区	Western Region	2891	4252	4160	156499
东北地区	Northeaastern Region	4529	940	1148	42007
北 京	Beijing	68417		934	14329
天 津	Tianjin	868	321	242	15864
河 北	Hebei		81	273	2088
山 西	Shanxi		122	2205	65
内蒙古	Inner Mongolia				553
辽 宁	Liaoning	80		344	1793
吉 林	Jilin	4449	940	804	25893
黑龙江	Heilongjiang				14320
上 海	Shanghai	10116	2223	390	16494
江 苏	Jiangsu	17340	4753	11486	270025
浙 江	Zhejiang	8949	1414	7787	97200
安 徽	Anhui	874	388	1974	43279
福 建	Fujian	745	1249	7070	37129
江 西	Jiangxi	5		158	19683
山 东	Shandong	1338	3778	9074	43820
河 南	Henan	272	394	457	7825
湖 北	Hubei	339	4242	1101	25495
湖 南	Hunan		424	2532	69847
广 东	Guangdong	21424	3660	19801	72573
广 西	Guangxi				16749
海 南	Hainan		176	5242	18555
重 庆	Chongqing	784	451	751	29127
四 川	Sichuan	933	3393	3078	65528
贵 州	Guizhou				5843
云 南	Yunnan	823	128	80	3133
西 藏	Tibet				
陕 西	Shaanxi	351	231	224	22451
甘 肃	Gansu		47	26	2788
青 海	Qinghai				
宁 夏	Ningxia				1024
新 疆	Xinjiang				9300

2-6-7 各地区国有及国有控股企业高技术产业技术获取和技术改造情况(2012年)

Technology Acquisition and Renovation in High-tech Industry of State-owned and State-controlled Enterprises by Region (2012)

单位：万元 (10000 yuan)

地　区	Region	引进技术经费支出 Expenditure for Acquisition of Foreign Technology	消化吸收经费支出 Expenditure for Assimilation of Technology	购买国内技术经费支出 Expenditure for Purchase of Domestic Technology	技术改造经费支出 Expenditure for Technical Renovation
全　国	**Total**	**218126**	**26556**	**66309**	**1155516**
东部地区	Eastern Region	74737	18648	45559	424634
中部地区	Middle Region	2465	545	5492	232815
西部地区	Western Region	140777	7327	13660	325121
东北地区	Northeaastern Region	146	34	1596	172944
北　京	Beijing	10966	344	1369	15202
天　津	Tianjin	180	321	388	27519
河　北	Hebei	526	830	1226	13045
山　西	Shanxi			1651	8229
内蒙古	Inner Mongolia				
辽　宁	Liaoning	146	34	1400	99837
吉　林	Jilin				
黑龙江	Heilongjiang			196	73107
上　海	Shanghai	24866	2068	5476	72518
江　苏	Jiangsu	787	40	2196	33842
浙　江	Zhejiang	8911	8185	12770	94900
安　徽	Anhui	594	50	817	22647
福　建	Fujian	10175	78	4187	10666
江　西	Jiangxi	5			110871
山　东	Shandong	12579	6382	8376	92326
河　南	Henan	1503		619	16115
湖　北	Hubei	320	455	490	43378
湖　南	Hunan	42	39	1914	31573
广　东	Guangdong	5744	397	9569	62076
广　西	Guangxi			8	1253
海　南	Hainan				2537
重　庆	Chongqing	123	116	455	16066
四　川	Sichuan	138785	3198	12383	121531
贵　州	Guizhou		3800	87	41181
云　南	Yunnan	823		80	3320
西　藏	Tibet				
陕　西	Shaanxi	773	212	645	130824
甘　肃	Gansu	273			1523
青　海	Qinghai				
宁　夏	Ningxia				
新　疆	Xinjiang				9420

2-6-8 按地区和登记注册类型分高技术产业技术获取和技术改造情况(2012年)

Technology Acquisition and Renovation in High-tech Industry by Region and Registration Status(2012)

单位：万元 (10000 yuan)

地区	Region	内资企业 Domestic Funded			
		引进技术经费支出 Expenditure for Acquisition of Foreign Technology	消化吸收经费支出 Expenditure for Assimilation of Technology	购买国内技术经费支出 Expenditure for Purchase of Domestic Technology	技术改造经费支出 Expenditure for Technical Renovation
全国	**Total**	**286782**	**78433**	**184089**	**2782944**
东部地区	Eastern Region	127379	54474	137445	1659885
中部地区	Middle Region	7453	10313	19622	451211
西部地区	Western Region	147352	12037	21942	445672
东北地区	Northeaastern Region	4595	1607	5080	226174
北京	Beijing	12172	389	3420	31528
天津	Tianjin	7	300	862	28702
河北	Hebei	526	1356	1499	19854
山西	Shanxi		122	2712	4241
内蒙古	Inner Mongolia			3	1437
辽宁	Liaoning	146	260	1702	102810
吉林	Jilin	4449	1346	3216	46409
黑龙江	Heilongjiang			161	76954
上海	Shanghai	21245	2068	5843	90941
江苏	Jiangsu	22725	14856	27964	775585
浙江	Zhejiang	24219	14589	26328	244899
安徽	Anhui	884	1124	3178	61639
福建	Fujian	15963	963	13458	46630
江西	Jiangxi	1655	1250	64	131958
山东	Shandong	19155	17258	40955	281602
河南	Henan	1775	823	1677	29370
湖北	Hubei	2524	6246	3481	55880
湖南	Hunan	614	748	8508	168121
广东	Guangdong	11364	2660	14940	127747
广西	Guangxi		644	2023	50367
海南	Hainan		31	2172	12393
重庆	Chongqing	861	568	1388	29554
四川	Sichuan	143994	5993	14439	154914
贵州	Guizhou		3800	137	46178
云南	Yunnan	883	338	2730	4173
西藏	Tibet				
陕西	Shaanxi	1340	646	995	139352
甘肃	Gansu	273	47	26	4193
青海	Qinghai				
宁夏	Ningxia			200	5743
新疆	Xinjiang				9757

2-6-8 续表 1 continued

单位：万元 (10000 yuan)

地 区	Region	#国有企业 State-owned Enterprises 引进技术经费支出 Expenditure for Acquisition of Foreign Technology	消化吸收经费支出 Expenditure for Assimilation of Technology	购买国内技术经费支出 Expenditure for Purchase of Domestic Technology	技术改造经费支出 Expenditure for Technical Renovation
全　国	**Total**	**10878**	**9080**	**9846**	**169654**
东部地区	Eastern Region	8273	4664	7890	65664
中部地区	Middle Region	1508	374	1598	55522
西部地区	Western Region	1096	4042	357	48467
东北地区	Northeaastern Region				
北　京	Beijing				7166
天　津	Tianjin		90	254	224
河　北	Hebei	526	830	1176	9264
山　西	Shanxi			108	4056
内蒙古	Inner Mongolia				
辽　宁	Liaoning				
吉　林	Jilin				
黑龙江	Heilongjiang				
上　海	Shanghai	94	38		756
江　苏	Jiangsu		30	300	18053
浙　江	Zhejiang			458	5395
安　徽	Anhui		50	398	18535
福　建	Fujian				1219
江　西	Jiangxi	5			2549
山　东	Shandong	7653	3611	5682	17221
河　南	Henan	1503		619	1016
湖　北	Hubei		323	73	2658
湖　南	Hunan			400	26706
广　东	Guangdong		64	20	6363
广　西	Guangxi			8	888
海　南	Hainan				
重　庆	Chongqing		32	140	98
四　川	Sichuan		210	128	9050
贵　州	Guizhou		3800		7443
云　南	Yunnan	823		80	3120
西　藏	Tibet				
陕　西	Shaanxi				27866
甘　肃	Gansu	273			
青　海	Qinghai				
宁　夏	Ningxia				
新　疆	Xinjiang				

2-6-8　续表 2　continued

单位：万元　(10000 yuan)

地　区	Region	港澳台投资企业 Enterprises with Funds from Hong Kong, Macau and Taiwan			
		引进技术经费支出 Expenditure for Acquisition of Foreign Technology	消化吸收经费支出 Expenditure for Assimilation of Technology	购买国内技术经费支出 Expenditure for Purchase of Domestic Technology	技术改造经费支出 Expenditure for Technical Renovation
全　国	**Total**	**118736**	**15640**	**74779**	**484707**
东部地区	Eastern Region	118656	15462	74308	435792
中部地区	Middle Region		77	180	17597
西部地区	Western Region		101	231	28687
东北地区	Northeaastern Region	80		60	2630
北　京	Beijing			6091	2689
天　津	Tianjin	26036			626
河　北	Hebei	253	3432	3347	1536
山　西	Shanxi				405
内 蒙 古	Inner Mongolia				
辽　宁	Liaoning	80			2391
吉　林	Jilin				239
黑 龙 江	Heilongjiang			60	
上　海	Shanghai	18765	710	45	12242
江　苏	Jiangsu	52634	5611	6605	287980
浙　江	Zhejiang	633	112	1900	23392
安　徽	Anhui			20	3150
福　建	Fujian	10966	1066	31825	16165
江　西	Jiangxi		16		2292
山　东	Shandong		1782	5909	4184
河　南	Henan		61	30	744
湖　北	Hubei				1640
湖　南	Hunan			130	9365
广　东	Guangdong	9366	2746	18583	81338
广　西	Guangxi				17988
海　南	Hainan				5637
重　庆	Chongqing				9255
四　川	Sichuan				
贵　州	Guizhou				
云　南	Yunnan		101	231	360
西　藏	Tibet				
陕　西	Shaanxi				58
甘　肃	Gansu				
青　海	Qinghai				
宁　夏	Ningxia				1024
新　疆	Xinjiang				

2-6-8 续表 3 continued

单位：万元 (10000 yuan)

地 区	Region	外商投资企业 Foreign Funded Enterprises 引进技术经费支出 Expenditure for Acquisition of Foreign Technology	消化吸收经费支出 Expenditure for Assimilation of Technology	购买国内技术经费支出 Expenditure for Purchase of Domestic Technology	技术改造经费支出 Expenditure for Technical Renovation
全 国	**Total**	**356654**	**12228**	**34700**	**421167**
东部地区	Eastern Region	354310	11806	32542	374324
中部地区	Middle Region	58	422	1844	28142
西部地区	Western Region	2286		257	5238
东北地区	Northeaastern Region			55	13462
北 京	Beijing	73313	626		2475
天 津	Tianjin	24243	21		207
河 北	Hebei		506	1375	16619
山 西	Shanxi			1543	4173
内蒙古	Inner Mongolia				12
辽 宁	Liaoning				1260
吉 林	Jilin				
黑龙江	Heilongjiang			55	12202
上 海	Shanghai	30125	528	603	23045
江 苏	Jiangsu	71727	7193	6871	162039
浙 江	Zhejiang	1863	988	1178	43034
安 徽	Anhui	58	42		557
福 建	Fujian	69077	89	5667	67109
江 西	Jiangxi			156	39
山 东	Shandong	17443	731	3548	13601
河 南	Henan		300		3564
湖 北	Hubei		80	145	15828
湖 南	Hunan				3978
广 东	Guangdong	66515	944	9983	38900
广 西	Guangxi				
海 南	Hainan		176	3315	7290
重 庆	Chongqing	46			441
四 川	Sichuan	2240			776
贵 州	Guizhou				
云 南	Yunnan			257	
西 藏	Tibet				
陕 西	Shaanxi				4009
甘 肃	Gansu				
青 海	Qinghai				
宁 夏	Ningxia				
新 疆	Xinjiang				

2-6-9 按地区和行业分高技术产业技术获取和技术改造情况(2012年)

Technology Acquisition and Renovation in High-tech Industry by Region and Industrial Sector(2012)

单位: 万元 (10000 yuan)

地区	Region	医药制造业 Medical and Pharmaceutical Products Manufacturing			
		引进技术经费支出 Expenditure for Acquisition of Foreign Technology	消化吸收经费支出 Expenditure for Assimilation of Technology	购买国内技术经费支出 Expenditure for Purchase of Domestic Technology	技术改造经费支出 Expenditure for Technical Renovation
全国	**Total**	**56037**	**54227**	**141196**	**1047081**
东部地区	Eastern Region	45718	41778	112866	689066
中部地区	Middle Region	2377	8117	15186	179257
西部地区	Western Region	3389	2750	8117	96295
东北地区	Northeaastern Region	4552	1581	5025	82462
北京	Beijing	2726	5	5511	5552
天津	Tianjin	80	90	862	11090
河北	Hebei	779	4849	5902	28364
山西	Shanxi		122	4147	4764
内蒙古	Inner Mongolia				1449
辽宁	Liaoning	102	234	1674	10821
吉林	Jilin	4449	1346	3216	44842
黑龙江	Heilongjiang			135	26798
上海	Shanghai	8116	596	1286	78219
江苏	Jiangsu	2277	6610	22062	138578
浙江	Zhejiang	18806	10969	19076	182472
安徽	Anhui	218	915	2492	32864
福建	Fujian	513	65	3388	22731
江西	Jiangxi	5		158	18950
山东	Shandong	10696	15202	44530	142326
河南	Henan	272	690	655	16724
湖北	Hubei	1882	5698	2937	26436
湖南	Hunan		691	4795	79518
广东	Guangdong	1722	3182	4757	54408
广西	Guangxi		146	2023	21402
海南	Hainan		207	5488	25321
重庆	Chongqing	861	526	1051	28203
四川	Sichuan	1021	1145	1325	11865
贵州	Guizhou			50	4993
云南	Yunnan	883	439	3139	3669
西藏	Tibet				
陕西	Shaanxi	351	446	302	6565
甘肃	Gansu	273	47	26	2644
青海	Qinghai				
宁夏	Ningxia			200	5743
新疆	Xinjiang				9757

2-6-9 续表 1 continued

单位：万元 (10000 yuan)

地区	Region	航空、航天器及设备制造业 Manufacture of Aircrafts and Spacecrafts and Related Equipment 引进技术经费支出 Expenditure for Acquisition of Foreign Technology	消化吸收经费支出 Expenditure for Assimilation of Technology	购买国内技术经费支出 Expenditure for Purchase of Domestic Technology	技术改造经费支出 Expenditure for Technical Renovation
全　国	**Total**	**9693**	**8146**	**8930**	**528710**
东部地区	Eastern Region	3324	1200	56	68787
中部地区	Middle Region	1503	323	800	123792
西部地区	Western Region	4865	6622	8074	185375
东北地区	Northeaastern Region				150756
北　京	Beijing				10732
天　津	Tianjin				
河　北	Hebei			46	3474
山　西	Shanxi			108	4056
内蒙古	Inner Mongolia				
辽　宁	Liaoning				93100
吉　林	Jilin				
黑龙江	Heilongjiang				57656
上　海	Shanghai				
江　苏	Jiangsu	1500	1200	9	54574
浙　江	Zhejiang				6
安　徽	Anhui				15
福　建	Fujian	1824			
江　西	Jiangxi				106571
山　东	Shandong				
河　南	Henan	1503		619	6383
湖　北	Hubei		323	73	6646
湖　南	Hunan				120
广　东	Guangdong				
广　西	Guangxi				
海　南	Hainan				
重　庆	Chongqing				
四　川	Sichuan	4092	2822	7629	62993
贵　州	Guizhou		3800		32518
云　南	Yunnan				
西　藏	Tibet				
陕　西	Shaanxi	773		444	88355
甘　肃	Gansu				1506
青　海	Qinghai				
宁　夏	Ningxia				
新　疆	Xinjiang				

2-6-9　续表 2　continued

单位：万元　　　　(10000 yuan)

地　区	Region	电子及通信设备制造业 Manufacture of Electronic Equipment and Communication Equipment			
		引进技术经费支出 Expenditure for Acquisition of Foreign Technology	消化吸收经费支出 Expenditure for Assimilation of Technology	购买国内技术经费支出 Expenditure for Purchase of Domestic Technology	技术改造经费支出 Expenditure for Technical Renovation
全　国	**Total**	**580945**	**32564**	**102228**	**1349974**
东部地区	Eastern Region	436630	28411	91830	1042255
中部地区	Middle Region	3579	1923	4638	135042
西部地区	Western Region	140612	2229	5759	172121
东北地区	Northeaastern Region	123			555
北　京	Beijing	21620	323	1163	17891
天　津	Tianjin	50028	210		17406
河　北	Hebei				1682
山　西	Shanxi				
内蒙古	Inner Mongolia				
辽　宁	Liaoning	123			499
吉　林	Jilin				
黑龙江	Heilongjiang				56
上　海	Shanghai	43657	952	5195	41773
江　苏	Jiangsu	134050	15980	12709	537555
浙　江	Zhejiang	6427	3800	7092	70305
安　徽	Anhui	714	197	644	21448
福　建	Fujian	93162	1769	45197	87913
江　西	Jiangxi	1650	1250	62	4796
山　东	Shandong	9657	3997	5260	99234
河　南	Henan		172	317	1383
湖　北	Hubei	642	304	587	37043
湖　南	Hunan	572		3027	70370
广　东	Guangdong	78026	1377	15210	168494
广　西	Guangxi				36088
海　南	Hainan				
重　庆	Chongqing		10	46	9034
四　川	Sichuan	140612	2019	5302	77927
贵　州	Guizhou			87	8566
云　南	Yunnan			80	864
西　藏	Tibet				
陕　西	Shaanxi		200	243	39605
甘　肃	Gansu				34
青　海	Qinghai				
宁　夏	Ningxia				
新　疆	Xinjiang				

2-6-9 续表 3 continued

单位：万元 (10000 yuan)

地 区	Region	计算机及办公设备制造业 Manufacture of Computer and Office Equipments			
		引进技术经费支出 Expenditure for Acquisition of Foreign Technology	消化吸收经费支出 Expenditure for Assimilation of Technology	购买国内技术经费支出 Expenditure for Purchase of Domestic Technology	技术改造经费支出 Expenditure for Technical Renovation
全 国	**Total**	**26302**	**2612**	**12079**	**168222**
东部地区	Eastern Region	26260	2149	11055	155603
中部地区	Middle Region	42	39	839	12594
西部地区	Western Region		423	43	24
东北地区	Northeaastern Region			141	
北 京	Beijing	672	669	115	536
天 津	Tianjin				110
河 北	Hebei				
山 西	Shanxi				
内蒙古	Inner Mongolia			3	
辽 宁	Liaoning				
吉 林	Jilin				
黑龙江	Heilongjiang			141	
上 海	Shanghai	3366			312
江 苏	Jiangsu	1171			78430
浙 江	Zhejiang			62	52
安 徽	Anhui				3100
福 建	Fujian	507	57	2116	18005
江 西	Jiangxi				25
山 东	Shandong	16116	26		39338
河 南	Henan			115	101
湖 北	Hubei			29	23
湖 南	Hunan	42	39	695	9344
广 东	Guangdong	4427	1397	8760	18819
广 西	Guangxi		423		
海 南	Hainan				
重 庆	Chongqing				
四 川	Sichuan			40	24
贵 州	Guizhou				
云 南	Yunnan				
西 藏	Tibet				
陕 西	Shaanxi				
甘 肃	Gansu				
青 海	Qinghai				
宁 夏	Ningxia				
新 疆	Xinjiang				

2-6-9 续表 4 continued

单位：万元 (10000 yuan)

地 区	Region	医疗仪器设备及仪器仪表制造业 Manufacture of Medical Equipments and Measuring Instrument			
		引进技术经费支出 Expenditure for Acquisition of Foreign Technology	消化吸收经费支出 Expenditure for Assimilation of Technology	购买国内技术经费支出 Expenditure for Purchase of Domestic Technology	技术改造经费支出 Expenditure for Technical Renovation
全 国	**Total**	**89194**	**8752**	**29134**	**594829**
东部地区	Eastern Region	88412	8204	28487	514288
中部地区	Middle Region	9	409	181	46265
西部地区	Western Region	772	112	436	25781
东北地区	Northeaastern Region		26	28	8494
北 京	Beijing	60466	18	2721	1981
天 津	Tianjin	180	21		928
河 北	Hebei		445	273	4488
山 西	Shanxi				
内 蒙 古	Inner Mongolia				
辽 宁	Liaoning		26	28	2040
吉 林	Jilin				1806
黑 龙 江	Heilongjiang				4646
上 海	Shanghai	14995	1759	10	5924
江 苏	Jiangsu	8088	3870	6659	416467
浙 江	Zhejiang	1482	920	3175	58490
安 徽	Anhui	9	53	60	7920
福 建	Fujian		228	248	1254
江 西	Jiangxi		16		3947
山 东	Shandong	129	546	621	18489
河 南	Henan		322		9085
湖 北	Hubei				3200
湖 南	Hunan		17	120	22112
广 东	Guangdong	3070	394	14778	6263
广 西	Guangxi		75		10865
海 南	Hainan				
重 庆	Chongqing	46	32	290	2012
四 川	Sichuan	509	5	141	2879
贵 州	Guizhou				100
云 南	Yunnan				
西 藏	Tibet				
陕 西	Shaanxi	216		4	8893
甘 肃	Gansu				7
青 海	Qinghai				
宁 夏	Ningxia				1024
新 疆	Xinjiang				

2-7-1 按行业分高技术产业企业办研发机构情况(2012年)
R&D Institutions in High-tech Industry by Industrial Sector (2012)

行业	Industry	有研发机构的企业数(个) Number of Enterprises with R&D Institutions (unit)	机构数(个) R&D Institutions (unit)	机构人员(人) Personnel in R&D Institutions (person)	机构经费支出(万元) Expenditure in R&D Institutions (10000 yuan)	#仪器设备 Equipment
合计	**Total**	**7840**	**9708**	**708005**	**15508969**	**8194732**
医药制造业	**Manufacture of Medicines**	**2090**	**2591**	**112722**	**2362275**	**1622836**
#化学药品制造	Manufacture of Chemical Medicine	883	1142	58346	1300468	896264
中成药生产	Production of Finished Traditional Chinese Herbal Medicine	526	618	26903	501928	370707
生物药品制造	Manufacture of Biological Medicine	325	398	14741	346483	232438
航空、航天器及设备制造业	**Manufacture of Aircrafts and Spacecrafts and Related Equipment**	**115**	**171**	**34326**	**562922**	**528480**
#飞机制造	Manufacture of Airplanes	70	104	27597	436114	453379
航天器制造	Manufacture of Spacecrafts	9	15	2031	50744	40510
电子及通信设备制造业	**Manufacture of Electronic Equipment and Communication Equipment**	**3608**	**4507**	**401374**	**9406999**	**4451013**
#通信设备制造	Manufacture of Communication Equipment	414	614	151696	4250468	811397
#通信系统设备制造	Manufacture of Communication System Equipment	243	395	128806	3752190	708712
通信终端设备制造	Manufacture of Communication Terminal Equipment	171	219	22890	498278	102684
广播电视设备制造	Manufacture of Broadcasting and TV Equipment	154	187	14842	207276	182657
雷达及配套设备制造	Manufacture of Radar and Its Fittings	30	53	6234	139934	104644
视听设备制造	Manufacture of TV Set and Radio Receiver	228	291	33118	918489	500250
电子器件制造	Manufacture of Electronic Appliances	868	1075	69538	1717891	1304349
#电子真空器件制造	Manufacture of Electronic Vacuum Appliance	29	37	1929	52044	39383
半导体分立器件制造	Manufacture of Semiconductor Discreting Appliances	123	146	6236	101190	169260
集成电路制造	Manufacture of Integrate Circuit	171	222	17907	513967	347913
电子元件制造	Manufacture of Electronic Components	1332	1557	85649	1389040	954056
其他电子设备制造	Manufacture of Other Electronic Equipment	256	319	17216	332967	131332
计算机及办公设备制造业	**Manufacture of Computers and Office Equipment**	**416**	**511**	**73913**	**1763743**	**597538**
#计算机整机制造	Manufacture of Entired Computer	56	71	24669	796698	218655
计算机零部件制造	Manufacture of Computer Components and Parts	114	125	22927	365926	119104
计算机外围设备制造	Manufacture of Computer Peripheral Equipment	111	147	12000	310538	137768
办公设备制造	Manufacture of Office Equipment	60	69	3871	69066	12411
医疗仪器设备及仪器仪表制造业	**Manufacture of Medical Equipments and Measuring Instrument**	**1611**	**1928**	**85670**	**1413028**	**994863**
1.医疗仪器设备及器械制造	Manufacture of Medical Equipment and Appliance	336	391	14968	318761	151425
2.仪器仪表制造	Manufacture of Measuring Instrument	1275	1537	70702	1094267	843438

2-7-2　各地区高技术产业企业办研发机构情况(2012年)

R&D Institutions in High-tech Industry by Region(2012)

地　区	Region	有研发机构的企业数(个) Number of Enterprises with R&D Institutions (unit)	机构数(个) R&D Institutions (unit)	机构人员(人) Personnel in R&D Institutions (person)	机构经费支出(万元) Expenditure in R&D Institutions (10000 yuan)	#仪器设备 Equipment
全　国	**Total**	**7840**	**9708**	**708005**	**15508969**	**8194732**
东部地区	Eastern Region	5989	7336	563439	13304478	6353946
中部地区	Middle Region	966	1219	64764	904143	656520
西部地区	Western Region	631	839	59219	976966	867340
东北地区	Northeaastern Region	254	314	20583	323381	316925
北　京	Beijing	230	287	20921	700673	238699
天　津	Tianjin	124	150	11992	235884	203248
河　北	Hebei	94	110	7633	107304	73318
山　西	Shanxi	36	43	2612	30412	19797
内蒙古	Inner Mongolia	20	20	700	7782	10479
辽　宁	Liaoning	114	159	10790	213212	187618
吉　林	Jilin	85	88	5208	53757	68544
黑龙江	Heilongjiang	55	67	4585	56411	60763
上　海	Shanghai	249	305	29320	800232	777278
江　苏	Jiangsu	2474	2904	138869	3369661	2349101
浙　江	Zhejiang	1020	1147	56319	1041953	684177
安　徽	Anhui	248	341	13552	204185	128459
福　建	Fujian	233	291	22141	463148	275959
江　西	Jiangxi	90	107	8712	114530	60775
山　东	Shandong	424	622	48132	1124945	679613
河　南	Henan	194	248	13736	142312	110364
湖　北	Hubei	209	256	18905	338644	264672
湖　南	Hunan	189	224	7247	74058	72450
广　东	Guangdong	1115	1487	226753	5437925	1061031
广　西	Guangxi	77	95	2664	48413	46028
海　南	Hainan	26	33	1359	22750	11518
重　庆	Chongqing	87	113	4757	76145	50375
四　川	Sichuan	180	235	25234	461876	339450
贵　州	Guizhou	57	69	6354	96763	106662
云　南	Yunnan	53	56	2338	59599	32964
西　藏	Tibet	3	4	46	1463	1111
陕　西	Shaanxi	111	185	14203	183594	240295
甘　肃	Gansu	23	39	1560	29058	30399
青　海	Qinghai	3	3	38	515	284
宁　夏	Ningxia	12	15	1249	10560	7616
新　疆	Xinjiang	5	5	76	1193	1673

2-7-3 按行业和企业规模分高技术产业企业办研发机构情况(2012年)

R&D Institutions in High-tech Industry by Industrial Sector and Scale of Enterprises(2012)

行业	Industry	大型企业 Large-sized Enterprises				
		有研发机构的企业数(个) Number of Enterprises with R&D Institutions (unit)	机构数(个) R&D Institutions (unit)	机构人员(人) Personnel in R&D Institutions (person)	机构经费支出(万元) Expenditure in R&D Institutions (10000 yuan)	#仪器设备 Equipment
合计	**Total**	**999**	**1709**	**419420**	**10579332**	**4967268**
医药制造业	**Manufacture of Medicines**	**189**	**365**	**42816**	**1037208**	**756810**
#化学药品制造	Manufacture of Chemical Medicine	111	233	26505	696770	475392
中成药生产	Production of Finished Traditional Chinese Herbal Medicine	54	82	10722	216339	172236
生物药品制造	Manufacture of Biological Medicine	12	19	2228	59616	65293
航空、航天器及设备制造业	**Manufacture of Aircrafts and Spacecrafts and Related Equipment**	**39**	**73**	**25872**	**372207**	**434878**
#飞机制造	Manufacture of Airplanes	26	51	22671	323622	386483
航天器制造	Manufacture of Spacecrafts	4	5	1425	15045	34239
电子及通信设备制造业	**Manufacture of Electronic Equipment and Communication Equipment**	**583**	**954**	**267716**	**7230254**	**2980657**
#通信设备制造	Manufacture of Communication Equipment	75	171	129440	3909096	677146
#通信系统设备制造	Manufacture of Communication System Equipment	31	111	115170	3558899	610489
通信终端设备制造	Manufacture of Communication Terminal Equipment	44	60	14270	350196	66656
广播电视设备制造	Manufacture of Broadcasting and TV Equipment	17	27	7562	84694	115253
雷达及配套设备制造	Manufacture of Radar and Its Fittings	7	14	4019	82416	79001
视听设备制造	Manufacture of TV Set and Radio Receiver	60	100	24898	796512	448953
电子器件制造	Manufacture of Electronic Appliances	167	245	40704	1191735	965765
#电子真空器件制造	Manufacture of Electronic Vacuum Appliance	4	6	469	20283	17000
半导体分立器件制造	Manufacture of Semiconductor Discreting Appliances	17	23	2197	30544	94032
集成电路制造	Manufacture of Integrate Circuit	36	66	10239	361954	276375
电子元件制造	Manufacture of Electronic Components	187	262	41870	693440	437548
其他电子设备制造	Manufacture of Other Electronic Equipment	27	52	7563	192845	76165
计算机及办公设备制造业	**Manufacture of Computers and Office Equipment**	**109**	**160**	**59376**	**1547772**	**514266**
#计算机整机制造	Manufacture of Entired Computer	25	35	22859	756497	201570
计算机零部件制造	Manufacture of Computer Components and Parts	32	35	19351	317171	99914
计算机外围设备制造	Manufacture of Computer Peripheral Equipment	26	49	7935	252771	120186
办公设备制造	Manufacture of Office Equipment	10	12	1825	42289	4538
医疗仪器设备及仪器仪表制造业	**Manufacture of Medical Equipments and Measuring Instrument**	**79**	**157**	**23640**	**391889**	**280656**
1.医疗仪器设备及器械制造	Manufacture of Medical Equipment and Appliance	15	26	2430	43697	23773
2.仪器仪表制造	Manufacture of Measuring Instrument	64	131	21210	348191	256883

2-7-3 续表

行 业	Industry	中型企业 Medium-sized Enterprises				
		有研发机构的企业数 (个) Number of Enterprises with R&D Institutions (unit)	机构数 (个) R&D Institutions (unit)	机构人员 (人) Personnel in R&D Institutions (person)	机构经费支出 (万元) Expenditure in R&D Institutions (10000 yuan)	#仪器设备 Equipment
合计	**Total**	**2809**	**3449**	**177106**	**3107225**	**2111048**
医药制造业	**Manufacture of Medicines**	**723**	**889**	**41888**	**806509**	**569627**
#化学药品制造	Manufacture of Chemical Medicine	342	425	21030	411493	306498
中成药生产	Production of Finished Traditional Chinese Herbal Medicine	194	229	9733	156886	124901
生物药品制造	Manufacture of Biological Medicine	93	123	6811	164466	104275
航空、航天器及设备制造业	**Manufacture of Aircrafts and Spacecrafts and Related Equipment**	**42**	**55**	**5122**	**108520**	**50695**
#飞机制造	Manufacture of Airplanes	28	34	2539	50312	28345
航天器制造	Manufacture of Spacecrafts	4	6	596	35652	6201
电子及通信设备制造业	**Manufacture of Electronic Equipment and Communication Equipment**	**1418**	**1750**	**87533**	**1462730**	**1077002**
#通信设备制造	Manufacture of Communication Equipment	125	173	13848	224839	92552
#通信系统设备制造	Manufacture of Communication System Equipment	73	105	8350	117518	70751
通信终端设备制造	Manufacture of Communication Terminal Equipment	52	68	5498	107320	21801
广播电视设备制造	Manufacture of Broadcasting and TV Equipment	55	69	4486	71694	49575
雷达及配套设备制造	Manufacture of Radar and Its Fittings	13	26	1693	50820	24305
视听设备制造	Manufacture of TV Set and Radio Receiver	83	98	5677	85145	37094
电子器件制造	Manufacture of Electronic Appliances	333	413	19016	372192	243858
#电子真空器件制造	Manufacture of Electronic Vacuum Appliance	12	18	1227	29559	21076
半导体分立器件制造	Manufacture of Semiconductor Discreting Appliances	45	56	2578	48515	60942
集成电路制造	Manufacture of Integrate Circuit	60	71	4736	100214	43250
电子元件制造	Manufacture of Electronic Components	626	739	31052	474561	369838
其他电子设备制造	Manufacture of Other Electronic Equipment	79	99	5320	87964	31816
计算机及办公设备制造业	**Manufacture of Computers and Office Equipment**	**156**	**180**	**9370**	**138337**	**56605**
#计算机整机制造	Manufacture of Entired Computer	15	18	1236	29026	9856
计算机零部件制造	Manufacture of Computer Components and Parts	54	61	2848	39899	16461
计算机外围设备制造	Manufacture of Computer Peripheral Equipment	44	48	2404	31938	8932
办公设备制造	Manufacture of Office Equipment	20	24	1374	15225	3720
医疗仪器设备及仪器仪表制造业	**Manufacture of Medical Equipments and Measuring Instrument**	**470**	**575**	**33193**	**591128**	**357117**
1.医疗仪器设备及器械制造	Manufacture of Medical Equipment and Appliance	115	133	7563	184656	88704
2.仪器仪表制造	Manufacture of Measuring Instrument	355	442	25630	406471	268413

2-7-4 按行业分国有及国有控股企业高技术产业企业办研发机构情况(2012年)

R&D Institutions in High-tech Industry of State-owned and State-controlled Enterprises by Industrial Sector (2012)

行 业	Industry	有研发机构的企业数(个) Number of Enterprises with R&D Institutions (unit)	机构数(个) R&D Institutions (unit)	机构人员(人) Personnel in R&D Institutions (person)	机构经费支出(万元) Expenditure in R&D Institutions (10000 yuan)	#仪器设备 Equipment
合计	**Total**	**765**	**1168**	**157890**	**3672677**	**2312571**
医药制造业	**Manufacture of Medicines**	**218**	**303**	**18111**	**408737**	**305253**
#化学药品制造	Manufacture of Chemical Medicine	106	150	10398	216184	188399
中成药生产	Production of Finished Traditional Chinese Herbal Medicine	68	94	4463	110928	66498
生物药品制造	Manufacture of Biological Medicine	24	37	1943	55930	35392
航空、航天器及设备制造业	**Manufacture of Aircrafts and Spacecrafts and Related Equipment**	**84**	**131**	**32658**	**518908**	**504369**
#飞机制造	Manufacture of Airplanes	58	89	26681	406356	431890
航天器制造	Manufacture of Spacecrafts	8	11	2021	50698	40441
电子及通信设备制造业	**Manufacture of Electronic Equipment and Communication Equipment**	**314**	**492**	**79974**	**2227778**	**1148464**
#通信设备制造	Manufacture of Communication Equipment	73	126	35258	1013948	279417
#通信系统设备制造	Manufacture of Communication System Equipment	44	82	31270	944896	262642
通信终端设备制造	Manufacture of Communication Terminal Equipment	29	44	3988	69051	16774
广播电视设备制造	Manufacture of Broadcasting and TV Equipment	12	13	1769	27822	40277
雷达及配套设备制造	Manufacture of Radar and Its Fittings	17	33	5341	129052	93352
视听设备制造	Manufacture of TV Set and Radio Receiver	10	27	12808	410208	143326
电子器件制造	Manufacture of Electronic Appliances	97	133	11102	394468	375692
#电子真空器件制造	Manufacture of Electronic Vacuum Appliance	7	13	953	26331	20345
半导体分立器件制造	Manufacture of Semiconductor Discreting Appliances	15	19	1291	11938	103726
集成电路制造	Manufacture of Integrate Circuit	19	22	1893	42551	25442
电子元件制造	Manufacture of Electronic Components	74	109	9198	141368	129184
其他电子设备制造	Manufacture of Other Electronic Equipment	11	21	1899	47558	18774
计算机及办公设备制造业	**Manufacture of Computers and Office Equipment**	**28**	**63**	**11271**	**242651**	**78990**
#计算机整机制造	Manufacture of Entired Computer	10	20	4927	152641	47549
计算机零部件制造	Manufacture of Computer Components and Parts	1	2	270	3401	213
计算机外围设备制造	Manufacture of Computer Peripheral Equipment	11	25	2214	24663	6497
办公设备制造	Manufacture of Office Equipment	2	4	972	21199	1236
医疗仪器设备及仪器仪表制造业	**Manufacture of Medical Equipments and Measuring Instrument**	**121**	**179**	**15876**	**274601**	**275493**
1.医疗仪器设备及器械制造	Manufacture of Medical Equipment and Appliance	11	15	1196	17103	11932
2.仪器仪表制造	Manufacture of Measuring Instrument	110	164	14680	257498	263561

2-7-5 按行业和登记注册类型分高技术产业企业办研发机构情况(2012年)
R&D Institutions in High-tech Industry by Industrial Sector and Registration Status(2012)

行业	Industry	内资企业 Domestic Funded				
		有研发机构的企业数(个) Number of Enterprises with R&D Institutions (unit)	机构数(个) R&D Institutions (unit)	机构人员(人) Personnel in R&D Institutions (person)	机构经费支出(万元) Expenditure in R&D Institutions (10000 yuan)	#仪器设备 Equipment
合计	**Total**	**5325**	**6729**	**459402**	**9544012**	**4681037**
医药制造业	**Manufacture of Medicines**	**1685**	**2086**	**85693**	**1685837**	**1223986**
#化学药品制造	Manufacture of Chemical Medicine	692	891	42787	873982	659563
中成药生产	Production of Finished Traditional Chinese Herbal Medicine	446	526	22712	423894	301121
生物药品制造	Manufacture of Biological Medicine	247	306	9909	215662	155583
航空、航天器及设备制造业	**Manufacture of Aircrafts and Spacecrafts and Related Equipment**	**104**	**156**	**33754**	**539053**	**521689**
#飞机制造	Manufacture of Airplanes	63	97	27388	429850	450073
航天器制造	Manufacture of Spacecrafts	9	15	2031	50744	40510
电子及通信设备制造业	**Manufacture of Electronic Equipment and Communication Equipment**	**2066**	**2682**	**256821**	**6015923**	**2045648**
#通信设备制造	Manufacture of Communication Equipment	281	429	125865	3607244	437710
#通信系统设备制造	Manufacture of Communication System Equipment	190	308	116749	3473646	389748
通信终端设备制造	Manufacture of Communication Terminal Equipment	91	121	9116	133597	47961
广播电视设备制造	Manufacture of Broadcasting and TV Equipment	107	127	12186	137918	139860
雷达及配套设备制造	Manufacture of Radar and Its Fittings	29	52	6214	139830	104479
视听设备制造	Manufacture of TV Set and Radio Receiver	104	138	19491	548143	184214
电子器件制造	Manufacture of Electronic Appliances	467	597	29853	584201	517785
#电子真空器件制造	Manufacture of Electronic Vacuum Appliance	23	31	1762	48820	37015
半导体分立器件制造	Manufacture of Semiconductor Discreting Appliances	69	84	3787	49631	128572
集成电路制造	Manufacture of Integrate Circuit	82	109	6057	120605	81948
电子元件制造	Manufacture of Electronic Components	683	816	33860	481112	350287
其他电子设备制造	Manufacture of Other Electronic Equipment	170	231	12215	190030	73540
计算机及办公设备制造业	**Manufacture of Computers and Office Equipment**	**197**	**265**	**18986**	**360784**	**94622**
#计算机整机制造	Manufacture of Entired Computer	28	42	6605	196892	51459
计算机零部件制造	Manufacture of Computer Components and Parts	34	36	1964	20739	5167
计算机外围设备制造	Manufacture of Computer Peripheral Equipment	46	72	4612	53083	13355
办公设备制造	Manufacture of Office Equipment	42	50	2390	43150	8283
医疗仪器设备及仪器仪表制造业	**Manufacture of Medical Equipments and Measuring Instrument**	**1273**	**1540**	**64148**	**942414**	**795091**
1.医疗仪器设备及器械制造	Manufacture of Medical Equipment and Appliance	233	266	8647	121407	65257
2.仪器仪表制造	Manufacture of Measuring Instrument	1040	1274	55501	821006	729833

2-7-5 续表 1 continued

行业	Industry	#国有企业 State-owned Enterprises 有研发机构的企业数(个) Number of Enterprises with R&D Institutions (unit)	机构数(个) R&D Institutions (unit)	机构人员(人) Personnel in R&D Institutions (person)	机构经费支出(万元) Expenditure in R&D Institutions (10000 yuan)	#仪器设备 Equipment
合计	**Total**	**156**	**257**	**29872**	**769714**	**433852**
医药制造业	**Manufacture of Medicines**	**44**	**64**	**3294**	**78216**	**58276**
#化学药品制造	Manufacture of Chemical Medicine	19	23	1533	39410	31411
中成药生产	Production of Finished Traditional Chinese Herbal Medicine	15	24	892	14779	12362
生物药品制造	Manufacture of Biological Medicine	5	12	777	21587	13874
航空、航天器及设备制造业	**Manufacture of Aircrafts and Spacecrafts and Related Equipment**	**26**	**34**	**6615**	**140871**	**78539**
#飞机制造	Manufacture of Airplanes	13	14	2725	69562	28884
航天器制造	Manufacture of Spacecrafts	5	6	1455	43425	38478
电子及通信设备制造业	**Manufacture of Electronic Equipment and Communication Equipment**	**51**	**107**	**13819**	**446121**	**228409**
#通信设备制造	Manufacture of Communication Equipment	10	25	5907	136670	117219
#通信系统设备制造	Manufacture of Communication System Equipment	9	19	5715	133113	116474
通信终端设备制造	Manufacture of Communication Terminal Equipment	1	6	192	3557	745
广播电视设备制造	Manufacture of Broadcasting and TV Equipment	1	2	51	245	41
雷达及配套设备制造	Manufacture of Radar and Its Fittings	6	7	1381	16264	11787
视听设备制造	Manufacture of TV Set and Radio Receiver	2	14	2519	198105	40995
电子器件制造	Manufacture of Electronic Appliances	8	8	1254	58759	32678
#电子真空器件制造	Manufacture of Electronic Vacuum Appliance					
半导体分立器件制造	Manufacture of Semiconductor Discreting Appliances	2	2	198	3170	1940
集成电路制造	Manufacture of Integrate Circuit	1	1	35	894	
电子元件制造	Manufacture of Electronic Components	17	38	1534	21996	15793
其他电子设备制造	Manufacture of Other Electronic Equipment	2	6	997	12752	7099
计算机及办公设备制造业	**Manufacture of Computers and Office Equipment**	**3**	**3**	**516**	**3278**	**7377**
#计算机整机制造	Manufacture of Entired Computer	1	1	40	278	6152
计算机零部件制造	Manufacture of Computer Components and Parts					
计算机外围设备制造	Manufacture of Computer Peripheral Equipment	2	2	476	3000	1225
办公设备制造	Manufacture of Office Equipment					
医疗仪器设备及仪器仪表制造业	**Manufacture of Medical Equipments and Measuring Instrument**	**32**	**49**	**5628**	**101225**	**61249**
1.医疗仪器设备及器械制造	Manufacture of Medical Equipment and Appliance	2	2	509	7147	8250
2.仪器仪表制造	Manufacture of Measuring Instrument	30	47	5119	94077	52999

2-7-5　续表 2　continued

行　业	Industry	港澳台投资企业 Enterprises with Funds from Hong Kong, Macau and Taiwan				
		有研发机构的企业数（个）Number of Enterprises with R&D Institutions (unit)	机构数（个）R&D Institutions (unit)	机构人员（人）Personnel in R&D Institutions (person)	机构经费支出（万元）Expenditure in R&D Institutions (10000 yuan)	#仪器设备 Equipment
合计	**Total**	**1058**	**1265**	**94595**	**2220954**	**1125931**
医药制造业	**Manufacture of Medicines**	**182**	**227**	**13328**	**309494**	**172714**
#化学药品制造	Manufacture of Chemical Medicine	80	112	7009	173186	78249
中成药生产	Production of Finished Traditional Chinese Herbal Medicine	54	62	2637	41831	37407
生物药品制造	Manufacture of Biological Medicine	31	36	2517	74335	51321
航空、航天器及设备制造业	**Manufacture of Aircrafts and Spacecrafts and Related Equipment**	**2**	**2**	**142**	**10413**	**1160**
#飞机制造	Manufacture of Airplanes	1	1	27	556	579
航天器制造	Manufacture of Spacecrafts					
电子及通信设备制造业	**Manufacture of Electronic Equipment and Communication Equipment**	**674**	**810**	**61624**	**1305520**	**675747**
#通信设备制造	Manufacture of Communication Equipment	53	84	8475	118957	51253
#通信系统设备制造	Manufacture of Communication System Equipment	23	47	5089	45444	33185
通信终端设备制造	Manufacture of Communication Terminal Equipment	30	37	3386	73513	18068
广播电视设备制造	Manufacture of Broadcasting and TV Equipment	22	29	1284	35408	22100
雷达及配套设备制造	Manufacture of Radar and Its Fittings					
视听设备制造	Manufacture of TV Set and Radio Receiver	60	74	9376	246368	74646
电子器件制造	Manufacture of Electronic Appliances	145	162	11113	343774	169583
#电子真空器件制造	Manufacture of Electronic Vacuum Appliance	3	3	100	1794	2267
半导体分立器件制造	Manufacture of Semiconductor Discreting Appliances	14	14	558	14487	5671
集成电路制造	Manufacture of Integrate Circuit	30	35	3252	90467	39474
电子元件制造	Manufacture of Electronic Components	316	373	26182	479821	308532
其他电子设备制造	Manufacture of Other Electronic Equipment	37	39	2003	23320	16777
计算机及办公设备制造业	**Manufacture of Computers and Office Equipment**	**91**	**101**	**12701**	**487017**	**238669**
#计算机整机制造	Manufacture of Entired Computer	8	8	2381	131048	19247
计算机零部件制造	Manufacture of Computer Components and Parts	33	35	2630	36145	76274
计算机外围设备制造	Manufacture of Computer Peripheral Equipment	32	38	4398	210913	78429
办公设备制造	Manufacture of Office Equipment	7	8	285	2227	549
医疗仪器设备及仪器仪表制造业	**Manufacture of Medical Equipments and Measuring Instrument**	**109**	**125**	**6800**	**108508**	**37639**
1.医疗仪器设备及器械制造	Manufacture of Medical Equipment and Appliance	28	36	1261	33842	14958
2.仪器仪表制造	Manufacture of Measuring Instrument	81	89	5539	74665	22681

2-7-5 续表 3 continued

行业	Industry	外商投资企业 Foreign Funded Enterprises 有研发机构的企业数（个）Number of Enterprises with R&D Institutions (unit)	机构数（个）R&D Institutions (unit)	机构人员（人）Personnel in R&D Institutions (person)	机构经费支出（万元）Expenditure in R&D Institutions (10000 yuan)	#仪器设备 Equipment
合计	**Total**	**1457**	**1714**	**154008**	**3744002**	**2387762**
医药制造业	**Manufacture of Medicines**	**223**	**278**	**13701**	**366943**	**226135**
#化学药品制造	Manufacture of Chemical Medicine	111	139	8550	253299	158452
中成药生产	Production of Finished Traditional Chinese Herbal Medicine	26	30	1554	36203	32179
生物药品制造	Manufacture of Biological Medicine	47	56	2315	56485	25533
航空、航天器及设备制造业	**Manufacture of Aircrafts and Spacecrafts and Related Equipment**	**9**	**13**	**430**	**13455**	**5631**
#飞机制造	Manufacture of Airplanes	6	6	182	5707	2726
航天器制造	Manufacture of Spacecrafts					
电子及通信设备制造业	**Manufacture of Electronic Equipment and Communication Equipment**	**868**	**1015**	**82929**	**2085555**	**1729616**
#通信设备制造	Manufacture of Communication Equipment	80	101	17356	524267	322433
#通信系统设备制造	Manufacture of Communication System Equipment	30	40	6968	233099	285779
通信终端设备制造	Manufacture of Communication Terminal Equipment	50	61	10388	291168	36654
广播电视设备制造	Manufacture of Broadcasting and TV Equipment	25	31	1372	33950	20696
雷达及配套设备制造	Manufacture of Radar and Its Fittings	1	1	20	103	165
视听设备制造	Manufacture of TV Set and Radio Receiver	64	79	4251	123977	241389
电子器件制造	Manufacture of Electronic Appliances	256	316	28572	789916	616980
#电子真空器件制造	Manufacture of Electronic Vacuum Appliance	3	3	67	1429	100
半导体分立器件制造	Manufacture of Semiconductor Discreting Appliances	40	48	1891	37071	35016
集成电路制造	Manufacture of Integrate Circuit	59	78	8598	302894	226490
电子元件制造	Manufacture of Electronic Components	333	368	25607	428106	295236
其他电子设备制造	Manufacture of Other Electronic Equipment	49	49	2998	119616	41014
计算机及办公设备制造业	**Manufacture of Computers and Office Equipment**	**128**	**145**	**42226**	**915941**	**264247**
#计算机整机制造	Manufacture of Entired Computer	20	21	15683	468757	147949
计算机零部件制造	Manufacture of Computer Components and Parts	47	54	18333	309041	37662
计算机外围设备制造	Manufacture of Computer Peripheral Equipment	33	37	2990	46541	45984
办公设备制造	Manufacture of Office Equipment	11	11	1196	23688	3578
医疗仪器设备及仪器仪表制造业	**Manufacture of Medical Equipments and Measuring Instrument**	**229**	**263**	**14722**	**362106**	**162132**
1.医疗仪器设备及器械制造	Manufacture of Medical Equipment and Appliance	75	89	5060	163511	71209
2.仪器仪表制造	Manufacture of Measuring Instrument	154	174	9662	198594	90923

2-7-6 按地区和企业规模分高技术产业企业办研发机构情况(2012年)

R&D Institutions in High-tech Industry by Region and Industrial Sector(2012)

地区	Region	大型企业 Large-sized Enterprises				
		有R&D机构的企业单位数(个) Number of Enterprises with R&D Institutions (unit)	机构数(个) R&D Institutions (unit)	机构人员(人) Personnel in R&D Institutions (person)	机构经费支出(万元) Expenditure in R&D Institutions (10000 yuan)	#仪器设备 Equipment
全国	**Total**	**999**	**1709**	**419420**	**10579332**	**4967268**
东部地区	Eastern Region	795	1317	346042	9327164	3824893
中部地区	Middle Region	103	171	29493	491556	360532
西部地区	Western Region	76	181	32985	582948	532235
东北地区	Northeaastern Region	25	40	10900	177662	249607
北京	Beijing	20	35	5836	285077	92635
天津	Tianjin	16	26	6728	125516	145602
河北	Hebei	13	20	4266	68352	41159
山西	Shanxi	5	5	898	8392	3352
内蒙古	Inner Mongolia	3	3	155	1202	1703
辽宁	Liaoning	8	16	6409	125359	169561
吉林	Jilin	8	10	2134	19556	42341
黑龙江	Heilongjiang	9	14	2357	32746	37705
上海	Shanghai	48	65	18458	583190	551761
江苏	Jiangsu	332	489	72428	1998974	1378326
浙江	Zhejiang	68	127	19741	458532	219343
安徽	Anhui	22	34	5000	98748	40073
福建	Fujian	36	60	12688	321492	182506
江西	Jiangxi	19	29	5685	71514	43788
山东	Shandong	51	134	30818	834235	473691
河南	Henan	19	35	4562	46221	51193
湖北	Hubei	27	51	10755	245982	199672
湖南	Hunan	11	17	2593	20698	22451
广东	Guangdong	211	361	175079	4651793	739866
广西	Guangxi	4	8	661	17017	17312
海南	Hainan					
重庆	Chongqing	8	14	1552	29203	17583
四川	Sichuan	26	54	18111	354603	248392
贵州	Guizhou	5	8	860	14589	19222
云南	Yunnan	4	5	683	28717	8199
西藏	Tibet					
陕西	Shaanxi	22	75	9450	112573	194459
甘肃	Gansu	2	11	865	19771	21097
青海	Qinghai					
宁夏	Ningxia	2	3	648	5269	4264
新疆	Xinjiang					

2-7-6 续表 continued

地 区	Region	中型企业 Medium-sized Enterprises				
		有R&D机构的企业单位数 (个) Number of Enterprises with R&D Institutions (unit)	机构数 (个) R&D Institutions (unit)	机构人员 (人) Personnel in R&D Institutions (person)	机构经费支出 (万元) Expenditure in R&D Institutions (10000 yuan)	#仪器设备 Equipment
全 国	**Total**	**2809**	**3449**	**177106**	**3107225**	**2111048**
东部地区	Eastern Region	2179	2640	135076	2545549	1674080
中部地区	Middle Region	326	428	21563	259788	181112
西部地区	Western Region	229	281	14852	204797	220037
东北地区	Northeaastern Region	75	100	5615	97090	35818
北 京	Beijing	78	94	9511	289426	117405
天 津	Tianjin	39	52	2871	43759	29658
河 北	Hebei	31	37	1937	25636	16806
山 西	Shanxi	12	14	1104	11560	10796
内 蒙 古	Inner Mongolia	5	5	217	4235	5037
辽 宁	Liaoning	31	48	2140	59307	10086
吉 林	Jilin	27	28	1967	22182	10271
黑 龙 江	Heilongjiang	17	24	1508	15601	15460
上 海	Shanghai	81	108	6879	146409	199317
江 苏	Jiangsu	983	1126	41092	868363	690788
浙 江	Zhejiang	293	335	20449	327797	188713
安 徽	Anhui	74	124	4819	63601	48795
福 建	Fujian	77	90	6051	91588	60251
江 西	Jiangxi	32	38	2003	29213	11396
山 东	Shandong	117	170	9298	180894	145723
河 南	Henan	89	117	6456	66794	34788
湖 北	Hubei	62	75	4824	57799	51175
湖 南	Hunan	57	60	2357	30819	24159
广 东	Guangdong	466	608	36044	552732	219126
广 西	Guangxi	25	28	859	17956	18497
海 南	Hainan	14	20	944	18941	6288
重 庆	Chongqing	33	47	2016	31316	25097
四 川	Sichuan	67	82	4667	70972	71484
贵 州	Guizhou	24	30	2194	13088	38031
云 南	Yunnan	16	16	996	18943	20419
西 藏	Tibet	1	2	7	80	
陕 西	Shaanxi	46	57	3130	39048	33807
甘 肃	Gansu	8	10	338	6103	5168
青 海	Qinghai	1	1	14	246	
宁 夏	Ningxia	2	2	411	2790	2117
新 疆	Xinjiang	1	1	3	15	375

2-7-7 各地区国有及国有控股企业高技术产业企业办研发机构情况(2012年)

R&D Institutions in High-tech Industry of State-owned and State-controlled Enterprises by Region (2012)

地区	Region	有研发机构的企业数(个) Number of Enterprises with R&D Institutions (unit)	机构数(个) R&D Institutions (unit)	机构人员(人) Personnel in R&D Institutions (person)	机构经费支出(万元) Expenditure in R&D Institutions (10000 yuan)	#仪器设备 Equipment
全国	**Total**	**765**	**1168**	**157890**	**3672677**	**2312571**
东部地区	Eastern Region	432	638	86676	2438244	1099797
中部地区	Middle Region	132	199	24490	403791	350110
西部地区	Western Region	166	276	37120	638458	640482
东北地区	Northeaastern Region	35	55	9604	192183	222180
北京	Beijing	67	91	7688	269852	98298
天津	Tianjin	50	61	4109	71611	122896
河北	Hebei	13	17	1779	18165	21836
山西	Shanxi	7	9	982	10303	5497
内蒙古	Inner Mongolia	1	1	32	263	378
辽宁	Liaoning	16	29	6452	154289	171695
吉林	Jilin	9	9	819	4976	8031
黑龙江	Heilongjiang	10	17	2333	32917	42453
上海	Shanghai	54	57	5077	135469	137231
江苏	Jiangsu	82	135	14484	286735	234565
浙江	Zhejiang	29	38	3349	78019	54954
安徽	Anhui	33	46	4143	66328	57590
福建	Fujian	14	26	3916	56709	24546
江西	Jiangxi	14	19	4210	52504	31114
山东	Shandong	33	78	13155	425426	139345
河南	Henan	22	42	3375	39475	32039
湖北	Hubei	35	53	9360	219948	205610
湖南	Hunan	21	30	2420	15230	18258
广东	Guangdong	87	127	32877	1092114	264836
广西	Guangxi	5	6	266	2207	4432
海南	Hainan	3	8	242	4141	1286
重庆	Chongqing	21	32	2071	37878	27555
四川	Sichuan	35	54	16623	329954	257922
贵州	Guizhou	35	44	5032	79938	94735
云南	Yunnan	12	12	601	24465	15550
西藏	Tibet	1	2	7	80	
陕西	Shaanxi	48	106	11929	148752	221807
甘肃	Gansu	5	16	519	14599	16910
青海	Qinghai	1	1	8	3	125
宁夏	Ningxia					
新疆	Xinjiang	2	2	32	317	1066

2-7-8 按地区和登记注册类型分高技术产业企业办研发机构情况(2012年)
R&D Institutions in High-tech Industry by Region and Registration Status(2012)

地 区	Region	内资企业 Domestic Funded				
		有研发机构的企业数(个) Number of Enterprises with R&D Institutions (unit)	机构数(个) R&D Institutions (unit)	机构人员(人) Personnel in R&D Institutions (person)	机构经费支出(万元) Expenditure in R&D Institutions (10000 yuan)	#仪器设备 Equipment
全 国	**Total**	**5325**	**6729**	**459402**	**9544012**	**4681037**
东部地区	Eastern Region	3682	4605	327712	7557548	2973209
中部地区	Middle Region	852	1085	56628	766852	585543
西部地区	Western Region	566	760	56216	925991	819182
东北地区	Northeaastern Region	225	279	18846	293620	303102
北 京	Beijing	178	219	14432	375954	127151
天 津	Tianjin	97	114	8994	166584	157155
河 北	Hebei	81	94	5463	60896	53618
山 西	Shanxi	32	39	2005	28088	15759
内 蒙 古	Inner Mongolia	17	17	645	7406	9864
辽 宁	Liaoning	95	139	9865	200443	183275
吉 林	Jilin	81	84	5064	51981	67527
黑 龙 江	Heilongjiang	49	56	3917	41194	52299
上 海	Shanghai	122	149	7826	162533	149097
江 苏	Jiangsu	1287	1588	58010	1300815	837128
浙 江	Zhejiang	751	827	35507	584217	489947
安 徽	Anhui	225	308	12181	175924	112348
福 建	Fujian	136	169	6707	96844	65741
江 西	Jiangxi	77	94	7838	100540	58385
山 东	Shandong	364	543	36607	845009	566850
河 南	Henan	171	222	12011	119022	87157
湖 北	Hubei	180	221	16631	279487	244995
湖 南	Hunan	167	201	5962	63787	66897
广 东	Guangdong	649	879	153199	3950710	517683
广 西	Guangxi	66	84	2318	44118	41002
海 南	Hainan	17	23	967	13982	8836
重 庆	Chongqing	74	93	4037	61505	37511
四 川	Sichuan	160	210	24422	450744	329275
贵 州	Guizhou	53	65	6131	95543	105268
云 南	Yunnan	46	48	2017	45748	23465
西 藏	Tibet	3	4	46	1463	1111
陕 西	Shaanxi	105	178	13867	180433	233472
甘 肃	Gansu	23	39	1560	29058	30399
青 海	Qinghai	3	3	38	515	284
宁 夏	Ningxia	11	14	1059	8260	5854
新 疆	Xinjiang	5	5	76	1193	1673

2-7-8　续表 1　continued

地　区	Region	#国有企业 State-owned Enterprises 有研发机构的企业数(个) Number of Enterprises with R&D Institutions (unit)	机构数(个) R&D Institutions (unit)	机构人员(人) Personnel in R&D Institutions (person)	机构经费支出(万元) Expenditure in R&D Institutions (10000 yuan)	#仪器设备 Equipment
全　国	**Total**	**156**	**257**	**29872**	**769714**	**433852**
东部地区	Eastern Region	71	109	11735	421578	178052
中部地区	Middle Region	37	55	9610	194366	173176
西部地区	Western Region	44	88	7913	151576	76349
东北地区	Northeastern Region	4	5	614	2193	6273
北　京	Beijing	6	6	408	35702	5335
天　津	Tianjin	5	5	194	4240	5318
河　北	Hebei	4	8	792	11476	12068
山　西	Shanxi	2	2	316	4837	1848
内蒙古	Inner Mongolia					
辽　宁	Liaoning	2	3	238	1627	121
吉　林	Jilin	2	2	376	566	6152
黑龙江	Heilongjiang					
上　海	Shanghai	7	7	1043	22815	30021
江　苏	Jiangsu	20	33	3733	91812	56274
浙　江	Zhejiang	5	5	291	12202	4570
安　徽	Anhui	11	14	2244	37208	22828
福　建	Fujian	3	3	124	2364	885
江　西	Jiangxi	4	5	232	1988	1306
山　东	Shandong	8	24	4426	217328	50316
河　南	Henan	4	5	610	4990	8660
湖　北	Hubei	11	24	6033	144218	137644
湖　南	Hunan	5	5	175	1123	888
广　东	Guangdong	11	11	522	19995	12445
广　西	Guangxi	3	3	234	1842	4348
海　南	Hainan	2	7	202	3641	815
重　庆	Chongqing	4	5	296	8185	5917
四　川	Sichuan	7	8	1095	15280	12736
贵　州	Guizhou	7	11	1883	45608	6113
云　南	Yunnan	3	3	79	1773	1217
西　藏	Tibet	1	2	7	80	
陕　西	Shaanxi	18	48	3991	67957	33868
甘　肃	Gansu	1	8	328	10850	12148
青　海	Qinghai					
宁　夏	Ningxia					
新　疆	Xinjiang					

2-7-8 续表 2 continued

地区	Region	港澳台投资企业 Enterprises with Funds from Hong Kong, Macau and Taiwan				
		有研发机构的企业数 (个) Number of Enterprises with R&D Institutions (unit)	机构数 (个) R&D Institutions (unit)	机构人员 (人) Personnel in R&D Institutions (person)	机构经费支出 (万元) Expenditure in R&D Institutions (10000 yuan)	#仪器设备 Equipment
全　国	**Total**	**1058**	**1265**	**94595**	**2220954**	**1125931**
东部地区	Eastern Region	953	1144	87922	2108882	1076868
中部地区	Middle Region	60	68	4630	72514	23944
西部地区	Western Region	28	35	1255	28631	20327
东北地区	Northeaastern Region	17	18	788	10926	4791
北　京	Beijing	17	18	1932	153587	18321
天　津	Tianjin	8	10	1083	5039	3792
河　北	Hebei	6	8	1484	32507	6317
山　西	Shanxi	2	2	298	1669	1350
内蒙古	Inner Mongolia	1	1	19	117	190
辽　宁	Liaoning	10	11	409	7476	2048
吉　林	Jilin	4	4	144	1775	1017
黑龙江	Heilongjiang	3	3	235	1674	1725
上　海	Shanghai	37	48	4952	157721	65854
江　苏	Jiangsu	407	453	26081	592051	390776
浙　江	Zhejiang	128	140	10906	311286	121201
安　徽	Anhui	12	16	764	11403	6163
福　建	Fujian	58	68	6483	171436	134573
江　西	Jiangxi	7	7	330	5731	1040
山　东	Shandong	11	15	610	23757	15397
河　南	Henan	12	13	760	12243	6124
湖　北	Hubei	13	15	1445	32870	5745
湖　南	Hunan	14	15	1033	8597	3519
广　东	Guangdong	278	381	34203	659077	320130
广　西	Guangxi	6	6	183	3286	4093
海　南	Hainan	3	3	188	2416	504
重　庆	Chongqing	6	13	460	10673	6848
四　川	Sichuan	5	5	195	4500	2587
贵　州	Guizhou	3	3	43	400	32
云　南	Yunnan	5	5	160	7350	4793
西　藏	Tibet					
陕　西	Shaanxi	1	1	5	3	20
甘　肃	Gansu					
青　海	Qinghai					
宁　夏	Ningxia	1	1	190	2300	1762
新　疆	Xinjiang					

2-7-8　续表 3　continued

地　区	Region	外商投资企业 Foreign Funded Enterprises				
		有研发机构的企业数（个）Number of Enterprises with R&D Institutions (unit)	机构数（个）R&D Institutions (unit)	机构人员（人）Personnel in R&D Institutions (person)	机构经费支出（万元）Expenditure in R&D Institutions (10000 yuan)	#仪器设备 Equipment
全　国	**Total**	**1457**	**1714**	**154008**	**3744002**	**2387762**
东部地区	Eastern Region	1354	1587	147805	3638048	2303868
中部地区	Middle Region	54	66	3506	64776	47033
西部地区	Western Region	37	44	1748	22343	27829
东北地区	Northeaastern Region	12	17	949	18835	9031
北　京	Beijing	35	50	4557	171131	93226
天　津	Tianjin	19	26	1915	64261	42300
河　北	Hebei	7	8	686	13900	13383
山　西	Shanxi	2	2	309	655	2687
内蒙古	Inner Mongolia	2	2	36	258	424
辽　宁	Liaoning	9	9	516	5292	2293
吉　林	Jilin					
黑龙江	Heilongjiang	3	8	433	13542	6738
上　海	Shanghai	90	108	16542	479977	562327
江　苏	Jiangsu	780	863	54778	1476794	1121196
浙　江	Zhejiang	141	180	9906	146449	73028
安　徽	Anhui	11	17	607	16857	9947
福　建	Fujian	39	54	8951	194867	75645
江　西	Jiangxi	6	6	544	8258	1349
山　东	Shandong	49	64	10915	256178	97365
河　南	Henan	11	13	965	11046	17083
湖　北	Hubei	16	20	829	26286	13931
湖　南	Hunan	8	8	252	1672	2033
广　东	Guangdong	188	227	39351	828136	223218
广　西	Guangxi	5	5	163	1008	932
海　南	Hainan	6	7	204	6351	2177
重　庆	Chongqing	7	7	260	3966	6015
四　川	Sichuan	15	20	617	6631	7586
贵　州	Guizhou	1	1	180	819	1361
云　南	Yunnan	2	3	161	6500	4706
西　藏	Tibet					
陕　西	Shaanxi	5	6	331	3157	6802
甘　肃	Gansu					
青　海	Qinghai					
宁　夏	Ningxia					
新　疆	Xinjiang					

2-7-9 按地区和行业分高技术产业企业办研发机构情况(2012年)
R&D Institutions in High-tech Industry by Region and Industrial Sector (2012)

地 区	Region	医药制造业 Medical and Pharmaceutical Products Manufacturing				
		有研发机构的企业数(个) Number of Enterprises with R&D Institutions (unit)	机构数(个) R&D Institutions (unit)	机构人员(人) Personnel in R&D Institutions (person)	机构经费支出(万元) Expenditure in R&D Institutions (10000 yuan)	#仪器设备 Equipment
全 国	**Total**	**2090**	**2591**	**112722**	**2362275**	**1622836**
东部地区	Eastern Region	1190	1508	71293	1769194	1150820
中部地区	Middle Region	435	538	20596	244735	218088
西部地区	Western Region	324	379	14094	253137	160572
东北地区	Northeaastern Region	141	166	6739	95208	93356
北 京	Beijing	64	69	3967	106596	49071
天 津	Tianjin	44	54	4992	105905	51391
河 北	Hebei	39	46	4035	71451	40793
山 西	Shanxi	19	20	1283	13036	11836
内蒙古	Inner Mongolia	16	16	587	7518	9737
辽 宁	Liaoning	40	54	1431	21751	13827
吉 林	Jilin	68	69	3462	40911	59750
黑龙江	Heilongjiang	33	43	1846	32545	19778
上 海	Shanghai	74	86	4208	125319	69486
江 苏	Jiangsu	332	418	15933	485694	293030
浙 江	Zhejiang	228	285	12072	224215	174956
安 徽	Anhui	88	119	2994	39614	40964
福 建	Fujian	49	56	1760	28029	24482
江 西	Jiangxi	48	58	2910	39715	23863
山 东	Shandong	178	259	14388	398487	318979
河 南	Henan	96	114	5485	61104	45986
湖 北	Hubei	98	123	5453	65360	56649
湖 南	Hunan	86	104	2471	25903	38786
广 东	Guangdong	157	208	8771	204302	117855
广 西	Guangxi	49	55	1686	36411	33232
海 南	Hainan	25	27	1167	19193	10772
重 庆	Chongqing	42	50	1914	34874	18708
四 川	Sichuan	80	91	3834	68880	30749
贵 州	Guizhou	19	22	1179	15730	9986
云 南	Yunnan	44	47	1860	50086	19620
西 藏	Tibet	3	4	46	1463	1111
陕 西	Shaanxi	41	52	1261	14472	13439
甘 肃	Gansu	14	23	649	14741	16693
青 海	Qinghai	3	3	38	515	284
宁 夏	Ningxia	8	11	964	7250	5335
新 疆	Xinjiang	5	5	76	1193	1673

2-7-9　续表 1　continued

地　区	Region	航空、航天器及设备制造业 Manufacture of Aircrafts and Spacecrafts and Related Equipment 有研发机构的企业数（个）Number of Enterprises with R&D Institutions (unit)	机构数（个）R&D Institutions (unit)	机构人员（人）Personnel in R&D Institutions (person)	机构经费支出（万元）Expenditure in R&D Institutions (10000 yuan)	#仪器设备 Equipment
全　国	**Total**	**115**	**171**	**34326**	**562922**	**528480**
东部地区	Eastern Region	40	56	7001	158388	107145
中部地区	Middle Region	12	14	7211	85068	56042
西部地区	Western Region	52	84	13614	196832	216086
东北地区	Northeaastern Region	11	17	6500	122632	149205
北　京	Beijing	8	13	1103	50801	6451
天　津	Tianjin					
河　北	Hebei	3	3	529	1533	2460
山　西	Shanxi	1	1	287	4728	1848
内 蒙 古	Inner Mongolia					
辽　宁	Liaoning	4	8	4717	105436	117105
吉　林	Jilin	1	1	38	1357	
黑 龙 江	Heilongjiang	6	8	1745	15839	32100
上　海	Shanghai	4	4	1109	22146	40287
江　苏	Jiangsu	19	30	3615	69388	57176
浙　江	Zhejiang	1	1	5		
安　徽	Anhui	2	2	620	7323	11369
福　建	Fujian					
江　西	Jiangxi	2	2	3105	41079	24432
山　东	Shandong	2	2	22	172	175
河　南	Henan	2	3	1517	16445	12070
湖　北	Hubei	3	3	781	12621	5833
湖　南	Hunan	2	3	901	2870	487
广　东	Guangdong	3	3	618	14345	594
广　西	Guangxi					
海　南	Hainan					
重　庆	Chongqing					
四　川	Sichuan	7	7	2683	41550	87241
贵　州	Guizhou	19	28	3092	61198	37301
云　南	Yunnan					
西　藏	Tibet					
陕　西	Shaanxi	25	46	7698	91848	87567
甘　肃	Gansu	1	3	141	2234	3976
青　海	Qinghai					
宁　夏	Ningxia					
新　疆	Xinjiang					

2-7-9 续表 2 continued

地 区	Region	电子及通信设备制造业 Manufacture of Electronic Equipment and Communication Equipment				
		有研发机构的企业数 (个) Number of Enterprises with R&D Institutions (unit)	机构数 (个) R&D Institutions (unit)	机构人员 (人) Personnel in R&D Institutions (person)	机构经费支出 (万元) Expenditure in R&D Institutions (10000 yuan)	#仪器设备 Equipment
全 国	**Total**	**3608**	**4507**	**401374**	**9406999**	**4451013**
东部地区	Eastern Region	3077	3780	348121	8482029	3782792
中部地区	Middle Region	333	430	25410	423881	279255
西部地区	Western Region	154	244	24552	428132	337692
东北地区	Northeaastern Region	44	53	3291	72956	51273
北 京	Beijing	78	97	8566	254779	120615
天 津	Tianjin	50	59	5401	109769	139318
河 北	Hebei	27	30	1425	19213	19408
山 西	Shanxi	9	13	393	7430	4822
内 蒙 古	Inner Mongolia	2	2	68	202	699
辽 宁	Liaoning	32	39	2558	66209	49345
吉 林	Jilin	8	10	634	6217	605
黑 龙 江	Heilongjiang	4	4	99	529	1322
上 海	Shanghai	105	144	18414	531134	623591
江 苏	Jiangsu	1337	1557	75107	1667768	1380889
浙 江	Zhejiang	447	491	25141	458519	203468
安 徽	Anhui	120	171	7491	114515	48627
福 建	Fujian	141	174	12647	279909	164661
江 西	Jiangxi	24	30	1941	25126	9355
山 东	Shandong	134	209	16690	411393	244117
河 南	Henan	41	55	2749	26024	15337
湖 北	Hubei	79	100	11148	228979	185558
湖 南	Hunan	60	61	1688	21805	15554
广 东	Guangdong	757	1013	184538	4745984	885977
广 西	Guangxi	14	26	527	5995	7904
海 南	Hainan	1	6	192	3557	745
重 庆	Chongqing	18	29	934	15931	12530
四 川	Sichuan	69	107	17342	336444	217904
贵 州	Guizhou	16	16	1775	17780	56604
云 南	Yunnan	3	3	106	1898	228
西 藏	Tibet					
陕 西	Shaanxi	26	53	3110	38007	32130
甘 肃	Gansu	5	7	652	11506	9688
青 海	Qinghai					
宁 夏	Ningxia	1	1	38	366	
新 疆	Xinjiang					

2-7-9 续表 3 continued

地 区	Region	计算机及办公设备制造业 Manufacture of Computer and Office Equipments				
		有研发机构的企业数（个） Number of Enterprises with R&D Institutions (unit)	机构数（个） R&D Institutions (unit)	机构人员（人） Personnel in R&D Institutions (person)	机构经费支出（万元） Expenditure in R&D Institutions (10000 yuan)	#仪器设备 Equipment
全 国	**Total**	**416**	**511**	**73913**	**1763743**	**597538**
东部地区	Eastern Region	368	448	70163	1707076	573033
中部地区	Middle Region	29	38	2157	42110	12829
西部地区	Western Region	9	12	621	9551	5255
东北地区	Northeaastern Region	10	13	972	5004	6420
北 京	Beijing	22	33	3113	168280	17963
天 津	Tianjin	5	5	488	1216	108
河 北	Hebei	2	2	157	1801	435
山 西	Shanxi	1	3	100	86	
内蒙古	Inner Mongolia	1	1	33	12	33
辽 宁	Liaoning	5	8	208	1430	52
吉 林	Jilin	2	2	376	566	6152
黑龙江	Heilongjiang	3	3	388	3007	216
上 海	Shanghai	9	11	1219	21328	28434
江 苏	Jiangsu	176	190	17634	612663	292740
浙 江	Zhejiang	35	39	5168	161686	62484
安 徽	Anhui	8	9	846	9334	5981
福 建	Fujian	20	33	6880	142280	79348
江 西	Jiangxi	2	2	78	1248	700
山 东	Shandong	11	23	11921	241038	68250
河 南	Henan	5	6	327	5145	2386
湖 北	Hubei	5	5	263	19446	1129
湖 南	Hunan	8	13	543	6849	2631
广 东	Guangdong	88	112	23583	356780	23268
广 西	Guangxi	3	3	126	1469	57
海 南	Hainan					
重 庆	Chongqing	1	1	151	3013	4083
四 川	Sichuan	2	5	123	1351	782
贵 州	Guizhou					
云 南	Yunnan	1	1	123	2973	300
西 藏	Tibet					
陕 西	Shaanxi	1	1	65	732	
甘 肃	Gansu					
青 海	Qinghai					
宁 夏	Ningxia					
新 疆	Xinjiang					

2-7-9 续表 4 continued

地 区	Region	医疗仪器设备及仪器仪表制造业 Manufacture of Medical Equipments and Measuring Instrument				
		有研发机构的企业数 (个) Number of Enterprises with R&D Institutions (unit)	机构数 (个) R&D Institutions (unit)	机构人员 (人) Personnel in R&D Institutions (person)	机构经费支出 (万元) Expenditure in R&D Institutions (10000 yuan)	#仪器设备 Equipment
全 国	**Total**	**1611**	**1928**	**85670**	**1413028**	**994863**
东部地区	Eastern Region	1314	1544	66861	1187789	740155
中部地区	Middle Region	157	199	9390	108347	90305
西部地区	Western Region	92	120	6338	89313	147733
东北地区	Northeaastern Region	48	65	3081	27579	16668
北 京	Beijing	58	75	4172	120214	44597
天 津	Tianjin	25	32	1111	18993	12430
河 北	Hebei	23	29	1487	13305	10221
山 西	Shanxi	6	6	549	5130	1290
内蒙古	Inner Mongolia	1	1	12	49	10
辽 宁	Liaoning	33	50	1876	18384	7287
吉 林	Jilin	6	6	698	4704	2036
黑龙江	Heilongjiang	9	9	507	4489	7344
上 海	Shanghai	57	60	4370	100302	15478
江 苏	Jiangsu	610	709	26580	534146	325265
浙 江	Zhejiang	309	331	13933	197532	243268
安 徽	Anhui	30	40	1601	33398	21515
福 建	Fujian	23	28	854	12929	7467
江 西	Jiangxi	14	15	678	7361	2424
山 东	Shandong	99	129	5111	73852	48090
河 南	Henan	50	70	3658	33591	34583
湖 北	Hubei	24	25	1260	12235	15501
湖 南	Hunan	33	43	1644	16629	14991
广 东	Guangdong	110	151	9243	116512	33336
广 西	Guangxi	11	11	325	4537	4834
海 南	Hainan					
重 庆	Chongqing	26	33	1758	22326	15052
四 川	Sichuan	22	25	1252	13649	2771
贵 州	Guizhou	3	3	308	2054	2770
云 南	Yunnan	5	5	249	4641	12815
西 藏	Tibet					
陕 西	Shaanxi	18	33	2069	38534	107156
甘 肃	Gansu	3	6	118	575	40
青 海	Qinghai					
宁 夏	Ningxia	3	3	247	2944	2281
新 疆	Xinjiang					

固定资产投资情况
Statistics on Investment in Fixed Assets

3-1-1 高技术产业固定资产投资基本情况

Statistics on Investment in Fixed Assets in High-tech Industry

指 标	Indicator	2000	2005	2009	2010	2011	2012
施工项目个数（个）	Number of Projects under Construction (unit)	2734	7095	9780	10723	13204	15681
#新开工项目个数	Number of Projects Started This Year	1640	4460	6220	7117	8447	10223
全部建成投产项目个数（个）	Number of Projects Completed and Put into Use (unit)	1282	3158	5412	6011	7735	8968
项目建成投产率（%）	Rate of Projects Completed and Put into Use (%)	46.89	44.51	55.34	56.06	58.58	57.19
投资额（亿元）	Investment (100 million yuan)	562.95	2144.00	4882.24	6944.73	9468.46	12932.65
新增固定资产（亿元）	Newly Increased Fixed Assets (100 million yuan)	421.02	1463.88	3160.45	4450.41	6355.15	8377.13
固定资产交付使用率（%）	Rate of Fixed Assets Put into Use (%)	74.79	68.28	64.73	64.08	67.12	64.78

注：2000年数据口径为投资额在50万元以上的基本建设项目和更新改造项目，2005年—2010年的数据口径为投资额在50万元以上的城镇项目，2011年及以后年份数据口径为投资额在500万元以上的全部项目。以下至3-1-12表相同。

3-1-2 制造业固定资产投资基本情况

Statistics on Investment in Fixed Assets in Manufacturing Industry

指 标	Indicator	2000	2005	2009	2010	2011	2012
施工项目个数（个）	Number of Projects under Construction (unit)	28463	90627	159150	166930	205999	195734
#新开工项目个数	Number of Projects Started This Year	19566	67686	117443	123729	143906	138076
全部建成投产项目个数（个）	Number of Projects Completed and Put into Use (unit)	16803	49335	103329	108811	135566	127408
项目建成投产率（%）	Rate of Projects Completed and Put into Use (%)	59.03	54.44	64.93	65.18	65.81	65.09
投资额（亿元）	Investment (100 million yuan)	3279.26	20406.58	58706.07	74485.17	102566.33	124316.63
新增固定资产（亿元）	Newly Increased Fixed Assets (100 million yuan)	2689.27	13276.49	40317.01	48870.51	70849.03	86455.23
固定资产交付使用率（%）	Rate of Fixed Assets Put into Use (%)	82.01	65.06	68.68	65.61	69.08	69.54

3-1-3 分行业固定资产投资情况

Statistics on Investment in Fixed Assets in High-tech Industry by Industrial Sector

行业	Industry	施工项目（个） Number of Projects under Construction (unit)					
		2000	2005	2009	2010	2011	2012
合计	**Total**	**2734**	**7095**	**9780**	**10723**	**13204**	**15681**
医药制造业	**Manufacture of Medicines**	**1261**	**3201**	**3922**	**4381**	**4741**	**4988**
#化学药品制造	Manufacture of Chemical Medicine	727	1185	1297	1321	1546	1534
中成药生产	Production of Finished Traditional Chinese Herbal Medicine	374	718	855	964	912	1002
生物药品制造	Manufacture of Biological Medicine	120	405	596	715	740	866
航空、航天器及设备制造业	**Manufacture of Aircrafts and Spacecrafts and Related Equipment**	**331**	**181**	**250**	**190**	**188**	**330**
#飞机制造	Manufacture of Airplanes	274	159	207	144	137	130
航天器制造	Manufacture of Spacecrafts	57	22	33	32	51	40
电子及通信设备制造业	**Manufacture of Electronic Equipment and Communication Equipment**	**826**	**2524**	**3687**	**4008**	**5470**	**6874**
#通信设备制造	Manufacture of Communication Equipment	159	394	501	592	678	663
#通信系统设备制造	Manufacture of Communication System Equipment	91	142	157	208	250	418
通信终端设备制造	Manufacture of Communication Terminal Equipment	36	49	53	58	70	245
广播电视设备制造	Manufacture of Broadcasting and TV Equipment	19	57	88	104	157	376
雷达及配套设备制造	Manufacture of Radar and Its Fittings	32	28	32	23	31	99
视听设备制造	Manufacture of TV Set and Radio Receiver	92	174	178	190	208	186
电子器件制造	Manufacture of Electronic Appliances	153	474	882	1008	1413	1552
#电子真空器件制造	Manufacture of Electronic Vacuum Appliance	49	63	85	76	129	208
半导体分立器件制造	Manufacture of Semiconductor Discreting Appliances	57	54	120	122	154	164
集成电路制造	Manufacture of Integrate Circuit	47	139	176	207	233	224
电子元件制造	Manufacture of Electronic Components	291	1059	1496	1549	2264	2147
其他电子设备制造	Manufacture of Other Electronic Equipment	80	338	510	542	719	690
计算机及办公设备制造业	**Manufacture of Computers and Office Equipment**	**72**	**298**	**360**	**410**	**499**	**766**
#计算机整机制造	Manufacture of Entired Computer	35	66	58	69	92	187
计算机零部件制造	Manufacture of Computer Components and Parts	32	184	201	229	357	242
计算机外围设备制造	Manufacture of Computer Peripheral Equipment						115
办公设备制造	Manufacture of Office Equipment	5	48	40	40	50	52
医疗仪器设备及仪器仪表制造业	**Manufacture of Medical Equipments and Measuring Instrument**	**244**	**891**	**1561**	**1734**	**2306**	**2723**
1.医疗仪器设备及器械制造	Manufacture of Medical Equipment and Appliance	72	238	412	472	626	970
2.仪器仪表制造	Manufacture of Measuring Instrument	172	653	1149	1262	1680	1753

3-1-3 续表 1 continued

行业	Industry	新开工项目（个） Number of Projects Started This Year (unit)					
		2000	2005	2009	2010	2011	2012
合计	**Total**	**1640**	**4460**	**6220**	**7117**	**8447**	**10223**
医药制造业	**Manufacture of Medicines**	**774**	**1983**	**2635**	**3013**	**2977**	**3264**
#化学药品制造	Manufacture of Chemical Medicine	450	720	834	857	906	954
中成药生产	Production of Finished Traditional Chinese Herbal Medicine	237	446	578	666	566	653
生物药品制造	Manufacture of Biological Medicine	65	245	358	461	416	558
航空、航天器及设备制造业	**Manufacture of Aircrafts and Spacecrafts and Related Equipment**	**196**	**68**	**131**	**80**	**86**	**180**
#飞机制造	Manufacture of Airplanes	160	61	111	60	63	61
航天器制造	Manufacture of Spacecrafts	36	7	14	14	23	25
电子及通信设备制造业	**Manufacture of Electronic Equipment and Communication Equipment**	**481**	**1632**	**2240**	**2588**	**3554**	**4406**
#通信设备制造	Manufacture of Communication Equipment	90	251	292	369	424	424
#通信系统设备制造	Manufacture of Communication System Equipment	48	82	94	138	166	276
通信终端设备制造	Manufacture of Communication Terminal Equipment	21	35	24	33	46	148
广播电视设备制造	Manufacture of Broadcasting and TV Equipment	13	40	55	70	100	255
雷达及配套设备制造	Manufacture of Radar and Its Fittings	18	12	21	15	21	51
视听设备制造	Manufacture of TV Set and Radio Receiver	54	104	104	111	111	114
电子器件制造	Manufacture of Electronic Appliances	73	284	514	630	867	943
#电子真空器件制造	Manufacture of Electronic Vacuum Appliance	27	36	52	48	90	135
半导体分立器件制造	Manufacture of Semiconductor Discreting Appliances	23	28	70	76	91	102
集成电路制造	Manufacture of Integrate Circuit	23	69	83	122	141	132
电子元件制造	Manufacture of Electronic Components	185	722	931	1039	1555	1449
其他电子设备制造	Manufacture of Other Electronic Equipment	48	219	323	354	476	460
计算机及办公设备制造业	**Manufacture of Computers and Office Equipment**	**34**	**164**	**182**	**241**	**274**	**496**
#计算机整机制造	Manufacture of Entired Computer	16	34	35	40	44	114
计算机零部件制造	Manufacture of Computer Components and Parts	15	97	102	137	202	155
计算机外围设备制造	Manufacture of Computer Peripheral Equipment						67
办公设备制造	Manufacture of Office Equipment	3	33	18	22	28	38
医疗仪器设备及仪器仪表制造业	**Manufacture of Medical Equipments and Measuring Instrument**	**155**	**613**	**1032**	**1195**	**1556**	**1877**
1.医疗仪器设备及器械制造	Manufacture of Medical Equipment and Appliance	42	165	267	330	414	721
2.仪器仪表制造	Manufacture of Measuring Instrument	113	448	765	865	1142	1156

3-1-3 续表 2 continued

行 业	Industry	建成投产项目（个） Number of Projects Completed and Put into Use (unit)					
		2000	2005	2009	2010	2011	2012
合计	**Total**	**1282**	**3158**	**5412**	**6011**	**7735**	**8968**
医药制造业	**Manufacture of Medicines**	**602**	**1457**	**2195**	**2508**	**2694**	**2785**
#化学药品制造	Manufacture of Chemical Medicine	369	546	689	685	865	821
中成药生产	Production of Finished Traditional Chinese Herbal Medicine	173	356	456	551	507	553
生物药品制造	Manufacture of Biological Medicine	38	132	307	370	391	458
航空、航天器及设备制造业	**Manufacture of Aircrafts and Spacecrafts and Related Equipment**	**168**	**73**	**93**	**73**	**59**	**155**
#飞机制造	Manufacture of Airplanes	155	64	74	57	37	58
航天器制造	Manufacture of Spacecrafts	13	9	16	9	22	21
电子及通信设备制造业	**Manufacture of Electronic Equipment and Communication Equipment**	**374**	**1111**	**2001**	**2141**	**3247**	**3921**
#通信设备制造	Manufacture of Communication Equipment	64	166	255	310	374	341
#通信系统设备制造	Manufacture of Communication System Equipment	33	53	87	116	147	216
通信终端设备制造	Manufacture of Communication Terminal Equipment	19	26	27	27	38	125
广播电视设备制造	Manufacture of Broadcasting and TV Equipment	11	21	45	53	89	228
雷达及配套设备制造	Manufacture of Radar and Its Fittings	15	8	21	9	16	57
视听设备制造	Manufacture of TV Set and Radio Receiver	45	64	80	97	131	115
电子器件制造	Manufacture of Electronic Appliances	65	195	441	493	755	883
#电子真空器件制造	Manufacture of Electronic Vacuum Appliance	23	24	48	44	81	122
半导体分立器件制造	Manufacture of Semiconductor Discreting Appliances	27	25	63	56	76	109
集成电路制造	Manufacture of Integrate Circuit	15	47	83	101	129	107
电子元件制造	Manufacture of Electronic Components	139	502	883	902	1445	1310
其他电子设备制造	Manufacture of Other Electronic Equipment	35	155	276	277	437	369
计算机及办公设备制造业	**Manufacture of Computers and Office Equipment**	**32**	**118**	**178**	**217**	**258**	**449**
#计算机整机制造	Manufacture of Entired Computer	12	25	26	30	46	110
计算机零部件制造	Manufacture of Computer Components and Parts	18	68	104	122	180	136
计算机外围设备制造	Manufacture of Computer Peripheral Equipment						72
办公设备制造	Manufacture of Office Equipment	2	25	20	20	32	31
医疗仪器设备及仪器仪表制造业	**Manufacture of Medical Equipments and Measuring Instrument**	**106**	**399**	**945**	**1072**	**1477**	**1658**
1.医疗仪器设备及器械制造	Manufacture of Medical Equipment and Appliance	27	109	232	273	406	613
2.仪器仪表制造	Manufacture of Measuring Instrument	79	290	713	799	1071	1045

3-1-3 续表 3 continued

行业	Industry	项目建成投产率 (%) Rate of Projects Completed and Put into Use (%)					
		2000	2005	2009	2010	2011	2012
合计	**Total**	**46.89**	**44.51**	**55.34**	**56.06**	**58.58**	**57.19**
医药制造业	**Manufacture of Medicines**	**47.74**	**45.52**	**55.97**	**57.25**	**56.82**	**55.83**
#化学药品制造	Manufacture of Chemical Medicine	50.76	46.08	53.12	51.85	55.95	53.52
中成药生产	Production of Finished Traditional Chinese Herbal Medicine	46.26	49.58	53.33	57.16	55.59	55.19
生物药品制造	Manufacture of Biological Medicine	31.67	32.59	51.51	51.75	52.84	52.89
航空、航天器及设备制造业	**Manufacture of Aircrafts and Spacecrafts and Related Equipment**	**50.76**	**40.33**	**37.20**	**38.42**	**31.38**	**46.97**
#飞机制造	Manufacture of Airplanes	56.57	40.25	35.75	39.58	27.01	44.62
航天器制造	Manufacture of Spacecrafts	22.81	40.91	48.48	28.13	43.14	52.50
电子及通信设备制造业	**Manufacture of Electronic Equipment and Communication Equipment**	**45.28**	**44.02**	**54.27**	**53.42**	**59.36**	**57.04**
#通信设备制造	Manufacture of Communication Equipment	40.25	42.13	50.90	52.36	55.16	51.43
#通信系统设备制造	Manufacture of Communication System Equipment	36.26	37.32	55.41	55.77	58.80	51.67
通信终端设备制造	Manufacture of Communication Terminal Equipment	52.78	53.06	50.94	46.55	54.29	51.02
广播电视设备制造	Manufacture of Broadcasting and TV Equipment	57.89	36.84	51.14	50.96	56.69	60.64
雷达及配套设备制造	Manufacture of Radar and Its Fittings	46.88	28.57	65.63	39.13	51.61	57.58
视听设备制造	Manufacture of TV Set and Radio Receiver	57.89	36.78	44.94	51.05	62.98	61.83
电子器件制造	Manufacture of Electronic Appliances	42.48	41.14	50.00	48.91	53.43	56.89
#电子真空器件制造	Manufacture of Electronic Vacuum Appliance	46.94	38.10	56.47	57.89	62.79	58.65
半导体分立器件制造	Manufacture of Semiconductor Discreting Appliances	47.37	46.30	52.50	45.90	49.35	66.46
集成电路制造	Manufacture of Integrate Circuit	31.91	33.81	47.16	48.79	55.36	47.77
电子元件制造	Manufacture of Electronic Components	47.77	47.40	59.02	58.23	63.83	61.02
其他电子设备制造	Manufacture of Other Electronic Equipment	43.75	45.86	54.12	51.11	60.78	53.48
计算机及办公设备制造业	**Manufacture of Computers and Office Equipment**	**44.44**	**39.60**	**49.44**	**52.93**	**51.70**	**58.62**
#计算机整机制造	Manufacture of Entired Computer	34.29	37.88	44.83	43.48	50.00	58.82
计算机零部件制造	Manufacture of Computer Components and Parts	56.25	36.96	51.74	53.28	50.42	56.20
计算机外围设备制造	Manufacture of Computer Peripheral Equipment						62.61
办公设备制造	Manufacture of Office Equipment	40.00	52.08	50.00	50.00	64.00	59.62
医疗仪器设备及仪器仪表制造业	**Manufacture of Medical Equipments and Measuring Instrument**	**43.44**	**44.78**	**60.54**	**61.82**	**64.05**	**60.89**
1.医疗仪器设备及器械制造	Manufacture of Medical Equipment and Appliance	37.50	45.80	56.31	57.84	64.86	63.20
2.仪器仪表制造	Manufacture of Measuring Instrument	45.93	44.41	62.05	63.31	63.75	59.61

3-1-3 续表 4 continued

行 业	Industry	投资额(亿元) Investment (100 million yuan)					
		2000	2005	2009	2010	2011	2012
合计	**Total**	**562.95**	**2144.09**	**4882.24**	**6944.73**	**9468.46**	**12932.65**
医药制造业	**Manufacture of Medicines**	**133.62**	**696.05**	**1454.29**	**1941.56**	**2648.93**	**3575.38**
#化学药品制造	Manufacture of Chemical Medicine	81.50	289.30	543.61	730.78	1002.22	1264.43
中成药生产	Production of Finished Traditional Chinese Herbal Medicine	27.40	140.52	292.04	372.99	482.46	684.03
生物药品制造	Manufacture of Biological Medicine	20.74	116.50	262.19	368.71	488.02	731.30
航空、航天器及设备制造业	**Manufacture of Aircrafts and Spacecrafts and Related Equipment**	**43.23**	**69.99**	**186.15**	**262.60**	**258.13**	**434.03**
#飞机制造	Manufacture of Airplanes	31.70	64.20	157.85	215.98	190.16	190.64
航天器制造	Manufacture of Spacecrafts	11.52	5.78	22.80	34.87	67.97	45.28
电子及通信设备制造业	**Manufacture of Electronic Equipment and Communication Equipment**	**335.98**	**1062.99**	**2344.33**	**3320.21**	**4521.94**	**6336.97**
#通信设备制造	Manufacture of Communication Equipment	55.36	139.89	345.26	441.31	540.67	658.04
#通信系统设备制造	Manufacture of Communication System Equipment	35.04	32.96	101.60	159.85	139.71	342.11
通信终端设备制造	Manufacture of Communication Terminal Equipment	8.37	16.02	20.00	33.43	59.83	315.93
广播电视设备制造	Manufacture of Broadcasting and TV Equipment	2.06	9.96	37.99	55.02	94.90	257.68
雷达及配套设备制造	Manufacture of Radar and Its Fittings	3.04	8.86	13.58	24.16	38.66	97.24
视听设备制造	Manufacture of TV Set and Radio Receiver	32.25	70.19	117.03	146.68	132.94	163.71
电子器件制造	Manufacture of Electronic Appliances	159.65	399.08	969.05	1508.29	2016.23	2063.66
#电子真空器件制造	Manufacture of Electronic Vacuum Appliance	67.89	17.48	50.65	43.59	92.34	131.41
半导体分立器件制造	Manufacture of Semiconductor Discreting Appliances	10.11	56.18	82.60	129.40	207.35	189.45
集成电路制造	Manufacture of Integrate Circuit	81.65	195.44	359.25	489.29	306.18	348.41
电子元件制造	Manufacture of Electronic Components	70.93	345.87	611.53	815.30	1181.61	1409.11
其他电子设备制造	Manufacture of Other Electronic Equipment	12.69	89.14	249.90	329.45	516.93	501.38
计算机及办公设备制造业	**Manufacture of Computers and Office Equipment**	**26.17**	**168.14**	**311.17**	**590.00**	**763.64**	**836.31**
#计算机整机制造	Manufacture of Entired Computer	12.41	49.66	61.36	116.59	346.83	283.95
计算机零部件制造	Manufacture of Computer Components and Parts	13.51	102.91	176.36	386.99	390.20	261.09
计算机外围设备制造	Manufacture of Computer Peripheral Equipment						135.07
办公设备制造	Manufacture of Office Equipment	0.25	15.57	31.88	22.04	26.61	34.86
医疗仪器设备及仪器仪表制造业	**Manufacture of Medical Equipments and Measuring Instrument**	**23.95**	**146.92**	**586.30**	**830.37**	**1275.81**	**1749.97**
1.医疗仪器设备及器械制造	Manufacture of Medical Equipment and Appliance	8.90	38.83	147.54	209.68	330.80	535.57
2.仪器仪表制造	Manufacture of Measuring Instrument	15.05	108.09	438.76	620.69	945.01	1214.40

3-1-3 续表 5 continued

行　业	Industry	新增固定资产（亿元） Newly Increased Fixed Assets (100 million yuan) 2000	2005	2009	2010	2011	2012
合计	**Total**	**421.02**	**1463.88**	**3160.45**	**4450.41**	**6355.15**	**8377.13**
医药制造业	**Manufacture of Medicines**	**105.05**	**442.20**	**950.84**	**1154.92**	**1671.45**	**2135.58**
#化学药品制造	Manufacture of Chemical Medicine	65.94	188.69	342.09	393.65	621.76	734.44
中成药生产	Production of Finished Traditional Chinese Herbal Medicine	19.32	96.50	184.13	226.14	349.69	453.85
生物药品制造	Manufacture of Biological Medicine	16.21	55.68	166.32	192.74	260.45	348.89
航空、航天器及设备制造业	**Manufacture of Aircrafts and Spacecrafts and Related Equipment**	**34.44**	**43.73**	**58.72**	**211.01**	**79.42**	**256.81**
#飞机制造	Manufacture of Airplanes	29.01	40.09	51.77	179.36	46.53	111.05
航天器制造	Manufacture of Spacecrafts	5.43	3.64	4.64	12.59	32.89	32.89
电子及通信设备制造业	**Manufacture of Electronic Equipment and Communication Equipment**	**239.78**	**742.71**	**1541.03**	**1959.27**	**3076.57**	**4271.88**
#通信设备制造	Manufacture of Communication Equipment	45.83	73.54	171.26	262.06	407.86	394.06
#通信系统设备制造	Manufacture of Communication System Equipment	27.51	14.56	55.91	99.44	116.01	194.53
通信终端设备制造	Manufacture of Communication Terminal Equipment	7.94	10.92	12.87	30.37	25.86	199.54
广播电视设备制造	Manufacture of Broadcasting and TV Equipment	2.06	10.06	19.41	21.47	50.13	202.53
雷达及配套设备制造	Manufacture of Radar and Its Fittings	2.17	1.35	10.19	37.69	22.18	85.86
视听设备制造	Manufacture of TV Set and Radio Receiver	28.42	40.98	59.16	76.10	105.39	114.50
电子器件制造	Manufacture of Electronic Appliances	99.07	304.49	656.16	599.66	1359.97	1451.64
#电子真空器件制造	Manufacture of Electronic Vacuum Appliance	45.46	12.09	29.26	28.52	60.32	81.86
半导体分立器件制造	Manufacture of Semiconductor Discreting Appliances	9.40	19.59	49.53	52.26	103.29	166.45
集成电路制造	Manufacture of Integrate Circuit	44.21	129.03	290.99	142.15	307.24	234.28
电子元件制造	Manufacture of Electronic Components	52.12	240.71	508.33	594.25	865.99	973.46
其他电子设备制造	Manufacture of Other Electronic Equipment	10.12	71.59	116.51	368.05	265.03	323.27
计算机及办公设备制造业	**Manufacture of Computers and Office Equipment**	**22.81**	**140.51**	**214.61**	**492.98**	**580.70**	**580.32**
#计算机整机制造	Manufacture of Entired Computer	9.43	33.44	25.09	47.20	235.05	188.20
计算机零部件制造	Manufacture of Computer Components and Parts	13.25	92.44	126.71	406.92	327.41	193.07
计算机外围设备制造	Manufacture of Computer Peripheral Equipment						101.02
办公设备制造	Manufacture of Office Equipment	0.13	14.62	15.69	13.21	18.24	19.53
医疗仪器设备及仪器仪表制造业	**Manufacture of Medical Equipments and Measuring Instrument**	**18.94**	**94.73**	**395.25**	**632.24**	**947.01**	**1132.55**
1.医疗仪器设备及器械制造	Manufacture of Medical Equipment and Appliance	8.54	25.39	100.79	132.09	220.56	365.72
2.仪器仪表制造	Manufacture of Measuring Instrument	10.40	69.34	294.46	500.15	726.45	766.82

3-1-3 续表 6 continued

行 业	Industry	固定资产交付使用率（%） Rate of Fixed Assets Put into Use (%)					
		2000	2005	2009	2010	2011	2012
合计	**Total**	**74.79**	**68.28**	**64.73**	**64.08**	**67.12**	**64.78**
医药制造业	**Manufacture of Medicines**	**78.62**	**63.53**	**65.38**	**59.48**	**63.10**	**59.73**
#化学药品制造	Manufacture of Chemical Medicine	80.90	65.22	62.93	53.87	62.04	58.09
中成药生产	Production of Finished Traditional Chinese Herbal Medicine	70.50	68.67	63.05	60.63	72.48	66.35
生物药品制造	Manufacture of Biological Medicine	78.14	47.79	63.44	52.27	53.37	47.71
航空、航天器及设备制造业	**Manufacture of Aircrafts and Spacecrafts and Related Equipment**	**79.67**	**62.48**	**31.54**	**80.35**	**30.77**	**59.17**
#飞机制造	Manufacture of Airplanes	91.51	62.45	32.80	83.04	24.47	58.25
航天器制造	Manufacture of Spacecrafts	47.10	62.98	20.34	36.12	48.39	72.65
电子及通信设备制造业	**Manufacture of Electronic Equipment and Communication Equipment**	**71.37**	**69.87**	**65.73**	**59.01**	**68.04**	**67.41**
#通信设备制造	Manufacture of Communication Equipment	82.78	52.57	49.60	59.38	75.44	59.88
#通信系统设备制造	Manufacture of Communication System Equipment	78.50	44.17	55.03	62.21	83.04	56.86
通信终端设备制造	Manufacture of Communication Terminal Equipment	94.90	68.16	64.32	90.83	43.22	63.16
广播电视设备制造	Manufacture of Broadcasting and TV Equipment	100.00	101.00	51.11	39.03	52.82	78.60
雷达及配套设备制造	Manufacture of Radar and Its Fittings	71.22	15.24	75.02	156.02	57.37	88.30
视听设备制造	Manufacture of TV Set and Radio Receiver	88.12	58.38	50.56	51.88	79.28	69.94
电子器件制造	Manufacture of Electronic Appliances	62.06	76.30	67.71	39.76	67.45	70.34
#电子真空器件制造	Manufacture of Electronic Vacuum Appliance	66.96	69.16	57.78	65.44	65.32	62.29
半导体分立器件制造	Manufacture of Semiconductor Discreting Appliances	93.00	34.87	59.97	40.39	49.81	87.86
集成电路制造	Manufacture of Integrate Circuit	54.15	66.02	81.00	29.05	100.35	67.24
电子元件制造	Manufacture of Electronic Components	73.47	69.60	83.12	72.89	73.29	69.08
其他电子设备制造	Manufacture of Other Electronic Equipment	79.76	80.31	46.62	111.72	51.27	64.48
计算机及办公设备制造业	**Manufacture of Computers and Office Equipment**	**87.14**	**83.57**	**68.97**	**83.56**	**76.04**	**69.39**
#计算机整机制造	Manufacture of Entired Computer	75.99	67.34	40.89	40.48	67.77	66.28
计算机零部件制造	Manufacture of Computer Components and Parts	98.08	89.83	71.85	105.15	83.91	73.95
计算机外围设备制造	Manufacture of Computer Peripheral Equipment						74.79
办公设备制造	Manufacture of Office Equipment	49.78	93.90	49.23	59.95	68.55	56.03
医疗仪器设备及仪器仪表制造业	**Manufacture of Medical Equipments and Measuring Instrument**	**79.08**	**64.48**	**67.41**	**76.14**	**74.23**	**64.72**
1.医疗仪器设备及器械制造	Manufacture of Medical Equipment and Appliance	95.94	65.39	68.31	63.00	66.67	68.29
2.仪器仪表制造	Manufacture of Measuring Instrument	69.11	64.15	67.11	80.58	76.87	63.14

3-1-4 国有及国有控股企业固定资产投资情况

Statistics on Investment in Fixed Assets in State-owned and State-controlled Enterprises by Industrial Sector

行　业	Industry	施工项目（个） Number of Projects under Construction (unit)					
		2000	2005	2009	2010	2011	2012
合计	**Total**	**1321**	**1285**	**1158**	**1167**	**1065**	**741**
医药制造业	**Manufacture of Medicines**	**478**	**553**	**331**	**336**	**292**	**140**
#化学药品制造	Manufacture of Chemical Medicine	310	269	139	152	124	45
中成药生产	Production of Finished Traditional Chinese Herbal Medicine	131	115	77	64	58	27
生物药品制造	Manufacture of Biological Medicine	29	65	50	54	47	33
航空、航天器及设备制造业	**Manufacture of Aircrafts and Spacecrafts and Related Equipment**	**328**	**169**	**203**	**144**	**124**	**123**
#飞机制造	Manufacture of Airplanes	273	148	173	115	101	75
航天器制造	Manufacture of Spacecrafts	55	21	26	24	23	10
电子及通信设备制造业	**Manufacture of Electronic Equipment and Communication Equipment**	**363**	**369**	**448**	**490**	**453**	**327**
#通信设备制造	Manufacture of Communication Equipment	74	103	123	133	101	45
#通信系统设备制造	Manufacture of Communication System t Equipmen	50	55	43	50	35	36
通信终端设备制造	Manufacture of Communication Terminal Equipment	11	10	25	13	11	9
广播电视设备制造	Manufacture of Broadcasting and TV Equipment	13	18	12	19	18	21
雷达及配套设备制造	Manufacture of Radar and Its Fittings	27	22	15	15	17	11
视听设备制造	Manufacture of TV Set and Radio Receiver	39	31	27	20	16	7
电子器件制造	Manufacture of Electronic Appliances	67	84	121	132	128	115
#电子真空器件制造	Manufacture of Electronic Vacuum Appliance	19	21	12	9	11	11
半导体分立器件制造	Manufacture of Semiconductor Discreting Appliances	35	13	24	18	14	29
集成电路制造	Manufacture of Integrate Circuit	13	19	29	37	32	15
电子元件制造	Manufacture of Electronic Components	111	91	107	116	114	60
其他电子设备制造	Manufacture of Other Electronic Equipment	32	20	43	55	59	38
计算机及办公设备制造业	**Manufacture of Computers and Office Equipment**	**19**	**41**	**59**	**55**	**56**	**44**
#计算机整机制造	Manufacture of Entired Computer	16	11	16	14	24	27
计算机零部件制造	Manufacture of Computer Components and Parts		26	23	24	29	9
计算机外围设备制造	Manufacture of Computer Peripheral Equipment						1
办公设备制造	Manufacture of Office Equipment	3	4	5	4	3	3
医疗仪器设备及仪器仪表制造业	**Manufacture of Medical Equipments and Measuring Instrument**	**133**	**153**	**117**	**142**	**140**	**107**
1.医疗仪器设备及器械制造	Manufacture of Medical Equipment and Appliance	27	16	21	33	24	11
2.仪器仪表制造	Manufacture of Measuring Instrument	106	137	96	109	116	96

3-1-4 续表 1 continued

行业	Industry	新开工项目（个） Number of Projects Started This Year (unit)					
		2000	2005	2009	2010	2011	2012
合计	**Total**	**803**	**636**	**636**	**605**	**514**	**427**
医药制造业	**Manufacture of Medicines**	**311**	**303**	**199**	**208**	**153**	**80**
#化学药品制造	Manufacture of Chemical Medicine	200	152	82	95	59	26
中成药生产	Production of Finished Traditional Chinese Herbal Medicine	92	60	49	40	31	14
生物药品制造	Manufacture of Biological Medicine	13	39	27	31	23	20
航空、航天器及设备制造业	**Manufacture of Aircrafts and Spacecrafts and Related Equipment**	**194**	**60**	**103**	**53**	**48**	**61**
#飞机制造	Manufacture of Airplanes	160	54	94	45	41	34
航天器制造	Manufacture of Spacecrafts	34	6	8	7	7	4
电子及通信设备制造业	**Manufacture of Electronic Equipment and Communication Equipment**	**212**	**181**	**251**	**249**	**225**	**192**
#通信设备制造	Manufacture of Communication Equipment	41	52	78	79	57	30
#通信系统设备制造	Manufacture of Communication System t Equipmen	27	21	27	30	19	25
通信终端设备制造	Manufacture of Communication Terminal Equipment	5	9	16	6	8	5
广播电视设备制造	Manufacture of Broadcasting and TV Equipment	8	14	8	14	12	13
雷达及配套设备制造	Manufacture of Radar and Its Fittings	14	7	9	7	11	2
视听设备制造	Manufacture of TV Set and Radio Receiver	23	12	15	8	5	4
电子器件制造	Manufacture of Electronic Appliances	34	36	62	62	63	71
#电子真空器件制造	Manufacture of Electronic Vacuum Appliance	11	6	3	4	7	7
半导体分立器件制造	Manufacture of Semiconductor Discreting Appliances	14	6	12	8	7	19
集成电路制造	Manufacture of Integrate Circuit	9	8	14	16	15	3
电子元件制造	Manufacture of Electronic Components	73	52	62	59	48	39
其他电子设备制造	Manufacture of Other Electronic Equipment	19	8	17	20	29	18
计算机及办公设备制造业	**Manufacture of Computers and Office Equipment**	**7**	**12**	**25**	**23**	**13**	**32**
#计算机整机制造	Manufacture of Entired Computer	6	4	11	5	2	18
计算机零部件制造	Manufacture of Computer Components and Parts		7	10	12	11	8
计算机外围设备制造	Manufacture of Computer Peripheral Equipment						
办公设备制造	Manufacture of Office Equipment	1	1	1			2
医疗仪器设备及仪器仪表制造业	**Manufacture of Medical Equipments and Measuring Instrument**	**79**	**80**	**58**	**72**	**75**	**62**
1.医疗仪器设备及器械制造	Manufacture of Medical Equipment and Appliance	12	10	10	15	13	6
2.仪器仪表制造	Manufacture of Measuring Instrument	67	70	48	57	62	56

3-1-4 续表 2 continued

行 业	Industry	建成投产项目（个） Number of Projects Completed and Put into Use (unit)					
		2000	2005	2009	2010	2011	2012
合计	**Total**	**627**	**503**	**526**	**522**	**441**	**338**
医药制造业	**Manufacture of Medicines**	**233**	**260**	**171**	**159**	**146**	**52**
#化学药品制造	Manufacture of Chemical Medicine	148	128	68	73	59	15
中成药生产	Production of Finished Traditional Chinese Herbal Medicine	70	60	39	31	28	13
生物药品制造	Manufacture of Biological Medicine	9	23	20	26	21	7
航空、航天器及设备制造业	**Manufacture of Aircrafts and Spacecrafts and Related Equipment**	**167**	**68**	**74**	**50**	**30**	**49**
#飞机制造	Manufacture of Airplanes	155	60	63	42	21	28
航天器制造	Manufacture of Spacecrafts	12	8	11	4	9	2
电子及通信设备制造业	**Manufacture of Electronic Equipment and Communication Equipment**	**159**	**128**	**205**	**230**	**182**	**162**
#通信设备制造	Manufacture of Communication Equipment	29	43	65	71	46	16
#通信系统设备制造	Manufacture of Communication System t Equipmen	16	24	23	30	15	14
通信终端设备制造	Manufacture of Communication Terminal Equipment	7	4	15	7	4	2
广播电视设备制造	Manufacture of Broadcasting and TV Equipment	9	8	6	11	11	10
雷达及配套设备制造	Manufacture of Radar and Its Fittings	11	6	6	6	7	4
视听设备制造	Manufacture of TV Set and Radio Receiver	18	8	13	10	7	3
电子器件制造	Manufacture of Electronic Appliances	27	24	48	57	43	75
#电子真空器件制造	Manufacture of Electronic Vacuum Appliance	7	4	4	5	6	7
半导体分立器件制造	Manufacture of Semiconductor Discreting Appliances	17	2	13	7	4	21
集成电路制造	Manufacture of Integrate Circuit	3	5	10	14	11	2
电子元件制造	Manufacture of Electronic Components	52	34	49	56	42	32
其他电子设备制造	Manufacture of Other Electronic Equipment	13	5	18	19	26	12
计算机及办公设备制造业	**Manufacture of Computers and Office Equipment**	**9**	**5**	**30**	**24**	**26**	**19**
#计算机整机制造	Manufacture of Entired Computer	7	2	4	6	14	13
计算机零部件制造	Manufacture of Computer Components and Parts		1	15	9	11	3
计算机外围设备制造	Manufacture of Computer Peripheral Equipment						1
办公设备制造	Manufacture of Office Equipment	2	2	1	2	1	2
医疗仪器设备及仪器仪表制造业	**Manufacture of Medical Equipments and Measuring Instrument**	**59**	**42**	**46**	**59**	**57**	**56**
1.医疗仪器设备及器械制造	Manufacture of Medical Equipment and Appliance	10	7	4	15	10	5
2.仪器仪表制造	Manufacture of Measuring Instrument	49	35	42	44	47	51

3-1-4 续表 3 continued

行 业	Industry	项目建成投产率 (%) Rate of Projects Completed and Put into Use (%)					
		2000	2005	2009	2010	2011	2012
合计	**Total**	**47.46**	**39.14**	**45.42**	**44.73**	**41.41**	**45.61**
医药制造业	**Manufacture of Medicines**	**48.74**	**47.02**	**51.66**	**47.32**	**50**	**37.14**
#化学药品制造	Manufacture of Chemical Medicine	47.74	47.58	48.92	48.03	47.58	33.33
中成药生产	Production of Finished Traditional Chinese Herbal Medicine	53.44	52.17	50.65	48.44	48.28	48.15
生物药品制造	Manufacture of Biological Medicine	31.03	35.38	40.00	48.15	44.68	21.21
航空、航天器及设备制造业	**Manufacture of Aircrafts and Spacecrafts and Related Equipment**	**50.91**	**40.24**	**36.45**	**34.72**	**24.19**	**39.84**
#飞机制造	Manufacture of Airplanes	56.78	40.54	36.42	36.52	20.79	37.33
航天器制造	Manufacture of Spacecrafts	21.82	38.10	42.31	16.67	39.13	20.00
电子及通信设备制造业	**Manufacture of Electronic Equipment and Communication Equipment**	**43.80**	**34.69**	**45.76**	**46.94**	**40.18**	**49.54**
#通信设备制造	Manufacture of Communication Equipment	39.19	41.75	52.85	53.38	45.54	35.56
#通信系统设备制造	Manufacture of Communication System t Equipmen	32.00	43.64	53.49	60.00	42.86	38.89
通信终端设备制造	Manufacture of Communication Terminal Equipment	63.64	40.00	60.00	53.85	36.36	22.22
广播电视设备制造	Manufacture of Broadcasting and TV Equipment	69.23	44.44	50.00	57.89	61.11	47.62
雷达及配套设备制造	Manufacture of Radar and Its Fittings	40.74	27.27	40.00	40	41.18	36.36
视听设备制造	Manufacture of TV Set and Radio Receiver	46.15	25.81	48.15	50	43.75	42.86
电子器件制造	Manufacture of Electronic Appliances	40.30	28.57	39.67	43.18	33.59	65.22
#电子真空器件制造	Manufacture of Electronic Vacuum Appliance	36.84	19.05	33.33	55.56	54.55	63.64
半导体分立器件制造	Manufacture of Semiconductor Discreting Appliances	48.57	15.38	54.17	38.89	28.57	72.41
集成电路制造	Manufacture of Integrate Circuit	23.08	26.32	34.48	37.84	34.38	13.33
电子元件制造	Manufacture of Electronic Components	46.85	37.36	45.79	48.28	36.84	53.33
其他电子设备制造	Manufacture of Other Electronic Equipment	40.63	25.00	41.86	34.55	44.07	31.58
计算机及办公设备制造业	**Manufacture of Computers and Office Equipment**	**47.37**	**12.20**	**50.85**	**43.64**	**46.43**	**43.18**
#计算机整机制造	Manufacture of Entired Computer	43.75	18.18	25.00	42.86	58.33	48.15
计算机零部件制造	Manufacture of Computer Components and Parts		3.85	65.22	37.50	37.93	33.33
计算机外围设备制造	Manufacture of Computer Peripheral Equipment						100.00
办公设备制造	Manufacture of Office Equipment	66.67	50.00	20.00	50	33.33	66.67
医疗仪器设备及仪器仪表制造业	**Manufacture of Medical Equipments and Measuring Instrument**	**44.36**	**27.45**	**39.32**	**41.55**	**40.71**	**52.34**
1.医疗仪器设备及器械制造	Manufacture of Medical Equipment and Appliance	37.04	43.75	19.05	45.45	41.67	45.45
2.仪器仪表制造	Manufacture of Measuring Instrument	46.23	25.55	43.75	40.37	40.52	53.13

3-1-4 续表 4 continued

行　业	Industry	投资额（亿元） Investment (100 million yuan)					
		2000	2005	2009	2010	2011	2012
合计	**Total**	**168.44**	**380.71**	**770.91**	**1356.36**	**1627.06**	**1123.77**
医药制造业	**Manufacture of Medicines**	**39.66**	**137.69**	**121.92**	**171.95**	**218.63**	**145.70**
#化学药品制造	Manufacture of Chemical Medicine	28.85	61.14	47.56	96.69	119.55	54.58
中成药生产	Production of Finished Traditional Chinese Herbal Medicine	7.12	20.29	26.12	24.81	24.63	25.37
生物药品制造	Manufacture of Biological Medicine	3.25	30.03	25.27	29.87	46.56	41.20
航空、航天器及设备制造业	**Manufacture of Aircrafts and Spacecrafts and Related Equipment**	**41.21**	**67.20**	**139.88**	**213.55**	**208.04**	**237.85**
#飞机制造	Manufacture of Airplanes	30.33	61.46	115.81	174.12	158.91	150.88
航天器制造	Manufacture of Spacecrafts	10.89	5.74	19.99	32.75	49.14	17.02
电子及通信设备制造业	**Manufacture of Electronic Equipment and Communication Equipment**	**71.98**	**150.31**	**383.76**	**694.6**	**899.28**	**466.01**
#通信设备制造	Manufacture of Communication Equipment	17.20	42.09	94.50	105.6	125.25	114.29
#通信系统设备制造	Manufacture of Communication System t Equipmen	11.02	17.29	21.78	37.7	21.47	66.99
通信终端设备制造	Manufacture of Communication Terminal Equipment	3.14	4.04	5.15	4.97	26.24	47.29
广播电视设备制造	Manufacture of Broadcasting and TV Equipment	1.17	3.21	3.06	2.15	4.09	7.03
雷达及配套设备制造	Manufacture of Radar and Its Fittings	2.60	8.32	9.42	20.91	29.83	11.15
视听设备制造	Manufacture of TV Set and Radio Receiver	12.93	7.67	39.22	23.27	14.24	7.33
电子器件制造	Manufacture of Electronic Appliances	19.34	49.24	133.08	375.78	468.79	202.37
#电子真空器件制造	Manufacture of Electronic Vacuum Appliance	16.47	9.81	7.73	3.65	13.58	15.83
半导体分立器件制造	Manufacture of Semiconductor Discreting Appliances	1.34	5.73	6.82	6.82	20.72	72.07
集成电路制造	Manufacture of Integrate Circuit	1.53	10.85	92.56	205.45	55.51	13.05
电子元件制造	Manufacture of Electronic Components	15.51	27.95	61.53	75.02	83.09	51.12
其他电子设备制造	Manufacture of Other Electronic Equipment	3.24	11.82	42.94	91.88	173.99	32.57
计算机及办公设备制造业	**Manufacture of Computers and Office Equipment**	**4.84**	**8.11**	**67.61**	**153.58**	**186.8**	**109.26**
#计算机整机制造	Manufacture of Entired Computer	4.67	2.05	12.25	7.75	91.03	71.64
计算机零部件制造	Manufacture of Computer Components and Parts	0.14	5.79	38.27	120.37	90.44	25.48
计算机外围设备制造	Manufacture of Computer Peripheral Equipment						1.46
办公设备制造	Manufacture of Office Equipment	0.03	0.27	3.97	1.81	5.32	8.52
医疗仪器设备及仪器仪表制造业	**Manufacture of Medical Equipments and Measuring Instrument**	**10.75**	**17.40**	**57.75**	**122.68**	**114.31**	**164.95**
1.医疗仪器设备及器械制造	Manufacture of Medical Equipment and Appliance	2.53	2.18	8.26	28.46	15.02	18.73
2.仪器仪表制造	Manufacture of Measuring Instrument	8.22	15.22	49.49	94.22	99.29	146.22

3-1-4 续表 5 continued

行 业	Industry	新增固定资产（亿元） Newly Increased Fixed Assets (100 million yuan)					
		2000	2005	2009	2010	2011	2012
合计	**Total**	**130.94**	**213.70**	**488.96**	**536.16**	**765.35**	**606.60**
医药制造业	**Manufacture of Medicines**	**32.52**	**93.08**	**77.88**	**115.7**	**110.15**	**60.06**
#化学药品制造	Manufacture of Chemical Medicine	23.10	40.76	26.85	53.66	52.07	23.38
中成药生产	Production of Finished Traditional Chinese Herbal Medicine	5.27	19.02	14.41	15.01	14.62	15.70
生物药品制造	Manufacture of Biological Medicine	2.94	18.48	11.75	30.16	16.21	7.79
航空、航天器及设备制造业	**Manufacture of Aircrafts and Spacecrafts and Related Equipment**	**34.32**	**41.88**	**43.45**	**106.43**	**43.03**	**143.14**
#飞机制造	Manufacture of Airplanes	29.00	38.28	40.99	80.98	34.43	89.79
航天器制造	Manufacture of Spacecrafts	5.32	3.60	2.31	10.51	8.6	11.89
电子及通信设备制造业	**Manufacture of Electronic Equipment and Communication Equipment**	**53.38**	**66.12**	**237.77**	**237.4**	**371.46**	**277.03**
#通信设备制造	Manufacture of Communication Equipment	15.23	21.72	42.22	58.15	40.21	39.87
#通信系统设备制造	Manufacture of Communication System t Equipmen	9.29	7.27	13.75	29.08	14.75	18.93
通信终端设备制造	Manufacture of Communication Terminal Equipment	3.44	1.73	3.61	3.91	3.41	20.94
广播电视设备制造	Manufacture of Broadcasting and TV Equipment	1.23	1.98	2.60	1.42	4.09	4.79
雷达及配套设备制造	Manufacture of Radar and Its Fittings	1.47	0.98	1.42	35.9	17.07	25.57
视听设备制造	Manufacture of TV Set and Radio Receiver	11.77	2.49	11.91	7.42	10.59	3.26
电子器件制造	Manufacture of Electronic Appliances	8.51	20.59	108.65	75.9	177	131.32
#电子真空器件制造	Manufacture of Electronic Vacuum Appliance	6.16	4.35	7.49	2.88	12.86	7.09
半导体分立器件制造	Manufacture of Semiconductor Discreting Appliances	1.07	2.37	5.72	7.26	7.45	59.64
集成电路制造	Manufacture of Integrate Circuit	1.28	8.52	85.87	41.84	19.75	1.16
电子元件制造	Manufacture of Electronic Components	12.65	15.96	59.58	33.2	67.64	28.55
其他电子设备制造	Manufacture of Other Electronic Equipment	2.52	2.40	11.39	25.41	54.85	15.75
计算机及办公设备制造业	**Manufacture of Computers and Office Equipment**	**3.37**	**1.90**	**77.68**	**12.16**	**143.42**	**48.74**
#计算机整机制造	Manufacture of Entired Computer	3.30	0.53	1.78	1.77	59.82	43.42
计算机零部件制造	Manufacture of Computer Components and Parts	0.04	0.29	39.43	6.51	83.21	1.27
计算机外围设备制造	Manufacture of Computer Peripheral Equipment						3.20
办公设备制造	Manufacture of Office Equipment	0.04	1.09	1.33	0.3	0.39	0.66
医疗仪器设备及仪器仪表制造业	**Manufacture of Medical Equipments and Measuring Instrument**	**7.35**	**10.72**	**52.17**	**64.46**	**97.28**	**77.62**
1.医疗仪器设备及器械制造	Manufacture of Medical Equipment and Appliance	2.32	1.53	3.36	6.11	8.67	6.77
2.仪器仪表制造	Manufacture of Measuring Instrument	5.04	9.19	48.80	58.35	88.61	70.85

3-1-4 续表 6 continued

行 业	Industry	固定资产交付使用率 (%) Rate of Fixed Assets Put into Use (%)					
		2000	2005	2009	2010	2011	2012
合计	**Total**	**77.74**	**56.13**	**63.43**	**39.53**	**47.04**	**53.98**
医药制造业	**Manufacture of Medicines**	**81.99**	**67.60**	**63.88**	**67.29**	**50.38**	**41.22**
#化学药品制造	Manufacture of Chemical Medicine	80.08	66.67	56.46	55.49	43.56	42.84
中成药生产	Production of Finished Traditional Chinese Herbal Medicine	74.01	93.74	55.16	60.5	59.36	61.89
生物药品制造	Manufacture of Biological Medicine	90.51	61.54	46.49	100.95	34.82	18.90
航空、航天器及设备制造业	**Manufacture of Aircrafts and Spacecrafts and Related Equipment**	**83.28**	**62.32**	**31.06**	**49.84**	**20.68**	**60.18**
#飞机制造	Manufacture of Airplanes	95.63	62.28	35.39	46.51	21.67	59.51
航天器制造	Manufacture of Spacecrafts	48.88	62.72	11.56	32.1	17.5	69.82
电子及通信设备制造业	**Manufacture of Electronic Equipment and Communication Equipment**	**74.16**	**43.99**	**61.96**	**34.18**	**41.31**	**59.45**
#通信设备制造	Manufacture of Communication Equipment	88.56	51.60	44.68	55.07	32.1	34.89
#通信系统设备制造	Manufacture of Communication System t Equipmen	84.31	42.05	63.13	77.14	68.70	28.26
通信终端设备制造	Manufacture of Communication Terminal Equipment	109.43	42.82	70.10	78.54	13	44.27
广播电视设备制造	Manufacture of Broadcasting and TV Equipment	105.66	61.68	84.93	66.08	100	68.10
雷达及配套设备制造	Manufacture of Radar and Its Fittings	56.52	11.78	15.08	171.72	57.22	229.25
视听设备制造	Manufacture of TV Set and Radio Receiver	91.01	32.46	30.37	31.89	74.37	44.48
电子器件制造	Manufacture of Electronic Appliances	44.00	41.82	81.65	20.2	37.76	64.89
#电子真空器件制造	Manufacture of Electronic Vacuum Appliance	37.40	44.34	96.87	78.97	94.7	44.79
半导体分立器件制造	Manufacture of Semiconductor Discreting Appliances	79.72	41.36	83.82	106.49	35.96	82.76
集成电路制造	Manufacture of Integrate Circuit	83.86	78.53	92.77	20.37	35.58	8.89
电子元件制造	Manufacture of Electronic Components	81.60	57.10	96.83	44.26	81.41	55.84
其他电子设备制造	Manufacture of Other Electronic Equipment	77.76	20.30	26.52	27.65	31.52	48.37
计算机及办公设备制造业	**Manufacture of Computers and Office Equipment**	**69.66**	**23.43**	**114.89**	**7.92**	**76.78**	**44.61**
#计算机整机制造	Manufacture of Entired Computer	70.70	25.85	14.53	22.85	65.71	60.61
计算机零部件制造	Manufacture of Computer Components and Parts	25.45	5.01	103.04	5.41	92.01	4.99
计算机外围设备制造	Manufacture of Computer Peripheral Equipment						219.04
办公设备制造	Manufacture of Office Equipment	105.39	403.70	33.49	16.8	7.33	7.76
医疗仪器设备及仪器仪表制造业	**Manufacture of Medical Equipments and Measuring Instrument**	**68.39**	**61.61**	**90.33**	**52.55**	**85.1**	**47.06**
1.医疗仪器设备及器械制造	Manufacture of Medical Equipment and Appliance	91.51	70.18	40.70	21.47	57.72	36.16
2.仪器仪表制造	Manufacture of Measuring Instrument	61.26	60.38	98.62	61.93	89.24	48.45

3-1-5 内资企业固定资产投资情况

Statistics on Investment in Fixed Assets in Domestic Funded Enterprises by Industrial Sector

行 业	Industry	施工项目（个）Number of Projects under Construction (unit)					
		2000	2005	2009	2010	2011	2012
合计	**Total**	**2270**	**5424**	**8126**	**9129**	**11385**	**13941**
医药制造业	**Manufacture of Medicines**	**1136**	**2858**	**3569**	**4029**	**4390**	**4629**
#化学药品制造	Manufacture of Chemical Medicine	642	1028	1137	1167	1377	1383
中成药生产	Production of Finished Traditional Chinese Herbal Medicine		653	794	900	860	945
生物药品制造	Manufacture of Biological Medicine	98	350	528	648	663	789
航空、航天器及设备制造业	**Manufacture of Aircrafts and Spacecrafts and Related Equipment**	**329**	**175**	**231**	**167**	**168**	**308**
#飞机制造	Manufacture of Airplanes	273	153	188	124	120	124
航天器制造	Manufacture of Spacecrafts	56	22	43	43	48	37
电子及通信设备制造业	**Manufacture of Electronic Equipment and Communication Equipment**	**585**	**1495**	**2707**	**3079**	**4366**	**5884**
#通信设备制造	Manufacture of Communication Equipment	134	284	398	488	568	596
#通信系统设备制造	Manufacture of Communication System Equipment	81	119	133	183	220	385
通信终端设备制造	Manufacture of Communication Terminal Equipment	27	30	45	47	59	211
广播电视设备制造	Manufacture of Broadcasting and TV Equipment	16	43	72	84	140	346
雷达及配套设备制造	Manufacture of Radar and Its Fittings	32	28	31	22	29	88
视听设备制造	Manufacture of TV Set and Radio Receiver	58	92	119	134	161	143
电子器件制造	Manufacture of Electronic Appliances	101	248	591	710	1056	1254
#电子真空器件制造	Manufacture of Electronic Vacuum Appliance	33	46	71	65	114	188
半导体分立器件制造	Manufacture of Semiconductor Discreting Appliances	49	31	85	81	108	132
集成电路制造	Manufacture of Integrate Circuit	19	47	96	125	152	140
电子元件制造	Manufacture of Electronic Components	186	600	1085	1179	1792	1816
其他电子设备制造	Manufacture of Other Electronic Equipment	58	200	411	462	620	610
计算机及办公设备制造业	**Manufacture of Computers and Office Equipment**	**36**	**142**	**225**	**276**	**339**	**626**
#计算机整机制造	Manufacture of Entired Computer	24	39	38	50	67	159
计算机零部件制造	Manufacture of Computer Components and Parts	8	82	156	197	235	184
计算机外围设备制造	Manufacture of Computer Peripheral Equipment						79
办公设备制造	Manufacture of Office Equipment	4	21	31	29	37	48
医疗仪器设备及仪器仪表制造业	**Manufacture of Medical Equipments and Measuring Instrument**	**184**	**754**	**1394**	**1578**	**2122**	**2494**
1.医疗仪器设备及器械制造	Manufacture of Medical Equipment and Appliance	36	196	354	417	562	887
2.仪器仪表制造	Manufacture of Measuring Instrument	148	558	1040	1161	1560	1607

3-1-5 续表 1 continued

行 业	Industry	新开工项目（个） Number of Projects Started This Year (unit)					
		2000	2005	2009	2010	2011	2012
合计	**Total**	**1372**	**3422**	**5385**	**6224**	**7428**	**9255**
医药制造业	**Manufacture of Medicines**	**703**	**1790**	**2440**	**2814**	**2800**	**3068**
#化学药品制造	Manufacture of Chemical Medicine	399	633	748	771	826	874
中成药生产	Production of Finished Traditional Chinese Herbal Medicine		411	534	627	537	620
生物药品制造	Manufacture of Biological Medicine	51	208	331	429	381	520
航空、航天器及设备制造业	**Manufacture of Aircrafts and Spacecrafts and Related Equipment**	**195**	**66**	**121**	**71**	**77**	**170**
#飞机制造	Manufacture of Airplanes	160	59	101	52	55	60
航天器制造	Manufacture of Spacecrafts	35	7	20	19	22	24
电子及通信设备制造业	**Manufacture of Electronic Equipment and Communication Equipment**	**340**	**979**	**1747**	**2054**	**2911**	**3867**
#通信设备制造	Manufacture of Communication Equipment	72	176	245	318	366	392
#通信系统设备制造	Manufacture of Communication System Equipment	41	63	77	122	148	260
通信终端设备制造	Manufacture of Communication Terminal Equipment	14	23	24	27	40	132
广播电视设备制造	Manufacture of Broadcasting and TV Equipment	11	30	48	58	92	240
雷达及配套设备制造	Manufacture of Radar and Its Fittings	18	12	20	14	20	46
视听设备制造	Manufacture of TV Set and Radio Receiver	35	56	75	81	86	91
电子器件制造	Manufacture of Electronic Appliances	50	157	377	464	665	788
#电子真空器件制造	Manufacture of Electronic Vacuum Appliance	19	25	45	44	80	124
半导体分立器件制造	Manufacture of Semiconductor Discreting Appliances	20	16	57	55	66	87
集成电路制造	Manufacture of Integrate Circuit	11	30	49	77	92	81
电子元件制造	Manufacture of Electronic Components	119	414	709	810	1262	1249
其他电子设备制造	Manufacture of Other Electronic Equipment	35	134	273	309	420	418
计算机及办公设备制造业	**Manufacture of Computers and Office Equipment**	**15**	**68**	**125**	**174**	**188**	**419**
#计算机整机制造	Manufacture of Entired Computer	11	21	26	31	28	96
计算机零部件制造	Manufacture of Computer Components and Parts	2	35	84	126	139	123
计算机外围设备制造	Manufacture of Computer Peripheral Equipment						53
办公设备制造	Manufacture of Office Equipment	2	12	15	17	21	35
医疗仪器设备及仪器仪表制造业	**Manufacture of Medical Equipments and Measuring Instrument**	**119**	**519**	**952**	**1111**	**1452**	**1731**
1.医疗仪器设备及器械制造	Manufacture of Medical Equipment and Appliance	21	142	241	302	378	658
2.仪器仪表制造	Manufacture of Measuring Instrument	98	377	711	809	1074	1073

3-1-5 续表 2 continued

行业	Industry	建成投产项目（个） Number of Projects Completed and Put into Use (unit)					
		2000	2005	2009	2010	2011	2012
合计	**Total**	**1057**	**2394**	**4563**	**5192**	**6698**	**8064**
医药制造业	**Manufacture of Medicines**	**528**	**1305**	**2034**	**2321**	**2520**	**2619**
#化学药品制造	Manufacture of Chemical Medicine	321	471	613	611	780	750
中成药生产	Production of Finished Traditional Chinese Herbal Medicine		326	434	510	479	524
生物药品制造	Manufacture of Biological Medicine	28	117	276	344	356	426
航空、航天器及设备制造业	**Manufacture of Aircrafts and Spacecrafts and Related Equipment**	**168**	**70**	**89**	**62**	**54**	**150**
#飞机制造	Manufacture of Airplanes	155	61	70	47	32	57
航天器制造	Manufacture of Spacecrafts	13	9	19	15	22	20
电子及通信设备制造业	**Manufacture of Electronic Equipment and Communication Equipment**	**265**	**643**	**1466**	**1661**	**2584**	**3377**
#通信设备制造	Manufacture of Communication Equipment	53	128	210	267	314	309
#通信系统设备制造	Manufacture of Communication System Equipment	30	49	74	102	128	199
通信终端设备制造	Manufacture of Communication Terminal Equipment	14	15	24	24	31	110
广播电视设备制造	Manufacture of Broadcasting and TV Equipment	9	18	39	44	79	210
雷达及配套设备制造	Manufacture of Radar and Its Fittings	15	8	20	9	16	50
视听设备制造	Manufacture of TV Set and Radio Receiver	26	33	54	62	101	94
电子器件制造	Manufacture of Electronic Appliances	43	95	296	354	558	734
#电子真空器件制造	Manufacture of Electronic Vacuum Appliance	14	15	41	38	71	111
半导体分立器件制造	Manufacture of Semiconductor Discreting Appliances	25	13	50	35	51	91
集成电路制造	Manufacture of Integrate Circuit	4	13	46	58	81	65
电子元件制造	Manufacture of Electronic Components	90	270	619	679	1136	1107
其他电子设备制造	Manufacture of Other Electronic Equipment	29	91	228	246	380	325
计算机及办公设备制造业	**Manufacture of Computers and Office Equipment**	**14**	**46**	**113**	**158**	**166**	**377**
#计算机整机制造	Manufacture of Entired Computer	10	11	14	24	33	95
计算机零部件制造	Manufacture of Computer Components and Parts	2	20	84	120	109	109
计算机外围设备制造	Manufacture of Computer Peripheral Equipment						52
办公设备制造	Manufacture of Office Equipment	2	15	15	14	24	29
医疗仪器设备及仪器仪表制造业	**Manufacture of Medical Equipments and Measuring Instrument**	**82**	**330**	**861**	**990**	**1374**	**1541**
1.医疗仪器设备及器械制造	Manufacture of Medical Equipment and Appliance	15	85	201	243	370	570
2.仪器仪表制造	Manufacture of Measuring Instrument	67	245	660	747	1004	971

3-1-5 续表 3 continued

行　业	Industry	项目建成投产率（%） Rate of Projects Completed and Put into Use (%)					
		2000	2005	2009	2010	2011	2012
合计	**Total**	**46.56**	**44.14**	**56.15**	**56.87**	**58.83**	**57.84**
医药制造业	**Manufacture of Medicines**	**46.48**	**45.66**	**56.99**	**57.61**	**57.4**	**56.58**
#化学药品制造	Manufacture of Chemical Medicine	50.00	45.82	53.91	52.36	56.64	54.23
中成药生产	Production of Finished Traditional Chinese Herbal Medicine		49.92	54.66	56.67	55.7	55.45
生物药品制造	Manufacture of Biological Medicine	28.57	33.43	52.27	53.09	53.7	53.99
航空、航天器及设备制造业	**Manufacture of Aircrafts and Spacecrafts and Related Equipment**	**51.06**	**40.00**	**38.53**	**37.13**	**32.14**	**48.70**
#飞机制造	Manufacture of Airplanes	56.78	39.87	37.23	37.9	26.67	45.97
航天器制造	Manufacture of Spacecrafts	23.21	40.91	44.19	34.88	45.83	54.05
电子及通信设备制造业	**Manufacture of Electronic Equipment and Communication Equipment**	**45.30**	**43.01**	**54.16**	**53.95**	**59.18**	**57.39**
#通信设备制造	Manufacture of Communication Equipment	39.55	45.07	52.76	54.71	55.28	51.85
#通信系统设备制造	Manufacture of Communication System Equipment	37.04	41.18	55.64	55.74	58.18	51.69
通信终端设备制造	Manufacture of Communication Terminal Equipment	51.85	50.00	53.33	51.06	52.54	52.13
广播电视设备制造	Manufacture of Broadcasting and TV Equipment	56.25	41.86	54.17	52.38	56.43	60.69
雷达及配套设备制造	Manufacture of Radar and Its Fittings	46.88	28.57	64.52	40.91	55.17	56.82
视听设备制造	Manufacture of TV Set and Radio Receiver	44.83	35.87	45.38	46.27	62.73	65.73
电子器件制造	Manufacture of Electronic Appliances	42.57	38.31	50.08	49.86	52.84	58.53
#电子真空器件制造	Manufacture of Electronic Vacuum Appliance	42.42	32.61	57.75	58.46	62.28	59.04
半导体分立器件制造	Manufacture of Semiconductor Discreting Appliances	51.02	41.94	58.82	43.21	47.22	68.94
集成电路制造	Manufacture of Integrate Circuit	21.05	27.66	47.92	46.4	53.29	46.43
电子元件制造	Manufacture of Electronic Components	48.39	45.00	57.05	57.59	63.39	60.96
其他电子设备制造	Manufacture of Other Electronic Equipment	50.00	45.50	55.47	53.25	61.29	53.28
计算机及办公设备制造业	**Manufacture of Computers and Office Equipment**	**38.89**	**32.39**	**50.22**	**57.25**	**48.97**	**60.22**
#计算机整机制造	Manufacture of Entired Computer	41.67	28.21	36.84	48	49.25	59.75
计算机零部件制造	Manufacture of Computer Components and Parts	25.00	24.39	53.85	60.91	46.38	59.24
计算机外围设备制造	Manufacture of Computer Peripheral Equipment						65.82
办公设备制造	Manufacture of Office Equipment	50.00	71.43	48.39	48.28	64.86	60.42
医疗仪器设备及仪器仪表制造业	**Manufacture of Medical Equipments and Measuring Instrument**	**44.57**	**43.77**	**61.76**	**62.74**	**64.75**	**61.79**
1.医疗仪器设备及器械制造	Manufacture of Medical Equipment and Appliance	41.67	43.37	56.78	58.27	65.84	64.26
2.仪器仪表制造	Manufacture of Measuring Instrument	45.27	43.91	63.46	64.34	64.36	60.42

3-1-5 续表 4 continued

行 业	Industry	投资额（亿元） Investment (100 million yuan)					
		2000	2005	2009	2010	2011	2012
合计	**Total**	**300.49**	**1150.48**	**3382.30**	**5195.76**	**7346.64**	**10622.58**
医药制造业	**Manufacture of Medicines**	**109.56**	**590.97**	**1275.72**	**1751.63**	**2442.03**	**3308.38**
#化学药品制造	Manufacture of Chemical Medicine	63.42	232.42	445.70	621.57	880.38	1106.11
中成药生产	Production of Finished Traditional Chinese Herbal Medicine		126.68	268.55	353.93	458.7	656.51
生物药品制造	Manufacture of Biological Medicine	16.82	96.87	230.25	333.48	455.47	693.95
航空、航天器及设备制造业	**Manufacture of Aircrafts and Spacecrafts and Related Equipment**	**41.32**	**66.28**	**164.47**	**238.96**	**230.38**	**389.80**
#飞机制造	Manufacture of Airplanes	30.34	60.50	136.18	196.06	168.34	183.44
航天器制造	Manufacture of Spacecrafts	10.98	5.78	28.29	42.9	62.04	37.27
电子及通信设备制造业	**Manufacture of Electronic Equipment and Communication Equipment**	**123.21**	**343.62**	**1269.33**	**2115.99**	**3140.31**	**4851.86**
#通信设备制造	Manufacture of Communication Equipment	41.85	77.24	233.35	305.74	398.5	524.29
#通信系统设备制造	Manufacture of Communication System Equipment	26.46	28.24	76.37	125.45	114.46	311.92
通信终端设备制造	Manufacture of Communication Terminal Equipment	6.84	8.35	14.60	18.2	48.31	212.37
广播电视设备制造	Manufacture of Broadcasting and TV Equipment	1.48	7.78	28.57	37.58	70.45	212.21
雷达及配套设备制造	Manufacture of Radar and Its Fittings	3.04	8.86	12.79	23.9	34.72	84.02
视听设备制造	Manufacture of TV Set and Radio Receiver	16.13	25.13	60.42	89.35	94.69	116.44
电子器件制造	Manufacture of Electronic Appliances	29.53	82.72	386.12	916.25	1333.15	1440.36
#电子真空器件制造	Manufacture of Electronic Vacuum Appliance	22.45	12.36	38.22	31.03	74.91	108.36
半导体分立器件制造	Manufacture of Semiconductor Discreting Appliances	3.74	9.26	40.14	43.19	99.76	140.48
集成电路制造	Manufacture of Integrate Circuit	3.34	16.49	104.52	269.86	158.79	137.10
电子元件制造	Manufacture of Electronic Components	25.23	105.54	357.48	460.88	749.9	1045.22
其他电子设备制造	Manufacture of Other Electronic Equipment	5.95	36.35	190.60	282.3	458.9	413.85
计算机及办公设备制造业	**Manufacture of Computers and Office Equipment**	**12.32**	**33.44**	**166.50**	**348.98**	**418.61**	**546.05**
#计算机整机制造	Manufacture of Entired Computer	7.14	10.82	18.90	63.39	216.7	202.54
计算机零部件制造	Manufacture of Computer Components and Parts	5.03	20.01	123.44	270.89	184.84	165.92
计算机外围设备制造	Manufacture of Computer Peripheral Equipment						45.69
办公设备制造	Manufacture of Office Equipment	0.16	2.61	24.15	14.71	17.07	29.15
医疗仪器设备及仪器仪表制造业	**Manufacture of Medical Equipments and Measuring Instrument**	**14.07**	**116.18**	**506.28**	**740.2**	**1115.3**	**1526.50**
1.医疗仪器设备及器械制造	Manufacture of Medical Equipment and Appliance	4.35	31.48	120.92	184.92	283.74	477.76
2.仪器仪表制造	Manufacture of Measuring Instrument	9.72	84.70	385.37	555.28	831.56	1048.74

3-1-5 续表 5 continued

行业	Industry	新增固定资产（亿元） Newly Increased Fixed Assets (100 million yuan)					
		2000	2005	2009	2010	2011	2012
合计	**Total**	**234.07**	**699.11**	**2102.44**	**3332.79**	**4693.19**	**6679.28**
医药制造业	**Manufacture of Medicines**	**79.52**	**378.96**	**831.78**	**1052.56**	**1507.88**	**1969.19**
#化学药品制造	Manufacture of Chemical Medicine	47.47	151.37	273.26	338.23	530.91	638.49
中成药生产	Production of Finished Traditional Chinese Herbal Medicine		86.06	174.00	210.98	317.3	438.01
生物药品制造	Manufacture of Biological Medicine	11.14	47.58	143.26	177.33	238.53	312.80
航空、航天器及设备制造业	**Manufacture of Aircrafts and Spacecrafts and Related Equipment**	**34.42**	**42.56**	**55.45**	**191.07**	**67.06**	**235.21**
#飞机制造	Manufacture of Airplanes	29.01	38.92	48.51	163.11	40.1	108.66
航天器制造	Manufacture of Spacecrafts	5.41	3.64	6.94	27.96	26.97	25.73
电子及通信设备制造业	**Manufacture of Electronic Equipment and Communication Equipment**	**100.00**	**190.67**	**749.93**	**1204.74**	**1979.16**	**3099.51**
#通信设备制造	Manufacture of Communication Equipment	39.05	39.49	108.99	196.88	236.3	287.59
#通信系统设备制造	Manufacture of Communication System Equipment	25.43	13.27	37.81	84.09	97.06	168.25
通信终端设备制造	Manufacture of Communication Terminal Equipment	6.46	5.07	8.75	17.71	15.25	119.34
广播电视设备制造	Manufacture of Broadcasting and TV Equipment	1.48	8.85	12.26	13.65	34.31	175.30
雷达及配套设备制造	Manufacture of Radar and Its Fittings	2.17	1.35	9.40	37.69	22.18	70.12
视听设备制造	Manufacture of TV Set and Radio Receiver	13.48	10.28	33.77	46.2	70.64	80.70
电子器件制造	Manufacture of Electronic Appliances	18.51	40.71	234.23	263.93	844.51	960.99
#电子真空器件制造	Manufacture of Electronic Vacuum Appliance	12.47	6.55	26.13	19.18	48.81	70.98
半导体分立器件制造	Manufacture of Semiconductor Discreting Appliances	3.14	4.90	23.27	25.43	56.47	115.11
集成电路制造	Manufacture of Integrate Circuit	2.89	4.63	84.65	75.61	96.94	66.83
电子元件制造	Manufacture of Electronic Components	20.58	67.64	267.18	303.95	543.99	671.67
其他电子设备制造	Manufacture of Other Electronic Equipment	4.74	22.34	84.11	342.42	227.21	250.09
计算机及办公设备制造业	**Manufacture of Computers and Office Equipment**	**10.17**	**15.49**	**123.33**	**324.32**	**297.67**	**349.04**
#计算机整机制造	Manufacture of Entired Computer	5.21	4.91	4.88	14.61	133.3	118.95
计算机零部件制造	Manufacture of Computer Components and Parts	4.93	7.06	107.08	301.36	151.30	123.09
计算机外围设备制造	Manufacture of Computer Peripheral Equipment						29.39
办公设备制造	Manufacture of Office Equipment	0.04	3.51	11.37	8.35	13.06	15.01
医疗仪器设备及仪器仪表制造业	**Manufacture of Medical Equipments and Measuring Instrument**	**9.96**	**71.43**	**341.96**	**560.11**	**841.42**	**1026.34**
1.医疗仪器设备及器械制造	Manufacture of Medical Equipment and Appliance	4.02	17.27	83.04	108.81	188.57	339.02
2.仪器仪表制造	Manufacture of Measuring Instrument	5.94	54.16	258.92	451.3	652.85	687.32

3-1-5 续表 6 continued

行业	Industry	固定资产交付使用率 (%) Rate of Fixed Assets Put into Use (%)					
		2000	2005	2009	2010	2011	2012
合计	**Total**	**77.90**	**60.77**	**62.16**	**64.14**	**63.88**	**62.88**
医药制造业	**Manufacture of Medicines**	**72.58**	**64.13**	**65.2**	**60.09**	**61.75**	**59.52**
#化学药品制造	Manufacture of Chemical Medicine	74.85	65.13	61.31	54.42	60.3	57.72
中成药生产	Production of Finished Traditional Chinese Herbal Medicine		67.93	64.79	59.61	69.17	66.72
生物药品制造	Manufacture of Biological Medicine	66.23	49.12	62.22	53.18	52.37	45.08
航空、航天器及设备制造业	**Manufacture of Aircrafts and Spacecrafts and Related Equipment**	**83.30**	**64.21**	**33.71**	**79.96**	**29.11**	**60.34**
#飞机制造	Manufacture of Airplanes	95.62	64.33	35.62	83.19	23.82	59.23
航天器制造	Manufacture of Spacecrafts	49.27	62.98	24.53	65.17	43.47	69.04
电子及通信设备制造业	**Manufacture of Electronic Equipment and Communication Equipment**	**81.16**	**55.49**	**59.08**	**56.94**	**63.02**	**63.88**
#通信设备制造	Manufacture of Communication Equipment	93.31	51.13	46.71	64.39	59.3	54.85
#通信系统设备制造	Manufacture of Communication System Equipment	96.11	46.99	49.51	67.03	84.80	53.94
通信终端设备制造	Manufacture of Communication Terminal Equipment	94.44	60.72	59.93	97.31	31.57	56.19
广播电视设备制造	Manufacture of Broadcasting and TV Equipment	100.00	113.75	42.91	36.32	48.7	82.60
雷达及配套设备制造	Manufacture of Radar and Its Fittings	71.38	15.24	73.49	157.7	63.88	83.45
视听设备制造	Manufacture of TV Set and Radio Receiver	83.57	40.91	55.89	51.71	74.6	69.31
电子器件制造	Manufacture of Electronic Appliances	62.68	49.21	60.66	28.81	63.35	66.72
#电子真空器件制造	Manufacture of Electronic Vacuum Appliance	55.55	52.99	68.37	61.81	65.16	65.50
半导体分立器件制造	Manufacture of Semiconductor Discreting Appliances	83.96	52.92	57.97	58.88	56.61	81.94
集成电路制造	Manufacture of Integrate Circuit	86.53	28.08	80.99	28.02	61.05	48.75
电子元件制造	Manufacture of Electronic Components	81.57	64.09	74.74	65.95	72.54	64.26
其他电子设备制造	Manufacture of Other Electronic Equipment	79.66	61.46	44.13	121.3	49.51	60.43
计算机及办公设备制造业	**Manufacture of Computers and Office Equipment**	**82.55**	**46.32**	**74.07**	**92.93**	**71.11**	**63.92**
#计算机整机制造	Manufacture of Entired Computer	72.97	45.38	25.82	23.05	61.51	58.73
计算机零部件制造	Manufacture of Computer Components and Parts	98.01	35.28	86.75	111.25	81.85	74.19
计算机外围设备制造	Manufacture of Computer Peripheral Equipment						64.33
办公设备制造	Manufacture of Office Equipment	25.00	134.48	47.08	56.76	76.51	51.50
医疗仪器设备及仪器仪表制造业	**Manufacture of Medical Equipments and Measuring Instrument**	**70.79**	**61.48**	**67.54**	**75.67**	**75.44**	**67.23**
1.医疗仪器设备及器械制造	Manufacture of Medical Equipment and Appliance	92.41	54.86	68.67	58.84	66.46	70.96
2.仪器仪表制造	Manufacture of Measuring Instrument	61.11	63.94	67.19	81.27	78.51	65.54

3-1-6 港澳台资企业固定资产投资情况

Statistics on Investment in Fixed Assets in Hong Kong,Macau and Taiwan Funded Enterprises by Industrial Sector

行业	Industry	施工项目（个） Number of Projects under Construction (unit)					
		2000	2005	2009	2010	2011	2012
合计	**Total**	**201**	**700**	**666**	**701**	**811**	**750**
医药制造业	**Manufacture of Medicines**	**70**	**158**	**154**	**156**	**162**	**150**
#化学药品制造	Manufacture of Chemical Medicine	34	81	66	67	71	64
中成药生产	Production of Finished Traditional Chinese Herbal Medicine		35	26	35	31	29
生物药品制造	Manufacture of Biological Medicine	11	19	30	29	37	25
航空、航天器及设备制造业	**Manufacture of Aircrafts and Spacecrafts and Related Equipment**			**5**	**6**	**8**	**8**
#飞机制造	Manufacture of Airplanes			5	4	6	1
航天器制造	Manufacture of Spacecrafts				2	2	3
电子及通信设备制造业	**Manufacture of Electronic Equipment and Communication Equipment**	**103**	**426**	**393**	**420**	**491**	**437**
#通信设备制造	Manufacture of Communication Equipment	9	48	43	53	46	32
#通信系统设备制造	Manufacture of Communication System Equipment	2	10	8	13	12	18
通信终端设备制造	Manufacture of Communication Terminal Equipment	4	8	4	8	8	14
广播电视设备制造	Manufacture of Broadcasting and TV Equipment	2	6	4	3	7	14
雷达及配套设备制造	Manufacture of Radar and Its Fittings			1	1	1	5
视听设备制造	Manufacture of TV Set and Radio Receiver	18	41	31	30	29	25
电子器件制造	Manufacture of Electronic Appliances	21	75	105	132	154	124
#电子真空器件制造	Manufacture of Electronic Vacuum Appliance	7	4	4	2	4	10
半导体分立器件制造	Manufacture of Semiconductor Discreting Appliances	4	7	16	23	25	18
集成电路制造	Manufacture of Integrate Circuit	10	30	31	36	22	23
电子元件制造	Manufacture of Electronic Components	45	191	168	167	215	152
其他电子设备制造	Manufacture of Other Electronic Equipment	8	65	41	34	39	30
计算机及办公设备制造业	**Manufacture of Computers and Office Equipment**	**17**	**65**	**54**	**56**	**73**	**70**
#计算机整机制造	Manufacture of Entired Computer	5	10	7	8	12	11
计算机零部件制造	Manufacture of Computer Components and Parts	12	42	46	45	56	34
计算机外围设备制造	Manufacture of Computer Peripheral Equipment						18
办公设备制造	Manufacture of Office Equipment		13	1	3	5	1
医疗仪器设备及仪器仪表制造业	**Manufacture of Medical Equipments and Measuring Instrument**	**11**	**51**	**60**	**63**	**77**	**85**
1.医疗仪器设备及器械制造	Manufacture of Medical Equipment and Appliance	2	13	18	20	26	28
2.仪器仪表制造	Manufacture of Measuring Instrument	9	38	42	43	51	57

3-1-6 续表 1 continued

行业	Industry	新开工项目（个） Number of Projects Started This Year (unit)					
		2000	2005	2009	2010	2011	2012
合计	**Total**	**123**	**432**	**335**	**411**	**434**	**382**
医药制造业	**Manufacture of Medicines**	**42**	**90**	**90**	**91**	**82**	**74**
#化学药品制造	Manufacture of Chemical Medicine	22	41	40	40	38	34
中成药生产	Production of Finished Traditional Chinese Herbal Medicine		21	18	24	14	14
生物药品制造	Manufacture of Biological Medicine	9	16	14	16	18	9
航空、航天器及设备制造业	**Manufacture of Aircrafts and Spacecrafts and Related Equipment**			**2**	**1**	**3**	**5**
#飞机制造	Manufacture of Airplanes			2	1	3	1
航天器制造	Manufacture of Spacecrafts						1
电子及通信设备制造业	**Manufacture of Electronic Equipment and Communication Equipment**	**65**	**268**	**194**	**252**	**275**	**216**
#通信设备制造	Manufacture of Communication Equipment	7	32	16	28	22	16
#通信系统设备制造	Manufacture of Communication System Equipment	2	8	6	9	8	11
通信终端设备制造	Manufacture of Communication Terminal Equipment	3	6		5	3	5
广播电视设备制造	Manufacture of Broadcasting and TV Equipment	1	4	3	3	6	4
雷达及配套设备制造	Manufacture of Radar and Its Fittings			1	1		3
视听设备制造	Manufacture of TV Set and Radio Receiver	11	21	17	15	13	12
电子器件制造	Manufacture of Electronic Appliances	10	44	42	80	82	56
#电子真空器件制造	Manufacture of Electronic Vacuum Appliance	4	2	2	1	2	7
半导体分立器件制造	Manufacture of Semiconductor Discreting Appliances	2	4	6	13	10	5
集成电路制造	Manufacture of Integrate Circuit	4	16	9	19	11	11
电子元件制造	Manufacture of Electronic Components	30	122	96	106	127	89
其他电子设备制造	Manufacture of Other Electronic Equipment	6	45	19	19	25	13
计算机及办公设备制造业	**Manufacture of Computers and Office Equipment**	**10**	**37**	**19**	**29**	**35**	**40**
#计算机整机制造	Manufacture of Entired Computer	3	3	3	2	9	9
计算机零部件制造	Manufacture of Computer Components and Parts	7	24	16	25	23	21
计算机外围设备制造	Manufacture of Computer Peripheral Equipment						4
办公设备制造	Manufacture of Office Equipment		10		2	3	1
医疗仪器设备及仪器仪表制造业	**Manufacture of Medical Equipments and Measuring Instrument**	**6**	**37**	**30**	**38**	**39**	**47**
1.医疗仪器设备及器械制造	Manufacture of Medical Equipment and Appliance	2	7	11	11	11	23
2.仪器仪表制造	Manufacture of Measuring Instrument	4	30	19	27	28	24

3-1-6 续表 2 continued

行业	Industry	建成投产项目（个） Number of Projects Completed and Put into Use (unit)					
		2000	2005	2009	2010	2011	2012
合计	**Total**	**96**	**296**	**337**	**336**	**451**	**360**
医药制造业	**Manufacture of Medicines**	**37**	**67**	**82**	**84**	**81**	**68**
#化学药品制造	Manufacture of Chemical Medicine	22	35	37	40	39	32
中成药生产	Production of Finished Traditional Chinese Herbal Medicine		17	10	22	15	12
生物药品制造	Manufacture of Biological Medicine	3	3	18	11	15	9
航空、航天器及设备制造业	**Manufacture of Aircrafts and Spacecrafts and Related Equipment**			**1**	**2**	**3**	**2**
#飞机制造	Manufacture of Airplanes			1	2	3	
航天器制造	Manufacture of Spacecrafts						1
电子及通信设备制造业	**Manufacture of Electronic Equipment and Communication Equipment**	**48**	**179**	**205**	**205**	**281**	**214**
#通信设备制造	Manufacture of Communication Equipment	4	15	16	26	22	15
#通信系统设备制造	Manufacture of Communication System Equipment	2		3	9	7	8
通信终端设备制造	Manufacture of Communication Terminal Equipment	2	6	2	3	5	7
广播电视设备制造	Manufacture of Broadcasting and TV Equipment	2	1	3	1	5	6
雷达及配套设备制造	Manufacture of Radar and Its Fittings			1			4
视听设备制造	Manufacture of TV Set and Radio Receiver	9	15	13	14	17	9
电子器件制造	Manufacture of Electronic Appliances	7	34	46	57	76	59
#电子真空器件制造	Manufacture of Electronic Vacuum Appliance	4	2	3	1	2	6
半导体分立器件制造	Manufacture of Semiconductor Discreting Appliances	1	2	4	9	12	11
集成电路制造	Manufacture of Integrate Circuit	2	11	9	19	12	8
电子元件制造	Manufacture of Electronic Components	22	82	109	94	138	82
其他电子设备制造	Manufacture of Other Electronic Equipment	4	32	17	13	23	13
计算机及办公设备制造业	**Manufacture of Computers and Office Equipment**	**10**	**26**	**24**	**20**	**39**	**34**
#计算机整机制造	Manufacture of Entired Computer	1	3	2	2	7	5
计算机零部件制造	Manufacture of Computer Components and Parts	9	19	21	16	29	15
计算机外围设备制造	Manufacture of Computer Peripheral Equipment						10
办公设备制造	Manufacture of Office Equipment		4	1	2	3	1
医疗仪器设备及仪器仪表制造业	**Manufacture of Medical Equipments and Measuring Instrument**	**1**	**24**	**25**	**25**	**47**	**42**
1.医疗仪器设备及器械制造	Manufacture of Medical Equipment and Appliance		6	7	6	19	16
2.仪器仪表制造	Manufacture of Measuring Instrument	1	18	18	19	28	26

3-1-6 续表 3 continued

行 业	Industry	项目建成投产率 (%) Rate of Projects Completed and Put into Use (%)					
		2000	2005	2009	2010	2011	2012
合计	**Total**	**47.76**	**42.29**	**50.60**	**47.93**	**55.61**	**48.00**
医药制造业	**Manufacture of Medicines**	**52.86**	**42.41**	**53.25**	**53.85**	**50**	**45.33**
#化学药品制造	Manufacture of Chemical Medicine	64.71	43.21	56.06	59.7	54.93	50.00
中成药生产	Production of Finished Traditional Chinese Herbal Medicine		48.57	38.46	62.86	48.39	41.38
生物药品制造	Manufacture of Biological Medicine	27.27	15.79	60.00	37.93	40.54	36.00
航空、航天器及设备制造业	**Manufacture of Aircrafts and Spacecrafts and Related Equipment**			**20.00**	**33.33**	**37.5**	**25.00**
#飞机制造	Manufacture of Airplanes			20.00	50	50	
航天器制造	Manufacture of Spacecrafts						33.33
电子及通信设备制造业	**Manufacture of Electronic Equipment and Communication Equipment**	**46.60**	**42.02**	**52.16**	**48.81**	**57.23**	**48.97**
#通信设备制造	Manufacture of Communication Equipment	44.44	31.25	37.21	49.06	47.83	46.88
#通信系统设备制造	Manufacture of Communication System Equipment	100.00		37.50	69.23	58.33	44.44
通信终端设备制造	Manufacture of Communication Terminal Equipment	50.00	75.00	50.00	37.5	62.5	50.00
广播电视设备制造	Manufacture of Broadcasting and TV Equipment	100.00	16.67	75.00	33.33	71.43	42.86
雷达及配套设备制造	Manufacture of Radar and Its Fittings			100.00			80.00
视听设备制造	Manufacture of TV Set and Radio Receiver	50.00	36.59	41.94	46.67	58.62	36.00
电子器件制造	Manufacture of Electronic Appliances	33.33	45.33	43.81	43.18	49.35	47.58
#电子真空器件制造	Manufacture of Electronic Vacuum Appliance	57.14	50.00	75.00	50	50	60.00
半导体分立器件制造	Manufacture of Semiconductor Discreting Appliances	25.00	28.57	25.00	39.13	48	61.11
集成电路制造	Manufacture of Integrate Circuit	20.00	36.67	29.03	52.78	54.55	34.78
电子元件制造	Manufacture of Electronic Components	48.89	42.93	64.88	56.29	64.19	53.95
其他电子设备制造	Manufacture of Other Electronic Equipment	50.00	49.23	41.46	38.24	58.97	43.33
计算机及办公设备制造业	**Manufacture of Computers and Office Equipment**	**58.82**	**40.00**	**44.44**	**35.71**	**53.42**	**48.57**
#计算机整机制造	Manufacture of Entired Computer	20.00	30.00	28.57	25	58.33	45.45
计算机零部件制造	Manufacture of Computer Components and Parts	75.00	45.24	45.65	35.56	51.79	44.12
计算机外围设备制造	Manufacture of Computer Peripheral Equipment						55.56
办公设备制造	Manufacture of Office Equipment		30.77	100.00	66.67	60	100.00
医疗仪器设备及仪器仪表制造业	**Manufacture of Medical Equipments and Measuring Instrument**	**9.09**	**47.06**	**41.67**	**39.68**	**61.04**	**49.41**
1.医疗仪器设备及器械制造	Manufacture of Medical Equipment and Appliance		46.15	38.89	30	73.08	57.14
2.仪器仪表制造	Manufacture of Measuring Instrument	11.11	47.37	42.86	44.19	54.9	45.61

3-1-6 续表 4 continued

行 业	Industry	投资额（亿元） Investment (100 million yuan)					
		2000	2005	2009	2010	2011	2012
合计	**Total**	**53.91**	**365.51**	**541.20**	**729.61**	**941.04**	**1032.56**
医药制造业	**Manufacture of Medicines**	**7.67**	**55.37**	**72.03**	**80.29**	**85.39**	**120.63**
#化学药品制造	Manufacture of Chemical Medicine	3.42	35.92	40.00	41.13	46.91	75.05
中成药生产	Production of Finished Traditional Chinese Herbal Medicine		7.15	10.48	9.87	13.41	11.45
生物药品制造	Manufacture of Biological Medicine	2.15	8.26	11.95	18.16	17.22	13.86
航空、航天器及设备制造业	**Manufacture of Aircrafts and Spacecrafts and Related Equipment**	**0.04**		**3.45**	**5.36**	**8.24**	**10.62**
#飞机制造	Manufacture of Airplanes			3.45	2.09	4.83	0.51
航天器制造	Manufacture of Spacecrafts	0.04			3.27	3.41	8.02
电子及通信设备制造业	**Manufacture of Electronic Equipment and Communication Equipment**	**39.83**	**252.84**	**386.02**	**519.91**	**602.67**	**652.86**
#通信设备制造	Manufacture of Communication Equipment	2.62	29.50	55.74	84.29	83.25	86.07
#通信系统设备制造	Manufacture of Communication System Equipment	0.22	1.43	4.82	19.52	5.32	6.21
通信终端设备制造	Manufacture of Communication Terminal Equipment	0.43	2.10	2.96	14.68	7.27	79.86
广播电视设备制造	Manufacture of Broadcasting and TV Equipment	0.09	1.31	4.79	7.43	18.88	33.40
雷达及配套设备制造	Manufacture of Radar and Its Fittings			0.79	0.26	0.04	6.12
视听设备制造	Manufacture of TV Set and Radio Receiver	6.35	25.01	21.11	21.93	20.91	15.20
电子器件制造	Manufacture of Electronic Appliances	21.18	110.31	183.52	221.03	263.95	208.75
#电子真空器件制造	Manufacture of Electronic Vacuum Appliance	10.76	0.77	6.09	6.74	10.78	14.71
半导体分立器件制造	Manufacture of Semiconductor Discreting Appliances	0.55	3.54	13.88	29.52	44.68	21.08
集成电路制造	Manufacture of Integrate Circuit	9.87	56.48	37.38	39.95	23.54	19.13
电子元件制造	Manufacture of Electronic Components	7.19	72.40	97.63	161.56	185.16	190.31
其他电子设备制造	Manufacture of Other Electronic Equipment	2.41	14.30	22.43	23.40	30.49	44.96
计算机及办公设备制造业	**Manufacture of Computers and Office Equipment**	**5.20**	**48.96**	**60.52**	**91.34**	**195.85**	**149.53**
#计算机整机制造	Manufacture of Entired Computer	1.38	13.44	22.02	30.54	102.92	42.87
计算机零部件制造	Manufacture of Computer Components and Parts	3.74	28.91	38.46	59.51	91.14	46.78
计算机外围设备制造	Manufacture of Computer Peripheral Equipment						49.07
办公设备制造	Manufacture of Office Equipment	0.08	6.60	0.04	1.28	1.79	0.25
医疗仪器设备及仪器仪表制造业	**Manufacture of Medical Equipments and Measuring Instrument**	**1.16**	**8.33**	**19.18**	**32.73**	**48.90**	**98.90**
1.医疗仪器设备及器械制造	Manufacture of Medical Equipment and Appliance	0.10	1.34	6.81	10.02	15.84	18.85
2.仪器仪表制造	Manufacture of Measuring Instrument	1.06	6.99	12.36	22.71	33.06	80.06

3-1-6 续表 5 continued

行业	Industry	新增固定资产（亿元）Newly Increased Fixed Assets (100 million yuan)					
		2000	2005	2009	2010	2011	2012
合计	**Total**	**41.61**	**304.76**	**355.88**	**488.58**	**745.27**	**695.68**
医药制造业	**Manufacture of Medicines**	**6.26**	**35.18**	**60.12**	**43.49**	**93.47**	**75.11**
#化学药品制造	Manufacture of Chemical Medicine	2.87	23.05	34.23	24.48	48.32	38.63
中成药生产	Production of Finished Traditional Chinese Herbal Medicine		5.08	4.75	7.31	25.80	7.09
生物药品制造	Manufacture of Biological Medicine	1.49	4.00	12.00	8.42	14.21	22.25
航空、航天器及设备制造业	**Manufacture of Aircrafts and Spacecrafts and Related Equipment**	**0.01**		**0.06**	**4.81**	**7.98**	**7.91**
#飞机制造	Manufacture of Airplanes			0.06	1.54	4.57	
航天器制造	Manufacture of Spacecrafts	0.01			3.27	3.41	7.17
电子及通信设备制造业	**Manufacture of Electronic Equipment and Communication Equipment**	**29.84**	**225.62**	**249.88**	**374.08**	**454.64**	**485.51**
#通信设备制造	Manufacture of Communication Equipment	2.27	13.62	15.77	33.64	120.73	72.97
#通信系统设备制造	Manufacture of Communication System Equipment	0.22	0.07	5.67	9.31	1.97	3.60
通信终端设备制造	Manufacture of Communication Terminal Equipment	0.26	1.91	2.68	12.43	6.58	69.38
广播电视设备制造	Manufacture of Broadcasting and TV Equipment	0.10	0.55	5.18	4.76	13.85	14.21
雷达及配套设备制造	Manufacture of Radar and Its Fittings			0.79			9.83
视听设备制造	Manufacture of TV Set and Radio Receiver	5.16	13.16	11.20	9.64	19.56	13.72
电子器件制造	Manufacture of Electronic Appliances	12.76	133.14	108.65	188.23	142.46	156.35
#电子真空器件制造	Manufacture of Electronic Vacuum Appliance	6.93	0.84	1.53	6.74	6.96	8.87
半导体分立器件制造	Manufacture of Semiconductor Discreting Appliances	0.52	2.37	5.15	9.04	28.09	25.60
集成电路制造	Manufacture of Integrate Circuit	5.31	41.35	15.83	17.78	14.10	27.76
电子元件制造	Manufacture of Electronic Components	7.37	57.52	97.86	127.94	147.49	143.58
其他电子设备制造	Manufacture of Other Electronic Equipment	2.18	7.62	10.43	9.86	10.55	27.04
计算机及办公设备制造业	**Manufacture of Computers and Office Equipment**	**4.56**	**37.55**	**33.58**	**44.19**	**158.97**	**88.66**
#计算机整机制造	Manufacture of Entired Computer	0.67	9.13	2.26	14.14	80.04	34.38
计算机零部件制造	Manufacture of Computer Components and Parts	3.81	22.58	30.81	29.36	77.81	33.75
计算机外围设备制造	Manufacture of Computer Peripheral Equipment						12.00
办公设备制造	Manufacture of Office Equipment	0.08	5.84	0.50	0.69	1.12	0.25
医疗仪器设备及仪器仪表制造业	**Manufacture of Medical Equipments and Measuring Instrument**	**0.94**	**6.41**	**12.25**	**22.02**	**30.21**	**38.48**
1.医疗仪器设备及器械制造	Manufacture of Medical Equipment and Appliance	0.09	0.82	3.17	6.49	12.85	10.81
2.仪器仪表制造	Manufacture of Measuring Instrument	0.85	5.59	9.08	15.53	17.36	27.67

3-1-6 续表 6 continued

行 业	Industry	固定资产交付使用率 (%) Rate of Fixed Assets Put into Use (%)					
		2000	2005	2009	2010	2011	2012
合计	**Total**	**77.18**	**83.38**	**65.76**	**66.96**	**79.20**	**67.37**
医药制造业	**Manufacture of Medicines**	**81.62**	**63.54**	**83.47**	**54.17**	**109.46**	**62.27**
#化学药品制造	Manufacture of Chemical Medicine	83.92	64.17	85.58	59.52	103.01	51.47
中成药生产	Production of Finished Traditional Chinese Herbal Medicine		71.05	45.32	74.06	192.39	61.93
生物药品制造	Manufacture of Biological Medicine	69.30	48.43	100.42	46.37	82.52	160.59
航空、航天器及设备制造业	**Manufacture of Aircrafts and Spacecrafts and Related Equipment**	**25.00**		**1.74**	**89.74**	**96.84**	**74.49**
#飞机制造	Manufacture of Airplanes			1.74	73.68	94.62	
航天器制造	Manufacture of Spacecrafts	25.00			100.00	100.00	89.39
电子及通信设备制造业	**Manufacture of Electronic Equipment and Communication Equipment**	**74.92**	**89.23**	**64.73**	**71.95**	**75.44**	**74.37**
#通信设备制造	Manufacture of Communication Equipment	86.64	46.17	28.29	39.91	145.02	84.79
#通信系统设备制造	Manufacture of Communication System Equipment	100.00	4.90	117.63	47.69	37.03	57.96
通信终端设备制造	Manufacture of Communication Terminal Equipment	60.47	90.95	90.54	84.67	90.51	86.87
广播电视设备制造	Manufacture of Broadcasting and TV Equipment	111.11	41.98	108.14	64.06	73.36	42.55
雷达及配套设备制造	Manufacture of Radar and Its Fittings			100.00			160.50
视听设备制造	Manufacture of TV Set and Radio Receiver	81.26	52.62	53.06	43.96	93.54	90.27
电子器件制造	Manufacture of Electronic Appliances	60.25	120.70	59.20	85.16	53.97	74.90
#电子真空器件制造	Manufacture of Electronic Vacuum Appliance	64.41	109.09	25.12	100.00	64.56	60.31
半导体分立器件制造	Manufacture of Semiconductor Discreting Appliances	94.55	66.95	37.10	30.62	62.87	121.41
集成电路制造	Manufacture of Integrate Circuit	53.80	73.21	42.35	44.51	59.90	145.10
电子元件制造	Manufacture of Electronic Components	102.50	79.45	100.24	79.19	79.66	75.44
其他电子设备制造	Manufacture of Other Electronic Equipment	90.46	53.29	46.50	42.14	34.60	60.13
计算机及办公设备制造业	**Manufacture of Computers and Office Equipment**	**87.69**	**76.70**	**55.49**	**48.38**	**81.17**	**59.29**
#计算机整机制造	Manufacture of Entired Computer	48.55	67.93	10.26	46.30	77.77	80.18
计算机零部件制造	Manufacture of Computer Components and Parts	101.87	78.10	80.11	49.34	85.37	72.15
计算机外围设备制造	Manufacture of Computer Peripheral Equipment						24.46
办公设备制造	Manufacture of Office Equipment	100.00	88.48	1250.00	53.91	62.57	100.00
医疗仪器设备及仪器仪表制造业	**Manufacture of Medical Equipments and Measuring Instrument**	**81.03**	**76.95**	**63.87**	**67.28**	**61.78**	**38.91**
1.医疗仪器设备及器械制造	Manufacture of Medical Equipment and Appliance	90.00	61.19	46.55	64.77	81.12	57.38
2.仪器仪表制造	Manufacture of Measuring Instrument	80.19	79.97	73.46	68.38	52.51	34.56

3-1-7 外资企业固定资产投资情况
Statistics on Investment in Fixed Assets in Foreign Funded Enterprises by Industrial Sector

行业	Industry	施工项目（个） Number of Projects under Construction (unit)					
		2000	2005	2009	2010	2011	2012
合计	**Total**	**263**	**971**	**988**	**893**	**1008**	**952**
医药制造业	**Manufacture of Medicines**	**82**	**185**	**199**	**196**	**189**	**201**
#化学药品制造	Manufacture of Chemical Medicine	51	76	94	87	98	86
中成药生产	Production of Finished Traditional Chinese Herbal Medicine		30	35	29	21	27
生物药品制造	Manufacture of Biological Medicine	11	36	38	38	40	50
航空、航天器及设备制造业	**Manufacture of Aircrafts and Spacecrafts and Related Equipment**	**2**	**6**	**14**	**17**	**12**	**14**
#飞机制造	Manufacture of Airplanes	1	6	14	16	11	5
航天器制造	Manufacture of Spacecrafts	1			1	1	
电子及通信设备制造业	**Manufacture of Electronic Equipment and Communication Equipment**	**138**	**603**	**587**	**509**	**613**	**536**
#通信设备制造	Manufacture of Communication Equipment	16	62	60	51	64	34
#通信系统设备制造	Manufacture of Communication System Equipment	8	13	16	12	18	15
通信终端设备制造	Manufacture of Communication Terminal Equipment	5	11	4	3	3	19
广播电视设备制造	Manufacture of Broadcasting and TV Equipment	1	8	12	17	10	16
雷达及配套设备制造	Manufacture of Radar and Its Fittings					1	6
视听设备制造	Manufacture of TV Set and Radio Receiver	16	41	28	26	18	17
电子器件制造	Manufacture of Electronic Appliances	31	151	186	166	203	172
#电子真空器件制造	Manufacture of Electronic Vacuum Appliance	9	13	10	9	11	10
半导体分立器件制造	Manufacture of Semiconductor Discreting Appliances	4	16	19	18	21	14
集成电路制造	Manufacture of Integrate Circuit	18	62	49	46	59	61
电子元件制造	Manufacture of Electronic Components	60	268	243	203	257	171
其他电子设备制造	Manufacture of Other Electronic Equipment	14	73	58	46	60	47
计算机及办公设备制造业	**Manufacture of Computers and Office Equipment**	**19**	**91**	**81**	**78**	**87**	**66**
#计算机整机制造	Manufacture of Entired Computer	6	17	13	11	13	15
计算机零部件制造	Manufacture of Computer Components and Parts	12	60	60	59	66	24
计算机外围设备制造	Manufacture of Computer Peripheral Equipment						17
办公设备制造	Manufacture of Office Equipment	1	14	8	8	8	3
医疗仪器设备及仪器仪表制造业	**Manufacture of Medical Equipments and Measuring Instrument**	**22**	**86**	**107**	**93**	**107**	**135**
1.医疗仪器设备及器械制造	Manufacture of Medical Equipment and Appliance	7	29	40	35	38	51
2.仪器仪表制造	Manufacture of Measuring Instrument	15	57	67	58	69	84

3-1-7 续表 1 continued

行 业	Industry	新开工项目（个） Number of Projects Started This Year (unit)					
		2000	2005	2009	2010	2011	2012
合计	**Total**	**145**	**606**	**500**	**482**	**585**	**556**
医药制造业	**Manufacture of Medicines**	**44**	**103**	**105**	**108**	**95**	**119**
#化学药品制造	Manufacture of Chemical Medicine	29	46	46	46	42	45
中成药生产	Production of Finished Traditional Chinese Herbal Medicine		14	26	15	15	18
生物药品制造	Manufacture of Biological Medicine	5	21	13	16	17	29
航空、航天器及设备制造业	**Manufacture of Aircrafts and Spacecrafts and Related Equipment**	**1**	**2**	**8**	**8**	**6**	**5**
#飞机制造	Manufacture of Airplanes		2	8	7	5	
航天器制造	Manufacture of Spacecrafts	1			1	1	
电子及通信设备制造业	**Manufacture of Electronic Equipment and Communication Equipment**	**76**	**385**	**299**	**282**	**368**	**306**
#通信设备制造	Manufacture of Communication Equipment	11	43	31	23	36	15
#通信系统设备制造	Manufacture of Communication System Equipment	5	11	11	7	10	5
通信终端设备制造	Manufacture of Communication Terminal Equipment	4	6		1	3	10
广播电视设备制造	Manufacture of Broadcasting and TV Equipment	1	6	4	9	2	11
雷达及配套设备制造	Manufacture of Radar and Its Fittings					1	2
视听设备制造	Manufacture of TV Set and Radio Receiver	8	27	12	15	12	10
电子器件制造	Manufacture of Electronic Appliances	13	83	95	86	120	97
#电子真空器件制造	Manufacture of Electronic Vacuum Appliance	4	9	5	3	8	4
半导体分立器件制造	Manufacture of Semiconductor Discreting Appliances	1	8	7	8	15	10
集成电路制造	Manufacture of Integrate Circuit	8	23	25	26	38	40
电子元件制造	Manufacture of Electronic Components	36	186	126	123	166	103
其他电子设备制造	Manufacture of Other Electronic Equipment	7	40	31	26	31	26
计算机及办公设备制造业	**Manufacture of Computers and Office Equipment**	**9**	**59**	**38**	**38**	**51**	**34**
#计算机整机制造	Manufacture of Entired Computer	2	10	6	7	7	7
计算机零部件制造	Manufacture of Computer Components and Parts	6	38	29	28	40	11
计算机外围设备制造	Manufacture of Computer Peripheral Equipment						10
办公设备制造	Manufacture of Office Equipment	1	11	3	3	4	2
医疗仪器设备及仪器仪表制造业	**Manufacture of Medical Equipments and Measuring Instrument**	**15**	**57**	**50**	**46**	**65**	**92**
1.医疗仪器设备及器械制造	Manufacture of Medical Equipment and Appliance	4	16	15	17	25	36
2.仪器仪表制造	Manufacture of Measuring Instrument	11	41	35	29	40	56

3-1-7 续表 2 continued

行业	Industry	建成投产项目（个） Number of Projects Completed and Put into Use (unit)					
		2000	2005	2009	2010	2011	2012
合计	**Total**	**129**	**468**	**512**	**483**	**586**	**517**
医药制造业	**Manufacture of Medicines**	**46**	**85**	**79**	**103**	**93**	**90**
#化学药品制造	Manufacture of Chemical Medicine	26	40	39	34	46	38
中成药生产	Production of Finished Traditional Chinese Herbal Medicine		13	12	19	13	16
生物药品制造	Manufacture of Biological Medicine	7	12	13	15	20	21
航空、航天器及设备制造业	**Manufacture of Aircrafts and Spacecrafts and Related Equipment**		**3**	**3**	**9**	**2**	**3**
#飞机制造	Manufacture of Airplanes		3	3	8	2	1
航天器制造	Manufacture of Spacecrafts				1		
电子及通信设备制造业	**Manufacture of Electronic Equipment and Communication Equipment**	**61**	**289**	**330**	**275**	**382**	**318**
#通信设备制造	Manufacture of Communication Equipment	7	23	29	17	38	16
#通信系统设备制造	Manufacture of Communication System Equipment	1	4	10	5	12	9
通信终端设备制造	Manufacture of Communication Terminal Equipment	3	5	1		2	7
广播电视设备制造	Manufacture of Broadcasting and TV Equipment		2	3	8	5	12
雷达及配套设备制造	Manufacture of Radar and Its Fittings						3
视听设备制造	Manufacture of TV Set and Radio Receiver	10	16	13	21	13	12
电子器件制造	Manufacture of Electronic Appliances	15	66	99	82	121	88
#电子真空器件制造	Manufacture of Electronic Vacuum Appliance	5	7	4	5	8	5
半导体分立器件制造	Manufacture of Semiconductor Discreting Appliances	1	10	9	12	13	7
集成电路制造	Manufacture of Integrate Circuit	9	23	28	24	36	34
电子元件制造	Manufacture of Electronic Components	27	150	155	129	171	116
其他电子设备制造	Manufacture of Other Electronic Equipment	2	32	31	18	34	28
计算机及办公设备制造业	**Manufacture of Computers and Office Equipment**	**8**	**46**	**41**	**39**	**53**	**36**
#计算机整机制造	Manufacture of Entired Computer	1	11	10	4	6	9
计算机零部件制造	Manufacture of Computer Components and Parts	7	29	27	31	42	12
计算机外围设备制造	Manufacture of Computer Peripheral Equipment						9
办公设备制造	Manufacture of Office Equipment		6	4	4	5	1
医疗仪器设备及仪器仪表制造业	**Manufacture of Medical Equipments and Measuring Instrument**	**14**	**45**	**59**	**57**	**56**	**70**
1.医疗仪器设备及器械制造	Manufacture of Medical Equipment and Appliance	3	18	24	24	17	26
2.仪器仪表制造	Manufacture of Measuring Instrument	11	27	35	33	39	44

3-1-7 续表 3 continued

行 业	Industry	项目建成投产率 (%) Rate of Projects Completed and Put into Use (%)					
		2000	2005	2009	2010	2011	2012
合计	**Total**	**49.05**	**48.20**	**51.82**	**54.09**	**58.13**	**54.31**
医药制造业	**Manufacture of Medicines**	**56.10**	**45.95**	**39.70**	**52.55**	**49.21**	**44.78**
#化学药品制造	Manufacture of Chemical Medicine	50.98	52.63	41.49	39.08	46.94	44.19
中成药生产	Production of Finished Traditional Chinese Herbal Medicine		43.33	34.29	65.52	61.90	59.26
生物药品制造	Manufacture of Biological Medicine	63.64	33.33	34.21	39.47	50.00	42.00
航空、航天器及设备制造业	**Manufacture of Aircrafts and Spacecrafts and Related Equipment**		**50.00**	**21.43**	**52.94**	**16.67**	**21.43**
#飞机制造	Manufacture of Airplanes		50.00	21.43	50.00	18.18	20.00
航天器制造	Manufacture of Spacecrafts				100.00		
电子及通信设备制造业	**Manufacture of Electronic Equipment and Communication Equipment**	**44.20**	**47.93**	**56.22**	**54.03**	**62.32**	**59.33**
#通信设备制造	Manufacture of Communication Equipment	43.75	37.10	48.33	33.33	59.38	47.06
#通信系统设备制造	Manufacture of Communication System Equipment	12.50	30.77	62.50	41.67	66.67	60.00
通信终端设备制造	Manufacture of Communication Terminal Equipment	60.00	45.45	25.00		66.67	36.84
广播电视设备制造	Manufacture of Broadcasting and TV Equipment		25.00	25.00	47.06	50.00	75.00
雷达及配套设备制造	Manufacture of Radar and Its Fittings						50.00
视听设备制造	Manufacture of TV Set and Radio Receiver	62.50	39.02	46.43	80.77	72.22	70.59
电子器件制造	Manufacture of Electronic Appliances	48.39	43.71	53.23	49.40	59.61	51.16
#电子真空器件制造	Manufacture of Electronic Vacuum Appliance	55.56	53.85	40.00	55.56	72.73	50.00
半导体分立器件制造	Manufacture of Semiconductor Discreting Appliances	25.00	62.50	47.37	66.67	61.90	50.00
集成电路制造	Manufacture of Integrate Circuit	50.00	37.10	57.14	52.17	61.02	55.74
电子元件制造	Manufacture of Electronic Components	45.00	55.97	63.79	63.55	66.54	67.84
其他电子设备制造	Manufacture of Other Electronic Equipment	14.29	43.84	53.45	39.13	56.67	59.57
计算机及办公设备制造业	**Manufacture of Computers and Office Equipment**	**42.11**	**50.55**	**50.62**	**50.00**	**60.92**	**54.55**
#计算机整机制造	Manufacture of Entired Computer	16.67	64.71	76.92	36.36	46.15	60.00
计算机零部件制造	Manufacture of Computer Components and Parts	58.33	48.33	45.00	52.54	63.64	50.00
计算机外围设备制造	Manufacture of Computer Peripheral Equipment						52.94
办公设备制造	Manufacture of Office Equipment		42.86	50.00	50.00	62.50	33.33
医疗仪器设备及仪器仪表制造业	**Manufacture of Medical Equipments and Measuring Instrument**	**63.64**	**52.33**	**55.14**	**61.29**	**52.34**	**51.85**
1.医疗仪器设备及器械制造	Manufacture of Medical Equipment and Appliance	42.86	62.07	60.00	68.57	44.74	50.98
2.仪器仪表制造	Manufacture of Measuring Instrument	73.33	47.37	52.24	56.90	56.52	52.38

3-1-7 续表 4 continued

行 业	Industry	投资额（亿元） Investment (100 million yuan)					
		2000	2005	2009	2010	2011	2012
合计	**Total**	**208.56**	**628.10**	**958.74**	**1019.36**	**1180.78**	**1264.98**
医药制造业	**Manufacture of Medicines**	**18.75**	**49.72**	**106.54**	**109.64**	**121.51**	**144.12**
#化学药品制造	Manufacture of Chemical Medicine	14.67	20.97	57.91	68.09	74.93	82.82
中成药生产	Production of Finished Traditional Chinese Herbal Medicine		6.68	13.01	9.19	10.35	15.80
生物药品制造	Manufacture of Biological Medicine	1.77	11.36	19.98	17.06	15.33	23.29
航空、航天器及设备制造业	**Manufacture of Aircrafts and Spacecrafts and Related Equipment**	**1.87**	**3.71**	**18.22**	**18.28**	**19.51**	**33.61**
#飞机制造	Manufacture of Airplanes	1.37	3.71	18.22	17.83	16.99	6.68
航天器制造	Manufacture of Spacecrafts	0.50			0.46	2.52	
电子及通信设备制造业	**Manufacture of Electronic Equipment and Communication Equipment**	**172.94**	**466.53**	**688.99**	**684.31**	**778.96**	**824.73**
#通信设备制造	Manufacture of Communication Equipment	10.88	33.15	56.17	51.28	58.92	47.49
#通信系统设备制造	Manufacture of Communication System Equipment	8.37	3.28	20.42	14.88	19.93	23.98
通信终端设备制造	Manufacture of Communication Terminal Equipment	1.10	5.56	2.45	0.55	4.25	23.51
广播电视设备制造	Manufacture of Broadcasting and TV Equipment	0.50	0.87	4.62	10.00	5.57	12.07
雷达及配套设备制造	Manufacture of Radar and Its Fittings					3.90	7.10
视听设备制造	Manufacture of TV Set and Radio Receiver	9.77	20.05	35.50	35.41	17.34	32.01
电子器件制造	Manufacture of Electronic Appliances	108.94	206.04	399.40	371.01	419.13	413.48
#电子真空器件制造	Manufacture of Electronic Vacuum Appliance	34.68	4.34	6.33	5.82	6.65	8.34
半导体分立器件制造	Manufacture of Semiconductor Discreting Appliances	5.82	43.37	28.58	56.68	62.91	27.89
集成电路制造	Manufacture of Integrate Circuit	68.43	122.47	217.36	179.48	123.85	192.17
电子元件制造	Manufacture of Electronic Components	38.52	167.93	156.42	192.87	246.55	169.15
其他电子设备制造	Manufacture of Other Electronic Equipment	4.33	38.49	36.87	23.75	27.55	41.13
计算机及办公设备制造业	**Manufacture of Computers and Office Equipment**	**8.65**	**85.74**	**84.15**	**149.68**	**149.19**	**139.52**
#计算机整机制造	Manufacture of Entired Computer	3.89	25.39	20.43	22.67	27.22	37.79
计算机零部件制造	Manufacture of Computer Components and Parts	4.74	53.98	56.04	120.96	114.22	48.40
计算机外围设备制造	Manufacture of Computer Peripheral Equipment						40.13
办公设备制造	Manufacture of Office Equipment	0.02	6.36	7.69	6.06	7.76	5.46
医疗仪器设备及仪器仪表制造业	**Manufacture of Medical Equipments and Measuring Instrument**	**6.36**	**22.40**	**60.84**	**57.44**	**111.62**	**123.00**
1.医疗仪器设备及器械制造	Manufacture of Medical Equipment and Appliance	2.09	6.01	19.81	14.74	31.22	38.57
2.仪器仪表制造	Manufacture of Measuring Instrument	4.27	16.39	41.03	42.70	80.40	84.43

3-1-7 续表 5 continued

行　业	Industry	新增固定资产（亿元） Newly Increased Fixed Assets (100 million yuan)					
		2000	2005	2009	2010	2011	2012
合计	**Total**	**145.33**	**460.01**	**702.12**	**629.04**	**916.70**	**994.36**
医药制造业	**Manufacture of Medicines**	**20.90**	**28.05**	**58.94**	**58.87**	**70.10**	**88.65**
#化学药品制造	Manufacture of Chemical Medicine	15.60	14.27	34.59	30.94	42.54	56.88
中成药生产	Production of Finished Traditional Chinese Herbal Medicine		5.36	5.39	7.85	6.59	8.48
生物药品制造	Manufacture of Biological Medicine	3.58	4.10	11.07	6.99	7.71	13.48
航空、航天器及设备制造业	**Manufacture of Aircrafts and Spacecrafts and Related Equipment**		**1.17**	**3.21**	**15.13**	**4.38**	**13.69**
#飞机制造	Manufacture of Airplanes		1.17	3.21	14.71	1.86	2.39
航天器制造	Manufacture of Spacecrafts				0.42	2.52	
电子及通信设备制造业	**Manufacture of Electronic Equipment and Communication Equipment**	**109.94**	**326.43**	**541.21**	**380.46**	**642.77**	**683.46**
#通信设备制造	Manufacture of Communication Equipment	4.51	20.42	46.50	31.53	50.82	33.31
#通信系统设备制造	Manufacture of Communication System Equipment	1.86	1.23	12.42	6.05	16.97	22.68
通信终端设备制造	Manufacture of Communication Terminal Equipment	1.22	3.95	1.44	0.23	4.03	10.63
广播电视设备制造	Manufacture of Broadcasting and TV Equipment	0.47	0.66	1.98	3.06	1.97	13.02
雷达及配套设备制造	Manufacture of Radar and Its Fittings						5.92
视听设备制造	Manufacture of TV Set and Radio Receiver	9.78	17.53	14.19	20.26	15.20	20.08
电子器件制造	Manufacture of Electronic Appliances	67.80	130.64	313.29	147.49	372.99	333.23
#电子真空器件制造	Manufacture of Electronic Vacuum Appliance	26.06	4.70	1.60	2.60	4.54	2.01
半导体分立器件制造	Manufacture of Semiconductor Discreting Appliances	5.73	12.32	21.12	17.80	18.73	25.74
集成电路制造	Manufacture of Integrate Circuit	36.01	83.05	190.50	48.75	196.19	139.68
电子元件制造	Manufacture of Electronic Components	24.16	115.55	143.29	162.36	174.51	157.74
其他电子设备制造	Manufacture of Other Electronic Equipment	3.21	41.63	21.97	15.76	27.28	44.70
计算机及办公设备制造业	**Manufacture of Computers and Office Equipment**	**8.08**	**87.47**	**57.71**	**124.47**	**124.07**	**142.17**
#计算机整机制造	Manufacture of Entired Computer	3.56	19.39	17.94	18.45	21.71	34.61
计算机零部件制造	Manufacture of Computer Components and Parts	4.52	62.81	35.94	101.85	98.30	36.23
计算机外围设备制造	Manufacture of Computer Peripheral Equipment						59.44
办公设备制造	Manufacture of Office Equipment	0.01	5.27	3.83	4.18	4.06	4.27
医疗仪器设备及仪器仪表制造业	**Manufacture of Medical Equipments and Measuring Instrument**	**6.42**	**16.89**	**41.04**	**50.11**	**75.38**	**66.39**
1.医疗仪器设备及器械制造	Manufacture of Medical Equipment and Appliance	2.80	7.30	14.58	16.79	19.15	15.61
2.仪器仪表制造	Manufacture of Measuring Instrument	3.61	9.59	26.46	33.32	56.23	50.78

3-1-7 续表 6 continued

行 业	Industry	固定资产交付使用率 (%) Rate of Fixed Assets Put into Use (%)					
		2000	2005	2009	2010	2011	2012
合计	**Total**	**69.68**	**73.24**	**73.23**	**61.71**	**77.64**	**78.61**
医药制造业	**Manufacture of Medicines**	**111.47**	**56.42**	**55.32**	**53.69**	**57.69**	**61.51**
#化学药品制造	Manufacture of Chemical Medicine	106.34	68.05	59.73	45.44	56.77	68.68
中成药生产	Production of Finished Traditional Chinese Herbal Medicine		80.24	41.43	85.42	63.67	53.66
生物药品制造	Manufacture of Biological Medicine	202.26	36.09	55.41	40.97	50.29	57.86
航空、航天器及设备制造业	**Manufacture of Aircrafts and Spacecrafts and Related Equipment**		**31.54**	**17.62**	**82.77**	**22.45**	**40.72**
#飞机制造	Manufacture of Airplanes		31.54	17.62	82.50	10.95	35.75
航天器制造	Manufacture of Spacecrafts				91.30	100.00	
电子及通信设备制造业	**Manufacture of Electronic Equipment and Communication Equipment**	**63.57**	**69.97**	**78.55**	**55.60**	**82.52**	**82.87**
#通信设备制造	Manufacture of Communication Equipment	41.45	61.60	82.78	61.49	86.25	70.14
#通信系统设备制造	Manufacture of Communication System Equipment	22.22	37.50	60.82	40.66	85.15	94.58
通信终端设备制造	Manufacture of Communication Terminal Equipment	110.91	71.04	58.78	41.82	94.82	45.20
广播电视设备制造	Manufacture of Broadcasting and TV Equipment	94.00	75.86	42.86	30.60	35.37	107.86
雷达及配套设备制造	Manufacture of Radar and Its Fittings						83.41
视听设备制造	Manufacture of TV Set and Radio Receiver	100.10	87.43	39.97	57.22	87.66	62.72
电子器件制造	Manufacture of Electronic Appliances	62.24	63.41	78.44	39.75	88.99	80.59
#电子真空器件制造	Manufacture of Electronic Vacuum Appliance	75.14	108.29	25.28	44.67	68.27	24.07
半导体分立器件制造	Manufacture of Semiconductor Discreting Appliances	98.45	28.41	73.90	31.40	29.77	92.31
集成电路制造	Manufacture of Integrate Circuit	52.62	67.81	87.64	27.16	158.41	72.69
电子元件制造	Manufacture of Electronic Components	62.72	68.81	91.61	84.18	70.78	93.25
其他电子设备制造	Manufacture of Other Electronic Equipment	74.13	108.16	59.59	66.36	99.02	108.68
计算机及办公设备制造业	**Manufacture of Computers and Office Equipment**	**93.41**	**102.02**	**68.58**	**83.16**	**83.16**	**101.90**
#计算机整机制造	Manufacture of Entired Computer	91.52	76.37	87.81	81.39	79.76	91.58
计算机零部件制造	Manufacture of Computer Components and Parts	95.36	116.36	64.13	84.20	86.06	74.86
计算机外围设备制造	Manufacture of Computer Peripheral Equipment						148.13
办公设备制造	Manufacture of Office Equipment	50.00	82.86	49.80	68.98	52.32	78.19
医疗仪器设备及仪器仪表制造业	**Manufacture of Medical Equipments and Measuring Instrument**	**100.94**	**75.40**	**67.46**	**87.24**	**67.53**	**53.97**
1.医疗仪器设备及器械制造	Manufacture of Medical Equipment and Appliance	133.97	121.46	73.60	113.91	61.34	40.47
2.仪器仪表制造	Manufacture of Measuring Instrument	84.54	58.51	64.49	78.03	69.94	60.14

3-1-8 各地区固定资产投资情况

Statistics on Investment in Fixed Assets in High-tech Industry by Region

地区	Region	施工项目（个） Number of Projects under Construction (unit)					
		2000	2005	2009	2010	2011	2012
全国	**Total**	**2734**	**7095**	**9780**	**10723**	**13204**	**15681**
东部地区	Eastern Region	1417	3875	4461	4898	7458	7903
中部地区	Middle Region	464	1516	2746	3355	3454	4292
西部地区	Western Region	542	1081	1497	1139	1275	2228
东北地区	Northeastern Region	311	623	1076	1331	1017	1258
北京	Beijing	111	72	90	105	139	131
天津	Tianjin	83	76	206	131	222	293
河北	Hebei	138	251	383	342	381	510
山西	Shanxi	36	116	81	94	138	145
内蒙古	Inner Mongolia	23	72	74	72	78	99
辽宁	Liaoning	132	290	495	318	410	551
吉林	Jilin	96	200	438	847	469	489
黑龙江	Heilongjiang	83	133	143	166	138	218
上海	Shanghai	134	127	155	211	259	316
江苏	Jiangsu	206	804	1312	1377	2687	2594
浙江	Zhejiang	171	502	574	587	1068	1478
安徽	Anhui	59	257	574	701	725	942
福建	Fujian	70	243	282	300	397	432
江西	Jiangxi	44	291	586	740	585	885
山东	Shandong	155	614	715	762	980	1154
河南	Henan	99	276	634	668	684	749
湖北	Hubei	146	288	415	491	585	674
湖南	Hunan	57	216	456	589	659	897
广东	Guangdong	264	976	730	769	999	981
广西	Guangxi	68	184	262	302	313	422
海南	Hainan	17	26	14	12	13	14
重庆	Chongqing	29	108	143	197	253	331
四川	Sichuan	146	421	463	406	490	656
贵州	Guizhou	145	74	114	55	36	44
云南	Yunnan	46	68	76	97	95	126
西藏	Tibet	2	2	16	18	13	17
陕西	Shaanxi	117	268	250	218	207	308
甘肃	Gansu	26	83	55	98	120	125
青海	Qinghai	11	16	16	12	15	22
宁夏	Ningxia	14	9	15	12	20	35
新疆	Xinjiang	6	32	13	26	26	43

3-1-8 续表 1 continued

地区	Region	新开工项目（个） Number of Projects Started This Year (unit)					
		2000	2005	2009	2010	2011	2012
全 国	**Total**	**1640**	**4460**	**6220**	**7117**	**8447**	**10223**
东部地区	Eastern Region	858	2452	2551	2951	4627	5029
中部地区	Middle Region	284	926	1917	2364	2320	2874
西部地区	Western Region	313	630	899	672	757	1438
东北地区	Northeastern Region	185	452	853	1130	743	882
北 京	Beijing	58	26	35	41	43	35
天 津	Tianjin	62	44	139	75	148	173
河 北	Hebei	94	187	286	241	231	290
山 西	Shanxi	20	46	46	55	89	76
内 蒙 古	Inner Mongolia	11	49	61	55	61	80
辽 宁	Liaoning	85	216	401	222	242	329
吉 林	Jilin	43	150	349	788	406	416
黑 龙 江	Heilongjiang	57	86	103	120	95	137
上 海	Shanghai	80	65	81	99	130	155
江 苏	Jiangsu	139	564	802	932	1900	1895
浙 江	Zhejiang	94	285	282	294	548	912
安 徽	Anhui	41	155	348	496	509	604
福 建	Fujian	28	134	139	167	220	206
江 西	Jiangxi	19	152	392	491	384	621
山 东	Shandong	94	435	404	464	631	806
河 南	Henan	70	201	522	492	385	439
湖 北	Hubei	87	189	287	337	407	443
湖 南	Hunan	36	134	322	438	485	691
广 东	Guangdong	150	578	371	424	558	550
广 西	Guangxi	46	118	150	211	216	323
海 南	Hainan	13	16	12	3	2	7
重 庆	Chongqing	17	68	82	136	171	209
四 川	Sichuan	75	273	258	230	283	399
贵 州	Guizhou	118	47	85	33	23	26
云 南	Yunnan	14	31	61	52	41	77
西 藏	Tibet	2	2	5	5	7	10
陕 西	Shaanxi	62	115	132	115	113	179
甘 肃	Gansu	13	63	32	69	79	73
青 海	Qinghai	4	6	12	5	11	11
宁 夏	Ningxia	4	7	11	5	13	26
新 疆	Xinjiang	4	18	10	22	16	25

3-1-8 续表 2 continued

地区	Region	建成投产项目（个） Number of Projects Completed and Put into Use (unit)					
		2000	2005	2009	2010	2011	2012
全国	**Total**	**1282**	**3158**	**5412**	**6011**	**7735**	**8968**
东部地区	Eastern Region	639	1741	2373	2520	4430	4384
中部地区	Middle Region	258	661	1532	1937	2030	2590
西部地区	Western Region	242	406	789	537	661	1200
东北地区	Northeastern Region	143	350	718	1017	614	794
北京	Beijing	38	26	32	24	34	14
天津	Tianjin	46	28	115	66	105	142
河北	Hebei	61	136	264	198	209	300
山西	Shanxi	13	45	26	50	83	70
内蒙古	Inner Mongolia	13	44	53	48	58	57
辽宁	Liaoning	66	171	322	157	240	365
吉林	Jilin	34	109	304	757	316	307
黑龙江	Heilongjiang	43	70	92	103	58	122
上海	Shanghai	21	57	37	78	72	68
江苏	Jiangsu	120	495	882	893	1991	1873
浙江	Zhejiang	70	200	235	241	499	631
安徽	Anhui	33	84	302	372	377	549
福建	Fujian	22	88	84	84	159	192
江西	Jiangxi	28	137	352	517	420	618
山东	Shandong	79	224	342	384	626	695
河南	Henan	53	146	444	381	403	417
湖北	Hubei	91	120	233	296	350	366
湖南	Hunan	27	85	175	273	339	570
广东	Guangdong	134	412	378	374	553	464
广西	Guangxi	43	70	144	177	173	273
海南	Hainan	5	5	4	1	9	5
重庆	Chongqing	14	40	80	105	141	185
四川	Sichuan	66	129	280	216	294	391
贵州	Guizhou	97	42	43	16	11	14
云南	Yunnan	14	25	21	29	48	59
西藏	Tibet	2	1	1	11	9	4
陕西	Shaanxi	34	105	129	99	87	129
甘肃	Gansu	7	29	21	35	43	43
青海	Qinghai	2	14	6	7	10	15
宁夏	Ningxia	5	8	6	4	12	17
新疆	Xinjiang	1	13	5	15	6	13

3-1-8 续表 3 continued

地 区	Region	项目建成投产率 (%) Rate of Projects Completed and Put into Use (%) 2000	2005	2009	2010	2011	2012
全 国	**Total**	**46.89**	**44.51**	**55.34**	**56.06**	**58.58**	**57.19**
东部地区	Eastern Region	45.10	44.93	53.19	51.45	59.40	55.47
中部地区	Middle Region	55.60	43.60	55.79	57.73	58.77	60.34
西部地区	Western Region	44.65	37.56	52.71	47.15	51.84	53.86
东北地区	Northeastern Region	45.98	56.18	66.73	76.41	60.37	63.12
北 京	Beijing	34.23	36.11	35.56	22.86	24.46	10.69
天 津	Tianjin	55.42	36.84	55.83	50.38	47.30	48.46
河 北	Hebei	44.20	54.18	68.93	57.89	54.86	58.82
山 西	Shanxi	36.11	38.79	32.10	53.19	60.14	48.28
内蒙古	Inner Mongolia	56.52	61.11	71.62	66.67	74.36	57.58
辽 宁	Liaoning	50.00	58.97	65.05	49.37	58.54	66.24
吉 林	Jilin	35.42	54.50	69.41	89.37	67.38	62.78
黑龙江	Heilongjiang	51.81	52.63	64.34	62.05	42.03	55.96
上 海	Shanghai	15.67	44.88	23.87	36.97	27.80	21.52
江 苏	Jiangsu	58.25	61.57	67.23	64.85	74.10	72.21
浙 江	Zhejiang	40.94	39.84	40.94	41.06	46.72	42.69
安 徽	Anhui	55.93	32.68	52.61	53.07	52.00	58.28
福 建	Fujian	31.43	36.21	29.79	28.00	40.05	44.44
江 西	Jiangxi	63.64	47.08	60.07	69.86	71.79	69.83
山 东	Shandong	50.97	36.48	47.83	50.39	63.88	60.23
河 南	Henan	53.54	52.90	70.03	57.04	58.92	55.67
湖 北	Hubei	62.33	41.67	56.14	60.29	59.83	54.30
湖 南	Hunan	47.37	39.35	38.38	46.35	51.44	63.55
广 东	Guangdong	50.76	42.21	51.78	48.63	55.36	47.30
广 西	Guangxi	63.24	38.04	54.96	58.61	55.27	64.69
海 南	Hainan	29.41	19.23	28.57	8.33	69.23	35.71
重 庆	Chongqing	48.28	37.04	55.94	53.30	55.73	55.89
四 川	Sichuan	45.21	30.64	60.48	53.20	60.00	59.60
贵 州	Guizhou	66.90	56.76	37.72	29.09	30.56	31.82
云 南	Yunnan	30.43	36.76	27.63	29.90	50.53	46.83
西 藏	Tibet	100.00	50.00	6.25	61.11	69.23	23.53
陕 西	Shaanxi	29.06	39.18	51.60	45.41	42.03	41.88
甘 肃	Gansu	26.92	34.94	38.18	35.71	35.83	34.40
青 海	Qinghai	18.18	87.50	37.50	58.33	66.67	68.18
宁 夏	Ningxia	35.71	88.89	40.00	33.33	60.00	48.57
新 疆	Xinjiang	16.67	40.63	38.46	57.69	23.08	30.23

3-1-8 续表 4 continued

地　区	Region	投资额（亿元） Investment (100 million yuan)					
		2000	2005	2009	2010	2011	2012
全　国	**Total**	**562.95**	**2144.09**	**4882.24**	**6944.73**	**9468.46**	**12932.65**
东部地区	Eastern Region	379.95	1438.03	2385.67	3555.43	5364.13	6320.58
中部地区	Middle Region	58.26	311.19	1117.99	1789.58	2325.89	3668.36
西部地区	Western Region	74.80	219.00	742.62	780.11	1001.19	1944.35
东北地区	Northeastern Region	49.93	175.85	635.95	819.60	777.25	999.36
北　京	Beijing	24.49	84.10	35.91	136.94	266.55	136.59
天　津	Tianjin	53.88	58.04	141.28	215.93	350.27	314.07
河　北	Hebei	13.89	66.81	166.78	214.12	288.36	454.16
山　西	Shanxi	2.97	32.81	52.34	48.09	77.40	126.92
内蒙古	Inner Mongolia	1.87	30.40	64.19	53.90	120.31	224.58
辽　宁	Liaoning	18.15	75.16	356.55	440.27	350.63	460.20
吉　林	Jilin	16.27	57.22	214.99	275.43	311.33	372.80
黑龙江	Heilongjiang	15.51	43.47	64.41	103.90	115.29	166.36
上　海	Shanghai	85.53	126.80	92.09	232.34	278.54	272.16
江　苏	Jiangsu	32.70	400.16	907.70	1324.22	2104.90	2432.63
浙　江	Zhejiang	19.60	102.78	139.55	152.63	306.88	436.73
安　徽	Anhui	5.55	32.92	189.14	415.29	500.85	700.62
福　建	Fujian	12.08	51.04	92.86	161.18	212.65	280.11
江　西	Jiangxi	2.36	69.88	311.07	453.03	428.57	675.32
山　东	Shandong	23.99	198.56	476.76	520.96	695.27	1086.62
河　南	Henan	12.69	52.43	219.28	325.86	562.92	899.62
湖　北	Hubei	15.53	53.96	196.11	266.24	361.43	713.10
湖　南	Hunan	17.29	38.79	150.05	227.17	274.41	552.78
广　东	Guangdong	108.63	318.29	327.74	495.85	703.53	881.60
广　西	Guangxi	2.05	24.12	66.46	93.33	142.09	195.27
海　南	Hainan	3.11	7.33	5.00	7.93	15.10	25.91
重　庆	Chongqing	3.21	28.30	75.71	195.21	232.26	371.59
四　川	Sichuan	31.05	99.58	324.95	334.43	459.90	643.60
贵　州	Guizhou	6.31	10.36	21.77	19.69	62.21	85.58
云　南	Yunnan	1.24	12.94	26.84	31.09	34.26	54.21
西　藏	Tibet	0.07	0.22	2.95	1.68	2.68	3.72
陕　西	Shaanxi	28.23	49.31	139.38	163.60	143.48	222.09
甘　肃	Gansu	2.98	10.48	10.51	22.43	35.20	69.86
青　海	Qinghai	0.30	2.28	4.55	4.53	6.74	15.81
宁　夏	Ningxia	1.22	1.59	4.10	3.80	7.39	16.02
新　疆	Xinjiang	0.19	3.94	1.21	3.65	17.06	42.01

3-1-8 续表 5 continued

地 区	Region	新增固定资产（亿元） Newly Increased Fixed Assets (100 million yuan)					
		2000	2005	2009	2010	2011	2012
全 国	**Total**	**421.02**	**1463.88**	**3160.45**	**4450.41**	**6355.15**	**8377.13**
东部地区	Eastern Region	285.75	1042.80	1594.28	2231.94	3653.40	4331.12
中部地区	Middle Region	38.97	202.28	696.19	1016.05	1437.18	2235.16
西部地区	Western Region	53.88	104.83	488.29	747.12	670.40	1122.84
东北地区	Northeastern Region	42.41	113.98	381.69	455.29	594.18	688.01
北 京	Beijing	15.89	104.89	17.69	36.51	49.69	71.21
天 津	Tianjin	20.54	28.05	55.95	192.91	102.78	172.97
河 北	Hebei	10.50	44.15	115.38	134.19	186.46	282.12
山 西	Shanxi	1.69	16.81	19.79	17.05	39.81	68.05
内 蒙 古	Inner Mongolia	0.67	19.84	27.92	23.00	54.39	61.20
辽 宁	Liaoning	13.89	42.76	188.12	174.56	284.64	321.09
吉 林	Jilin	11.46	32.38	148.75	208.13	258.05	259.21
黑 龙 江	Heilongjiang	17.06	38.84	44.82	72.60	51.49	107.71
上 海	Shanghai	66.19	68.14	35.17	85.02	183.94	123.85
江 苏	Jiangsu	28.76	367.60	780.54	971.44	1701.50	1914.18
浙 江	Zhejiang	16.47	59.04	84.49	104.99	203.25	227.31
安 徽	Anhui	3.80	20.13	92.71	147.07	328.62	333.46
福 建	Fujian	7.05	30.26	58.71	88.40	140.93	148.92
江 西	Jiangxi	2.23	46.54	215.18	356.27	329.79	463.36
山 东	Shandong	21.40	102.31	214.76	260.71	383.86	598.70
河 南	Henan	5.32	32.96	173.42	187.33	302.04	545.41
湖 北	Hubei	10.78	35.61	113.49	160.93	229.47	436.26
湖 南	Hunan	14.48	30.39	81.60	124.40	153.06	388.62
广 东	Guangdong	96.50	226.05	230.69	302.70	599.76	784.48
广 西	Guangxi	1.56	9.63	32.19	53.90	97.93	143.20
海 南	Hainan	0.89	2.68	0.90	1.17	3.29	7.38
重 庆	Chongqing	1.50	9.88	32.16	46.37	150.44	157.82
四 川	Sichuan	28.93	33.00	291.23	378.69	365.08	489.20
贵 州	Guizhou	4.91	10.40	10.79	5.95	20.59	37.16
云 南	Yunnan	1.17	5.50	6.38	9.80	21.28	49.39
西 藏	Tibet	0.07	0.21	0.07	1.22	1.93	1.21
陕 西	Shaanxi	13.66	33.24	78.20	286.43	85.11	127.19
甘 肃	Gansu	2.75	4.72	5.80	11.02	14.99	42.70
青 海	Qinghai	0.24	3.12	1.33	4.20	3.25	4.93
宁 夏	Ningxia	0.45	1.59	1.60	0.87	6.72	4.60
新 疆	Xinjiang	0.20	3.17	0.62	2.57	1.01	4.25

3-1-8 续表 6 continued

地 区	Region	固定资产交付使用率 (%) Rate of Fixed Assets Put into Use (%)					
		2000	2005	2009	2010	2011	2012
全 国	**Total**	**74.79**	**68.27**	**64.73**	**64.08**	**67.12**	**64.78**
东部地区	Eastern Region	75.21	72.52	66.83	62.78	68.11	68.52
中部地区	Middle Region	66.89	65.00	62.27	56.78	61.79	60.93
西部地区	Western Region	72.03	47.87	65.75	95.77	66.96	57.75
东北地区	Northeastern Region	84.94	64.82	60.02	55.55	76.45	68.84
北 京	Beijing	64.87	124.71	49.27	26.66	18.64	52.13
天 津	Tianjin	38.12	48.33	39.60	89.34	29.34	55.07
河 北	Hebei	75.60	66.08	69.18	62.67	64.66	62.12
山 西	Shanxi	56.88	51.22	37.80	35.45	51.43	53.62
内 蒙 古	Inner Mongolia	35.79	65.25	43.50	42.67	45.21	27.25
辽 宁	Liaoning	76.52	56.90	52.76	39.65	81.18	69.77
吉 林	Jilin	70.46	56.59	69.19	75.57	82.89	69.53
黑 龙 江	Heilongjiang	109.97	89.36	69.58	69.87	44.66	64.75
上 海	Shanghai	77.39	53.73	38.19	36.59	66.04	45.51
江 苏	Jiangsu	87.94	91.86	85.99	73.36	80.84	78.69
浙 江	Zhejiang	84.07	57.44	60.55	68.79	66.23	52.05
安 徽	Anhui	68.51	61.16	49.02	35.41	65.61	47.59
福 建	Fujian	58.37	59.27	63.23	54.85	66.27	53.16
江 西	Jiangxi	94.49	66.60	69.18	78.64	76.95	68.61
山 东	Shandong	89.19	51.53	45.05	50.04	55.21	55.10
河 南	Henan	41.89	62.86	79.09	57.49	53.66	60.63
湖 北	Hubei	69.44	66.00	57.87	60.45	63.49	61.18
湖 南	Hunan	83.77	78.35	54.38	54.76	55.78	70.30
广 东	Guangdong	88.83	71.02	70.39	61.05	85.25	88.98
广 西	Guangxi	76.39	39.93	48.44	57.75	68.92	73.33
海 南	Hainan	28.59	36.48	18.02	14.75	21.79	28.47
重 庆	Chongqing	46.77	34.91	42.47	23.75	64.77	42.47
四 川	Sichuan	93.15	33.14	89.62	113.23	79.38	76.01
贵 州	Guizhou	77.83	100.46	49.55	30.22	33.10	43.42
云 南	Yunnan	93.62	42.47	23.78	31.52	62.11	91.10
西 藏	Tibet	100.00	96.59	2.44	72.62	72.01	32.53
陕 西	Shaanxi	48.40	67.41	56.11	175.08	59.32	57.27
甘 肃	Gansu	92.34	45.03	55.16	49.13	42.59	61.13
青 海	Qinghai	79.16	136.53	29.23	92.72	48.22	31.16
宁 夏	Ningxia	37.21	99.84	38.92	22.89	90.93	28.70
新 疆	Xinjiang	104.96	80.48	51.23	70.41	5.92	10.11

3-1-9 各地区国有及国有控股企业固定资产投资情况
Statistics on Investment in Fixed Assets in State-owned and State-controlled Enterprises by Region

地　区	Region	施工项目（个） Number of Projects under Construction (unit)					
		2000	2005	2009	2010	2011	2012
全　国	**Total**	**1321**	**1285**	**1158**	**1167**	**1065**	**741**
东部地区	Eastern Region	579	486	475	539	529	267
中部地区	Middle Region	256	307	207	240	191	164
西部地区	Western Region	351	352	334	260	257	252
东北地区	Northeastern Region	135	140	142	128	88	58
北　京	Beijing	67	40	35	32	41	10
天　津	Tianjin	19	14	44	32	45	18
河　北	Hebei	69	74	22	27	31	23
山　西	Shanxi	26	43	9	10	11	9
内蒙古	Inner Mongolia	14	17	4	6		
辽　宁	Liaoning	73	53	56	30	23	17
吉　林	Jilin	12	36	38	65	34	16
黑龙江	Heilongjiang	50	51	48	33	31	25
上　海	Shanghai	71	36	71	96	60	39
江　苏	Jiangsu	124	71	57	68	77	81
浙　江	Zhejiang	41	53	27	24	29	29
安　徽	Anhui	24	43	33	37	28	33
福　建	Fujian	22	22	13	17	19	14
江　西	Jiangxi	40	46	35	35	17	20
山　东	Shandong	55	27	35	38	51	27
河　南	Henan	68	30	19	26	25	12
湖　北	Hubei	63	68	61	55	55	37
湖　南	Hunan	21	60	50	71	55	53
广　东	Guangdong	65	106	168	176	133	25
广　西	Guangxi	42	32	22	26	40	13
海　南	Hainan	4	11	3	3	3	1
重　庆	Chongqing	9	25	33	57	62	60
四　川	Sichuan	51	77	62	50	51	74
贵　州	Guizhou	129	6	61	19	13	13
云　南	Yunnan	37	19	9	19	21	10
西　藏	Tibet	1	2	3	5	2	2
陕　西	Shaanxi	84	167	115	80	68	59
甘　肃	Gansu	21	44	15	23	31	17
青　海	Qinghai	4	4	5	1	5	1
宁　夏	Ningxia	11	1	2		1	1
新　疆	Xinjiang	4	7	3	6	3	2

3-1-9 续表 1 continued

地区	Region	新开工项目（个） Number of Projects Started This Year (unit)					
		2000	2005	2009	2010	2011	2012
全国	**Total**	**803**	**636**	**636**	**605**	**514**	**427**
东部地区	Eastern Region	357	248	238	229	234	139
中部地区	Middle Region	153	134	120	149	96	101
西部地区	Western Region	204	159	181	129	128	156
东北地区	Northeastern Region	89	95	97	98	56	31
北京	Beijing	37	10	19	12	9	2
天津	Tianjin	15	8	23	11	21	5
河北	Hebei	43	54	19	17	16	11
山西	Shanxi	11	5	2	5	7	5
内蒙古	Inner Mongolia	7	9	3	6		
辽宁	Liaoning	50	35	45	17	10	13
吉林	Jilin	6	32	25	63	32	8
黑龙江	Heilongjiang	33	28	27	18	14	10
上海	Shanghai	51	19	39	45	16	10
江苏	Jiangsu	85	35	35	30	45	53
浙江	Zhejiang	19	21	6	6	15	19
安徽	Anhui	20	19	16	21	14	21
福建	Fujian	8	8	2	7	5	11
江西	Jiangxi	17	16	21	19	10	15
山东	Shandong	36	16	19	13	33	15
河南	Henan	47	19	14	16	8	1
湖北	Hubei	38	41	36	26	28	20
湖南	Hunan	13	25	31	56	29	39
广东	Guangdong	31	50	73	71	46	13
广西	Guangxi	29	21	16	16	28	5
海南	Hainan	3	6	3	1		
重庆	Chongqing	6	14	19	39	31	33
四川	Sichuan	21	41	24	16	24	53
贵州	Guizhou	110	5	46	10	9	5
云南	Yunnan	11	7	7	13	7	6
西藏	Tibet	1	2	1	3		2
陕西	Shaanxi	39	55	49	26	28	39
甘肃	Gansu	9	31	8	16	22	11
青海	Qinghai	3		3		5	
宁夏	Ningxia	2	1	2		1	
新疆	Xinjiang	2	3	3	6	1	2

3-1-9 续表 2 continued

地 区	Region	建成投产项目（个） Number of Projects Completed and Put into Use (unit)					
		2000	2005	2009	2010	2011	2012
全 国	**Total**	**627**	**503**	**526**	**522**	**441**	**338**
东部地区	Eastern Region	245	205	206	234	212	110
中部地区	Middle Region	146	128	92	94	73	79
西部地区	Western Region	165	99	140	100	118	121
东北地区	Northeastern Region	71	71	88	94	38	28
北 京	Beijing	22	14	19	7	11	3
天 津	Tianjin	13	7	23	11	19	3
河 北	Hebei	31	44	13	13	13	14
山 西	Shanxi	12	19	2	6	7	3
内蒙古	Inner Mongolia	10	12	4	6		
辽 宁	Liaoning	41	24	32	15	9	9
吉 林	Jilin		19	21	63	20	12
黑龙江	Heilongjiang	30	28	35	16	9	7
上 海	Shanghai	3	20	19	35	14	2
江 苏	Jiangsu	69	35	29	35	42	53
浙 江	Zhejiang	14	19	8	7	8	11
安 徽	Anhui	16	11	19	15	10	17
福 建	Fujian	8	8	2	2	5	2
江 西	Jiangxi	26	21	18	20	10	9
山 东	Shandong	22	6	11	16	25	17
河 南	Henan	39	17	9	7	7	6
湖 北	Hubei	34	28	33	27	26	9
湖 南	Hunan	9	20	11	13	13	35
广 东	Guangdong	33	33	80	99	56	4
广 西	Guangxi	27	15	12	9	17	5
海 南	Hainan	3	4	2		2	1
重 庆	Chongqing	3	6	13	28	30	25
四 川	Sichuan	21	18	27	23	25	47
贵 州	Guizhou	93	2	19	6	4	5
云 南	Yunnan	14	6	1	4	14	2
西 藏	Tibet	1	1	1	2	1	
陕 西	Shaanxi	20	40	52	26	23	30
甘 肃	Gansu	6	17	5	8	16	7
青 海	Qinghai	1	4	2	1	3	
宁 夏	Ningxia	5	1	2			
新 疆	Xinjiang	1	4	2	2	2	

3-1-9 续表 3 continued

地区	Region	项目建成投产率 (%) Rate of Projects Completed and Put into Use (%)					
		2000	2005	2009	2010	2011	2012
全　国	**Total**	**47.46**	**39.14**	**45.42**	**44.73**	**41.41**	**45.61**
东部地区	Eastern Region	42.31	42.18	43.37	43.41	40.08	41.20
中部地区	Middle Region	57.03	41.69	44.44	39.17	38.22	48.17
西部地区	Western Region	47.01	28.13	41.92	38.46	45.91	48.02
东北地区	Northeastern Region	52.59	50.71	61.97	73.44	43.18	48.28
北　京	Beijing	32.84	35.00	54.29	21.88	26.83	30.00
天　津	Tianjin	68.42	50.00	52.27	34.38	42.22	16.67
河　北	Hebei	44.93	59.46	59.09	48.15	41.94	60.87
山　西	Shanxi	46.15	44.19	22.22	60.00	63.64	33.33
内蒙古	Inner Mongolia	71.43	70.59	100.00	100.00		
辽　宁	Liaoning	56.16	45.28	57.14	50.00	39.13	52.94
吉　林	Jilin		52.78	55.26	96.92	58.82	75.00
黑龙江	Heilongjiang	60.00	54.90	72.92	48.48	29.03	28.00
上　海	Shanghai	4.23	55.56	26.76	36.46	23.33	5.13
江　苏	Jiangsu	55.65	49.30	50.88	51.47	54.55	65.43
浙　江	Zhejiang	34.15	35.85	29.63	29.17	27.59	37.93
安　徽	Anhui	66.67	25.58	57.58	40.54	35.71	51.52
福　建	Fujian	36.36	36.36	15.38	11.76	26.32	14.29
江　西	Jiangxi	65.00	45.65	51.43	57.14	58.82	45.00
山　东	Shandong	40.00	22.22	31.43	42.11	49.02	62.96
河　南	Henan	57.35	56.67	47.37	26.92	28.00	50.00
湖　北	Hubei	53.97	41.18	54.10	49.09	47.27	24.32
湖　南	Hunan	42.86	33.33	22.00	18.31	23.64	66.04
广　东	Guangdong	50.77	31.13	47.62	56.25	42.11	16.00
广　西	Guangxi	64.29	46.88	54.55	34.62	42.50	38.46
海　南	Hainan	75.00	36.36	66.67		66.67	100.00
重　庆	Chongqing	33.33	24.00	39.39	49.12	48.39	41.67
四　川	Sichuan	41.18	23.38	43.55	46.00	49.02	63.51
贵　州	Guizhou	72.09	33.33	31.15	31.58	30.77	38.46
云　南	Yunnan	37.84	31.58	11.11	21.05	66.67	20.00
西　藏	Tibet	100.00	50.00	33.33	40.00	50.00	
陕　西	Shaanxi	23.81	23.95	45.22	32.50	33.82	50.85
甘　肃	Gansu	28.57	38.64	33.33	34.78	51.61	41.18
青　海	Qinghai	25.00	100.00	40.00	100.00	60.00	
宁　夏	Ningxia	45.45	100.00	100.00			
新　疆	Xinjiang	25.00	57.14	66.67	33.33	66.67	

3-1-9 续表 4 continued

地 区	Region	投资额（亿元） Investment (100 million yuan)					
		2000	2005	2009	2010	2011	2012
全 国	**Total**	**168.44**	**380.71**	**770.91**	**1356.36**	**1627.06**	**1123.77**
东部地区	Eastern Region	80.87	166.97	285.64	748.38	943.41	386.65
中部地区	Middle Region	20.28	67.12	119.83	175.64	267.05	252.36
西部地区	Western Region	45.49	82.02	270.54	322.78	329.88	425.86
东北地区	Northeastern Region	21.83	64.60	94.90	109.56	86.72	58.90
北 京	Beijing	9.65	9.18	9.49	67.81	175.80	8.49
天 津	Tianjin	5.15	9.31	43.30	84.90	162.91	25.78
河 北	Hebei	7.59	24.06	17.20	40.06	50.60	40.74
山 西	Shanxi	1.75	4.83	4.83	2.43	10.12	30.24
内蒙古	Inner Mongolia	0.51	7.24	0.30	2.82		
辽 宁	Liaoning	8.48	21.15	48.40	60.24	37.46	31.15
吉 林	Jilin	1.80	15.55	16.38	13.99	16.61	6.15
黑龙江	Heilongjiang	11.55	27.90	30.12	35.33	32.65	21.60
上 海	Shanghai	11.88	17.81	35.15	133.43	93.90	48.26
江 苏	Jiangsu	14.29	52.89	63.42	181.58	169.86	166.63
浙 江	Zhejiang	3.95	9.42	9.83	8.62	12.58	17.61
安 徽	Anhui	1.61	8.49	24.37	34.07	99.62	64.89
福 建	Fujian	2.13	5.89	11.11	24.43	21.48	20.97
江 西	Jiangxi	2.22	16.05	17.54	38.34	13.94	42.61
山 东	Shandong	8.60	15.84	32.24	36.89	52.18	37.14
河 南	Henan	6.24	5.91	8.71	23.93	37.03	8.22
湖 北	Hubei	6.49	15.51	35.00	35.96	53.45	49.01
湖 南	Hunan	1.46	9.09	29.38	38.10	52.90	57.40
广 东	Guangdong	16.35	14.34	60.32	146.43	155.28	20.87
广 西	Guangxi	0.89	4.20	7.71	17.56	36.92	7.14
海 南	Hainan	0.39	4.03	3.58	6.66	11.91	0.16
重 庆	Chongqing	0.45	10.47	42.85	140.96	134.80	162.20
四 川	Sichuan	13.10	24.81	132.23	81.17	78.52	152.68
贵 州	Guizhou	4.57	0.53	11.66	10.45	30.62	28.26
云 南	Yunnan	1.05	6.11	6.06	10.81	11.42	5.71
西 藏	Tibet	0.04	0.22	0.68	0.14	0.28	0.04
陕 西	Shaanxi	22.37	32.06	64.59	72.47	64.51	58.77
甘 肃	Gansu	2.81	6.13	2.97	6.00	7.53	8.72
青 海	Qinghai	0.22	0.29	1.05	0.01	1.25	0.60
宁 夏	Ningxia	0.70	0.05	0.18	0.09	0.38	1.10
新 疆	Xinjiang	0.18	1.35	0.26	0.67	0.56	0.65

3-1-9 续表 5 continued

地　区	Region	新增固定资产（亿元） Newly Increased Fixed Assets (100 million yuan)					
		2000	2005	2009	2010	2011	2012
全　国	**Total**	**130.94**	**213.70**	**488.96**	**536.56**	**765.35**	**606.60**
东部地区	Eastern Region	65.15	85.90	133.87	265.70	410.69	163.97
中部地区	Middle Region	15.44	45.28	68.76	90.49	98.40	205.64
西部地区	Western Region	29.64	32.79	203.09	117.09	217.21	217.47
东北地区	Northeastern Region	20.69	49.74	83.24	62.88	39.04	19.51
北　京	Beijing	5.47	11.34	3.23	14.51	13.25	8.98
天　津	Tianjin	3.48	6.87	9.20	24.03	44.08	1.67
河　北	Hebei	6.43	16.06	6.84	27.61	12.85	16.84
山　西	Shanxi	1.39	6.50	3.51	2.62	8.14	27.58
内蒙古	Inner Mongolia	0.17	4.41	1.29	2.74		
辽　宁	Liaoning	6.21	8.88	53.51	29.03	18.01	9.32
吉　林	Jilin	0.11	11.98	10.74	12.55	10.64	4.19
黑龙江	Heilongjiang	14.37	28.88	18.99	21.30	10.39	6.00
上　海	Shanghai	7.88	4.87	8.98	14.46	23.30	2.89
江　苏	Jiangsu	12.30	23.35	47.90	90.32	109.26	97.00
浙　江	Zhejiang	4.02	6.31	3.90	4.33	2.92	9.87
安　徽	Anhui	1.02	6.13	9.28	12.24	23.54	41.90
福　建	Fujian	1.21	2.08	7.83	8.52	7.21	2.52
江　西	Jiangxi	2.12	10.27	7.68	31.29	9.64	11.84
山　东	Shandong	8.19	3.01	12.21	12.43	29.61	20.68
河　南	Henan	4.21	4.24	15.61	3.11	6.75	9.90
湖　北	Hubei	4.55	7.27	24.76	28.96	37.14	26.71
湖　南	Hunan	1.98	6.46	7.92	9.53	13.20	87.71
广　东	Guangdong	15.33	8.21	33.38	62.24	142.20	3.35
广　西	Guangxi	0.55	1.68	3.69	6.40	24.88	2.39
海　南	Hainan	0.29	2.12	0.40	0.85	1.13	0.16
重　庆	Chongqing	0.13	1.46	8.43	21.60	107.63	54.09
四　川	Sichuan	13.33	8.32	136.22	59.62	45.19	98.31
贵　州	Guizhou	3.47	0.28	5.22	1.65	4.37	16.03
云　南	Yunnan	0.99	1.63	3.32	0.83	7.25	1.33
西　藏	Tibet	0.04	0.21	0.07	0.03	0.13	
陕　西	Shaanxi	8.17	14.96	41.32	29.60	46.59	39.72
甘　肃	Gansu	2.66	3.01	2.93	3.62	5.05	5.59
青　海	Qinghai	0.20	1.42	0.24	0.03	0.54	
宁　夏	Ningxia	0.45	0.05	0.18			
新　疆	Xinjiang	0.20	1.45	0.18	0.10	0.46	

3-1-9 续表 6 continued

地 区	Region	固定资产交付使用率（%） Rate of Fixed Assets Put into Use (%)					
		2000	2005	2009	2010	2011	2012
全 国	**Total**	**77.74**	**56.13**	**63.43**	**39.53**	**47.04**	**53.98**
东部地区	Eastern Region	80.56	51.45	46.87	35.50	43.53	42.41
中部地区	Middle Region	76.13	67.46	57.38	51.52	36.85	81.49
西部地区	Western Region	65.16	39.98	75.07	36.28	65.85	51.07
东北地区	Northeastern Region	94.78	77.00	87.71	57.39	45.02	33.13
北 京	Beijing	56.74	123.57	34.02	21.39	7.54	105.84
天 津	Tianjin	67.63	73.87	21.25	28.30	27.06	6.50
河 北	Hebei	84.71	66.75	39.76	68.91	25.40	41.34
山 西	Shanxi	78.98	134.60	72.70	107.65	80.43	91.21
内 蒙 古	Inner Mongolia	33.75	60.84	433.67	97.02		
辽 宁	Liaoning	73.31	42.00	110.55	48.20	48.08	29.93
吉 林	Jilin	6.12	77.06	65.58	89.66	64.06	68.08
黑 龙 江	Heilongjiang	124.42	103.51	63.03	60.29	31.82	27.80
上 海	Shanghai	66.33	27.33	25.55	10.84	24.81	5.99
江 苏	Jiangsu	86.07	44.14	75.53	49.74	64.32	58.21
浙 江	Zhejiang	101.76	67.00	39.72	50.22	23.21	56.07
安 徽	Anhui	63.04	72.15	38.08	35.94	23.63	64.57
福 建	Fujian	56.82	35.29	70.42	34.88	33.57	12.02
江 西	Jiangxi	95.40	63.98	43.77	81.61	69.15	27.80
山 东	Shandong	95.26	18.98	37.87	33.69	56.75	55.67
河 南	Henan	67.58	71.70	179.30	13.01	18.23	120.45
湖 北	Hubei	70.13	46.83	70.76	80.56	69.49	54.51
湖 南	Hunan	135.65	70.98	26.97	25.01	24.95	152.80
广 东	Guangdong	93.76	57.24	55.33	42.51	91.58	16.07
广 西	Guangxi	61.59	40.11	47.89	36.47	67.39	33.46
海 南	Hainan	75.56	52.70	11.07	12.78	9.49	100.00
重 庆	Chongqing	29.53	13.93	19.68	15.33	79.84	33.35
四 川	Sichuan	101.74	33.53	103.02	73.45	57.55	64.39
贵 州	Guizhou	75.92	52.91	44.80	15.82	14.27	56.73
云 南	Yunnan	94.99	26.69	54.77	7.67	63.49	23.29
西 藏	Tibet	100.00	96.59	10.56	22.12	46.43	
陕 西	Shaanxi	36.53	46.66	63.97	40.84	72.22	67.59
甘 肃	Gansu	94.75	49.16	98.75	60.31	67.07	64.10
青 海	Qinghai	94.69	482.65	23.22	242.86	43.20	
宁 夏	Ningxia	65.15	100.00	100.00			
新 疆	Xinjiang	113.54	107.97	67.20	14.73	82.14	

3-1-10 各地区内资企业固定资产投资情况

Statistics on Investment in Fixed Assets in Domeistic Funded Enterprises by Region

地 区	Region	施工项目（个） Number of Projects under Construction (unit)					
		2000	2005	2009	2010	2011	2012
全 国	**Total**	**2270**	**5424**	**8126**	**9129**	**11385**	**13941**
东部地区	Eastern Region	1056	2474	3421	3613	5918	6503
中部地区	Middle Region	421	1369	2622	3172	3293	4114
西部地区	Western Region	521	1013	1083	1085	1210	2125
东北地区	Northeastern Region	272	568	1000	1259	964	1199
北 京	Beijing	92	51	58	75	107	98
天 津	Tianjin	47	43	145	96	179	239
河 北	Hebei	122	227	356	323	355	492
山 西	Shanxi	34	110	74	87	129	140
内蒙古	Inner Mongolia	22	64	67	69	72	95
辽 宁	Liaoning	109	249	454	281	381	528
吉 林	Jilin	84	192	419	822	451	466
黑龙江	Heilongjiang	79	127	127	156	132	205
上 海	Shanghai	93	63	100	143	172	218
江 苏	Jiangsu	166	487	846	924	2055	2092
浙 江	Zhejiang	151	382	420	432	874	1262
安 徽	Anhui	49	229	532	679	700	903
福 建	Fujian	43	144	202	216	300	345
江 西	Jiangxi	43	253	526	677	545	835
山 东	Shandong	121	461	618	640	873	1069
河 南	Henan	95	253	618	640	665	735
湖 北	Hubei	130	259	381	456	546	641
湖 南	Hunan	48	201	424	564	636	860
广 东	Guangdong	143	426	450	491	709	677
广 西	Guangxi	65	170	215	265	286	398
海 南	Hainan	13	20	11	8	8	11
重 庆	Chongqing	26	101	130	187	229	300
四 川	Sichuan	133	384	439	389	473	632
贵 州	Guizhou	144	69	105	51	35	44
云 南	Yunnan	46	64	68	88	80	117
西 藏	Tibet	2	2	16	18	13	17
陕 西	Shaanxi	114	260	233	207	200	298
甘 肃	Gansu	25	82	51	96	120	125
青 海	Qinghai	11	14	15	12	15	22
宁 夏	Ningxia	14	9	14	12	19	34
新 疆	Xinjiang	6	28	12	25	26	43

3-1-10 续表 1 continued

地 区	Region	新开工项目（个） Number of Projects Started This Year (unit)					
		2000	2005	2009	2010	2011	2012
全 国	**Total**	**1372**	**3422**	**5385**	**6224**	**7428**	**9255**
东部地区	Eastern Region	654	1589	2069	2235	3769	4271
中部地区	Middle Region	251	836	1864	2261	2225	2763
西部地区	Western Region	299	589	655	651	719	1378
东北地区	Northeastern Region	168	408	797	1077	715	843
北 京	Beijing	49	18	18	27	33	28
天 津	Tianjin	39	23	96	55	124	148
河 北	Hebei	82	172	274	228	215	285
山 西	Shanxi	18	44	42	52	83	76
内蒙古	Inner Mongolia	10	45	56	55	56	76
辽 宁	Liaoning	76	180	373	194	230	314
吉 林	Jilin	38	144	333	767	393	397
黑龙江	Heilongjiang	54	84	91	116	92	132
上 海	Shanghai	61	31	57	67	80	107
江 苏	Jiangsu	115	373	559	633	1496	1582
浙 江	Zhejiang	80	219	221	219	460	805
安 徽	Anhui	32	138	327	482	491	581
福 建	Fujian	19	79	107	133	170	176
江 西	Jiangxi	19	132	358	460	364	586
山 东	Shandong	76	320	360	412	575	748
河 南	Henan	66	186	512	472	380	431
湖 北	Hubei	76	169	267	316	382	424
湖 南	Hunan	30	122	302	424	469	665
广 东	Guangdong	79	228	237	271	415	386
广 西	Guangxi	44	113	129	188	200	309
海 南	Hainan	10	13	11	2	1	6
重 庆	Chongqing	14	64	77	133	153	193
四 川	Sichuan	69	250	250	220	276	384
贵 州	Guizhou	117	44	79	31	22	26
云 南	Yunnan	14	29	53	49	33	72
西 藏	Tibet	2	2	5	5	7	10
陕 西	Shaanxi	59	111	129	112	110	173
甘 肃	Gansu	12	63	30	69	79	73
青 海	Qinghai	4	5	11	5	11	11
宁 夏	Ningxia	4	7	11	5	12	26
新 疆	Xinjiang	4	14	10	22	16	25

3-1-10 续表 2 continued

地 区	Region	建成投产项目（个） Number of Projects Completed and Put into Use (unit)					
		2000	2005	2009	2010	2011	2012
全 国	**Total**	**1057**	**2394**	**4563**	**5192**	**6698**	**8064**
东部地区	Eastern Region	474	1088	1826	1849	3536	3664
中部地区	Middle Region	226	604	1503	1850	1947	2483
西部地区	Western Region	231	383	556	522	629	1152
东北地区	Northeastern Region	126	319	678	971	586	765
北 京	Beijing	31	15	16	16	24	9
天 津	Tianjin	34	17	84	51	86	122
河 北	Hebei	52	128	247	188	194	293
山 西	Shanxi	13	44	23	49	78	69
内蒙古	Inner Mongolia	12	39	49	47	53	56
辽 宁	Liaoning	57	147	299	137	225	355
吉 林	Jilin	28	103	295	735	303	291
黑龙江	Heilongjiang	41	69	84	99	58	119
上 海	Shanghai	7	29	22	46	38	46
江 苏	Jiangsu	92	290	558	612	1545	1532
浙 江	Zhejiang	61	156	171	176	414	554
安 徽	Anhui	24	78	276	361	367	523
福 建	Fujian	16	54	71	63	124	166
江 西	Jiangxi	27	122	327	485	394	582
山 东	Shandong	62	163	308	314	548	635
河 南	Henan	50	137	438	369	391	410
湖 北	Hubei	79	104	220	278	331	349
湖 南	Hunan	21	80	170	261	333	550
广 东	Guangdong	74	166	232	227	398	304
广 西	Guangxi	41	65	113	155	159	255
海 南	Hainan	4	5	4	1	6	3
重 庆	Chongqing	12	36	71	103	131	175
四 川	Sichuan	59	120	266	211	283	378
贵 州	Guizhou	97	41	39	14	11	14
云 南	Yunnan	14	24	20	28	39	54
西 藏	Tibet	2	1	1	11	9	4
陕 西	Shaanxi	33	100	123	96	85	128
甘 肃	Gansu	6	29	20	33	43	43
青 海	Qinghai	2	12	6	7	10	15
宁 夏	Ningxia	5	8	5	4	12	17
新 疆	Xinjiang	1	12	5	15	6	13

3-1-10 续表 3 continued

地 区	Region	项目建成投产率 (%) Rate of Projects Completed and Put into Use (%)					
		2000	2005	2009	2010	2011	2012
全 国	**Total**	**46.56**	**44.14**	**56.15**	**56.87**	**58.83**	**57.84**
东部地区	Eastern Region	44.89	43.98	53.38	51.18	59.75	56.34
中部地区	Middle Region	53.68	44.12	57.32	58.32	59.13	60.35
西部地区	Western Region	44.34	37.81	51.34	48.11	51.98	54.21
东北地区	Northeastern Region	46.32	56.16	67.80	77.12	60.79	63.80
北 京	Beijing	33.70	29.41	27.59	21.33	22.43	9.18
天 津	Tianjin	72.34	39.53	57.93	53.13	48.04	51.05
河 北	Hebei	42.62	56.39	69.38	58.20	54.65	59.55
山 西	Shanxi	38.24	40.00	31.08	56.32	60.47	49.29
内蒙古	Inner Mongolia	54.55	60.94	73.13	68.12	73.61	58.95
辽 宁	Liaoning	52.29	59.04	65.86	48.75	59.06	67.23
吉 林	Jilin	33.33	53.65	70.41	89.42	67.18	62.45
黑龙江	Heilongjiang	51.90	54.33	66.14	63.46	43.94	58.05
上 海	Shanghai	7.53	46.03	22.00	32.17	22.09	21.10
江 苏	Jiangsu	55.42	59.55	65.96	66.23	75.18	73.23
浙 江	Zhejiang	40.40	40.84	40.71	40.74	47.37	43.90
安 徽	Anhui	48.98	34.06	51.88	53.17	52.43	57.92
福 建	Fujian	37.21	37.50	35.15	29.17	41.33	48.12
江 西	Jiangxi	62.79	48.22	62.17	71.64	72.29	69.70
山 东	Shandong	51.24	35.36	49.84	49.06	62.77	59.40
河 南	Henan	52.63	54.15	70.87	57.66	58.80	55.78
湖 北	Hubei	60.77	40.15	57.74	60.96	60.62	54.45
湖 南	Hunan	43.75	39.80	40.09	46.28	52.36	63.95
广 东	Guangdong	51.75	38.97	51.56	46.23	56.14	44.90
广 西	Guangxi	63.08	38.24	52.56	58.49	55.59	64.07
海 南	Hainan	30.77	25.00	36.36	12.50	75.00	27.27
重 庆	Chongqing	46.15	35.64	54.62	55.08	57.21	58.33
四 川	Sichuan	44.36	31.25	60.59	54.24	59.83	59.81
贵 州	Guizhou	67.36	59.42	37.14	27.45	31.43	31.82
云 南	Yunnan	30.43	37.50	29.41	31.82	48.75	46.15
西 藏	Tibet	100.00	50.00	6.25	61.11	69.23	23.53
陕 西	Shaanxi	28.95	38.46	52.79	46.38	42.50	42.95
甘 肃	Gansu	24.00	35.37	39.22	34.38	35.83	34.40
青 海	Qinghai	18.18	85.71	40.00	58.33	66.67	68.18
宁 夏	Ningxia	35.71	88.89	35.71	33.33	63.16	50.00
新 疆	Xinjiang	16.67	42.86	41.67	60.00	23.08	30.23

3-1-10 续表 4 continued

地区	Region	投资额（亿元） Investment (100 million yuan)					
		2000	2005	2009	2010	2011	2012
全 国	**Total**	**300.49**	**1150.48**	**3382.30**	**5195.76**	**7346.64**	**10622.58**
东部地区	Eastern Region	158.87	561.81	1365.77	2210.96	3670.80	4559.67
中部地区	Middle Region	36.89	255.16	985.98	1605.10	2088.48	3346.20
西部地区	Western Region	67.01	187.22	543.74	720.04	880.10	1778.61
东北地区	Northeastern Region	37.72	146.30	486.81	659.65	707.25	938.10
北 京	Beijing	11.39	10.34	16.30	78.81	196.15	77.27
天 津	Tianjin	9.21	16.64	88.89	137.09	268.89	226.48
河 北	Hebei	12.32	58.61	140.61	183.98	265.13	435.55
山 西	Shanxi	2.82	18.48	30.39	26.91	64.63	112.34
内蒙古	Inner Mongolia	1.85	21.92	49.76	52.57	111.68	205.07
辽 宁	Liaoning	11.36	49.65	224.53	307.32	308.13	432.92
吉 林	Jilin	11.50	54.27	203.23	262.19	299.81	353.49
黑龙江	Heilongjiang	14.86	42.38	59.05	90.14	99.31	151.69
上 海	Shanghai	16.66	13.36	44.07	152.40	133.40	135.58
江 苏	Jiangsu	18.80	131.62	407.77	722.56	1334.20	1660.24
浙 江	Zhejiang	16.54	69.78	86.10	103.32	237.73	352.99
安 徽	Anhui	4.54	28.89	167.60	400.38	474.08	652.37
福 建	Fujian	4.39	16.97	52.93	86.81	118.74	186.31
江 西	Jiangxi	2.36	60.62	239.70	402.12	380.88	633.65
山 东	Shandong	16.84	130.33	347.34	414.75	609.48	1009.27
河 南	Henan	8.54	45.53	209.19	290.00	494.27	818.28
湖 北	Hubei	14.08	43.14	159.26	232.35	316.56	646.22
湖 南	Hunan	2.69	36.59	130.08	200.76	246.38	483.34
广 东	Guangdong	48.20	88.41	131.27	246.33	369.05	452.27
广 西	Guangxi	1.99	20.57	45.90	77.32	124.43	173.01
海 南	Hainan	2.52	5.19	4.59	7.61	13.61	23.71
重 庆	Chongqing	2.68	27.80	69.62	182.07	204.24	299.76
四 川	Sichuan	24.10	74.34	277.74	311.06	387.33	622.13
贵 州	Guizhou	6.29	8.14	19.13	18.99	61.41	85.58
云 南	Yunnan	1.24	11.91	25.10	27.69	30.18	50.29
西 藏	Tibet	0.07	0.22	2.95	1.68	2.68	3.72
陕 西	Shaanxi	28.02	47.63	130.25	144.55	128.52	195.51
甘 肃	Gansu	2.89	9.87	9.53	22.03	35.20	69.86
青 海	Qinghai	0.30	2.21	4.38	4.53	6.50	15.81
宁 夏	Ningxia	1.22	1.59	3.87	3.80	6.99	15.85
新 疆	Xinjiang	0.19	3.51	1.17	3.63	17.06	42.01

3-1-10 续表 5 continued

地 区	Region	新增固定资产（亿元） Newly Increased Fixed Assets (100 million yuan)					
		2000	2005	2009	2010	2011	2012
全 国	**Total**	**234.07**	**699.11**	**2102.44**	**3332.79**	**4693.19**	**6679.28**
东部地区	Eastern Region	130.70	334.60	765.13	1275.66	2309.51	2934.32
中部地区	Middle Region	25.14	171.30	625.73	914.59	1260.15	2036.20
西部地区	Western Region	46.63	95.87	370.24	731.93	586.56	1061.38
东北地区	Northeastern Region	31.60	97.34	341.34	410.60	536.97	647.38
北 京	Beijing	6.99	10.26	6.21	10.18	25.83	22.31
天 津	Tianjin	5.87	16.12	27.13	145.39	80.78	122.58
河 北	Hebei	8.98	37.56	99.20	117.64	172.47	273.53
山 西	Shanxi	1.69	14.43	18.37	16.02	36.78	63.17
内 蒙 古	Inner Mongolia	0.65	13.96	20.15	18.20	46.16	60.72
辽 宁	Liaoning	8.14	28.84	157.59	142.67	238.27	310.03
吉 林	Jilin	7.00	29.80	143.52	199.18	247.21	237.85
黑 龙 江	Heilongjiang	16.46	38.70	40.23	68.75	51.49	99.51
上 海	Shanghai	14.04	9.56	12.40	25.43	42.05	29.64
江 苏	Jiangsu	16.78	78.30	268.45	510.68	1060.28	1233.57
浙 江	Zhejiang	13.80	39.27	43.25	67.27	138.18	176.60
安 徽	Anhui	2.81	18.95	77.83	135.41	320.97	309.91
福 建	Fujian	2.66	9.88	33.93	37.76	57.01	79.61
江 西	Jiangxi	2.23	38.97	171.13	320.91	275.76	431.92
山 东	Shandong	14.55	68.93	162.57	210.92	338.27	550.58
河 南	Henan	5.24	28.90	168.57	172.24	238.41	471.10
湖 北	Hubei	9.99	26.75	99.18	147.36	201.11	390.87
湖 南	Hunan	2.54	29.31	70.52	104.45	140.98	369.23
广 东	Guangdong	44.70	54.64	89.08	106.30	308.24	440.73
广 西	Guangxi	1.51	7.64	22.02	42.93	83.95	122.94
海 南	Hainan	0.83	2.43	0.90	1.17	2.46	5.18
重 庆	Chongqing	1.17	9.65	25.14	45.00	146.80	138.89
四 川	Sichuan	22.12	29.06	246.72	377.02	295.27	479.28
贵 州	Guizhou	4.91	8.58	8.97	4.00	20.59	37.16
云 南	Yunnan	1.17	4.37	6.29	8.89	18.36	47.38
西 藏	Tibet	0.07	0.22	0.07	1.22	1.93	1.21
陕 西	Shaanxi	13.62	32.19	74.03	278.41	77.64	117.34
甘 肃	Gansu	2.66	4.22	5.72	9.75	14.99	42.70
青 海	Qinghai	0.24	2.86	1.33	4.20	3.25	4.93
宁 夏	Ningxia	0.45	1.59	1.37	0.87	6.72	4.60
新 疆	Xinjiang	0.20	3.12	0.62	2.57	1.01	4.25

3-1-10 续表 6 continued

地 区	Region	固定资产交付使用率 (%) Rate of Fixed Assets Put into Use (%)					
		2000	2005	2009	2010	2011	2012
全 国	**Total**	**77.90**	**60.77**	**62.16**	**64.14**	**63.88**	**62.88**
东部地区	Eastern Region	82.27	59.56	56.02	57.70	62.92	64.35
中部地区	Middle Region	68.15	67.13	63.46	56.98	60.34	60.85
西部地区	Western Region	69.59	51.21	68.09	101.65	66.65	59.67
东北地区	Northeastern Region	83.78	66.53	70.12	62.25	75.92	69.01
北 京	Beijing	61.37	99.23	38.10	12.92	13.17	28.87
天 津	Tianjin	63.74	96.88	30.52	106.05	30.04	54.12
河 北	Hebei	72.89	64.08	70.55	63.94	65.05	62.80
山 西	Shanxi	59.93	78.08	60.45	59.53	56.91	56.23
内蒙古	Inner Mongolia	35.14	63.69	40.49	34.62	41.33	29.61
辽 宁	Liaoning	71.65	58.09	70.19	46.42	77.33	71.61
吉 林	Jilin	60.87	54.91	70.62	75.97	82.46	67.29
黑龙江	Heilongjiang	110.77	91.32	68.13	76.27	51.85	65.60
上 海	Shanghai	84.27	71.56	28.14	16.69	31.52	21.86
江 苏	Jiangsu	89.26	59.49	65.83	70.68	79.47	74.30
浙 江	Zhejiang	83.43	56.28	50.23	65.11	58.12	50.03
安 徽	Anhui	61.89	65.59	46.44	33.82	67.70	47.51
福 建	Fujian	60.59	58.22	64.10	43.50	48.01	42.73
江 西	Jiangxi	94.49	64.29	71.39	79.80	72.40	68.16
山 东	Shandong	86.40	52.89	46.80	50.85	55.50	54.55
河 南	Henan	61.36	63.47	80.58	59.39	48.23	57.57
湖 北	Hubei	70.95	62.01	62.28	63.42	63.53	60.49
湖 南	Hunan	94.42	80.10	54.21	52.03	57.22	76.39
广 东	Guangdong	92.74	61.80	67.86	43.15	83.52	97.45
广 西	Guangxi	75.88	37.14	47.97	55.52	67.47	71.06
海 南	Hainan	32.94	46.82	19.61	15.37	18.07	21.84
重 庆	Chongqing	43.66	34.71	36.11	24.72	71.88	46.33
四 川	Sichuan	91.78	39.09	88.83	121.20	76.23	77.04
贵 州	Guizhou	78.06	105.41	46.89	21.06	33.53	43.42
云 南	Yunnan	94.35	36.69	25.06	32.11	60.83	94.20
西 藏	Tibet	100.00	100.00	2.37	72.62	72.01	32.53
陕 西	Shaanxi	48.61	67.58	56.84	192.60	60.41	60.02
甘 肃	Gansu	92.04	42.76	60.02	44.26	42.59	61.13
青 海	Qinghai	80.00	129.41	30.37	92.72	50.00	31.16
宁 夏	Ningxia	36.89	100.00	35.40	22.89	96.14	29.01
新 疆	Xinjiang	105.26	88.89	52.99	70.80	5.92	10.11

3-1-11 各地区港澳台资企业固定资产投资情况

Statistics on Investment in Fixed Assets in Hong Kong, Macau and Taiwan Funded Enterprises by Region

地 区	Region	施工项目（个） Number of Projects under Construction (unit)					
		2000	2005	2009	2010	2011	2012
全 国	**Total**	**201**	**700**	**666**	**701**	**811**	**750**
东部地区	Eastern Region	147	577	495	557	659	606
中部地区	Middle Region	30	88	104	98	93	80
西部地区	Western Region	9	24	37	22	38	50
东北地区	Northeastern Region	15	11	30	24	21	14
北 京	Beijing	8	3	5	5	10	15
天 津	Tianjin	3	4	7	3	4	10
河 北	Hebei	7	11	6	12	12	9
山 西	Shanxi	2	1	4	3	2	1
内蒙古	Inner Mongolia		6	5	1	4	4
辽 宁	Liaoning	7	5	14	16	15	6
吉 林	Jilin	7	3	10	5	5	3
黑龙江	Heilongjiang	1	3	6	3	1	5
上 海	Shanghai	9	11	17	20	23	39
江 苏	Jiangsu	12	106	129	178	238	176
浙 江	Zhejiang	14	46	67	74	94	94
安 徽	Anhui	9	18	19	13	9	18
福 建	Fujian	18	48	42	43	53	50
江 西	Jiangxi	1	25	36	33	26	20
山 东	Shandong	8	19	30	37	28	22
河 南	Henan	3	10	11	21	18	6
湖 北	Hubei	9	18	15	17	22	19
湖 南	Hunan	6	10	14	10	12	16
广 东	Guangdong	63	317	172	170	183	190
广 西	Guangxi	3	9	20	15	13	10
海 南	Hainan	2	3			1	1
重 庆	Chongqing	3	1	7	3	14	17
四 川	Sichuan	4	16	11	8	10	10
贵 州	Guizhou		1	2	1	1	
云 南	Yunnan		1	6	6	9	4
西 藏	Tibet						
陕 西	Shaanxi	1	4	8	4	3	4
甘 肃	Gansu	1	1	1			
青 海	Qinghai			1			
宁 夏	Ningxia			1		1	1
新 疆	Xinjiang						

3-1-11 续表 1 continued

地区	Region	新开工项目（个） Number of Projects Started This Year (unit)					
		2000	2005	2009	2010	2011	2012
全 国	**Total**	**123**	**432**	**335**	**411**	**434**	**382**
东部地区	Eastern Region	89	352	232	328	349	302
中部地区	Middle Region	24	58	58	58	50	48
西部地区	Western Region	5	15	22	10	25	25
东北地区	Northeastern Region	5	7	23	15	10	7
北 京	Beijing	5	2	3	2	4	3
天 津	Tianjin	3	2	6	1		3
河 北	Hebei	5	6	1	10	8	2
山 西	Shanxi	2		2	1	2	
内 蒙 古	Inner Mongolia		3	4		4	4
辽 宁	Liaoning	2	3	10	12	7	1
吉 林	Jilin	2	3	9	2	2	2
黑 龙 江	Heilongjiang	1	1	4	1	1	4
上 海	Shanghai	5	6	7	9	13	15
江 苏	Jiangsu	6	67	58	133	142	110
浙 江	Zhejiang	9	30	31	37	45	44
安 徽	Anhui	8	11	9	10	7	13
福 建	Fujian	7	25	14	17	26	19
江 西	Jiangxi		17	20	12	11	11
山 东	Shandong	6	15	14	18	8	13
河 南	Henan	3	8	7	16	5	1
湖 北	Hubei	6	12	7	12	13	12
湖 南	Hunan	5	7	9	7	8	11
广 东	Guangdong	39	195	89	91	93	93
广 西	Guangxi	2	3	9	10	9	5
海 南	Hainan	2	1			1	
重 庆	Chongqing	3	1	4	1	13	7
四 川	Sichuan		9	6	4	4	6
贵 州	Guizhou		1	2	1	1	
云 南	Yunnan		1	6	2	5	1
西 藏	Tibet						
陕 西	Shaanxi	1	3	3	2	1	2
甘 肃	Gansu	1					
青 海	Qinghai			1			
宁 夏	Ningxia					1	
新 疆	Xinjiang						

3-1-11 续表 2 continued

地 区	Region	建成投产项目（个） Number of Projects Completed and Put into Use (unit)					
		2000	2005	2009	2010	2011	2012
全 国	**Total**	**96**	**296**	**337**	**336**	**451**	**360**
东部地区	Eastern Region	64	251	253	275	373	291
中部地区	Middle Region	22	31	50	45	53	47
西部地区	Western Region	8	11	18	4	14	15
东北地区	Northeastern Region	2	3	16	12	11	7
北 京	Beijing	5	2	1	1	2	2
天 津	Tianjin	1		4		2	3
河 北	Hebei	3	5	4	8	6	4
山 西	Shanxi			2		2	
内 蒙 古	Inner Mongolia		4	4	1	4	1
辽 宁	Liaoning		1	7	7	7	4
吉 林	Jilin	2	2	5	3	4	2
黑 龙 江	Heilongjiang			4	2		1
上 海	Shanghai		6	3	9	6	8
江 苏	Jiangsu	10	58	86	98	172	119
浙 江	Zhejiang	6	18	32	36	46	31
安 徽	Anhui	9	3	13	7	2	11
福 建	Fujian	5	14	7	9	17	14
江 西	Jiangxi	1	10	17	17	18	13
山 东	Shandong	4	6	12	16	18	14
河 南	Henan	2	3	4	6	11	3
湖 北	Hubei	5	9	7	8	13	11
湖 南	Hunan	5	2	3	6	3	9
广 东	Guangdong	28	138	92	89	97	95
广 西	Guangxi	2	4	12	9	7	6
海 南	Hainan						1
重 庆	Chongqing	2	1	5		4	4
四 川	Sichuan	4	5	5	2	5	2
贵 州	Guizhou		1	1			
云 南	Yunnan			1	1	4	2
西 藏	Tibet						
陕 西	Shaanxi	1	4	4	1	1	
甘 肃	Gansu	1		1			
青 海	Qinghai						
宁 夏	Ningxia			1			
新 疆	Xinjiang						

3-1-11 续表 3 continued

地 区	Region	项目建成投产率 (%) Rate of Projects Completed and Put into Use (%)					
		2000	2005	2009	2010	2011	2012
全 国	**Total**	**47.76**	**42.29**	**50.60**	**47.93**	**55.61**	**48.00**
东部地区	Eastern Region	43.54	43.50	51.11	49.37	56.60	48.02
中部地区	Middle Region	73.33	35.23	48.08	45.92	56.99	58.75
西部地区	Western Region	88.89	45.83	48.65	18.18	36.84	30.00
东北地区	Northeastern Region	13.33	27.27	53.33	50.00	52.38	50.00
北 京	Beijing	62.50	66.67	20.00	20.00	20.00	13.33
天 津	Tianjin	33.33		57.14		50.00	30.00
河 北	Hebei	42.86	45.45	66.67	66.67	50.00	44.44
山 西	Shanxi			50.00		100.00	
内蒙古	Inner Mongolia		66.67	80.00	100.00	100.00	25.00
辽 宁	Liaoning		20.00	50.00	43.75	46.67	66.67
吉 林	Jilin	28.57	66.67	50.00	60.00	80.00	66.67
黑龙江	Heilongjiang			66.67	66.67		20.00
上 海	Shanghai		54.55	17.65	45.00	26.09	20.51
江 苏	Jiangsu	83.33	54.72	66.67	55.06	72.27	67.61
浙 江	Zhejiang	42.86	39.13	47.76	48.65	48.94	32.98
安 徽	Anhui	100.00	16.67	68.42	53.85	22.22	61.11
福 建	Fujian	27.78	29.17	16.67	20.93	32.08	28.00
江 西	Jiangxi	100.00	40.00	47.22	51.52	69.23	65.00
山 东	Shandong	50.00	31.58	40.00	43.24	64.29	63.64
河 南	Henan	66.67	30.00	36.36	28.57	61.11	50.00
湖 北	Hubei	55.56	50.00	46.67	47.06	59.09	57.89
湖 南	Hunan	83.33	20.00	21.43	60.00	25.00	56.25
广 东	Guangdong	44.44	43.53	53.49	52.35	53.01	50.00
广 西	Guangxi	66.67	44.44	60.00	60.00	53.85	60.00
海 南	Hainan						100.00
重 庆	Chongqing	66.67	100.00	71.43		28.57	23.53
四 川	Sichuan	100.00	31.25	45.45	25.00	50.00	20.00
贵 州	Guizhou		100.00	50.00			
云 南	Yunnan			16.67	16.67	44.44	50.00
西 藏	Tibet						
陕 西	Shaanxi	100.00	100.00	50.00	25.00	33.33	
甘 肃	Gansu	100.00		100.00			
青 海	Qinghai						
宁 夏	Ningxia			100.00			
新 疆	Xinjiang						

3-1-11 续表 4 continued

地区	Region	投资额（亿元） Investment (100 million yuan)					
		2000	2005	2009	2010	2011	2012
全　国	**Total**	**53.91**	**365.51**	**541.20**	**729.61**	**941.04**	**1032.56**
东部地区	Eastern Region	40.72	300.49	399.61	536.35	643.08	713.64
中部地区	Middle Region	6.16	46.92	103.76	128.56	179.24	200.16
西部地区	Western Region	1.25	12.96	12.50	21.77	99.33	104.99
东北地区	Northeastern Region	5.78	5.14	25.33	42.93	19.39	13.77
北　京	Beijing	1.05	35.22	2.19	6.01	7.31	10.74
天　津	Tianjin	0.96	4.38	7.12	13.15	38.99	38.99
河　北	Hebei	0.64	4.15	13.65	25.27	14.99	8.75
山　西	Shanxi	0.15	14.11	21.19	15.76	0.35	5.88
内蒙古	Inner Mongolia		8.25	4.92	0.04	7.88	19.51
辽　宁	Liaoning	1.08	2.42	15.68	39.43	15.83	5.86
吉　林	Jilin	4.63	1.97	8.37	3.11	2.80	6.65
黑龙江	Heilongjiang	0.07	0.75	1.28	0.39	0.76	1.26
上　海	Shanghai	8.20	20.09	6.44	18.67	20.11	24.84
江　苏	Jiangsu	1.93	71.85	152.26	260.35	266.02	281.37
浙　江	Zhejiang	1.33	14.69	27.41	19.60	35.68	38.17
安　徽	Anhui	0.64	2.99	9.53	8.71	11.35	20.63
福　建	Fujian	3.11	11.14	20.43	27.56	31.56	51.03
江　西	Jiangxi	0.01	6.66	25.12	29.98	38.12	16.63
山　东	Shandong	2.09	21.63	51.05	33.90	27.56	17.24
河　南	Henan	4.14	4.71	5.47	33.35	68.23	72.56
湖　北	Hubei	1.00	9.05	26.51	21.09	30.51	54.13
湖　南	Hunan	0.23	1.14	11.02	19.64	22.80	30.33
广　东	Guangdong	21.12	114.59	115.09	125.64	190.15	241.43
广　西	Guangxi	0.06	1.86	3.96	6.21	10.21	8.13
海　南	Hainan	0.23	0.88			0.50	1.07
重　庆	Chongqing	0.53	0.09	4.51	11.17	22.61	59.41
四　川	Sichuan	0.60	10.31	2.93	3.21	69.18	14.55
贵　州	Guizhou		0.75	0.06	0.26	0.80	
云　南	Yunnan		0.31	1.39	1.67	1.83	1.67
西　藏	Tibet						
陕　西	Shaanxi	0.04	0.89	3.19	5.47	4.52	1.55
甘　肃	Gansu	0.09	0.60	0.02			
青　海	Qinghai			0.17			
宁　夏	Ningxia			0.23		0.39	0.17
新　疆	Xinjiang						

3-1-11 续表 5 continued

地 区	Region	新增固定资产（亿元） Newly Increased Fixed Assets (100 million yuan)					
		2000	2005	2009	2010	2011	2012
全 国	**Total**	**41.61**	**304.76**	**355.88**	**488.58**	**745.27**	**695.68**
东部地区	Eastern Region	33.60	272.83	288.01	410.34	499.58	515.35
中部地区	Middle Region	1.29	26.32	51.21	64.97	148.45	142.42
西部地区	Western Region	1.26	3.25	6.17	2.97	63.47	28.45
东北地区	Northeastern Region	5.47	2.36	10.49	10.30	33.77	9.47
北 京	Beijing	1.90	80.52	0.92	3.87	3.91	3.99
天 津	Tianjin	0.69	3.37	1.34	9.69	2.13	5.34
河 北	Hebei	0.72	3.86	9.66	15.36	8.90	0.67
山 西	Shanxi		2.35	0.83	1.00	0.27	
内蒙古	Inner Mongolia		5.69	7.77	4.80	7.88	0.48
辽 宁	Liaoning	1.44	0.69	2.73	8.38	26.92	1.96
吉 林	Jilin	4.01	1.67	3.72	1.18	6.85	7.10
黑龙江	Heilongjiang	0.02		4.04	0.74		0.40
上 海	Shanghai	3.38	4.36	5.57	9.27	5.94	24.17
江 苏	Jiangsu	2.38	76.05	119.65	217.60	194.71	246.19
浙 江	Zhejiang	0.74	8.53	26.28	15.82	40.35	20.12
安 徽	Anhui	0.65	0.71	8.24	2.82	1.66	12.80
福 建	Fujian	1.39	6.28	14.86	14.43	29.11	40.05
江 西	Jiangxi	0.01	5.59	18.20	20.52	46.76	10.42
山 东	Shandong	2.13	1.97	23.89	13.64	13.11	12.25
河 南	Henan	0.07	3.69	1.69	12.85	62.98	68.34
湖 北	Hubei	0.35	7.68	8.84	8.05	17.64	36.78
湖 南	Hunan	0.22	0.61	5.64	14.92	11.26	14.08
广 东	Guangdong	20.22	85.94	83.39	108.68	190.49	161.51
广 西	Guangxi	0.05	1.74	2.44	1.98	10.94	5.82
海 南	Hainan		0.19				1.07
重 庆	Chongqing	0.33	0.09	1.81	0.91	1.37	16.49
四 川	Sichuan	0.81	1.07	1.74	1.01	60.19	4.85
贵 州	Guizhou		0.75	0.04			
云 南	Yunnan			0.08	0.89	1.29	0.80
西 藏	Tibet						
陕 西	Shaanxi	0.04	0.85	2.19	0.17	0.62	
甘 肃	Gansu	0.09	0.49	0.08			
青 海	Qinghai						
宁 夏	Ningxia			0.23			
新 疆	Xinjiang						

3-1-11 续表 6 continued

地 区	Region	固定资产交付使用率 (%) Rate of Fixed Assets Put into Use (%)					
		2000	2005	2009	2010	2011	2012
全 国	**Total**	**77.18**	**83.38**	**65.76**	**66.96**	**79.20**	**67.37**
东部地区	Eastern Region	82.51	90.80	72.07	76.51	77.69	72.21
中部地区	Middle Region	20.94	56.10	49.35	50.54	82.82	71.15
西部地区	Western Region	100.80	25.08	49.36	13.64	63.90	27.09
东北地区	Northeastern Region	94.64	45.91	41.41	23.99	174.16	68.76
北 京	Beijing	180.95	228.62	42.01	64.39	53.49	37.11
天 津	Tianjin	71.88	76.94	18.82	73.69	5.46	13.69
河 北	Hebei	112.50	93.01	70.77	60.78	59.37	7.69
山 西	Shanxi		16.65	3.92	6.35	77.14	
内 蒙 古	Inner Mongolia		68.97	157.93	12000.00	100.00	2.46
辽 宁	Liaoning	133.33	28.51	17.41	21.25	170.06	33.48
吉 林	Jilin	86.61	84.77	44.44	37.94	244.64	106.86
黑 龙 江	Heilongjiang	28.57		315.63	189.74		31.78
上 海	Shanghai	41.22	21.70	86.49	49.65	29.54	97.28
江 苏	Jiangsu	123.32	105.85	78.58	83.58	73.19	87.50
浙 江	Zhejiang	55.64	58.07	95.88	80.71	113.09	52.70
安 徽	Anhui	101.56	23.75	86.46	32.38	14.63	62.06
福 建	Fujian	44.69	56.37	72.74	52.36	92.24	78.49
江 西	Jiangxi	100.00	83.93	72.45	68.45	122.67	62.65
山 东	Shandong	101.91	9.11	46.80	40.24	47.57	71.02
河 南	Henan	1.69	78.34	30.90	38.53	92.31	94.19
湖 北	Hubei	35.00	84.86	33.35	38.17	57.82	67.94
湖 南	Hunan	95.65	53.51	51.18	75.97	49.39	46.40
广 东	Guangdong	95.74	75.00	72.46	86.50	100.18	66.90
广 西	Guangxi	83.33	93.55	61.62	31.88	107.15	71.63
海 南	Hainan		21.59				100.00
重 庆	Chongqing	62.26	100.00	40.13	8.15	6.06	27.76
四 川	Sichuan	135.00	10.38	59.39	31.46	87.00	33.36
贵 州	Guizhou		100.00	66.67			
云 南	Yunnan			5.76	53.29	70.49	47.84
西 藏	Tibet						
陕 西	Shaanxi	100.00	95.51	68.65	3.11	13.72	
甘 肃	Gansu	100.00	81.67	400.00			
青 海	Qinghai						
宁 夏	Ningxia			100.00			
新 疆	Xinjiang						

3-1-12 各地区外资企业固定资产投资情况

Statistics on Investment in Fixed Assets in Foreign funded Enterprises by Region

地区	Region	施工项目（个） Number of Projects under Construction (unit)					
		2000	2005	2009	2010	2011	2012
全国	**Total**	**263**	**971**	**988**	**893**	**1008**	**952**
东部地区	Eastern Region	214	824	807	728	881	783
中部地区	Middle Region	13	59	94	85	68	83
西部地区	Western Region	12	44	41	32	27	48
东北地区	Northeastern Region	24	44	46	48	32	38
北京	Beijing	11	18	27	25	22	18
天津	Tianjin	33	29	54	32	39	44
河北	Hebei	9	13	21	7	14	9
山西	Shanxi		5	3	4	7	4
内蒙古	Inner Mongolia	1	2	2	2	2	
辽宁	Liaoning	16	36	27	21	14	13
吉林	Jilin	5	5	9	20	13	17
黑龙江	Heilongjiang	3	3	10	7	5	8
上海	Shanghai	32	53	38	48	64	59
江苏	Jiangsu	28	211	337	275	394	325
浙江	Zhejiang	6	74	87	81	100	115
安徽	Anhui	1	10	23	9	16	21
福建	Fujian	9	51	38	41	44	37
江西	Jiangxi		13	24	30	14	25
山东	Shandong	26	134	67	85	79	61
河南	Henan	1	13	5	7	1	6
湖北	Hubei	7	11	19	18	17	13
湖南	Hunan	3	5	18	15	11	14
广东	Guangdong	58	233	108	108	107	113
广西	Guangxi		5	27	22	14	13
海南	Hainan	2	3	3	4	4	2
重庆	Chongqing		6	6	7	10	14
四川	Sichuan	9	21	13	9	7	10
贵州	Guizhou	1	4	7	3		
云南	Yunnan		3	2	3	6	5
西藏	Tibet						
陕西	Shaanxi	2	4	9	7	4	6
甘肃	Gansu			3	2		
青海	Qinghai		2				
宁夏	Ningxia						
新疆	Xinjiang		4	1	1		

3-1-12 续表 1 continued

地 区	Region	新开工项目（个） Number of Projects Started This Year (unit)					
		2000	2005	2009	2010	2011	2012
全 国	**Total**	**145**	**606**	**500**	**482**	**585**	**556**
东部地区	Eastern Region	115	511	400	388	509	448
中部地区	Middle Region	9	32	56	45	45	50
西部地区	Western Region	9	26	11	11	13	33
东北地区	Northeastern Region	12	37	33	38	18	25
北 京	Beijing	4	6	14	12	6	4
天 津	Tianjin	20	19	37	19	24	22
河 北	Hebei	7	9	11	3	8	3
山 西	Shanxi		2	2	2	4	
内蒙古	Inner Mongolia	1	1	1		1	
辽 宁	Liaoning	7	33	18	16	5	10
吉 林	Jilin	3	3	7	19	11	14
黑龙江	Heilongjiang	2	1	8	3	2	1
上 海	Shanghai	14	28	17	23	37	33
江 苏	Jiangsu	18	124	185	166	262	202
浙 江	Zhejiang	5	36	30	38	43	59
安 徽	Anhui	1	6	12	4	11	10
福 建	Fujian	2	30	18	17	24	11
江 西	Jiangxi		3	14	19	9	19
山 东	Shandong	12	100	30	34	48	43
河 南	Henan	1	7	3	4		6
湖 北	Hubei	5	8	13	9	12	7
湖 南	Hunan	1	5	11	7	8	8
广 东	Guangdong	32	155	45	62	50	70
广 西	Guangxi		2	12	13	7	8
海 南	Hainan	1	2	1	1		1
重 庆	Chongqing		3	1	2	5	9
四 川	Sichuan	6	14	2	6	3	8
贵 州	Guizhou	1	2	4	1		
云 南	Yunnan		1	2	1	3	4
西 藏	Tibet						
陕 西	Shaanxi	2	1		1	2	4
甘 肃	Gansu			2			
青 海	Qinghai		1				
宁 夏	Ningxia						
新 疆	Xinjiang		4				

3-1-12 续表 2 continued

地 区	Region	建成投产项目（个） Number of Projects Completed and Put into Use (unit)					
		2000	2005	2009	2010	2011	2012
全 国	**Total**	**129**	**468**	**512**	**483**	**586**	**517**
东部地区	Eastern Region	101	402	438	396	521	420
中部地区	Middle Region	10	26	32	42	30	50
西部地区	Western Region	3	12	18	11	18	28
东北地区	Northeastern Region	15	28	24	34	17	19
北 京	Beijing	2	9	15	7	8	3
天 津	Tianjin	11	11	27	15	17	17
河 北	Hebei	6	3	13	2	9	3
山 西	Shanxi		1	1	1	3	1
内 蒙 古	Inner Mongolia	1	1			1	
辽 宁	Liaoning	9	23	16	13	8	5
吉 林	Jilin	4	4	4	19	9	12
黑 龙 江	Heilongjiang	2	1	4	2		2
上 海	Shanghai	14	22	12	23	28	14
江 苏	Jiangsu	18	147	238	183	274	221
浙 江	Zhejiang	3	26	32	29	39	40
安 徽	Anhui		3	13	4	8	15
福 建	Fujian	1	20	6	12	18	12
江 西	Jiangxi		5	8	15	8	20
山 东	Shandong	13	55	22	54	60	45
河 南	Henan	1	6	2	6	1	3
湖 北	Hubei	7	7	6	10	6	5
湖 南	Hunan	1	3	2	6	3	6
广 东	Guangdong	32	108	54	58	58	64
广 西	Guangxi		1	19	13	7	11
海 南	Hainan	1				3	1
重 庆	Chongqing		3	4	2	6	6
四 川	Sichuan	3	4	9	3	6	7
贵 州	Guizhou			3	2		
云 南	Yunnan		1			5	3
西 藏	Tibet						
陕 西	Shaanxi		1	2	2	1	1
甘 肃	Gansu				2		
青 海	Qinghai		2				
宁 夏	Ningxia						
新 疆	Xinjiang		1				

3-1-12 续表 3 continued

地　区	Region	项目建成投产率（%） Rate of Projects Completed and Put into Use (%)					
		2000	2005	2009	2010	2011	2012
全　国	**Total**	**49.05**	**48.20**	**51.82**	**54.09**	**58.13**	**54.31**
东部地区	Eastern Region	47.20	48.79	54.28	54.40	59.14	53.64
中部地区	Middle Region	76.92	44.07	34.04	49.41	44.12	60.24
西部地区	Western Region	25.00	27.27	43.90	34.38	66.67	58.33
东北地区	Northeastern Region	62.50	63.64	52.17	70.83	53.13	50.00
北　京	Beijing	18.18	50.00	55.56	28.00	36.36	16.67
天　津	Tianjin	33.33	37.93	50.00	46.88	43.59	38.64
河　北	Hebei	66.67	23.08	61.90	28.57	64.29	33.33
山　西	Shanxi		20.00	33.33	25.00	42.86	25.00
内蒙古	Inner Mongolia	100.00	50.00			50.00	
辽　宁	Liaoning	56.25	63.89	59.26	61.90	57.14	38.46
吉　林	Jilin	80.00	80.00	44.44	95.00	69.23	70.59
黑龙江	Heilongjiang	66.67	33.33	40.00	28.57		25.00
上　海	Shanghai	43.75	41.51	31.58	47.92	43.75	23.73
江　苏	Jiangsu	64.29	69.67	70.62	66.55	69.54	68.00
浙　江	Zhejiang	50.00	35.14	36.78	35.80	39.00	34.78
安　徽	Anhui		30.00	56.52	44.44	50.00	71.43
福　建	Fujian	11.11	39.22	15.79	29.27	40.91	32.43
江　西	Jiangxi		38.46	33.33	50.00	57.14	80.00
山　东	Shandong	50.00	41.04	32.84	63.53	75.95	73.77
河　南	Henan	100.00	46.15	40.00	85.71	100.00	50.00
湖　北	Hubei	100.00	63.64	31.58	55.56	35.29	38.46
湖　南	Hunan	33.33	60.00	11.11	40.00	27.27	42.86
广　东	Guangdong	55.17	46.35	50.00	53.70	54.21	56.64
广　西	Guangxi		20.00	70.37	59.09	50.00	84.62
海　南	Hainan	50.00				75.00	50.00
重　庆	Chongqing		50.00	66.67	28.57	60.00	42.86
四　川	Sichuan	33.33	19.05	69.23	33.33	85.71	70.00
贵　州	Guizhou			42.86	66.67		
云　南	Yunnan		33.33			83.33	60.00
西　藏	Tibet						
陕　西	Shaanxi		25.00	22.22	28.57	25.00	16.67
甘　肃	Gansu				100.00		
青　海	Qinghai		100.00				
宁　夏	Ningxia						
新　疆	Xinjiang		25.00				

3-1-12 续表 4 continued

地 区	Region	投资额（亿元） Investment (100 million yuan)					
		2000	2005	2009	2010	2011	2012
全 国	**Total**	**208.56**	**628.10**	**958.74**	**1019.36**	**1180.78**	**1264.98**
东部地区	Eastern Region	180.38	575.76	686.76	808.12	1050.24	1044.22
中部地区	Middle Region	15.20	9.11	92.44	55.91	58.17	117.62
西部地区	Western Region	6.56	18.82	55.75	38.31	21.76	60.21
东北地区	Northeastern Region	6.42	24.41	123.80	117.02	50.61	42.94
北 京	Beijing	12.05	38.54	17.43	52.12	63.09	48.58
天 津	Tianjin	43.70	37.02	45.26	65.69	42.39	48.60
河 北	Hebei	0.93	4.05	12.52	4.87	8.25	9.86
山 西	Shanxi		0.22	0.77	5.41	12.42	8.70
内蒙古	Inner Mongolia	0.02	0.22	9.50	1.29	0.75	
辽 宁	Liaoning	5.70	23.09	116.33	93.52	26.67	17.68
吉 林	Jilin	0.14	0.98	3.39	10.13	8.72	11.84
黑龙江	Heilongjiang	0.58	0.34	4.08	13.37	15.22	13.42
上 海	Shanghai	60.67	93.36	41.58	61.28	125.03	111.73
江 苏	Jiangsu	11.97	196.69	347.68	341.32	504.69	490.74
浙 江	Zhejiang	1.72	18.32	26.04	29.71	33.46	44.58
安 徽	Anhui	0.36	1.04	12.01	6.20	15.42	27.63
福 建	Fujian	4.58	22.94	19.50	46.82	62.34	42.72
江 西	Jiangxi		2.60	46.25	20.94	9.57	23.54
山 东	Shandong	5.07	46.60	78.36	72.31	58.23	59.37
河 南	Henan	0.01	2.19	4.62	2.50	0.41	7.92
湖 北	Hubei	0.45	1.76	10.34	12.80	14.36	12.56
湖 南	Hunan	14.37	1.07	8.95	6.76	5.24	37.27
广 东	Guangdong	39.32	115.30	81.38	123.88	144.32	186.90
广 西	Guangxi		1.69	16.59	9.81	7.45	14.06
海 南	Hainan	0.37	1.26	0.41	0.32	0.99	1.13
重 庆	Chongqing		0.41	1.58	1.97	5.41	12.42
四 川	Sichuan	6.35	14.93	44.29	20.16	3.40	6.45
贵 州	Guizhou	0.02	1.47	2.58	0.45		
云 南	Yunnan		0.72	0.35	1.73	2.26	2.25
西 藏	Tibet						
陕 西	Shaanxi	0.18	0.79	5.95	13.58	10.45	25.03
甘 肃	Gansu			0.95	0.40		
青 海	Qinghai		0.08			0.24	
宁 夏	Ningxia						
新 疆	Xinjiang		0.43	0.04	0.02		

3-1-12 续表 5 continued

地 区	Region	新增固定资产（亿元） Newly Increased Fixed Assets (100 million yuan)					
		2000	2005	2009	2010	2011	2012
全 国	**Total**	**145.33**	**460.01**	**702.12**	**629.04**	**916.70**	**994.36**
东部地区	Eastern Region	121.46	435.35	573.34	545.94	844.31	878.43
中部地区	Middle Region	12.53	4.66	47.16	36.50	28.58	53.39
西部地区	Western Region	6.00	5.71	51.76	12.21	20.37	32.21
东北地区	Northeastern Region	5.35	14.29	29.86	34.39	23.44	30.33
北 京	Beijing	7.00	14.11	10.56	22.46	19.96	44.91
天 津	Tianjin	13.97	8.56	27.48	37.82	19.88	45.05
河 北	Hebei	0.80	2.73	6.53	1.19	5.09	7.93
山 西	Shanxi		0.03	0.59	0.03	2.77	4.89
内蒙古	Inner Mongolia	0.02	0.18			0.35	
辽 宁	Liaoning	4.31	13.24	27.80	23.51	19.45	8.82
吉 林	Jilin	0.46	0.91	1.51	7.77	3.99	13.70
黑龙江	Heilongjiang	0.58	0.14	0.55	3.11		7.81
上 海	Shanghai	48.78	54.21	17.21	50.33	135.94	70.05
江 苏	Jiangsu	9.60	213.26	392.44	243.16	446.51	434.14
浙 江	Zhejiang	1.94	11.23	14.96	21.91	24.72	29.53
安 徽	Anhui	0.35	0.47	6.65	8.83	5.99	10.74
福 建	Fujian	3.00	14.09	9.92	36.21	54.80	29.20
江 西	Jiangxi		1.98	25.85	14.84	7.28	19.80
山 东	Shandong	4.71	31.41	28.30	36.15	32.49	35.25
河 南	Henan	0.01	0.37	3.16	2.24	0.65	5.40
湖 北	Hubei	0.44	1.18	5.47	5.52	10.71	8.42
湖 南	Hunan	11.72	0.47	5.44	5.04	0.83	4.13
广 东	Guangdong	31.58	85.46	58.21	87.72	101.04	181.25
广 西	Guangxi		0.24	7.73	9.00	3.04	14.37
海 南	Hainan	0.06	0.05			0.83	1.13
重 庆	Chongqing		0.13	5.20	0.46	2.27	2.44
四 川	Sichuan	6.00	2.87	42.78	0.66	9.63	4.33
贵 州	Guizhou		1.07	1.78	1.95		
云 南	Yunnan		1.13	0.02	0.02	1.63	1.21
西 藏	Tibet						
陕 西	Shaanxi		0.20	1.99	7.86	6.85	9.85
甘 肃	Gansu				1.27		
青 海	Qinghai		0.26				
宁 夏	Ningxia						
新 疆	Xinjiang		0.04				

3-1-12 续表 6 continued

地　区	Region	固定资产交付使用率（%） Rate of Fixed Assets Put into Use (%)					
		2000	2005	2009	2010	2011	2012
全　国	**Total**	**69.68**	**73.24**	**73.23**	**61.71**	**77.64**	**78.61**
东部地区	Eastern Region	67.34	75.61	83.48	67.56	80.39	84.12
中部地区	Middle Region	82.43	51.15	51.02	65.28	49.13	45.39
西部地区	Western Region	91.46	30.34	92.84	31.87	93.61	53.50
东北地区	Northeastern Region	83.33	58.54	24.12	29.39	29.39	70.63
北　京	Beijing	58.09	36.61	60.59	43.09	31.64	92.45
天　津	Tianjin	31.97	23.12	60.72	57.57	46.90	92.70
河　北	Hebei	86.02	67.41	52.16	24.44	61.70	80.37
山　西	Shanxi		13.64	76.62	0.55	22.30	56.19
内蒙古	Inner Mongolia	100.00	81.82			46.67	
辽　宁	Liaoning	75.61	57.34	23.90	25.14	72.93	49.89
吉　林	Jilin	328.57	92.86	44.54	76.70	45.76	115.70
黑龙江	Heilongjiang	100.00	41.18	13.48	23.26		58.18
上　海	Shanghai	80.40	58.07	41.39	82.13	108.73	62.69
江　苏	Jiangsu	80.20	108.42	112.87	71.24	88.47	88.46
浙　江	Zhejiang	112.79	61.30	57.45	73.75	73.88	66.25
安　徽	Anhui	97.22	45.19	55.37	142.42	38.85	38.89
福　建	Fujian	65.50	61.42	50.87	77.34	87.91	68.36
江　西	Jiangxi		76.15	55.89	70.87	76.07	84.12
山　东	Shandong	92.90	67.40	36.12	49.99	55.80	59.37
河　南	Henan	100.00	16.89	68.40	89.60	158.54	68.20
湖　北	Hubei	97.78	67.05	52.90	43.13	74.58	67.04
湖　南	Hunan	81.56	43.93	60.78	74.56	15.84	11.09
广　东	Guangdong	80.32	74.12	71.53	70.81	70.01	96.98
广　西	Guangxi		14.20	46.59	91.74	40.81	102.19
海　南	Hainan	16.22	3.97			83.84	100.00
重　庆	Chongqing		31.71	329.11	23.35	41.96	19.64
四　川	Sichuan	94.49	19.22	96.59	3.27	283.24	67.25
贵　州	Guizhou		72.79	68.99	433.33		
云　南	Yunnan		156.94	5.71	1.16	72.12	53.98
西　藏	Tibet						
陕　西	Shaanxi		25.32	33.45	57.88	65.55	39.35
甘　肃	Gansu				317.50		
青　海	Qinghai		325.00				
宁　夏	Ningxia						
新　疆	Xinjiang		9.30				

3-2-1 按行业分高技术产业投资基本情况(2012年)
Basic Statistics on Investment in Fixed Assets in High-tech Industry by Industrial Sector (2012)

行业	Industry	施工项目(个) Number of Projects under Construction (unit)	#新开工 Number of Projects Started This Year	建成投产项目(个) Number of Projects Completed and Put into Use (unit)
合计	**Total**	**15681**	**10223**	**8968**
医药制造业	**Manufacture of Medicines**	**4988**	**3264**	**2785**
#化学药品制造	Manufacture of Chemical Medicine	1534	954	821
中成药生产	Production of Finished Traditional Chinese Herbal Medicine	1002	653	553
生物药品制造	Manufacture of Biological Medicine	866	558	458
航空、航天器及设备制造业	**Manufacture of Aircrafts and Spacecrafts and Related Equipment**	**330**	**180**	**155**
#飞机制造	Manufacture of Airplanes	130	61	58
航天器制造	Manufacture of Spacecrafts	40	25	21
电子及通信设备制造业	**Manufacture of Electronic Equipment and Communication Equipment**	**6874**	**4406**	**3921**
#通信设备制造	Manufacture of Communication Equipment	663	424	341
#通信系统设备制造	Manufacture of Communication System Equipment	418	276	216
通信终端设备制造	Manufacture of Communication Terminal Equipment	245	148	125
广播电视设备制造	Manufacture of Broadcasting and TV Equipment	376	255	228
雷达及配套设备制造	Manufacture of Radar and Its Fittings	99	51	57
视听设备制造	Manufacture of TV Set and Radio Receiver	186	114	115
电子器件制造	Manufacture of Electronic Appliances	1552	943	883
#电子真空器件制造	Manufacture of Electronic Vacuum Appliance	208	135	122
半导体分立器件制造	Manufacture of Semiconductor Discreting Appliances	164	102	109
集成电路制造	Manufacture of Integrate Circuit	224	132	107
电子元件制造	Manufacture of Electronic Components	2147	1449	1310
其他电子设备制造	Manufacture of Other Electronic Equipment	690	460	369
计算机及办公设备制造业	**Manufacture of Computers and Office Equipment**	**766**	**496**	**449**
#计算机整机制造	Manufacture of Entired Computer	187	114	110
计算机零部件制造	Manufacture of Computer Components and Parts	242	155	136
计算机外围设备制造	Manufacture of Computer Peripheral Equipment	115	67	72
办公设备制造	Manufacture of Office Equipment	52	38	31
医疗仪器设备及仪器仪表制造业	**Manufacture of Medical Equipments and Measuring Instrument**	**2723**	**1877**	**1658**
1.医疗仪器设备及器械制造	Manufacture of Medical Equipment and Appliance	970	721	613
2.仪器仪表制造	Manufacture of Measuring Instrument	1753	1156	1045

注：本表数据口径为投资额在500万元以上的全部项目。以下至3-2-7表相同。

3-2-1 续表 continued

行 业	Industry	项目建成投产率 (%) Rate of Projects Completed and Put into Use (%)	投资额 (亿元) Investment (100 million yuan)	新增固定资产 (亿元) Newly Increased Fixed Assets (100 million yuan)	固定资产交付使用率 (%) Rate of Fixed Assets Put into Use (%)
合计	**Total**	**57.19**	**12932.65**	**8377.13**	**64.78**
医药制造业	**Manufacture of Medicines**	**55.83**	**3575.38**	**2135.58**	**59.73**
#化学药品制造	Manufacture of Chemical Medicine	53.52	1264.43	734.44	58.09
中成药生产	Production of Finished Traditional Chinese Herbal Medicine	55.19	684.03	453.85	66.35
生物药品制造	Manufacture of Biological Medicine	52.89	731.30	348.89	47.71
航空、航天器及设备制造业	**Manufacture of Aircrafts and Spacecrafts and Related Equipment**	**46.97**	**434.03**	**256.81**	**59.17**
#飞机制造	Manufacture of Airplanes	44.62	190.64	111.05	58.25
航天器制造	Manufacture of Spacecrafts	52.50	45.28	32.89	72.65
电子及通信设备制造业	**Manufacture of Electronic Equipment and Communication Equipment**	**57.04**	**6336.97**	**4271.88**	**67.41**
#通信设备制造	Manufacture of Communication Equipment	51.43	658.04	394.06	59.88
#通信系统设备制造	Manufacture of Communication System Equipment	51.67	342.11	194.53	56.86
通信终端设备制造	Manufacture of Communication Terminal Equipment	51.02	315.93	199.54	63.16
广播电视设备制造	Manufacture of Broadcasting and TV Equipment	60.64	257.68	202.53	78.60
雷达及配套设备制造	Manufacture of Radar and Its Fittings	57.58	97.24	85.86	88.30
视听设备制造	Manufacture of TV Set and Radio Receiver	61.83	163.71	114.50	69.94
电子器件制造	Manufacture of Electronic Appliances	56.89	2063.66	1451.64	70.34
#电子真空器件制造	Manufacture of Electronic Vacuum Appliance	58.65	131.41	81.86	62.29
半导体分立器件制造	Manufacture of Semiconductor Discreting Appliances	66.46	189.45	166.45	87.86
集成电路制造	Manufacture of Integrate Circuit	47.77	348.41	234.28	67.24
电子元件制造	Manufacture of Electronic Components	61.02	1409.11	973.46	69.08
其他电子设备制造	Manufacture of Other Electronic Equipment	53.48	501.38	323.27	64.48
计算机及办公设备制造业	**Manufacture of Computers and Office Equipment**	**58.62**	**836.31**	**580.32**	**69.39**
#计算机整机制造	Manufacture of Entired Computer	58.82	283.95	188.20	66.28
计算机零部件制造	Manufacture of Computer Components and Parts	56.20	261.09	193.07	73.95
计算机外围设备制造	Manufacture of Computer Peripheral Equipment	62.61	135.07	101.02	74.79
办公设备制造	Manufacture of Office Equipment	59.62	34.86	19.53	56.03
医疗仪器设备及仪器仪表制造业	**Manufacture of Medical Equipments and Measuring Instrument**	**60.89**	**1749.97**	**1132.55**	**64.72**
1.医疗仪器设备及器械制造	Manufacture of Medical Equipment and Appliance	63.20	535.57	365.72	68.29
2.仪器仪表制造	Manufacture of Measuring Instrument	59.61	1214.40	766.82	63.14

注：本表数据口径为投资额在500万元以上的全部项目。以下至3-2-7表相同。

3-2-2 各地区高技术产业投资基本情况(2012年)

Basic Statistics on Investment in Fixed Assets in High-tech Industry by Region (2012)

地 区	Region	施工项目 (个) Number of Projects under Construction (unit)	#新开工 Number of Projects Started This Year	建成投产项目 (个) Number of Projects Completed and Put into Use (unit)
全 国	**Total**	**15681**	**10223**	**8968**
东部地区	Eastern Region	7903	5029	4384
中部地区	Middle Region	4292	2874	2590
西部地区	Western Region	2228	1438	1200
东北地区	Northeastern Region	1258	882	794
北 京	Beijing	131	35	14
天 津	Tianjin	293	173	142
河 北	Hebei	510	290	300
山 西	Shanxi	145	76	70
内蒙古	Inner Mongolia	99	80	57
辽 宁	Liaoning	551	329	365
吉 林	Jilin	489	416	307
黑龙江	Heilongjiang	218	137	122
上 海	Shanghai	316	155	68
江 苏	Jiangsu	2594	1895	1873
浙 江	Zhejiang	1478	912	631
安 徽	Anhui	942	604	549
福 建	Fujian	432	206	192
江 西	Jiangxi	885	621	618
山 东	Shandong	1154	806	695
河 南	Henan	749	439	417
湖 北	Hubei	674	443	366
湖 南	Hunan	897	691	570
广 东	Guangdong	981	550	464
广 西	Guangxi	422	323	273
海 南	Hainan	14	7	5
重 庆	Chongqing	331	209	185
四 川	Sichuan	656	399	391
贵 州	Guizhou	44	26	14
云 南	Yunnan	126	77	59
西 藏	Tibet	17	10	4
陕 西	Shaanxi	308	179	129
甘 肃	Gansu	125	73	43
青 海	Qinghai	22	11	15
宁 夏	Ningxia	35	26	17
新 疆	Xinjiang	43	25	13

3-2-2 续表 continued

地 区	Region	项目建成投产率 (%) Rate of Projects Completed and Put into Use (%)	投资额 (亿元) Investment (100 million yuan)	新增固定资产 (亿元) Newly Increased Fixed Assets (100 million yuan)	固定资产交付使用率 (%) Rate of Fixed Assets Put into Use (%)
全 国	**Total**	**57.19**	**12932.65**	**8377.13**	**64.78**
东部地区	Eastern Region	55.47	6320.58	4331.12	68.52
中部地区	Middle Region	60.34	3668.36	2235.16	60.93
西部地区	Western Region	53.86	1944.35	1122.84	57.75
东北地区	Northeastern Region	63.12	999.36	688.01	68.84
北 京	Beijing	10.69	136.59	71.21	52.13
天 津	Tianjin	48.46	314.07	172.97	55.07
河 北	Hebei	58.82	454.16	282.12	62.12
山 西	Shanxi	48.28	126.92	68.05	53.62
内 蒙 古	Inner Mongolia	57.58	224.58	61.20	27.25
辽 宁	Liaoning	66.24	460.20	321.09	69.77
吉 林	Jilin	62.78	372.80	259.21	69.53
黑 龙 江	Heilongjiang	55.96	166.36	107.71	64.75
上 海	Shanghai	21.52	272.16	123.85	45.51
江 苏	Jiangsu	72.21	2432.63	1914.18	78.69
浙 江	Zhejiang	42.69	436.73	227.31	52.05
安 徽	Anhui	58.28	700.62	333.46	47.59
福 建	Fujian	44.44	280.11	148.92	53.16
江 西	Jiangxi	69.83	675.32	463.36	68.61
山 东	Shandong	60.23	1086.62	598.70	55.10
河 南	Henan	55.67	899.62	545.41	60.63
湖 北	Hubei	54.30	713.10	436.26	61.18
湖 南	Hunan	63.55	552.78	388.62	70.30
广 东	Guangdong	47.30	881.60	784.48	88.98
广 西	Guangxi	64.69	195.27	143.20	73.33
海 南	Hainan	35.71	25.91	7.38	28.47
重 庆	Chongqing	55.89	371.59	157.82	42.47
四 川	Sichuan	59.60	643.60	489.20	76.01
贵 州	Guizhou	31.82	85.58	37.16	43.42
云 南	Yunnan	46.83	54.21	49.39	91.10
西 藏	Tibet	23.53	3.72	1.21	32.53
陕 西	Shaanxi	41.88	222.09	127.19	57.27
甘 肃	Gansu	34.40	69.86	42.70	61.13
青 海	Qinghai	68.18	15.81	4.93	31.16
宁 夏	Ningxia	48.57	16.02	4.60	28.70
新 疆	Xinjiang	30.23	42.01	4.25	10.11

3-2-3 按行业分国有及国有控股企业高技术产业投资基本情况(2012年)

Basic Statistics on Investment in Fixed Assets in High-tech Industry of State-owned and State-controlled Enterprises by Industrial Sector (2012)

行业	Industry	施工项目(个) Number of Projects under Construction (unit)	#新开工 Number of Projects Started This Year	建成投产项目(个) Number of Projects Completed and Put into Use (unit)
合计	**Total**	**741**	**427**	**338**
医药制造业	**Manufacture of Medicines**	**140**	**80**	**52**
#化学药品制造	Manufacture of Chemical Medicine	45	26	15
中成药生产	Production of Finished Traditional Chinese Herbal Medicine	27	14	13
生物药品制造	Manufacture of Biological Medicine	33	20	7
航空、航天器及设备制造业	**Manufacture of Aircrafts and Spacecrafts and Related Equipment**	**123**	**61**	**49**
#飞机制造	Manufacture of Airplanes	75	34	28
航天器制造	Manufacture of Spacecrafts	10	4	2
电子及通信设备制造业	**Manufacture of Electronic Equipment and Communication Equipment**	**327**	**192**	**162**
#通信设备制造	Manufacture of Communication Equipment	45	30	16
#通信系统设备制造	Manufacture of Communication System Equipment	36	25	14
通信终端设备制造	Manufacture of Communication Terminal Equipment	9	5	2
广播电视设备制造	Manufacture of Broadcasting and TV Equipment	21	13	10
雷达及配套设备制造	Manufacture of Radar and Its Fittings	11	2	4
视听设备制造	Manufacture of TV Set and Radio Receiver	7	4	3
电子器件制造	Manufacture of Electronic Appliances	115	71	75
#电子真空器件制造	Manufacture of Electronic Vacuum Appliance	11	7	7
半导体分立器件制造	Manufacture of Semiconductor Discreting Appliances	29	19	21
集成电路制造	Manufacture of Integrate Circuit	15	3	2
电子元件制造	Manufacture of Electronic Components	60	39	32
其他电子设备制造	Manufacture of Other Electronic Equipment	38	18	12
计算机及办公设备制造业	**Manufacture of Computers and Office Equipment**	**44**	**32**	**19**
#计算机整机制造	Manufacture of Entired Computer	27	18	13
计算机零部件制造	Manufacture of Computer Components and Parts	9	8	3
计算机外围设备制造	Manufacture of Computer Peripheral Equipment	1		1
办公设备制造	Manufacture of Office Equipment	3	2	2
医疗仪器设备及仪器仪表制造业	**Manufacture of Medical Equipments and Measuring Instrument**	**107**	**62**	**56**
1.医疗仪器设备及器械制造	Manufacture of Medical Equipment and Appliance	11	6	5
2.仪器仪表制造	Manufacture of Measuring Instrument	96	56	51

3-2-3 续表 continued

行业	Industry	项目建成投产率(%) Rate of Projects Completed and Put into Use (%)	投资额(亿元) Investment (100 million yuan)	新增固定资产(亿元) Newly Increased Fixed Assets (100 million yuan)	固定资产交付使用率(%) Rate of Fixed Assets Put into Use (%)
合计	**Total**	**45.61**	**1123.77**	**606.60**	**53.98**
医药制造业	**Manufacture of Medicines**	**37.14**	**145.70**	**60.06**	**41.22**
#化学药品制造	Manufacture of Chemical Medicine	33.33	54.58	23.38	42.84
中成药生产	Production of Finished Traditional Chinese Herbal Medicine	48.15	25.37	15.70	61.89
生物药品制造	Manufacture of Biological Medicine	21.21	41.20	7.79	18.90
航空、航天器及设备制造业	**Manufacture of Aircrafts and Spacecrafts and Related Equipment**	**39.84**	**237.85**	**143.14**	**60.18**
#飞机制造	Manufacture of Airplanes	37.33	150.88	89.79	59.51
航天器制造	Manufacture of Spacecrafts	20.00	17.02	11.89	69.82
电子及通信设备制造业	**Manufacture of Electronic Equipment and Communication Equipment**	**49.54**	**466.01**	**277.03**	**59.45**
#通信设备制造	Manufacture of Communication Equipment	35.56	114.29	39.87	34.89
#通信系统设备制造	Manufacture of Communication System Equipment	38.89	66.99	18.93	28.26
通信终端设备制造	Manufacture of Communication Terminal Equipment	22.22	47.29	20.94	44.27
广播电视设备制造	Manufacture of Broadcasting and TV Equipment	47.62	7.03	4.79	68.10
雷达及配套设备制造	Manufacture of Radar and Its Fittings	36.36	11.15	25.57	229.25
视听设备制造	Manufacture of TV Set and Radio Receiver	42.86	7.33	3.26	44.48
电子器件制造	Manufacture of Electronic Appliances	65.22	202.37	131.32	64.89
#电子真空器件制造	Manufacture of Electronic Vacuum Appliance	63.64	15.83	7.09	44.79
半导体分立器件制造	Manufacture of Semiconductor Discreting Appliances	72.41	72.07	59.64	82.76
集成电路制造	Manufacture of Integrate Circuit	13.33	13.05	1.16	8.89
电子元件制造	Manufacture of Electronic Components	53.33	51.12	28.55	55.84
其他电子设备制造	Manufacture of Other Electronic Equipment	31.58	32.57	15.75	48.37
计算机及办公设备制造业	**Manufacture of Computers and Office Equipment**	**43.18**	**109.26**	**48.74**	**44.61**
#计算机整机制造	Manufacture of Entired Computer	48.15	71.64	43.42	60.61
计算机零部件制造	Manufacture of Computer Components and Parts	33.33	25.48	1.27	4.99
计算机外围设备制造	Manufacture of Computer Peripheral Equipment	100.00	1.46	3.20	219.04
办公设备制造	Manufacture of Office Equipment	66.67	8.52	0.66	7.76
医疗仪器设备及仪器仪表制造业	**Manufacture of Medical Equipments and Measuring Instrument**	**52.34**	**164.95**	**77.62**	**47.06**
1.医疗仪器设备及器械制造	Manufacture of Medical Equipment and Appliance	45.45	18.73	6.77	36.16
2.仪器仪表制造	Manufacture of Measuring Instrument	53.13	146.22	70.85	48.45

3-2-4 按行业和登记注册类型分高技术产业投资基本情况(2012年)

Basic Statistics on Investment in Fixed Assets in High-tech Industry in High-tech Industry by Industrial Sector and Registration Status (2012)

行业	Industry	内资企业 Domestic Funded		
		施工项目(个) Number of Projects under Construction (unit)	#新开工 Number of Projects Started This Year	建成投产项目(个) Number of Projects Completed and Put into Use (unit)
合计	**Total**	**13941**	**9255**	**8064**
医药制造业	**Manufacture of Medicines**	**4629**	**3068**	**2619**
#化学药品制造	Manufacture of Chemical Medicine	1383	874	750
中成药生产	Production of Finished Traditional Chinese Herbal Medicine	945	620	524
生物药品制造	Manufacture of Biological Medicine	789	520	426
航空、航天器及设备制造业	**Manufacture of Aircrafts and Spacecrafts and Related Equipment**	**308**	**170**	**150**
#飞机制造	Manufacture of Airplanes	124	60	57
航天器制造	Manufacture of Spacecrafts	37	24	20
电子及通信设备制造业	**Manufacture of Electronic Equipment and Communication Equipment**	**5884**	**3867**	**3377**
#通信设备制造	Manufacture of Communication Equipment	596	392	309
#通信系统设备制造	Manufacture of Communication System Equipment	385	260	199
通信终端设备制造	Manufacture of Communication Terminal Equipment	211	132	110
广播电视设备制造	Manufacture of Broadcasting and TV Equipment	346	240	210
雷达及配套设备制造	Manufacture of Radar and Its Fittings	88	46	50
视听设备制造	Manufacture of TV Set and Radio Receiver	143	91	94
电子器件制造	Manufacture of Electronic Appliances	1254	788	734
#电子真空器件制造	Manufacture of Electronic Vacuum Appliance	188	124	111
半导体分立器件制造	Manufacture of Semiconductor Discreting Appliances	132	87	91
集成电路制造	Manufacture of Integrate Circuit	140	81	65
电子元件制造	Manufacture of Electronic Components	1816	1249	1107
其他电子设备制造	Manufacture of Other Electronic Equipment	610	418	325
计算机及办公设备制造业	**Manufacture of Computers and Office Equipment**	**626**	**419**	**377**
#计算机整机制造	Manufacture of Entired Computer	159	96	95
计算机零部件制造	Manufacture of Computer Components and Parts	184	123	109
计算机外围设备制造	Manufacture of Computer Peripheral Equipment	79	53	52
办公设备制造	Manufacture of Office Equipment	48	35	29
医疗仪器设备及仪器仪表制造业	**Manufacture of Medical Equipments and Measuring Instrument**	**2494**	**1731**	**1541**
1.医疗仪器设备及器械制造	Manufacture of Medical Equipment and Appliance	887	658	570
2.仪器仪表制造	Manufacture of Measuring Instrument	1607	1073	971

3-2-4 续表 1 continued

行 业	Industry	内资企业 Domestic Funded			
		项目建成投产率 (%) Rate of Projects Completed and Put into Use (%)	投资额 (亿元) Investment (100 million yuan)	新增固定资产 (亿元) Newly Increased Fixed Assets (100 million yuan)	固定资产交付使用率 (%) Rate of Fixed Assets Put into Use (%)
合计	**Total**	**57.84**	**10622.58**	**6679.28**	**62.88**
医药制造业	**Manufacture of Medicines**	**56.58**	**3308.38**	**1969.19**	**59.52**
#化学药品制造	Manufacture of Chemical Medicine	54.23	1106.11	638.49	57.72
中成药生产	Production of Finished Traditional Chinese Herbal Medicine	55.45	656.51	438.01	66.72
生物药品制造	Manufacture of Biological Medicine	53.99	693.95	312.80	45.08
航空、航天器及设备制造业	**Manufacture of Aircrafts and Spacecrafts and Related Equipment**	**48.70**	**389.80**	**235.21**	**60.34**
#飞机制造	Manufacture of Airplanes	45.97	183.44	108.66	59.23
航天器制造	Manufacture of Spacecrafts	54.05	37.27	25.73	69.04
电子及通信设备制造业	**Manufacture of Electronic Equipment and Communication Equipment**	**57.39**	**4851.86**	**3099.51**	**63.88**
#通信设备制造	Manufacture of Communication Equipment	51.85	524.29	287.59	54.85
#通信系统设备制造	Manufacture of Communication System Equipment	51.69	311.92	168.25	53.94
通信终端设备制造	Manufacture of Communication Terminal Equipment	52.13	212.37	119.34	56.19
广播电视设备制造	Manufacture of Broadcasting and TV Equipment	60.69	212.21	175.30	82.60
雷达及配套设备制造	Manufacture of Radar and Its Fittings	56.82	84.02	70.12	83.45
视听设备制造	Manufacture of TV Set and Radio Receiver	65.73	116.44	80.70	69.31
电子器件制造	Manufacture of Electronic Appliances	58.53	1440.36	960.99	66.72
#电子真空器件制造	Manufacture of Electronic Vacuum Appliance	59.04	108.36	70.98	65.50
半导体分立器件制造	Manufacture of Semiconductor Discreting Appliances	68.94	140.48	115.11	81.94
集成电路制造	Manufacture of Integrate Circuit	46.43	137.10	66.83	48.75
电子元件制造	Manufacture of Electronic Components	60.96	1045.22	671.67	64.26
其他电子设备制造	Manufacture of Other Electronic Equipment	53.28	413.85	250.09	60.43
计算机及办公设备制造业	**Manufacture of Computers and Office Equipment**	**60.22**	**546.05**	**349.04**	**63.92**
#计算机整机制造	Manufacture of Entired Computer	59.75	202.54	118.95	58.73
计算机零部件制造	Manufacture of Computer Components and Parts	59.24	165.92	123.09	74.19
计算机外围设备制造	Manufacture of Computer Peripheral Equipment	65.82	45.69	29.39	64.33
办公设备制造	Manufacture of Office Equipment	60.42	29.15	15.01	51.50
医疗仪器设备及仪器仪表制造业	**Manufacture of Medical Equipments and Measuring Instrument**	**61.79**	**1526.50**	**1026.34**	**67.23**
1.医疗仪器设备及器械制造	Manufacture of Medical Equipment and Appliance	64.26	477.76	339.02	70.96
2.仪器仪表制造	Manufacture of Measuring Instrument	60.42	1048.74	687.32	65.54

3-2-4 续表 2 continued

行　业	Industry	#国有企业 State-owned Enterprises		
		施工项目 (个) Number of Projects under Construction (unit)	#新开工 Number of Projects Started This Year	建成投产项目 (个) Number of Projects Completed and Put into Use (unit)
合计	**Total**	**679**	**397**	**318**
医药制造业	**Manufacture of Medicines**	**128**	**72**	**48**
#化学药品制造	Manufacture of Chemical Medicine	37	20	13
中成药生产	Production of Finished Traditional Chinese Herbal Medicine	27	14	13
生物药品制造	Manufacture of Biological Medicine	31	19	6
航空、航天器及设备制造业	**Manufacture of Aircrafts and Spacecrafts and Related Equipment**	**106**	**54**	**41**
#飞机制造	Manufacture of Airplanes	59	28	20
航天器制造	Manufacture of Spacecrafts	9	3	2
电子及通信设备制造业	**Manufacture of Electronic Equipment and Communication Equipment**	**304**	**182**	**157**
#通信设备制造	Manufacture of Communication Equipment	40	29	16
#通信系统设备制造	Manufacture of Communication System Equipment	34	25	14
通信终端设备制造	Manufacture of Communication Terminal Equipment	6	4	2
广播电视设备制造	Manufacture of Broadcasting and TV Equipment	17	11	10
雷达及配套设备制造	Manufacture of Radar and Its Fittings	10	2	4
视听设备制造	Manufacture of TV Set and Radio Receiver	7	4	3
电子器件制造	Manufacture of Electronic Appliances	108	68	71
#电子真空器件制造	Manufacture of Electronic Vacuum Appliance	10	7	6
半导体分立器件制造	Manufacture of Semiconductor Discreting Appliances	28	19	20
集成电路制造	Manufacture of Integrate Circuit	14	3	2
电子元件制造	Manufacture of Electronic Components	56	37	31
其他电子设备制造	Manufacture of Other Electronic Equipment	38	18	12
计算机及办公设备制造业	**Manufacture of Computers and Office Equipment**	**40**	**30**	**17**
#计算机整机制造	Manufacture of Entired Computer	23	16	11
计算机零部件制造	Manufacture of Computer Components and Parts	9	8	3
计算机外围设备制造	Manufacture of Computer Peripheral Equipment	1		1
办公设备制造	Manufacture of Office Equipment	3	2	2
医疗仪器设备及仪器仪表制造业	**Manufacture of Medical Equipments and Measuring Instrument**	**101**	**59**	**55**
1.医疗仪器设备及器械制造	Manufacture of Medical Equipment and Appliance	11	6	5
2.仪器仪表制造	Manufacture of Measuring Instrument	90	53	50

3-2-4 续表 3 continued

行 业	Industry	#国有企业 State-owned Enterprises 项目建成投产率(%) Rate of Projects Completed and Put into Use (%)	投资额(亿元) Investment (100 million yuan)	新增固定资产(亿元) Newly Increased Fixed Assets (100 million yuan)	固定资产交付使用率(%) Rate of Fixed Assets Put into Use (%)
合计	**Total**	**46.83**	**1002.14**	**576.69**	**57.55**
医药制造业	**Manufacture of Medicines**	**37.50**	**124.37**	**50.51**	**40.61**
#化学药品制造	Manufacture of Chemical Medicine	35.14	37.41	16.14	43.13
中成药生产	Production of Finished Traditional Chinese Herbal Medicine	48.15	25.37	15.70	61.89
生物药品制造	Manufacture of Biological Medicine	19.35	38.18	5.77	15.10
航空、航天器及设备制造业	**Manufacture of Aircrafts and Spacecrafts and Related Equipment**	**38.68**	**210.54**	**132.09**	**62.74**
#飞机制造	Manufacture of Airplanes	33.90	129.89	78.75	60.63
航天器制造	Manufacture of Spacecrafts	22.22	10.70	11.89	111.07
电子及通信设备制造业	**Manufacture of Electronic Equipment and Communication Equipment**	**51.64**	**405.74**	**273.79**	**67.48**
#通信设备制造	Manufacture of Communication Equipment	40.00	88.80	39.87	44.90
#通信系统设备制造	Manufacture of Communication System Equipment	41.18	65.69	18.93	28.82
通信终端设备制造	Manufacture of Communication Terminal Equipment	33.33	23.11	20.94	90.59
广播电视设备制造	Manufacture of Broadcasting and TV Equipment	58.82	6.87	4.69	68.21
雷达及配套设备制造	Manufacture of Radar and Its Fittings	40.00	8.67	25.57	295.01
视听设备制造	Manufacture of TV Set and Radio Receiver	42.86	7.33	3.26	44.48
电子器件制造	Manufacture of Electronic Appliances	65.74	177.34	128.95	72.71
#电子真空器件制造	Manufacture of Electronic Vacuum Appliance	60.00	14.26	6.08	42.64
半导体分立器件制造	Manufacture of Semiconductor Discreting Appliances	71.43	72.04	59.57	82.69
集成电路制造	Manufacture of Integrate Circuit	14.29	12.93	1.16	8.97
电子元件制造	Manufacture of Electronic Components	55.36	46.29	27.77	59.99
其他电子设备制造	Manufacture of Other Electronic Equipment	31.58	32.57	15.75	48.37
计算机及办公设备制造业	**Manufacture of Computers and Office Equipment**	**42.50**	**104.96**	**47.78**	**45.52**
#计算机整机制造	Manufacture of Entired Computer	47.83	67.35	42.47	63.06
计算机零部件制造	Manufacture of Computer Components and Parts	33.33	25.48	1.27	4.99
计算机外围设备制造	Manufacture of Computer Peripheral Equipment	100.00	1.46	3.20	219.04
办公设备制造	Manufacture of Office Equipment	66.67	8.52	0.66	7.76
医疗仪器设备及仪器仪表制造业	**Manufacture of Medical Equipments and Measuring Instrument**	**54.46**	**156.53**	**72.52**	**46.33**
1.医疗仪器设备及器械制造	Manufacture of Medical Equipment and Appliance	45.45	18.73	6.77	36.16
2.仪器仪表制造	Manufacture of Measuring Instrument	55.56	137.80	65.74	47.71

3-2-4 续表 4 continued

行 业	Industry	港澳台投资企业 Enterprises with Funds from Hong Kong, Macau and Taiwan 施工项目（个）Number of Projects under Construction (unit)	#新开工 Number of Projects Started This Year	建成投产项目（个）Number of Projects Completed and Put into Use (unit)
合计	**Total**	**750**	**382**	**360**
医药制造业	**Manufacture of Medicines**	**150**	**74**	**68**
#化学药品制造	Manufacture of Chemical Medicine	64	34	32
中成药生产	Production of Finished Traditional Chinese Herbal Medicine	29	14	12
生物药品制造	Manufacture of Biological Medicine	25	9	9
航空、航天器及设备制造业	**Manufacture of Aircrafts and Spacecrafts and Related Equipment**	**8**	**5**	**2**
#飞机制造	Manufacture of Airplanes	1	1	
航天器制造	Manufacture of Spacecrafts	3	1	1
电子及通信设备制造业	**Manufacture of Electronic Equipment and Communication Equipment**	**437**	**216**	**214**
#通信设备制造	Manufacture of Communication Equipment	32	16	15
#通信系统设备制造	Manufacture of Communication System Equipment	18	11	8
通信终端设备制造	Manufacture of Communication Terminal Equipment	14	5	7
广播电视设备制造	Manufacture of Broadcasting and TV Equipment	14	4	6
雷达及配套设备制造	Manufacture of Radar and Its Fittings	5	3	4
视听设备制造	Manufacture of TV Set and Radio Receiver	25	12	9
电子器件制造	Manufacture of Electronic Appliances	124	56	59
#电子真空器件制造	Manufacture of Electronic Vacuum Appliance	10	7	6
半导体分立器件制造	Manufacture of Semiconductor Discreting Appliances	18	5	11
集成电路制造	Manufacture of Integrate Circuit	23	11	8
电子元件制造	Manufacture of Electronic Components	152	89	82
其他电子设备制造	Manufacture of Other Electronic Equipment	30	13	13
计算机及办公设备制造业	**Manufacture of Computers and Office Equipment**	**70**	**40**	**34**
#计算机整机制造	Manufacture of Entired Computer	11	9	5
计算机零部件制造	Manufacture of Computer Components and Parts	34	21	15
计算机外围设备制造	Manufacture of Computer Peripheral Equipment	18	4	10
办公设备制造	Manufacture of Office Equipment	1	1	1
医疗仪器设备及仪器仪表制造业	**Manufacture of Medical Equipments and Measuring Instrument**	**85**	**47**	**42**
1.医疗仪器设备及器械制造	Manufacture of Medical Equipment and Appliance	28	23	16
2.仪器仪表制造	Manufacture of Measuring Instrument	57	24	26

3-2-4 续表 5 continued

行业	Industry	港澳台投资企业 Enterprises with Funds from Hong Kong, Macau and Taiwan			
		项目建成投产率 (%) Rate of Projects Completed and Put into Use (%)	投资额 (亿元) Investment (100 million yuan)	新增固定资产 (亿元) Newly Increased Fixed Assets (100 million yuan)	固定资产交付使用率 (%) Rate of Fixed Assets Put into Use (%)
合计	**Total**	**48.00**	**1032.56**	**695.68**	**67.37**
医药制造业	**Manufacture of Medicines**	**45.33**	**120.63**	**75.11**	**62.27**
#化学药品制造	Manufacture of Chemical Medicine	50.00	75.05	38.63	51.47
中成药生产	Production of Finished Traditional Chinese Herbal Medicine	41.38	11.45	7.09	61.93
生物药品制造	Manufacture of Biological Medicine	36.00	13.86	22.25	160.59
航空、航天器及设备制造业	**Manufacture of Aircrafts and Spacecrafts and Related Equipment**	**25.00**	**10.62**	**7.91**	**74.49**
#飞机制造	Manufacture of Airplanes		0.51		
航天器制造	Manufacture of Spacecrafts	33.33	8.02	7.17	89.39
电子及通信设备制造业	**Manufacture of Electronic Equipment and Communication Equipment**	**48.97**	**652.86**	**485.51**	**74.37**
#通信设备制造	Manufacture of Communication Equipment	46.88	86.07	72.97	84.79
#通信系统设备制造	Manufacture of Communication System Equipment	44.44	6.21	3.60	57.96
通信终端设备制造	Manufacture of Communication Terminal Equipment	50.00	79.86	69.38	86.87
广播电视设备制造	Manufacture of Broadcasting and TV Equipment	42.86	33.40	14.21	42.55
雷达及配套设备制造	Manufacture of Radar and Its Fittings	80.00	6.12	9.83	160.50
视听设备制造	Manufacture of TV Set and Radio Receiver	36.00	15.20	13.72	90.27
电子器件制造	Manufacture of Electronic Appliances	47.58	208.75	156.35	74.90
#电子真空器件制造	Manufacture of Electronic Vacuum Appliance	60.00	14.71	8.87	60.31
半导体分立器件制造	Manufacture of Semiconductor Discreting Appliances	61.11	21.08	25.60	121.41
集成电路制造	Manufacture of Integrate Circuit	34.78	19.13	27.76	145.10
电子元件制造	Manufacture of Electronic Components	53.95	190.31	143.58	75.44
其他电子设备制造	Manufacture of Other Electronic Equipment	43.33	44.96	27.04	60.13
计算机及办公设备制造业	**Manufacture of Computers and Office Equipment**	**48.57**	**149.53**	**88.66**	**59.29**
#计算机整机制造	Manufacture of Entired Computer	45.45	42.87	34.38	80.18
计算机零部件制造	Manufacture of Computer Components and Parts	44.12	46.78	33.75	72.15
计算机外围设备制造	Manufacture of Computer Peripheral Equipment	55.56	49.07	12.00	24.46
办公设备制造	Manufacture of Office Equipment	100.00	0.25	0.25	100.00
医疗仪器设备及仪器仪表制造业	**Manufacture of Medical Equipments and Measuring Instrument**	**49.41**	**98.90**	**38.48**	**38.91**
1.医疗仪器设备及器械制造	Manufacture of Medical Equipment and Appliance	57.14	18.85	10.81	57.38
2.仪器仪表制造	Manufacture of Measuring Instrument	45.61	80.06	27.67	34.56

3-2-4 续表 6 continued

行 业	Industry	外商投资企业 Foreign Funded Enterprises 施工项目(个) Number of Projects under Construction (unit)	#新开工 Number of Projects Started This Year	建成投产项目(个) Number of Projects Completed and Put into Use (unit)
合计	**Total**	**952**	**556**	**517**
医药制造业	**Manufacture of Medicines**	**201**	**119**	**90**
#化学药品制造	Manufacture of Chemical Medicine	86	45	38
中成药生产	Production of Finished Traditional Chinese Herbal Medicine	27	18	16
生物药品制造	Manufacture of Biological Medicine	50	29	21
航空、航天器及设备制造业	**Manufacture of Aircrafts and Spacecrafts and Related Equipment**	**14**	**5**	**3**
#飞机制造	Manufacture of Airplanes	5		1
航天器制造	Manufacture of Spacecrafts			
电子及通信设备制造业	**Manufacture of Electronic Equipment and Communication Equipment**	**536**	**306**	**318**
#通信设备制造	Manufacture of Communication Equipment	34	15	16
#通信系统设备制造	Manufacture of Communication System Equipment	15	5	9
通信终端设备制造	Manufacture of Communication Terminal Equipment	19	10	7
广播电视设备制造	Manufacture of Broadcasting and TV Equipment	16	11	12
雷达及配套设备制造	Manufacture of Radar and Its Fittings	6	2	3
视听设备制造	Manufacture of TV Set and Radio Receiver	17	10	12
电子器件制造	Manufacture of Electronic Appliances	172	97	88
#电子真空器件制造	Manufacture of Electronic Vacuum Appliance	10	4	5
半导体分立器件制造	Manufacture of Semiconductor Discreting Appliances	14	10	7
集成电路制造	Manufacture of Integrate Circuit	61	40	34
电子元件制造	Manufacture of Electronic Components	171	103	116
其他电子设备制造	Manufacture of Other Electronic Equipment	47	26	28
计算机及办公设备制造业	**Manufacture of Computers and Office Equipment**	**66**	**34**	**36**
#计算机整机制造	Manufacture of Entired Computer	15	7	9
计算机零部件制造	Manufacture of Computer Components and Parts	24	11	12
计算机外围设备制造	Manufacture of Computer Peripheral Equipment	17	10	9
办公设备制造	Manufacture of Office Equipment	3	2	1
医疗仪器设备及仪器仪表制造业	**Manufacture of Medical Equipments and Measuring Instrument**	**135**	**92**	**70**
1.医疗仪器设备及器械制造	Manufacture of Medical Equipment and Appliance	51	36	26
2.仪器仪表制造	Manufacture of Measuring Instrument	84	56	44

3-2-4 续表 7 continued

行 业	Industry	外商投资企业 Foreign Funded Enterprises 项目建成投产率(%) Rate of Projects Completed and Put into Use (%)	投资额(亿元) Investment (100 million yuan)	新增固定资产(亿元) Newly Increased Fixed Assets (100 million yuan)	固定资产交付使用率(%) Rate of Fixed Assets Put into Use (%)
合计	**Total**	**54.31**	**1264.98**	**994.36**	**78.61**
医药制造业	**Manufacture of Medicines**	**44.78**	**144.12**	**88.65**	**61.51**
#化学药品制造	Manufacture of Chemical Medicine	44.19	82.82	56.88	68.68
中成药生产	Production of Finished Traditional Chinese Herbal Medicine	59.26	15.80	8.48	53.66
生物药品制造	Manufacture of Biological Medicine	42.00	23.29	13.48	57.86
航空、航天器及设备制造业	**Manufacture of Aircrafts and Spacecrafts and Related Equipment**	**21.43**	**33.61**	**13.69**	**40.72**
#飞机制造	Manufacture of Airplanes	20.00	6.68	2.39	35.75
航天器制造	Manufacture of Spacecrafts				
电子及通信设备制造业	**Manufacture of Electronic Equipment and Communication Equipment**	**59.33**	**824.73**	**683.46**	**82.87**
#通信设备制造	Manufacture of Communication Equipment	47.06	47.49	33.31	70.14
#通信系统设备制造	Manufacture of Communication System Equipment	60.00	23.98	22.68	94.58
通信终端设备制造	Manufacture of Communication Terminal Equipment	36.84	23.51	10.63	45.20
广播电视设备制造	Manufacture of Broadcasting and TV Equipment	75.00	12.07	13.02	107.86
雷达及配套设备制造	Manufacture of Radar and Its Fittings	50.00	7.10	5.92	83.41
视听设备制造	Manufacture of TV Set and Radio Receiver	70.59	32.01	20.08	62.72
电子器件制造	Manufacture of Electronic Appliances	51.16	413.48	333.23	80.59
#电子真空器件制造	Manufacture of Electronic Vacuum Appliance	50.00	8.34	2.01	24.07
半导体分立器件制造	Manufacture of Semiconductor Discreting Appliances	50.00	27.89	25.74	92.31
集成电路制造	Manufacture of Integrate Circuit	55.74	192.17	139.68	72.69
电子元件制造	Manufacture of Electronic Components	67.84	169.15	157.74	93.25
其他电子设备制造	Manufacture of Other Electronic Equipment	59.57	41.13	44.70	108.68
计算机及办公设备制造业	**Manufacture of Computers and Office Equipment**	**54.55**	**139.52**	**142.17**	**101.90**
#计算机整机制造	Manufacture of Entired Computer	60.00	37.79	34.61	91.58
计算机零部件制造	Manufacture of Computer Components and Parts	50.00	48.40	36.23	74.86
计算机外围设备制造	Manufacture of Computer Peripheral Equipment	52.94	40.13	59.44	148.13
办公设备制造	Manufacture of Office Equipment	33.33	5.46	4.27	78.19
医疗仪器设备及仪器仪表制造业	**Manufacture of Medical Equipments and Measuring Instrument**	**51.85**	**123.00**	**66.39**	**53.97**
1.医疗仪器设备及器械制造	Manufacture of Medical Equipment and Appliance	50.98	38.57	15.61	40.47
2.仪器仪表制造	Manufacture of Measuring Instrument	52.38	84.43	50.78	60.14

3-2-5 各地区国有及国有控股企业高技术产业投资基本情况(2012年)

Basic Statistics on Investment in Fixed Assets in High-tech Industry of State-owned and State-controlled Enterprises by Region (2012)

地区	Region	施工项目(个) Number of Projects under Construction (unit)	#新开工 Number of Projects Started This Year	建成投产项目(个) Number of Projects Completed and Put into Use (unit)	项目建成投产率(%) Rate of Projects Completed and Put into Use (%)	投资额(亿元) Investment (100 million yuan)	新增固定资产(亿元) Newly Increased Fixed Assets (100 million yuan)	固定资产交付使用率(%) Rate of Fixed Assets Put into Use (%)
全　国	**Total**	**741**	**427**	**338**	**45.61**	**1123.77**	**606.60**	**53.98**
东部地区	Eastern Region	267	139	110	41.20	386.65	163.97	42.41
中部地区	Middle Region	164	101	79	48.17	252.36	205.64	81.49
西部地区	Western Region	252	156	121	48.02	425.86	217.47	51.07
东北地区	Northeastern Region	58	31	28	48.28	58.90	19.51	33.13
北　京	Beijing	10	2	3	30.00	8.49	8.98	105.84
天　津	Tianjin	18	5	3	16.67	25.78	1.67	6.50
河　北	Hebei	23	11	14	60.87	40.74	16.84	41.34
山　西	Shanxi	9	5	3	33.33	30.24	27.58	91.21
内蒙古	Inner Mongolia							
辽　宁	Liaoning	17	13	9	52.94	31.15	9.32	29.93
吉　林	Jilin	16	8	12	75.00	6.15	4.19	68.08
黑龙江	Heilongjiang	25	10	7	28.00	21.60	6.00	27.80
上　海	Shanghai	39	10	2	5.13	48.26	2.89	5.99
江　苏	Jiangsu	81	53	53	65.43	166.63	97.00	58.21
浙　江	Zhejiang	29	19	11	37.93	17.61	9.87	56.07
安　徽	Anhui	33	21	17	51.52	64.89	41.90	64.57
福　建	Fujian	14	11	2	14.29	20.97	2.52	12.02
江　西	Jiangxi	20	15	9	45.00	42.61	11.84	27.80
山　东	Shandong	27	15	17	62.96	37.14	20.68	55.67
河　南	Henan	12	1	6	50.00	8.22	9.90	120.45
湖　北	Hubei	37	20	9	24.32	49.01	26.71	54.51
湖　南	Hunan	53	39	35	66.04	57.40	87.71	152.80
广　东	Guangdong	25	13	4	16.00	20.87	3.35	16.07
广　西	Guangxi	13	5	5	38.46	7.14	2.39	33.46
海　南	Hainan	1		1	100.00	0.16	0.16	100.00
重　庆	Chongqing	60	33	25	41.67	162.20	54.09	33.35
四　川	Sichuan	74	53	47	63.51	152.68	98.31	64.39
贵　州	Guizhou	13	5	5	38.46	28.26	16.03	56.73
云　南	Yunnan	10	6	2	20.00	5.71	1.33	23.29
西　藏	Tibet	2	2			0.04		
陕　西	Shaanxi	59	39	30	50.85	58.77	39.72	67.59
甘　肃	Gansu	17	11	7	41.18	8.72	5.59	64.10
青　海	Qinghai	1				0.60		
宁　夏	Ningxia	1				1.10		
新　疆	Xinjiang	2	2			0.65		

3-2-6 按地区和登记注册类型分高技术产业投资基本情况(2012年)

Basic Statistics on Investment in Fixed Assets in High-tech Industry by Region and Registration Status (2012)

地区	Region	内资企业 Domestic Funded						
		施工项目(个) Number of Projects under Construction (unit)	#新开工 Number of Projects Started This Year	建成投产项目(个) Number of Projects Completed and Put into Use (unit)	项目建成投产率(%) Rate of Projects Completed and Put into Use (%)	投资额(亿元) Investment (100 million yuan)	新增固定资产(亿元) Newly Increased Fixed Assets (100 million yuan)	固定资产交付使用率(%) Rate of Fixed Assets Put into Use (%)
全国	**Total**	**13941**	**9255**	**8064**	**57.84**	**10622.58**	**6679.28**	**62.88**
东部地区	Eastern Region	6503	4271	3664	56.34	4559.67	2934.32	64.35
中部地区	Middle Region	4114	2763	2483	60.35	3346.20	2036.20	60.85
西部地区	Western Region	2125	1378	1152	54.21	1778.61	1061.38	59.67
东北地区	Northeastern Region	1199	843	765	63.80	938.10	647.38	69.01
北京	Beijing	98	28	9	9.18	77.27	22.31	28.87
天津	Tianjin	239	148	122	51.05	226.48	122.58	54.12
河北	Hebei	492	285	293	59.55	435.55	273.53	62.80
山西	Shanxi	140	76	69	49.29	112.34	63.17	56.23
内蒙古	Inner Mongolia	95	76	56	58.95	205.07	60.72	29.61
辽宁	Liaoning	528	314	355	67.23	432.92	310.03	71.61
吉林	Jilin	466	397	291	62.45	353.49	237.85	67.29
黑龙江	Heilongjiang	205	132	119	58.05	151.69	99.51	65.60
上海	Shanghai	218	107	46	21.10	135.58	29.64	21.86
江苏	Jiangsu	2092	1582	1532	73.23	1660.24	1233.57	74.30
浙江	Zhejiang	1262	805	554	43.90	352.99	176.60	50.03
安徽	Anhui	903	581	523	57.92	652.37	309.91	47.51
福建	Fujian	345	176	166	48.12	186.31	79.61	42.73
江西	Jiangxi	835	586	582	69.70	633.65	431.92	68.16
山东	Shandong	1069	748	635	59.40	1009.27	550.58	54.55
河南	Henan	735	431	410	55.78	818.28	471.10	57.57
湖北	Hubei	641	424	349	54.45	646.22	390.87	60.49
湖南	Hunan	860	665	550	63.95	483.34	369.23	76.39
广东	Guangdong	677	386	304	44.90	452.27	440.73	97.45
广西	Guangxi	398	309	255	64.07	173.01	122.94	71.06
海南	Hainan	11	6	3	27.27	23.71	5.18	21.84
重庆	Chongqing	300	193	175	58.33	299.76	138.89	46.33
四川	Sichuan	632	384	378	59.81	622.13	479.28	77.04
贵州	Guizhou	44	26	14	31.82	85.58	37.16	43.42
云南	Yunnan	117	72	54	46.15	50.29	47.38	94.20
西藏	Tibet	17	10	4	23.53	3.72	1.21	32.53
陕西	Shaanxi	298	173	128	42.95	195.51	117.34	60.02
甘肃	Gansu	125	73	43	34.40	69.86	42.70	61.13
青海	Qinghai	22	11	15	68.18	15.81	4.93	31.16
宁夏	Ningxia	34	26	17	50.00	15.85	4.60	29.01
新疆	Xinjiang	43	25	13	30.23	42.01	4.25	10.11

3-2-6 续表 1 continued

地区	Region	#国有企业 State-owned Enterprises						
		施工项目(个) Number of Projects under Construction (unit)	#新开工 Number of Projects Started This Year	建成投产项目(个) Number of Projects Completed and Put into Use (unit)	项目建成投产率(%) Rate of Projects Completed and Put into Use (%)	投资额(亿元) Investment (100 million yuan)	新增固定资产(亿元) Newly Increased Fixed Assets (100 million yuan)	固定资产交付使用率(%) Rate of Fixed Assets Put into Use (%)
全国	**Total**	**679**	**397**	**318**	**46.83**	**1002.14**	**576.69**	**57.55**
东部地区	Eastern Region	241	126	103	42.74	334.38	158.95	47.53
中部地区	Middle Region	152	93	76	50.00	228.08	192.48	84.39
西部地区	Western Region	235	152	115	48.94	383.77	206.86	53.90
东北地区	Northeastern Region	51	26	24	47.06	55.91	18.40	32.91
北京	Beijing	10	2	3	30.00	8.49	8.98	105.84
天津	Tianjin	16	3	2	12.50	19.35	1.57	8.13
河北	Hebei	21	10	13	61.90	36.62	16.70	45.61
山西	Shanxi	7	3	2	28.57	17.44	20.48	117.45
内蒙古	Inner Mongolia							
辽宁	Liaoning	17	13	9	52.94	31.15	9.32	29.93
吉林	Jilin	12	6	8	66.67	5.04	3.07	61.01
黑龙江	Heilongjiang	22	7	7	31.82	19.72	6.00	30.44
上海	Shanghai	32	8	2	6.25	38.89	2.79	7.17
江苏	Jiangsu	78	50	51	65.38	143.71	95.28	66.30
浙江	Zhejiang	22	16	9	40.91	12.97	9.14	70.52
安徽	Anhui	30	19	17	56.67	60.20	41.90	69.60
福建	Fujian	14	11	2	14.29	20.97	2.52	12.02
江西	Jiangxi	16	12	8	50.00	37.63	10.22	27.16
山东	Shandong	25	14	16	64.00	34.13	18.66	54.66
河南	Henan	12	1	6	50.00	8.22	9.90	120.45
湖北	Hubei	36	20	9	25.00	48.28	26.71	55.34
湖南	Hunan	51	38	34	66.67	56.32	83.27	147.86
广东	Guangdong	22	12	4	18.18	19.10	3.14	16.44
广西	Guangxi	12	5	5	41.67	5.25	2.39	45.53
海南	Hainan	1		1	100.00	0.16	0.16	100.00
重庆	Chongqing	52	31	23	44.23	128.50	52.80	41.09
四川	Sichuan	73	53	47	64.38	150.19	98.31	65.46
贵州	Guizhou	10	5	2	20.00	26.80	7.72	28.82
云南	Yunnan	10	6	2	20.00	5.71	1.33	23.29
西藏	Tibet	2	2			0.04		
陕西	Shaanxi	57	39	29	50.88	57.09	38.71	67.80
甘肃	Gansu	16	10	7	43.75	8.42	5.59	66.40
青海	Qinghai	1				0.60		
宁夏	Ningxia	1				1.10		
新疆	Xinjiang	1	1			0.08		

3-2-6 续表 2 continued

地区	Region	港澳台投资企业 Enterprises with Funds from Hong Kong, Macau and Taiwan						
		施工项目(个) Number of Projects under Construction (unit)	#新开工 Number of Projects Started This Year	建成投产项目(个) Number of Projects Completed and Put into Use (unit)	项目建成投产率(%) Rate of Projects Completed and Put into Use (%)	投资额(亿元) Investment (100 million yuan)	新增固定资产(亿元) Newly Increased Fixed Assets (100 million yuan)	固定资产交付使用率(%) Rate of Fixed Assets Put into Use (%)
全　　国	**Total**	**750**	**382**	**360**	**48.00**	**1032.56**	**695.68**	**67.37**
东部地区	Eastern Region	606	302	291	48.02	713.64	515.35	72.21
中部地区	Middle Region	80	48	47	58.75	200.16	142.42	71.15
西部地区	Western Region	50	25	15	30.00	104.99	28.45	27.09
东北地区	Northeastern Region	14	7	7	50.00	13.77	9.47	68.76
北　京	Beijing	15	3	2	13.33	10.74	3.99	37.11
天　津	Tianjin	10	3	3	30.00	38.99	5.34	13.69
河　北	Hebei	9	2	4	44.44	8.75	0.67	7.69
山　西	Shanxi	1				5.88		
内蒙古	Inner Mongolia	4	4	1	25.00	19.51	0.48	2.46
辽　宁	Liaoning	6	1	4	66.67	5.86	1.96	33.48
吉　林	Jilin	3	2	2	66.67	6.65	7.10	106.86
黑龙江	Heilongjiang	5	4	1	20.00	1.26	0.40	31.78
上　海	Shanghai	39	15	8	20.51	24.84	24.17	97.28
江　苏	Jiangsu	176	110	119	67.61	281.37	246.19	87.50
浙　江	Zhejiang	94	44	31	32.98	38.17	20.12	52.70
安　徽	Anhui	18	13	11	61.11	20.63	12.80	62.06
福　建	Fujian	50	19	14	28.00	51.03	40.05	78.49
江　西	Jiangxi	20	11	13	65.00	16.63	10.42	62.65
山　东	Shandong	22	13	14	63.64	17.24	12.25	71.02
河　南	Henan	6	1	3	50.00	72.56	68.34	94.19
湖　北	Hubei	19	12	11	57.89	54.13	36.78	67.94
湖　南	Hunan	16	11	9	56.25	30.33	14.08	46.40
广　东	Guangdong	190	93	95	50.00	241.43	161.51	66.90
广　西	Guangxi	10	5	6	60.00	8.13	5.82	71.63
海　南	Hainan	1		1	100.00	1.07	1.07	100.00
重　庆	Chongqing	17	7	4	23.53	59.41	16.49	27.76
四　川	Sichuan	10	6	2	20.00	14.55	4.85	33.36
贵　州	Guizhou							
云　南	Yunnan	4	1	2	50.00	1.67	0.80	47.84
西　藏	Tibet							
陕　西	Shaanxi	4	2			1.55		
甘　肃	Gansu							
青　海	Qinghai							
宁　夏	Ningxia	1				0.17		
新　疆	Xinjiang							

3-2-6 续表 3 continued

地区	Region	外商投资企业 Foreign Funded Enterprises 施工项目(个) Number of Projects under Construction (unit)	#新开工 Number of Projects Started This Year	建成投产项目(个) Number of Projects Completed and Put into Use (unit)	项目建成投产率(%) Rate of Projects Completed and Put into Use (%)	投资额(亿元) Investment (100 million yuan)	新增固定资产(亿元) Newly Increased Fixed Assets (100 million yuan)	固定资产交付使用率(%) Rate of Fixed Assets Put into Use (%)
全国	**Total**	**952**	**556**	**517**	**54.31**	**1264.98**	**994.36**	**78.61**
东部地区	Eastern Region	783	448	420	53.64	1044.22	878.43	84.12
中部地区	Middle Region	83	50	50	60.24	117.62	53.39	45.39
西部地区	Western Region	48	33	28	58.33	60.21	32.21	53.50
东北地区	Northeastern Region	38	25	19	50.00	42.94	30.33	70.63
北京	Beijing	18	4	3	16.67	48.58	44.91	92.45
天津	Tianjin	44	22	17	38.64	48.60	45.05	92.70
河北	Hebei	9	3	3	33.33	9.86	7.93	80.37
山西	Shanxi	4		1	25.00	8.70	4.89	56.19
内蒙古	Inner Mongolia							
辽宁	Liaoning	13	10	5	38.46	17.68	8.82	49.89
吉林	Jilin	17	14	12	70.59	11.84	13.70	115.70
黑龙江	Heilongjiang	8	1	2	25.00	13.42	7.81	58.18
上海	Shanghai	59	33	14	23.73	111.73	70.05	62.69
江苏	Jiangsu	325	202	221	68.00	490.74	434.14	88.46
浙江	Zhejiang	115	59	40	34.78	44.58	29.53	66.25
安徽	Anhui	21	10	15	71.43	27.63	10.74	38.89
福建	Fujian	37	11	12	32.43	42.72	29.20	68.36
江西	Jiangxi	25	19	20	80.00	23.54	19.80	84.12
山东	Shandong	61	43	45	73.77	59.37	35.25	59.37
河南	Henan	6	6	3	50.00	7.92	5.40	68.20
湖北	Hubei	13	7	5	38.46	12.56	8.42	67.04
湖南	Hunan	14	8	6	42.86	37.27	4.13	11.09
广东	Guangdong	113	70	64	56.64	186.90	181.25	96.98
广西	Guangxi	13	8	11	84.62	14.06	14.37	102.19
海南	Hainan	2	1	1	50.00	1.13	1.13	100.00
重庆	Chongqing	14	9	6	42.86	12.42	2.44	19.64
四川	Sichuan	10	8	7	70.00	6.45	4.33	67.25
贵州	Guizhou							
云南	Yunnan	5	4	3	60.00	2.25	1.21	53.98
西藏	Tibet							
陕西	Shaanxi	6	4	1	16.67	25.03	9.85	39.35
甘肃	Gansu							
青海	Qinghai							
宁夏	Ningxia							
新疆	Xinjiang							

3-2-7 按地区和行业分高技术产业投资基本情况(2012年)
Basic Statistics on Investment in Fixed Assets in High-tech Industry by Region and Industrial Sector (2012)

地区	Region	医药制造业 Medical and Pharmaceutical Products Manufacturing						
		施工项目(个) Number of Projects under Construction (unit)	#新开工 Number of Projects Started This Year	建成投产项目(个) Number of Projects Completed and Put into Use (unit)	项目建成投产率(%) Rate of Projects Completed and Put into Use (%)	投资额(亿元) Investment (100 million yuan)	新增固定资产(亿元) Newly Increased Fixed Assets (100 million yuan)	固定资产交付使用率(%) Rate of Fixed Assets Put into Use (%)
全国	**Total**	**4988**	**3264**	**2785**	**55.83**	**3575.38**	**2135.58**	**59.73**
东部地区	Eastern Region	1906	1196	985	51.68	1343.96	755.89	56.24
中部地区	Middle Region	1491	978	929	62.31	1049.05	657.72	62.70
西部地区	Western Region	981	648	522	53.21	680.40	383.34	56.34
东北地区	Northeastern Region	610	442	349	57.21	501.96	338.63	67.46
北京	Beijing	67	20	8	11.94	42.15	9.18	21.77
天津	Tianjin	85	49	33	38.82	53.16	33.09	62.24
河北	Hebei	202	122	116	57.43	181.83	105.70	58.13
山西	Shanxi	87	46	47	54.02	62.11	30.33	48.83
内蒙古	Inner Mongolia	62	52	36	58.06	154.88	26.81	17.31
辽宁	Liaoning	156	95	90	57.69	141.64	105.23	74.29
吉林	Jilin	328	269	187	57.01	263.23	171.52	65.16
黑龙江	Heilongjiang	126	78	72	57.14	97.10	61.89	63.74
上海	Shanghai	85	45	20	23.53	51.06	15.15	29.66
江苏	Jiangsu	373	276	250	67.02	311.26	226.90	72.90
浙江	Zhejiang	352	207	162	46.02	125.42	61.96	49.40
安徽	Anhui	300	169	159	53.00	152.78	62.17	40.69
福建	Fujian	107	51	49	45.79	45.39	29.55	65.10
江西	Jiangxi	276	206	207	75.00	181.51	122.48	67.48
山东	Shandong	454	318	267	58.81	437.87	216.35	49.41
河南	Henan	320	192	184	57.50	307.83	181.64	59.01
湖北	Hubei	264	180	165	62.50	209.41	163.08	77.88
湖南	Hunan	244	185	167	68.44	135.41	98.02	72.38
广东	Guangdong	170	103	75	44.12	86.54	50.65	58.53
广西	Guangxi	183	136	123	67.21	80.44	58.82	73.13
海南	Hainan	11	5	5	45.45	9.28	7.38	79.52
重庆	Chongqing	76	50	46	60.53	44.15	20.49	46.42
四川	Sichuan	262	162	149	56.87	181.38	151.64	83.60
贵州	Guizhou	14	9	3	21.43	22.89	5.95	26.00
云南	Yunnan	102	62	49	48.04	35.18	38.32	108.95
西藏	Tibet	16	9	3	18.75	3.24	0.73	22.54
陕西	Shaanxi	105	65	47	44.76	61.78	41.26	66.79
甘肃	Gansu	89	58	30	33.71	46.89	27.72	59.11
青海	Qinghai	16	9	12	75.00	8.35	4.05	48.52
宁夏	Ningxia	26	19	14	53.85	11.88	4.17	35.14
新疆	Xinjiang	30	17	10	33.33	29.34	3.36	11.45

3-2-7 续表 1 continued

地 区	Region	航空、航天器及设备制造业 Manufacture of Aircrafts and Spacecrafts and Related Equipment						
		施工项目(个) Number of Projects under Construction (unit)	#新开工 Number of Projects Started This Year	建成投产项目(个) Number of Projects Completed and Put into Use (unit)	项目建成投产率(%) Rate of Projects Completed and Put into Use (%)	投资额(亿元) Investment (100 million yuan)	新增固定资产(亿元) Newly Increased Fixed Assets (100 million yuan)	固定资产交付使用率(%) Rate of Fixed Assets Put into Use (%)
全 国	**Total**	**330**	**180**	**155**	**46.97**	**434.03**	**256.81**	**59.17**
东部地区	Eastern Region	136	77	60	44.12	203.11	89.57	44.10
中部地区	Middle Region	63	33	37	58.73	107.92	97.05	89.93
西部地区	Western Region	95	49	39	41.05	92.96	57.65	62.02
东北地区	Northeastern Region	36	21	19	52.78	30.04	12.54	41.73
北 京	Beijing	4	1			3.70		
天 津	Tianjin	18	12	9	50.00	33.04	6.91	20.92
河 北	Hebei	24	10	14	58.33	16.61	7.57	45.59
山 西	Shanxi	2	2			4.22		
内蒙古	Inner Mongolia	2	2	1	50.00	3.69	0.85	23.01
辽 宁	Liaoning	19	15	12	63.16	19.10	7.91	41.43
吉 林	Jilin	5	3	5	100.00	2.04	2.04	100.00
黑龙江	Heilongjiang	12	3	2	16.67	8.91	2.59	29.07
上 海	Shanghai	9	2			23.72	0.65	2.76
江 苏	Jiangsu	54	36	25	46.30	95.83	60.40	63.03
浙 江	Zhejiang	6	6	2	33.33	3.19	0.69	21.53
安 徽	Anhui	4	2	4	100.00	0.91	0.98	108.27
福 建	Fujian	2		1	50.00	1.23	0.05	4.05
江 西	Jiangxi	18	12	8	44.44	37.46	7.64	20.39
山 东	Shandong	11	8	6	54.55	20.05	12.12	60.45
河 南	Henan	11	3	6	54.55	4.29	1.60	37.22
湖 北	Hubei	15	6	9	60.00	23.01	17.49	76.01
湖 南	Hunan	13	8	10	76.92	38.04	69.34	182.30
广 东	Guangdong	8	2	3	37.50	5.75	1.17	20.32
广 西	Guangxi	10	7	6	60.00	3.97	1.98	49.95
海 南	Hainan							
重 庆	Chongqing	3	1			4.57		
四 川	Sichuan	13	8	7	53.85	28.90	22.14	76.61
贵 州	Guizhou	11	3	5	45.45	18.30	16.03	87.59
云 南	Yunnan							
西 藏	Tibet							
陕 西	Shaanxi	52	26	20	38.46	30.55	16.65	54.51
甘 肃	Gansu	2	1			1.59		
青 海	Qinghai							
宁 夏	Ningxia	2	1			1.39		
新 疆	Xinjiang							

3-2-7 续表 2 continued

地 区	Region	电子及通信设备制造业 Manufacture of Electronic Equipment and Communication Equipment						
		施工项目(个) Number of Projects under Construction (unit)	#新开工 Number of Projects Started This Year	建成投产项目(个) Number of Projects Completed and Put into Use (unit)	项目建成投产率(%) Rate of Projects Completed and Put into Use (%)	投资额(亿元) Investment (100 million yuan)	新增固定资产(亿元) Newly Increased Fixed Assets (100 million yuan)	固定资产交付使用率(%) Rate of Fixed Assets Put into Use (%)
全 国	**Total**	**6874**	**4406**	**3921**	**57.04**	**6336.97**	**4271.88**	**67.41**
东部地区	Eastern Region	3982	2482	2244	56.35	3448.61	2580.69	74.83
中部地区	Middle Region	1884	1251	1091	57.91	1879.01	1104.99	58.81
西部地区	Western Region	710	470	382	53.80	725.82	400.89	55.23
东北地区	Northeastern Region	298	203	204	68.46	283.53	185.31	65.36
北 京	Beijing	34	7	2	5.88	78.62	49.98	63.57
天 津	Tianjin	129	81	70	54.26	143.75	111.72	77.72
河 北	Hebei	180	101	113	62.78	155.51	111.71	71.84
山 西	Shanxi	33	19	11	33.33	51.06	33.44	65.49
内蒙古	Inner Mongolia	19	13	9	47.37	47.04	26.67	56.69
辽 宁	Liaoning	183	107	130	71.04	192.13	118.00	61.42
吉 林	Jilin	69	64	45	65.22	59.38	44.48	74.91
黑龙江	Heilongjiang	46	32	29	63.04	32.01	22.82	71.29
上 海	Shanghai	155	68	32	20.65	148.30	75.60	50.98
江 苏	Jiangsu	1414	1010	1035	73.20	1434.69	1162.49	81.03
浙 江	Zhejiang	742	459	307	41.37	216.21	123.49	57.12
安 徽	Anhui	436	292	262	60.09	414.53	209.93	50.64
福 建	Fujian	239	106	108	45.19	190.40	95.75	50.29
江 西	Jiangxi	393	250	254	64.63	316.51	225.33	71.19
山 东	Shandong	437	295	262	59.95	421.83	259.07	61.42
河 南	Henan	279	154	150	53.76	453.90	293.64	64.69
湖 北	Hubei	265	172	129	48.68	344.20	177.77	51.65
湖 南	Hunan	478	364	285	59.62	298.82	164.88	55.18
广 东	Guangdong	649	353	315	48.54	642.67	590.87	91.94
广 西	Guangxi	158	120	92	58.23	76.72	51.90	67.65
海 南	Hainan	3	2			16.63		
重 庆	Chongqing	136	84	81	59.56	148.19	61.17	41.28
四 川	Sichuan	247	162	147	59.51	289.90	187.96	64.84
贵 州	Guizhou	15	11	5	33.33	36.96	11.68	31.60
云 南	Yunnan	14	9	8	57.14	11.27	10.43	92.57
西 藏	Tibet	1	1	1	100.00	0.48	0.48	100.00
陕 西	Shaanxi	89	53	31	34.83	84.09	45.54	54.16
甘 肃	Gansu	17	8	5	29.41	11.32	4.28	37.78
青 海	Qinghai	4	1	1	25.00	6.26	0.17	2.77
宁 夏	Ningxia	3	3	1	33.33	2.13	0.12	5.64
新 疆	Xinjiang	7	5	1	14.29	11.49	0.50	4.35

3-2-7 续表 3 continued

地 区	Region	计算机及办公设备制造业 Manufacture of Computer and Office Equipments 施工项目(个) Number of Projects under Construction (unit)	#新开工 Number of Projects Started This Year	建成投产项目(个) Number of Projects Completed and Put into Use (unit)	项目建成投产率(%) Rate of Projects Completed and Put into Use (%)	投资额(亿元) Investment (100 million yuan)	新增固定资产(亿元) Newly Increased Fixed Assets (100 million yuan)	固定资产交付使用率(%) Rate of Fixed Assets Put into Use (%)
全 国	**Total**	**766**	**496**	**449**	**58.62**	**836.31**	**580.32**	**69.39**
东部地区	Eastern Region	391	241	219	56.01	410.23	314.96	76.77
中部地区	Middle Region	182	133	110	60.44	201.66	99.04	49.11
西部地区	Western Region	140	93	84	60.00	194.39	146.91	75.57
东北地区	Northeastern Region	53	29	36	67.92	30.03	19.42	64.67
北 京	Beijing	3		1	33.33	5.11	6.35	124.22
天 津	Tianjin	16	8	8	50.00	47.46	6.05	12.76
河 北	Hebei	11	3	8	72.73	21.23	20.09	94.63
山 西	Shanxi	3	1	1	33.33	3.02	0.71	23.45
内蒙古	Inner Mongolia							
辽 宁	Liaoning	36	16	30	83.33	17.82	13.84	77.67
吉 林	Jilin	9	8	4	44.44	4.63	2.47	53.38
黑龙江	Heilongjiang	8	5	2	25.00	7.58	3.11	41.01
上 海	Shanghai	17	10	4	23.53	37.13	28.32	76.27
江 苏	Jiangsu	124	97	99	79.84	135.89	119.56	87.98
浙 江	Zhejiang	74	42	29	39.19	26.64	7.00	26.30
安 徽	Anhui	47	38	27	57.45	58.59	25.10	42.84
福 建	Fujian	31	15	14	45.16	13.23	7.47	56.44
江 西	Jiangxi	46	32	37	80.43	38.19	28.77	75.35
山 东	Shandong	46	32	26	56.52	40.41	20.26	50.13
河 南	Henan	27	16	15	55.56	38.57	17.91	46.44
湖 北	Hubei	26	17	12	46.15	33.46	11.87	35.46
湖 南	Hunan	33	29	18	54.55	29.84	14.68	49.21
广 东	Guangdong	69	34	30	43.48	83.13	99.86	120.11
广 西	Guangxi	26	23	21	80.77	20.46	19.59	95.74
海 南	Hainan							
重 庆	Chongqing	74	50	38	51.35	112.21	57.36	51.12
四 川	Sichuan	30	17	21	70.00	51.15	63.31	123.77
贵 州	Guizhou							
云 南	Yunnan	1				0.34		
西 藏	Tibet							
陕 西	Shaanxi	7	2	3	42.86	5.95	2.64	44.35
甘 肃	Gansu	2	1	1	50.00	4.28	4.00	93.55
青 海	Qinghai							
宁 夏	Ningxia							
新 疆	Xinjiang							

3-2-7 续表 4 continued

地 区	Region	医疗仪器设备及仪器仪表制造业 Manufacture of Medical Equipments and Measuring Instrument 施工项目(个) Number of Projects under Construction (unit)	#新开工 Number of Projects Started This Year	建成投产项目(个) Number of Projects Completed and Put into Use (unit)	项目建成投产率(%) Rate of Projects Completed and Put into Use (%)	投资额(亿元) Investment (100 million yuan)	新增固定资产(亿元) Newly Increased Fixed Assets (100 million yuan)	固定资产交付使用率(%) Rate of Fixed Assets Put into Use (%)
全 国	**Total**	**2723**	**1877**	**1658**	**60.89**	**1749.97**	**1132.55**	**64.72**
东部地区	Eastern Region	1488	1033	876	58.87	914.67	590.02	64.51
中部地区	Middle Region	672	479	423	62.95	430.71	276.35	64.16
西部地区	Western Region	302	178	173	57.28	250.78	134.05	53.45
东北地区	Northeastern Region	261	187	186	71.26	153.80	132.12	85.90
北 京	Beijing	23	7	3	13.04	7.01	5.70	81.30
天 津	Tianjin	45	23	22	48.89	36.66	15.19	41.43
河 北	Hebei	93	54	49	52.69	78.98	37.05	46.91
山 西	Shanxi	20	8	11	55.00	6.51	3.58	54.99
内 蒙 古	Inner Mongolia	16	13	11	68.75	18.97	6.88	36.25
辽 宁	Liaoning	157	96	103	65.61	89.51	76.10	85.02
吉 林	Jilin	78	72	66	84.62	43.52	38.71	88.93
黑 龙 江	Heilongjiang	26	19	17	65.38	20.77	17.31	83.34
上 海	Shanghai	50	30	12	24.00	11.95	4.13	34.58
江 苏	Jiangsu	629	476	464	73.77	454.96	344.83	75.79
浙 江	Zhejiang	304	198	131	43.09	65.27	34.18	52.36
安 徽	Anhui	155	103	97	62.58	73.82	35.28	47.79
福 建	Fujian	53	34	20	37.74	29.87	16.10	53.91
江 西	Jiangxi	152	121	112	73.68	101.66	79.14	77.84
山 东	Shandong	206	153	134	65.05	166.46	90.90	54.61
河 南	Henan	112	74	62	55.36	95.03	50.62	53.27
湖 北	Hubei	104	68	51	49.04	103.02	66.04	64.11
湖 南	Hunan	129	105	90	69.77	50.67	41.70	82.29
广 东	Guangdong	85	58	41	48.24	63.51	41.94	66.03
广 西	Guangxi	45	37	31	68.89	13.69	10.91	79.72
海 南	Hainan							
重 庆	Chongqing	42	24	20	47.62	62.47	18.79	30.08
四 川	Sichuan	104	50	67	64.42	92.27	64.15	69.52
贵 州	Guizhou	4	3	1	25.00	7.44	3.50	47.07
云 南	Yunnan	9	6	2	22.22	7.44	0.64	8.56
西 藏	Tibet							
陕 西	Shaanxi	55	33	28	50.91	39.71	21.09	53.10
甘 肃	Gansu	15	5	7	46.67	5.78	6.71	116.00
青 海	Qinghai	2	1	2	100.00	1.20	0.70	58.33
宁 夏	Ningxia	4	3	2	50.00	0.63	0.31	48.77
新 疆	Xinjiang	6	3	2	33.33	1.19	0.39	32.91

4

国际比较情况
International Comparison

4-1 部分国家高技术产业R&D经费占工业总产值比例
The Ratio of R&D Expenditure to Gross Industrial Output Value of High Technology Industry in Selected Countries

(%)

国家	Countries	高技术产业 High Technology Industry	飞机和航天器制造业 Aircraft and Spacecraft	医药制造业 Pharmacruticals	办公、会计和计算机制造业 Office, accounting and computing Machinery	广播、电视及通信设备制造业 Radio, Television and communication Equipment	医疗、精密仪器和光学器具制造业 Medical, Precision and Optical Instruments
中国	China (2012)*	1.68	7.28	1.60	0.77	1.78	1.99
美国	USA (2009)	19.74	18.76	23.63	14.49	21.20	16.17
日本	Japan(2008)	10.50	2.90	16.40	7.61	8.90	16.98
德国	Germany(2007)	6.87	8.65	8.27	4.46	6.28	6.28
英国	UK(2006)	11.10	10.70	24.92	0.38	7.56	3.63
法国	France(2006)	7.74	5.20	8.69	7.94	12.24	7.08
意大利	Italy (2007)	3.82	13.43	1.79	1.23	4.48	2.60
加拿大	Canada(2006)	11.50	6.27	11.88	10.92	14.52	
西班牙	Spain (2007)	5.22	6.87	6.25	3.80	3.85	3.24
韩国	Korea(2006)	5.86	9.02	2.51	3.93	6.65	2.16
瑞典	Sweden(2007)	13.18	12.91	13.44	13.92	14.73	8.99
丹麦	Denmark (2006)			18.40	5.09	11.49	8.32
挪威	Norway(2007)	5.67	1.09	5.48	0.85	7.51	5.91
芬兰	Finland(2007)	11.50	4.81	24.50	2.34	11.76	4.91

*按规模以上工业企业计算。
数据来源：国外数据来自经济合作与发展组织《结构分析数据库2011》、《企业研发分析数据库2011》。
Calculated by data of enterprises above designated size .
Foreign Countries' data sourced from OECD, DSTI (STAN Industrial database) 2011 and ANBERD Database 2011.

4-2 部分国家高技术产业R&D经费占工业增加值比例
The Ratio of R&D Expenditure to Value Added of Industry of High Technology Industry in Selected Countries

(%)

国家	Countries	高技术产业 High Technology Industry	飞机和航天器制造业 Aircraft and Spacecraft	医药制造业 Pharmacruticals	办公、会计和计算机制造业 Office, accounting and computing Machinery	广播、电视及通信设备制造业 Radio, Television and communication Equipment	医疗、精密仪器和光学器具制造业 Medical, Precision and Optical Instruments
中国	China (2007)*	6.01	15.39	4.66	3.87	6.78	6.28
美国	USA (2009)	39.07	49.23	49.37	29.22	36.85	25.67
日本	Japan(2008)	31.29	6.31	52.67	41.60	24.96	37.53
德国	Germany(2007)	18.05	27.88	19.84	15.41	20.15	13.11
英国	UK(2006)	26.81	30.26	48.53	1.04	23.35	7.64
法国	France(2006)	32.63	36.39	32.99	30.27	49.91	18.31
意大利	Italy (2007)	11.81	66.68	5.83	5.72	11.61	7.29
加拿大	Canada(2006)	29.82	15.70	26.13	48.38	40.28	
西班牙	Spain (2007)	17.13	24.90	18.42	13.77	18.34	8.49
韩国	Korea(2006)	22.06	33.29	7.94	20.71	25.22	8.11
瑞典	Sweden(2007)	35.41	35.81	26.57	38.52	54.74	21.28
丹麦	Denmark (2006)			44.48	14.02	33.66	16.24
挪威	Norway(2007)	14.86	3.73	10.91	4.34	20.11	16.68
芬兰	Finland(2007)	29.21	12.74	40.67	7.82	30.55	12.11

注：*按规模以上工业企业计算。
数据来源：国外数据来自经济合作与发展组织《结构分析数据库2011》、《企业研发分析数据库2011》。
Calculated by data of enterprises above designated size .
Foreign Countries' data sourced from OECD, DSTI (STAN Industrial database) 2011 and ANBERD Database 2011.

4-3　部分国家高技术产业增加值占制造业增加值的比重(2001-2009)

The Ratio of Value Added of High Technology Industry to Value Added of Manufacturing in Selected Countries (2001-2009)

(%)

国　家	Countries	2001	2002	2003	2004	2005	2006	2007	2008	2009
中　国	China *	9.5	9.9	10.5	10.9	11.5	11.5	12.7		
美　国	USA	17.0	17.0	17.2	17.5	18.1	19.2	19.1	19.7	21.2
日　本	Japan	15.9	15.3	16.5	16.9	15.7	16.1	16.2	15.4	
德　国	Germany	10.5	10.8	11.4	11.8	12.4	12.2	12.8		
英　国	UK	17.0	16.2	15.7	15.5	16.2	17.2	17.1		
法　国	France	15.1	14.9	14.7	13.5	14.2	14.9	14.0	13.9	
意大利	Italy	9.8	9.7	9.3	9.3	9.1	9.4	9.0		
加拿大	Canada	8.7	8.1	8.5	8.2	8.6	9.2			
西班牙	Spain	6.9	6.2	6.2	5.9	5.9	6.1	6.2		
韩　国	Korea	20.9	21.6	22.2	23.7	22.7	23.0			
瑞　典	Sweden	13.6	15.7	17.5	20.8	21.1	20.9	18.7		
丹　麦	Denmark	16.5	14.6	16.3	15.8	17.5	16.7	16.0		
挪　威	Norway	7.5	7.8	7.6	7.7	7.8	8.4	8.1		
芬　兰	Finland	20.3	23.4	23.7	22.0	22.2	22.3	23.5		

*按全部工业企业计算。

数据来源：国外数据来自经济合作与发展组织《结构分析数据库2011》。

Caculated by all industry enterprises' data.

Foreign Countries' data sourced from OECD, DSTI (STAN Industrial database) 2011.

4-4　部分国家高技术产业出口占制造业出口的比重(2002-2011年)

The Ratio of Exports of High Technology Industry to Exports of Manufacturing in Selected Countries (2002-2011)

(%)

国　家	Countries	2002	2003	2004	2005	2006	2007	2008	2009	2010	2011
中　国	China	23.7	27.4	30.1	30.8	30.5	26.7	25.6	27.5	27.5	25.8
美　国	USA	31.8	30.8	30.3	29.9	30.1	27.2	25.9	21.5	19.9	18.1
日　本	Japan	24.8	24.4	24.1	23.0	22.1	18.4	17.3	18.8	18.0	17.5
德　国	Germany	17.5	16.9	17.8	17.4	17.1	14.0	13.3	15.3	15.3	15.0
英　国	UK	31.7	26.3	24.5	28.3	33.9	18.9	18.5	21.8	21.0	21.3
法　国	France	21.5	19.7	19.8	20.3	21.5	18.5	20.0	22.6	24.9	23.7
意大利	Italy	9.2	8.0	8.0	8.0	7.3	6.3	6.4	7.5	7.2	7.4
加拿大	Canada	14.2	13.7	12.1	13.1	13.3	12.8	13.6	16.3	14.0	13.4
西班牙	Spain	7.2	7.5	7.3	7.3	6.4	5.1	5.3	6.2	6.4	
韩　国	Korea	31.5	32.3	32.9	32.5	32.1	30.5	27.6	28.7	29.5	25.7
瑞　典	Sweden	18.2	16.3	17.4	16.9	16.1	11.5	11.2	12.9	13.7	13.3
丹　麦	Denmark	22.5	20.2	20.3	22.5	19.9	16.8	15.6	17.7	14.1	13.9
挪　威	Norway	20.6	16.8	17.4	16.1	17.2	14.7	14.8	15.8	16.2	18.5
芬　兰	Finland	24.1	23.7	20.9	25.1	22.3	18.0	17.2	14.0	10.9	9.3

数据来源：世界银行《世界发展指标2013》。

World Bank, World Development Indicators 2013.

附　　录
Appendix

附录 1　高技术产业（制造业）分类（2013）

High-technology Industry（Manufacturing Industry）Classifications (2013)

一、目的

为界定高技术产业（制造业）统计范围，特制定本分类。本分类适用于各地区、各部门开展高技术制造业统计调查。

二、定义和范围

本分类规定的高技术产业（制造业）是指国民经济行业中 R&D 投入强度（即 R&D 经费支出占主营业务收入的比重）相对较高的制造业行业，包括：医药制造，航空、航天器及设备制造，电子及通信设备制造，计算机及办公设备制造，医疗仪器设备及仪器仪表制造，信息化学品制造等 6 大类。

R&D（即研究与试验发展）是指在科学技术领域，为增加知识总量，以及运用这些知识创造新的应用而进行的系统的创造性活动。

三、编制原则

（一）以《国民经济行业分类》为基础。

本分类是以《国民经济行业分类》（GB/T 4754-2011）为基础，对国民经济行业分类中符合高技术产业（制造业）范畴相关活动的再分类。

（二）借鉴国际分类标准。

本分类借鉴 OECD（经济合作与发展组织）关于高技术产业的分类方法；分类表中第一类至第五类内容可与有关国际分类基本衔接，能够满足国际比较的需要。

四、结构和编码

本分类将高技术制造业划分为三层。

第一层为 6 个大类，用汉字数字一、二……表示；

第二层为 29 个中类，用汉字数字（一）、（二）……表示；

第三层为 42 个小类。

本分类已标明与《国民经济行业分类》（GB/T 4754-2011）直接对应的行业类别的相应代码。

五、对有关问题的说明

本分类在《高技术产业统计分类目录》（国统字〔2002〕33 号）的基础上修订完成，采用了原分类的基本结构框架。

本分类中与《国民经济行业分类》（GB/T 4754-2011）对应的行业类别的具体范围说明参见《2011 国民经济行业分类注释》。

六、高技术产业（制造业）分类表

名　称	国民经济行业分类代码
一、医药制造业	27
（一）化学药品制造	
化学药品原料药制造	2710
化学药品制剂制造	2720
（二）中药饮片加工	2730
（三）中成药生产	2740
（四）兽用药品制造	2750
（五）生物药品制造	2760
（六）卫生材料及医药用品制造	2770
二、航空、航天器及设备制造业	
（一）飞机制造	3741
（二）航天器制造	3742
（三）航空、航天相关设备制造	3743
（四）其他航空航天器制造	3749
（五）航空航天器修理	4343
三、电子及通信设备制造业	
（一）电子工业专用设备制造	3562
（二）光纤、光缆制造	3832
（三）锂离子电池制造	3841
（四）通信设备制造	392
通信系统设备制造	3921
通信终端设备制造	3922
（五）广播电视设备制造	393
广播电视节目制作及发射设备制造	3931
广播电视接收设备及器材制造	3932
应用电视设备及其他广播电视设备制造	3939

续表

名　称	国民经济行业分类代码
（六）雷达及配套设备制造	3940
（七）视听设备制造	395
电视机制造	3951
音响设备制造	3952
影视录放设备制造	3953
（八）电子器件制造	396
电子真空器件制造	3961
半导体分立器件制造	3962
集成电路制造	3963
光电子器件及其他电子器件制造	3969
（九）电子元件制造	397
电子元件及组件制造	3971
印制电路版制造	3972
（十）其他电子设备制造	3990
四、计算机及办公设备制造业	
（一）计算机整机制造	3911
（二）计算机零部件制造	3912
（三）计算机外围设备制造	3913
（四）其他计算机制造	3919
（五）办公设备制造	
复印和胶印设备制造	3474
计算器及货币专用设备制造	3475
五、医疗仪器设备及仪器仪表制造业	
（一）医疗仪器设备及器械制造	358
医疗诊断、监护及治疗设备制造	3581
口腔科用设备及器具制造	3582

续表

名　称	国民经济行业分类代码
医疗实验室及医用消毒设备和器具制造	3583
医疗、外科及兽医用器械制造	3584
机械治疗及病房护理设备制造	3585
假肢、人工器官及植（介）入器械制造	3586
其他医疗设备及器械制造	3589
（二）仪器仪表制造	
工业自动控制系统装置制造	4011
电工仪器仪表制造	4012
绘图、计算及测量仪器制造	4013
实验分析仪器制造	4014
试验机制造	4015
供应用仪表及其他通用仪器制造	4019
环境监测专用仪器仪表制造	4021
运输设备及生产用计数仪表制造	4022
导航、气象及海洋专用仪器制造	4023
农林牧渔专用仪器仪表制造	4024
地质勘探和地震专用仪器制造	4025
教学专用仪器制造	4026
核子及核辐射测量仪器制造	4027
电子测量仪器制造	4028
其他专用仪器制造	4029
光学仪器制造	4041
其他仪器仪表制造业	4090
六、信息化学品制造业	
（一）信息化学品制造	2664

附录2 《高技术产业（制造业）分类（2013）》与《高技术产业统计分类目录》（国统字〔2002〕33号）对照表

Check List of High-technology Industry（Manufacturing Industry）Classifications（2013）and Statistics Catalogue of High-technology Industry Classifications（2002）

高技术产业（制造业）分类（2013）及对应2011国民经济行业分类代码		《高技术产业统计分类目录》（2002）及对应2002国民经济行业分类代码		说　明
		核燃料加工	253	删除
一、医药制造业	27	医药制造业	27	
（一）化学药品制造				
化学药品原料药制造	2710	化学药品原药制造	2710	更名
化学药品制剂制造	2720	化学药品制剂制造	2720	
（二）中药饮片加工	2730	中药饮片加工	2730	
（三）中成药生产	2740	中成药制造	2740	更名
（四）兽用药品制造	2750	兽用药品制造	2750	
（五）生物药品制造	2760	生物、生化制品的制造	2760	更名
（六）卫生材料及医药用品制造	2770	卫生材料及医药用品制造	2770	
二、航空、航天器及设备制造业		航空航天器制造	376	
（一）飞机制造	3741	飞机制造及修理	3761	旧行业3761部分内容调出
（二）航天器制造	3742	航天器制造	3762	
（三）航空、航天相关设备制造	3743			新增
（四）其他航空航天器制造	3749	其他飞行器制造	3769	更名
（五）航空航天器修理	4343			新增，旧行业3761部分内容调入
三、电子及通信设备制造业				
（一）电子工业专用设备制造	3562			新增
（二）光纤、光缆制造	3832			新增
（三）锂离子电池制造	3841			新增
（四）通信设备制造	392	通信设备制造	401	
通信系统设备制造	3921	通信传输设备制造	4011	旧行业4011、4012和4019合并
		通信交换设备制造	4012	
		其他通信设备制造	4019	
通信终端设备制造	3922	通信终端设备制造	4013	旧行业4013和4014合并
		移动通信及终端设备制造	4014	
（五）广播电视设备制造	393	广播电视设备制造	403	
广播电视节目制作及发射设备制造	3931	广播电视节目制作及发射设备制造	4031	
广播电视接收设备及器材制造	3932	广播电视接收设备及器材制造	4032	

续表

高技术产业（制造业）分类（2013）及对应2011国民经济行业分类代码		《高技术产业统计分类目录》（2002）及对应2002国民经济行业分类代码		说　明
应用电视设备及其他广播电视设备制造	3939	应用电视设备及其他广播电视设备制造	4039	
（六）雷达及配套设备制造	3940	雷达及配套设备制造	402	
（七）视听设备制造	395	家用视听设备制造	407	更名
电视机制造	3951	家用影视设备制造	4071	旧行业4071分解
音响设备制造	3952	家用音响设备制造	4072	更名
影视录放设备制造	3953	家用影视设备制造	4071	旧行业4071分解
（八）电子器件制造	396	电子器件制造	405	
电子真空器件制造	3961	电子真空器件制造	4051	
半导体分立器件制造	3962	半导体分立器件制造	4052	
集成电路制造	3963	集成电路制造	4053	
光电子器件及其他电子器件制造	3969	光电子器件及其他电子器件制造	4059	
（九）电子元件制造	397	电子元件制造	406	
电子元件及组件制造	3971	电子元件及组件制造	4061	
印制电路版制造	3972	印制电路版制造	4062	
（十）其他电子设备制造	3990	其他电子设备制造	409	
四、计算机及办公设备制造业				与旧行业404、4154、4155对应
		电子计算机制造	404	
（一）计算机整机制造	3911	电子计算机整机制造	4041	
（二）计算机零部件制造	3912	电子计算机外部设备制造	4043	旧行业4043分解
（三）计算机外围设备制造	3913	电子计算机外部设备制造	4043	旧行业4043分解
（四）其他计算机制造	3919	计算机网络设备制造 电子计算机外部设备制造	4042 4043	旧行业4042加上旧行业4043的部分内容调入
（五）办公设备制造				与旧行业4154、4155对应
复印和胶印设备制造	3474	复印和胶印设备制造	4154	
计算器及货币专用设备制造	3475	计算器及货币专用设备制造	4155	
五、医疗仪器设备及仪器仪表制造业				与旧行业368、411、412、4141、419对应，但不含这些行业的调出部分
（一）医疗仪器设备及器械制造	358	医疗仪器设备及器械制造	368	旧行业368部分内容调出
医疗诊断、监护及治疗设备制造	3581	医疗诊断、监护及治疗设备制造	3681	旧行业3681部分内容调出
口腔科用设备及器具制造	3582	口腔科用设备及器具制造	3682	旧行业3682部分内容调出
医疗实验室及医用消毒设备和器具制造	3583	实验室及医用消毒设备和器具的制造	3683	旧行业3683部分内容调出

续表

高技术产业（制造业）分类（2013）及对应2011国民经济行业分类代码		《高技术产业统计分类目录》（2002）及对应2002国民经济行业分类代码		说　明
医疗、外科及兽医用器械制造	3584	医疗、外科及兽医用器械制造	3684	旧行业3684部分内容调出
机械治疗及病房护理设备制造	3585	机械治疗及病房护理设备制造	3685	旧行业3685部分内容调出
假肢、人工器官及植（介）入器械制造	3586	假肢、人工器官及植（介）入器械制造	3686	
其他医疗设备及器械制造	3589	其他医疗设备及器械制造	3689	旧行业3689部分内容调出
（二）仪器仪表制造				与旧行业411、412、4141、4190对应，但不含4190的调出部分
		通用仪器仪表制造	411	
工业自动控制系统装置制造	4011	工业自动控制系统装置制造	4111	
电工仪器仪表制造	4012	电工仪器仪表制造	4112	
绘图、计算及测量仪器制造	4013	绘图、计算及测量仪器制造	4113	
实验分析仪器制造	4014	实验分析仪器制造	4114	
试验机制造	4015	试验机制造	4115	
供应用仪表及其他通用仪器制造	4019	供应用仪表及其他通用仪器制造	4119	
		专用仪器仪表制造	412	
环境监测专用仪器仪表制造	4021	环境监测专用仪器仪表制造	4121	
运输设备及生产用计数仪表制造	4022	汽车及其他用计数仪表制造	4122	更名
导航、气象及海洋专用仪器制造	4023	导航、气象及海洋专用仪器制造	4123	
农林牧渔专用仪器仪表制造	4024	农林牧渔专用仪器仪表制造	4124	
地质勘探和地震专用仪器制造	4025	地质勘探和地震专用仪器制造	4125	
教学专用仪器制造	4026	教学专用仪器制造	4126	
核子及核辐射测量仪器制造	4027	核子及核辐射测量仪器制造	4127	
电子测量仪器制造	4028	电子测量仪器制造	4128	
其他专用仪器制造	4029	其他专用仪器制造	4129	
光学仪器制造	4041	光学仪器制造	4141	
其他仪器仪表制造业	4090	其他仪器仪表的制造及修理	4190	旧行业4190部分内容调出
六、信息化学品制造业				
（一）信息化学品制造	2664	信息化学品制造	2665	
		公共软件服务	621	删除
		基础软件服务	6211	删除
		应用软件服务	6212	删除

附录3　高技术产业(制造业)统计分类目录

Statistics Catalogue of High-technology Industry (Manufacturing Industry) Classifications

行业代码	行业名称	行业代码	行业名称
2664	信息化学品制造	3931	广播电视节目制作及发射设备
27	医药制造业	3932	广播电视接收设备及器材制造
2710	化学药品原料药制造	3939	应用电视设备及其他广播电视
2720	化学药品制剂制造	394	雷达及配套设备制造
2730	中药饮片加工	395	视听设备制造
2740	中成药生产	3951	电视机制造
2750	兽用药品制造	3952	音响设备制造
2760	生物药品制造	3953	影视录放设备制造
2770	卫生材料及医药用品制造	396	电子器件制造
3474	复印和胶印设备制造	3961	电子真空器件制造
3475	计算器及货币专用设备制造	3962	半导体分立器件制造
3562	电子工业专用设备制造	3963	集成电路制造
358	医疗仪器设备及器械制造	3969	光电子器件及其他电子器件制
3581	医疗诊断、监护及治疗设备制	397	电子元件制造
3582	口腔科用设备及器具制造	3971	电子元件及组件制造
3583	医疗实验室及医用消毒设备和	3972	印制电路版制造
3584	医疗、外科及兽医用器械制造	399	其他电子设备制造
3585	机械治疗及病房护理设备制造	401	通用仪器仪表制造
3586	假肢、人工器官及植(介)入	4011	工业自动控制系统装置制造
3589	其他医疗设备及器械制造	4012	电工仪器仪表制造
374	航空、航天器及设备制造业	4013	绘图、计算及测量仪器制造
3741	飞机制造	4014	实验分析仪器制造
3742	航天器制造	4015	试验机制造
3743	航空、航天相关设备制造	4019	供应用仪表及其他通用仪器制
3749	其他航空航天器制造	402	专用仪器仪表制造
3832	光纤、光缆制造	4021	环境监测专用仪器仪表制造
3841	锂离子电池制造	4022	运输设备及生产用计数仪表制
39	计算机、通信和其他电子设备制造业	4023	导航、气象及海洋专用仪器制
391	计算机制造	4024	农林牧渔专用仪器仪表制造
3911	计算机整机制造	4025	地质勘探和地震专用仪器制造
3912	计算机零部件制造	4026	教学专用仪器制造
3913	计算机外围设备制造	4027	核子及核辐射测量仪器制造
3919	其他计算机制造	4028	电子测量仪器制造
392	通信设备制造	4029	其他专用仪器制造
3921	通信系统设备制造	4041	光学仪器制造
3922	通信终端设备制造	409	其他仪器仪表制造业
393	广播电视设备制造	4343	航空航天器修理

注：此目录摘自国家统计局国统字[2013]55号文件。

附录4 高技术产业(制造业)统计资料整理公布格式

Published Format for Sorting-out the Statistical Data of High-technology Industry (Manufacturing Industry)

行　　业	对应代码
一、医药制造业	27
其中：化学药品制造	271+272
中成药生产	274
生物药品制造	276
二、航空、航天器及设备制造业	374+4343
其中：飞机制造	3741
航天器制造	3742
三、电子及通信设备制造业	39-391+3562+3832+3841
其中：通信设备制造	392
其中：通信系统设备制造	3921
通信终端设备制造	3922
广播电视设备制造	393
雷达及配套设备制造	394
视听设备制造	395
电子器件制造	396
其中：电子真空器件制造	3961
半导体分立器件制造	3962
集成电路制造	3963
电子元件制造	397
其他电子设备制造	399
四、计算机及办公设备制造业	391+3474+3475
其中：计算机整机制造	3911
计算机零部件制造	3912
计算机外围设备制造	3913
办公设备制造	3474+3475
五、医疗仪器设备及仪器仪表制造业	358+401+402+409+4041
1.医疗仪器设备及器械制造	358
2.仪器仪表制造	401+402+409+4041
六、信息化学品制造业	2664

注：受统计资料来源的限制，本年鉴只包括一、二、三、四、五类行业。

附录 5　指标解释

Explanatory Notes of Indicators

资产总计　指企业拥有或控制的能以货币计量的经济资源，包括各种财产、债权和其他权利。资产按流动性分为流动资产、长期投资、固定资产、无形资产、递延资产和其他资产。该指标根据企业会计“资产负债表”中“资产总计”项目的期末数增列。

主营业务收入　指会计“利润表”中对应指标的本年累计数。未执行 2001 年《企业会计制度》的企业，用“产品销售收入”的本期累计数代替。

利润总额　指企业生产经营活动的最终成果，是企业在一定时期内实现的盈亏相抵后的利润总额(亏损以“-”号表示)，它等于营业利润加上补贴收入加上投资收益加上营业外净收入再加上以前年度损益调整。

R&D　即研究与试验发展的简称，指在科学技术领域，为增加知识总量、以及运用这些知识去创造新的应用而进行的系统的、创造性的活动，包括基础研究、应用研究、试验发展三类活动。

R&D 人员全时当量　是国际上通用的、用于比较科技人力投入的指标。指 R&D 全时人员（全年从事 R&D 活动累积工作时间占全部工作时间的 90%及以上人员）工作量与非全时人员按实际工作时间折算的工作量之和。例如：有 2 个 R&D 全时人员(工作时间分别为 0.9 年和 1 年)和 3 个 R&D 非全时人员(工作时间分别为 0.2 年、0.3 年和 0.7 年)，则 R&D 人员全时当量＝1+1+0.2+0.3+0.7=3.2(人年)。

R&D 经费内部支出　指调查单位在报告年度用于内部开展 R&D 活动的实际支出。包括用于 R&D 项目（课题）活动的直接支出，以及间接用于 R&D 活动的管理费、服务费、与 R&D 有关的基本建设支出以及外协加工费等。不包括生产性活动支出、归还贷款支出以及与外单位合作或委托外单位进行 R&D 活动而转拨给对方的经费支出。

政府资金　指调查单位R&D经费内部支出中来自各级政府部门的各类资金。

企业资金　指调查单位R&D经费内部支出中来自本企业的自有资金和接受其他企业委托而获得的经费。

新产品　指采用新技术原理、新设计构思研制、生产的全新产品，或在结构、材质、工艺等某一方面比原有产品有明显改进，从而显著提高了产品性能或扩大了使用功能的产品。

企业办研发机构数　指企业自办（或与外单位合办），管理上同生产系统相对独立（或者单独核算）的专门研发机构，如企业办的技术中心、研究院所、开发中心、开发部、实验室、中试车间、试验基地等。企业办科技活动机构经过资源整合，被国家或省级有关部门认定为国家级或省级技术中心的，应按一个机构填报。与外单位合办的科技活动机构若主要由本企业出资兴办，则由本企业统计，否则应由合办方统计。企业科技管理职能处（科）室（如科研处、技术科等）一般不统计在内；若科研处、技术科等同时挂有科技活动机构的牌子，视其报告年度内主要工作任务而定，主要任务是从事科技活动的可以统计，否则不予统计。本指标不含企业在中国境外设立的科技活动机构数。

机构人员　指报告期末企业办研发活动机构中从业人员合计。

机构经费支出　指报告期企业办研发机构用于内部开展研发活动实际支出的总费用。包括机构人员劳务费（含工资）支出、机构业务费支出、管理费支出、固定资产购建支出以及其他维持机构正常工作的日常费用等的支出总和。

引进技术经费支出 指企业在报告期用于购买境外技术的费用支出，包括产品设计、工艺流程、图纸、配方、专利等技术资料的费用支出，以及购买关键设备、仪器、样机和样件等的费用支出。

消化吸收经费支出 引进技术的消化吸收指对引进技术的掌握、应用、复制而开展的工作，以及在此基础上的创新。引进技术的消化吸收经费支出包括：人员培训费、测绘费、参加消化吸收人员的工资、工装、工艺开发费、必备的配套设备费、翻版费等。消化吸收经费支出中属于科技活动的经费支出，除包含在本项外，还要计入企业科技活动经费支出中。

购买国内技术经费支出 指企业在报告期购买境内其他单位科技成果的经费支出。包括购买产品设计、工艺流程、图纸、配方、专利、技术诀窍及关键设备的费用支出。

技术改造经费支出 指企业在报告期进行技术改造而发生的费用支出。技术改造指企业在坚持科技进步的前提下，将科技成果应用于生产的各个领域（产品、设备、工艺等），用先进工艺、设备代替落后工艺、设备，实现以内涵为主的扩大再生产，从而提高产品质量、促进产品更新换代、节约能源、降低消耗，全面提高综合经济效益。

施工项目 指报告期内进行过建筑或安装施工活动的项目。凡是报告期内施过工的建设项目，不论施工时间长短，均作为施工项目统计。施工项目个数可以反映一定时期固定资产投资的实际规模，与同期全部建成投产项目个数相比，可以从建设速度的角度反映固定资产投资的效果。根据建设项目施工活动的不同性质，施工项目又分为：本年正式施工项目、本年收尾项目和以前年度全部停缓建项目。

全部建成投产项目 工业项目指设计文件规定形成生产能力的主体工程及其相应配套的辅助设施全部建成，经负荷试运转，证明具备生产设计规定合格产品的条件，并经过验收鉴定合格或达到竣工验收标准，与生产性工程配套的生活福利设施可以满足近期正常生产的需要，正式移交生产的建设项目。非工业项目指设计文件规定的主体工程和相应的配套工程全部建成，能够发挥设计规定的全部效益，经验收鉴定合格或达到竣工验收标准，正式移交使用的建设项目。

项目建成投产率 指一定时期内全部建成投产项目个数与同期施工项目个数的比率。该指标是从建设单位建设速度的角度反映投资效果的指标。

新增固定资产 指报告期内已经完成建造和购置过程，并已交付生产或使用单位的固定资产价值。该指标是表示固定资产投资成果的价值指标，也是反映建设进度，计算固定资产投资效果的重要指标。

固定资产交付使用率 指一定时期新增固定资产与同期完成投资额的比率。该指标是反映固定资产动用速度，衡量建设过程中宏观投资效果的综合指标。由于新增固定资产是较长时期内形成的结果，而投资额则是当年完成的，因此，该指标一般适宜于反映较长时期内固定资产的动用情况。